행동의 지배자 성격

행동의 지배자 성격

초판 1쇄 발행 2023년 4월 16일

지은이 | 김재철

펴낸이 | 이의성

펴낸곳 | 지혜의나무

등록번호 | 제1-2492호

주소 | 서울시 종로구 관훈동 198-16 남도빌딩 3층

전화 | (02)730-2211 팩스 | (02)730-2210

ⓒ김재철

ISBN 979-11-85062-44-0 93180

행동의 지배자 성격

김재철 지음

지혜의나무

머리말

동북아시아에서는 20세기가 시작되면서 서양의 산업화 물결과 문화가 사회 모든 분야에 서서히 스며들어 작은 사회적·문화적 변화가 시작되었습니다. 이 작은 변화의 물결은 시간이 지나면서 줄기차고 거친 파도처럼 힘센 변화를 일으켰습니다. 동북아시아의 사람들은 해마다 빨라지는 사회 환경의 변화 속도에 충격과 두려움을 받으면서도 19세기에는 한편으로 상상도 할 수 없었던 잊혀진 자기를 찾게 되어 자기만의 아름다운 꿈을 가질 수 있게 되고 그 꿈을 성취시킬 수 있다는 행복한 희망을 가지게 되었습니다.

산업화의 물결과 서양 문화에서의 '나는 누구인가?'라는 물음표가 동북아시아에 이야기의 첫마디가 되게 하였습니다. 서양 문화의 영향은 개인이 공동체에 소속된 단순한 구성원으로만 생활했던 동양 문화의 틀에서 자유로워져서 개인이 독립적이고 개별적인 존재임을 스스로 깨닫게 하는 전환점을 만들어 주었습니다.

서양에서는 400여 년간 산업 사회가 발전하고 성장하면서 개방된 사회의 변화에 따라 일반 사람들에게도 교육의 기회가 주어져서 삶의 질, 행복, 성공적인 삶의 기회를 고르게 누리고, 이에 대한 연구도 계속되어 왔습니다. 그러나 동북아시아에서는 20세기 초까지 군주제도와 벼농사가 중심이 되는 공동체적인 농업 사회가 이어져 개인의 행복, 성공적인 삶보다 공동체의 행복한 삶이 중요하였습니다. 개인의 삶은 우리, 즉 공동체 안에서만 있을 뿐이었습니다. 벼농사는 자연의 기후 조건에 따라 풍년과 흉년이 대부분 결정됩니다. 풍년과 흉년을 농사짓는 사람들이 결정하는 것이 아니라 자연의 힘과 조화로 결정된다는 것을 피할 수 없는 운명으로 받아들여졌습니다.

농업 사회는 개인들이 서로 협력하는 공동체 사회이지만 산업 사회는 개인 사이에, 회사 간에, 경쟁과 협력을 조화롭게 이루어 성장, 발전해 나가는 사회입니다. 농업 사회의 공동체 생활습관에 길들여진 개인들은 산업·정보화 경쟁 사회에 적응하고 자신의 꿈을 성취하기 위해서 새로운 교육과 훈련이 필수적인 것임을 깨닫게 되었습니다.

자연세계에서 그 환경에 적응한 생물만이 생존하고 번영하며, 적응하지 못한 생물은 쇠퇴하고 멸망하는 현상, 즉 적자생존을 주장한 영국의 철학자 스펜서(H. Spencer 1820-1903)의 언급은 진리인 듯합니다. 스펜서의 주장을 증명하듯 농업 사회 대부분 사람들은 산업·정보화 사회 생활을 슬기롭고 즐겁게 적응해 나갔지만, 새로운 환경 적응에 어려움을 호소하는 사람들도 적지 않았습니다. 한 번도 만나본 적이 없어 도무지 모르는 사람들과 같은 일터에서, 또는 일상생활에서 만나게 될 때 '저 사람은 어떤 사람일까?', '친구가 될 만한 사람일까?', '내가 먼저 말을 걸어볼까?' 등등 긴장되는 생활의 경험들을 말하고 있습니다. 적극적이고 진취적이며 사교적인 외향적 성격(음·양 중 양의 성격)을 가진 사람은 산업·정보화 사회에 어렵지 않게 적응하지만, 소극적이고 보수적이며 폐쇄적인 내향적 성격(음의 성격)을 가진 사람은 경험한 적이 없는 산업·정보화 사회에 적응하는 데 시간이 필요했습니다.

대부분 사람들은 농업 사회에 적합한 내향적 성격에서 산업·정보화 사회에 적합한 외향적 성격으로 바뀌어 가는 사회 환경을 경험하게 되었습니다. 그들은 새로운 사회 생활에 유능한 사회인이 되려면 다양한 사람들과 유연한 인간관계가 매우 중요하다는 것을 처음으로 느끼게 되었습니다. 또한 그들은 다양한 사람들과 서로 이해하고 친밀한 관계를 맺기 위해서는 나와 상대방의 성격을 확실하게 알고 행동해야 하는 것을 깨닫게 되었습니다. 그러나 나와 상대방의 성격을 알아내는 방법을 찾기가 보통 사람들에게 쉽지 않다는 것도 그들은 알게 되었습니다.

산업·정보화 사회의 빠른 변화의 흐름에 어렵지 않게 적응할 수 있는 방법을 우리는 어디에서 찾을 수 있을까요? 동북아시아 보통 사람들은 자연환경을 자신들에 맞게 바꾸기보다는 서서히 변화하는 주어진 자연환경을 예측하고 맞추어 생활하는 데 익숙해져 있었습니다. 그러나 산업·정보화 사회처럼 생활환경이 빠르게 변화하는 세상에 적응하는 데 보통 사람들은 여러 가지 어려움을 겪으면서도 변화를 긍정적으로 받아들였습니다.

한국에서 유행하던 노래 가사에 "네가 나를 모르는데 난들 너를 알겠느냐-한-치 앞도 모두 몰라 다-안다면 재미없지-후략" 하는 구절이 있듯이 긍정의 힘을 가진 보통 사람들은 미래에 대한 기대와 불안이 있을 때 자기들의 사주를 보고 미래에 대한 예언을 듣고 싶어 했습니다. 필자도 그런 경험이 있습니다. '사주로 개인의 미래와 운명을 알 수 있을까?' 하는 의문을 가지고 여러 권의 사주에 관한 책들을 살펴보았습니다. 놀랍게도 사주학의 상당부분 내용이 심리학에서 말하는 성격 특성을 표현하는 글귀로 채워져 있었는데, 사주가 개인의 운명을 예언할 수 있는 핵심요인이 성격임을 필자는 직감했습니다. 그러나 사주에 나타나 있는 성격 표현이나 글귀들은 체계화되어 있지 않아 전문지식이 부족한 일반 사람들이 이해하고 활용하는 데는 한계가 있습니다. 필자는 서양심리학자들이 연구 개발하여 발달시킨 성격요인 모델을 바탕으로 사주학에서 표현하고 있는 여러 성격 특성들을 일반인들도 쉽게 이해하고 활용할 수 있도록 체계화 하려고 노력하였습니다. 무모한 도전이라는 비판도 감수하려고 합니다.

이 책을 집필하게 된 동기는 독자들이 자기의 사주 안에 숨겨져 있는 부모에게 물려받은 자기만의 성격 특성들을 이해하고 자기의 강점성격인 특별한 재능(unique talent)을 개발하고 활용해서 빠르게 변화하는 사회 환경과 매일매일 변화하는 상황에 알맞도록 활용하는 데 있습니다. **우리가 일상생활에서 어떠한 상황을 맞닥뜨릴 때 반응으로 어떤 행동을 선택한 것은 우리의 강점성격입니다.** 우리의 강점성격은 자연스럽고 힘들이지 않고 환경과 상황에 맞추어 강점성격들의 행동이 외부에 드러나는 횟수가 많은 것을 의미합니다. 세상에 하나밖에 없는 자기의 성격을 이해하고 사랑하면 세상에 하나밖에 없는 자기를 스스로 사랑하게 되고 희망으로 가득 찬 행복한 세상을 볼 수 있습니다. **'나는 누구인가?'라는 질문의 대답은 자기의 성격 안에 있습니다.** 성격은 무지개처럼 볼 수는 있는데 구체적으로 설명하기는 어려운 과제입니다.

제1장은 성격의 역사에 대해 요약했습니다. 성격의 기원과 동·서양의 성격 이야기를 차례를 좇아 설명하였습니다.

제2장은 사주와 성격 형성에 관하여 설명하였습니다. 사주 이해를 돕고 성격 형성에 적지 않은 영향을 미치는 태아 환경에 대하여 설명하였습니다.

제3장은 성격 활용은 어떻게 할 것인가? 성격의 본바탕인 서양의 5대 성격요인 모델과 필자가 서양의 5대 성격요인 모델을 바탕으로 정리한 동양의 음양오행 성격유형을 비교하여 비슷한 점과 차이점을 설명하였습니다. 사물을 분석하고 범주화, 즉 형식논리에 익숙한 서양심리학자들은 수

많은 사람들의 행동이나 특징의 요인을 분석하여 비슷한 성격 특성들을 묶어 5개로 분류하여 만들어 낸 유형이 5대 성격요인 모델입니다. 5대 성격요인은 외향성·신경성·성실성·친화성·개방성입니다. 동양의 오행성격 특성과 서양의 5대 성격 특성은 표현하는 형식만 약간 다를 뿐 사람의 성격 특성 내용은 매우 비슷합니다. 성격 특성을 활용하는 방법은 큰 차이가 있습니다. 오행성격 특성들은 상호의존적인 관계, 즉 서로 돕는 상생과 서로 조절해 주는 상극 관계로 이루어져 있습니다. 이것은 성격 특성을 설명하고 활용하는 데 많은 장점이 있습니다.

제4장은 음양오행성격 특성의 성격 모델을 생물 본능에 뿌리를 두고 있는 목과 화의 성격 특성을 중심으로 12개, 다음은 사회 본능에 뿌리를 둔 금과 수의 성격 특성을 중심으로 12개, 마지막으로 생물 본능과 사회 본능 성격 특성을 함께 가진 토의 성격 특성을 중심으로 6개, 합계 30개를 차례대로 배열하여 설명하였습니다. 각각의 성격 모델에서 머리말, 오행의 강점성격(재능), 그리고 약점성격 특성을 설명하였습니다. 다음으로 오행성격 특성 간의 상생과 상극 활용을 설명하였습니다. 마지막으로 오행성격 특성을 요약했습니다. 성격모델과 비슷한 주요 인사들의 오행성격도 분석하여 요약했습니다. 부족한 부분은 주요 인사들의 태어난 시간을 알 수 없어 생년·월·일과 그의 인생사를 살펴본 후 대강 짐작으로 헤아려서 설명하였습니다.

일반 독자분들은 자기의 사주에 드러난 음양오행성격 특성의 배열이 30개 성격 모델에서 같은 것, 또는 비슷한 것을 찾아 비교, 검토해 보고 자기의 삶의 방향과 삶에 대한 마음가짐 그리고 인생목표를 결정하는 데 도움이 되도록 활용하기를 바랍니다.

제5장은 삶의 과정을 나이에 따라 4단계로 나누고 그에 알맞은 성격을

서술했습니다. 청년기(봄), 중년기(여름), 장년기(가을), 노년기(겨울)로 분류한 것은 여러 심리학자들의 과학적 분류가 아니라 레빈슨(Levenson.D.T 1978)이 분류한 것을 인용했습니다. 각 단계별로 목·화·금·수의 성격과 한 계절이 가고 오는 간기의 성격인 토를 설명하였습니다. 청소년들은 미래의 자기의 변화된 성격을 예상할 수 있고 노년기 어른들은 지난 삶의 과정을 되돌아보며 행복한 노년이 되기를 바라는 간절한 마음을 담아 설명하려고 노력했습니다.

외부의 여러 가지 자극에 대해 반응하여 행동의 동기가 되는 밑바탕은 성격입니다. 한 사람의 하루하루 행동들이 모여 그 사람의 인생의 역사를 엮어갑니다. 각 개인의 성격이 각 개인의 인생사에서 각 개인의 삶의 성공적인 지름길을 미리 알려주는 인생 내비게이션 역할을 할 수 있습니다. **당신을 행복과 성공적 삶으로 안내하는 내비게이션은 당신의 성격 안에 있습니다.**

이 책이 출간되기까지 많은 분들의 도움과 격려가 큰 힘이 되었음을 밝히고자 합니다. 이 책의 원고를 준비하는 과정에서 자료수집, 컴퓨터 입력과 교정을 도와주고, 새로운 아이디어를 내고 토의를 함께한 김준수 박사 부부에게 감사의 마음을 보냅니다. 이 책이 출간되기까지 홍용기 사장님의 물심양면 후원에 깊은 감사를 드리며 회사가 날로 번영하기를 진심으로 기도합니다. 지혜의나무 출판사 사장님의 조언과 직원 여러분께도 감사드립니다.

가장 가까이에서 변함없는 격려와 온 마음을 다해 지원을 아끼지 않은 아내에게 마음과 몸을 다해 사랑한다고 다짐합니다. 이 책이 세상에서 빛을 볼 때까지 진심어린 후원자가 되어 준 가족과 친척, 친지들에게 마음의 깊은 곳에서 우러나오는 사랑을 전합니다.

목차

성격모델 8 화 2개, 수 2개, 토 3개, 목 1개, 금 0개 (갈레노스) | 190

성격모델 9 화 2개, 금 3개, 목 1개, 수 1개, 토 1개 (강태공) | 205

성격모델 10 화 3개, 토 2개, 목 1개, 금 1개, 수 1개 (에디슨) | 218

성격모델 11 토 2개, 금 2개, 수 2개, 목 1개, 화 1개 (타고르) | 230

성격모델 12 금 3개, 수 2개, 목 1개, 화 1개, 토 1개 (도킨스) | 243

성격모델 13 토 3개, 금 2개, 목 1개, 화 1개, 수 1개 (빌 게이츠) | 256

성격모델 14 목 1개, 화 1개, 토 1개, 금 2개, 수 3개 (마르틴 루터) | 268

성격모델 15 목 2개, 금 2개, 토 2개, 화 1개, 수 1개 (미켈란젤로) | 281

성격모델 16 목 2개, 금 3개, 화 1개, 수 1개, 토 1개 (마라도나) | 295

성격모델 17 목 2개, 수 2개, 토 2개, 화 1개, 금 1개 (등소평) | 308

성격모델 18 목 3개, 수 2개, 화 1개, 금 1개, 토 1개 (셰익스피어) 321

성격모델 19 토 3개, 수 2개, 목 1개, 화 1개, 금 1개 (피터 드러커) | 334

성격모델 20 수 3개, 토 2개, 목 1개, 화 1개, 금 1개 (괴테) | 347

성격모델 21 목 2개, 금 2개, 수 2개, 화 1개, 토 1개 (나폴레옹) | 360

성격모델 22 목 2개, 화 3개, 금 1개, 수 1개, 토 1개 (베토벤) | 374

성격모델 23 화 3개, 금 2개, 목 1개, 수 1개, 토 1개 (도스토옙스키) | 387

성격모델 24 목 3개, 금 2개, 화 1개, 수 1개, 토 1개 (조던, 빈 살만) | 400

성격모델 25 토 3개, 화 2개, 목 1개, 금 1개, 수 1개 (슈바이처) | 414

5장 나이가 성격을 변화시키는가?

1장
성격의 역사

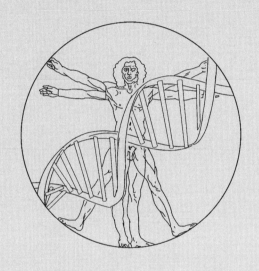

몸은 영과 육체로 구성된 생명의 본체(本體)입니다.

생명체는 우주의 신비를 간직한 보물 창고이므로

후손에게 전달하는 데까지 최선을 다해 보존해야 합니다.

성격의 기원

"인간은 사회적 동물이다."라는 말은 우리 모두가 공감하는 글귀입니다. 사회 생활을 하려고 하는 인간의 근본적인 성질, 즉 사회성을 가리켜 일컫는 말입니다. 사람만 사회 생활을 하는 것일까요? 아닙니다. 많은 동물들이 사회 생활을 합니다. 꿀벌과 개미는 사회 생활을 하는 대표적인 동물입니다. 분업이 철저하게 이루어진 생활 공동체입니다. 인간과 벌, 개미의 사회 생활의 다른 점은 무엇일까요? 벌, 개미는 친족으로 이루어진 사회 공동체지만 인간은 서로 다른 수많은 가족들이 구성원을 이룬 사회 공동체입니다.

학자들의 연구에 따르면 20만 년 전 아프리카 동부 사바나 초원에 우리들의 조상인 현생 인류 호모 사피엔스(Homo sapiens)가 출현한 것으로 알려졌습니다. 우리의 조상들은 20~30여 명이 무리를 이루어 남자는 사냥하고 여자는 식물 채취로 공동체 생활을 하였습니다. 생존 환경의 변화에 따라 빠르게는 매일 또는 며칠 만에 삶의 터전을 옮겨 가면서 힘든 생활을 하였습니다. 동물세계에서 먹이사슬에 중간쯤 차지하고 있던 호모 사피엔스는 사자, 호랑이, 늑대들에게 잡혀 먹힐 위험에 항상 노출되어 있었습니다. 우리의 조상들이 정글의 환경에서 공포와 두려움을 이겨낼 수 있었던 것은 공동체 구성원 간의 협동, 신뢰 그리고 단결이었습니다.

작은 공동체 무리의 안전을 위해서 어른들은 순서를 정하여 경계 임무를 철저히 하고 사냥을 하거나 다른 무리와 싸움할 때는 일상생활에서 구성원들의 믿음과 배려, 포용력이 있는 사람이 리더(Leader)가 되어 민첩하게 해냈을 것입니다. 원시 공동체는 평등 사회였지만 무리 내 구성원들은 타고난 재능대로 맡은 바 역할이 있었을 것입니다. 언어가 발달되지 않은 상태에서 구성원들 간의 의사소통이 몸짓 언어로 마음을 주고받기는 쉽지 않았을 것입니다. 현생 인류의 내부에 작은 변화가 시간의 흐름과 함께 인류의 큰 전환점이 되는 경우가 우리 역사에는 드물게 나타났습니다. 이 작은 변화는 대략 20만 년 전쯤에 Fox P2(fork head box P2)라고 불리는 돌연변이 유전자가 인류 유전자 내에 출현한 것으로 알려졌습니다. 이 유전자는 다른 유전자를 활동하게 하는 전사인자입니다. 지금까지는 Fox P2유전자가 어떤 일을 하는지, 또는 그것이 어떻게 언어를 만들었는지 정확하게 알려져 있지 않습니다. 그리고 이 유전자가 출현한 지 약 13만 년 후 기원전 7만 년경에 언어가 호모 사피엔스에게 등장한 것으로 인류학자들은 추측하고 있습니다.

언어의 등장은 인류의 역사가 시작된 시점으로 보는 학자들이 있습니다. 언어의 진화는 초기 인류가 상당한 정도로 그들의 협동적인 활동을 증가시켜 가족과 집단을 문화적·사회적으로 발달시킨 원동력으로 알려져 있습니다. 가족과 무리 안에 구성원끼리 소리 언어로 자유롭게 의사소통이 이루어지고 다른 무리들과의 의사소통은 물론 정보도 공유할 수 있게 되어 협동생활이 원활하게 되었습니다. 학자들은 인간의 언어가 진화한 것은 소문을 이야기하고 수다를 떨기 위해서라고 합니다. 무리의 구성원 사이, 무리들 사이에서 얼마만큼 좋은 감정을 가지는지, 반감을 가지는지가 소문과 수다 속에 드러나기 시작했습니다. 뒷담화는 대부분 다른 사람의 이야기입니다. 성질 또는 기질대로 행동했던 사람들이 무리 내에서 남의 시선에 신경을 쓰기 시작했으며, 좋은 인상을 보이려고 노력했을 것입니다. 사회적 동물이 되어 갔습니다. 부모에게서 타고난 성질이 사회적응 형태인 성격의 발달로 변화되는 계기가 마련된 것으로 생각됩니다.

약 10만 년 전 동물 먹이사슬의 꼭대기에 오른 호모 사피엔스는 약 7만 년 전에 아프리카를 떠나 서유럽, 중동, 동남아시아, 호주, 동북아시아, 북미, 남미까지 삶의 터를 넓혀 갔습니다. 언어의 등장으로 무리들 사이에 정보교류가 활발해지고 사고방식도 유연해져서 교류를 통한 무리들의 생각과 작은 기술도 공유할 수 있었습니다. 호모 사피엔스 무리들은 12,000년 전 농업혁명으로 정착생활을 하기 이전까지 먹을거리를 찾아 계절의 변화, 동물들의 연례이동, 식물의 성장주기 등에 맞추어 자기들의 세력권 내에서 여기저기를 떠돌며 길 위의 삶을 이어 갔습니다. 기원전 12,000년쯤 빙하기가 끝나자 기온이 높아지고 비가 많이 내렸습니다. 농사짓기에 좋은 환경이 지구 곳곳에 만들어졌습니다. 우기와 건기가 뚜렷한 사바나 기후지역에서는 목축과 밀을 재배하는 농업 정착민과, 사계절이 있는 몬순 기후에서는 쌀 중심 곡류를 재배하는 농경 정착민이 생겨났습니다. 제1차 농업혁명은 인류가 번영과 발전의 길에 들어서게 했습니다. 초원을 따라 이동하는 목축인의 무리들은 소수로 이루어졌고, 한곳에 정착하는 무리들은 함께 모여 큰 마을을 이루었습니다. 먹거리 문제가 거의 해결되자 인구가 폭발적으로 늘어났습니다. 삶의 터전인 농토에 농부들의 집착은 커져가고 개인 소유에 대한 개념도 발달하기 시작했습니다. 자기 것에 대한 애착이 강한 사람은 개미처럼 열심히 일을 해서 재산을 축적해 나갔습니다. 수렵을 선호했던 사람들은 베짱이처럼 한가롭게 살았습니다. 자연스럽게 사회는 상류·중류·하류와 같은 계층화가 시작되었습니다.

아리스토텔레스는 "인간은 정치적 동물"이라고 말했습니다. 정치적 성격을 지닌 자들이 농민이 생산한 잉여식량을 송두리째 거머쥐고 누리고 살면서 지배자와 엘리트가 되어 부족을 통합하고 국가를 출현시켰습니다.

기원전 약 5,000년경부터 국가 모습을 갖춘 부족 국가들이 시작되고 그 후 이집트 왕국, 메소포타미아 바빌론 왕국, 중국 주 왕국 등 크고 작은 국가들이 지구 곳곳에 세워졌습니다.(『사피엔스』 유발 하라리) 농업혁명은 수렵 채취 시대에 없었던 새로운 사회 환경을 만들어냈습니다. 공동의 운명 아래 함께하던 삶의 형태에서 벗어나 독립적이고 개인적인 삶으로 변화되는 과정에서 사회 환경에 적응할 수 있는 성격이 발달된 것으로 보입니다. 타고난 성질이나 체질을 바탕으로 태어난 후 개인이 쌓은 경험과 지식으로 개인의 성격이 발달한다고 심리학자들은 말합니다.

인간은 상호의존적 관계입니다. 사회 생활에 있어서 서로 사귀어 가까이 지내는 것은 선택이 아니라 필수가 되었습니다. 사회 생활 테두리가 넓어질수록 낯선 사람과 교제해야 할 상황도 많아집니다. 원만한 교제가 이루어지기 위해서는 상대방을 파악하는 것이 중요합니다. 그러나 첫 인상만 보고 상대방의 파악이 가능할까요? 만약 상대방의 성격을 알 수 있다면 대화가 순조로울 텐데……

서양의 성격 이야기

20만 년 전 호모 사피엔스의 출현 후 약 19만 년 후에 농업혁명이 일어났습니다. 그 후 1만여 년 동안 세계는 지금과 비슷한 정도로 사회는 발전하였습니다. 20~30여 명의 작은 무리에서 100명, 1,000명 그리고 수십만 명의 다양한 사람들이 모여서 살게 되면서 대규모 사회 생활의 어려움을 경험하게 되었을 것입니다. 특히 낯선 사람을 처음 만났을 때 어떻게 대화를 시작하고 행동해야 할지 상당한 스트레스를 받았을 것입니다. 호모 사피엔스는 지혜로운 사람이란 뜻입니다. 그들은 사람을 얼굴과 몸매 그리고 말씨를 보고 성격, 체질, 운명까지도 짐작하였습니다. 기원전 2,000년경에 메소포타미아 유적에서 발견된 서판(書板, Tablet)에 사람의 생김새, 즉 관상을 보고 사람을 판단하는 기록이 남아 있습니다. 고대 문명권인 이집트, 인도, 중국 등에서 사람의 관상에 관한 이야기와 우화가 많이 발견되었습니다.

중국의 『좌전』에 주나라(1,100? ~256BC)의 내사 숙복이 "사람의 관상을 잘 보았다."고 했으며, 『순자』「비상편」에 "옛날에는 고포자경이, 오늘날에는 양나라의 당거라는 자가 사람의 생김새나 얼굴빛을 보고 길흉화복을 알아맞힌다고 세상 사람들이 감탄하였다."라고 기록된 것을 보면 중국에서도 오래전부터 관상학이 있었던 것으로 보입니다.

'몸'을 읽은 관상학은 동양과 서양의 대부분 문명에 보편적으로 나타나는 옛 시대의 현상입니다. 비슷한 환경과 상황에 닮은 생각으로 문제를 해결한 고대문명권의 사람들은 같은 인류의 조상인 호모 사피엔스의 후예들임이 분명한 것 같습니다.

수학자이며 철학자인 피타고라스(Pythagoras, 582?-497?BC)는 피타고라스 정리와 자연계의 수 비례를 발견하고 과학적 사고의 기초를 세웠습니다. 놀랍게도 그는 친구를 사귀거나 제자를 뽑을 때도 관상이 마음에 들어야 선택했다고 합니다. 이러한 사실을 미뤄 볼 때 그가 관상학을 처음 시작했다는 주장도 적지 않습니다. 그러나 인류의 역사에서 관상학이 정확히 언제 시작되었는지는 분명하지 않은 것으로 알려져 있습니다만 피타고라스가 실제로 활용한 것 같습니다. 한편 갈레노스(Galenos, 129-199? 의학자, 해부학자, 로마 황제 전임의사로 고대 그리스 의학을 대성함)는 히포크라테스(460?-375BC)가 관상학을 창시한 인물로 주장하였는데, '관상을 보다(Physiognomize)'라는 동사를 처음 사용한 사람이 바로 히포크라테스였기 때문이라고 합니다.

히포크라테스는 임상의 관찰과 경험을 바탕으로 한 과학적 사고로 의학 체계를 세웠습니다. 인체는 혈액, 황담즙, 흑담즙, 점액으로 이루어져 있으며 체내의 혈액, 황담즙, 흑담즙, 점액 등 체액이 서로 균형을 이룰 때 건강이 유지되지만 균형이 깨지면 병이 발생한다는 체액설(Humoral theory)을 세웠습니다. 그는 환자를 관찰할 때 환자의 겉모습(관상)은 건강 상태를 측정하는 가장 확실한 증상 가운데 하나로 보았습니다. **겉모습과 체질의 차이를 가져오는 원인을 자연환경의 영향으로 보았습니다. 혈액은 봄, 황담즙은 여름, 흑담즙은 가을, 점액은 겨울로 연관시켰습니다.** 히포크라테스는 몸의 생김새, 즉 관상을 보고 성격을 파악하여 그 성격의 특성 때문에 나타나는 체질을 알아내어 사람을 4종류로 분류하고, 각각의 체질에 맞는 처방을 내렸습니다. 그는 의학의 분야에서 미신과 마법을 반대하였으며, 직접 환자를 관찰, 기록하여 치료하고 경험을 중요하게 여기는 분석적이고 과학적인 방법으로 의학 체계를 세웠습니다.

이후에 갈레노스가 히포크라테스의 체액설을 발전시켜 혈액은 다혈질, 황담즙은 담즙질, 흑담즙은 우울질, 점액은 점액질 등 **4가지 기질설로 개선하여 성격유형론이 시작된 것으로 보입니다.** 18세기 칸트(Imaual Kant, 1724-1804)는 혈액의 움직임의 속도와 온도를 기준으로 다혈질을 경혈, 담즙질을 온혈, 우울질을 중혈, 점액질을 냉혈로 분류하였습니다. 20세기에 들어서는 근대 심리학의 아버지로 부르는 분트(Wilhelm M. Wundt, 1832-1920)는 세계 최초의 심리학 실험실을 라이프찌히 대학에 만들어 감각 심리학 연구를 시작하였으며, 그의 성격유형론도 갈레노스의 네 가지 기질설에 근거를 두고 있습니다.

1921년 독일의 정신의학자 크레츠머(Ernst Kretsmer, 1888-1964)의 『체격과 성격』이란 저서에서 체격을 세장형, 투사형, 비만형, 발육부진형 등 4가지로 분류한 것과 셀돈(William Sheldon, 1899-1977)이 분류한 내장간장형, 신체간장형, 대뇌간장형 등으로 생물학적·체질적 특질을 연구한 유형론은 갈레노스의 기질설을 이어받아 발전시킨 것으로 생각됩니다.

심리학적 특성을 연구하여 성격을 외향성과 내향성으로 분류한 성격유형론을 내어 놓은 사람은 칼 구스타프 융(Carl Gustav Jung, 1875-1961, 스위스 정신과의사, 분석적 심리학자)입니다. 현재 많은 심리학자들이 성격에 대한 연구를 진행하고 있습니다. 자연과학인 유전학과 뇌 과학의 발전의 도움으로 사회과학인 성격심리학도 비약적인 발전이 기대됩니다.

동양의 성격 이야기

미국 오하이오 주립대학원에서 필자가 공부하고 있을 때 주의를 기울이지 않으면 나도 모르게 'my wife'를 'our wife' 또는 'our father', 'our mother'라고 미국 친구들에게 말을 해서 그들을 놀라게 한 경험이 있습니다. "Jae Kim, 너의 부인을 여러 사람이 공유하느냐?" 우리 문화에서 '나'라는 존재를 앞세우는 것은 예의 없는 행동이 됩니다. '나'라는 개념은 우리 속에 포함되어 있습니다. '나와 너'는 '우리' 안에 있습니다.

기원전 8세기(혹은 기원전 9세기) 작가인 호메로스(Homerose)가 쓴 『일리아스(Illias)』와 『오디세이아(Odyssey)』에 인간들은 개성을 지닌 독특한 존재로 묘사되었습니다. 기원전 6세경에 그리스가 세계 유일의 민주국가를 세운 것은 자신의 삶은 스스로 주관하는 것이므로 자신이 원하는 대로 자유롭게 행동할 수 있다는 개인의 자율성에 대한 확신의 결과로 생각됩니다.

그리스인들은 생업으로 목축과 밀, 감자를 재배하였으며 지중해의 해상무역을 통해 경제력을 키우고 다양한 문화와 교류하게 되었습니다. 목축업과 해상무역은 개인의 자율적인 일들이 대부분입니다. 자신의 삶을 스스로 주관할 수 있다는 스스로의 깨달음과 확신은 이러한 환경에서 비롯된 것으로 믿는 것은 무리한 생각일까요?

'나'를 자각한 후에는 '나'의 세계와 '나'가 아닌 것으로 분리된다고 합니다. '나'는 주관적이지만 '나' 아닌 것은 모두 객관적인 세계가 됩니다. "나'가 어떻게 '나' 아닌 것을 알 수 있는가?'라는 문제가 뒤이어 생기고 드디어 인식론이 서양철학의 하나가 되었습니다. 중국 사상사에서는 한 번도 '나'(개인)에 대한 뚜렷한 자각이 없었기 때문에 '나'와 '나' 아닌 것이 뚜렷이 분리된 적이 없었다고 풍우란(馮友蘭, 1895-1990, 중국철학자) 교수는 말하였습니다.

중국인들은 쌀농사가 주요한 생업이었습니다. 그리스인의 목축업과 가을에 씨를 뿌리고 그다음 해 여름에 수확하는 밀재배는 잡초와의 전쟁이 심하지 않지만, 쌀농사는 봄에 씨를 뿌리기 시작하여 수확할 때까지 잡초와의 전쟁이 계속되는 잔손이 많이 들어가는 힘든 작업 형태입니다. 가족 모두가 함께 일해야 하고 마을 전체가 협동해야 농사일이 조금은 힘이 적게 들기 때문에 자연스럽게 마을 공동체 생활을 하게 되었습니다. 공동체가 원만하게 유지되기 위해서는 화목한 인간관계를 맺고 나를 내세우지 않고 평범하게 삶을 이어가는 것이었습니다. 유교의 도덕적 핵심인 삼강오륜을 지켜야 하는 이유입니다. 인간은 사회적 동물이고 도덕적 동물임을 고대 중국인들은 생활에서 실천했습니다.

쌀농사가 풍년을 맞이하려면 사람의 성실한 노력도 필요하지만 가뭄, 홍수, 태풍 같은 자연재해가 없어야 합니다. 자연의 도움 없이는 쌀농사의 풍년은 불가능하였습니다. 고대 중국인들이 친자연적이 된 것은 당연한 것이었습니다. 고대 중국인은 우주간의 사물들은 서로 연계되어 있고 그 안에서 존재하는 인간도 마치 그물망의 일부분으로 서로 얽혀 있다고 믿었습니다. <u>**천지만물은 한 사람의 몸과 같다고 생각해서 사람을 작은 우주로 보았습니다.**</u>

그리스인들은 개인을 독립적이고 개별적인 존재이며 자신의 운명을 스스로 통제할 수 있다고 믿었습니다. 이와는 다르게 고대 중국인들은 인간을 사회적이고 상호의존적인 존재로 생각하고 사회는 하나의 커다란 유기체이며 개인은 그 유기체의 한 구성원이었습니다. '모난 돌이 정 맞는다.'라는 격언이 있습니다. 뾰족한 성격을 가진 공동체 구성원은 공동체 화목에 나쁜 영향을 미치게 됩니다. 거친 돌을 정으로 다듬어 둥글게 만들 듯이 뾰족한 성격을 구성원들과의 인간관계에서 부드럽게 변화시키는 것은 구성원들의 의무입니다.

대부분 어린이들은 가족으로부터 사회화 교육을 받게 됩니다. 동아시아에는 개인의 자율성보다는 공동체 자율성을 앞세웠습니다. 개인의 성격보다는 공동체의 사회적 성격을 중요하게 생각했습니다. 공동체 생활에서는 타고난 성질이 다양한 성격으로 형성되고 밖으로 드러나는 데는 한계가 있었습니다. 공동체 생활에 알맞은 성격만이 겉으로 드러나 있었습니다. '나'는 '우리' 속에만 존재하게 되었습니다. 서양의 시각으로 보면 동아시아 사람들은 개성이 없는 것처럼 보입니다. 사회적 환경, 즉 문화는 어떤 가능성을 실현하도록 강요하고 다른 가능성을 금지하는 장본인이라고 합니다. 그러나 우리들의 조상인 현생 인류로부터 물려받은 우리의 유전자는 융통성이 매우 커서 환경에 따라 폭넓은 가능성을 드러냅니다. 동양에서도 타고난 성격을 바탕으로 개인의 성격은 형성되어 있었지만, 공동체 문화에서는 겉으로 드러나지 않고 우리의 내부에 엎드려 숨어 있었을 뿐입니다.

가을 서쪽 하늘에 수십만 마리 가창오리 떼의 질서정연한 군무를 보면 항상 경이로움을 느낍니다. 겉모양으로만 보면 동양인의 행위는 가창오리의 군무처럼 보일 수 있습니다. 동양인에게 있어서 행위란 다른 사람들과의 관계에 의해 조정되고 또한 다른 사람에게 영향을 주는 것이기 때문에 인간관계에서 화목과 조화를 유지하는 것이 사회 생활에 가장 중요한 목표가 됩니다. 개인의 자율성보다는 공동체의 자율성이 우선되는 사회입니다. 저의 집 가훈도 '화목'입니다.

반면 주요한 생업인 목축과 상업의 문화 자연환경이 그리스인으로 하여금 개인을 독립적이고 개별적 존재로, 그리고 자신의 운명을 스스로 통제할 수 있다는 믿음을 갖게 한 것으로 생각됩니다. 쌀농사를 주요한 생업으로 한 고대 중국인들은 예측하기 어려운 자연환경에 대응하고 적응하기 위한 공동체 생활에서는 사회적이고 도덕적이며 상호의존적, 친자연적 인간이 되는 것이 자연스럽습니다. 1만 2천 년 전 농업혁명 이후에 만들어진 서양과 동양의 문화의 작은 차이는 유지 발전되어 근대까지 진행된 것으로 보입니다.

가뭄, 홍수 그리고 태풍과 같은 자연재해가 기원전 5세기에서 기원 후 15세기까지 동아시아 쌀 재배 지역에 많았던 것으로 알려져 있습니다. 지금처럼 관개시설이 잘 되어 있어도 풍년을 기대하기 어려운데, 그런 시설이 없었던 때에는 농민은 자연의 혜택에 의존할 수밖에 없었습니다. 여기에 전쟁도 많아 농민의 삶은 바람 앞의 촛불처럼 생명의 위급함을 안고 살아야 했었습니다. 그러나 다른 동물들과 다르게 인간은 미래에 대한 꿈을 가지고 삶을 이어갑니다. 미래에 마주하게 될 좋은 일, 흉한 것, 언짢은 일과 복된 일 등을 예측하는 노력을 하였습니다. 고대 중국에서 이에 대한 여러 가지 방법을 생각해 내고 발전시켰습니다..

우주 안에 있는 사물들은 인간 생활에서 일어나는 여러 가지 일과 상호 영향 관계가 있는 것으로 인식하고 있었던 고대 중국인들은 여러 가지 술수(음양, 점서 등으로 인간의 화복을 점치는 방법, Occult Arts)로 우주 안에 사람의 주의를 끌 만한 현상을 관찰하여, 인간의 길흉화복을 예측하려는 시도를 하였습니다. 천문(天文, Astrology), 역보(歷譜, Almanacs, 책력), 오행(五行, Five elements, 木火金水土), 시구(蓍龜), 잡점(雜占, 해몽점이 대부분), 형상법(形像) 여섯 가지가 중국 옛 책에 쓰여 있습니다. 중국 고서에 "사람의 관상을 잘 보았다.", "사람의 생김새나 안색을 보고 길흉화복을 알아맞힌다고 세상 사람들이 놀랐다."는 기록은 형상법의 술법입니다.

음양오행가들은 6가지 방법 중에 천문, 역보, 오행 등을 융합 발전시켜 자연계와 인류 사회에 대해서 일종의 통일적으로 해석하고 이론화하여, 하나의 일관된 우주관을 성립시켜 음양오행설을 주장했습니다. 여기에 상상력을 동원하여 자연계와 인간계에 대해서 갖가지로 일어나는 일들을 예측하였습니다. 중국 전한(206-81BC)의 유학자 동중서(197-104BC)는 전국시대(403-221BC) 이래의 음양오행 사상을 체계화시켰습니다. 그는 사람을 우주의 축소판이고 하나의 작은 우주로 보았습니다.

저는 작은 농촌마을에서 태어나고 자랐습니다. 견우직녀 설화에 의하면 음력 칠월 칠석날 밤에는 견우별과 직녀별이 은하수를 건너 일 년에 단 한 번 만나는 밤입니다. 두 남녀의 별이 만나는 것을 보려고 마당에 돗자리를 펴고 누워 밤하늘을 열심히 올려다 보았습니다. 누님들이 저의 별을 찾아보라고 했습니다. "사람이 태어나면 하늘에도 별이 태어난다." 하였습니다. 그때 별똥별이 밝은 빛줄기를 내면서 사라졌습니다. "누가 죽었나보다." 누님은 작은 소리로 이야기했습니다. "별도 죽는 거야?", "사람이 죽으면 그 사람별도 죽는단다." '별똥별이 드문드문 떨어지네! 나의 별은 하늘에서 오래오래 빛났으면 좋겠다.'고 마음속으로 소원했었습니다. 학교에서 과학을 배우면서 설화와 현실의 차이를 알게 되었지만, 상상의 날개를 마음껏 펼칠 수 있는 설화의 세계에 오래 머물고 싶었습니다. 고대 중국의 점성술이 문화 유전자가 되어 나에게도 전래된 것 같은 생각이 들었습니다.

서양은 몸과 몸의 겉모습(관상)으로 개인의 미래에 대한 예언과 성격을 분석하였습니다. 중국도 관상으로 예언과 성격분석을 해온 것은 비슷하고 여기에 점성술이 가미된 것도 비슷합니다. 관상과 점성술은 모든 문명에 보편적으로 같은 시기에 나타나는 현상이며, 언어의 등장으로 인류 역사가 시작된 이래 의식적으로, 또는 무의식적으로 끊임없이 행해지는 시간의 흐름에 따라 변화하는 인류의 습관으로 역사가들은 말합니다.

관상학과 점성술로 사람의 미래를 예언하고 성격을 알아보는 일은 전문가만이 할 수 있는 일이었습니다. 고대나 현대나 사람은 누구나 자신의 미래와 성격을 알고 싶어 합니다. 현재 인구가 약 5천만인 한국에 역술인과 무당이 100만 명이 넘는다고 합니다.(2017년 11월 25일 조선일보) 수요공급의 법칙이 여기에도 해당되지 않을까요? 특히 명리학(사주학)에 대한 관심이 높습니다. 이해하기가 쉽기 때문입니다. 사주 내용의 상당부분이 개인의 성격에 대해 설명하고 있습니다. 그러나 성격에 대해 체계화가 되어 있지 않아 많은 아쉬움이 있어 필자가 관심을 가지게 되었습니다. 서양의 성격 연구는 형식상의 체계를 갖추고 있지만, 동양의 성격 연구는 사주학 안에 여기저기 흩어져 숨어 있습니다.

사람의 길흉화복과 성격을 알아보는 명리학에 점성술을 가미하고 12개 별자리를 각각 동물로 표현하여 쉽게 이해하고 활용할 수 있도록 중국의 당나라(618-907) 때 이허중(李虛中)이 체계화한 것으로 알려졌습니다. 사주학이 언제부터 시작되었는지는 알 수 없으나 한나라 유학자 동중서가 음양 오행 사상을 체계화한 이후로 추정되고 있습니다. 이후 송나라(960-1270) 때 서자평(徐子平)이 오행과 상생·상극 이론을 확장하여 명리학을 발전시켰습니다. 이후 여러 종류의 사주학이 쓰여지고 사용되었습니다. 대부분은 귀족과 남성들 것만 인용된 것으로 보면 상류층에서 활용된 것으로 생각됩니다. 청나라(1619-1912) 말기에 『궁통보감』이 출판되었습니다. 이 책에 명나라(1368-1644) 때의 유명 인사들이 인용된 것으로 보아 명나라 혹은 청나라 때에 쓰여져 사용된 것으로 추정되나 정확한 연대와 저작자는 알려져 있지 않습니다. 또한 언제부터 일반인들이 명리학을 활용하게 되었는가는 알려져 있지 않습니다. 현재까지도 옛 것이 그대로 사용되고 있습니다. 표현 방법도 쓰인 말씨도 고어체입니다. 필자의 능력부족으로 명리학(사주학)의 발전과정을 자세하게 밝히는 것에 한계가 있음을 마음에 몹시 사무치게 느껴집니다. 온고지신(溫故知新), 옛것을 밝혀 새로운 지식과 견해의 범위를 넓히려고 합니다. 무모한 도전이라는 비판도 감수하려고 합니다.

나는 누구인가?

1980년 우리의 대중가요 중에 '타타타'가 인기를 누렸습니다. "네가 나를 모르는데 난들 너를 알겠느냐! 한치 앞도 모두 몰라 다 안다면 재미없지. 바람이 불면 바람으로 비오면 비에 젖어 사는 거지… 후략". 1970년대 시작한 산업화는 마을 공동체로 비좁은 토지에서 겨우겨우 삶을 이어가던 농부들은 조상들 때부터 수백 년 또 수십 년 살아오던 정든 고향을 떠나 낯선 대도시의 공장으로 새로운 직업을 가지고 자신의 꿈을 이루기 위해 몰려들었습니다. 농부들은 대대로 물려받은 지긋지긋한 가난으로부터 탈출하기 위해 푸른 꿈을 안고 삶의 터를 옮겼습니다. 날마다 공장, 이웃, 거리에서 만나는 사람은 모두가 타인들이었습니다. 모두가 다른 나라 사람처럼 느껴졌습니다.

'너 자신을 알라'라는 유명한 글귀는 고대 그리스 철학자 소크라테스(Socrates, 470-399BC)가 젊은이들에게 강조하여 가르칠 때 사용한 글귀입니다. 젊은이들을 스스로 자기에 대한 깨달음을 가르쳤습니다. 개인은 독립적이고 개별적인 존재임을 확인시켰습니다. 그러나 동양 사상 속에는 개인은 특정 공동체에 소속된 구성원 '우리' 속의 '나'였을 뿐입니다. 나(개인)에 대한 뚜렷한 자각이 없었다고 합니다. 자기 자신이 놓여 있는 상황이나 환경에 대하여 자기의 위치·가치·의무·사명 등을 스스로 깨달을 수 있는 문화 환경이 아니었습니다. 동양에서의 개인 역할은 공동체 내에 맡은 바 역할을 충실히 하면 됩니다. 이런 문화는 수천 년에 걸쳐 만들어졌고 동아시아 문화권에서 이어져 왔습니다. 이러한 사회 환경은 청소년들에게 주체성(identity) 확립의 '나는 누구인가?'를 어렵게 만들었습니다.

서양 심리학자들은 '나는 누구인가?' 즉 주체성이 청년기에 만들어진다고 합니다. 개인의 욕구, 능력, 신념, 그리고 한결같은 자기 됨됨이를 이루려는 발달 역사 등이 조직된 것을 주체성이라고 합니다. 개인의 욕망과 욕구는 사회적 지위를 얻는 주요한 원동력입니다. 개인의 이익과 욕구는 동양에서는 상당히 억압되어 왔습니다. 사리사욕(私利私慾)은 도덕의 큰 흠결이었습니다. 이 같은 문화 환경에서 개인의 주체성 확립은 거의 불가능한 일이었습니다. '나'는 독립적인 존재가 될 수 없고 '우리' 속에만 존재할 뿐입니다.

해방 후 서양식 교육이 전면적으로 실시되었지만 전체 인구의 90% 이상이 농민이었고 마을 공동체적 생활이 계속되어 개인의 주체성 확립이 어려운 환경이었습니다. 1970년대는 산업시대의 시작입니다. 산업화와 함께 홍수처럼 밀려오는 서양 문화가 사회 모든 분야에서 급격한 변화를 일으켰습니다. 하루하루 달라지는 사회 환경 변화에 모두가 큰 충격을 받아 우왕좌왕하면서도 자신의 미래에 대한 밝은 희망을 가지게 되었습니다.

산업화의 물결은 '나는 누구인가'라는 질문으로 젊은이들에게 깨우침을 주었습니다. '농업은 천하의 큰 근본이다'라는 믿음 아래 농사짓는 일을 타고난 직업으로 받아들일 수밖에 없었던, 다른 직업을 가질 가능성이 거의 없었던 많은 사람들에게 산업화 사회는 개인의 주체성을 확립하여 개인이 원하는 직업을 가질 수 있는 기회를 주었습니다. 자신의 목표가 분명하게 정해지자 자신을 믿고(self-confidence) 자신이 선택한 자신의 삶의 길을 머뭇거림 없이 힘차게 앞으로 나아갈 수 있게 되었습니다.

저는 1960년대 초반에 농사일이 많은 집을 떠나 고등학교를 다녔습니다. 산업화의 기운이 싹트기 시작하는 시기였습니다. 다행히도 집을 떠나 나 홀로 있는 시간을 가지면서 어렴풋이 '나'를 생각하는 기회를 가지게 되었습니다. 저는 잃어버린 나를 찾아 나의 내면으로 내려갔습니다.

'나는 누구인가? 나는 이 세상에서 무엇을 해야 하는가? 내가 정말로 원하는 직업은 무엇일까? 내가 원하는 것들을 이루어 낼 수 있는 능력이 있을까? 어떠한 삶이 후회 없는 인생이 될 수 있을까?'하는 질문을 나에게 수없이 반복했습니다. 한 학기가 지나면서 나의 본 모습이 어렴풋이 보이기 시작했습니다.

나의 사회적 위치에 대한 욕망, 나의 사회적 역할과 능력 그리고 삶의 철학 즉 인생의 가치관과 생활태도를 정할 수 있었습니다. 저는 책상 앞에 '너의 사회적 위치는?'이라는 글귀를 붙여 놓고 매일 낭독하였습니다. 저는 대학 진학 후에 직업 선택은 나의 성격과 나에게 주어진 여러 가지 현실 조건을 고려하여 깊은 고민 끝에 결정했습니다. 저는 직업에 알맞은 성격 유연성도 교수님들의 지도로 행동에 옮기려고 반복해서 노력했습니다. 저는 교육자의 삶이 나의 성격과 능력, 그리고 신념에 꼭 들어맞는 것임을 교수가 된 후에 확인할 수 있었습니다. 저의 가문에 훌륭한 교육자들이 많이 계셨음을 뒤늦게 알게 되었습니다. 제가 성격에 알맞은 직업을 선택할 수 있었던 우연과, 조상들이 물려준 교육자의 자질을 가지게 된 필연이 나의 삶의 역사에 아름다운 화음이 되어 행복한 인생길을 걸을 수 있었음을 고백합니다.

한 번도 만나 보지 못한 모르는 사람들과 같은 일터 또는 일상생활에서 만나게 될 때 긴장되고 당황스러운 경험을 많이 하도록 만들어 준 것이 산업 사회입니다. '저 사람은 어떤 사람일까? 친구가 될 만한 사람일까? 나에게 해를 끼칠 사람인가? 직장상사들은 성격이 까다로운 사람일까? 저 사람은 나를 어떻게 생각할까? 내가 먼저 말을 걸어볼까?' 등 수많은 생각들이 꼬리를 물고 이어졌을 것입니다. 직장에서 맡은 일도 쉽지 않지만 더욱 어려운 것은 윗사람과 동료들과의 인간관계입니다. 신뢰를 바탕으로 해야 할지 이익을 기준으로 교류해야 되는지 결정이 쉽지 않음을 마음에 몹시 사무치게 될 것입니다. 마을 공동체 생활은 신뢰와 서로 도와주는 것을 기본으로 인간관계가 되어 있었는데, 산업 사회에서는 신뢰와 개인 이익을 바탕으로 서로 사귐이 이루어지고 있는 현실에 당황할 수밖에 없었을 것입니다.

동북아시아의 보통 사람들은 '타타타' 대중가요 가사처럼 농업시대의 자연환경에 순응하며 사는 것처럼, 산업 사회의 사회 환경에서도 상황의 변화에 따라 빠르게 적응하며 자신의 인생목표를 향해 힘차게 나아가겠다는 의지가 엿보입니다. 개인의 이익을 추구하는 것은 생물학적 본능입니다. 우리는 인위적인 것을 수행할 때는 에너지가 많이 소모되지만 자연적인 것을 수행할 때는 에너지가 적게 소모됩니다. 산업 사회 환경은 개인의 이익 추구를 합리화하고 있기 때문에 점잖게 천천히 걷고 있던 농업시대 사람들도 산업시대에 들어서면서 달라지기 시작했습니다. 조용하고 고요한 사회가 활기 넘치는 역동적인 사회가 되면서 활동적이고 적극적인 성격을 가진 사람들을 선호하는 시대가 되었습니다.

'우리'라는 집단에서 빠져나와 '나(개인)'가 독립되었습니다. 자율성을 가진 '나'가 되자 자신의 삶도 스스로 책임을 져야 한다는 것을 깨닫게 되었습니다. 자신의 주체성 '나는 누구인가?'를 알아야 자신을 책임질 수 있고, 자신의 주체성에 맞게 생활을 통제할 수 있게 됩니다.

나 자신을 알게 되면 다른 사람들의 참모습도 점점 알게 됩니다. 우리는 여러 사람들과 사귀어 가까이 지내면서 다른 사람들에게 비춰진 자신의 모습을 보게 됩니다. 보통 사람들은 쉽게 드러나는 자신의 성격도 알게 됩니다. 자기가 주관적으로 보는 자기 모습과 객관적으로 보이는 모습과의 차이가 있음을 알게 됩니다. <u>사람은 자기를 볼 때는 주관적으로, 타인을 볼 때는 객관적으로 본다는 것은 진리에 가깝습니다.</u>

그러나 오랜 기간 공동체(집단) 생활의 관습에 익숙해진 문화 때문인지 자신이 누구인지, 즉 자신의 주체성을 모르는 채 이 세상에서 무엇을 해야 하는지, 자신이 원하는 것이 무엇인지도 모른 채 자신의 삶의 목표를 정하지도 않은 채 부모들의 보살핌 그늘 아래 삶을 이어가는 젊은이도 많습니다. 캥거루족은 세상에 나가는 것이 두려워 어미의 보호주머니 안에 머물고 싶어 하는 젊은이들을 뜻합니다. "저의 아들은 성실했었습니다. 부모님 말을 거역한 적도 없습니다. 대학교까지 무사히 다녔고 군대도 갔다 왔고, 취업준비를 위해 도서관에 몇 년을 다녔습니다. 그리고 여러 해가… 지금은 아들과 대화도 끊겼습니다…" 캥거루 가족의 부모들의 한숨 소리가 귓전에…

서양에서 3~4백 년 만에 이룩한 산업화 사회를 우리나라는 단지 30~40

년 만에 이루어내고 정보화 사회에 들어섰습니다. 우리는 미리 준비하지도 않은 상태로 도도하게 흐르는 산업·정보화 사회에 맨몸으로 뛰어들어 한강의 기적을 이룬 나라로 세계는 평가하고 있습니다. 한국은 지난 2천 년 동안 900회 이상의 외국의 침범에도 살아남은 저력을 지닌 작지만 강한 국가입니다. 현재 우리 사회는 서양의 가치관인 '나'와 동양의 가치관인 '우리'가 충돌하고 겹치면서 모순과 긴장을 일으키는 변화의 천이(遷移: 일정한 지역의 식물군락이 시간이 흐름에 따라 변천하여 가는 현상) 지대에 있습니다. 내향적인 성격을 우선하던 농업시대에서 외향적인 성격이 우선되는 산업·정보화시대에 들어섰습니다. 변화를 열망하고 변화에 도전하는 것을 즐기는 외향적 성격을 가진 사람은 내향적인 사람보다 산업·정보화 사회의 빠른 변화에 적응력이 강한 것으로 생각됩니다.

우리는 자신의 성격과 타고난 성질을 제대로 알고 있다면 아무리 빠른 사회 환경 변화에도 대응하고 적응할 수 있다고 생각됩니다. 필자가 사주학으로 성격을 분석한 결과를 보면 대부분 사람들은 음(내향적 성격)과 양(외향적 성격)의 성격을 함께 가지고 있습니다. 사회 환경 변화에 따라서 그때그때 상황에 꼭 알맞은 음 또는 양의 성격이 나타날 수 있습니다. 이러한 양면의 성격을 가지고 있어서 많은 한국 사람들이 빠르게 변화하는 산업·정보화 사회에 대응하고 적응하여 한강의 기적을 이뤘다고 믿고 있습니다. 그러나 너무나 빠른 사회 환경 변화에 적응하지 못하는 사람들은 삶의 목적과 방향감각을 잃고 세상의 응달에서 가쁜 숨을 몰아쉬고 있습니다.

자기의 성격을 있는 그대로 받아들이고, 활용하는 방법을 알고 준비하면 변화가 빠른 사회 환경에서도 어렵지 않게 자신의 삶을 행복하게 경영할 수 있고 주어진 자신의 운명을 선택할 수 있다고 생각합니다. 성격을 제대로 알아야 할 필요성이 여기에 있습니다. 성격은 어떻게 형성되는 것일까요? 타고나는 것일까요? 환경의 영향에 의해서 만들어지는 것일까요?

2장
사주로 성격을 알 수 있다?

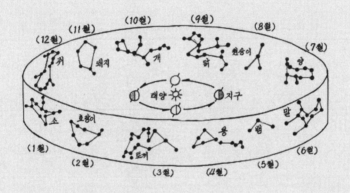

심층생태학은 세계를 분리된 사물(인간 포함)들의

집적으로 보지 않고 근본적으로 상호의존적 현상들의

연결망으로 봅니다.(노르웨이 철학자 아르네네스)

이름은 사주에 맞추어 짓는다?

중국 최초 과학 분야 노벨생리학상을 수상한 인물은 '개똥쑥'에서 뽑아낸 '아르테미시닌'으로 말라리아 특효약을 만든 투유유(屠呦呦)로 중국 전통의학연구원 교수입니다. 그의 이름 '유유'는 중국 고전인 『시경(詩經)』의 「소아(小雅)」의 '사슴이 울면서'라는 시의 첫 구절 "사슴이 울며 들판에서 햇쑥을 뜯네."(呦呦鹿鳴 食野之萍 유유녹명 식야지평)에서 따온 것으로 알려졌습니다. 한자 문화권에서는 출생한 자녀의 이름을 사주에 맞추어 짓는 것이 오랜 생활 풍습입니다.

시 구절에서 따온 그녀의 이름이 운명을 예언하는 듯한 느낌이 듭니다. 그녀는 이른 봄의 찬바람에 눈물을 머금으며 새로 돋아난 쑥을 찾아 들판을 사슴같이 누빈 것처럼 전통의학 연구에만 그녀의 모든 것을 바쳤습니다. 그녀는 박사학위도 유학 경험도 최고 과학자 칭호도 없는 이름 없는 과학자로 소홀히 대접을 받으면서도 그녀의 이름처럼 개똥쑥 연구에만 열심히 마음을 쓰며 말라리아 특효약 연구에 열정을 집중하였습니다. 저의 이름은 재철(栽심을 재, 喆밝을 철)입니다. 아버지이 지어준 이름입니다. 재철이란 이름은 계몽이란 단어와 같은 의미를 보입니다. 밝음을 심고 키우는 사람이 되라는 부모님의 소원이 담겨져 있습니다. 저는 교육자가 되었습니다. 교육은 저의 성격에 꼭 맞는 직업이었습니다.

성격 표현 용어

심리학자인 노먼(Norman)과 골드버그(Goldberg)는 3,600개의 성격 특징 용어 목록을 만들었습니다. 이 연구는 대부분 심리학자들이 받아들이는 5대 성격요인 모델(Big five-factor model of personality)의 기초가 되었습니다. 한국의 한덕웅(1942-) 교수는 국어사전에 있는 사람의 성격을 표현하는 데 적절한 용어 1,000개를 성격 용어로서의 의미상 독립성을 기준으로 가려내어 1992년 발표하였습니다.(박하청, 2006) 동아시아 문화권에서는 개인의 성격에 대한 체계적인 연구가 이루어지지 않았습니다. 이러한 이유로 동아시아 심리학자들도 대부분 체계화된 서양심리학을 바탕으로 연구할 수밖에 다른 방법이 없습니다. 최근 서울대 김성수 교수가 「기업에서 중간관리자의 성격이 기업성과에 미치는 영향」이라는 논문으로 미국 산업조직 심리학회의 최우수 논문상을 받았습니다. 이 연구도 많은 심리학자들이 동의하고 지금까지의 연구 중 가장 포괄적이고 신뢰할 만하며 유용한 분석들로 간주되는 5대 성격요인 모델을 바탕으로 이루어진 것입니다.

한덕웅 교수가 국어사전에서 뽑아낸 성격 특성 용어는 1,000개인데 노먼과 골드버그가 작성한 성격 특성 용어는 3,600개로 3.6배나 많습니다. 그리스 전통을 이어받은 서양은 개인의 개성이 자유롭게 표현될 수 있는 환경이었지만 동아시아 사회에서는 사회는 하나의 유기체이고 개인은 그 유기체의 한 구성원으로서 역할을 담당할 뿐, 개인의 자유는 공동체의 조직 유지에 거스르지 않은 한계 내에서만 가능했습니다. 공동체 생활 같은 사회적 환경에 적응한 삶을 산다 할지라도 사람은 내부에 인류 조상으로부터 물려받은 자유로운 자연인의 속성을 가지고 있습니다. 한 교수의 한국인의 성격 특성 용어가 1,000개로 밝혀진 것이 바로 그 증거입니다.

사주명리학은 현재 진행형이다

인간의 미래를 예언하는 술수(術數) 중에 사주명리학은 우리 문화에서 현재도 활발하게 살아 움직이고 있습니다. 왜 우리는 미래의 불확실성에 두려움을 느끼고 있는 것일까요? 지난 2천 년 역사에 외국의 침략이 900회 이상이었고 풍년과 흉년이 반복되는 어려운 농사 환경이 있었습니다. 외국의 침략전쟁은 개인에게는 참혹한 재앙이었습니다. 한 번도 뱀을 보지 않은 사람들이 실제 뱀을 보고 소스라치게 놀라는 것은 공룡시대에 살아남은 조상들의 경험이 후손에게 전달되어 우뇌 속에 저장된 것이라고 학자들은 보고 있습니다. 신경이 예민한 사람은 위험을 피할 확률이 높습니다. 미래에 대해 예민한 사람은 겨울을 대비하는 개미 같은 성격을 가지고 있습니다. 동아시아에서 한국에 사주학이 활성화되어 있는 것도 거의 2년마다 주변 강대국의 침략과 고난의 역사 환경의 영향으로 생각됩니다. 21세기 과학의 시대에 사주로 보고 미래를 예언하는 것은 미신으로 생각하고 버려도 될까요? 실험 후 버린 쓰레기에서 라튬을 발견한 퀴리부인처럼 명리학 속에 옛 현인(賢人)들이 숨겨 놓은 삶의 참지혜를 찾고자 시도하는 것은 헛수고일까요?

심리학자들은 성격 형성의 50%는 유전, 나머지는 50%는 태어난 후의 환경의 영향을 받기 때문에 같은 형제자매라도 부모로부터 이어받은 유전인자가 같지만 미세한 환경 변화와 개인의 경험이 달라서 성격 차이가 만들어진다고 합니다. 최근 심리학자의 몇 개의 연구에서 유전, 출생 후의 환경뿐만 아니라 태아 환경도 성격 형성에 미치는 것으로 보고 있습니다.

태아 환경과 성격 형성

필자는 2차 세계대전 막바지 무렵 1944년 5월 27일에 태어났습니다. 당시 한국은 일본제국 식민지였습니다. 몇 년간 세계 2차대전의 힘겨운 극심한 전쟁으로 식민지 주민의 삶은 식량부족과 굶주림으로 대부분 사람들이 극심한 고통을 견디고 있는 때였습니다. 아마도 저의 어머니은 저의 임신기간 동안 극심한 영양부족 상태에 놓여 있었을 것으로 생각됩니다. 청소년기에 형제자매들과 비교하여 잔병치레를 많이 했었습니다. 8남매 중에 3번째로 태어난 저는 키도 가장 작고 체격도 제일 약합니다. 연구보고서에 의하면 임신부가 굶주릴 때 태어난 아이는 몸무게가 적고 작은 체격을 가진다고 합니다. 굶주림 속에서 살아남기 위한 생존 본능에서 비롯된 결과라고 학자들은 주장합니다. 저의 경우가 좋은 실례로 생각됩니다. 20대 초반이었던 어머니의 몸 상태는 가장 좋은 젊은 시기이므로 저의 몸도 크고 건강했어야 되는데, 지금까지 항상 건강에 조심하며 생활하고 있습니다. 저의 성격 형성에 태아 환경이 영향이 미친 것 같습니다. 형제자매 중에 신경이 가장 예민하고, 삶에 대한 욕망은 제일 강한 편입니다. 생물의 생존 본능이 제가 태아일 때 사회적·역사적 환경 영향을 강하게 받은 것으로 생각됩니다.

제2차 세계대전 말 패전에 몰린 독일군이 자신들이 점령하고 있던 네덜란드 서부지역에 식량 공급을 차단해버렸습니다. 이로 인해 이 지역에 살던 주민들은 대부분 영양실조를 겪었습니다. 이 때 임신하여 태어난 아이들은 몸무게가 월등히 적었습니다. 과학자들은 "뱃속 태아일 때 영양 공급을 제대로 받지 못해 특정 유전자가 작동하지 못했기 때문이었다."고 말했습니다. (2017년 5월 16일 조선일보) 저와 같은 2차 세계대전의 피해자가 네덜란드에도 있었다니 연민의 정을 느낍니다. 독일의 심리학자 발테스(Baltes, P.B, 1980)가 인간발달에 영향을 주는 3가지 요인 중에 하나로 동시대 출생 집단 효과(Cohort effect; 사회적·역사적 환경 영향)를 제안했습니다. 필자가 조사한 10년 단위 연대별 출생(1950년대, 1960년, 1970년, 1980년, 1990년)별로 음양오행의 성격 요인 특성이 다르게 나타났습니다. 한국의 사회적 변화가 분명하게 드러난 시기였습니다. 동시대에 출생한 집단 효과를 명리학(사주)에서 태어난 '해'로 좁혀 적용이 가능하지 않을까 생각됩니다. 또한 몇몇 연구보고서에서 출생 계절에 따라 성격 수치가 다르다는 것이 발견되었습니다. 태아 환경과 출생 계절의 영향이 성격 형성에 몇 퍼센트 미치는 것인지에 대한 연구는 미래의 심리학자와 발생학을 연구하는 과학자들의 핵심 주제 중 하나가 될 것으로 심리학자들은 기대하고 있습니다.

태어난 연·월·일·시 즉 명리학(사주학)의 핵심인 음양오행성격 특성으로 1950~1990년 출생한 성인 1,340명의 성격을 필자가 계절별로 분석한 결과, 봄에 태어난 성인의 성격은 양(외향성) 57%, 음(내향성)이 43%이고, 가을에 태어난 성인의 성격은 양 53%, 음 47%로 나타났습니다. 여름에 태어난 성인의 성격은 양 41%, 음 59%이고 겨울에 태어난 성인은 양 38%, 음 62%였습니다. 2000~2004년 출생한 중·고등학생 369명을 조사한 결과 봄에 태어난 학생의 성격은 양 59%이고, 음 41%, 가을에 태어난 학생의 성격은 양이 75%, 음이 25%였습니다. 여름에 태어난 학생의 성격은 양이 42%, 음이 58%, 겨울에 태어난 학생의 성격은 양이 41%이고, 음이 59%였습니다.

제롬 케이건의 저서에 임신한 여성의 신체 생물학이 봄과 가을의 일조 시간 변화에 영향을 받기 때문에 태아의 성질 형성에 영향을 주어 출생 후 성격 형성에도 영향을 미칠 가능성이 있을 것으로 추정하고 있습니다.

2월 하순에서 5월 하순 사이(봄)에 수태되어 이듬해 1월~3월 사이에 출생한 태아는 8월 하순에서 10월 하순 사이(가을)에 수태된 태아보다 임신부의 멜라토닌 양이 더 작은 상태에서 임신됩니다. 멜라토닌은 임신부의 두뇌와 신체에 영향을 미치고 태아의 성장에도 그 영향이 미칠 것으로 보입니다. 멜라토닌은 유전자 활성화나 억제, 항산화 활동 증가, 임신 후 1개월부터 발달하고 있는 뇌에 영향을 끼치는 분자의 합성 등에 영향을 미치고 있습니다. 태아의 두뇌 성장은 인간 두뇌의 진화과정을 비슷하게 재현한다고 합니다. 태아의 환경이 태아의 두뇌 발달에 영향을 미치게 되는 것은 충분히 예상할 수 있는 일입니다.

충동과 본능 그리고 반사작용을 조절하는 원시적인 두뇌인 뇌간의 후각엽에서 감성의 뇌인 변연계로, 그리고 이성의 뇌인 여섯 겹의 신피질이 진화되었습니다. 수백만 년에 걸쳐 이루어진 두뇌 발달의 역사가 단지 10개월간의 태아의 두뇌에서 재현되는 것은 놀라운 일입니다. 임신부의 외적·내적 환경이 두뇌 성장과정에 크게 영향을 미치게 될 것입니다.

북반구에서 봄에 임신되어 이듬해 겨울에 출산하는 아이들이 정신분열증(자폐, 환각, 망상)에 걸릴 위험이 높다고 합니다. 가을에 임신되어 이듬해 여름에 태어난 아이들은 어린 시절에 극단적인 수줍음을 겪거나 어른이 되어서는 우울증이나 자살 충동에 시달릴 위험이 크다고 합니다.

내향성이 높은 사람은 타인과의 관계를 피하고 자신의 세계로만 가라앉아서 자폐가 되기 쉽습니다. 사주로 분석한 결과 겨울에 태어난 아이는 음(내향성)의 성격이 양(외향성)보다 많은 것으로 나타났습니다. 여름에 태어난 아이도 사주로 분석한 결과는 음의 성격으로, 다시 오행 성격 특성으로 분석하면 화(火)의 성격이 됩니다. 5대 성격 특성의 신경성에 해당합니다. 다이엘 내틀의 저서에서도 최근 몇몇 연구는 출생 계절에 따라서 성격 수치가 다르다는 것을 발견한 것으로 기록되어 있습니다.

태교는 필요한가?

이 책을 집필하기 위해 자료를 모으는 중에 감기로 내과의원을 찾아가 진료를 받은 적이 있습니다. 그때 진료한 여 의사선생님께 저의 두 번째 저서인 '인생의 내비게이션을 어떻게 구할 수 있나요'를 선물로 주면서 태교에 대한 대화를 조심스럽게 꺼냈습니다. "의사선생님은 혹시 임신 후 태교를 하셨나요?"라고 묻자, "예! 세 아이 모두 했습니다. 시부모님이 태교 하는 것을 바라기도 했고요!" 저는 다시 물었습니다. "태교가 아이들의 성격에 어떤 영향을 미쳤다고 생각하시나요?" 그러자 아래와 같은 이야기를 하였습니다.

첫 아이의 성격이 매우 쾌활해서 임신기간 동안 자신의 행동을 되돌아보았는데, 의대를 졸업하고 인턴과정 중에 생긴 스트레스를 풀기 위해 노래방을 자주 찾아가 신나게 놀았다고 합니다. 둘째 아이를 임신한 중에는 차분하게 생활했는데 둘째는 성격이 매우 침착하다고 합니다. 셋째 아이는 첫째와 둘째의 중간 성격인, 때로는 쾌활하면서 때로는 침착하기를 바랐는데, 셋째는 바라는 대로 되었다고 합니다.

사주로 아이들의 성격을 분석해 주고 싶었으나 우리 문화는 친밀한 인간관계가 아니면 마음의 문을 열어주지 않아 아쉬움이 남았습니다.

서기 1800년에 사주당 이씨가 완성한 『태교신기(胎敎新記)』를 2010년 5월에 한국문화사가 출간한 것을 읽었습니다. 태교가 중요하다고 믿고 있는 것은 우리나라의 관습이었습니다. 지금도 임산부들의 이에 대한 관심은 계속되고 있습니다. 여기에 태교 음악까지 등장했습니다. 태교가 태어난 아이의 성격에 어떻게 영향을 미쳤는지 과학적인 통계로 조사되지는 않았지만 우리 사회의 지도층에서는 태교는 대대로 내려오는 그 집안 자손의 번성과 사회적 지위를 이어가는 방법으로 믿고 있었습니다. 중국 주(1100?~256BC) 나라를 세운 무왕의 할머니 태임이 무왕의 아버지, 문왕(서백창)을 임심했을 때 태교를 했다고 합니다(안병욱 교수 『인생론』 p87). 스토트(Stott, D.H 1973)가 조사하고 발표한 임산부의 스트레스 중 부부싸움이 신생아에 대한 영향이 가장 큰 것으로 드러났습니다. 태교의 중요성을 증명해 주는 논문입니다.

　　별은 빅뱅(Big Bang, 대폭발)에 의해 탄생한다고 합니다. 빅뱅과 함께 시간과 공간이 시작됩니다. 사람의 생명은 정자와 난자의 결합으로부터 시작합니다. 이 생명체에게 어머니의 자궁 안에서 시간이 시작되고 공간도 가지게 됩니다. 어느 철학자는 "생명체는 시간과 공간에 묶여 있는 존재"라고 말했습니다. 사주는 천간(天干: 갑, 을, 병, 정, 무, 기, 경, 신, 임, 계) 10개의 문자와 지지(地支: 자, 축, 인, 묘, 진, 사, 오, 미, 신, 유, 술, 해) 12개의 문자로 생년, 생월, 생일, 생시를 순환적으로 짝을 지어 만들었습니다. 하루 24시간을 2시간씩 나누어 지지로 표현했습니다. 자시는 0~2시, 축시는 2~4시, 해시는 밤 10~12시입니다. 지지는 시간을 의미하며 이해하기 쉽게 12개월을 대부분 알고 있는 동물로 표현하였습니다. 천간은 공간적 의미가 있습니다. 간성(干城)은 국가를 위해 방패가 되고 성이 되어 외적을 막는 군인이라는 의미입니다. 간성의 의미를 확장하면 자기만의 성, 즉 자기만의 공간을 확보한다는 의미가 될 수 있습니다.

아들이 초등학교 3학년 때 자기 방문에 '요노크'라는 문패를 달아 놓은 것을 보고 깜짝 놀랐습니다. 아들이 자신만의 공간을 가지겠다는 의도는 부모로부터 독립을 하겠다는 독립선언에, 한쪽으로는 반갑고 한편으로는 서운했던 추억이 있습니다.

개인의 인생사는 하루하루 시간의 흐름에 맞추어 개인이 사회에서 공간확보(지위 확보)와 사회 생활의 범위를 확장(공간 확장)해 나가는 과정이라 생각됩니다. 세계 역사는 지금도 계속되고 있는 국가간의 공간(영토) 확장의 경쟁을 기록한 것입니다. 생년, 생월, 생일, 생시는 개인의 역사의 시작입니다. 이것들을 각각 천간(공간 의미), 지지(시간 의미)로 표현하여 사주를 만들어 놓은 것은 동양의 지혜의 덕택이라고 말하면 제가 억지를 부리고 우겨대는 것일까요? 중국 고대 국가 주(1100~256BC) 때부터 간지(천간과 지지의 약자)를 근거로 길흉을 판단한 것으로 알려졌습니다. 사주로 성격을 파악할 수 있게 된 과학적 근거가 태아 기간의 연구로 조금이나마 미신이라는 오명을 벗을 수 있다고 생각됩니다. 사주는 심리학자들이 연구하고 체계화한 성격 특성 유형론은 없습니다. 자기의 사주를 보는 대부분의 사람들은 자신의 미래에 대해 알고 싶어 했으나, 자신의 성격에 대한 관심을 갖지는 않았습니다. 사주책들을 자세히 들여다보면, 천간과 지지 그리고 음양오행에 성격 묘사가 많은 부분을 차지하고 있습니다. 명리학 전문가들은 사주 전체를 통합적으로 판단할 수 있지만, 일반인들에게는 여기저기 흩어져 있는 성격 묘사를 하나로 묶어 이해하기는 쉽지 않습니다. '구슬이 서 말이라도 꿰어야 보배'라는 속담처럼, 필자는 사주에 대한 지식이 없어도 쉽게 자신의 성격을 이해하고 활용할 수 있도록 정리하여 체계화를 시도하였습니다.

우리는 삶의 여행의 길 위에서 수많은 선택의 갈림길을 마주하게 됩니다. 행동의 선택은 성격 특성이 결정합니다. '어느 쪽을 선택하느냐'에 따라 삶의 역사가 달라집니다. 「선택하지 않은 길」이란 프로스트(Robert Frost, 1874-1963, 미국 시인)의 시입니다.

노랗게 물든 숲 속에 두 갈래 길
아쉽게도 두 길을 다 가볼 수는 없어
그곳에 한참 서서 덤불 속으로 접어든 한쪽 길
멀리 시선이 닿은 끝까지 바라보았네.

그리고 다른 길을 택했네.
똑같이 아름답지만 그 길이 더 나은 듯싶은 것은
거기에는 풀이 많고 아직 밟혀져 있지 않았기에
사실 두 길은 사람의 발길 흔적은 비슷하였지

그 날 아침은 두 길이 모두 아직 밟혀 더럽혀지지 않은
낙엽 속에 묻혀 있었다네.
아! 한쪽 길은 나중에 가기로 했지
하지만 길은 또 다른 길로 이어지는 것이기에
다시 돌아오지 못할 것을 알고 있었지만

지금부터 먼먼 훗날 어디에선가

나는 한숨지으며 이렇게 말할 것이다.

'숲 속에는 두 갈 길이 갈라져 있었는데

나는 사람이 덜 다닌 길을 택했노라고

그것 때문에 내 운명을 바꾸어 놓았다.'라고

　　외향적(양의 성격)인 사람은 먼저 행동하고 그 후에 생각합니다. 내향적(음의 성격)인 사람은 돌다리 앞에서 안전을 걱정하며 멈칫거립니다. '당신은 어떤 성격입니까?' 우리는 자기의 성격 특성대로 행동을 선택합니다. 이러한 성격에 의한 행동의 선택은 삶의 방향의 길잡이 되어 인생길을 이끌어 갑니다. 개인의 성격으로 어느 정도 개인의 행동을 예측할 수 있지만 언제 무엇을 할지는 마주치는 상황에 따라 변하기 때문에 정확하게 예측하는 것은 거의 불가능하다는 것이 심리학자들의 의견입니다. 오행성격 목, 화, 금, 수, 토의 성격이 같다 할지라도 이들의 성격을 파악하는 것은 쉽지 않습니다. 우리가 상대방 성격을 아는 것은 물에 떠 있는 빙산의 윗부분, 10% 정도만 알 수 있다는 의미입니다.

3장
성격의 이해와 활용

양 속 음의 씨앗

음 속 양의 씨앗

성격은 유전자 50%와 환경 50%가 만든 명작품입니다.

재능(강점성격) 어떻게 확장하고 발전시킬 것인가?

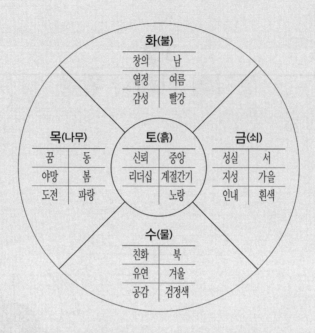

목	화	금	수	토
봄	여름	가을	겨울	계절간기
동	남	서	북	중앙
파랑	빨강	흰색	검정색	노랑

오행성격 특성의 활용

성격의 본바탕

음양과 오행성격 특성 활용 방법

오행성격 특성의 요약

오행성격 특성의 활용

지식을 얻고 실천하려는 용기는 위대함을 낳고 세상에 이름을 남깁니다. 누구나 자신이 알고 이해하는 것만큼 행할 수 있으므로 지혜로운 사람은 모든 것을 행할 수 있습니다. 오행성격 특성은 무엇을 이루고자 하는 마음(목의 성격), 일에 열중하는 마음(화의 성격), 차가운 사고(금의 성격), 예리한 통찰력(수의 성격), 그리고 새로운 생각과 과거 경험으로부터 자유로이 열린 마음(토의 성격)으로 이루어져 있습니다. 이러한 오행성격 특성이 자기 안에 있다는 것을 알고 활용할 때 성공적인 삶의 지름길이 눈앞에 펼쳐져 있는 것을 볼 수 있습니다.

성격의 본바탕

〔서양의 5대 성격 요인 모델〕
성격 형성은 50%가 유전적으로 타고 나고 나머지 50%는 자라면서 환경과의 상호작용에 의해 만들어진다고 대부분의 심리학자들은 주장합니다. 심리학자들이 동의하고 신뢰할 만한 성격분석 모형으로 '5대-성격 요인 모델(five-factor model of personality)' 또는 '5대-성격 특성'이 있습니다. 이 모델은 외향성(extroversion), 신경성(neuroticism), 성실성(conscientiousness), 친화성(agreeableness), 개방성(openness)으로 성격을 구분하였습니다.

〔동양의 사주학 발달과 성격〕
고대 중국인들은 우주 안에서 일어나는 여러 현상들이 인간생활에서 벌어지는 여러 일들과 깊은 관계가 있다고 생각했습니다. 따라서 우주 안의 여러 현상들을 관찰하고 인간의 길흉화복을 미리 짐작으로 예견하기도 하였습니다.

특히 천문과 역보, 오행을 관심 있게 살폈는데, 천문(天文, Astrology)은 28개 별자리의 질서를 관찰하고, 다섯 개의 별(목성, 화성, 토성, 금성, 수성)과 해와 달의 운행을 추적해서 길흉을 대비하는 데 이용되었습니다. 역보(歷譜, Almanas)는 봄, 여름, 가을, 겨울의 차례를 정하고 춘분, 추분, 하지, 동지로 절기(후에 24절기)를 나누어 다섯 개의 별과 해와 달의 주기적 운행을 추적하여 추위와 더위, 가뭄과 홍수 등을 관찰한 뒤 흉년과 풍년을 점쳤습니다. 오행(五行)이란 우주 만물을 이루는 다섯 가지 원소로 '목(木)', '화(火)', '토(土)', '금(金)', '수(水)'를 말하며, 물질적인 겉모양과 힘의 근원인 오상(五常)의 행동으로 인(仁 사랑, 목), 의(義 정의, 금), 예(禮 질서, 화), 지(知 지혜, 수), 신(信 믿음, 토)을 뜻하기도 합니다. 또한 오행의 다섯 가지 기능인 마음가짐, 말하는 것, 보는 것, 듣는 것, 생각하는 것 등이 인, 의, 예, 지, 신과 조화를 이뤄야 하는 데 마음속에서 그르쳐지면 오행의 질서가 흔들려 다섯 개 별의 운행에도 혼란이 생깁니다. 오행의 질서는 봄, 여름, 가을, 겨울과 24절기가 때에 맞추어 오고 가야 하며 이러한 정상적인 기후변화의 순환이 풍년을 약속할 수 있게 합니다. 이것은 자연계와 인간 사회를 서로 의존적 관계로 본 것입니다. 가뭄이 심하면 왕이나 고을의 수장들이 제단을 쌓고 농사와 삶에 필요한 비를 내려달라고 하늘에 간절히 빌었던 것은 좋은 예입니다.

음양오행가들은 천문, 역보, 오행에 음양 사상을 더하여 자연계와 인간 사회의 긴밀한 관계를 통일적으로 해석하고 이론화해서 새로운 우주관을 성립시켰는데, 중국의 음양오행가 추연(BC 305? ~ BC 240?)은 여기에 그의 상상력을 동원하여 자연계와 인간계에서 일어나는 많은 일들을 예측하였습니다. 또한 중국 전한(BC 206~BC 81 중국 왕조) 시대 유학자 동중서(BC 197 ~ BC 104)는 천문, 역보, 오행을 결합시켜 인간의 미래에 대한 길흉화복을 미리 알아보려는 시도를 하여 음양오행 사상을 체계적으로 정리하였습니다. 그는 생물이 생장하고 생식을 위해 짝짓기하는 사랑의 계절인 봄을 오행의 '목'으로 표현하고, 생물이 순서에 따라 자라고 발달하는 계절인 여름을 '화'로, 모든 생물들이 자기 할 일을 다하고 서서히 겨울을 준비하는 가을을 '금'으로 정했으며, 생물들이 활동을 줄이거나 멈추고 겨울잠을 자는 고요한 겨울은 '수'로 정하였습니다. 사계절이 오고 가는 경계인 2월, 5월, 8월, 11월은 '토'로 정하였는데, 토는 봄의 생장과 생식, 여름의 생장과 발달, 가을의 생장활동 멈춤, 그리고 겨울의 겨울잠에 대해 공평하고도 확실한 도움을 주는 역할을 한다고 생각했습니다. 그는 또한 봄과 여름은 '양'으로, 가을과 겨울은 '음'으로 정하고 28개 별자리 중에 12개 별자리를 1월부터 12월에 각각 배정하였습니다. 인간의 몸은 우주의 축소판이라 보고 별자리를 포함하는 대우주와 상응 관계가 있다고 생각했습니다.

　동중서 이후 여러 학자들이 음양오행 사상을 바탕으로 인간의 길흉화복을 사주(생년, 생월, 생일, 생시)를 통해 미리 짐작하려고 노력한 결과, 사주학 또는 명리학으로 발전시켰습니다(풍우란의 저서 『중국철학사상사』 인용). 옛 중국 왕조와 상류층에서 활용되었던 사주학이 언제부터 우리나라에 들어와 발전되어 왔는지는 기록에 없지만, 현재 인구가 약 5천만인 한국에 사주학을 활용하는 역술인과 무당이 100만 명이 넘었다는 것은(2017년 11월 25일 조선일보) 그만한 이유가 있지 않을까 생각됩니다. 사주학(명리학)에 대한 관심이 높은 것은 사주가 개인의 미래에 대한 길흉화복을 미리 헤아려 볼 수 있는 쉬운 방법이고, 어느 정도 자기의 인생과 삶에 밀접한 관계가 있다고 생각하기 때문일 것입니다.

　필자가 초등학교 때쯤, 할머니를 따라 사주를 잘 본다는 어느 노인에게
간 적이 있습니다. 노인은 저의 사주를 보고 할머님께 "손자는 장래에 변
호사, 교육자, 또는 종교인이 될 것 같다."는 말씀을 하셨는데, 그때는 제가
너무 어린 나이라 그 말을 새겨듣지 않고 흘려버렸습니다. 그러나 대학을
졸업하고 교수가 꿈이었던 저는 여러가지 어려운 상황에도 불구하고 미국
유학을 결심하였습니다. 한국을 떠나야 하는 시간이 다가오자 내가 과연
잘 해낼 수 있을까? 그 꿈을 이룰 수 있을까?에 대한 불안과 고민의 시간
을 보냈습니다. '꿈은 굳은 의지와 최선의 노력으로 이루어진다.'는 나의 신
념(belief)은 그 당시 크게 흔들리고 있었습니다. 그런데 불현듯 초등학교 때
제 사주를 보셨던 노인의 말씀이 떠올랐고 정말 교육자의 길을 걸을 수 있
을지 꿈을 이룰 수 있을지 확인하고 싶어 사주를 다시 보게 되었습니다.

　그 당시 전주에서 유명세를 타고 있던 강사주라는 분을 찾아갔는데, 백
발에 하얀 수염을 기른 모습이 꼭 도사 같다는 느낌이 들었습니다.

　"왜 왔어?"

　"예 사주보러 왔는데요!"

　"뭐가 궁금한데? 무엇을 알고 싶어?"

　"미국 유학가서 박사학위를 취득하고 교수가 되고 싶은데 가능할까요?"

　"가!"

　"예?"

　"유학 가란 말이야."

　인사를 드린 후에 문을 닫고 나오는 나의 뒤통수에 들릴 듯 말듯 한마
디 던진 말씀이 "성격이 대쪽 같아 교수나 해야지!"였습니다.

이 책을 쓰게 된 아이디어가 강사주님의 성격에 대한 말씀이었습니다. 개인의 사주에 그 사람의 성격을 표현하는 글귀가 들어 있을까? 하는 의문이 생겼고, 평생을 자연과학만을 연구하고 가르쳤던 저는 새로운 도전을 시도하였습니다. 대학 도서관과 시중 서점을 돌아다니며 심리학자들이 집필한 성격과 관련된 많은 책들을 밤과 낮을 가리지 않고 읽고 공부했습니다. 또한 사주와 관련된 서적들도 수집하여 주의 깊게 살펴보았습니다. 그런데, 놀랍게도 사주학의 상당부분 내용이 심리학에서 말하는 성격 특성을 표현하는 글귀로 채워져 있었습니다.

〔서양의 성격과 동양의 성격 비교〕

칼 구스타프 융(스위스, 심층심리학자)이 분류한 성격유형인 외향성은 사주학의 양의 성격, 내향성은 음의 성격과 비슷하며, 서양 심리학자들이 대부분 동의하고 있는 5대 성격요인 모델의 외향성은 사주학의 오행 성격 특성 중 목(木)의 성격, 신경성은 화(火)의 성격, 성실성은 금(金)의 성격, 친화성은 수(水)의 성격, 그리고 개방성은 토(土)의 성격 특성과 비슷하다는 것을 알게 되었습니다.

사람의 성격은 부모로부터 50%를 이어받아 고정되며 나머지 50%는 태어난 후 환경과 상호작용에 의하여 만들어진다고 합니다. **부모로부터 받은 50% 성격은 숙명적으로 정해진 것이며 출생 후 만들어진 50%는 운명적으로 만들어진다는 것을 암시하고 있습니다.**

사주는 개인의 길흉과 화복을 미리 알아내려는 방법의 하나로 전해져 왔습니다. 길(행운)·흉(불운)은 이미 자연법칙에 따라 출생 전에 정해진 숙명(宿命, fate)적인 것으로 생각했습니다. 길과 흉은 사계절의 순환처럼 행운 뒤에는 불운이 오고 불운 뒤에는 또 행운이 올 수 있다고 하였습니다. 즉, 인생사 새옹지마(塞翁之馬)라는 고사성어는 길흉의 세련된 표현입니다.

그러나 화(죄와 벌)·복(칭찬과 상금)은 개인이 출생 후 사회 규범에 적응하는 과정에서 스스로가 얻게 되는 운명(運命, fortune)적인 것으로 보았습니다. 죄를 받을지 상금을 받을지는 개인이 선택한 행동의 결과입니다. 사람들은 삶을 살아가며 자기의 성격에 따라 행동한다고 심리학자들은 주장합니다. 성격에 따라 자기가 마주하는 상황에서 선택한 행동들이 그 사람의 역사, 즉 인생사를 만들어 낸다는 사실은 심리학자들의 최근 수십 년간의 연구결과입니다.

사주학에는 성격을 표현하는 말들이 상징적이고 추상적으로 음양오행과 천간과 지지에 나타나 있습니다. 필자는 개인의 성격을 쉽게 이해할 수 있도록 서양의 형식 논리(formal logic)에 맞게 개발한 성격유형론을 바탕으로 사주학의 어려운 성격 표현들을 구체적으로 정리하려고 노력했습니다. 전문가들은 저의 이러한 노력을 비과학적이라고 비판할 수도 있겠습니다. 그러나 성격에 대한 전문적 지식이 없는 일반 독자들이 쉽게 이해하고 자신들의 삶에 활용하여, 성공적인 삶의 지름길이 자기의 성격 안에 있음을 확인시켜 주는 데 초점을 맞추었습니다.

〔성격은 우리의 재능〕
우리의 성격은 부모님이 주신 최고의 재능입니다. 자기의 성격 활용은 그의 재능으로 빚은 예술 작품과 같습니다. 성격의 강점(재능)을 최고 수준으로 끌어올리고 약점을 보완하는 것은 자기의 뛰어난 예술 행위입니다.

어떤 부자가 먼 길을 떠나면서 세 명의 하인들을 불러 놓고 한 사람에게는 다섯 달란트(talent)의 돈을 주고 다른 한 사람에게는 두 달란트를 주고 또 한 사람에게는 한 달란트를 주면서 자신이 돌아올 때까지 잘 보관하라고 명하였습니다. 그런데, 다섯 달란트를 받은 사람은 곧 시장에 가서 장사를 하여 다섯 달란트를 더 벌었습니다. 두 달란트를 받은 사람도 시장에 나가서 두 달란트를 더 벌었습니다. 그러나 한 달란트를 받은 사람은 집에 가서 그 돈을 마당 구석의 땅을 파고 그 속에 주인의 돈을 감추어 두었습니다.

시간이 흘러 주인이 돌아와 그의 하인들에게서 맡긴 돈에 대한 보고를 받았습니다. 다섯 달란트를 받은 사람은 다섯 달란트를 더 가지고 와서 "주인님 주인께서 저에게 다섯 달란트를 맡기셨는데 보십시오. 다섯 달란트를 더 벌었습니다."라고 보고했습니다. 그러자 주인은 그에게 "잘하였다. 너는 과연 착하고 충성스러운 하인이다. 네가 작은 일에 충성을 다하였으니 이제 내가 큰일을 너에게 맡기겠다. 자 와서 너의 주인과 함께 기쁨을 나누어라."라고 말하였습니다. 그다음 두 달란트를 받은 사람도 와서 "주인님, 저에게 두 달란트를 맡기셨는데 보십시오. 저도 두 달란트를 더 벌었습니다."라고 보고했습니다. 그래서 주인은 첫 번째 하인에게 말한 것처럼 칭찬하고 큰일을 맡겼습니다.

그런데 한 달란트를 받은 세 번째 하인이 와서 "주인님 저는 주인께서 심지 않은 데서 거두시고 뿌리지 않는 곳에서 모으는 무서운 분이신 줄 알고 있었습니다. 그래서 두려운 나머지 주인님의 돈을 가지고 가서 땅에 묻어 두었습니다. 보십시오. 여기 그 돈이 그대로 있습니다."라고 보고 하였습니다. 그러자 그 주인은 그 종에게 호통을 쳤습니다. "너야말로 악하고 게으른 종이라, … 여봐라 저 자에게 한 달란트마저 빼앗아 열 달란트 가진 사람에게 주어라."(성경 마태복음, 25장14절-28절 인용)

61

위 『성경』 구절에서 달란트는 돈의 단위입니다. 영어로 달란트는 재능으로 번역해서 표현되어 있습니다. 재능을 최고의 수준으로 끌어올릴 수 있는 수단은 땀(노력, 금의 성격), 눈물(끈기, 수의 성격), 피(열정, 화의 성격) 그리고 야망(의욕, 목의 성격)의 합작입니다.

석공의 아들로 태어난 미켈란젤로는 소년 시절부터 아버지에게 돌을 깎는 기술을 배우고 있었습니다. 어느 날 오전에 메디치 가문(문예 부흥기에 이탈리아의 프로렌스와 토스카나를 지배하면서 문예부흥에 크게 기여함)의 로렌스 1세가 돌을 깎고 있는 소년을 보고 물었습니다.

"얘야, 돌을 왜 깎고 있니?"

"예, 조각품을 만들려고요!"

"조각품이 완성되면 나한테 보여 주렴."

다음 날 오전 로렌스 1세는 소년 미켈란젤로가 완성해 놓은 조각품을 보고 깜짝 놀랐습니다.

"어떻게 이렇게 빨리 조각품을 만들었니?"

"어르신과 약속을 지키려고 밤새워 만들었어요!"

로렌스 1세는 미켈란젤로의 잠재성과 성실성에 감탄하였고, 소년 미켈란젤로를 전문 조각가에게 맡겨 체계적인 교육과 훈련을 시켜 위대한 조각가로 성장시켰습니다. 미켈란젤로는 「다윗(Divid)의 거상」 등 여러 개의 대리석상을 남겼습니다. 재능을 갖춘 사람들은 자기의 여러 가지 잠재력을 가장 크게 이끌어 낸다고 합니다. 시스티나 성당의 「최후의 심판」 그림은 미켈란젤로가 화가로서 재능을 발휘한 최고의 작품입니다.

위 성경의 이야기와 미켈란젤로의 일화는 각 개인의 성격에 따라 그 재능 발휘가 달라진다는 점이고 그 성격을 어떻게 활용하느냐에 따라 개인의 인생사가 결정될 수 있다는 좋은 본보기입니다.

〔우리의 내부에 숨어 있는 재능을 어떻게(how) 알 수 있을까요?〕

자기의 사주에 나타난 음양과 오행성격 특성 그리고 성격 유형을 활용하는 방법을 잘 이해한다면 자기의 타고난 재능이 보입니다. 수박의 겉모양을 보고 "이것이 수박이다."라고 말하면 수박을 안다(know)는 의미입니다. 수박을 칼로 쪼개서 보면 수박 속은 붉은색이며 검은 씨가 살결 이곳저곳에 박혀 있고 수박 속살을 입에 넣으면 싱그러운 단맛이 입에 가득함을 느낍니다.

이런 체험을 통해 수박 겉은 둥글고 짙은 초록색이며, 속살은 붉은색으로 싱그럽고 달콤한 맛이 난다는 기억이 머릿속에 오래 남아 있을 것입니다. 이것이 수박을 이해(理解, understanding)하는 것입니다.

이처럼 수박을 이해하는 것처럼 우리 내부에 숨어 있는 재능을 알기 위해서는 **첫째, 음과 양의 성격 특성을 이해해야 합니다.**

고대 중국인들은 모든 존재가 음과 양으로 되어 있다고 믿었고, 진정한 양은 음 속에, 진정한 음은 양 속에 존재한다고 생각했습니다. 음과 양은 서로 반대되면서 동시에 서로를 완전하게 만드는 힘이며 서로의 존재 때문에 서로를 잘 이해할 수 있는 보완적 관계로 여겼습니다. (Richard E. Nisbet 교수 저서 인용)

예를 들면 어둠이 있어야 밝음의 존재가 가능하고 밝음이 있기 때문에 어둠이 존재할 수 있게 됩니다. 여자가 있어야 남자가 존재할 수 있고 남자가 있어야 여자가 존재할 수 있다는 것입니다. 음양의 그림을 보면 음이 최고 크기가 될 때 양이 나타납니다. 밤이 깊으면 새벽이 옵니다. 밤과 낮은 꼬리를 물고 돌고 도는 순환과정입니다. 이것이 음양이론입니다. 음양이론에서 성격도 음(내향성)과 양(외향성)으로 구분했습니다. 음과 양의 성격 특성도 서로를 보완할 때 균형과 조화를 이뤄 완벽해질 수 있습니다. 음과 양의 성격 특성들을 아래에 요약했습니다.

양 속 음의 씨앗

음 속 양의 씨앗

양의 성격 특성(외향성)	음의 성격 특성(내향성)
① 적극적	① 소극적
② 능동적	② 수동적
③ 외향적	③ 내향적
④ 도전적	④ 방어적
⑤ 충동적	⑤ 숙고적
⑥ 감각적	⑥ 직관적
⑦ 실체적	⑦ 정신적
⑧ 억셈	⑧ 부드러움
⑨ 활동적	⑨ 움직임이 적고 조용함
⑩ 개방적	⑩ 패쇄적
⑪ 진취적	⑪ 보수적
⑫ 판단과 행동은 객관적인 조건에 지배를 받음	⑫ 판단과 행동은 주관적인 가치에 지배를 받음
⑬ 남성적 성격	⑬ 여성적인 성격

한반도의 6·25 전쟁 때 저는 일곱 살이었습니다. 전쟁이 일어나기 전 저의 집은 생활이 풍족했었습니다. 그 때 저는 개구쟁이였습니다. 어머니이 부엌에서 밥을 지을 때 곁에 앉아 아궁이 속에서 타오르는 불꽃에 흠뻑 빠져 어머니 몰래 성냥갑을 훔쳐 집 밖 울타리에 불을 질렀습니다. 타오르는 불길이 집을 태울 것이라는 생각은 전혀 못하고 마냥 눈이 부실 정도로 아름다웠습니다. 다행이 동네 어른들이 빨리 불을 꺼서 큰 피해는 없었지만 저는 아버지한테 호되게 꾸지람을 받았습니다. 저의 마음속에서는 타오르는 불꽃을 본 큰 기쁨이 가끔씩 꿈틀거렸습니다. 가을 벼 수확 후 쌓아 놓은 짚가리에 몰래 또 불을 질렀습니다. 그때의 타오르는 불길은 지금도 아련한 기억 속에 살아 있습니다. 그날 밤 저는 아버지에게 심한 매질을 당했고, 방구석에 웅크리고 앉아 울고 있는 저를 어머니은 안아 주시면서 불장난은 위험한 일이니 절대 하지 말라면서 눈물을 닦아 주셨습니다. 그 시절 저는 타오르는 불꽃처럼 거칠 것 없는 외향적 성격이었습니다.

6·25 비극은 평화롭고 부유했던 저의 가정과 경제를 파탄시켰습니다. 아버지는 인민군에게 협조하지 않으면 죽이겠다는 위협 속에 2개월간 유치장에서 버티다가 결국 마을 이장을 하였습니다. 아버지는 인민군의 부역자가 되었고 저의 발목에 채워진 연좌제의 족쇄는 저의 소년 시절의 성격을 '양'에서 '음'으로 변화시켰습니다. 그렇게 내향적인 성격으로 초등학교와 중학교 시절을 보냈고, 고등학교 진학 후에 6·25 전쟁 역사와 아버지의 아픔을 이해하면서 연좌제의 족쇄를 조금씩 받아들이면서 성격에도 변화가 있었습니다. 그러던 중 군대 생활을 하면서 유격 훈련과 전쟁에서 살아남기 위한 혹독한 훈련으로 차츰 숨어 있던 외향성 성격이 드러났습니다. 군 생활 후반기에는 일요일마다 틈을 내서 헤세(Hesse Herman, 독일 소설가, 시

인 1877-1922, 노벨상 수상)의 『데미안(Demian)』이라는 책을 읽을 수 있었는데 너무도 큰 감명을 받았습니다.

특히, "새는 알껍질을 깨고 나온다. 알은 하나의 세계다. 태어나려는 자는 하나의 세계를 파괴해야 한다. 새는 신에게로 날아간다. 그 신의 이름은 아프락사스다."라는 시 구절은 그동안 저를 옥죄고 있던 연좌제 족쇄라는 알껍질을 깨고 나와 창공을 날려는 준비를 할 수 있게 하였습니다. 군복무를 마치고 복학 후 대학 생활 때는 내향성(음) 성격이 내부에서 가끔 꿈틀거리는 것을 느끼면서 외향성(양) 성격으로 생활했습니다. 왜 외향성 성격이 내향성 성격으로 또 내향성 성격이 외향성 성격으로 나타나는 것일까? 나의 성격이 정상적이지 않은 건가? 하는 의문이 생겼습니다.

다행스럽게도 성격에 대한 공부를 하면서 그 의문이 풀렸습니다. 저의 사주 8자 중에 다섯은 '양', 셋은 '음'으로 이뤄졌고(양5, 음3) '음' 또는 '양'의 성격 중에 환경 적응에 유리한 쪽이 행동으로 드러난 것을 알게 되었습니다. 저의 성격 안에 '음'과 '양'이 함께 존재함을 처음으로 알게 되었습니다. '음'과 '양'의 수를 각각 4개씩 가진 양향적(외향과 내향형을 함께 가짐)인 사람이 중용(中庸) 사상이 일반적으로 통용되는 동양문화권에서는 사회 생활이 원활합니다. 서양에서도 영업 분야 직업에 외향적인 성격을 가진 사람이 우선되는 일반적인 생각과 반대로, 양향적인 성격을 가진 사람이 더 알맞은 것으로 심리학자의 연구가 발표되었습니다. 이 연구결과는 '음'과 '양'의 성격이 서로 부족한 부분을 보충하여 완전하게 만드는 것처럼 외향성과 내향성 성격이 서로를 완전하게 보완해 주는 관계임을 보여 준 것입니다.

둘째, 오행의 성격 특성을 이해해야 합니다.

오행이란 앞서 '동양의 사주학 발달과 성격'에서 잠시 이야기한 것과 같이 오상(五常: 인仁, 의義, 예禮, 지智, 신信)의 물질적인 겉모양과 힘의 근원을 말하는 것으로 사람이 항상 행동으로 지키고 실천해야 할 바른길을 말합니다. 오상을 계절로 표현하면 인(사랑)은 봄, 예(질서)는 여름, 의(의리)는 가을, 지(지혜)는 겨울, 신은 사계절의 간기(2월, 5월, 8월, 11월)입니다. **오행은 오상을 행위로 실천하는 것을 의미합니다.** 오행의 '인'을 행동으로 옮기면 사랑입니다. 봄은 생물들이 자손을 낳고 기르는 사랑을 실천하는 계절입니다. 여름의 '예'는 자연의 질서에 따라 식물들이 생장, 발달이 차례로 성장하는 것처럼 사람도 사회질서를 지켜나가야 하는 도리입니다. 가을의 '의'는 사람으로서 지켜야 할 떳떳하고 정당한 행위의 길입니다. 겨울의 '지'는 인생의 지침이 되는 실천적인 행위의 지식, 즉 지혜를 쌓는 계절입니다. '토'는 봄과 여름 사이(5월), 여름과 가을 사이(8월), 가을과 겨울 사이(11월), 겨울과 봄 사이(2월)의 날씨 변화가 심하여 계절이 가고 오는지 헤아리기 어려운 시기에 겨울은 가고 봄은 온다는 믿음을 주는 신뢰자의 역할을 합니다. 겨울이 가면 봄이 오고 봄이 가면 여름이 오고… 계절의 순서를 우리 모두 알고 믿습니다. 상황에 따라 변하지 않는 믿음이 '신'입니다. 오행과 오상을 짝을 이뤄지게 하면 '목'은 '인', '화'는 '예', '금'은 '의', '수'는 '지' 그리고 '토'는 '신'입니다.

사람들의 성격 구조는 동양은 오행성격, 서양은 5대 성격 특성으로 표현만 다를 뿐 동·서양 똑같이 5대 성격 특성을 가지고 있습니다. 사람들이 성격이 다르게 보이는 것은 성격 특성이 상황에 따라 드러나는 행동이 많은지 적은지의 정도 차이로 생각하고 있습니다. 그러나 동양인과 서양인의 성격에 대한 생각이 다른 것도 있습니다. 서양은 사람의 행동 모형을 설명할 때 공통적인 성격 특징을 가진 것들로 5가지 성격 특성을 만들어 냈습니다. 동양도 역시 행동 모형을 설명할 때 공통적인 성격 특성을 가진 것들로 5가지 성격 특성을 만들어냈습니다. 그러나 동양은 행동 모형을 설명할 때 공통적인 성격 특성을 가진 것들과 환경 및 상황에 따라 서로 공명(echo)을 통하여 주고받은 것들을 같은 범주에 속하는 것으로 생각한 것이 다릅니다.

서양의 성격 5대 특성은 각각의 성격 특성에 대한 많은 연구가 진행되어 있지만, 5대 성격 특성들 사이의 서로서로 주고받은 영향에 대해서는 연구가 거의 되어 있지 않습니다. 서양은 사람의 행동을 설명할 때 상황적인 원인보다는 행위자의 내부 원인 즉 성격 특성을 중요하게 생각하는 경향이 있습니다. 모든 행동은 일방적인 원인과 결과 관계로 보는 생각의 차이에서 비롯된 것으로 생각됩니다. 서양의 직선론적 사고와 이것 아니면 저것(either-or)의 이분법 사고방식에 집착한 결과입니다(Richard E. Nisbett 생각지도 인용).

그러나 동양은 사람의 행동은 성격과 상황의 상호작용에 의해 결정된다고 생각했습니다. 그리고 순환론적 사고가 바탕이 되어 행동을 설명할 때 오행성격 특성 간은 순환적 원인과 결과 관계로 원인이 결과에 결과가 원인에 영향을 미친다고 생각했습니다. 예를 들면 '목'의 성격 특성인 욕망이 강렬한 사람은 목표를 높게 세웁니다. 목표를 이루고자 그 사람의 '화' 성격 특성인 열정이 불이 붙어 타오릅니다. '목'의 욕망은 '화'의 열정의 원인이 되고 '화'의 열정은 '목'의 욕망의 결과가 됩니다. 이와 반대로 '목'의 목표를 사랑하는 '화'의 열정이 불타오르면 자연스럽게 '목'의 욕망의 원인이 되고 '목'의 욕망은 '화'의 열정의 결과가 됩니다. 오행의 행동 원인은 성격 특성 간의 상호의존(서로서로 도움을 주는 순환적 상호협력 관계인 상생과 넘치는 것은 덜어 내고 부족한 것은 채워 주는 순환적 상호조절 관계인 상극이 있음) 순환관계입니다.

사람의 성격은 약 50%는 유전, 나머지 약 50%는 태아가 10개월 동안 엄마의 뱃속에 있을 때의 환경(일란성 쌍둥이도 수태되어 있는 10개월 동안 배아 한쪽에만 영향을 끼치는 우연한 사건들이 있기 때문에 성격 차이가 있음. 제롬 케이건)과 태어난 후의 어린 시절, 청소년 시절의 환경 영향으로 만들어진다고 합니다.

심리학자들은 5대 성격 특성은 크게 변하지 않지만 나이에 따라 5대 성격 특성의 분포는 조금 변한다고 합니다. 예를 들면 친화성(수의 성격)과 성실성(금의 성격)은 높아지고, 외향성(목의 성격)·개방성(토의 성격)·신경성(화의 성격)은 낮아진다고 합니다(다니엘 네틀, Personality 인용).

오행성격 특성도 젊은 시절에는 자연생태계에 적응한 원시 사회의 원시인 행동의 중요한 원인이 되는 생물 본능(자기보존 본능과 자기종족 보존 본능=생식 본능)인 목과 화의 성격 특성이 중·장년기에는 사람이 만들어낸 사회 생태계(도덕·법률·문화·환경)에 적응한 농업·산업 사회의 문명인 행동의 중요한 원인이 되는 사회 본능인 금과 화의 성격 특성 쪽으로 균형이 기우는 경향이 있습니다. 사람의 성격 변화에 대한 생각은 서양의 5대 성격 특성과 동양의 오행성격 특성이 비슷합니다.

셋째 오행성격 특성 간의 상생과 상극을 이해해야 합니다.

한국에는 '사람의 마음(성격)은 아침·저녁으로 변한다'는 속담이 있습니다. 우리가 마주하는 상황이 변하면 행동도 따라 변한다는 의미입니다. 우리 모두 성격이 다릅니다. 우리는 같은 상황을 마주할 때 자기의 성격에 맞는 행동하게 됩니다. 신경이 예민한 사람(화의 성격)은 여름철 소나기(shower)가 내릴 것 같은 검은 구름만 보아도 소나기를 피할 곳을 찾아 뛰어갑니다. 그러나 주위로부터 충동과 자극을 받아도 흔들리지 않고 천연스럽고 미지근한 행동(수의 성격)을 하는 사람은 소나기를 맞으면서도 천천히 걸어갑니다. 신경이 예민함을 넘어 과민한 사람, 미지근함을 넘어 게으름을 즐기는 사람의 성격을 변화시킬 수 있을까요? **가능합니다.** 오행성격인 목, 화, 금, 수 그리고 토의 성격 특성 간에 역동적 균형(dynamic equilibrium: 줄타기 선수가 높은 줄에서 줄을 탈 때 장대로 좌우균형 잡는 행위와 같음)을 상생과 상극의 활용으로 가능합니다. '화'의 성격과 '수'의 성격은 상극 관계입니다. '화'가 '수'의 미지근하고 게으른 성격을 빨리 움직이게 하고 화끈한 성격이 되도록 조절해 주고(화극수) '수'는 '화'의 충동적인 성격을 유연한 성격으로 조절해 주는 역할을 할 수 있습니다(수극화).

사주학(명리학)에서는 오래전부터 오행에서 상생과 상극을 활용하였습니다. 다음의 오행의 상생도와 상극도을 보십시오. 오행의 '목'은 동쪽, '화'는 남쪽, '금'은 서쪽, '수'는 북쪽 그리고 '토'는 가운데 위치해 있습니다. 상생도는 동쪽에서 시작하여 남쪽으로 남쪽에서 중앙으로 그리고 서쪽으로, 마음은 북쪽, 다시 동쪽으로 해가 떠오르고 지는 방향으로 멈춤 없이 자연스럽게 순환합니다. 그러나 상극도는 화와 금의 자리를 바꾼 후 상생도와는 반대 방향으로 순환합니다.

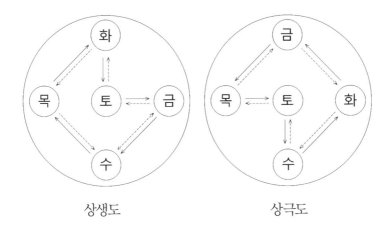

상생도   상극도

　상생은 서로서로 도움을 주는 순환적 상호협력 관계이고 상극은 넘치는 것을 덜어 주고 어려운 상황을 이겨 내게 하여 부족한 것은 채워 주는 역방향 순환적 상호조절 관계입니다.

　중국 한자로 된 상생과 상극 단어를 직역하지 않고 필자가 의역(意譯: free translation: 원문의 단어·구절에 너무 구애받지 않고 전체의 뜻을 살려 그 뜻을 번역함)을 하였습니다. 전문가들의 견해와 다를 수 있습니다. 미흡한 점에는 넓은 아량과 이해가 있기를 바랍니다. 상생·상극도에 실선과 점선을 함께 표시하였습니다. 독자들이 오행의 상생·상극도를 쉽게 이해하도록 필자가 그려 넣습니다. <u>**오행성격 특성 간의 관계를 깊이 살펴보면 서로서로의 의존 관계입니다.**</u> 사계절은 봄에서 시작하여 여름, 가을, 겨울로 매년 순환하고 있습니다. 사계절의 순환을 닮은 것이 상생의 순환입니다. 그러나 상극은 상생과 반대 방향으로 순환됩니다. 상생의 자연스러운 행동은 에너지가 적게 들지만, 상극의 인위적 행동은 에너지가 많이 필요합니다. 성격 특성에 따라 드러나는 행동은 자연스럽지만, 드러난 행동(무의식적 동작)을 상황에 맞게 조절하려는 인위적 행동(의식적 동작)은 행동을 바꾸려는 강렬한 마음과 노력, 끈기 그리고 도전과 전략이 필요합니다.

상생은 자연스런 행동, 즉 생물 본능에 따르는 오행의 목과 화의 성격입니다. 상극은 인위적으로 상생도의 화와 금의 자리를 바꾼 상극도입니다. 인위적 행동은 어려운 상황(버럭 화냄)을 이겨 내서 사회 생활에 알맞도록 조절(금극화)하여 사회 본능, 즉 인간답게 행동하려는 오행의 금과 수의 성격입니다.

우리는 목적지까지 안전하게 주어진 시간에 자동차를 운전해서 도착하려면 자동차 도로에서 만나게 되는 여러 가지 상황에 따라 브레이크와 가속페달을 제대로 사용할 줄 알아야 합니다. 누구나 운전을 도로 위에서 여러 해 동안 경험을 쌓아야 베테랑(veteran) 운전자가 될 수 있습니다. 우리는 자동차 운전을 배운 후 처음 홀로 도로에서 운전할 때의 긴장감은 노련한 운전자가 되어 있는 지금도 그 순간을 잊지 못할 것입니다. 일방통행 도로(one-way)에서는 조금은 긴장이 느슨해지지만, 중앙선도 그려지지 않은 양방향통행 도로에서 운전할 때 반대편에서 오는 차가 부딪힐 것 같은 두려움에 오금이 저렸던 경험을 했을 것입니다.

서양의 5대 성격 특성은 각각의 성격 특성에 대한 연구는 깊고 넓게 이뤄 졌습니다. 그러나 각 성격 특성들 상호작용에 대한 연구는 많지 않습니다. 서양과 다르게 동양은 각 오행성격 특성(목, 화, 토, 금, 수) 사이의 상호작용인 상생과 상극에 초점을 맞추어 성격 특성의 전체적인 균형과 조화를 이루는 활용방법을 생각해 냈습니다. 결과적으로 상생과 상극의 활용은 성격 특성 활용의 유연성을 높여 계속 변화하는 환경과 상황에 적응할 수 있는 능력이 높아질 수 있고, 21세기처럼 다양성이 넓혀진 사회가 복잡성을 증가해도 이에 대응하는 다양한 성격 특성 활용이 가능해질 수가 있는 것이 음양오행 성격강점으로 생각됩니다.

음양과 오행성격 특성 활용 방법

자기의 음양오행 성격을 알고, 이해하고 활용하는 방법을 배움과 훈련으로 몸에 익혔다 할지라도 우리는 실제 일상생활에서 활용하려고 행동에 옮길 때 초보 운전자가 처음 도로에서 운전하는 마음과 비슷할 것입니다. 운전을 가르치는 선생님처럼 필자가 음양오행성격 특성을 활용하는 방법을 알려드리겠습니다.

〔음양의 성격 활용법〕

낮이 있어 밤이 있고, 밤이 있어 낮이 빛나는 것처럼 음양은 서로 반대의 성격이면서 동시에 서로를 완전하게 만드는 힘이며, 서로의 존재 때문에 서로를 돋보이게 하는 힘이 음양의 원리입니다. **음양이 오행성격 특성의 밑바탕입니다.** 음과 양의 성격 특성이 서로 모자라는 것을 보충하여 음양의 성격이 균형과 조화를 이뤄 성격이 완벽해질 수 있습니다.

우리의 사주 8자에 각각 음 또 양이 하나씩 분포되어 있습니다. 우리의 사주 8자 중에 음 4자와 양 4자로 분포되어 있으면 상황에 따라 음의 성격 또는 양의 성격 특성이 행동으로 드러날 수 있는 확률이 같습니다.(양 50% 음50%) 그리고 우리의 사주 8자에 음이 3자이고 양이 5자로 분포되어 있으면 음과 양의 성격 특성이 행동으로 드러날 수 있는 비율은 음이 3번, 양이 5번입니다. 반대로 음이 5자이고 양이 3자로 분포되어 있으면 음의 성격 특성이 행동으로 나타날 확률은 5번, 양의 성격 특성이 행동으로 나타날 확률은 3번입니다.

우리의 사주에 음이 6자이고 양이 2자로 분포되어 있는 성격 특성을 가진 사람은 음의 성격 특성이 많이 나타납니다.(음6 : 양2) 이런 성격 특성을 가진 사람은 주위 환경과 상황에 대한 관심이 적고, 말수도 적고 자기 방안에서 홀로 생활할 가능성이 높습니다. 이런 자녀를 가진 부모들은 자녀와 끝없는 대화의 노력과 관심이 요구됩니다. 자녀가 자기 방에만 홀로 있을 때가 많아지고 또래들의 따돌림을 당하는 낌새를 느끼면 전문가 또는 선생님들의 도움이 꼭 필요합니다. 그러나 타고난 성격 활용에 따라 일반적으로 생각하는 강점과 약점이 바뀔 수 있습니다. 홀로 깊은 생각을 많이 하는 과학자나 문인들 중에는 '음'이 대부분인 경우가 적지 않습니다.

사주팔자에 양이 6자이고 음이 2자로 분포되어 있는 성격 특성을 가진 사람은 양의 성격 특성이 주로 나타납니다.(양6 : 음2) 이런 성격 특성을 가진 사람은 말이나 행동에 조심성이 부족하고 가볍게 하여 주변 사람들의 눈총을 받을 가능성이 높습니다. 이런 사람들은 똑똑한 체하려고 하는 경향이 강합니다. 멘토(mentor)의 도움을 받아 행위와 마음을 단련하여 성격을 잘 다듬으면 지도자가 될 가능성이 있습니다.

사주팔자에 양 7자 또 8자, 반대로 음 7자 또 8자로 되어 있으면 성격이 양 또는 음 쪽으로 심하게 치우쳐 있어 사회 적응에 어려움을 가질 가능성이 있습니다. 그러나 실망할 필요는 없습니다. 음과 양의 성격을 미리 알면 대처할 수 있기 때문입니다.

[**'음' 속의 '양'의 씨앗 활성화 방법**]

음양 그림(태극 모양)을 다시 한 번 보십시오.(p64) 음양의 그림에는 음 속에 양의 씨앗이 있고 양 속에 음의 씨앗이 있습니다. 식물의 씨앗은 적당한 온도, 수분, 산소의 조건만 만들어주면 싹이 트고, 햇볕(에너지)를 받아 자랍니다. 음이 8자로 되어 있는 사주를 가진 사람은 양의 성격 씨앗, 즉 양의 성격 특성(p64) 12개 중에 쉽게 행동으로 옮길 수 있는 3~4개를 골라서 매일 반복적인 연습을 통해 훈련하면 됩니다. 또한 그는 행동 훈련과 함께 양의 성격 특성 12개를 외우면 훈련 효과는 2배가 됩니다. 양이 8자로 되어 있는 사주를 가진 사람의 음의 활성화 방법도 같습니다. 음 또는 양이 부족한 사람은 몸으로 행동을 익히는 것과 함께, 머리로 성격 특성을 암송하는 훈련을 지속적으로 해야 합니다.

한국에서 처음으로 기업을 설립하여 성공적으로 세계적인 대기업으로 키워낸 L씨의 음양오행 성격을 분석하여 음양오행 성격 활용 방법을 쉽게 이해하도록 설명하겠습니다. L씨의 사주 8자에 양 8개, 음 0개, 토 4개, 금 2개, 수 1개, 목 1개 그리고 화는 0개입니다. 기업가 L씨는 부잣집 막내아들로 태어났습니다. 일본제국 시절에 식민지 젊은이가 일본 유학을 결심하고 실행에 옮긴 것은 대단한 도전이고 용기 있는 행동입니다. 칼 융(Carl Gustave Jung, 1875-1961)은 사람의 성격을 외향성과 내향성으로 분류했습니다. 동양의 양의 성격은 서양의 외향성과 음의 성격은 서양의 내향성과 비슷합니다. 기업가 L씨는 양만 8개로 독특한 성격 소유자입니다. 서양심리학자들의 연구에 의하면 외향성이 최고 수준에 있는 사람은 주의력 결핍과 과잉행동장애(Attention deficit Hyperactivity Disorder ADHD)가 있을 가능성이 높은 것으로 발표되었다. 이런 청소년들은 성실성(금의 성격) 정도는 낮고 신경성(화의 성격) 정도가 높으며 친화성(수의 성격)은 약간 낮은 것으로 알려졌습니다.

L씨의 금의 성격은 오행성격 평균 분포수가 2개로 강점성격입니다. 사주 8자에 오행성격 특성인 목, 화, 금, 수, 토에 배정 가능한 수는 1.6개입니다. 사주 8자÷오행 5자=1.6 실제로 사주 8자에 하나씩만 배정되어 있으므로 1.6개로 표현할 수 없지만 사주 8자에 배정되어 있는 오행성격 특성상의 기능 활성화 정도를 이해가 쉽게 3단계 즉 상·중·하로 나누었을 때 오행성격 평균 분포수 1.6개를 중간 단계 기준으로 삼습니다. 오행성격 평균 분포수 1.6개보다 많은 금의 성격처럼 2개 이상의 강점성격으로 이들 성격은 상황과 환경에 맞도록 자연스럽게 힘들이지 않고 성격 특성들이 다양한 행동으로 드러나는 횟수가 중간 단계보다 많을 가능성을 미리 알려주는 예언입니다. 오행성격 평균 분포수가 1.6개보다 낮은 1개 이하일 때는 이들의 오행성격 특성은 자연스럽게 힘들이지 않고 상황과 환경에 맞추어 다양한 행동으로 외부에 드러나는 횟수가 중간 정도(1.6개)보다 적을 가능성을 미리 알려주는 것입니다. 이런 성격은 약점성격입니다.

L씨의 오행성격 중에 금의 성격은 강점성격으로 외부의 충동이나 자극에 그때 그때마다 곧 행동으로 반응하는 것을 금이 신중하고 침착하게 생각한 후 행동하도록 조절하는 능력이 매우 높습니다(외향성 성격은 오행성격으로는 '목'의 성격에 해당합니다. 목과 금은 상극 관계, 금극목). L씨의 오행성격에 화가 0개여서 L씨의 성격이 ADHD가 나타날 가능성은 거의 없습니다. L씨처럼 양의 수치가 높은 것은 오행성격 특성 가운데 빠르게 변화하는 현대 사회 환경과 상황 대응에 알맞은 목의 성격 특성을 활성화시킬 수 있는 능력을 가지고 있다는 의미입니다.

L씨의 오행성격 특성은 토가 4개로 오행성격 평균 분포수 1.6개보다 매우 높습니다. 오행성격 분포수가 2개 이상이면 강점성격입니다. 강점성격은 타고난 재능입니다. 토의 성격은 4계절 변화 기간 사이(2월, 5월, 8월, 11월)에서 봄, 여름, 가을, 겨울 계절의 변화에 쉽게 적응하도록 도움을 주는 신뢰감 있는 협력자 역할을 성실히 수행합니다. 토는 성격은 목·화·금·수 성격을 모두 가지고 있습니다. 토는 화에게 충분한 도움을 주어 약점성격인 화의 오행성격 특성의 활성화를 중간 단계 가까이 끌어올릴 가능성이 있습니다(토와 화는 상생 관계: 토생화). 화의 성격인 정열과 열정 그리고 사랑의 불씨가 살아나고 상황에 따라 즉흥적 결단이 빠른 순발력도 되살아날 가능성이 있습니다. 토의 성격을 4개 가진 L씨는 밝은 미래는 지금 이 순간에 이뤄지는 선택으로부터 만들어지는 것이라고 믿습니다. 이런 성격을 가진 L씨는 운명은 기회가 아닌 선택으로부터 만들어지는 것이라고 생각합니다. 운명은 기회가 아닌 선택의 문제이며 기다리는 것이 아니라 성취하는 것이라고 믿습니다. 토는 자기 확신(Self-assurance), 즉 자신감을 가진 강점성격(재능)입니다. 자신의 능력을 확실하게 믿습니다. 토의 성격은 믿음, 의리, 공평 그리고 포용력이 있으며, 활동적이고 부드러움, 열정, 책임감이 강해 CEO가 될 가능성이 매우 높습니다. L씨는 토의 성격을 가진 사람의 본보기입니다.

L씨는 금이 2개로 오행성격 평균 분포수 1.6개보다 높아 강점성격을 가지고 있습니다. 금의 성격은 논리적이고 합리적인 사고를 하며 인간 행동의 뿌리가 되는 사람이 만든 사회 환경에 적응한 사회적 본능 성격입니다. 또한 책임감이 강하고 정신적·육체적 고통을 참고 견디는 인내심과 끈기가 강합니다. 금의 성격은 세상의 안쪽에는 여러 가지 위험이 도사리고 있

는 것을 알고 조심성 있고 신중하게 행동합니다.

금의 성격은 삶의 과거 경험과 배움으로 얻은 지식을 활용하여 마주하는 상황을 정확하게 분석하고 객관적인 판단을 할 수 있는 능력이 있습니다. 그리고 개인의 차이점은 성격 차이에서 생기는 것을 알고 주위 사람들에게 강점성격은 개발하고 약점성격은 보완하도록 용기와 의욕을 불어넣습니다. 금의 성격은 처음 배운 몇 개의 사실에서 느끼는 짜릿한 기쁨, 배운 것을 이야기하거나 연습해 보는 처음의 노력, 몸에 익힌 기술에 대해 점점 커지는 확실한 믿음, 이러한 배우고 활용하는 과정에 마음이 강하게 끌립니다.

L씨의 오행의 성격은 '양'이 8개로 강점성격입니다. 목의 오행성격 분포 수는 1개로 약점성격입니다. 그러나 서양심리학자들이 가장 포괄적이고 신뢰할 만하며 유용한 성격 분석들로 간주되고 있는 5대 성격요인 모델 중에 외향성은 오행성격의 목의 성격과 매우 비슷합니다. 5대 성격요인 모델과 오행성격 유형을 비교하면 외향성은 목, 신경성은 화, 성실성은 금, 친화성은 수, 개방성은 토와 매우 비슷합니다. 또한 칼 융의 분류의 외향성은 음양오행 성격의 양의 성격에 해당합니다. 위의 내용을 종합하면 L씨의 오행성격인 목은 외향성 성격으로 목의 강점성격으로 생각됩니다.

L씨의 목의 성격은 돋보이고 싶은 욕구, 하고자 하거나 가지고자 하는 마음이 간절한 욕망과 야망이 강렬하며 많은 꿈, 비전을 가진 봄을 닮은 원시인 행동의 뿌리가 되는 자연생태계에 적응한 생물 본능적 성격입니다. 목의 성격은 새롭고 신기한 것에 호기심과 흥미를 강렬하게 느끼며 도전하여 이기는 경쟁을 즐깁니다. 목의 성격은 매년, 매월 심지어 매주마다 자신이 하는 일, 즉 목표를 세웁니다. 직접 경험할 수 있고 측정할 수 있으

며 정해진 시간표대로 생활합니다. 목의 성격은 말이나 생각이 아니라 모든 일은 행동이 있어야 성과가 나올 가능성이 있다고 믿습니다. 목은 행동이야말로 체험을 통한 학습이라고 믿고 할 일을 결정하고 행동하고 그 결과를 보면서 항상 배우는 행동주의자며 학습자의 성격입니다. 목은 일을 객관적으로 판단하고 실용적으로 처리하는 경제적 인간의 성격입니다.

영화와 연극에는 주연배우와 조연배우가 있습니다. 영화, 연극이 성공할 작품이 되려면 주연배우는 주연 역할을, 조연배우는 조연 역할을 충실하게 해내는 것이 필수 조건입니다. 영화와 연극의 감독은 배우들이 제 역할을 하도록 도움을 주고 각본대로 성실하게 책임감을 가지고 진행합니다. 오행성격에서는 강점성격이 주연 역할을 하고 약점성격이 조연 역할을 합니다. 토는 협력자 또는 강점성격을 대리하기도 합니다.

말이 끄는 마차가 정상적으로 굴러가기 위해서 두 개의 바퀴가 있어야 합니다. 오행성격 역할을 이해하기 쉽게 마차 바퀴에 비유하여 설명했습니다. 원시 사회 원시인의 행동의 중요한 원인이 되는 생물 본능에 뿌리를 두고 있는 목·화 성격이 한쪽 바퀴가 되고 농업·산업 사회의 문명인 행동에 중요한 원인이 되는 사회 본능에 뿌리를 두고 있는 금과 수의 성격이 반대쪽 바퀴가 됩니다. 생물 본능의 야성미가 있는 성격과 사회 본능의 세련미가 있는 성격이 균형과 조화를 이루는 것이 건전한 성격 조합입니다.

L씨의 성격은 개인 생활의 중심이 되는 생물 본능인 목의 강점성격과 사회 생활의 중심이 되는 사회 본능인 금의 강점성격이 주연 역할을 하여 균형을 이루고 화·수·토의 성격이 조연 역할을 충실히 하여 조화가 이뤄진 건전한 성격 조합입니다. 서양의 개화의 물결이 동양에 밀어올 때 중국에서는 중국을 기본으로 서양 기술을 배워 이용하겠다는 주체적으로 서

양문물에 적응해 가는 변화가 일어나고, 일본 또한 일본 정신에 의해 그려진 지도상의 길에 따라 서양의 기술을 배워 활용하겠다는 변화 물결이 일본 전역을 덮었습니다. 이러한 시기에 조용한 나라에서 태어나고 성장하여 젊은 청년이 된 L씨는 개방적인 성격 소유자(토의 성격)이어서 바람결에 실려 오는 일본의 혁신 노래에 마음이 끌려 일본 유학을 도전한 것(목의 성격)으로 보입니다. L씨는 일본의 빠르게 발전하는 모습을 보면서 조국 근대화를 넘어 산업 사회로 들어서는 것이 필요함을 절실하게 느꼈을 것입니다.

'금강산도 식후경'이라는 속담이 있습니다. 이 속담은 아무리 아름다운 금강산을 가보고 싶어도 우선 배고픔을 해결하고 난 뒤에 구경해야 한다는 말입니다. L씨는 앞서 나가는 국가의 음식문화, 특히 가락국수(우동)에 관심(생물 본능 중 생존 본능인 목의 성격)을 가지고 돌아와 작은 국수 공장을 짓고 조국 산업화에 작은 발걸음을 떼었습니다. 인간 생활의 세 가지 꼭 필요한 요소는 음식, 옷 그리고 집입니다. L씨는 이 세 가지 요소에 맞추어 기업을 창업했습니다. L씨는 산업 사회의 경제발전 방향과 변화의 속도를 정확하게 예측하고 기업을 발전시켜 나갔습니다.

기업가 L씨는 세계가 농업 사회에서 산업 사회로 그리고 정보 사회로 발전해 가는 변화의 방향과 속도를 몸으로 느낀 것으로 보입니다. 1980년대 초에 앨빈 토플러(Alvin Toffler)는 세계가 전자정보 산업혁명이 이끄는 새로운 「제 3물결」 문명으로 접어들고 있으며, 미래의 경제적 성공은 세계와 다른 나라들에게 값싼 노동력을 판매하는 것이 아니라 두뇌와 혁신의 판매를 늘려나가는 것이라는 예언을 했습니다. 정보화 물결이 밀려오는 1980년 초에 혁신과 새로운 아이디어를 받아들이는 열린 마음(토의 성격)

을 가진 L씨는 신중하게(금의 성격) 계획을 세우고 과감하게 전자산업에 도전했습니다.(목의 성격) 경제전문가 그룹의 깊은 우려에도 꺼리지 않고 기업의 동력을 반도체 산업에 집중하여 세계 전자산업계 선두 그룹에 합류하였습니다. 이러한 성공비결은 L씨가 자신의 강점성격(재능)을 개발하고 확장하여 활용한 결과라고 필자는 생각합니다. 타인의 혁신과 새로운 아이디어를 받아들일 수 있는 열린 마음(토의 성격), 회사원들의 재능과 열정을 하나로 집결시킬 수 있는 지도력(토의 성격), 객관적 판단(금의 성격)으로 일을 실용적으로 처리하는 목의 강점성격에서 비롯된 결과입니다. L씨는 삼각형 꼭지에 '토', 아래 좌측에 '금' 우측에 '목'(△)의 아름다운 그림, 삼성을 세계 경제계에 빛나는 항성(恒星, 스스로 빛을 내는 별)으로 만들었습니다.

음양의 활용과 오행성격 특성을 상생 상극으로 활용하는 실제 본보기(example) 30개를 4장에 자세히 설명하였습니다. 자신의 음양오행의 성격과 같은, 또는 비슷한 것을 참고하여 활용하시기 바랍니다.

오행성격 특성의 요약

인간의 성격 특성을 설명한 용어는 심리학자들이 3,600개로 정리하였습니다. 한국의 한덕웅 교수가 국어사전에서 성격 용어로 표현된 단어를 약 1,000개로 가려냈습니다. 목, 화, 토, 금의 성격 용어로 분류된 기록은 없지만 오행의 각각 성격 특성에 분포될 가능성은 약 200개씩 됩니다. 이 책에서는 오행성격 특성들의 성격 용어 사용빈도가 높은 용어들을 중심으로 12개씩 필자가 요약한 것입니다.

〔목의 성격 특성〕

목의 성격 근원은 자연생태계에 적응한 원시 사회 원시인 행동의 중요한 원인이 되는 생물 본능(자기와 가족을 돌보고 지키며 자손 번식을 바라는 생물 성질)입니다. 목의 성격 특성 실마리가 되는 말은 **야망, 도전과 꿈**이 중요한 단어(keyword)입니다.

① 욕심, 욕구(돋보이고 싶은 욕구=용기), 욕망(하고자 하거나 가지고자 하는 마음이 몹시 간절함), 열망(타오르는 불꽃 같은 욕망), 야망과 같은 많은 꿈을 가진 '봄'을 닮은 생물 본능의 성격입니다.

② 새로운 것에 대한 호기심, 흥미, 도전정신이 강렬함은 원시 수렵인을 닮은 성격입니다.

③ 외부 상황에 관심의 초점을 맞추는 외향적, 활동적, 사교적이고 낙관적이며 행동파 성격입니다.

④ 삶의 기대와 성장 욕구가 강렬하여 삶의 목표를 세우고 목표 성취를 열망하고 에너지를 집중하는 의지력이 강합니다.

⑤ 출세욕, 명예욕이 강렬하여 목표는 높게 세우고 성경의 믿음의 시조 아브라함처럼 미래지향적인 삶을 선호하며 큰 희망을 가집니다.

⑥ 자신의 능력을 높게 평가해서 자존감이 높아 새로운 아이디어를 향한 마음은 독단적이고 고집스럽고(끈기=불굴) 남들에게 비협조적인 모습을 보입니다.

⑦ 객관적인 판단으로 일을 실용적으로 처리합니다. 경제적 인간의 성격입니다.

⑧ 타인의 기대와 감정에 민감하여 주위 환경에 감각이 뛰어납니다.

⑨ 카멜레온(chameleon)처럼 상황과 환경 변화에 민감하여 속과 겉이 다르게 전략적으로 행동하거나 행동 변화 속도가 빠릅니다.

⑩ 현실을 무시한 과대망상적인 공상을 실현하려는 스페인의 소설가 세르반테스의 소설 주인공 돈키호테(Don Quixote) 성격을 닮았습니다.

⑪ 5대 성격요인 모델의 외향성(extraversion)과 비슷합니다.

⑫ 사주의 천간의 '갑'과 '을', 그리고 지지의 '인'과 '묘'의 성격 특성입니다.

〔화의 성격 특성〕

화의 성격 근원은 자연생태계에 적응한 원시 사회의 원시인 행동의 중요한 원인이 되는 생물 본능(자기와 가족을 돌보고 지키며 자손 번식을 바라는 생물의 성질)입니다.

화의 성격 특성의 실마리가 되는 말은 **사랑(Love), 열정(passion)과 순발력**이 중요한 단어(Keyword)입니다.

① 정열적이고 열정이 강렬하여 에너지 넘치는 여름을 닮은 생물 본능의 성격입니다.

② 따뜻함, 돌봄, 연민 같은 사랑(에로스, 필리아, 아가페)의 본바탕입니다.

③ 신경이 예민하고 원시 생활에서 생긴 직감에 의한 반응, 자동 시스템이 발달했습니다. 화는 외부의 충동(impulse)에 자동으로 무의식적으로 행동하는 성격입니다.

④ 남자의 예감이나 여자의 직감 같은 직관을 보거나 듣는 즉시 깨달음으로 어떤 일이 되어 가는 상황을 읽을 수 있어 즉흥적 결단이 빠른 순발력을 가지고 있습니다.

⑤ 자신을 보호하기 위한 본능적(타고난) 표현으로 싸움의 방어 전략과 응집된 에너지 덩어리인 분노(용기의 위장 전술)의 성격입니다.

⑥ 눈앞에 위협적인 상황 또는 불확실한 상황에 대해 생리적인 반응을

보이는 불안과 두려움을 가집니다.(21세기 정보화 시대는 세상의 변화하는 속도가 농업·산업 사회 시대보다 10배나 빨라져서 우리의 일상생활에는 불안과 걱정이 넘쳐납니다.)

⑦ 상실과 변화에 대한 반응인 불안감을 가집니다.

⑧ 목표지향성과 성취에 대한 열정 그리고 도전정신이 있습니다. 그러나 침착하지 못하고 인내심이 부족하여 쉽게 좌절합니다.

⑨ 감정적이고 개인의 감정으로 판단을 하며 동정적이고 감사하는 마음이 강하고 눈치 빠른 재주도 있습니다.

⑩ 그리스의 예술의 신 디오니소스(Dionysos)형 성격을 닮았습니다.

⑪ 5대 성격요인 모델의 신경성과 비슷합니다.

⑫ 사주 천간의 '병'과 '정', 지지의 '사'와 '오'의 성격 특성입니다.

〔금의 성격 특성〕

금의 성격 근원은 사람이 만들어낸 사회 생태계(도덕·법률·문화 환경)에 적응한 농업·산업 사회의 문명인 행동의 중요한 원인이 되는 사회 본능(짐승이 아닌 사람답게 사회 생활을 하려고 하는 밑바탕이 된 사람 성질)입니다.

금의 성격 특성의 실마리가 되는 말은 **성실, 합리적인 사고와 인내심**이 중요한 단어입니다.

① 논리적이고 합리적 사고를 하며 냉정하게 행동합니다. 싸늘한 가을을 닮은 사회 본능의 성격입니다.

② 외부의 제약에 구속을 받지 않고 목표를 세우고 실행할 수 있는 의지력이 강해 마음속에 그려보는 이미지에 따라 행동합니다.

③ 책임감이 강하고 정신적·육체적 고통을 참고 견디는 인내심과 끈기가 강합니다.

④ 감정적인 욕구를 이성적으로 조절하는 자제력이 강합니다.

⑤ 차분하며 조심성 있고 신중합니다. 도전을 꺼리지 않지만 지혜롭게 안전을 선호합니다.

⑥ 정성스럽고 참되며 공평하고 거짓 없으며 성실한 도덕적인 성격입니다.

⑦ 변화를 원하지 않는 집착 기질이 강합니다.

⑧ 한결같이 모두에게 평등하게 대합니다. 곧이곧대로 말하고 솔직함에 충실합니다. 일에 노력하는 집중력이 높습니다만 융통성이 부족합니다.

⑨ 삶의 과거 경험과 배움으로 얻은 지식을 갖추어서 상황에 대해 정확하게 분석하고 사실에 근거하여 객관적으로 판단할 수 있는 능력이 있어 남을 비판할 가능성이 높습니다.

⑩ 직업과 학업에 처음 목표대로 일을 이뤄낼 가능성이 높습니다.

⑪ 5대 성격요인 모델의 성실성과 비슷합니다.

⑫ 사주의 천간 '경'과 '신' 그리고 지지의 '신'과 '유'는 금의 성격 특성입니다.

〔수의 성격 특성〕

수의 성격 근원은 사람이 만들어 낸 사회 생태계에 적응한 농업·산업 사회의 문명인 행동의 중요한 원인이 되는 사회 본능입니다.

수의 성격 특성의 실마리가 되는 말은 **친화성, 유연성과 공감능력**이 가장 중요한 단어(keyword)입니다.

① 주위로부터 마음에 충동과 자극을 받아도 흔들리지 않고 천연스럽고 미지근한 행동을 하는 유연성이 있습니다. 물처럼 유연한 성격입니다. 지혜의 계절 겨울을 닮은 사회 본능적 성격입니다.

② 예절 바르고 정직하며 자신을 드러내지 않는 겸손함이 있어 자기의 의견을 내세우지 않아 친구가 많습니다.

③ 현실적인 감각이 뛰어나고 사물에 대하여 사실에 근거하며 객관적으로 판단하여 상황과 환경 변화에 유연하게 대처하며 적응력이 강합니다.

④ 생각이 어떤 상황에 맞게 그때그때 잘 돌아가며 깨달음을 바탕으로 정신적 능력이 뛰어나 학자로 성공할 가능성이 높습니다.

⑤ 깊은 물처럼 생각이 깊어 실행할 수 없는 상상의 시간을 보낼 때가 많습니다. 아인슈타인은 "인간이 빛의 속도로 날아가면 무슨 일이 생길까?"라고 상상한 것이 상대성원리 발견의 계기가 되었다고 말했습니다.

⑥ 모험보다 현실의 안전을 중요하게 생각하여 머뭇거리는 성격이 있습니다.

⑦ 포용력과 친화력이 뛰어나서 의사소통이 원만하여 인간관계가 물 흐르듯 막힘이 없습니다.

⑧ 이타적인 성격입니다. 연민과 동정심이 높아 타인을 돕는 데 적극적이어서 도덕성을 높게 평가받지만 타인들에게 이용당하기 쉬워 가족에게 경제적인 피해를 줄 수 있습니다.

⑨ 타인의 마음을 읽고 타인의 감정을 느끼는 공감능력이 뛰어납니다.

⑩ 남을 배려하고 사람을 있는 그대로 받아들이는 융통성이 있습니다. 그때그때 상황에 맞추어 일을 처리하는 재주가 있습니다.

⑪ 5대 성격요인 모델의 친화성과 비슷합니다.

⑫ 사주의 천간의 '임'과 '계', 그리고 지지의 '자'와 '해'는 수의 성격 특성입니다.

〔토의 성격 특성〕

토의 성격 근원은 자연생태계에 적응한 원시 사회 원시인 행동의 중요한 원인이 되는 생물 본능과 사람이 만들어 낸 사회 생태계에 적응한 농업·산업 사회의 문명인 행동의 중요한 원인이 되는 사회 본능입니다. 여기에 산업·정보화 사회의 현대인 행동의 중요한 원인이 되는 개인 발달 본능(성장과 성숙)도 토의 성격 근원이 됩니다. 토의 성격 특성의 실마리가 되는 말은 **열린 마음, 신뢰, 지도력**이 가장 중요한 단어입니다.

① 대자연의 땅(토)은 만물을 감싸고 받아들이는 포용력이 있습니다. 봄과 여름 사이(5월), 여름과 가을 사이(8월), 가을과 겨울 사이(11월), 겨울과 봄 사이(2월)의 날씨가 뒤섞인 기간에 계절의 변화에 쉽게 적응하도록 공평하게 도움을 주는 협력자 역할이 '토'의 성격입니다.

② 사계절처럼 환경이 달라져도 변함없는 정직함을 보입니다.

③ 정직하고 진실하여 상대방에게 도덕성과 인간관계의 근본인 신뢰감을 주며 책임감도 강합니다.

④ 안정성을 중요하게 생각하고 변화와 모험을 싫어하며 순간적인 위기 상황 대처 능력이 부족한 편입니다.

⑤ 인간관계를 중요하게 생각하고 사람을 좋아해서 친구와 소통이 원활합니다.

⑥ 믿음, 의리, 공평, 그리고 마음이 열려 있어 포용력이 있으며, 활동적이고 부드러움과 열정이 있어 리더십이 있습니다.

⑦ 인내력이 강하고 고집(자기 확신)이 세며 성취욕이 강해서 주어진 일을 끝까지 해냅니다. 끈기는 목표가 있는 고집입니다.

⑧ 말솜씨가 뛰어나고 영리하며 재주가 있습니다. 총명함과 지혜로 세상 변화에 대처해 나갑니다. 총명함과 지혜는 위험 없고 편안함을 선호합

니다.

⑨ 대지(토)는 동물과 식물은 똑같다는 신념으로 삶의 터전을 차별하지 않고 공평하게 개방합니다.

⑩ 토의 성격은 옛 경험과 사고에 마음이 열려 있으며 새로운 아이디어를 만들어 내고 타인들의 새로운 아이디어나 혁신도 받아들입니다. 또한 마음이 열려 있어 소통도 자유롭습니다.

⑪ 5대 성격요인 모델의 개방성과 비슷합니다.

⑫ 사주 천간의 '무'와 '기', 지지의 '축' '진' '미' '술'은 토의 성격 특성입니다.

4장
성격의 분석과 활용

우리의 인생사는 특별한 재능(unique talent)이

창조한 예술작품들입니다.

나의 사주 8자와 음양오행 분석

성격모델 30개 분석

성격모델(1~30)

나의 사주 8자와 음양오행 분석

인터넷 주소창에 **김재철.net**을 입력하여 접속하면 5개의 탭이 나오는데, 그 중 **내 성격 알기**를 클릭하고 양력 또는 음력 생년·월·일·시간을 입력하면 간지(앞글자는 천간 뒷글자는 지지)로 표시된 사주 8자(생년 2자, 생월 2자, 생일 2자, 태어난 시간 2자=8자)와 8자에 각각 음 또는 양이 한 자씩, 그리고 오행(목, 화, 금, 수, 토)이 각각 한 자씩 배정되어 있는 분석표가 뜹니다. **화면에 나타난 본인의 분석표를 가지고 '성격모델 30개 분석'에서 같은 또는 비슷한 모델을 찾아 성격을 분석하십시오,** 오행성격 특성 중에 2개 이상 분포되어 있는 성격 특성은 일상생활에서 자연스럽게 행동으로 자주 나타나는 것들입니다. **2개 이상 분포된 오행성격 특성이 본인의 강점성격이며 강점성격이 본인의 재능입니다.**

성공적인 삶의 시작은 자기의 재능을 찾아내어 개발하고 발전시키는 일입니다. 자기의 성격 안에 오행성격 특성 중 강점성격이 자기의 재능임을 확인할 수 있었을 것입니다. 손흥민의 아버지는 손흥민이 소년 때부터 축구를 좋아하고(흥미=강점성격의 한 부분) 즐기며 축구에 대한 열정이 있음을 알았습니다. 축구선수 11명의 포지션(골키퍼, 수비수, 공격수 등등)에 알맞은 재능은 다릅니다. 손흥민 아버지는 손흥민이 슈팅에 특별한 재능이 있음을 알아차리고 축구에 대한 체계적인 훈련을 시작했습니다. 손흥민은 축구에 관한 지식을 배우고 축구 연습을 통해 기술을 몸에 익히는 훈련을 열정과 인내를 가지고 지속하여 자기의 재능을 성장 발전시켰을 것입니다. 손흥민은 아버지의 지도 아래서 하루에 1,000개씩 슈팅을 왼발과 오른발에 반복되는 연습으로 숙련시켰습니다. 상대방 골문 앞에서 상황에 따라 오른발 왼발로 무의식적으로 자유롭게 사용하여 슈팅을 성공시켰습니다. 금년 유럽 축구에서 최고상을 받은 슈팅을 보면 오른발로 12개 왼발로 11개의 슈팅을 완성시켰습니다. 그의 23개 슈팅 중에 페널티킥은 하나도 없었습니다. 자기편에 주어진 페널티킥만 넣으면 유럽 축구 최고 선수가 될 수 있는 기회가 왔을 때 그는 동료에게 그 기회를 양보했습니다. 이것을 본 동료 선수들은 손흥민에 협력하여 슈팅 기회를 만들어 주었습니다. 축구는 팀워크 경기입니다. 손흥민은 자기의 재능, 지식, 기술 훈련 그리고 재능을 2배가 되게 하는 팀워크 선택으로 유럽 축구의 최고 선수 반열에 오르게 된 것입니다.

우리 삶의 성공 지름길이 성격 안에 있음을 알 수 있게 되었습니다. 우리의 오행성격 특성 중에 강점성격이 우리의 재능입니다. 재능을 흠이 없는 보석으로 만드는 것은 자기의 재능에 대한 경험과 배움으로 얻은 지식과 손흥민처럼 끊임없는 기술 훈련을 통해서 이뤄지는 것입니다. **재능 개발에는 10,000시간의 투자가 필요합니다.** 절차탁마 대기만성(切磋琢磨 大器晚成) 옥이나 돌을 갈고 닦아 옥(재능)을 빛나게 하는 것은 오랜 시간이 걸리는 것처럼 어느 분야에서나 최고의 지위에 오르려면 타고난 재능을 오랫동안 갈고 닦은 후에 자연스럽게 도달할 수 있다는 교훈입니다.

성격모델 30개 분석

우리는 누구나 타고난 강점성격을 가지고 있습니다.

우리는 매일매일 상황의 변화에 따라 우리의 성격이 선택한 행동으로 살아갑니다. 우리가 일상생활에서 어떤 상황을 맞닥뜨렸을 때 행동으로 선택한 성격은 우리의 강점성격입니다. 강점성격은 자연스럽고 힘들이지 않고 환경과 상황에 맞추어 강점성격 특성들의 행동이 외부에 드러나는 횟수가 많은 것을 의미합니다. 우리는 매일 행동이 강점성격에서 비롯된 것을 깨닫기가 쉽지 않았습니다. 필자 역시 성격에 대해 공부와 성격을 이해하기 전까지는 나의 강점성격도 알지 못했고 강점성격이 나의 재능이라는 귀중한 사실도 깨닫지 못했습니다. 만약 일찍이 나의 강점성격인 재능을 알았다면 타고난 재능에 관심을 기울이고 반복적인 연습과 꾸준한 배움과 몸에 익힘을 통하여 지속적이고 완벽에 가까운 행위(behavior)를 몸에 닦았다면 더 높은 잠재력(potentiality)을 발휘할 수 있었을 텐데 하는 많은 아쉬움이 있습니다.

누구에게나 타고난 특별한 재능(강점성격)이 있습니다.

강점성격(재능)을 개발하는 것은 농부가 버려진 거친 땅을 일구어서 논·밭으로 만들어 기름진 땅을 만드는 것처럼 비전을 가지고 끈기 있게 계속해서 굳은 의지로 노력하는 과정입니다. 자기의 강점성격 특성들을 날마다 읽고 이해하고 행동으로 몸에 익히면 상황에 맞추어 자연스럽게 힘들이지 않고 행동으로 드러나는 습관이 만들어집니다. 습관은 제 2의 천성입니다. 이처럼 당신의 특별한 재능(unique talent)인 강점성격을 확장하고 개발하면 강점성격이 성공의 지름길을 안내(guiding)하는 당신의 인생 내비게이션이 됩니다.

성격이 생기는 밑바탕은?

성격에 의한 행동이 생기는 본바탕은 3가지 방법으로 알려져 있습니다. 성격 심리학자 Brian R. Little의 저서(Character)를 참고하여 오행성격 특성에

3가지 방법을 응용하여 활용했습니다.

첫째, 목과 화의 성격이 생기는 바탕은 자연생태계에 적응한 원시 사회의 원시인 행동의 중요한 원인이 되는 생물 본능(자기와 가족을 돌보고 지키며 자손 번식과 부자가 되기를 바라는 생물 성질)입니다.

둘째, 금과 수의 성격이 생기는 본바탕은 사람이 만들어 낸 사회 생태계(도덕·법률·규칙·문화 환경)에 적응한 농업·산업 사회의 문명인 행동의 중요한 원인이 되는 사회 본능(짐승이 아닌 사람답게 사회 생활을 하려고 하는 밑바탕이 된 사람의 성질)입니다.

셋째, 토의 성격이 생기는 본바탕은 산업·정보화 사회의 현대인 행동의 중요한 원인이 되는 개인발달 본능(개인의 성장과 성숙)입니다.

성격은 나이에 따라 변화되는 것일까?

레빈슨(Levinson, D. T, 1978)은 사람의 일생을 1년으로 비유하여 각 단계를 봄, 여름, 가을과 겨울로 나누었습니다. 봄은 청소년기, 여름은 중년기, 가을은 장년기 그리고 겨울은 노년기로 분류했습니다. 청소년기는 외부의 작은 자극에도 '욱' 하고 버럭 화를 내는 오행의 성격 중 화의 성격 특징입니다. 자기주장을 굽히지 않은 '목'의 성격 특성은 중년기 성격 특성입니다. 생물 본능에서 비롯된 성격 특성이 사회 본능에서 비롯된 성격보다 더 많이 자주 행동으로 드러납니다. 그러나 세상의 경험과 지식으로 쌓여진 지혜(wisdom)가 쌓인 장년기에 이르면 '욱' 하는 성격도 참고 견디는 인내심이 강한 '금'의 성격 특성 쪽으로 기우러지기 시작합니다. 자기주장을 우기던 '목'의 성격 특성도 조화롭게 생활할 수 있는 세상의 이치를 깨달아 상대방의 의견을 경청하고 받아들이는 '수'의 성격 특성이 자주 드러납니다.

그러나 개인 발달 본능은 일생 동안 큰 변화가 없는 것으로 보입니다.

강점성격(재능)을 계속해서 개발하는 사람만이 성공적인 삶이 보장될 수 있습니다.

우리의 각 개인의 성격은 세상의 하나밖에 없는 재능(unique talent)입니다. 우리 모두의 성격에는 강점(strength)과 약점(weakness)을 가지고 있습니다. 성격의 강점성격은 우리의 타고난 재능입니다. **아인슈타인은 초등학교 때 학업성적이 좋지 않아** 담임 선생님은 성적기록부에 '이 학생은 나중에 무엇을 해도 성공할 가능이 없음'이라고 기록했습니다. 성적기록부를 받아본 아인슈타인의 어머니는 어린 아인슈타인에게 자신에 대해 확실한 믿음을 심어 주었습니다. "너는 세상의 다른 아이들에게는 없는 유일한(unique) 강점을 가지고 있단다. 그래서 이 세상에는 너만이 감당할 수 있는 일이 너를 기다리고 있어, 그 길을 네가 스스로 찾아가야 한다. 너는 틀림없이 가장 훌륭한 사람이 될 거야." 아들을 격려하고 자신감(self-confidence)을 심어 주었습니다.(조선일보 2022년 8월 23일 인용)

자기의 재능을 믿는 순간 자기 스스로 어떤 일이라도 해낼 수 있다는 자신감이 생기게 됩니다. 자신감은 어떤 어려운 일도 성취할 수 있다고 자기 자신을 확실히 믿게 되는 습관이 만들어지는 것입니다. 어떤 학자들은 학교 성적을 이야기할 때 IQ보다는 자신감이 높은 것이 학업성취도와 관계가 많다고 주장합니다.

나도 공부를 잘 할 수 있다고 자신을 믿는 순간 공부하는 것을 즐기게 되고 공부하는 것에 열정이 타올라 성적이 쑥쑥 오르기 시작합니다.

강점성격 개발의 **첫째**는 자기의 강점성격이 자신의 재능임을 확실히 믿는 순간부터 시작됩니다.

둘째는 자기의 강점성격 특성들을 매일 외우고, 이해하고, 몸에 익히는 준비를 하면 상황에 맞는 행동이 자연스럽게 머뭇거림 없이 나옵니다. 이러한 준비는 당신의 강점성격을 개발시키고 당신의 잠재력을 최대로 발휘시킵니다. 우리는 어릴적 기어다니다가 일어서기 연습을 합니다. 그리고 한 발짝씩 걷는 연습을 넘어지면서 배워 지금은 뛰고 달리고 있습니다.

셋째, 강점성격은 배움을 먹고 자랍니다. 배우고 몸에 익히는 능력은 일을 해낼 수 있는 능력의 문제라기보다는 마음의 자세 문제이며 듣고, 배우고, 적응하려는 욕구에 달려 있습니다. 배울 수 있는 사람은 언제나 새로운 아이디어를 받아들이려는 열린 마음자세이고 모든 사람으로부터 배우려는 마음가짐을 갖습니다. **배움의 가장 중요한 방법은 어떻게(how) 배워야 하는지를 배우는 것입니다. 보고 듣는 것을 배워야 합니다.** 배울 수 있는 순간을 찾고 계획해야 합니다. 우리가 아는 모든 것은 다른 사람들로부터 배운 것입니다. 우리가 매일 만나는 사람들은 우리 선생님입니다.

성격모델 30개 목록

성격모델 30개와 함께 각각의 성격모델과 비슷한 유명인의 성격을 설명하였습니다.

성격모델 1 목 2개, 화 2개, 금 2개, 수 1개, 토 1개 p98   호찌민, 간디
성격모델 2 목 2개, 화 2개, 수 2개, 금 1개, 토 1개 p112   슈베르트
성격모델 3 목 2개, 화 2개, 토 2개, 금 1개, 수 1개 p125   갈릴레이, 나카무라
성격모델 4 목 3개, 화 2개, 토 1개, 금 1개, 수 1개 p139   처칠
성격모델 5 화 2개, 금 2개, 수 2개, 목 1개, 토 1개 p151   루스벨트

영화와 연극에는 주연과 조연배우가 있습니다. 영화나 연극이 성공한 작품이 되려면 주연과 조연배우 모두 각자에게 주어진 역할을 충실하게 연기해 내는 것이 필수조건입니다. 오행성격인 목, 화, 금, 수, 토 역시 각각을 주연과 조연의 역할로 나누어 이해한다면 활용이 아주 쉽습니다.

성격모델 1의 사주 8자 중에 배정될 수 있는 오행성격, 목, 화, 금, 수, 토의 평균 분포수는 1.6개입니다(사주 8자÷오행성격 5자= 1.6 : 실제가 아닌 이론적 수치). 오행성격 특성이 활발하게 행동하게 하는 단계(degree)을 3단계, 즉 상(high)·중(middle)·하(low) 단계로 선택하여 이해하기 쉽게 정하였습니다. 오행성격 평균 분포수 1.6개를 활발히 행동하게 하는 단계를 3단계 중 중간 단계로 정하였습니다. 개인의 오행성격 특성 분포수가 평균 분포수 1.6개보다 높은 2개 이상은 강점성격(재능)으로, 평균 분포수보다 낮은 한 개 이하는 약점성격으로 정하였습니다. 오행성격의 강점성격은 주연 역할을, 약점성격은 조연 역할로 설명하였습니다.

목과 화의 오행성격 행동의 뿌리는 자연생태계에 적응한 생물 본능(자신과 가족을 돌보고 지키며, 아들, 딸, 손자, 손녀들이 많아지고 부자가 되기를 바라는 생물 성질)에 있습니다. 목과 화의 오행성격 특성이 동시에 강점성격(재능)으로 나타날 때는 활동하기 좋은 '봄'을 닮은 목의 성격이 주연 역할을 하고 더위 때문에 활동하기가 힘든 '여름'을 닮은 화의 성격이 조연 역할을 합니다. 금과 수의 오행성격 행동의 뿌리는 인공 생태계에 적응한 사회 본능(집

승이 아닌 사람답게 사회 생활을 하려고 하는 마음이 밑바탕이 된 사람 성질)에 있습니다. 금과 수의 오행성격 특성이 동시에 강점성격(재능)으로 나타날 때는 활동하기 상쾌한 '가을'을 닮은 금의 성격이 주연 역할을 하고, 추위 때문에 활동하기가 어려운 '겨울'을 닮은 수의 성격이 조연 역할을 하게 됩니다. 토의 오행성격은 생물 본능에 뿌리를 두고 있는 목과 화의 성격과 사회 본능에 뿌리를 두고 있는 금과 수의 성격을 모두 함께 가지고 있습니다. 목과 화 성격이 두 개가 모두 약점성격일 때, 또는 금과 수 성격이 두 개가 모두 약점성격일 때, 토의 성격이 강점성격일 경우에만 목과 화의 약점성격을, 혹은 금과 수의 약점성격을 대리(agency)하여 강점성격의 역할, 즉 주연 역할을 하게 됩니다. 그러나 토의 성격이 약점성격일 경우는 목과 화의 약점성격과 금과 수의 약점성격을 대리할 수 없습니다.

성격모델 1에서는 생물 본능에 뿌리를 둔 강점성격인 목이 주연 역할을 하고 화는 강점성격이지만 조연 역할을 합니다. 사회 본능에 뿌리를 둔 강점성격 금이 주연 역할을 하고 약점성격인 수와 토는 조연 역할을 합니다.

말이 끄는 마차가 정상적으로 굴러가기 위해서 두 개의 바퀴가 있어야 합니다. 오행성격의 역할을 이해하기 쉽게 마차바퀴로 비유(simile)하여 설명했습니다. 원시 사회 원시인의 행동의 중요한 원인이 되는 생물 본능에 뿌리를 두고 있는 목과 화의 성격이 한쪽 바퀴가 되고, 농업·산업 사회의 문명인 행동의 중요한 원인이 되는 사회 본능에 뿌리를 두고 있는 금과 수의 성격이 반대쪽의 바퀴가 됩니다. 생물 본능의 야성미가 있는 강점성격인 목과 사회 본능의 세련미가 있는 금의 강점성격이 균형을 잡고 화, 수, 토의 성실한 조연 역할로 조화를 이루게 되어 오행성격 간에 균형과 조화를 튼튼하게 이룬 건전한 성격 조합(combination)입니다. 겉모양의 아름다움

(사회 본능)과 속내부의 자연 그대로 단순하고 소박한 아름다움(생물 본능)이 균형과 조화를 이루는 것과 같습니다.

자기의 음양오행 성격은 태어날 때부터 가지고 있는 자기만의 특별한 재능(unique talent)입니다. 이 재능을 키우면 자기의 성격에 맞는 분야에서 성공할 가능성이 매우 높습니다. 자기의 목·화·금인 강점성격(재능) 특성들을 매일 아침에 깨어나 2회 그리고 자기 전에 2회 반복하여 소리 내어 읽고 자기의 수와 토의 약점성격 특성도 강점성격 특성처럼 1회 반복하여 읽고 몸에 익히면 몇 주 후에는 오행성격 특성들의 내용을 알아지게 되고 이해할 수 있게 되어 오행성격 특성들을 마음먹은 대로 활용할 수준에 다다르게 됩니다. 당신의 밝은 미래를 위한 준비는 오늘을 아주 적절하게 활용하는 것부터 시작됩니다. 어제는 지나갔으며 내일은 아직 오지 않아 준비에 활용할 수 없습니다. 미래를 준비할 기회는 오늘뿐입니다.

자기의 음양오행성격 특성을 매일 아침 일어나 10분, 잠자기 전 10분씩만 외우고 몸에 익히는 훈련과 노력은 당신의 강점성격(재능)을 개발하고, 약점성격을 발전시켜 삶을 성공적인 지름길로 안내하는 내비게이션 역할을 할 것입니다.

성격모델 1에서 오행성격 특성을 요약한 3장 81~88페이지 12개 중에 가장 중요한 오행성격 특성을 추려내어 정리했습니다.

① 목의 강점성격
• 돋보이고 싶은 욕구, 하고자 하거나 가지고자 하는 마음이 몹시 간절한 열망, 그리고 야망이 강렬하며 많은 꿈을 가진 봄을 닮은, 원시인 행동

의 중요한 뿌리가 되는 자연계에 적응한 생물 본능적 성격입니다.

•새롭고 신기한 것에 호기심과 흥미를 강렬하게 느끼며 도전하여 이기는 경쟁을 즐깁니다.

•성취하려는 욕망이 강점성격이 된 것은 하늘이 내려준 선물입니다. 당신이 가진 모든 것은 하늘로부터 받은 선물이기 때문에 당신은 이것을 받아들일 수밖에 없습니다.

•당신은 매년, 매월, 심지어 매주 즐기는 일, 즉 목표를 계획합니다. 직접 경험할 수 있고 측정할 수 있고 정해진 시간표대로 생활합니다.

•카멜레온처럼 환경과 상황 변화에 민감하여 속과 겉이 다르게 전략적으로 행동합니다.

② 화의 강점성격

•정열적이고 열정이 강렬하며 에너지가 넘치는 여름을 닮은 원시인 행동의 중요한 뿌리가 되는 자연생태계에 적응한 생물 본능적 성격입니다.

•신경이 예민하고 남자의 예감(premonition; 일이 있기 전에 그 일을 암시적으로 느낌)이나 여자의 직감(immediate perception; 곧바로 느끼어 앎)을 닮은 직관(intuition)은 일이나 상황을 보는 순간 깨닫게 되어 마주하는 날마다 상황을 잽싸게 알아차리고 확실히 이해할 수 있어 즉흥적으로 판단이 빠른 순발력(외부의 자극에 순간적으로 몸을 움직여 힘을 낼 수 있는 능력)을 가지고 있습니다. 역동적인 변화와 상황이 많은 정보화 사회에서 곡예사 같은 능력을 최상으로 발휘할 수 있습니다.

•직관은 창조적 예술(음악·미술·체육)이나 과학적 발견으로 이어질 잠재력이 있습니다.

•눈앞에 위협적인 상황 또는 불확실한 상황에 대해 두려움과 불안을

느끼거나 위협적인 상황에서 자신을 보호하기 위한 싸움의 방어 전략과 응집된 에너지 덩어리인 분노를 보입니다.

• 감정적이고 동정적이며 감사하는 마음이 강합니다. 개인적 감정으로 판단합니다.

• 미래의 꿈과 성취에 대한 열정과 도전정신이 있습니다. 그러나 침착하지 못하고 인내심이 부족하여 쉽게 꿈을 포기합니다.

③ 금의 강점성격

• 논리적이고 합리적인 사고를 하며 냉정하게 행동하는 것이 싸늘한 가을을 닮은 인간 행동의 뿌리가 되는 사람이 만든 환경에 적응한 사회적 본능 성격입니다.

• 책임감이 강하고 정신적·육체적 고통을 참고 견디는 인내심과 끈기가 강합니다.

• 세상의 안쪽에는 여러 가지 위험이 도사리고 있는 것을 알고 조심성 있고 신중하게 행동합니다. 돌다리도 두드려 보고 안전을 확인한 후 건너가는 성격입니다.

• 곧이곧대로 말하고 솔직함에 충실합니다. 일에 집중력은 강하지만 융통성이 부족합니다.

• 삶의 과거 경험과 배움으로 얻은 지식을 활용해서 마주하는 상황을 정확하게 분석하고 객관적인 판단을 할 수 있는 능력이 있어 남을 비판할 가능성이 높습니다.

④ 수의 약점성격

• 주위로부터 마음의 충동과 자극을 받아도 흔들리지 않고 천연덕스럽

게 미지근한 행동을 하는 여유만만한 유연성이 있습니다. 지혜를 쌓는 계절, 겨울철을 닮은 인간 행동의 뿌리가 되는 인공 생태계에 적응한 사회 본능적 성격입니다.

• 타인의 마음을 헤아리고 감정을 느끼는 공감능력이 뛰어나며 포용과 친화력이 있어 의사소통이 원활하며 인간관계가 물 흐르듯 막힘이 없습니다.

⑤ 토의 약점성격

• 토는 '생명체는 모두 중요한 존재'라는 믿음으로 동·식물에게 삶의 터전을 차별하지 않고 포용하고 개방합니다. 옛 경험이나 생각으로부터 자유로운 열린 마음을 가지고 있어 새로운 아이디어를 만들어 내고 타인들의 혁신과 새로운 아이디어를 받아들이는 열린 마음의 성격입니다.

• 토의 성격은 사계절 변화 기간(2월, 5월, 8월, 11월) 사이에 봄, 여름, 가을, 겨울에 계절의 변화에 쉽게 적응하도록 공평한 도움을 주는 신뢰감 있는 협력자의 역할을 성실히 수행합니다.

• 믿음, 의리, 공평 그리고 포용력이 있으며, 활동적이고 부드러움, 열정, 책임감이 강해 지도력이 있습니다.

• 어떤 상황에서도 주어진 일을 자신이 해낼 수 있다는 자신감을 가지고 있으며 인내심, 끈기가 있고 성취욕이 강렬하여 주어진 일을 끝까지 책임감을 가지고 마무리 짓습니다.

상생 상극을 활용하여 오행성격 간의 균형과 조화를 이룰 수 있습니다.

상생과 상극은 봄, 여름, 가을, 겨울이 변함없이 순서대로 돌고 도는 순환적인 4계절에 대한 체험을 바탕으로 만들어졌습니다. 상생(서로 도움을 주는 순환적 상호협력 관계)과 상극(넘치는 것을 덜어 내고 부족한 것은 채워 주며 어려운 상황을 이겨 내도록 해주는 순환적 상호조절 관계)을 활용하여 오행성격 간에 균형과 조화를 이룰 수 있습니다.

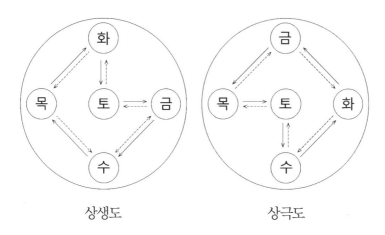

상생도   상극도

상생은 생물 본능에 뿌리를 둔 사랑의 계절 성격인 '목'과 생장 계절의 성격인 '화' 사이에(목생화, 화생목) 그리고 사회 본능에 뿌리를 둔 씨 뿌리고 가꾼 대로 거두어들이는 정직한 계절의 성격인 '금'과 지혜를 쌓는 계절의 성격인 '수' 사이에(금생수+수생금) 이루어집니다. 사계절처럼 순환하는 또 하나의 상생은 겨울을 닮은 '수'와 봄을 닮은 '목' 사이를 상생으로 연결하여 순환이 계속 이어지게 하였습니다(수생목).

영화·연극에서 감독은 출연 배우 모두를 관리하는 관리자 역할을 하는 것처럼 '토'는 화와 금과는 '상생', 목과 수와는 '상극' 관계로 생장의 계절인 에너지 넘치는 '화'의 성격과 성숙 계절인 가을을 닮은 성실성이 근본이 되는 '금'의 성격과는 상생을 합니다(토생화, 화생토 그리고 토생금, 금생토). 대부분 생물은 겨울잠을 자고 인간은 지혜를 쌓는 계절을 닮은 '수'의 성격과 생물이 겨울잠에서 깨어나 생명 활동을 시작하고 짝짓기를 하는 사

랑의 계절을 닮은 목의 성격과 토는 상극 관계입니다(토극목, 목극토 그리고 토극수, 수극토). 정도에 넘치는 짝짓기와 너무 일찍 겨울잠을 깨어 생명이 이 추위에 위태로워지는 것을 알맞게 조절하는 것이 '토'의 상극 역할입니다.

　사계절의 순환을 닮은 상생은 오행성격 간 서로 돕는 관계지만 상극은 오행성격 간 서로 조절하여 오행성격 간에 균형과 조화를 이루려는 인간의 지혜로 만들어진 것입니다. 상생도의 '화'(여름)와 '금'(가을)의 위치를 바꾸어 오행성격 간에 서로 조절하는 기능, 즉 넘치는 것을 덜어 내고 부족한 것은 채워 주어 어려운 상황을 이겨 내게 하는 관계입니다.

　성격모델 1에서 수와 토의 오행성격 분포수가 각각 1개로 오행성격 평균 분포수 1.6개보다 적어 약점성격입니다. 강점성격 목과 금이 수와 상생 관계이므로 수에게 충분한 도움을 주어 수를 오행성격 특성을 활발하게 행동하게 하는 중간 단계 가까이 끌어올릴 가능성이 매우 높습니다(목생수+금생수). 이와 비슷하게 강점성격인 화는 토와 상생 관계이므로 토에게 상당한 도움을 주어 토를 오행성격 특성을 활발하게 행동하게 하는 중간 단계 가까이 끌어올릴 가능성이 있습니다(화생토). 토는 목과 수와 상극 관계이므로 넘치는 부분은 덜어 내고 부족한 부분을 채우도록 성실한 멘토링을 합니다(토극목+토극수).

　오행성격은 각각의 재능을 가지고 있습니다. 각각의 재능을 단순하게 합치면(1+1+1+1+1=5) 5개 재능에 지나지 않습니다. 그러나 상생과 상극 활용으로 오행성격 팀을 만들어 오행성격 특성 간에 균형과 조화를 이루는 팀워크를 하게 되면 오행성격 재능을 배가시킬 수 있습니다.

사주 8자에 분포된 오행성격 목, 화, 금, 수, 토에 음 또는 양이 하나씩 분포되어 있습니다. 오행성격 특성의 활성화 정도가 양이 분포된 경우는 올라가지만 음이 분포된 경우는 오행성격의 활성화 정도가 내려갑니다. 성격 모델 30개는 이론적 모형입니다. 실제 사주 8자는 개인정보 보호법 때문에 조사가 불가능하였습니다. 오행성격 목, 화, 금, 수, 토의 음양의 역할은 설명할 수 없게 되었음을 이해하여 주시기 바랍니다. 그러나 개인은 이 책의 음양 성격 활용법을 읽고 이해하면 음과 양의 오행성격 활용이 가능합니다.

음양의 성격 활용법은 3장 73~74페이지를 참고하시기 바랍니다.

<u>목</u>의 강점성격은 여러 가지 꿈을 함께 이루려는 욕망이 강렬합니다. '토끼 두 마리를 한꺼번에 잡으려다가 한 마리도 못 잡는다.'는 속담이 있습니다. '금'은 '목'에게 삶의 목표 하나를 신중하게 선택해서 빈틈없고 완벽한 계획을 세우고 성실하게 실행할 것을 충고하며 응원합니다(금극목). 그리고 목에게 돋보이고 싶은 사회적 출세와 강렬한 명예 욕구를 현실에 적합하도록 스스로 자신을 조절하도록 멘토 역할을 할 수 있습니다(금극목). 목은 삶의 목표를 높게 세우고 이에 대한 성취를 열망하고 그곳에 '화'에게서 에너지를 충분히 지원 받아 성취하려는 의지력이 매우 강합니다(화생목).

카멜레온처럼 상황 변화에 민감하여 속과 겉이 다르게 전략적으로 행동을 합니다. 그 결과는 사회 생활에서 신용을 잃고 주위로부터 따돌림 당할 가능성이 큽니다. 목, 화, 금, 수에게 신용이 있는 협력자인 토는 전략적 행동을 될 수 있는 대로 적게 하도록 충고합니다(토극목). 호기심과 흥미에 끌려 어수선하고 바쁘게 생활하는 '목'에게 수는 유연하고 여유 있게 생활하도록 도움을 줍니다(수생목).

<u>화의 강점성격</u>은 신경이 예민하여 주변의 작은 자극에도 감정이 쉽게 흔들려 화를 버럭 내거나 분노를 못 참아 씩씩거리는 모습을 보이기도 합니다. 화는 금에게서 차가운 이성적 생각과 절제력을 평소에 가지게 하는 생활습관에 대한 충고를 받아들이면 성급한 성격을 조절할 수 있습니다(금극화). 사랑에 정열적이고 불타오르는 열정에 자신의 몸을 불사를 가능성이 있는 사람은 수에게서 겨울의 차가운 마음을 가질 것을 충고 받아 불타오르는 열정과 정열을 식힐 수가 있습니다(수극화). '시원한 물을 마시고 마음을 진정하시오.'

<u>금의 강점성격</u>은 논리적이고 분석적이며 객관적인 판단을 할 수 있어 냉정하게 행동하며 타인을 쉽게 비판할 수 있어 주위 사람들로부터 푸대접을 받을 가능성이 있습니다. 화에게 사랑하는 마음을 도움 받아 타인을 사랑하고 이해하는 연습을 계속하게 되면 냉정한 행동과 비판이 따뜻한 사랑이 묻어나는 행동으로 바뀔 수 있습니다(화극금). 돌다리도 두드려 보고 건너는 신중함과 조심성이 많아 위험성 있는 도전을 피합니다. 토인비는 "역사는 도전과 응전에 의해 이루어진다."는 말을 남겼습니다. 개인의 인생사도 마찬가지입니다. 자신의 큰 꿈을 이루기 위해서는 날마다 도전해야 할 일들이 많습니다. 머뭇거리다가 기회를 놓칠 수가 있습니다. 큰 것은 작은 것의 모음으로 이루어집니다. 목에게서 작은 일부터 도전하는 습관을 배울 수 있는 도움을 받을 수 있습니다(목극금). 당신은 생각만 하고 행동하기를 머뭇거리는 사람이 아니라 도전하고 행동하는 지성인이 될 수 있습니다.

일에 집착하는 집중력은 강하지만 융통성이 부족하여 고집이 심할 가능성이 있습니다. 수에게서 유연성과 융통성을 본받을 수 있는 가능성이 있습니다(수생목).

토의 약점성격은 목, 화, 금, 수에게 세상 변화에 쉽게 적응하도록 협력자 역할을 합니다. 토는 정직하고 진실하여 신뢰감을 주며 개방적인 성격이어서 사람들과 소통이 잘 되어 인간관계가 물 흐르듯 막힘이 없습니다. 토는 믿음, 의리, 공평 그리고 포용력이 있으며 활동적이고 부드러움과 열정이 있어 리더십이 강합니다.

　　수의 약점성격은 천연스럽고 미지근한 행동을 하는 유연성 있고 세상을 쉽게 살려는 태도도 있습니다. 미지근하고 세상을 쉽게 살려는 태도로 주위 사람으로부터 게으른 사람, 세상을 편하게 살려는 태도로 오해 받을 수 있습니다. 목에게서 욕망과 야망을 본받아 자신의 목표를 세우면 목표 성취를 열망하여 부지런하게 생활하고 적극적인 삶을 살게 될 것입니다 (목생수).

요약 : 성격모델 1에서는 목·화·금이 중심 역할을 하는 강점성격입니다.

　　성격모델 1의 성격 소유자는 경험이 밑바탕이 되는 실용적 사실을 중요하게 생각하며(목) 사실들과 관련된 결정을 내릴 때는 합리적이고 객관적 분석에 의존합니다. 화는 열정과 정열 그리고 21세기 정보화 사회처럼 빠르게 변화하는 환경과 상황에 재빠르게 대응하는 순발력이 있습니다. 금은 무엇이 문제인지 파악하고 해결책을 찾는 일에 흥미를 느끼고 즐겁니다. 또한 한번 하겠다고 말한 것에 대해 끝까지 책임을 지려고 합니다. 금은 처음 배운 몇 개의 사실에서 짜릿한 기쁨을 느끼고 배운 것을 연습해 보려는 초기의 노력(화의 열정)과 익힌 기술에 대한 확신(토의 자기 확신)에 매우 끌립니다. 경영·경제·회계·통계 등과 역사·지리·생물 분야 등처럼 객관적 사실에 관련된 분야에서 성공 가능성이 높습니다.

　　우리는 마음이 끌리는 일을 할 때 만족감을 느낍니다. 끌림은 당신의 내면에서 부르는 소리를 듣고 서로 응하며 대답하는 마음입니다(생존 본능). 좋아하는 일은 누구나 즐기면서 합니다. 하고 싶은 일을 할 때는 신바람이 납니다. 자기의 강점성격(재능)에 맞는 일은 마음에 끌리고 즐기고 계속하고 싶어 합니다. 마음이 끌리는 대로 따라가는 것, 당신의 성격 안에 있는 내비게이션이 이끄는 대로 따라가면 당신의 인생 여정은 즐거움이 항상 함께할 것입니다.

성격모델 1의 오행성격과 비슷한 성격을 가진 베트남 독립을 이끈 호찌민 주석과 인도 독립을 이끌고 힌두교도와 이슬람교도의 화해를 위해 노력하다가 힌두교 급진주의자에게 암살당한 마하트마 간디의 인생사를 살펴서 두 분의 성격이 생애에 어떤 영향을 미치게 되었는지를 필자가 설명하겠습니다. 간디의 오행성격은 성격모델 1의 성격과 같습니다. 호찌민의 오행성격도 목 2개, 화 2개, 금 3개, 수 1개로 성격모델 1의 강점성격인 목 2개, 화 2개, 금 2개로 비슷하지만 약점성격인 토가 0개입니다. 그러나 호찌민의 화와 금이 상생 관계(화생토+금생토)로 잠자고 있는 토의 성격을 활성화시키는 데 충분한 도움을 줄 수 있어 오행성격 평균 분포수, 1.6개(사주 8자÷오행 5자=1.6개) 가까이 끌어올릴 가능성이 매우 높습니다.

베트남 독립의 아버지 호찌민

호찌민의 성격은 생물 본능에 뿌리를 둔 목과 화, 그리고 사회 본능에 뿌리를 둔 금과 수가 균형을 이루고 있습니다. 호찌민의 강점성격(재능) 목, 화, 금 중에 금의 오행성격이 3개입니다. 호찌민은 배우고 익히는 일, 즉 학업을 매우 즐기는 성격을 가지고 있습니다. 그는 유학자인 아버지 밑에서 한자와 유학을 배웠고 공부에 대한 열정이 높아 많은 책을 읽는 습관을 어려서부터 길렀으며, 특히 역사와 고전에 대한 지식이 매우 깊고 넓었습니다. 호찌민(호지명, 湖志明)의 이름은 깨우치는 자라는 뜻을 지녔습니다. 아버지가 유학자이어서 호찌민의 사주를 보고 그의 이름을 지은 것으로 생각됩니다. 만약 베트남이 식민지 국가가 아닌 독립국가였다면 학문 분야에서 업적을 남겼을 것으로 생각됩니다.

호찌민은 15세에 프랑스어 문법학교에 입학하여 18세에 졸업한 후 3년간 소학교 교사를 한 후 사표를 냈습니다. 호찌민은 베트남을 프랑스로부터 독립시키는 꿈을 실현하기 위해서는 먼저 프랑스에 대한 정보를 아는 것이 첫째임을 통감하고, 프랑스에 건너가기 위해 요리사 훈련을 받고 견습 요리사로 증기선에 승선하여 프랑스에 도착하였습니다. 호찌민은 프랑스에 도착 후 더 넓은 세상을 경험하고 독립을 위한 지식을 쌓기 위해 다른 배의 선원으로 아프리카의 프랑스 식민지와 미국, 유럽 제국 등 여러 나라를 8년 동안 방문하여 독립을 위한 준비를 하였습니다. 호찌민은 미국에서 요리사로 1년, 영국에서 하인, 견습공 등 많은 직업에 종사하였습니다.

호찌민은 프랑스에 돌아와 프랑스 사회당에 입당하여 정치생활을 시작하고 그 후 사회당을 탈당하고 공산당에 입당합니다. 그는 프랑스에서 노동자 계층의 많은 지도자들과 교류하고 몇 년간 반제국주의, 반식민지의 투쟁 활동을 하다가 프랑스 당국의 감시와 박해가 심해지자 1923년 모스크바로 피신하여 소련에서 동방노력자 공산대학, 국제레닌학교를 졸업했습니다. 그 후 호찌민은 1930년 1월 공산당을 창당하고 독립활동을 계속하여 1945년 9월 베트남민주공화국을 수립하였습니다. 호찌민은 그의 강점성격(재능)을 아버지의 가르침으로 알고 개발, 확장하여 자신의 재능을 충분히 활용한 본보기로 생각됩니다. 조국 독립을 위한 열망과 야망(목의 성격), 목표를 성취하기 위한 에너지 넘치는 열정(화의 성격), 독립을 위한 성실한 준비와 집착 그리고 인내와 끈기(금의 성격) 그리고 베트남에 대한 연민으로 싱글 생활(수의 성격)을 하면서 선입관에 얽매이지 않고 여러 나라들과 소통하는 열린 마음(토의 성격)이 호찌민의 오행성격의 균형과 조화입니다.

비폭력운동의 대명사 간디

간디의 비폭력운동은 빼어난 아이디어로 지금도 살아 있습니다. 간디는 명문가에서 출생하였고 고행과 생물을 함부로 죽이는 것을 금지하는 자이나교의 교육을 받았습니다. 아버지는 아들의 말을 믿어 주고 배려하는 분이었으며 어머니는 믿음이 강한 힌두교 신자였습니다. 이러한 가정환경은 간디에게 성실한 성격(금의 성격)을 강화시키고 정직하고 진실하여 상대방에게 신뢰감을 주는 성격(토의 성격)을 길러 주었습니다. 간디가 청소년 시기에 방황한 적도 있는 것을 보면 부모님의 교육이 사회 환경 적응에 마음고생이 있었던 것으로 보입니다.

옛날부터 전해 내려오는 엄격한 세습제 신분제도, 즉 승려, 귀족, 평민, 천민으로 분류된 카스트에 간디는 저항감을 느꼈던 것으로 보입니다. 간디는 부모님의 사랑으로 마음의 상처는 치유되었지만 뒷날에 사회적 계급 타파에 노력하고 천민 해방을 실천한 것은 그의 사회개혁 의지(화의 성격)가 강렬한 것으로 보입니다. 또한 간디는 식민지가 된 인도의 독립에 대한 열망이 있었던 것으로 보입니다. 그러나 아버지가 영국의 인도식민통치의 고급관료였기에 마음의 갈등이 있었던 것으로 보입니다. 간디는 아버지의 사랑과 설득으로 독립에 대한 꿈을 마음속으로만 간직하고 1890년 런던대학교 법학과에 입학, 1893년 졸업 후 변호사로 남아프리카에서 원주민의 자유 획득을 위하여 활약했습니다. 1915년 귀국 후 비폭력주의 원칙 하에 비협력, 불복종주의로 영국의 신민통치에 맞서 독립운동을 전국적으로 넓혀 가며 강화시켜 나갔습니다(목의 성격).

1947년 독립 후 이슬람교도는 파키스탄으로, 힌두교도는 인도로 가는 민족분열이 벌어지고, 당시 종교 갈등으로 수만 명이 학살당하자 간디는 이슬람교도와 힌두교도를 화해시키고 융합(수와 토의 성격)시키고자 헌신적으로 힘썼습니다. 힌두교도인 간디는 힌두교 극진파 무장단체 청년에게 암살당했습니다. 간디는 조국독립을 향한 열망과 야망(목의 성격), 목표 성취를 위한 넘치는 열정과 사회개혁 의지(화의 성격), 성실하고 인내심을 갖고 끈기 있게(금의 성격) 비폭력 독립운동을 전개하고(수의 성격) 힌두교도와 이슬람교도를 화해와 융합시키려는 노력(토의 성격)에 힘써 왔습니다. 간디는 자신의 오행성격의 강점(재능)을 발휘하고 오행성격을 균형과 조화를 이룬 본보기로 생각됩니다.

성격모델 2
목 2개, 화 2개, 수 2개, 금 1개, 토 1개(사주 8자에 배정된 오행성격 분포수)

영화와 연극에는 주연과 조연배우가 있습니다. 영화나 연극이 성공한 작품이 되려면 주연과 조연배우 모두 각자에게 주어진 역할을 충실하게 연기해내는 것이 필수조건입니다. 오행성격인 목, 화, 금, 수, 토 역시 각각을 주연과 조연의 역할로 나누어 이해한다면 활용이 아주 쉽습니다.

성격모델 2 사주 8자 중에 배정될 수 있는 오행성격, 목, 화, 금, 수, 토의 평균 분포수는 1.6개입니다(사주 8자÷오행성격 5자= 1.6 : 실제가 아닌 이론적 수치). 오행성격 특성이 활발하게 행동하게 하는 단계를 3단계, 즉 상·중·하단계로 선택하여 이해하기 쉽게 정하였습니다. 평균 분포수 1.6개를 활발히 행동하게 하는 단계를 오행성격의 중간 단계로 정하였습니다. 오행성격 평균 분포수 1.6개보다 높은 2개 이상은 강점성격(재능), 평균 분포수보다 낮은 한 개 이하는 약점성격으로 정하였습니다. 오행성격의 강점성격은 주연 역할을, 약점성격은 조연 역할로 설명하였습니다.

목과 화의 오행성격 행동의 뿌리는 자연생태계에 적응한 생물 본능(자신과 가족을 돌보고 지키며, 아들, 딸, 손자, 손녀들이 많아지고 부자가 되기를 바라는 생물 성질)에 있습니다. 목과 화의 오행성격 특성이 동시에 강점성격(재능)으로 나타날 때는 활동하기 좋은 '봄'을 닮은 목의 성격이 주연 역할을 하고 더위 때문에 활동하기가 힘든 '여름'을 닮은 화의 성격이 조연 역할을 합니다. 금과 수의 오행성격 행동의 뿌리는 인공 생태계에 적응한 사회 본능(짐승이 아닌 사람답게 사회 생활을 하려고 하는 마음이 밑바탕이 된 사람 성질)에 있습니다. 금과 수의 오행성격 특성이 동시에 강점성격(재능)으로 나타날 때는 활동하기 상쾌한 '가을'을 닮은 금의 성격이 주연 역할을 하고, 추위 때문에 활동하기가 어려운 '겨울'을 닮은 수의 성격이 조연 역할을 하게 됩니다. 토의 오행성격은 생물 본능에 뿌리를 두고 있는 목과 화의 성격과 사회 본능에 뿌리를 두고 있는 금과 수의 성격을 모두 함께 가지고 있습니다. 목과 화 성격이 두 개가 모두 약점성격일 때, 또는 금과 수 성격이 두 개가 모두 약점성격일 때, 토의 성격이 강점성격일 경우에만 토의 강점성격이 목과 화의 약점성격을, 혹은 금과 수의 약점성격을 대리(agency)하여 강점성격의 역할, 즉 주연 역할을 하게 됩니다. 그러나 토의 성격이 약점성격일 경우는 목과 화의 약점성격과 금과 수의 약점성격을 대리할 수 없습니다.

성격모델 2에서는 생물 본능에 뿌리를 둔 강점성격인 목이 주연 역할을 하고 화가 조연 역할을 합니다. 사회 본능에 뿌리를 둔 강점성격 수가 주연, 약점성격인 금이 조연 역할을 하게 됩니다.

말이 끄는 수레가 정상적으로 굴러가기 위해서는 두 개의 바퀴가 있어야 합니다. 오행성격에서는 생물 본능에 행동의 뿌리를 두고 목과 화의 성격이 한쪽 바퀴가 되고, 사회 본능에 행동의 뿌리를 두고 있는 금과 수의 성격이 반대쪽의 바퀴가 됩니다. 생물 본능의 야성미가 있는 강점성격 목과 사회 본능의 세련미가 있는 강점성격 수가 주연 역할을 하게 되어 균형을 잡습니다. 약점성격인 화, 금, 토가 성실한 조연 역할로 조화를 이루게 되어 오행성격들 간에 균형과 조화를 이룬 건전한 성격 조합입니다.

자기의 음양오행 성격은 태어날 때부터 가지고 있는 자기만의 특별한 재능입니다. 이 재능을 키우면 자기의 성격에 맞는 분야에서 성공할 가능성이 매우 높습니다. 자기의 목·화와 수의 강점성격 특성을 매일 아침 깨어나 4회 반복하여 소리 내어 읽고 금과 토의 약점성격 특성도 매일 2회 소리 내어 읽으면 몇 주 후에는 오행성격 특성들의 내용을 깊이 알게 되고 이해를 확실하게 할 수 있어 오행성격 특성을 제대로 활용이 가능한 수준에 이르게 됩니다. 당신의 밝은 미래를 위한 준비는 오늘을 잘 활용하는 것부터 시작됩니다. 어제는 지나갔으며 내일은 아직 오지 않아 준비에 활용할 수 없습니다. 미래를 준비할 수 있는 기회는 오늘뿐입니다. 음양오행성격 특성에 대해 10분씩만 공부하여 몸에 익히는 훈련과 노력이 당신의 강점성격을 개발시키고 약점성격을 강화하여 당신의 무한한 잠재력을 최대로 발휘시켜 당신의 삶을 성공적인 지름길로 인도하는 내비게이션 역할을 할 것입니다.

성격모델 2에서 오행성격 특성을 요약한 3장 81~88페이지 12개 중에 가장 중요한 오행성격 특성을 추려내어 정리했습니다.

① 목의 강점성격

• 돋보이고 싶은 욕구, 하고자 하거나 가지고자 하는 마음이 몹시 간절한 열망, 그리고 야망이 강렬하며 많은 꿈을 가진 봄을 닮은, 원시인 행동의 중요한 뿌리가 되는 자연계에 적응한 생물 본능적 성격입니다.

• 새롭고 신기한 것에 호기심과 흥미를 강렬하게 느끼며 도전하여 이기는 경쟁을 즐깁니다.

• 성취하려는 욕망이 강점성격이 된 것은 하늘이 내려준 선물입니다. 당신이 가진 모든 것은 하늘로부터 받은 선물이기 때문에 당신은 이것을 받아들일 수밖에 없습니다.

• 당신은 매년, 매월 심지어 매주마다 즐기는 일 즉 목표를 계획합니다. 직접 경험할 수 있고 측정할 수 있고 정해진 시간표대로 생활합니다.

• 당신은 말이나 생각이 아니라 모든 일은 행동이 있어야 성과가 나올 수 있다고 믿습니다. 행동이야말로 체험을 통한 학습이라고 믿고 할 일을 결정하고 행동하고 그 결과를 보면서 배웁니다.

• 카멜레온처럼 환경과 상황 변화에 민감하여 속과 겉이 다르게 전략적으로 행동합니다.

② 화의 강점성격

• 정열적이고 열정이 강렬하며 에너지 넘치는 여름을 닮은 원시인 행동의 중요한 뿌리가 되는 자연생태계에 적응한 생물 본능적 성격입니다.

• 신경이 예민하고 남자의 예감(premonition; 일이 있기 전에 그 일을 암시적으로 느낌)이나 여자의 직감(immediate perception; 곧바로 느끼어 앎)을 닮은 직관(intuition)은 일이나 일의 상황을 보는 순간 깨닫게 되어 마주하는 날마다 상황을 잽싸게 알아차리고 확실히 이해할 수 있어 즉흥적으로 판단이 빠른 순발력(외부의 자극에 순간적으로 몸을 움직여 힘을 낼 수 있는 능력)을 가지고 있습니다. 역동적(dynamic) 변화와 상황(situation)이 많은 정보화 사회에서 곡예사(acrobat) 같은 능력을 최상으로 발휘할 수 있습니다.

• 직관은 창조적 예술(음악·미술·체육)이나 과학적 발견으로 이어질 잠재력이 있습니다.

• 감정적이며 동정적이고 감사하는 마음이 강합니다. 개인적 감정으로 판단합니다.

• 미래의 꿈과 성취에 대한 열정과 도전정신이 있습니다. 그러나 침착하지 못하고 인내심이 부족하여 쉽게 꿈을 포기합니다.

③ 수의 강점성격

• 주위로부터 마음의 충동과 자극을 받아도 행동이 우물쭈물 분명하지 않은 태도를 보이지만, 세상을 살아가는 일에는 침착하여 서둘지 않는 모습입니다.

• 지혜를 쌓는 계절, 겨울철을 닮은 인간 행동의 뿌리가 되는 인공 생태계에 적응한 사회적 본능의 성격입니다.

• 일이나 물체(thing)에 대한 빠른 이해와 깨달음을 바탕으로 한 정신

(mental) 분야에 관계되는 능력이 높아 학자로 성공할 가능성이 높습니다.

- 다른 사람의 마음을 헤아리고 감정을 느끼는 공감능력이 뛰어나고 포용과 친화력이 있어 의사소통이 원활해서 인간관계가 물 흐르듯 막힘이 없습니다.

- 현실적인 감각이 뛰어나고 사물에 대해 객관적으로 판단하며 상황과 환경 변화에 유연하게 대처하는 적응력이 강합니다.

- 현재를 위해 삽니다. 미래는 이 순간에 이뤄지는 선택으로부터 만들어지는 것이라고 생각합니다. 운명은 기회가 아닌 선택의 문제입니다. 미래는 기다리는 것이 아니라 성취하는 것입니다.

④ 금의 약점성격

- 논리적이고 합리적인 사고를 하며 냉정하게 행동을 하며 싸늘한 가을을 닮은 인간 행동의 뿌리가 되는 인공 생태계에 적응한 사회 본능적 성격입니다.

- 책임감이 강하고 정신적·육체적 고통을 참고 견디는 인내심과 끈기가 강합니다.

- 곧이곧대로 말하고 솔직함에 충실합니다. 일에 집중력은 강하지만 융통성이 부족합니다.

- 처음 배운 몇 개의 사실에서 느끼는 짜릿한 기쁨, 배운 것을 몸에 익히는 노력, 익힌 지식에 대한 점점 더 커지는 자신감 등이 공부하여 학업을 닦는 일에 마음이 끌리게 됩니다.

⑤ 토의 약점성격

- 토는 '생명체는 모두 중요한 존재'라는 믿음으로 동·식물에게 삶의 터

전을 차별하지 않고 포용하고 개방합니다. 옛 경험이나 생각으로부터 자유로운 열린 마음을 가지고 있어 새로운 아이디어를 만들어 내고 타인들의 혁신과 새로운 아이디어를 받아들이는 열린 마음의 성격입니다.

● 토의 성격은 사계절 변화 기간(2월, 5월, 8월, 11월) 사이에 봄, 여름, 가을, 겨울에 계절의 변화에 쉽게 적응하도록 공평한 도움을 주는 신뢰감 있는 협력자의 역할을 성실히 수행합니다.

● 믿음, 의리, 공평 그리고 포용력이 있으며, 활동적이고 부드러움, 열정, 책임감이 강해 지도력이 있습니다.

● 어떤 상황에서도 주어진 일을 자신이 해낼 수 있다는 자신감을 가지고 있으며 인내심, 끈기가 있고 성취욕이 강렬하여 주어진 일을 끝까지 책임감을 가지고 마무리 짓습니다.

상생 상극을 활용하여 오행성격 간의 균형과 조화를 이룰 수 있습니다.

상생과 상극은 봄, 여름, 가을, 겨울이 변함없이 순서대로 돌고 도는 순환적인 4계절에 대한 체험을 바탕으로 만들어졌습니다. 상생(서로 도움을 주는 순환적 상호협력 관계)과 상극(넘치는 것을 덜어 내고 부족한 것은 채워 주며 어려운 상황을 이겨 내게 멘토링을 해주는 순환적 상호조절 관계)을 활용하여 오행성격 간에 균형과 조화를 이룰 수 있습니다. 성격모델 1(104페이지)에 상생도와 상극도를 보면서 읽으십시오.

상생은 생물 본능에 뿌리를 둔 사랑의 계절인 '목'과 생장의 계절의 성격인 '화' 사이에(목생화, 화생목) 사회 본능에 뿌리를 둔 씨뿌리고 가꾼 대로 거두는 정직한 계절의 성격인 '금'과 지혜를 쌓는 계절 성격인 '수' 사이에 (금생수, 수생목) 이루어집니다. 사계절처럼 순환하는 또 하나의 상생은 겨울을 닮은 '수'와 봄을 닮은 '목' 사이를 상생으로 연결하여 순환이 계속 이어지게 하였습니다(수생목, 목생화).

영화·연극에서 감독은 출연 배우 모두를 관리하는 관리자 역할을 하는 것처럼 '토'는 화와 금과는 '상생', 목과 수와는 '상극' 관계로 생장 계절인 에너지가 넘치는 '화'의 성격과 성숙 계절인 가을을 닮은 성실성이 근본이 되는 '금'의 성격과는 상생을 합니다(토생화, 화생토 그리고 토생금, 금생토). 대부분 생물은 겨울잠을 자고 인간은 지혜를 쌓는 계절을 닮은 '수' 성격과 생물이 겨울잠에서 깨어나 생명 활동을 시작하고 짝짓기를 하는 사랑의 계절을 닮은 '목'의 성격과 '토' 사이에는 상극이 이루어집니다(토극수, 수극토 그리고 토극목, 목극토). 과유불급 지나친 것이나 모자란 것이나 다 같이 좋지 않습니다. 정도에 넘치는 짝짓기 횟수와 너무 일찍이 겨울잠에서 깨어나면 생명이 위태로워지는 것을 알맞게 조절하는 것이 '토'의 상극 역할입니다(토극목). 사계절의 순환을 닮은 상생은 오행성격 간에 서로 돕는 관계지만 상극은 오행성격 간에 서로 조절하여 오행성격 간에 균형과 조화를 이루려는 인간의 지혜로 만들어진 것입니다. 상생도에 화(여름)와 금(가을)의 위치를 바꾸어 오행성격 간에 서로 조절하는 기능 즉 넘치는 것을 덜어 내고 부족한 것은 채워 주며 어려운 상황을 이겨 내게 하는 관계입니다.

성격모델 2에는 금과 토의 오행성격 분포수가 각각 1개로 오행성격 평균 분포수 1.6개보다 적어 약점성격입니다. 강점성격인 수는 금과 상생 관계이므로 금에게 충분한 도움을 주어 금을 오행성격 특성을 활발하게 행동하게 하는 중간 단계 가까이 끌어올릴 가능성이 있습니다(수생금). 이와 비슷하게 강점성격인 화는 토와 상생 관계이므로 토에게 상당한 도움을 주어 토를 오행성격 특성을 활발하게 행동하게 하는 중간 단계 가까이 끌어울릴 가능성이 있습니다(화생토).

토는 목과 수와 상극 관계이므로 넘치는 분야는 덜어 내고 부족한 분야는 채우도록 하는 성실한 멘토 역할을 합니다.

오행성격은 각각의 재능을 가지고 있습니다. 각각의 재능을 단순하게 합치면(1+1+1+1+1=5) 5개 재능에 지나지 않습니다. 그러나 상생과 상극 활용으로 오행성격 팀을 만들어 오행성격 특성 간에 균형과 조화를 이루는 팀워크를 하게 되면 오행성격 재능을 배가시킬 수 있습니다.

사주 8자에 분포된 오행성격 목, 화, 금, 수, 토에 음 또는 양이 하나씩 분포되어 있습니다. 오행성격 특성의 활성화 정도가 양이 분포된 경우는 올라가지만 음이 분포된 경우는 오행성격의 활성화 정도가 내려갑니다. 성격 모델 30개는 이론적 모형입니다. 실제 사주 8자는 개인정보 보호법 때문에 조사가 불가능하였습니다. 오행성격 목, 화, 금, 수, 토의 음양의 역할은 설명할 수 없게 되었음을 이해하여 주시기 바랍니다. 그러나 개인은 이 책의 음양 성격 활용법을 읽고 이해하면 음과 양의 오행성격 활용이 가능합니다.

음양의 성격 활용법은 3장 73~74페이지를 참고하시기 바랍니다.

목의 강점성격은 여러 가지 꿈을 함께 이루려는 욕망이 강렬합니다. '토끼 두 마리를 한꺼번에 잡으려다가 한 마리도 못 잡는다.'는 속담이 있습니다. '금'은 '목'에게 삶의 목표를 신중하게 하나를 선택해서 빈틈없고 완벽한 계획을 세우고 성실하게 실행할 것을 충고하며 응원합니다(금극목). 그리고 '목'에게 돋보이고 싶은 사회적 출세와 강렬한 명예 욕구를 현실에 적합하도록 스스로 자신을 조절하게 돕습니다(금극목). '목'은 삶의 목표를 높게 세우고 이에 대한 성취를 열망하고 그곳에 '화'에게서 에너지를 충분히 지원받아 성취에 집중하는 의지력이 매우 강합니다(화생목). 카멜레온처럼 상황 변화에 민감하여 속과 겉이 다르게 전략적으로 행동을 합니다. 그 결과 사회 생활에서 신용을 잃고 주위로부터 따돌림 당할 가능성이 큽니다. 목, 화, 금, 수에게 신용 있는 협력자 역할을 하는 토는 전략적 행동을 될 수 있는 대로 적게 하도록 목에게 충고합니다(토극목). 수는 호기심과 흥미에 끌려 어수선하고 바쁘게 생활하는 '목'에게 유연하고 여유 있게 생활하도록 도움을 줍니다(수생목).

화의 강점성격은 정열적이고 불타오르는 열정에 자기 몸마저 불사를 가능성이 높습니다. 수에게서 겨울의 찬물 같은 차가운 마음을 가지라는 충분한 충고를 받을 수 있어 불타오르는 열정과 정열을 식힐 수 있습니다(수극화). '찬물 먹고 마음을 진정하시오' 신경이 예민하여 주변의 작은 자극에도 감정이 쉽게 흔들려 '버럭' 화를 내거나 분노를 못 참아 씩씩거리는 모습을 보일 수 있습니다. 화는 금에게서 침착한 이성적인 생각과 절제력을 평소에 가지게 하는 생활습관에 대한 충고를 받아들여야 성급한 성격을 조절할 수 있습니다(금극화).

수의 강점성격은 미지근한 행동과 세상을 쉽게 살려는 태도로 주위 사람들로부터 마음에 자기를 주장하는 의견이 없고 게으른 사람으로 오해받을 가능성이 높습니다. 목에게서 자기주장과 활동적이고 적극적인 성격 특성을 충분히 지원받을 수 있어 하고자 하는 의지만 있으면 미지근한 행동과 게으름의 오해를 탈피할 가능성이 높습니다(목생수). 사물에 대한 빠른 이해와 깨달음의 바탕으로 정신 분야에 관계되는 능력이 높아 학자로서 성공할 가능성이 높습니다. 다만 인내심, 끈기와 집착심을 기르도록 하게 하는 금의 충고를 받아들여야 학자가 가능성이 높아집니다(금생수). 타인의 감정을 읽는 공감능력과 동정심이 높아 타인을 돕는 데 적극적이어서 다른 사람에게 이용당할 가능성이 높습니다. 자신과 가족에게 경제적인 피해를 입을 가능성이 높습니다. 흙(토)으로 제방을 쌓아 흘러가는 물을 모아 두어 필요할 때 물(재물)을 사용하는 지혜가 토에게 있습니다. 수는 토에게서 재물을 절약하는 도움을 받을 가능성이 있습니다(토극수).

금의 약점성격은 논리적이고 합리적인 사고로 객관적으로 판단할 수 있어 냉정하게 타인들을 비판할 가능성이 있습니다. 화에게 평소 생활에서 타인을 사랑하고 이해하는 습관을 길들여 비판을 줄여야 합니다(화극금). 일하는 데 집중력은 강하지만 융통성이 부족하여 고집불통이 될 수 있습니다. 수에게서 유연성과 융통성을 본받을 수 있는 가능성이 높습니다(수생목).

토의 약점성격은 목, 화, 금, 수에게 세상 변화에 쉽게 적응하도록 협력자 역할을 합니다. 토는 정직하고 진실하여 신뢰감을 주며 개방적인 성격이어서 사람들과 소통이 잘 되어 인간관계가 물 흐르듯 막힘이 없습니다. 토는 믿음, 의리, 공평 그리고 포용력이 있으며 활동적이고 부드러움과 열정이 있어 리더십이 강합니다.

성격모델 2에서는 목, 화, 수가 중심 역할을 하는 강점성격(재능)입니다.

생물 본능에 뿌리를 둔 목이 주연 역할을 합니다. 화는 강점성격이지만 주연 같은 조연 역할을 합니다. 사회 본능에 뿌리를 둔 수가 주연 역을 맡아 생물 본능 성격과 사회 본능 성격이 성격모델 2의 성격 균형을 이루었습니다. 금과 토는 조연 역할을 하게 되어 오행성격 특성 사이에 조화를 이룬 튼튼한 성격 조합입니다. 겉모양의 아름다움(사회 본능, 금, 수)과 속내면의 자연 그대로 단순하고 소박한 아름다움(생물 본능, 목, 화)이 균형과 조화를 이루었습니다.

요약 : 성격모델 2에서는 목·화·수가 중심 역할을 하는 강점성격입니다.

성격모델 2의 목의 성격은 외부의 사실에 관심의 초점을 맞추는 외향적, 활동적, 사교적입니다. 마음의 깊은 곳에서 오직 행동만이 중요하다는 것을 알고 모든 일은 행동이 있어야 성과가 나올 가능성이 있다고 생각합니다. 행동이야말로 최선의 학습방법이라고 믿고 체험을 바탕으로 객관적인 판단을 하며 일을 실용적으로 처리하는 행동주의자입니다. 그러나 때때로 화의 성격이 나타나면 사실에 관련된 결정을 내릴 때 자신과 다른 사람에게 얼마나 중요한지를 주관적(감정적)으로 판단합니다. 상황에 따라 전략적으로 객관 또는 주관적 판단을 하고 일을 실용적으로 처리합니다. 수는 이타적이고 친화력이 있어 인간관계가 물 흐르듯 막힘이 없습니다. 남을 배려하고 타인의 감정을 느끼는 공감능력이 뛰어납니다. 동정심 많고 다정다감합니다. 교직, 사회복지, 의료서비스, 상담 분야에서 재능을 발휘할 것으로 보입니다.

우리는 마음이 끌리는 일을 할 때 만족감을 느낍니다. 끌림은 당신의 내면에서 부르는 소리를 듣고 서로 응하여 대답하는 마음입니다(생존 본능). 좋아하는 일은 누구나 즐기면서 합니다. 하고 싶은 일을 할 때는 신바람이 납니다. 자기의 강점성격에 맞는 일은 마음이 끌리고 즐기고 계속하고 싶어집니다. 마음이 끌리는 대로 따라가는 것, 당신의 성격 안에 있는 내비게이션이 이끄는 대로 따라가면 당신의 인생 여정은 기쁨이 항상 함께할 것입니다.

'음악에는 시가 있고, 시에는 음악이 있다.' 슈베르트

성격모델 2의 오행성격과 비슷한 성격을 가진 음악가 슈베르트는 풍부한 선율에 의한 서정적이고 간결한 600여 편의 가곡 외에 13편의 교향곡, 소나타, 오페라 등을 작곡했습니다. 아카펠라(a cappella) 대표 작곡가 슈만의 '음악에는 시가 있고, 시에는 음악이 있다'는 명언에 슈베르트는 600편의 가곡으로 화답했습니다. 괴테의 시에 곡을 붙인 <마왕>, <휴식 없는 사랑>, <들장미> 등 로맨틱한 멜로디를 작곡한 독일 가곡 형식의 창시자였습니다. 새로운 음악 분야를 창안해 낸 음악천재로 생각됩니다. 천재는 왜 젊은 나이에 세상을 떠나는가? 슈베르트가 몸이 약하게 태어난 것이 요절의 한 원인일 수도 있지만 그의 성격이 주요한 원인으로 보입니다. 슈베르트는 5세부터 음악공부를 시작해서 12세에 궁정신학원 장학생으로 입학하여 음악공부에 열정(화의 성격)을 쏟은 것으로 보입니다. 슈베르트 아버지는 그가 음악인이 아니라 교사가 되기를 원했지만, 슈베르트의 목표는 음악인이 되는 것이 확고한 꿈이었습니다(목의 성격). 그는 18세 때 이미 수백 곡의 가곡을 썼습니다. 그의 음악에 대한 열정이 그의 체력의 한계를 넘어선 것으로 보입니다.

그의 열정을 조절할 수 있는 금의 성격은 그의 오행성격 안에 없습니다. 끊임없이 타오르는 열정의 불길(화 3개)이 그의 몸을 불사른 것 같습니다. 슈베르트는 모차르트를 좋아하였고 베토벤을 존경했습니다. 슈베르트는 연민과 동정심이 높아(수의 성격) 베토벤을 처음으로 만났을 때 베토벤이 여러 합병증으로 생명의 종말이 다가오는 것을 보면서 마음이 너무 아파 그의 방에서 뛰쳐나왔다고 합니다. 슈베르트는 31세로 짧은 생을 마감했지만 긴 일생을 보내면서 인류에 대한 많은 업적을 남긴 분들 못지않게 훌륭한 업적을 남겼습니다. 성격모델 2의 오행성격 소유자는 오행성격 중에 금이 하나 있고 강점성격인 수와 상생 관계로 수에게서 충분한 도움을 받을 수 있어 금의 성격이 오행성격 평균 분포수인 1.6개 가까이 끌어올릴 가능성이 높습니다. 화와 금은 상극 관계이므로 화의 성격을 조절할 수 있습니다. 만약 슈베르트처럼 금의 성격이 분포되어 있지 않다면 잠자고 있는 금의 성격을 깨워 활성화하면 금의 역할을 충분히 할 수 있습니다. 자신의 오행성격을 미리 알면 상생과 상극으로 오행성격을 조절할 수 있어 강점성격(재능)을 개발 확대하고 약점성격도 강화시켜 오행성격 간에 균형과 조화를 이루어낼 수 있습니다. 슈베르트의 강점성격은 목 2개, 화 3개입니다.

성격모델 3
목 2개, 화 2개, 토 2개, 금 1개, 수 1개(사주 8자에 배정된 오행성격 분포수)

영화와 연극에는 주연과 조연배우가 있습니다. 영화나 연극이 성공한 작품이 되려면 주연과 조연배우 모두 각자에게 주어진 역할을 충실하게 연기해 내는 것이 필수조건입니다. 오행성격인 목, 화, 금, 수, 토 역시 각각을 주연과 조연의 역할로 나누어 이해한다면 활용이 아주 쉽습니다.

성격모델 3 사주 8자 중에 배정될 수 있는 오행성격, 목, 화, 금, 수, 토의 평균 분포수는 1.6개입니다(사주 8자÷오행성격 5자= 1.6 : 실제가 아닌 이론적 수치). 오행성격 특성이 활발하게 행동하게 하는 단계를 3단계, 즉 상·중·하 단계로 선택하여 이해하기 쉽게 정하였습니다. 평균 분포수 1.6개를 활발히 행동하게 하는 단계를 오행성격의 중간 단계로 정하였습니다. 오행성격 평균 분포수 1.6개보다 높은 2개 이상은 강점성격(재능), 평균 분포수보다 낮은 한 개 이하는 약점성격으로 정하였습니다. 오행성격의 강점성격은 주연 역할을, 약점성격은 조연 역할로 설명하였습니다.

　목과 화의 오행성격 행동의 뿌리는 자연생태계에 적응한 생물 본능(자신과 가족을 돌보고 지키며, 아들, 딸, 손자, 손녀들이 많아지고 부자가 되기를 바라는 생물 성질)에 있습니다. 목과 화의 오행성격 특성이 동시에 강점성격(재능)으로 나타날 때는 활동하기 좋은 '봄'을 닮은 목의 성격이 주연 역할을 하고 더위 때문에 활동하기가 힘든 '여름'을 닮은 화의 성격이 조연 역할을 합니다. 금과 수의 오행성격 행동의 뿌리는 인공 생태계에 적응한 사회 본능(짐승이 아닌 사람답게 사회 생활을 하려고 하는 마음이 밑바탕이 된 사람 성질)에 있습니다. 금과 수의 오행성격 특성이 동시에 강점성격(재능)으로 나타날 때는 활동하기 상쾌한 '가을'을 닮은 금의 성격이 주연 역할을 하고, 추위 때문에 활동하기가 어려운 '겨울'을 닮은 수의 성격이 조연 역할을 하게 됩니다. 토의 오행성격은 생물 본능에 뿌리를 두고 있는 목과 화의 성격과 사회 본능에 뿌리를 두고 있는 금과 수의 성격을 모두 함께 가지고 있습니다. 목과 화 성격이 두 개가 모두 약점성격일 때, 또는 금과 수 성격이 두 개가 모두 약점성격일 때, 토의 성격이 강점성격일 경우에만 목과 화의 약점성격을, 혹은 금과 수의 약점성격을 대리(agency)하여 강점성격의 역할, 즉 주연 역할을 하게 됩니다. 그러나 토의 성격이 약점성격일 경우는 목과 화의 약점성격과 금과 수의 약점성격을 대리할 수 없습니다.

　성격모델 3에서는 생물 본능에 뿌리를 둔 강점성격인 목이 주연, 화가 주연 같은 조연 역할을 하고 사회 본능에 뿌리를 둔 강점성격 금과 수는 약점성격이어서 조연 역할을 할 뿐입니다. 강점성격인 토가 금과 수를 대리하여 사회 본능의 주연 역할을 하게 됩니다.

　말이 끄는 마차가 정상적으로 굴러가기 위해서는 두 개의 바퀴가 있어야 합니다. 오행성격에서 생물 본능에 뿌리를 두고 있는 목과 화의 성격이 한쪽 바퀴가 되고, 사회 본능에 뿌리를 두고 있는 금과 수의 성격이 반대쪽의 바퀴가 됩니다. 그러나 성격모델 3에서는 금과 수가 약점성격이어서 토가 강점이므로 사회 본능을 대리하여 주연 역할을 하게 됩니다. 생물 본능의 야성미가 있는 목의 강점성격과 사회 본능을 대리한 토가 주연 역할을 하게 되어 균형을 잡습니다. 화, 금, 수가 성실한 조연 역할로 조화를 이루게 되어 오행성격들 간에 균형과 조화를 이룬 건전한 오행성격 조합입니다.

　자기의 음양오행 성격은 태어날 때부터 가지고 있는 자기만의 특별한 재능(unique talent)입니다. 이 재능을 키우면 자기의 성격에 맞는 분야에서 성공할 가능성이 매우 높습니다. 자기의 목·화와 토의 강점성격 특성을 매일 아침 깨어나 4회 반복하여 소리 내어 읽고 금과 수의 약점성격 특성도 매일 2회 소리 내어 읽으면 몇 주 후에는 오행성격 특성들의 내용이 깊이 알게 되어지고 이해를 확실하게 할 수 있어 오행성격 특성에 대해 제대로 활용 가능한 수준에 이르게 됩니다. 당신의 밝은 미래를 위한 준비는 오늘을 잘 활용하는 것부터 시작됩니다. 어제는 지나갔으며 내일은 아직 오지 않아 준비에 활용할 수 없습니다. 미래를 준비할 수 있는 기회는 오늘뿐입니다. 음양오행성격 특성에 대해 10분씩만 공부하여 몸에 익히는 훈련과 노력이 당신의 강점성격을 개발시키고 약점성격을 강화하여 당신의 무한한 잠재력을 최대로 발휘시켜 당신의 삶을 성공적인 지름길로 인도하는 내비게이션 역할을 할 것입니다.

성격모델 3에서 오행성격 특성을 요약한 3장 81~88페이지 12개 중에 가장 중요한 오행성격 특성을 추려내어 정리했습니다.

① 목의 강점성격

• 돋보이고 싶은 욕구, 하고자 하거나 가지고자 하는 마음이 몹시 간절한 욕망과 열망, 그리고 야망이 강렬하며 많은 꿈을 가진 봄을 닮은, 원시인 행동의 중요한 뿌리가 되는 자연계에 적응한 생물 본능적 성격입니다.

• 새롭고 신기한 것에 호기심과 흥미를 강렬하게 느끼며 도전하여 이기는 경쟁을 즐깁니다.

• 성취하려는 욕망이 강점성격이 된 것은 하늘이 내려준 선물입니다. 당신이 가진 모든 것은 하늘로부터 받은 선물이기 때문에 당신은 이것을 받아들일 수밖에 없습니다.

• 당신은 매년, 매월 심지어 매주마다 즐기는 일 즉 목표를 계획합니다. 직접 경험할 수 있고 측정할 수 있고 정해진 시간표대로 생활합니다.

• 당신은 말이나 생각이 아니라 모든 일은 행동이 있어야 성과가 나올 수 있다고 믿습니다. 행동이야말로 체험을 통한 학습이라고 믿고 할 일을 결정하고 행동하고 그 결과를 보면서 배웁니다.

• 카멜레온처럼 환경과 상황 변화에 민감하여 속과 겉이 다르게 전략적으로 행동합니다.

② 화의 강점성격

• 정열적이고 열정이 강렬하며 에너지 넘치는 여름을 닮은 원시인 행동의 중요한 뿌리가 되는 자연생태계에 적응한 생물 본능적 성격입니다.

• 신경이 예민하고 남자의 예감(premonition; 일이 있기 전에 그 일을 암시적으

로 느낌)이나 여자의 직감(immediate perception; 곧바로 느끼어 앎)을 닮은 직관(intuition)은 일이나 일의 상황을 보는 순간 깨닫게 되어 마주하는 날마다 상황을 잽싸게 알아차리고 확실히 이해할 수 있어 즉흥적으로 판단이 빠른 순발력(외부의 자극에 순간적으로 몸을 움직여 힘을 낼 수 있는 능력)을 가지고 있습니다. 역동적(dynamic) 변화와 상황(situation)이 많은 정보화 사회에서 곡예사(acrobat) 같은 능력을 최상으로 발휘할 수 있습니다.

• 직관은 창조적 예술(음악·미술·체육)이나 과학적 발견으로 이어질 잠재력이 있습니다.

• 감정적이며 동정적이고 감사하는 마음이 강합니다. 개인적 감정으로 판단합니다.

• 미래의 꿈과 성취에 대한 열정과 도전정신이 있습니다. 그러나 침착하지 못하고 인내심이 부족하여 쉽게 꿈을 포기합니다.

③ 토의 강점성격

• 토는 '생명체는 모두 중요한 존재'라는 믿음으로 동·식물에게 삶의 터전을 차별하지 않고 포용하고 개방합니다. 옛 경험이나 생각으로부터 자유로운 열린 마음을 가지고 있어 새로운 아이디어를 만들어 내고 타인들의 혁신과 새로운 아이디어를 받아들이는 열린 마음의 성격입니다.

• 토의 성격은 사계절 변화 기간(2월, 5월, 8월, 11월) 사이에 봄, 여름, 가을, 겨울에 계절의 변화에 쉽게 적응하도록 공평한 도움을 주는 신뢰감 있는 협력자의 역할을 성실히 수행합니다.

• 믿음, 의리, 공평 그리고 포용력이 있으며, 활동적이고 부드러움, 열정, 책임감이 강해 지도력이 있습니다.

• 어떤 상황에서도 주어진 일을 자신이 해낼 수 있다는 자신감을 가지

고 있으며 인내심, 끈기가 있고 성취욕이 강렬하여 주어진 일을 끝까지 책임감을 가지고 마무리 짓습니다.

④ 금의 약점성격

• 논리적이고 합리적인 사고를 하며 냉정하게 행동을 하며 싸늘한 가을을 닮은 인간 행동의 뿌리가 되는 인공 생태계에 적응한 사회 본능적 성격입니다.

• 처음 배운 몇 개의 사실에서 느끼는 짜릿한 기쁨, 배운 것을 몸에 익히는 노력, 익힌 지식에 대한 점점 더 커지는 자신감 등이 공부하여 학업을 닦는 일에 마음이 끌리게 됩니다.

• 책임감이 강하고 정신적·육체적 고통을 참고 견디는 인내심과 끈기가 강합니다.

• 곧이곧대로 말하고 솔직함에 충실합니다. 일에 집중력은 강하지만 융통성이 부족합니다.

⑤ 수의 약점성격

• 주위로부터 다음에 충동과 자극을 받아도 흔들리지 않고 천연스럽고 미지근한 행동을 하는 여유만만한 유연성이 있습니다. 지혜를 쌓는 계절, 겨울철을 닮은 인간 행동의 뿌리가 되는 인공 생태계에 적응한 사회 본능적 성격입니다.

• 타인의 마음을 헤아리고 감정을 느끼는 공감능력이 뛰어나고 포용과 친화력이 있어 의사소통이 원활해서 인간관계가 물 흐르듯 막힘이 없습니다.

상생 상극을 활용하여 오행성격 간의 균형과 조화를 이룰 수 있습니다.

　상생과 상극은 봄, 여름, 가을, 겨울이 변함없이 순서대로 돌고 도는 순환적인 4계절에 대한 체험을 바탕으로 만들어졌습니다. 상생(서로 도움을 주는 순환적 상호협력 관계)과 상극(넘치는 것을 덜어 내고 부족한 것은 채워 주며 어려운 상황을 이겨 내게 멘토링을 해주는 순환적 상호조절 관계)을 활용하여 오행성격 간에 균형과 조화를 이룰 수 있습니다.

　성격모델 1(104페이지)에 있는 상생도와 상극도를 보면서 다음 글을 읽으면 이해가 빠릅니다. 상생도와 상극도 오행성격 간에 관계를 쉽게 이해하여 오랫동안 기억에 남을 수 있는 그림을 활용한 것입니다. 상생은 생물 본능에 뿌리를 둔 사랑의 계절인 '목'과 생장의 계절의 성격인 '화' 사이에(목생화, 화생목) 사회 본능에 뿌리를 둔 씨 뿌리고 가꾼 대로 거두는 정직한 계절의 성격인 '금'과 지혜를 쌓는 계절 성격인 '수' 사이에(금생수, 수생목) 이루어집니다. 사계절처럼 순환하는 또 하나의 상생은 겨울을 닮은 '수'와 봄을 닮은 '목' 사이를 상생으로 연결하여 순환이 계속 이어지게 하였습니다(수생목, 목생화).

　영화·연극에서 감독은 출연 배우 모두를 관리하는 관리자 역할을 하는 것처럼 '토'는 화와 금과는 '상생', 목과 수와는 '상극' 관계로 생장 계절인 에너지가 넘치는 '화'의 성격과 성숙 계절인 가을을 닮은 성실성이 근본이 되는 '금'의 성격과는 상생을 합니다(토생화, 화생토 그리고 토생금, 금생토). 대부분 생물은 겨울잠을 자고 인간은 지혜를 쌓는 계절을 닮은 '수'의 성격과 생물이 겨울잠에서 깨어나 생명 활동을 시작하고 짝짓기를 하는 사랑의 계절을 닮은 '목'의 성격과 '토' 사이에는 상극이 이루어집니다(토극수, 수극토 그리고 토극목, 목극토). 과유불급 지나친 것이나 모자란 것이나 다 같이 좋지 않습니다. 정도에 넘치는 짝짓기 횟수와 너무 일찍이 겨울잠에서 깨어나면 생명이 위태로워지는 것을 알맞게 조절하는 것이 '토'의 상극 역할입니다(토극목). 사계절의 순환을 닮은 상생은 오행성격 간에 서로 돕는 관계지만 상극은 오행성격 간에 서로 조절하여 오행성격 간에 균형과 조화를 이루려는 인간의 지혜로 만들어진 것입니다. 상생도에 화(여름)와 금(가을)의 위치를 바꾸어 오행성격 간에 서로 조절하는 기능 즉 넘치는 것을 덜어내고 부족한 것은 채워 주며 어려운 상황을 이겨 내게 하는 관계입니다.

성격모델 3에는 금과 수는 오행성격 분포수가 각각 1개로 오행성격 평균 분포수 1.6개보다 적어 약점성격입니다. 강점성격인 토는 금과 상생 관계이므로 금에게 충분한 도움을 주어 금을 오행성격 특성을 활발하게 행동하게 하는 중간 단계 가까이 끌어올릴 가능성이 있습니다(토생금). 강점성격인 목은 수와 상생 관계이므로 수에게 충분한 도움을 주어 수를 오행성격 특성을 활발하게 행동하게 하는 중간 단계 가까이 끌어올릴 가능성이 있습니다(목생수). 토는 목과 수와 상극 관계이므로 넘치는 분야는 덜어내고 부족한 분야는 채우도록 하는 성실한 멘토 역할을 합니다(토극목+토극수).

오행성격은 각각의 재능을 가지고 있습니다. 각각의 재능을 단순하게 합치면(1+1+1+1+1=5) 5개 재능에 지나지 않습니다. 그러나 상생과 상극 활용으로 오행성격 팀을 만들어 오행성격 특성 간에 균형과 조화를 이루는 팀워크를 하게 되면 오행성격 재능을 배가시킬 수 있습니다.

사주 8자에 분포된 오행성격 목, 화, 금, 수, 토에 음 또는 양이 하나씩 분포되어 있습니다. 오행성격 특성의 활성화 정도가 양이 분포된 경우는 올라가지만 음이 분포된 경우는 오행성격의 활성화 정도가 내려갑니다. 성격 모델 30개는 이론적 모형입니다. 실제 사주 8자는 개인정보 보호법 때문에 조사가 불가능하였습니다. 오행성격 목, 화, 금, 수, 토의 음양의 역할은 설명할 수 없게 되었음을 이해하여 주시기 바랍니다. 그러나 개인은 이 책의 음양 성격 활용법을 읽고 이해하면 음과 양의 오행성격 활용이 가능합니다.

음양의 성격 활용법은 3장 73~74페이지를 참고하시기 바랍니다.

<u>목의 강점성격</u>은 여러 가지 꿈을 함께 이루려는 욕망이 강렬합니다. '토끼 두 마리를 한꺼번에 잡으려다 한 마리도 못 잡는다.'는 속담이 있습니다. '금'은 '목'에게 삶의 목표를 신중하게 하나를 선택해서 빈틈없고 완벽한 계획을 세우고 성실하게 실행할 것을 충고하며 응원합니다(금극목). 그리고 '목'에게 돋보이고 싶은 사회적 출세와 강렬한 명예 욕구를 현실에 적합하도록 스스로 자신을 조절하게 돕습니다(금극목). '목'은 삶의 목표를 높게 세우고 이에 대한 성취를 열망하고 그곳에 '화'에게서 에너지를 충분히 지원 받아 성취에 집중하는 의지력이 매우 강합니다(화생목). 카멜레온처럼 상황 변화에 민감하여 속과 겉이 다르게 전략적으로 행동합니다. 그 결과 사회 생활에서 신용을 잃고 주위로부터 따돌림 당할 가능성이 큽니다. 목, 화, 금, 수에게 신용 있는 협력자 역할을 하는 '토'는 전략적 행동을 될 수 있는 대로 적게 하도록 목에게 충고합니다(토극목). 수는 호기심과 흥미에 끌려 어수선하고 바쁘게 생활을 하는 '목'에게 여유 있고 유연하게 도움을 줍니다(수생목).

<u>화의 강점성격</u>은 정열적이고 불타오르는 열정에 자기 몸마저 불사를 가능성이 높습니다. 수에게서 겨울의 찬물 같은 차가운 마음을 가지라

는 충분한 충고를 받을 수 있어 불타오르는 열정과 정열을 식힐 수 있습니다(수극화). 신경이 예민하여 주변의 작은 자극에도 감정이 쉽게 흔들려 '버럭' 화를 내거나 분노를 못 참아 씩씩거리는 모습을 보일 수 있습니다. 화는 금에게서 침착한 이성적인 생각과 절제력을 평소에 가지게 하는 생활습관에 대한 충고를 받아들여야 성급한 성격을 조절할 수 있습니다(금극화).

토의 강점성격은 목, 화, 금, 수의 성취의 모델이 됩니다. 토는 목·화의 생존 본능의 성격과 금·수의 사회 본능 성격의 역할을 대신할 수 있는 기능을 가지고 있습니다. 토는 자기 확신 즉 자신감을 가진 강점성격입니다. 토는 자신의 능력을 확실하게 믿습니다. 목, 화, 금, 수에게 신뢰감을 줍니다. '우리가 모두 똑같다'는 믿음에서 우리 모두는 서로 다른 성격 특성을 가지고 있지만 모두가 똑같은 중요한 존재라는 것을 믿고 모두를 포용합니다. 포용은 지도자 성격의 핵심입니다. 만물과 사계절을 감싸는 포용력이 있습니다.

수의 약점성격은 미지근한 행동과 세상을 쉽게 살려는 태도로 주위 사람들로부터 마음에 자기를 주장하는 의견이 없고 게으른 사람으로 오해받을 가능성이 높습니다. 목에게서 자기주장과 활동적이고 적극적인 성격 특성을 충분히 지원받을 수 있어 하고자 하는 의지만 있으면 미지근한 행동과 게으름의 오해를 피할 수 있는 가능성이 높습니다(목생수). 타인의 감정을 읽고 공감능력과 동정심이 높아 타인을 돕는 데 적극적이어서 다른 사람에게 이용당할 가능성이 높고 자신과 가족에게 경제적인 피해를 입을 가능성이 높습니다. 흙(토)으로 제방을 쌓아 흘러가는 물을 모아 두어 필요할 때 물(재물)을 사용하는 지혜가 토에게 있습니다. 수는 토에게서 재물을 절약하는 도움을 받을 가능성이 있습니다(토극수).

금의 약점성격은 논리적이고 합리적인 사고로 객관적으로 판단할 수 있어 냉정하게 타인들을 비판할 가능성이 있습니다. 화와 금은 상극 관계이므로 화의 충고를 받아들여 평소 생활에서 타인을 사랑하고 이해하는 습관을 길들여 비판을 줄여야 합니다(화극금). 금은 일하는 데 집중력은 강하지만 융통성이 부족하여 고집불통이 될 수 있습니다. 수와 금은 상생 관계이므로 수의 응원을 받아들여 평소 생활에서 유연성과 융통성을 길들이는 습관을 길러야 합니다(수생목). 금은 조심성 있고 신중하여 돌다리도 두드려 보고 건너는 성격입니다. 목과 금은 상극 관계이므로 목에게서 도전정신을 가지라는 조언을 받을 수 있습니다. 도전정신을 가지는 것은 금의 의지에 달려 있습니다(목극금).

요약 : 성격모델 3에서는 목, 화, 토가 중심 역할을 하는 강점성격입니다.

　생물 본능에 뿌리를 둔 목이 주연 역할을 합니다. 화는 강점성격이지만 주연 같은 조연을 합니다. 금과 수는 약점성격이어서 주연 역할을 할 수 없고 조연 역할을 하게 됩니다. 강점성격인 토는 목, 화, 금, 수가 약점성격일 때 이들을 대리할 수 있는 능력을 가지고 있습니다. 성격모델 3에서는 사회 본능에 뿌리를 둔 금을 대리하여 토가 주연 역할을 하게 됩니다. 이런 모양으로 생물 본능 성격과 사회 본능 성격이 성격모델 3에서 균형을 이루게 되었습니다. 화, 금, 수가 조연 역할을 하게 되어 성격모델 3에서는 오행성격 특성간에 균형과 조화가 튼튼하게 이루어진 성격 조합입니다. 겉모양의 아름다움(사회 본능, 금수 대리 토)과 속내면의 자연 그대로 단순하고 소박한 아름다움(생물 본능 목화)이 균형과 조화를 이루었습니다.

　성격모델 3의 목의 성격은 외향적·활동적 사교적입니다. 마음의 깊은 곳에서 '오직 행동만이 중요하다'라는 것을 알고 모든 일은 행동이 있어야 성과가 나올 가능성이 있다고 생각합니다. 행동이야말로 최선의 학습방법이라고 믿고 체험을 바탕으로 객관적인 판단을 하며 일을 실용적으로 처리하는 행동주의자입니다. 그러나 때때로 화의 성격이 나타나면 사실에 관련된 결정을 내릴 때 자신과 다른 사람에게 얼마나 중요한지를 주관적(감정적)으로 판단합니다. 상황에 따라 전략적으로 객관 또 주관적으로 판단하고 일은 실용적으로 처리합니다. 토는 믿음, 공평, 의리 그리고 포용력이 있으며 활동적이고 부드러움과 열정이 있어 리더십이 있습니다. 정직하고 상대방에게 신뢰감을 주어 소통이 막힘이 없어 인간관계가 원활합니다. 교직, 사회복지, 의료 서비스 분야 등 어느 분야에서나 리더십을 발휘할 수 있습니다.

우리는 마음이 끌리는 일을 할 때 만족감을 느낍니다. 끌림은 당신의 내면에서 부르는 소리를 듣고 서로 응하여 대답하는 마음입니다(생존 본능). 좋아하는 일을 누구나 즐기면서 합니다. 하고 싶은 일을 할 때는 신바람이 납니다. 자기의 강점성격에 맞는 일은 마음이 끌리고, 즐기고 계속하고 싶어집니다. 마음이 끌리는 대로 따라가는 것, 당신의 성격 안에 내비게이션이 이끄는 대로 따라가면 당신의 인생 여정에 기쁨이 동반자가 될 것입니다.

성격모델 3의 오행성격과 비슷한 성격을 가진 과학적 연구방법으로서 보편적 수학적 법칙과 경험적 사실의 수량적 분석을 확립한 근대 물리학의 아버지로 불리우는 갈릴레오 갈릴레이와 청색LED의 발견과 제품화로 노벨물리학상을 수상한 나카무라 슈지 교수의 인생사를 살펴서 두 분의 성격이 두 분의 생애에 어떻게 영향을 미치게 되었는지를 설명하겠습니다.

근대 물리학의 아버지 <u>갈릴레오 갈릴레이</u>

갈릴레이는 유명한 류트 연주가의 장남으로 태어났습니다. 장남은 차남에 비교하여 경쟁심이 강하고 목표의식도 뚜렷하다고 합니다. 화의 성격 소유자는 신경이 예민하고 원시생활에서 생긴 직감도 발달했습니다. 직감이 발달한 사람은 창조적 예술이나 과학적인 발견과 같은 사람도 많다고 합니다. 경쟁심이 강하고 목표의식(목의 성격)이 있는 장남으로 태어난 갈릴레이는 아버지의 창조적인 예술적 성격도 이어받은 것으로 보입니다(화의 성격). 갈릴레이는 천동설을 믿었던 당시에 코페르니쿠스의 지동설을 믿고 옹호하였습니다. 갈릴레이는 지구가 중심이 아닌 태양이 중심이며 지구가 그 주위를 돌고 있다는 여러 과학적 증명을 제시하여 지동설을 지지했습니다. 갈릴레이가 옛 경험과 생각에서 비롯된 아리스토텔레스 이론에서 벗어나 새로운 코페르니쿠스의 지동설을 받아들인 것은 그의 '토'의 성격에서 비롯된 것으로 보입니다. '토'의 성격은 옛 경험과 사고로부터 자유로워 새로운 아이디어를 창안해 내고 타인들의 혁신과 새로운 아이디어를 받아들이는 열린 마음의 성격입니다. 갈릴레이의 강점성격(재능)은 목 2개, 화 2개, 토 2개입니다.

노벨물리학상 수상자 <u>나카무라 슈지</u>

나카무라 슈지 교수의 강점성격은 갈릴레이의 강점성격과 같습니다. 나카무라 교수는 유년시절 바다와 산 등이 열려 있는 자연 속에 자유롭게 노는 아이였습니다. 한 곳에 얽매이지 않은 열린 생각을 가진 '토'의 성격이 강화된 것으로 생각됩니다. 중·고등학교 6년간 배구부에 활동한 것은 그에게 경쟁심과 목표 성취(우승목표)를 열망하는 '목'의 성격이 강화된 것으로 보입니다. 나카무라 교수는 재료물성에 흥미를 가지고 있으며 나치아 화학공업연구원으로 있을 때 나고야 대학의 아카사키 이사무 교수 연구팀이 청색발광 다이오드 실현에 절대불가결한 고순도 질화칼륨(GAN)의 결정막을 세계 최초로 실현됐다는 논문을 읽고 직감적으로(화의 성격) 이에 대한 연구를 계속하면 청색발광 다이오드를 발견할 수 있다는 믿음을 가지고 청색발광 다이오드를 발명하고 청색 LED 제품에 크게 기여하여 아카사무, 아마노 히로시와 노벨물리학상을 2014년에 공동수상하였습니다. **나카무라 슈지 교수는 노벨상 수상 기자회견에서 "노벨상을 받게 된 원동력은 '분노'였다."라고 말했습니다.** 그는 일본 나치아 화학공업에서 연구하던 1990년 초에 청색 LED를 개발하였습니다. 회사는 그에게 개발장려금으로 2만 엔 이외에 다른 보상은 하지 않았습니다. 나카무라 교수는 자신의 자존심에 대한 모욕감과 회사의 실망스런 태도에 강렬한 분노(에너지 덩어리)를 느꼈을 것입니다. 나카무라 교수는 분노를 폭발하지 않고 연구에너지원으로 활용한 것으로 보입니다. 나카무라 교수는 경쟁심과 흥미가 강렬하고 객관적인 판단으로 실용적으로 일을 처리하는 목의 성격과 직감적으로 연구 테마를 결정하여 열정적으로 연구에 매진할 수 있는 화의 성격, 그리고 열린 마음으로 타인혁신(아카사키 이사무 교수 연구팀의 질화칼륨 발견)을 받아들이는 토의 성격이 그의 강점성격입니다. 나카무라 슈지 교수의 강점성격은 목 2개, 화 2개, 토 2개입니다.

목 3개, 화 2개, 토 1개, 금 1개, 수 1개(사주 8자에 배정된 오행성격 분포수)

영화와 연극에는 주연과 조연배우가 있습니다. 영화나 연극이 성공한 작품이 되려면 주연과 조연배우 모두 각자에게 주어진 역할을 충실하게 연기해 내는 것이 필수조건입니다. 오행성격인 목, 화, 금, 수, 토 역시 각각을 주연과 조연의 역할로 나누어 이해한다면 활용이 아주 쉽습니다.

성격모델 4 사주 8자 중에 배정될 수 있는 오행성격, 목, 화, 금, 수, 토의 평균 분포수는 1.6개입니다(사주 8자÷오행성격 5자= 1.6 : 실제가 아닌 이론적 수치). 오행성격 특성이 활발하게 행동하게 하는 단계를 3단계, 즉 상·중·하단계로 선택하여 이해하기 쉽게 정하였습니다. 평균 분포수 1.6개를 활발히 행동하게 하는 단계를 오행성격의 중간 단계로 정하였습니다. 오행성격 평균 분포수 1.6개보다 높은 2개 이상은 강점성격(재능), 평균 분포수보다 낮은 한 개 이하는 약점성격으로 정하였습니다. 오행성격의 강점성격은 주연 역할을, 약점성격은 조연 역할로 설명하였습니다.

목과 화의 오행성격 행동의 뿌리는 자연생태계에 적응한 생물 본능(자신과 가족을 돌보고 지키며, 아들, 딸, 손자, 손녀들이 많아지고 부자가 되기를 바라는 생물 성질)에 있습니다. 목과 화의 오행성격 특성이 동시에 강점성격(재능)으로 나타날 때는 활동하기 좋은 '봄'을 닮은 목의 성격이 주연 역할을 하고 더위 때문에 활동하기가 힘든 '여름'을 닮은 화의 성격이 조연 역할을 합니다. 금과 수의 오행성격 행동의 뿌리는 인공 생태계에 적응한 사회 본능(짐승이 아닌 사람답게 사회 생활을 하려고 하는 마음이 밑바탕이 된 사람 성질)에 있습니

다. 금과 수의 오행성격 특성이 동시에 강점성격(재능)으로 나타날 때는 활동하기 상쾌한 '가을'을 닮은 금의 성격이 주연 역할을 하고, 추위 때문에 활동하기가 어려운 '겨울'을 닮은 수의 성격이 조연 역할을 하게 됩니다. 토의 오행성격은 생물 본능에 뿌리를 두고 있는 목과 화의 성격과 사회 본능에 뿌리를 두고 있는 금과 수의 성격을 모두 함께 가지고 있습니다. 목과 화 성격이 두 개가 모두 약점성격일 때, 또는 금과 수 성격이 두 개가 모두 약점성격일 때, 토의 성격이 강점성격일 경우에만 목과 화의 약점성격을, 혹은 금과 수의 약점성격을 대리(agency)하여 강점성격의 역할, 즉 주연 역할을 하게 됩니다. 그러나 토의 성격이 약점성격일 경우는 목과 화의 약점성격과 금과 수의 약점성격을 대리할 수 없습니다.

성격모델 4에서는 생물 본능에 뿌리를 둔 강점성격인 목이 주연 역할을 하고 수는 강점성격이지만 조연 역할을 합니다. 금, 수, 토는 약점성격이어서 조연 역할을 하게 됩니다.

말이 끄는 마차가 정상적으로 굴러가기 위해서 두 개의 바퀴가 있어야 합니다. 오행성격에서 생물 본능에 뿌리를 두고 있는 목과 화의 성격이 한쪽 바퀴가 되고, 사회 본능에 뿌리를 두고 있는 금과 수의 성격이 반대쪽의 바퀴가 됩니다. 그러나 성격모델 4에서 생물 본능과 사회 본능의 오행성격들이 균형과 조화를 이루는 것이 금과 수의 성격이 약점성격이 되어 조연 역할을 하기 때문에 오행성격의 완전한 조합을 이루기가 어렵습니다. 그러나 금과 수의 약점 오행성격을 강점 오행성격에 버금가게 하는 방법이 있습니다. 금과 수의 약점 오행성격 특성들을 반복해서 외우고 오행 특성들의 행동을 몸에 익히는 연습과 훈련으로 상황에 맞추어 자연스런 행동으로 드러나도록 습관이 되게 하면 금과 수의 약점성격도 강점성격과 거의 같은 수준에 도달할 수 있습니다. 습관이 되기까지는 꾸준한 노력과 인내가 필요합니다.

자기의 음양오행 성격은 태어날 때부터 가지고 있는 자기만의 특별한 재능(unique talent)입니다. 이 재능을 키우면 자기의 성격에 맞는 분야에서 성공할 가능성이 매우 높습니다. 자기의 목·화의 강점성격 특성을 매일 아침 깨어나 4회 반복하여 소리 내어 읽고 금·수·토의 약점성격 특성도 강점성격처럼 매일 4회 반복하여 읽고 몸에 익히면 몇 주 후에는 오행성격 특성들의 내용이 깊이 알게 되고 이해를 할 수 있어 활용이 가능한 수준에 이르게 됩니다. 당신의 밝은 미래를 위한 준비는 오늘을 잘 활용하는 것부터 시작됩니다. 어제는 지나갔으며 내일은 아직 오지 않아 준비에 활용할 수 없습니다. 미래를 준비할 수 있는 기회는 오늘뿐입니다. 음양오행성격 특성에 대해 10분씩만 공부하여 몸에 익히는 훈련과 노력이 당신의 강점성격을 개발시키고 약점성격을 강화하여 당신의 무한한 잠재력을 최대로 발휘시켜 당신의 삶을 성공적인 지름길로 인도하는 내비게이션 역할을 할 것입니다.

성격모델 4의 오행성격 특성을 요약한 3장 81~88페이지 12개 중에 가장 중요한 오행성격 특성을 추려내어 정리했습니다.

① 목의 강점성격
• 돋보이고 싶은 욕구, 하고자 하거나 가지고자 하는 마음이 몹시 간절한 욕망과 열망, 그리고 야망이 강렬하며 많은 꿈을 가진 봄을 닮은, 원시

인 행동의 중요한 뿌리가 되는 자연계에 적응한 생물 본능적 성격입니다.

- 새롭고 신기한 것에 호기심과 흥미를 강렬하게 느끼며 도전하여 이기는 경쟁을 즐깁니다.

- 성취하려는 욕망이 강점성격이 된 것은 하늘이 내려준 선물입니다. 당신이 가진 모든 것은 하늘로부터 받은 선물이기 때문에 당신은 이것을 받아들일 수밖에 없습니다.

- 당신은 매년, 매월 심지어 매주마다 즐기는 일 즉 목표를 계획합니다. 직접 경험할 수 있고 측정할 수 있고 정해진 시간표대로 생활합니다.

- 당신은 말이나 생각이 아니라 모든 일은 행동이 있어야 성과가 나올 수 있다고 믿습니다. 행동이야말로 체험을 통한 학습이라고 믿고 할 일을 결정하고 행동하고 그 결과를 보면서 배웁니다.

- 카멜레온처럼 환경과 상황 변화에 민감하여 속과 겉이 다르게 전략적으로 행동합니다.

② 화의 강점성격

- 정열적이고 열정이 강렬하며 에너지가 넘치는 여름을 닮은 원시인 행동의 중요한 뿌리가 되는 자연생태계에 적응한 생물 본능적 성격입니다.

- 신경이 예민하고 남자의 예감(premonition; 일이 있기 전에 그 일을 암시적으로 느낌)이나 여자의 직감(immediate perception; 곧바로 느끼어 앎)을 닮은 직관(intuition)은 일이나 상황을 보는 순간 깨닫게 되어 마주하는 날마다 상황을 잽싸게 알아차리고 확실히 이해할 수 있어 즉흥적으로 판단이 빠른 순발력(외부의 자극에 순간적으로 몸을 움직여 힘을 낼 수 있는 능력)을 가지고 있습니다. 역동적(dynamic) 변화와 상황이 많은 정보화 사회에서 곡예사 같은 능력을 최상으로 발휘할 수 있습니다.

● 직관은 창조적 예술(음악·미술·체육)이나 과학적 발견으로 이어질 잠재력이 있습니다.

● 눈앞에 위협적인 상황 또는 불확실한 상황에 대해 두려움과 불안을 느낌이나 위협적인 상황에서 자신을 보호하기 위한 싸움의 방어 전략과 응집된 에너지 덩어리인 분노를 보입니다.

● 감정적이고 동정적이며 감사하는 마음이 강합니다. 개인적 감정으로 판단합니다.

● 미래의 꿈과 성취에 대한 열정과 도전정신이 있습니다. 그러나 침착하지 못하고 인내심이 부족하여 쉽게 꿈을 포기합니다.

③ 토의 약점성격

● 토는 '생명체는 모두 중요한 존재'라는 믿음으로 동·식물에게 삶의 터전을 차별하지 않고 포용하고 개방합니다. 옛 경험이나 생각으로부터 자유로운 열린 마음을 가지고 있어 새로운 아이디어를 만들어 내고 타인들의 혁신과 새로운 아이디어를 받아들이는 열린 마음의 성격입니다.

● 토의 성격은 사계절 변화 기간(2월, 5월, 8월, 11월) 사이에 봄, 여름, 가을, 겨울에 계절의 변화에 쉽게 적응하도록 공평한 도움을 주는 신뢰감 있는 협력자의 역할을 성실히 수행합니다.

● 믿음, 의리, 공평 그리고 포용력이 있으며, 활동적이고 부드러움, 열정, 책임감이 강해 지도력이 있습니다.

● 어떤 상황에서도 주어진 일을 자신이 해낼 수 있다는 자신감을 가지고 있으며 인내심, 끈기가 있고 성취욕이 강렬하여 주어진 일을 끝까지 책임감을 가지고 마무리 짓습니다.

④ 금의 약점성격

- 논리적이고 합리적인 사고를 하며 냉정하게 행동하는 것이 싸늘한 가을을 닮은 인간 행동의 뿌리가 되는 사람이 만든 환경에 적응한 사회적 본능 성격입니다.

- 처음 배운 몇 개의 사실에서 느끼는 짜릿한 기쁨, 배운 것을 이야기하거나 연습해 보는 처음의 노력, 몸에 익힌 기술에 대해 점점 더 커지는 확실한 믿음 이러한 배우고 활용하는 과정에 마음이 강하게 끌립니다.

⑤ 수의 약점성격

- 주위로부터 마음의 충동과 자극을 받아도 흔들리지 않고 천연덕스럽게 미지근한 행동을 하는 여유만만한 유연성이 있습니다. 지혜를 쌓는 계절, 겨울철을 닮은 인간 행동의 뿌리가 되는 인공 생태계에 적응한 사회 본능적 성격입니다.

- 타인의 마음을 헤아리고 감정을 느끼는 공감능력이 뛰어나며 포용과 친화력이 있어 의사소통이 원활하며 인간관계가 물 흐르듯 막힘이 없습니다.

상생 상극을 활용하여 오행성격 간의 균형과 조화를 이룰 수 있습니다.

상생과 상극은 봄, 여름, 가을, 겨울이 변함없이 순서대로 돌고 도는 순환적인 4계절에 대한 체험을 바탕으로 만들어졌습니다. 상생(서로 도움을 주는 순환적 상호협력 관계)과 상극(넘치는 것을 덜어 내고 부족한 것은 채워 주며 어려운 상황을 이겨 내게 멘토를 해주는 순환적 상호조절 관계)을 활용하여 오행성격 간에 균형과 조화를 이룰 수 있습니다.

성격모델 1(104페이지)에 있는 상생도와 상극도를 보면서 다음 글을 읽으면 이해가 빠릅니다. 상생도와 상극도 오행성격 간에 관계를 쉽게 이해하여 오랫동안 기억에 남을 수 있는 그림을 활용한 것입니다. 상생은 생물 본능에 뿌리를 둔 사람의 계절의 성격인 '목'과 생장 계절의 성격인 '화' 사이에(목생화, 화생목), 그리고 사회 본능에 뿌리를 둔 씨 뿌리고 가꾼 대로 거두어들이는 정직한 계절의 성격인 '금'과 지혜를 쌓는 계절의 성격인 '수' 사이에 (금생수+수생금) 이루어집니다. 사계절처럼 순환하는 또 하나의 상생은 겨울을 닮은 '수'와 봄을 닮은 '목' 사이를 상생으로 연결하여 순환이 계속 이어지게 하였습니다.

영화·연극에서 감독은 출연 배우 모두를 관리하는 관리자 역할을 하는 것처럼 '토'는 화와 금과는 '상생', 목과 수와는 '상극' 관계로 생장의 계절인 에너지 넘치는 '화'의 성격과 성숙 계절인 가을을 닮은 성실성이 근본이 되는 '금'의 성격과는 상생을 합니다(토생화, 화생토 그리고 토생금, 금생토).

대부분 생물은 겨울잠을 자고 인간은 지혜를 쌓는 계절을 닮은 수의 성격과 생물이 겨울잠에서 깨어나 생물 활동을 시작하고 짝짓기를 하는 사랑의 계절을 닮은 목의 성격과 토의 성격 사이에는 상극이 이루어집니다(토극수, 수극토 그리고 토극목, 목금토). 즉 지나친 것이나 모자라는 것이나 다같이 좋지 않습니다. 정도에 넘치는 짝짓기 횟수와 겨울과 봄 날씨가 뒤섞인 2월 자기의 사정에 알맞은 때를 기다리지 않고 일찍 겨울잠에서 깨어나면 생명이 위태로워지는 것을 알맞게 조절하는 것이 '토'의 상극 역할입니다(토극목).

사계절의 순환을 닮은 상생은 오행성격 간에 서로 돕는 관계지만 상극은 오행성격 간에 서로 조절하여 오행성격 간에 균형과 조화를 이루려는 인간의 지혜로 만들어진 것입니다. 상생도에 화(여름)와 금(가을)의 위치를 바꾸어 오행성격 간에 서로 조절하는 기능 즉 넘치는 것을 덜어 내고 부족한 것은 채워 주며 어려운 상황을 이겨 내게 하는 관계입니다.

성격모델 4에서는 금, 수, 토의 오행성격 분포수가 각각 1개를 오행성격 평균 분포수(상·중·하 3단계 중 중간 단계)인 1.6개보다 적어 약점성격입니다. 강점성격인 목과 수와 상생 관계이므로 수에게서 충분한 도움을 받을 수 있어 수를 오행성격 특성을 활발하게 행동하게 하는 중간 단계 가까이 끌어올릴 가능성이 매우 높습니다(목생수). 이와 비슷하게 강점성격인 화는 토와 상생 관계이므로 토에게 상당한 도움을 주어 토의 오행성격 특성을 활발하게 행동하게 하는 중간 단계 가까이 끌어올릴 가능성이 매우 높습니다(화생토). 토는 목과 수와 상극 관계이므로 넘치는 분야는 덜어 내고 부족한 분야는 채우도록 하는 성실한 멘토 역할을 합니다(토극목+토극수).

오행성격은 각각의 재능을 가지고 있습니다. 각각의 재능을 단순하게 합치면(1+1+1+1+1=5) 5개 재능에 지나지 않습니다. 그러나 상생과 상극 활용으로 오행성격 팀을 만들어 오행성격 특성 간에 균형과 조화를 이루는 팀워크를 하게 되면 오행성격 재능을 배가시킬 수 있습니다.

사주 8자에 분포된 오행성격 목, 화, 금, 수, 토에 음 또는 양이 하나씩 분포되어 있습니다. 오행성격 특성의 활성화 정도가 양이 분포된 경우는 올라가지만 음이 분포된 경우는 오행성격의 활성화 정도가 내려갑니다. 성격모델 30개는 이론적 모형입니다. 실제 사주 8자는 개인정보 보호법 때문에 조사가 불가능하였습니다. 오행성격 목, 화, 금, 수, 토의 음양의 역할은 설명할 수 없게 되었음을 이해하여 주시기 바랍니다. 그러나 개인은 이 책의 음양 성격 활용법을 읽고 이해하면 음과 양의 오행성격 활용이 가능합니다.

음양의 성격 활용법은 3장 73~74페이지를 참고하시기 바랍니다.

<u>목의 강점성격</u>은 여러 가지 꿈을 함께 이루려는 욕망이 매우 강렬합니다. 화살 하나로 셋의 목표를 한꺼번에 맞출 수는 없습니다. 하나의 목표에 에너지(화의 성격)를 집중해야 합니다. 욕망이 강렬한 사람은 여러 개의 목표를 한꺼번에 성취하려고 합니다. 그러나 이런 경우 불행하게도 하나도 이루기가 어렵습니다. '금'은 '목'에게 삶의 목표를 신중하게 하나를 선택해서 빈틈없고 완벽한 계획을 세우고 성실하게 실행할 것을 충고하며 응원합니다(금극목). 그리고 '목'에게 돋보이고 싶은 사회적 출세와 강렬한 명예 욕구를 현실에 적합하도록 스스로 자신을 조절하게 돕습니다(금극목). 카멜레온처럼 상황 변화에 민감하여 속과 겉이 다르게 전략적으로 행동을 합니다. 그 결과 사회 생활에서 신용을 잃고 주위로부터 따돌림 당할 가능성이 큽니다. 토는 전략적 행동을 될 수 있는 대로 적게 하도록 목에게 충고합니다(토극목). '목'은 삶의 목표를 높게 세우고 이에 대한 성취를 열망하고 그곳에 '화'에게서 에너지를 충분히 지원받아 성취에 집중하는 의지력이 매우 강합니다(화생목).

<u>화의 강점성격</u>은 신경이 예민하여 주위의 적은 충격에도 불안하고 초조한 감정을 가지기 쉽습니다. '금'으로부터 냉정한 마음을 가지고 상황을 객관적으로 판단할 수 있는 충고를 받아들이면 불안감과 초조함을 줄일 수 있습니다(금극화). 화는 일에 열정적이고 사랑에 정열적입니다. 사랑하게 되면 자신도 모르게 사랑에 깊이 빠져듭니다. 정열이 불타올라 자신을 불사를 수 있습니다. 수에게서 겨울의 찬물 같은 충고를 받아들이면 불타는 정열을 낮추어 제정신을 차릴 수 있습니다(수극화).

금의 약점성격은 삶의 경험과 지식을 갖추어 분석적 사고와 객관적 판단으로 다른 사람을 쉽게 비판할 가능성이 높습니다. 주위로부터 따돌림당할 가능성이 있습니다. '화'로부터 사랑하는 방법을 배워 비판을 다정한 충고로 하게 되면 따돌림을 벗어날 수 있습니다(화극금).

수의 약점성격은 미지근한 행동과 세상을 쉽게 살려는 태도로 주위 사람들로부터 마음에 자기를 주장하는 의견이 없고 게으른 사람으로 오해받을 가능성이 높습니다. 목에게서 자기주장과 활동적이고 적극적인 성격 특성을 충분히 지원받을 수 있어 하고자 하는 의지만 있으면 미지근한 행동과 게으름의 오해를 탈피할 가능성이 높습니다(목생수). 수는 타인의 감정을 쉽게 읽는 공감능력과 동정심이 높아 타인을 돕는 데 적극적이어서 다른 사람에게 이용당할 가능성이 높습니다. 자신과 가족에게 경제적인 피해를 입을 가능성이 높습니다. 흙(토)으로 제방을 쌓아 흘러가는 물을 모아 두어 필요할 때 물(재물)을 사용하는 지혜가 토에게 있습니다. 수는 토의 충고를 받아들이면 가족과 자신이 이용당할 염려는 없게 될 수 있습니다(토극수).

토의 약점성격은 화, 금, 수에게 세상 변화에 쉽게 적응하도록 협력자 역할을 합니다. 토는 정직하고 진실하여 신뢰감을 주며 개방적인 성격이어서 사람들과 소통이 잘 되어 인간관계가 물 흐르듯 막힘이 없습니다. 토는 믿음, 의리, 공평 그리고 포용력이 있으며 활동적이고 부드러움과 열정이 있어 리더십이 강합니다.

요약 : 성격모델 4는 목과 화가 중심 역할을 하는 강점성격입니다.

개인 생활에 중심이 되는 생물 본능에 뿌리를 둔 목과 화가 중심 역할을 합니다. 목의 성격은 외부의 사실에 관심의 초점을 맞추는 외향적·활동적·사교적입니다. 마음의 깊은 곳에서 오직 행동만이 중요하다는 것을 알고 모든 일은 행동이 있어야 성과가 나올 가능성이 있다고 생각합니다. 행동이야말로 최선의 학습방법이라고 믿고 체험을 바탕으로 객관적인 판단을 하며 일을 실용적으로 처리하는 행동주의자입니다. 화의 성격은 신경이 예민하고 원시생활에 직감이 발달해서 즉흥적으로 결단이 빠른 순발력을 가지고 있습니다. 21세기처럼 변화가 빠른 사회 즉 신 유목생활같이 이동이 빠르게 이루어져 새로운 환경에 적응해야 하는 시대에 적합한 성격이 될 수 있습니다. 화의 성격은 사실에 관련된 결정을 내릴 때 자신과 다른 사람에게 얼마나 중요한지를 주관적(감정적)으로 판단합니다. 목과 화의 성격은 상황에 따라 전략적으로 객관 또는 감정적으로 판단하고 일을 실용적으로 처리합니다. 자신의 따뜻한 감정이 적용될 수 있는 일에서 성공할 가능성이 있습니다.

우리는 자기의 마음이 끌리는 일을 할 때 만족감을 느낍니다. 끌림은 당신의 내면에서 부르는 소리를 듣고 서로 응하여 대답하는 마음입니다(생존 본능). 좋아하는 일은 누구나 즐기면서 합니다. 하고 싶은 일을 할 때는 신바람이 납니다. 자기의 강점성격에 맞는 일은 마음이 끌리고, 즐기고 계속하고 싶어집니다. 마음이 끌리는 대로, 즉 당시의 성격 안에 내비게이션이 이끄는 대로 따라가면 당신의 인생 여정은 기쁨이 함께할 것입니다.

유머와 긍정적인 성격을 가진 영국의 총리 처칠

성격모델 4의 오행성격과 비슷한 성격을 가진 영국 총리로 처칠은 2차 세계대전 때 히틀러의 공격을 성공적으로 방어해서 승리로 이끈 주역 중한 분입니다. 처칠은 영국의 귀족 정치명문가 출신으로 정치에 대한 열망과 야망이 매우 큰 것(목 3개)을 키워 주기 위해 영국 재무부 장관을 지낸 아버지 권유로 육군 사관학교에 입학했습니다. 문학과 역사소설에 소질이 있어 이 분야의 독서를 많이 했습니다. 이 바탕은 처칠이 후에 회고록으로 노벨문학상을 시상하게 된 기초가 된 것으로 생각됩니다. 사관학교에 있을 때 독서, 수영, 승마 등으로 몸과 마음을 건강하게 다졌으며, 리더십과 공동체 규칙 존중도 몸에 익혔습니다.

처칠은 사관학교 졸업 후 소위로 임관하여 보어전쟁에 참여했다가 포로로 잡혀서 수용생활을 하던 중 탈출하여 가톨릭 교회 신부로 변장하여 위기를 모면했습니다. 처칠은 카멜레온처럼 상황과 환경 변화에 민감하여 속과 겉이 다르게 전략적으로 행동하는 목의 성격을 지녔습니다. 처칠은 제1차 세계대전 당시 해군장관을 맡고 있었습니다. 갈리폴리 전투에 영국군을 파병하여 작전을 시행했으나 실패로 끝나자 작전실패에 대한 책임을 지고 장관직에서 사퇴한 그는 우울증으로 시골에 은둔하며 수채화를 그리며 우울증에서 벗어났습니다. 처칠은 그림과 글과 글씨에도 뛰어난 재능(화 2개)이 있었습니다.

2차 세계대전 때 독일이 영국을 공습하자 과거 공군강화를 주장했던 처칠을 기억한 영국 정계는 다시 처칠을 해군장관으로 임명하고 전쟁이 격화되자 처칠이 총리가 되어 전쟁을 총지휘했습니다. 처칠의 아버지는 비타협적인 성격 때문에 정적과의 권력투쟁에서 밀려나 후회를 하면서 세상을 떠났는데 그런 아버지를 마음 아프게 바라보며 처칠은 자신의 성격을 빠르게 환경에 적응하여 정적에게 타협과 유머기질을 발휘했습니다(수와 토의 성격). 2차 대전 내내 군인들에게 유머를 활용하고 군인들의 사기를 높였습니다. 처칠은 항상 판단은 객관적으로, 일은 실용적으로 처리하여 2차 대전을 승리로 이끈 주역의 한 사람으로 남았습니다. 처칠은 강렬한 욕망과 야망 그리고 직감능력으로 새로운 아이디어를 창안해서 위기를 탈출하는 재능을 발휘하였는데 항상 유머와 긍정적인 사고, 그리고 유연한 타협과 포용의 성격이 처칠을 영국의 영웅이 되게 한 것으로 생각됩니다. 처칠의 강점성격은 목 3개, 화 2개입니다.

성격모델 5
화 2개, 금 2개, 수 2개, 목 1개, 토 1개(사주 8자에 배정된 오행성격 분포수)

영화와 연극에는 주연과 조연배우가 있습니다. 영화나 연극이 성공한 작품이 되려면 주연과 조연배우 모두 각자에게 주어진 역할을 충실하게 연기해 내는 것이 필수조건입니다. 오행성격인 목, 화, 금, 수, 토 역시 각각을 주연과 조연의 역할로 나누어 이해한다면 활용이 아주 쉽습니다.

성격모델 5에서 사주 8자 중에 배정될 수 있는 오행성격, 목, 화, 금, 수, 토의 평균 분포수는 1.6개입니다(사주 8자÷오행성격 5자=1.6 : 실제가 아닌 이론적 수치). 오행성격 특성이 활발히 행동하게 하는 단계를 3단계, 즉 상·중·하단계로 선택하여 이해하기 쉽게 정하였습니다. 오행성격 평균 분포수 1.6개를 활발히 행동하게 하는 단계를 3단계 중 중간 단계로 정하였습니다. 개인의 오행성격 특성 분포수가 평균 분포수 1.6개보다 높은 2개 이상은 강점성격(재능)으로, 평균 분포수보다 낮은 한 개 이하는 약점성격으로 정하였습니다. 오행성격의 강점성격은 주연 역할을, 약점성격은 조연 역할로 설명하였습니다.

목과 화의 오행성격 행동의 뿌리는 자연생태계에 적응한 생물 본능(자신과 가족을 돌보고 지키며, 아들, 딸, 손자, 손녀들이 많아지고 부자가 되기를 바라는 생물 성질)에 있습니다. 목과 화의 오행성격 특성이 동시에 강점성격(재능)으로 나타날 때는 활동하기 좋은 '봄'을 닮은 목의 성격이 주연 역할을 하고 더위 때문에 활동하기가 힘든 '여름'을 닮은 화의 성격이 조연 역할을 합니다. 금과 수의 오행성격 행동의 뿌리는 인공 생태계에 적응한 사회 본능(짐승이 아닌 사람답게 사회 생활을 하려고 하는 마음이 밑바탕이 된 사람 성질)에 있습니다. 금과 수의 오행성격 특성이 동시에 강점성격(재능)으로 나타날 때는 활동하기 상쾌한 '가을'을 닮은 금의 성격이 주연 역할을 하고, 추위 때문에 활동하기가 어려운 '겨울'을 닮은 수의 성격이 조연 역할을 하게 됩니다. 토의 오행성격은 생물 본능에 뿌리를 두고 있는 목과 화의 성격과 사회 본능에 뿌리를 두고 있는 금과 수의 성격을 모두 함께 가지고 있습니다. 목과 화 성격이 두 개가 모두 약점성격일 때, 또는 금과 수 성격이 두 개가 모두 약점성격일 때, 토의 성격이 강점성격일 경우에만 목과 화의 약점성격을, 혹은 금과 수의 약점성격을 대리(agency)하여 강점성격의 역할, 즉 주연 역할을 하게 됩니다. 그러나 토의 성격이 약점성격일 경우는 목과 화의 약점성격과 금과 수의 약점성격을 대리할 수 없습니다.

성격모델 5에서는 생물 본능에 뿌리를 둔 강점성격인 화가 주연 역할을 하고, 사회 본능에 뿌리를 둔 금이 주연 역할을 합니다. 수는 강점성격이지만 주연 같은 조연 역할을 합니다. 목과 토는 약점성격이어서 조연 역할을 하게 됩니다.

말이 끄는 마차가 정상적으로 굴러가기 위해서는 두 개의 바퀴가 있어야 합니다. 오행성격에서 생물 본능에 뿌리를 두고 있는 목과 화의 성격이 한쪽 바퀴가 되고, 사회 본능에 뿌리를 두고 있는 금과 수의 성격이 반대쪽 바퀴가 됩니다. 성격모델 5에서는 생물 본능에 뿌리를 둔 야성미가 있는 강점성격 화와 사회 본능에 뿌리를 둔 세련미가 있는 강점성격 금이 주연 역할을 하게 되어 균형을 잡습니다. 목, 수, 토의 성실한 조연 역할로 조화를 이루게 되어 오행성격 간에 균형과 조화를 튼튼하게 이룬 건전한 성격 조합이 됩니다.

자기의 음양오행 성격은 태어날 때부터 가지고 있는 자기만의 특별한 재능(unique talent)입니다. 이 재능을 키우면 자기의 성격에 맞는 분야에서 성공할 가능성이 매우 높습니다. 자기의 화, 금, 수의 강점성격을 매일 아침 일어나 4회 반복하여 소리 내어 읽고 목과 토의 약점성격도 매일 2회 소리 내어 읽으면 몇 주 후에는 오행성격 특성의 내용을 이해하고 확실히 익혀 스스로가 활용 가능한 수준에 이르게 됩니다. 당신의 밝은 미래를 위한 준비는 오늘을 잘 활용하는 것으로부터 시작됩니다. 어제는 지나갔으며 내일은 아직 오지 않았습니다. 미래를 준비할 수 있는 기회는 오늘뿐입니다. 음양오행 성격에 대해 매일 10분씩만 투자하여 몸에 익히는 훈련과 노력을 한다면 당신의 강점성격을 개발시키고 약점성격을 강화할 수 있으며, 당신의 무한한 잠재력을 최대로 발휘시켜 삶을 성공적으로 이끄는 내비게이션 역할을 할 것입니다.

우리는 자기의 마음이 끌리는 일을 할 때 만족감을 느낍니다. 끌림은 당신의 내면에서 부르는 소리를 듣고 서로 응하여 대답하는 마음입니다(생존 본능). 좋아하는 일은 누구나 즐기면서 합니다. 하고 싶은 일을 할 때는 신바람이 납니다. 자기의 강점성격에 맞는 일은 마음이 끌리며 즐겁고 계속하고 싶어집니다. 마음이 끌리는 대로 따라가는 것, 즉 당신의 성격 안에 있는 내비게이션이 안내하는 대로 따라가면 인생 여정은 기쁨이 동반자가 될 것입니다.

성격모델 5의 오행성격 특성을 요약한 3장 81~88페이지 12개 중에서 가장 중요한 특성을 추려내어 정리했습니다.

① 화의 강점성격

• 정열적이고 열정이 강렬하며 에너지 넘치는 여름을 닮은 원시인 행동의 중요한 뿌리가 되는 자연생태계에 적응한 생물 본능적 성격입니다.

• 신경이 예민하고 남자의 예감(premonition; 일이 있기 전에 그 일을 암시적으로 느낌)이나 여자의 직감(immediate perception; 곧바로 느끼어 앎)을 닮은 직관(intuition)은 일이나 일의 상황을 보는 순간 깨닫게 되어 마주하는 날마다 상황을 잽싸게 알아차리고 확실히 이해할 수 있어 즉흥적으로 판단이 빠른 순발력(외부의 자극에 순간적으로 몸을 움직여 힘을 낼 수 있는 능력)을 가지고 있습니다. 역동적(dynamic) 변화와 상황(situation)이 많은 정보화 사회에서 곡예사(acrobat) 같은 능력을 최상으로 발휘할 수 있습니다.

• 직관은 창조적 예술(음악·미술·체육)이나 과학적 발견으로 이어질 잠재력이 있습니다.

• 감정적이며 동정적이고 감사하는 마음이 강합니다. 개인적 감정으로 판단합니다.

• 미래의 꿈과 성취에 대한 열정과 도전정신이 있습니다. 그러나 침착하지 못하고 인내심이 부족하여 쉽게 꿈을 포기합니다.

② 금의 강점성격

• 논리적이고 합리적인 사고를 하며 냉정하게 행동하는 것이 싸늘한 가을을 닮은 인간 행동의 뿌리가 되는 사람이 만든 환경에 적응한 사회적 본능 성격입니다.

• 책임감이 강하고 정신적·육체적 고통을 참고 견디는 인내심과 끈기가 강합니다.

• 세상의 안쪽에는 여러 가지 위험이 도사리고 있는 것을 알고 조심성 있고 신중하게 행동합니다. 돌다리도 두드려 보고 안전을 확인한 후 건너가는 성격입니다.

• 곧이곧대로 말하고 솔직함에 충실합니다. 일에 집중력은 강하지만 융통성이 부족합니다.

• 삶의 과거 경험과 배움으로 얻은 지식을 활용해서 마주하는 상황을 정확하게 분석하고 객관적인 판단을 할 수 있는 능력이 있어 남을 비판할 가능성이 높습니다. 다른 한편으로 개인의 차이점은 성격 차이에서 생기는 것을 알고 강점성격은 개발하고 약점성격은 보완하도록 용기와 의욕을 불어넣습니다.

• 처음 배운 몇 개의 사실에서 느끼는 짜릿한 기쁨, 배운 것을 이야기하거나 연습해 보는 처음의 노력, 몸에 익힌 기술에 대해 점점 더 커지는 확실한 믿음 이러한 배우고 활용하는 과정에 마음이 강하게 끌립니다.

③ 수의 강점성격

• 주위로부터 마음의 충동과 자극을 받아도 행동이 우물쭈물 분명하지 않은 태도를 보이지만, 세상을 살아가는 일에는 침착하여 서둘지 않는 모습입니다.

- 지혜를 쌓는 계절, 겨울철을 닮은 인간 행동의 뿌리가 되는 인공 생태계에 적응한 사회적 본능의 성격입니다.
- 일이나 물체(thing)에 대한 빠른 이해와 깨달음을 바탕으로 한 정신(mental) 분야에 관계되는 능력이 높아 학자로 성공할 가능성이 높습니다.
- 다른 사람의 마음을 헤아리고 감정을 느끼는 공감능력이 뛰어나고 포용과 친화력이 있어 의사소통이 원활해서 인간관계가 물 흐르듯 막힘이 없습니다.
- 현실적인 감각이 뛰어나고 사물에 대해 객관적으로 판단하며 상황과 환경 변화에 유연하게 대처하는 적응력이 강합니다.
- 현재를 위해 삽니다. 미래는 이 순간에 이뤄지는 선택으로부터 만들어지는 것이라고 생각합니다. 운명은 기회가 아닌 선택의 문제입니다. 미래는 기다리는 것이 아니라 성취하는 것입니다.

④ 목의 약점성격

- 돋보이고 싶은 욕구, 하고자 하거나 가지고자 하는 마음이 간절한 욕망과 열망은 높지만 야망은 낮습니다. 많은 꿈을 가진 봄을 닮은 원시인 행동의 중요한 뿌리가 되는 생태계에 적응한 생물 본능적 성격이지만 꿈을 가지려는 마음이 약합니다.
- 새롭고 신기한 것에 호기심과 흥미를 느끼지만 새로운 것을 찾으려는 도전정신은 약합니다.
- 성취하려는 욕망이 약한 것도 타고난 성격으로 믿어 버립니다.
- 일상생활의 시간표가 일정하지 않고 시간표대로 사는 것을 싫어합니다.
- 배움에 대한 생각은 있지만 행동으로 옮기는 것은 내일로 미룹니다.

⑤ 토의 약점성격

• 토는 '생명체는 모두 같다'는 믿음으로 동·식물에게 삶의 터전을 차별하지 않고 포용하고 개방합니다. 옛 경험이나 생각으로부터 자유로운 열린 마음을 가지고 있어 새로운 아이디어를 만들어 내고 타인들의 혁신과 새로운 아이디어를 만들어 내고 타인들의 혁신과 새로운 아이디어를 받아들이는 열린 마음의 성격입니다.

• 4계절 변화 기간(2월, 5월, 8월, 11월) 사이에 봄, 여름, 가을, 겨울에게 적응하도록 공평한 도움을 주는 신뢰감 있는 협력자의 역할을 성실히 수행하는 것이 토의 성격입니다.

• 믿음, 의리, 공평 그리고 포용력이 있으며 더불어 활동적이고 부드러움, 열정, 책임감이 강해 지도력이 있습니다.

상생과 상극을 활용하여 오행성격 간의 균형과 조화를 이룰 수 있습니다.

상생과 상극은 봄, 여름, 가을, 겨울이 변함없이 순서대로 돌고 도는 순환적인 4계절에 대한 체험을 바탕으로 만들어졌습니다. 상생(서로 도움을 주는 순환적 상호협력 관계)과 상극(넘치는 것을 덜어 내고 부족한 것은 채워 주며 어려운 상황을 이겨 내게 멘토를 해주는 순환적 상호조절 관계)을 활용하여 오행성격 간에 균형과 조화를 이룰 수 있습니다.

성격모델 1(104페이지)에 있는 상생도와 상극도를 보면서 다음 글을 읽으면 이해가 빠릅니다. 상생도와 상극도 오행성격 간에 관계를 쉽게 이해하여 오랫동안 기억에 남을 수 있는 그림을 활용한 것입니다. 상생은 생물 본능에 뿌리를 둔 사람의 계절의 성격인 '목'과 생장 계절의 성격인 '화' 사이에(목생화, 화생목), 그리고 사회 본능에 뿌리를 둔 씨 뿌리고 가꾼 대로 거두어들이는 정직한 계절의 성격인 '금'과 지혜를 쌓는 계절의 성격인 '수' 사이에 (금생수+수생금) 이루어집니다. 사계절처럼 순환하는 또 하나의 상생은 겨울을 닮은 '수'와 봄을 닮은 '목' 사이를 상생으로 연결하여 순환이 계속 이어지게 하였습니다.

영화·연극에서 감독은 출연 배우 모두를 관리하는 관리자 역할을 하는 것처럼 '토'는 화와 금과는 '상생', 목과 수와는 '상극' 관계로 생장의 계절인 에너지 넘치는 '화'의 성격과 성숙 계절인 가을을 닮은 성실성이 근본이 되는 '금'의 성격과는 상생을 합니다(토생화, 화생토 그리고 토생금, 금생토).

대부분 생물은 겨울잠을 자고 인간은 지혜를 쌓는 계절을 닮은 수의 성격과 생물이 겨울잠에서 깨어나 생물 활동을 시작하고 짝짓기를 하는 사랑의 계절을 닮은 목의 성격과 토의 성격 사이에는 상극이 이루어집니다(토극수, 수극토 그리고 토극목, 목금토). 즉 지나친 것이나 모자라는 것이나 다 같이 좋지 않습니다. 정도에 넘치는 짝짓기 횟수와 겨울과 봄 날씨가 뒤섞인 2월 자기의 사정에 알맞은 때를 기다리지 않고 일찍 겨울잠에서 깨어나면 생명이 위태로워지는 것을 알맞게 조절하는 것이 '토'의 상극 역할입니다(토극목).

사계절의 순환을 닮은 상생은 오행성격 간에 서로 돕는 관계지만 상극은 오행성격 간에 서로 조절하여 오행성격 간에 균형과 조화를 이루려는 인간의 지혜로 만들어진 것입니다. 상생도에 화(여름)와 금(가을)의 위치를 바꾸어 오행성격 간에 서로 조절하는 기능 즉 넘치는 것을 덜어 내고 부족한 것은 채워 주며 어려운 상황을 이겨 내게 하는 관계입니다.

목과 토의 오행성격 분포수가 각각 1개로 오행성격 평균 분포수 중간 단계 1.6개보다 적어 약점성격입니다. 강점성격인 화와 수는 목과 상생 관계이므로 목에게 충분한 도움을 줄 수 있어 목의 오행성격 특성을 활발하게 행동하게 하는 중간 단계 가까이 끌어올릴 가능성이 매우 높습니다(화생목+수생목). 강점성격인 화와 금은 토와 상생 관계이므로 충분한 도움을 줄 수 있어 오행성격 특성을 활발하게 행동하게 하는 중간 단계 가까이 끌어올릴 가능성이 매우 높습니다(화생토+금생토).

토는 목과 수와 상극 관계이므로 목과 수에게 넘치는 부분은 덜어 내고 부족한 부분은 채우도록 하는 성실한 멘토 역활을 합니다(토극목+토극수).

오행성격은 각각의 재능을 가지고 있습니다. 각각의 재능을 단순하게 합치면(1+1+1+1=5) 5개 재능에 지나지 않습니다. 그러나 상생과 상극 활용으로 오행성격 팀을 만들어 오행성격 특성 간에 균형과 조화를 이루는 팀워크를 하게 되면 오행성격 재능을 배가시킬 수 있습니다.

사주 8자에 분포된 오행성격 목, 화, 금, 수, 토에 음 또는 양이 하나씩 분포되어 있습니다. 오행성격 특성의 활성화 정도가 양이 분포된 경우는 올라가지만 음이 분포된 경우는 오행성격의 활성화 정도가 내려갑니다. 성격 모델 30개는 이론적 모형입니다. 실제 사주 8자는 개인정보 보호법 때문에 조사가 불가능하였습니다. 오행성격 목, 화, 금, 수, 토의 음양의 역할은 설명할 수 없게 되었음을 이해하여 주시기 바랍니다. 그러나 개인은 이 책의 음양 성격 활용법을 읽고 이해하면 음과 양의 오행성격 활용이 가능합니다.

음양의 성격 활용법은 3장 73~74페이지를 참고하시기 바랍니다.

화의 강점성격은 정열적이고 불타오르는 열정에 자기 몸마저 불사를 가능성이 높습니다. 수에게서 겨울의 찬물 같은 차가운 마음을 가지라는 충분한 충고를 받을 수 있어 불타오르는 열정과 정열을 식힐 수 있습니다(수극화). 신경이 예민하여 주변의 작은 자극에도 감정이 쉽게 흔들려 '버럭' 화를 내거나 분노를 못 참아 씩씩거리는 모습을 보일 수 있습니다. 화는 금에게서 침착한 이성적인 생각과 절제력을 평소에 가지게 하는 생활 습관에 대한 충고를 받아들여야 성급한 성격을 조절할 수 있습니다(금극화). 화는 목의 성격처럼 미래를 꿈꾸는 삶과 성취에 대한 열정 그리고 도전정신도 있습니다. 그러나 침착하지 못하고 인내심이 부족하여 성취에 대한 열정과 도전정신이 쉽게 꺾입니다. 목에게서 성취에 대한 동기와 의욕을 도움 받아 미래에 대한 꿈과 성취에 대한 열정과 도전을 강화시킬 수 있습니다(목생화).

<u>금의 강점성격은</u> 이성적이고 합리적이며 객관적인 분석을 할 수 있어 타인의 약점과 강점 그리고 잠재력을 보고 멘토 역할을 하지만 때로는 타인을 쉽게 비판할 수 있어 주위 사람들로부터 푸대접을 받을 가능성이 있습니다. 화에게 사람을 사랑하고 이해할 수 있는 충고를 받아들이면 싸늘한 비판이 사랑이 있는 멘토로 바뀔 수 있습니다(화극금). 일을 계획한 대로 처음부터 끝까지 한결같은 태도로 일하는 데 집중력을 가지고 있지만 집중력이 지나치면 일에 집착하게 되고 때로는 고집불통이 될 가능성이 높습니다. 수에게서 융통성과 유연한 태도를 갖는 습관을 기르도록 충분한 응원을 받을 수 있어 고집불통을 누그러뜨릴 가능성이 높습니다(수생금). 자신의 큰 꿈을 이루기 위해서는 날마다 도전해야 할 일들이 많습니다. 금은 신중하고 조심성이 많아 위험성이 있는 도전은 회피합니다. 머뭇거리다가 기회를 놓칠 수 있습니다. 목에게서 도전정신을 배워야 합니다(목극금).

<u>수의 강점성격은</u> 미지근한 행동과 세상을 쉽게 살려는 태도로 주위 사

람들로부터 마음에 자기를 주장하는 의견이 없고 게으른 사람으로 오해받을 가능성이 높습니다. 목에게서 자기주장과 활동적이고 적극적인 성격 특성을 충분히 지원받을 수 있어 하고자 하는 의지만 있으면 미지근한 행동과 게으름의 오해를 탈피할 가능성이 높습니다(목생수). 수는 타인의 감정을 읽는 공감능력과 동정심이 높아 타인을 돕는 데 적극적이어서 다른 사람에게 이용당할 가능성이 높습니다. 수는 자신과 가족에게 경제적인 피해를 입을 가능성이 높습니다. 흙(토)으로 제방을 쌓아 흘러가는 물을 모아 두어 필요할 때 물(재물)을 사용하는 지혜가 토에게 있습니다. 수는 토에게서 재물을 절약하는 도움을 받을 가능성이 있습니다(토극수). 일이 되어 가는 상황에 대한 빠른 이해와 깨달음의 바탕으로 정신활동에 관계되는 분야에 능력이 높아 학자로 성공할 가능성이 높습니다. 다만 인내심, 끈기와 집착심을 기르도록 하게 하는 금의 적극적인 도움을 받아들여야 학자가 될 가능성이 높아집니다(금생수).

목의 약점성격은 욕구와 욕망은 강렬하지만 야망이 작습니다. 목은 강점성격인 화에게서 목표를 세우고 성취하려는 열정과 도전정신을 갖게 하는 데 충분한 도움을 받을 수 있어 목표를 세우고 성취하려는 야망이 되살아나 목표 성취에 화에게 받은 에너지를 집중할 가능성이 있습니다(화생목). 또한 목은 자신이 계획한 목표를 성취하기 위한 구체적인 일들을 처음부터 끝까지 한결같은 태도로 일에 노력을 집중하라는 강점성격인 금의 진실한 조언을 받아들일 가능성이 있습니다(금극목).

토의 약점성격은 목, 화, 금, 수에게 세상 변화에 쉽게 적응하도록 협력자 역할을 합니다. 토는 정직하고 진실하여 신뢰감을 주며 개방적인 성격이어서 사람들과 소통이 잘 되어 인간관계가 물 흐르듯 막힘이 없습니다. 토는 믿음, 의리, 공평 그리고 포용력이 있으며 활동적이고 부드러움과 열정이 있어 리더십이 강합니다.

요약 : 성격모델 5에서는 화, 금, 수가 중요한 역할을 하는 강점성격입니다.

생물 본능에 뿌리를 둔 화와 사회 본능에 뿌리를 둔 금이 주연 역할을 합니다. 수는 강점성격이지만 주연 같은 조연 역할을 하게 됩니다. 생물 본능의 성격과 사회 본능의 성격이 성격모델 5의 성격 균형을 이루었습니다. 목, 수, 토가 조연 역할을 하게 되어 오행성격 특성 사이에 조화를 이루었습니다.

성격모델 5의 화의 성격은 신경이 예민하여 일이 생기기 전에 그 일을 곧바로 느끼어 아는 직관이 발달하여 창조적인 예술이나 과학적 발견 같은 새로운 가능성에 초점을 맞춥니다. 수는 사물의 모습 전체를 환하게 내다보는 능력이 있습니다. 화의 성격과 수의 성격을 가지면 상상력과 창의력이 높아집니다. 성격모델 5의 성격 소유자는 창의력이 예술적 작품과 과학적 발견이 구체적인 작품으로 만드는 데 필요한 금의 인내심, 끈기 노력과 집중력을 갖추고 있습니다. 에디슨은 2,000번 실험 끝에 전구를 발명했습니다. 아무리 좋은 아이디어도 구체적인 예술품, 상품으로 만들어지지 않으면 그 아이디어는 공상으로 끝납니다. 성격모델 5의 성격 소유자는 화, 수와 금이 조화를 이룰 가능성이 높아 창의적 예술 분야나 과학 연구와 개발 분야에 재능을 발휘할 가능성이 높습니다.

우리는 마음이 끌리는 일을 할 때 만족감을 느낍니다. 끌림은 당신의 내면에서 부르는 소리를 듣고 서로 응하며 대답하는 마음입니다.(생존 본능) 좋아하는 일은 누구나 즐기면서 합니다. 하고 싶은 일을 할 때는 신바람이 납니다. 자기의 강점성격(재능)에 맞는 일은 마음에 끌리고 즐기고 계속하고 싶어 합니다. 마음이 끌리는 대로 따라가는 것, 당신의 성격 안에 있는 내비게이션이 이끄는 대로 따라가면 당신의 인생 여정은 즐거움이 항상 함께할 것입니다.

미국의 3선 대통령 루스벨트

성격모델 5의 오행성격과 비슷한 성격을 가진 미국의 대통령을 지낸 루스벨트는 임기 동안 뉴딜정책으로 미국의 대공황을 벗어나게 하고 제2차 세계대전을 승리로 이끈 주역 중에 한 분입니다. 루스벨트는 부유한 귀족 출신으로 어린 시절 가정교사의 교육을 통해 귀족식 교육을 받았으며 가족과 함께 거의 매년 유럽여행을 다니며 직접 보고 듣고 유럽의 전통문화에 대한 지식을 넓혔습니다. 14살 때 루스벨트는 사립명문 그라턴 기숙학교와 명문 사립고를 졸업한 후 하버드 대학교에 입학하였습니다. 루스벨트는 활동적이고 부드러움과 열정이 있어(화의 성격) 리더십을 발휘하여(토의 성격) 교내 신문 하버드 크림손의 편집장을 맡아 활약했습니다. 루스벨트는 대학 졸업 후 콜럼비아 로스쿨에 입학하여 변호사 시험에 합격했습니다(금의 성격). 루스벨트는 월가에 있는 로펌에 입사하여 기업업무를 주로 맡았습니다.

루스벨트는 정치에 입문하여 뉴욕주의 상원의원, 주지사를 역임한 후 미국 대통령으로 당선되었습니다. 루스벨트가 대통령으로 취임한 때는 경제대공황으로 의식주가 어려운 서민을 배려한 복지정책인 뉴딜정책을 시행하였습니다(수의 성격). 루스벨트 대통령은 라틴 아메리카 여러 나라와 우호관계를 증진하고 경제원조로 유럽 여러 나라와도 우호관계를 강화했습니다. 루스벨트 대통령은 1936년에 재선 그리고 1940년에 3선 대통령이 되었습니다. 1939년 2차 세계대전이 발발되었지만 미국은 전쟁에는 직접 참여하지 않고(신중한 금의 성격) 서방국가에 군수물자만 지원했습니다. 그러나 일본의 1941년 진주만 기습으로 참전하여 루스벨트는 국력을 기울여 2차 세계대전의 주역을 맡아(토의 성격) 전쟁을 승리로 이끄는 도중에 세상을 떠나게 됩니다.

루스벨트 대통령의 성격은 농민 실업자 구제를 위한 혁신적인 여러 가지 개혁(화의 성격)과 복지정책인 뉴딜정책(수의 성격), 그리고 2차 세계대전 발발 직후 바로 참여하지 않은 신중함(금의 성격), 진주만 공격을 받자 전격적으로 참전하여 처칠과 함께 전쟁을 승리로 이끈 리더십(토의 성격) 등 그의 강점성격(재능)을 제대로 보여준 본보기입니다. 루스벨트의 오행성격 중 토는 하나이지만 화와 수의 강점성격과 상생 관계이어서 중간 단계 가까이 끌어올릴 가능성이 매우 높습니다. 루스벨트의 강점성격은 화 2개, 금 2개, 수 2개입니다.

성격모델 6
화 2개, 토 2개, 수 2개, 목 1개, 금 1개(사주 8자에 오행성격 분포수)

영화와 연극에는 주연과 조연배우가 있습니다. 영화나 연극이 성공한 작품이 되려면 주연과 조연배우 모두 각자에게 주어진 역할을 충실하게 연기해 내는 것이 필수조건입니다. 오행성격인 목, 화, 금, 수, 토 역시 각각을 주연과 조연의 역할로 나누어 이해한다면 활용이 아주 쉽습니다.

성격모델 6에서 사주 8자 중에 배정될 수 있는 오행성격, 목, 화, 금, 수,

토의 평균 분포수는 1.6개입니다(사주 8자÷오행성격 5자=1.6 : 실제가 아닌 이론적 수치). 오행성격 특성이 활발히 행동하게 하는 단계를 3단계, 즉 상·중·하단계로 선택하여 이해하기 쉽게 정하였습니다. 오행성격 평균 분포수 1.6개를 활발히 행동하게 하는 단계를 3단계 중 중간 단계로 정하였습니다. 개인의 오행성격 특성 분포수가 평균 분포수 1.6개보다 높은 2개 이상은 강점성격(재능)으로, 평균 분포수보다 낮은 한 개 이하는 약점성격으로 정하였습니다. 오행성격의 강점성격은 주연 역할을, 약점성격은 조연 역할로 설명하였습니다.

목과 화의 오행성격 행동의 뿌리는 자연생태계에 적응한 생물 본능(자신과 가족을 돌보고 지키며, 아들, 딸, 손자, 손녀들이 많아지고 부자가 되기를 바라는 생물 성질)에 있습니다. 목과 화의 오행성격 특성이 동시에 강점성격(재능)으로 나타날 때는 활동하기 좋은 '봄'을 닮은 목의 성격이 주연 역할을 하고 더위 때문에 활동하기가 힘든 '여름'을 닮은 화의 성격이 조연 역할을 합니다. 금과 수의 오행성격 행동의 뿌리는 인공 생태계에 적응한 사회 본능(짐승이 아닌 사람답게 사회 생활을 하려고 하는 마음이 밑바탕이 된 사람 성질)에 있습니다. 금과 수의 오행성격 특성이 동시에 강점성격(재능)으로 나타날 때는 활동하기 상쾌한 '가을'을 닮은 금의 성격이 주연 역할을 하고, 추위 때문에 활동하기가 어려운 '겨울'을 닮은 수의 성격이 조연 역할을 하게 됩니다. 토의 오행성격은 생물 본능에 뿌리를 두고 있는 목과 화의 성격과 사회 본능에 뿌리를 두고 있는 금과 수의 성격을 모두 함께 가지고 있습니다. 목과 화 성격이 두 개가 모두 약점성격일 때, 또는 금과 수 성격이 두 개가 모두 약점성격일 때, 토의 성격이 강점성격일 경우에만 목과 화의 약점성격을, 혹은 금과 수의 약점성격을 대리(agency)하여 강점성격의 역할, 즉 주연 역할을 하게 됩니다. 그러나 토의 성격이 약점성격일 경우는 목과 화의 약점성격과 금과 수의 약점성격을 대리할 수 없습니다.

성격모델 6에서는 생물 본능에 뿌리를 둔 강점성격인 화가 주연 역할을 하고 사회 본능에 뿌리를 둔 강점성격 수가 주연 역할을 합니다. 토도 강점성격이지만 주연 같은 조연 역할을 하고 약점성격인 목과 금은 조연 역할을 합니다.

말이 끄는 마차가 정상적으로 굴러가기 위해서는 두 개의 바퀴가 있어야 합니다. 오행성격에서 생물 본능에 뿌리를 두고 있는 목과 화의 성격이 한쪽 바퀴가 되고 사회 본능에 뿌리를 두고 있는 금과 수의 성격이 반대쪽 바퀴가 됩니다. 성격모델 6에서는 생물 본능에 뿌리를 둔 야성미가 있는 강점성격 화와 사회 본능에 뿌리를 둔 세련미가 있는 강점성격 수가 주연 역할을 하게 되어 균형을 잡습니다. 목, 금, 토의 성실한 조연 역할로 조화를 이루게 되어 오행성격 간에 균형과 조화를 튼튼하게 이룬 건전한 성격 조합이 됩니다.

자기의 음양오행 성격은 태어날 때부터 가지고 있는 자기만의 특별한 재능(unique talent)입니다. 이 재능을 키우면 자기의 성격에 맞는 분야에서 성공할 가능성이 매우 높습니다. 자기의 화, 금, 수의 강점성격을 매일 아침 일어나 4회 반복하여 소리 내어 읽고 목과 토의 약점성격도 매일 2회 소리 내어 읽으면 몇 주 후에는 오행성격 특성들의 내용을 이해하고 확실히 익혀 스스로가 활용 가능한 수준에 이르게 됩니다. 당신의 밝은 미래를 위한 준비는 오늘을 잘 활용하는 것으로부터 시작됩니다. 어제는 지나갔으며 내일은 아직 오지 않았습니다. 미래를 준비할 수 있는 기회는 오늘뿐입니다. 음양오행 성격에 대해 매일 10분씩만 투자하여 몸에 익히는 훈련과 노력을 한다면 당신의 강점성격을 개발시키고 약점성격을 강화할 수 있으며, 당신의 무한한 잠재력을 최대로 발휘시켜 삶을 성공적으로 이끄는 내비게이션 역할을 할 것입니다.

성격모델 6의 오행성격 특성을 요약한 3장 81~88페이지 12개 중에서 가장 중요한 오행 특성을 추려내어 정리했습니다.

① 화의 강점성격
• 정열적이고 열정이 강렬하며 에너지 넘치는 여름을 닮은 원시인 행동의 중요한 뿌리가 되는 자연생태계에 적응한 생물 본능적 성격입니다.
• 신경이 예민하고 남자의 예감(premonition; 일이 있기 전에 그 일을 암시적으로 느낌)이나 여자의 직감(immediate perception; 곧바로 느끼어 읽음)을 닮은 직관(intuition)은 일이나 일의 상황을 잽싸게 알아차리고 확실히 이해할 수 있어 즉흥적으로 판단이 빠른 순발력을 가지고 있습니다. 역동적(dynamic) 변화와 상황(situation)이 많은 정보화 사회에서 곡예사(acrobat) 같은 능력을 최상으로 발휘할 수 있습니다.
• 직관은 창조적 예술(음악·미술·체육)이나 과학적 발견으로 이어질 잠재력이 있습니다.
• 감정적이고 개인적인 감정으로 판단하며 동정적이고 감사하는 마음이 강합니다.
• 미래의 꿈과 성취에 대한 열정 그리고 도전정신이 있습니다. 그러나 침착하지 못하고 인내심이 부족하여 쉽게 좌절합니다.

② 수의 강점성격

•주위로부터 마음의 충동과 자극을 받아도 행동이 우물쭈물 분명하지 않은 태도를 보이지만, 세상을 살아가는 일에는 침착하여 서둘지 않는 모습입니다.

•지혜를 쌓는 계절, 겨울철을 닮은 인간 행동의 뿌리가 되는 인공 생태계에 적응한 사회적 본능의 성격입니다.

•일이나 물체(thing)에 대한 빠른 이해와 깨달음을 바탕으로 한 정신 (mental) 분야에 관계되는 능력이 높아 학자로 성공할 가능성이 높습니다.

•다른 사람의 마음을 헤아리고 감정을 느끼는 공감능력이 뛰어나고 포용과 친화력이 있어 의사소통이 원활해서 인간관계가 물 흐르듯 막힘이 없습니다.

•현실적인 감각이 뛰어나고 사물에 대해 객관적으로 판단하며 상황과 환경 변화에 유연하게 대처하는 적응력이 강합니다.

•현재를 위해 삽니다. 미래는 이 순간에 이뤄지는 선택으로부터 만들어지는 것이라고 생각합니다. 운명은 기회가 아닌 선택의 문제입니다. 미래는 기다리는 것이 아니라 성취하는 것입니다.

③ 토의 강점성격

•토는 동·식물에게 삶의 터전을 차별하지 않고 생명체 모두를 똑같다는 믿음으로 포용하고 개방합니다. 옛 경험이나 생각으로부터 자유로운 열린 마음을 가지고 있어 새로운 아이디어를 만들어 내고 타인들의 혁신 (innovation)과 새로운 아이디어를 받아들이는 열린 마음의 성격입니다.

•4계절 변화 기간(2월, 5월, 8월, 11월) 사이에 봄, 여름, 가을, 겨울에 쉽게 적응하도록 공평한 도움을 주는 신뢰감 있는 협력자의 역할을 성실히 수행

하는 것이 토의 성격입니다.

- 믿음, 의리, 공평 그리고 포용력이 있으며 더불어 활동적이고 부드러움, 열정, 책임감이 강해 지도력이 있습니다.
- 어떤 상황에서도 주어진 일을 자신이 해낼 수 있다는 자신감을 가지고 있으며, 인내심과 끈기 있고 성취욕구가 강렬해서 주어진 일을 끝까지 책임감을 가지고 마무리 짓습니다.

④ 목의 약점성격

- 돋보이고 싶은 욕구, 하고자 하거나 가지고자 하는 마음이 간절한 욕망과 열망은 높지만 야망이 부족합니다. 많은 꿈을 가진 봄을 닮은 원시인 행동의 중요한 뿌리가 되는 자연생태계에 적응한 생물 본능적 성격이지만 꿈을 가지려는 마음이 약합니다.
- 새롭고 신기한 것에 호기심과 흥미를 느끼지만, 도전하며 이기는 경쟁을 피합니다.
- 성취하려는 욕망이 약한 것도 타고난 성격으로 믿어 버립니다.
- 일상생활의 시간표가 일정하지 않고 시간표대로 사는 것을 싫어합니다.
- 배움에 대한 생각은 있지만 행동으로 옮기는 것은 내일로 미룹니다.

⑤ 금의 약점성격

- 논리적이고 합리적인 사고를 하며 냉정하게 행동하여 가을을 닮은 인간 행동의 뿌리가 되는 인공 생태계에 적응한 사회적 본능 성격입니다.
- 책임감이 강하고 정신적·육체적 고통을 참고 견디는 인내심과 끈기가 강합니다.
- 처음 배운 몇 개의 사실에서 느끼는 짜릿한 기쁨, 배운 것을 몸에 익히

는 노력 익힐 지식에 대한 점점 커지는 자신감 등이 공부하여 학업(studies)을 닦는 일에 마음이 끌립니다.

- 집중력은 강하지만 융통성이 부족합니다.
- 경험과 지식으로 정확하게 분석하고 객관적으로 판단할 수 있는 능력은 있지만 남을 비판할 가능성이 있습니다.

상생 상극을 활용하여 오행성격 간의 균형과 조화를 이룰 수 있습니다.

상생과 상극은 봄, 여름, 가을, 겨울이 변함없이 순서대로 돌고 도는 순환적인 4계절에 대한 체험을 바탕으로 만들어졌습니다. 상생(서로 도움을 주는 순환적 상호협력 관계)과 상극(넘치는 것을 덜어 내고 부족한 것은 채워 주며 어려운 상황을 이겨 내게 멘토를 해주는 순환적 상호조절 관계)을 활용하여 오행성격 간에 균형과 조화를 이룰 수 있습니다.

성격모델 1(104페이지)에 있는 상생도와 상극도를 보면서 다음 글을 읽으면 이해가 빠릅니다. 상생도와 상극도 오행성격 간에 관계를 쉽게 이해하여 오랫동안 기억에 남을 수 있는 그림을 활용한 것입니다. 상생은 생물 본능에 뿌리를 둔 사람의 계절의 성격인 '목'과 생장 계절의 성격인 '화' 사이에(목생화, 화생목) 그리고 사회 본능에 뿌리를 둔 씨 뿌리고 가꾼 대로 거두어들이는 정직한 계절의 성격인 '금'과 지혜를 쌓는 계절의 성격인 '수' 사이(금생수+수생금)에 이루어집니다. 사계절처럼 순환하는 또 하나의 상생은 겨울을 닮은 '수'와 봄을 닮은 '목' 사이를 상생으로 연결하여 순환이 계속 이어지게 하였습니다.

영화·연극에서 감독은 출연 배우 모두를 관리하는 관리자 역할을 하는 것처럼 '토'는 화와 금과는 '상생', 목과 수와는 '상극' 관계로 생장의 계절인 에너지 넘치는 '화'의 성격과 성숙 계절인 가을을 닮은 성실성이 근본이 되는 '금'의 성격과는 상생을 합니다(토생화, 화생토 그리고 토생금, 금생토). 대부분 생물은 겨울잠을 자고 인간은 지혜를 쌓는 계절을 닮은 '수'의 성격과 생물이 겨울잠에서 깨어나 생명 활동을 시작하고 짝짓기를 하는 사랑의 계절을 닮은 목의 성격과 토의 성격 사이에는 상극이 이루어집니다. 즉 지나친 것이나 모자라는 것이나 다 같이 좋지 않습니다. 정도에 넘치는 짝짓기 횟수와 겨울과 봄 날씨가 뒤섞인 2월 자기의 사정에 알맞은 때를 기다리지 않고 일찍 겨울잠에서 깨어나면 생명이 위태로워지는 것을 알맞게 조절하는 것이 '토'의 상극 역할입니다(토극목).

사계절의 순환을 닮은 상생은 오행성격 간에 서로 돕는 관계지만 상극은 오행성격 간에 서로 조절하여 오행성격 간에 균형과 조화를 이루려는 인간의 지혜로 만들어진 것입니다. 상생도에 화(여름)와 금(가을)의 위치를 바꾸어 오행성격 간에 서로 조절하는 기능 즉 넘치는 것을 덜어 내고 부족한 것은 채워 주며 어려운 상황을 이겨 내게 하는 관계입니다.

성격모델 6에서 목과 금의 오행성격 분포수가 각각 1개로 오행성격 평균 분포수 중간 단계 1.6개보다 적어 약점성격입니다. 강점성격인 화와 수는 목과 상생 관계이므로 목에게 충분한 도움을 줄 수 있어 목의 오행성격 특성을 활발하게 행동하게 하는 중간 단계 가까이 끌어올릴 가능성이 매우 높습니다(화생목+수생목). 강점성격인 토와 수는 금과 상생 관계이므로 충분한 도움을 줄 수 있어 오행성격 특성을 활발하게 행동하게 하는 중간 단계 가까이 끌어올릴 가능성이 매우 높습니다(토생금+수생금).

오행성격은 각각의 재능을 가지고 있습니다. 각각의 재능을 단순하게 합치면(1+1+1+1=5) 5개 재능에 지나지 않습니다. 그러나 상생과 상극 활용으로 오행성격 팀을 만들어 오행성격 특성 간에 균형과 조화를 이루는 팀워크를 하게 되면 오행성격 재능을 배가시킬 수 있습니다.

사주 8자에 분포된 오행성격 목, 화, 금, 수, 토에 음 또는 양이 하나씩 분포되어 있습니다. 오행성격 특성의 활성화 정도가 양이 분포된 경우는 올라가지만 음이 분포된 경우는 오행성격의 활성화 정도가 내려갑니다. 성격모델 30개는 이론적 모형입니다. 실제 사주 8자는 개인정보 보호법 때문에 조사가 불가능하였습니다. 오행성격 목, 화, 금, 수, 토의 음양의 역할은 설명할 수 없게 되었음을 이해하여 주시기 바랍니다. 그러나 개인은 이 책의 음양 성격 활용법을 읽고 이해하면 음과 양의 오행성격 활용이 가능합니다.

음양의 성격 활용법은 3장 73~74페이지를 참고하시기 바랍니다.

강점성격 화는 불타오르는 정열과 열정으로 자기 몸마저 불사를 가능성이 높습니다. 강점성격 수에게서 겨울의 찬물 같은 마음을 가지라는 충분한 충고를 받을 수 있어 불타오르는 열정과 정열을 어느 정도 식힐 수 있습니다(수극화).

신경이 예민하여 주변의 작은 자극에도 감정이 쉽게 흔들려 '버럭' 화를 내거나 분노를 못 참아 씩씩거리는 모습을 보일 수 있습니다. 화는 금에게서 이성적인 침착한 생각과 절제력을 평소에 가지게 하는 생활습관에 대한 충고를 받아들여 성급한 성격을 조절(control)할 수 있습니다(금극화). 화는 목의 성격처럼 미래를 꿈꾸는 삶과 성취에 대한 열정과 도전정신도 있습니다. 그러나 침착하지 못하고 인내심이 부족하여 열정과 도전정신이 쉽게 꺾입니다. 화는 목에게서 성취에 대한 동기와 의욕을 북돋음 받을 수 있어 미래에 대한 꿈과 성취에 대한 열정과 도전을 강화시킬 수 있습니다(목생화). 더불어 토에게서 인내심과 끈기 그리고 성취 욕구를 가지도록 충분한 도움을 받을 수 있습니다(토생화).

강점성격 수는 미지근한 행동과 세상을 쉽게 살려는 태도로 주위 사람들로부터 자신감(self-confidence) 없고 게으른 사람으로 오해 받을 가능성이 큽니다. 수는 목에게서 주위의 충동과 자극에 대해 좀 더 적극적인 태도와 자신감을 가지라는 응원과 격려를 받을 수 있어 미지근한 행동과 게으름을 줄일 수 있습니다(목생수). 수는 타인의 강점을 읽는 공감능력과 동정심이 높아 다른 사람들을 돕는 데 적극적이어서 타인들에게 이용당할 가능성이 높습니다. 수는 자신과 가족에게 경제적인 피해를 입힐 가능성이 높습니다. 흙(토)으로 제방을 만들어 흘러가는 물을 모아 두어 필요할 때 물(재물)을 사용하는 지혜가 토에게 있습니다. 수는 토에게서 재물을 절약하는 지혜 있는 멘토링을 받아야 합니다(토극수). 수는 일이 되어 가는 상황(situation)에 대한 빠른 이해와 깨달음을 바탕으로 정신활동에 관계되는 분야에 능력을 발휘할 수 있어 학자로 성공할 가능성이 높습니다. 다만 인내심, 끈기와 집착심을 기르도록 하게 하는 금의 성실한 충고를 받아들여야 학자가 될 가능성이 높아집니다(금생수).

목의 약점성격은 욕구와 욕망은 강렬하지만 야망이 작습니다. 목은 강점성격인 화에게서 목표를 세우고 성취하려는 열정과 도전정신을 갖게 하는 데 충분한 도움을 받을 수 있어 목표를 세우고 성취하려는 야망이 되살아나 목표 성취에 집중할 가능이 있습니다(화생목). 목은 강점성격인 수에게서 현실적인 감각과 일과 일이 되어 가는 상황에 대해 객관적으로 판단하고 상황과 환경 변화에 유연하게 알맞은 방법으로 일을 잘 살펴서 처리하는 데 충분한 도움을 받을 가능이 있습니다(수생목).

　　<u>금의 약점성격</u>은 논리적이고 합리적인 사고로 객관적으로 판단할 수 있어 냉정하게 타인들을 비판할 가능성이 있습니다. 화와 금은 상극 관계이므로 화의 충고를 받아들여 평소 생활에서 타인을 사랑하고 이해하는 습관을 길들여 비판을 줄여야 합니다(화극금). 금은 일하는 데 집중력은 강하지만 융통성이 부족하여 고집불통이 될 수 있습니다. 수와 금은 상생 관계이므로 수의 응원을 받아들여 평소 생활에서 유연성과 융통성을 길들이는 습관을 길러야 합니다(수생목). 금은 조심성 있고 신중하여 돌다리도 두드려 보고 건너는 성격입니다. 목과 금은 상극 관계이므로 목에게서 도전정신을 가지라는 멘토링을 받을 수 있습니다. 도전정신을 가지는 것은 금의 의지에 달려 있습니다(목극금).

　　<u>토의 강점성격</u>은 목, 화, 금, 수의 성취의 모델이 됩니다. 토는 목·화의 생존 본능의 성격과 금·수의 사회 본능 성격의 역할을 자신감을 가지고 대신하여 해냅니다. 토는 자기 확신 즉 자신감을 가진 강점성격입니다. 토는 자신의 능력을 확실하게 믿습니다. 목, 화, 금, 수에게 신뢰감을 줍니다. 토는 '우리가 모두 똑같다'는 믿음에서 우리 모두는 서로 다른 성격 특성을 가지고 있지만 모두가 똑같은 중요한 존재라는 것을 믿고 모두를 포용합니다. 포용은 지도자 성격의 핵심입니다. 만물과 사계절을 감싸는 포용력이 있습니다.

<u>요약 : 성격모델 6에서는 화, 토, 수가 중심 역할을 하는 강점성격(재능)입니다.</u>

　　생물 본능에 뿌리를 둔 화와 사회 본능에 뿌리를 둔 수가 주연 역할을 맡아 생물 본능과 사회 본능 성격이 서로 성격모델 6의 성격 균형을 이뤘습니다. 강점성격인 토는 주연 같은 조연 역할을 맡아 화와 수의 강점성격을 더욱 발전할 수 있도록 돕습니다. 약점성격인 금은 토와 수의 큰 도움을 받고, 약점성격 목과 화의 충분한 도움을 받아 오행성격 특성의 3단계 중 중간 단계 가까이 끌어올릴 가능성이 높습니다. 토, 금, 목은 조연 역할을 충실히 하여 오행성격 특성 간에 조화를 이뤘습니다.

화는 열정과 정열, 그리고 21세기 정보화 사회처럼 빠르게 변화하는 환경과 상황에 재빠르게 대응하는 순발력이 있습니다. 토는 세상 전반에 대한 특별한 시각(사계절 변화를 알고 있음)을 가지고 있어 보통 사람 눈에는 복잡하게 보이는 것으로부터 일정한 변화를 발견하고 대책을 세울 능력이 있습니다. 수는 이타적이고 친화력과 공감능력이 높아 인간관계가 물 흐르듯이 막힘이 없습니다.

자기 재능을 믿고 사랑하십시오. 남의 단점이나 실수를 이해하고 감싸주고(토) 따뜻하게 받아들이는 능력(화)과 친화력(수)이 있어 당신의 활동무대가 넓습니다. 교직, 카운셀링, 종교 설교 분야에서 성공할 가능성이 높습니다. 화의 직관과 수의 통찰력은 창조적 예술이나 과학적 발견 분야에서도 능력을 발휘할 가능성이 있습니다. 다만 금의 인내심, 끈기, 노력과 성실함이 필요조건입니다.

자기의 마음에 끌리는(yearning) 일을 할 때 만족감(satisfaction)을 느낍니다. 끌림은 당신의 내면에서 부르는 소리를 듣고 서로 응하여 대답하는 마음입니다. 좋아하는 일은 누구나 즐기면서 합니다. 하고 싶은 일을 할 때 신바람이 납니다. 자기의 성격에 맞는 일은 마음에 끌리고 즐기고 계속하고 싶어집니다. 마음에 끌리는 대로 따라가는 것, 당신의 성격 안에 있는 내비게이션이 이끄는 대로 따라가면 당신의 여정은 기쁨이 동반자가 될 것입니다.

반아파르트헤이트 운동의 선구자 넬슨 만델라

성격모델 6의 오행성격과 비슷한 성격 기능을 가진 넬슨 만델라는 아프리카 민족회의 지도자로서 반아파르트헤이트 운동, 즉 남아프리카공화국 옛 백인정권의 인종차별에 맞서 열정적으로(화의 성격) 투쟁을 지도했습니다. 만델라는 1962년 8월 5일 반역죄로 체포되어 1964년 무기징역을 선고받았습니다. 만델라가 긴 옥고를 참고 이겨낸 것은 그의 유연한 성격에 있습니다(수의 성격). 만델라는 데 클레르크 대통령과 회담 후 27년 만에 석방되고 나서 데 클레르크 대통령과 협력하여 다당 협상포럼을 열고 임시정부 잠정 헌법을 만들었습니다(토 3개 성격). 이 공로로 만델라는 데 클레르크 대통령과 노벨평화상을 수상했습니다.

만델라의 증조부와 아버지는 족장을 지내셨습니다. 만델라는 어린 시절 말성꾸러기였던 것 같습니다. 만델라는 대학 법학부를 졸업하고 1953년 8월에 요하네스버그에서 변호사 개업을 했습니다. 만델라는 대학 재학 중 민주주의, 사회주의, 공산주의 등 많은 사상을 접하고 공부했습니다. 만델라는 민주주의를 선호한 것으로 생각됩니다.

만델라는 1994년 총선에서 세계 최초의 흑인 대통령이 되었습니다. 그는 친화력이 높아 흑인 부족 간 충돌을 완화시키려고 노력하고(수의 성격), 여기에 포용력도 커서(토의 성격) 흑인과 백인의 대립과 격차를 시정하는 리더십을 발휘했습니다(토의 성격).

만델라 대통령의 강점성격은 토 3개, 화 2개, 수 2개, 목 1개로 성격모델 6과 비슷합니다. 토의 오행성격은 목, 화, 금, 수의 성격 특성을 모두 가지고 있습니다. 만델라 대통령의 오행 목의 성격은 하나이지만 청소년과 청년 시절을 보내면서 남아프리카공화국 사회 환경에 강한 자극을 받아반 아파르트헤이트 운동의 지도자가 되는 목이 중간 단계 1.6개 가까이 변화된 것으로 보입니다. 목은 1개이지만 강점성격인 화, 수와 상생 관계이므로 화, 수에게 충분한 도움을 받아 1.6개 가까이 도달할 수 있는 가능성이 매우 높습니다. 또한 금의 성격은 0개로 나타났지만 토와 상생 관계이고 토의 성격인 인내심과 끈기 그리고 일을 성실히 처리하는 것이 금의 성격과 비슷해서 만델라의 오행성격은 균형과 조화가 튼튼하게 이루어져 있습니다.

성격모델 7
화 2개, 금 2개, 토 2개, 목 1개, 수 1개(개인 사주 8자에 배정된 오행성격 분포수)

영화와 연극에는 주연과 조연배우가 있습니다. 영화나 연극이 성공한 작품이 되려면 주연과 조연배우 모두 각자에게 주어진 역할을 충실하게 연기해 내는 것이 필수조건입니다. 오행성격인 목, 화, 금, 수, 토 역시 각각을 주연과 조연의 역할로 나누어 이해한다면 활용이 아주 쉽습니다.

성격모델 7에서 사주 8자 중에 배정될 수 있는 오행성격, 목, 화, 금, 수, 토의 평균 분포수는 1.6개입니다(사주 8자÷오행성격 5자=1.6 : 실제가 아닌 이론적 수치). 오행성격 특성이 활발히 행동하게 하는 단계를 3단계, 즉 상·중·하단계로 선택하여 이해하기 쉽게 정하였습니다. 오행성격 평균 분포수 1.6개를 활발히 행동하게 하는 단계를 3단계 중 중간 단계로 정하였습니다. 개인의 오행성격 특성 분포수가 평균 분포수 1.6개보다 높은 2개 이상은 강점성격(재능)으로, 평균 분포수보다 낮은 한 개 이하는 약점성격으로 정하였습니다. 오행성격의 강점성격은 주연 역할을, 약점성격은 조연 역할로 설명하였습니다.

목과 화의 오행성격 행동의 뿌리는 자연생태계에 적응한 생물 본능(자신과 가족을 돌보고 지키며, 아들, 딸, 손자, 손녀들이 많아지고 부자가 되기를 바라는 생물 성질)에 있습니다. 목과 화의 오행성격 특성이 동시에 강점성격(재능)으로 나타날 때는 활동하기 좋은 '봄'을 닮은 목의 성격이 주연 역할을 하고 더위 때문에 활동하기가 힘든 '여름'을 닮은 화의 성격이 조연 역할을 합니다. 금과 수의 오행성격 행동의 뿌리는 인공 생태계에 적응한 사회 본능(짐승이 아닌 사람답게 사회 생활을 하려고 하는 마음이 밑바탕이 된 사람 성질)에 있습니다. 금과 수의 오행성격 특성이 동시에 강점성격(재능)으로 나타날 때는 활동하기 상쾌한 '가을'을 닮은 금의 성격이 주연 역할을 하고, 추위 때문에 활동하기가 어려운 '겨울'을 닮은 수의 성격이 조연 역할을 하게 됩니다. 토의 오행성격은 생물 본능에 뿌리를 두고 있는 목과 화의 성격과 사회 본능에 뿌리를 두고 있는 금과 수의 성격을 모두 함께 가지고 있습니다. 목과 화 성격이 두 개가 모두 약점성격일 때, 또는 금과 수 성격이 두 개가 모두 약점성격일 때, 토의 성격이 강점성격일 경우에만 목과 화의 약점성격을, 혹은 금과 수의 약점성격을 대리(agency)하여 강점성격의 역할, 즉 주연 역할을 하게 됩니다. 그러나 토의 성격이 약점성격일 경우는 목과 화의 약점성격과 금과 수의 약점성격을 대리할 수 없습니다.

성격모델 7에서는 생물 본능에 뿌리를 둔 강점성격인 화가 주연 역할을 하고 사회 본능에 뿌리를 둔 강점성격 금이 주연 역할을 합니다. 토도 강점성격이지만 주연 같은 조연을 합니다. 약점성격인 수와 토는 조연 역할을 합니다.

말이 끄는 마차가 정상적으로 굴러가기 위해서는 두 개의 바퀴가 있어야 합니다. 오행성격에서 생물 본능에 뿌리를 두고 있는 목과 화의 성격이 한쪽 바퀴가 되고 사회 본능에 뿌리를 두고 있는 금과 수의 성격이 반대쪽 바퀴가 됩니다. 성격모델 7에서는 생물 본능에 뿌리를 둔 야성미가 있는 강점성격 화와 사회 본능에 뿌리를 둔 세련미가 있는 금이 주연 역할을 하게 되어 균형을 잡습니다. 목, 수, 토의 성실한 조연 역할로 조화를 이루게 되어 오행성격 간에 균형과 조화를 튼튼하게 이룬 건전한 성격 조합이 됩니다.

자기의 음양오행 성격은 태어날 때부터 가지고 있는 자기만의 특별한 재능(unique talent)입니다. 이 재능을 키우면 자기의 성격에 맞는 분야에서 성공할 가능성이 매우 높습니다. 자기의 화, 금, 수의 강점성격을 매일 아침 일어나 4회 반복하여 소리 내어 읽고 목과 토의 약점성격도 매일 2회 소리 내어 읽으면 몇 주 후에는 오행성격 특성들의 내용을 이해하고 확실히 익혀 스스로가 활용 가능한 수준에 이르게 됩니다. 당신의 밝은 미래를 위한 준비는 오늘을 잘 활용하는 것으로부터 시작됩니다. 어제는 지나갔으며 내일은 아직 오지 않았습니다. 미래를 준비할 수 있는 기회는 오늘뿐입니다. 음양오행 성격에 대해 매일 10분씩만 투자하여 몸에 익히는 훈련과 노력을 한다면 당신의 강점성격을 개발시키고 약점성격을 강화할 수 있으며, 당신의 무한한 잠재력을 최대로 발휘시켜 삶을 성공적으로 이끄는 내비게이션 역할을 할 것입니다.

우리는 자기의 마음이 끌리는 일을 할 때 만족감을 느낍니다. 끌림은 당신의 내면에서 부르는 소리를 듣고 서로 응하여 대답하는 마음입니다. 좋아하는 일은 누구나 즐기면서 합니다. 하고 싶은 일을 할 때는 신바람이 납니다. 자기의 강점성격에 맞는 일은 마음이 끌리며 즐겁고 계속하고 싶어집니다. 마음이 끌리는 대로 따라가는 것, 즉 당신의 성격 안에 있는 내비게이션이 안내하는 대로 따라가면 인생 여정은 기쁨이 동반자가 될 것입니다.

성격모델 7에서 오행성격 특성을 요약한 3장 81~88페이지 12개 중에 가장 중요한 오행성격 특성을 추려내어 정리했습니다.

① 화의 강점성격
• 정열적이고 열정이 강렬하며 에너지 넘치는 여름을 닮은 원시인 행동의 중요한 뿌리가 되는 자연생태계에 적응한 생물 본능적 성격입니다.
• 신경이 예민하고 남자의 예감(premonition; 일이 있기 전에 그 일을 암시적으로 느낌)이나 여자의 직감(immediate perception; 곧바로 느끼어 앎)을 닮은 직관(intuition)은 일이나 일의 상황을 보는 순간 깨닫게 되어 마주하는 날마다 상황을 잽싸게 알아차리고 확실히 이해할 수 있어 즉흥적으로 판단이 빠른 순발력(외부의 자극에 순간적으로 몸을 움직여 힘을 낼 수 있는 능력)을 가지고 있습니다. 역동적(dynamic) 변화와 상황(situation)이 많은 정보화 사회에서 곡예사(acrobat) 같은 능력을 최상으로 발휘할 수 있습니다.
• 직관은 창조적 예술(음악·미술·체육)이나 과학적 발견으로 이어질 잠재력이 있습니다.
• 감정적이며 동정적이고 감사하는 마음이 강합니다. 개인적 감정으로 판단합니다.
• 미래의 꿈과 성취에 대한 열정과 도전정신이 있습니다. 그러나 침착하

지 못하고 인내심이 부족하여 쉽게 꿈을 포기합니다.

② 금의 강점성격

- 논리적이고 합리적인 사고를 하며 냉정하게 행동하는 것이 싸늘한 가을을 닮은 인간 행동의 뿌리가 되는 사람이 만든 환경에 적응한 사회적 본능 성격입니다.
- 책임감이 강하고 정신적·육체적 고통을 참고 견디는 인내심과 끈기가 강합니다.
- 세상의 안쪽에는 여러 가지 위험이 도사리고 있는 것을 알고 조심성 있고 신중하게 행동합니다. 돌다리도 두드려 보고 안전을 확인한 후 건너가는 성격입니다.
- 곧이곧대로 말하고 솔직함에 충실합니다. 일에 집중력은 강하지만 융통성이 부족합니다.
- 삶의 과거 경험과 배움으로 얻은 지식을 활용해서 마주하는 상황을 정확하게 분석하고 객관적인 판단을 할 수 있는 능력이 있어 남을 비판할 가능성이 높습니다. 다른 한편으로 개인의 차이점은 성격 차이에서 생기는 것을 알고 강점성격은 개발하고 약점성격은 보완하도록 용기와 의욕을 불어넣습니다.
- 처음 배운 몇 개의 사실에서 느끼는 짜릿한 기쁨, 배운 것을 이야기하거나 연습해 보는 처음의 노력, 몸에 익힌 기술에 대해 점점 더 커지는 확실한 믿음 이러한 배우고 활용하는 과정에 마음이 강하게 끌립니다.

③ 토의 강점성격

- 토는 '생명체는 모두 같다'는 믿음으로 동·식물에게 삶의 터전을 차별

하지 않고 포용하고 개방합니다. 옛 경험이나 생각(thinking)으로부터 자유로운 열린 마음을 가지고 있어 새로운 아이디어를 만들어 내고 타인들의 혁신(innovation)과 새로운 아이디어를 받아들이는 열린 마음의 성격입니다.

•사계절 변화 기간(2월, 5월, 8월, 11월) 사이에 봄, 여름, 가을, 겨울에게 쉽게 적응하도록 공평한 도움을 주는 신뢰감 있는 협력자의 역할을 성실히 수행하는 것이 토의 성격입니다.

•믿음, 의리, 공평 그리고 포용력이 있으며 더불어 활동적이고 부드러움, 열정, 책임감이 강해 지도력이 있습니다.

•어떤 상황에서도 주어진 일을 자신이 해낼 수 있다는 자신감을 가지고 있으며 인내심과 끈기가 있고 성취 욕구가 강렬하여 주어진 일을 끝까지 책임감을 가지고 마무리 짓습니다.

④ 목의 약점성격

•목은 돋보이고 싶은 요구, 하고자 하거나 가지고자 하는 마음이 간절한 욕망과 열망을 높지만 야망(ambition; 남모르게 품고 있는 큰 꿈)은 낮습니다. 많은 꿈을 가진 봄을 닮은 원시인 행동의 중요한 뿌리가 되는 자연생태계에 적응한 생물 본능적 성격이지만 꿈을 가지려는 마음이 약합니다.

•새롭고 신기한 것에 호기심과 흥미를 느끼지만 새로운 것을 찾으려는 도전정신은 약합니다.

•성취하려는 욕망이 약한 것도 타고난 성격으로 믿어 버립니다.

•일상생활의 시간표가 일정하지 않고 시간표대로 사는 것을 싫어합니다.

•배움에 대한 생각은 있지만 행동으로 옮기는 것을 내일로 미룹니다.

⑤ 수의 약점성격

• 주위로부터 마음의 충동과 자극을 받아도 흔들리지 않고 천연덕스럽게 미지근한 행동을 하는 여유만만한 유연성이 있습니다. 지혜를 쌓는 계절, 겨울철을 닮은 인간 행동의 뿌리가 되는 인공 생태계에 적응한 사회 본능적 성격입니다.

• 타인의 마음을 헤아리고 감정을 느끼는 공감능력이 뛰어나며 포용과 친화력이 있어 의사소통이 원활하며 인간관계가 물 흐르듯 막힘이 없습니다.

상생 상극을 활용하여 오행성격 간의 균형과 조화를 이룰 수 있습니다.

상생과 상극은 봄, 여름, 가을, 겨울이 변함없이 순서대로 돌고 도는 순환적인 4계절에 대한 체험을 바탕으로 만들어졌습니다. 상생(서로 도움을 주는 순환적 상호협력 관계)과 상극(넘치는 것을 덜어 내고 부족한 것은 채워 주며 어려운 상황을 이겨 내게 멘토를 해주는 순환적 상호조절 관계)을 활용하여 오행성격 간에 균형과 조화를 이룰 수 있습니다.

성격모델 1(104페이지)에 있는 상생도와 상극도를 보면서 다음 글을 읽으면 이해가 빠릅니다. 상생도와 상극도 오행성격 간에 관계를 쉽게 이해하여 오랫동안 기억에 남을 수 있는 그림을 활용한 것입니다. 상생은 생물 본능에 뿌리를 둔 사람의 계절의 성격인 '목'과 생장 계절의 성격인 '화' 사이에(목생화, 화생목) 그리고 사회 본능에 뿌리를 둔 씨 뿌리고 가꾼 대로 거두어들이는 정직한 계절의 성격인 '금'과 지혜를 쌓는 계절의 성격인 '수' 사이에(금생수+수생금) 이루어집니다. 사계절처럼 순환하는 또 하나의 상생은 겨울을 닮은 '수'와 봄을 닮은 '목' 사이를 상생으로 연결하여 순환이 계속 이어지게 하였습니다.

영화·연극에서 감독은 출연 배우 모두를 관리하는 관리자 역할을 하는 것처럼 '토'는 화와 금과는 '상생', 목과 수와는 '상극' 관계로 생장의 계절인 에너지 넘치는 '화'의 성격과 성숙 계절인 가을을 닮은 성실성이 근본이 되는 '금'의 성격과는 상생을 합니다(토생화, 화생토 그리고 토생금, 금생토). 대부분 생물은 겨울잠을 자고 인간은 지혜를 쌓는 계절을 닮은 '수'의 성격과 생물이 겨울잠에서 깨어나 생명 활동을 시작하고 짝짓기를 하는 사랑의 계절을 닮은 목의 성격과 토의 성격 사이에는 상극이 이루어집니다. 즉 지나친 것이나 모자라는 것이나 다 같이 좋지 않습니다. 정도에 넘치는 짝짓기 횟수와 겨울과 봄 날씨가 뒤섞인 2월 자기의 사정에 알맞은 때를 기다리지 않고 일찍 겨울잠에서 깨어나면 생명이 위태로워지는 것을 알맞게 조절하는 것이 '토'의 상극 역할입니다(토극목).

사계절의 순환을 닮은 상생은 오행성격 간에 서로 돕는 관계지만 상극은 오행성격 간에 서로 조절하여 오행성격 간에 균형과 조화를 이루려는 인간의 지혜로 만들어진 것입니다. 상생도에 화(여름)와 금(가을)의 위치를 바꾸어 오행성격 간에 서로 조절하는 기능 즉 넘치는 것을 덜어 내고 부족한 것은 채워 주며 어려운 상황을 이겨 내게 하는 관계입니다.

성격모델 7에서 목과 수의 오행성격 분포수가 각각 1개로 오행성격 평균 분포수인(상중하 3단계 중 중간 단계) 1.6개보다 적어 약점성격입니다. 강점성격인 화는 목과 상생 관계이므로 목에게 충분한 도움을 줄 수 있어 목의 오행성격 특성을 활발하게 행동하게 하는 중간 단계 가까이 끌어올릴 가능성이 있습니다(화생목). 강점성격인 금은 수와 상생 관계이므로 수에게 충분한 도움을 줄 수 있어 수의 오행성격 특성을 활발하게 행동하게 하는 중간 단계 가까이 끌어올릴 가능성이 있습니다(금생수). 강점성격인 토는 화와 금과 상생 관계이므로 화와 금에게 충분한 도움을 주어 화와 금의 강점을 더욱 높입니다. 토는 목과 수와는 상극 관계이므로 목과 수에게 넘치는 부분을 덜어 내고 부족한 부분은 채워 주는 성실한 멘토 역할을 합니다(토극목+토극수).

오행성격은 각각의 재능을 가지고 있습니다. 각각의 재능을 단순하게 합치면(1+1+1+1=5) 5개 재능에 지나지 않습니다. 그러나 상생과 상극 활용으로 오행성격 팀을 만들어 오행성격 특성 간에 균형과 조화를 이루는 팀워크를 하게 되면 오행성격 재능을 배가시킬 수 있습니다.

사주 8자에 분포된 오행성격 목, 화, 금, 수, 토에 음 또는 양이 하나씩 분포되어 있습니다. 오행성격 특성의 활성화 정도가 양이 분포된 경우는 올라가지만 음이 분포된 경우는 오행성격의 활성화 정도가 내려갑니다. 성격 모델 30개는 이론적 모형입니다. 실제 사주 8자는 개인정보 보호법 때문에 조사가 불가능하였습니다. 오행성격 목, 화, 금, 수, 토의 음양의 역할은 설명할 수 없게 되었음을 이해하여 주시기 바랍니다. 그러나 개인은 이 책의 음양 성격 활용법을 읽고 이해하면 음과 양의 오행성격 활용이 가능합니다.

음양의 성격 활용법은 3장 73~74페이지를 참고하시기 바랍니다.

<u>강점성격 화</u>는 불타오르는 정열과 열정으로 자기 몸마저 불사를 가능성이 높습니다. 수에게서 겨울의 찬물 같은 마음을 가지라는 충고를 받을 수 있고 금에게서 냉정한 마음을 가지라는 싸늘한 충고를 받게 되어 불타오르는 열정과 정열을 어느 정도 식히고 냉정한 마음을 되찾을 수 있습

니다(수극화+금극화). 신경이 예민하여 주위의 자극이나 충동에 감정이 쉽게 흔들려 '버럭' 화를 내거나 분노를 참지 못해 씩씩거리는 모습을 보일 수 있습니다. 화는 금에게서 이성적인 침착한 생각과 자제력을 평소에 가지게 하는 생활 습관에 대한 성실한 조언을 받아들여 성급한 성격을 조절(control)할 수 있습니다(금극화). 화는 목의 성격처럼 미래의 가능성 있는 비전을 보고 성취에 대한 열정과 도전정신이 쉽게 꺾입니다. 화는 목에게서 성취에 대한 동기와 의욕을 북돋움을 받을 수 있어 미래에 대한 꿈과 성취에 대한 열정과 도전정신을 강화시킬 수 있습니다(목생화). 화는 강점성격인 금으로부터 인내심과 끈기를 갖도록 하는 성실한 충고를 받을 수 있고(금극화) 강점성격인 토에게서는 성취욕과 일의 끝맺음에 대한 충분한 도움을 받을 수 있습니다(토생화).

금의 강점성격은 이성적(감정에 좌우되지 않고 논리적으로 생각하고 판단하는 능력)이고 합리적이며 객관적인 분석을 할 수 있어 타인의 성격의 약점과 강점 그리고 잠재력을 보고 멘토 역할을 하지만 때로는 타인을 쉽게 비판도 할 수 있어 주위 사람들로부터 푸대접을 받을 가능성이 있습니다. 화와 금은 상극 관계이므로 화는 금에게 사람을 쉽게 비판하는 것을 줄이고 사랑이 담긴 멘토링을 하라는 충고를 줄 수 있습니다. 금이 하려는 의지만 가지면 싸늘한 비판이 사랑이 있는 멘토로 바뀔 수 있습니다(화극금). 금은 일을 계획한 대로 처음부터 끝까지 한결같은 태도로 일을 할 때는 집중력을 가지지만 집중력이 지나치면 일에 집착하게 되고 때로는 고집불통(stubbornness)이 될 가능성도 있습니다. 수가 금에게 일상생활에서 융통성과 유연한 태도를 가지도록 응원을 할 수 있습니다(수생금). 금이 수의 도움을 받아 고집불통(stubbornness)을 누그러뜨릴(mitigate) 가능성이 있습니다.

토의 강점성격은 목, 화, 금, 수의 성취의 모델이 됩니다. 토는 목·화의 생존 본능의 성격과 금·수의 사회 본능 성격의 역할을 대신할 수 있는 기능을 가지고 있습니다. 토는 자기 확신 즉 자신감을 가진 강점성격입니다. 토는 자신의 능력을 확실하게 믿습니다. 목, 화, 금, 수에게 신뢰감을 줍니다. 토는 '우리가 모두 똑같다'는 믿음에서 우리 모두는 서로 다른 성격 특성을 가지고 있지만 모두가 똑같은 중요한 존재라는 것을 믿고 모두를 포용합니다. 포용은 지도자 성격의 핵심입니다. 만물과 사계절을 감싸는 포용력이 있습니다.

목의 약점성격은 욕구와 욕망은 강렬하지만 야망(ambition)은 낮습니다. 목은 강점성격인 화에게서 목표를 세우고 성취하려는 열정과 도전정신을 가지게 하는 충분한 지원을 받을 수 있어 목표를 세우고 성취하려는 야망이 되살아나 목표 성취에 화에게 받은 에너지를 집중할 가능성이 있습니다(화생목). 자신이 계획한 목표를 성취하기 위한 구체적인 일들을 처음부터 끝까지 한결같은 태도로 일에 노력을 집중하라는 강점성격인 금의 진실한 조언을 목이 받아들일 가능성이 있습니다(금극목).

수의 약점성격은 미지근한 행동과 세상을 쉽게 살려는 태도로 주위 사람들에게 자신감(self-confidence) 없고 게으른 사람으로 오해 받을 가능성이 높습니다. 강점성격인 수는 목과 상생 관계이므로 목이 수에게 자기주장과 적극적인 성격 특성을 가지는 데 충분한 도움을 줄 수 있습니다. 수가 목의 도움을 받아들이면 적극적인 행동과 부지런한 성격을 가질 수 있습니다(목생수). 수는 타인의 감정을 쉽게 읽고 공감능력과 동정심이 많아 타인을 돕는 데 적극적입니다. 이런 행동들은 다른 사람에게 이용당해 자기와 가족에게 경제적인 피해를 입힐 가능성이 높습니다. 흙(토)으로 둑(bank)을 쌓아 흘러가는 물을 모아 두어 필요할 때 물(재물)을 사용하는 지혜가 토에게 있습니다. 수와 토는 상극 관계이므로 수는 토에게서 재물을 절약하는 지혜 있는 조언을 받을 수 있습니다. 수는 토의 충고를 받아들여야 다른 사람들에게 이용당할 염려를 줄일 수 있습니다(토극수).

요약 : 성격모델 7에서는 화, 금, 토가 중심 역할을 하는 강점성격(재능)입니다.

화는 열정과 정열 그리고 21세기 정보화 사회처럼 빠르게 변화하는 환경과 상황에 재빠르게 대응하는 순발력이 있습니다. 토는 세상 전반에 대한 특별한 시각(사계절 변화를 알고 있음)을 가지고 있어 보통 사람의 눈에는 복잡하게 보이는 것으로부터 일정한 변화를 발견하고 대책을 세울 능력이 있습니다. 금은 무엇이 문제인지 파악하고 해결책을 찾는 일에 흥미를 느끼고 즐깁니다. 하겠다고 말한 것에 대해서 끝까지 성실하게 책임을 지고 합니다. 금은 처음 몇 개의 배운 사실에서 느끼는 짜릿한 기쁨, 배운 것을 연습해 보는 초기의 노력(화의 열정), 익힌 기술에 대해 점점 커지는 확신(토의 자기 확신)에 매우 끌립니다. 과학적 연구, 컴퓨터, 혹은 기술개발 분야 또는 개척 분야에 재능을 발휘할 가능성이 있습니다.

금속노동자에서 브라질의 3선 대통령이 된 룰라

성격모델 7의 오행성격과 비슷한 성격을 가진 룰라는 브라질의 금속노동자 정치인으로 2002년 노동자당 소속으로 대통령 선거에 출마해서 당선되었습니다. 룰라 대통령은 2006년에 재선에 성공하였고 2022년 3선 대통령으로 당선되어 2023년 1월 1일에 공식 취임하였습니다.

룰라는 8남매 중 7번째로 태어났으며 어려운 가정형편 때문에 10세가 되어 겨우 학교에 입학했으나, 가정형편이 나아지지 않아 초등학교 4학년 때 학교를 그만두었습니다. 그 후 금속공장에 다니면서 기술학교에서 성실하게 일을 배워 18세 때 금속을 깎아서 가공하는 기술인 선반자격증을 취득하였습니다(금의 성실한 성격).

룰라는 금속노동자 생활에서 여러 가지 경험을 하면서 노동운동의 필요성을 느끼고 자신을 반스탈린주의자이자 민주사회주의자라고 선언하고 본격적으로 노동운동에 참여하여 노조활동가가 되었습니다(목의 성격). 룰라가 주도하던 반스탈린주의 노동조합은 노동자당으로 노동자 세력을 확장해 나갔습니다. 1975년 룰라는 10만 이상의 노조원 대표, 금속노조위원장에 당선되었습니다(토의 성격). 룰라는 포용력과 친화력이 있어 소통이 물흐르듯 막힘이 없었습니다(토의 성격). 룰라는 노동자들의 요구사항이 무엇인지 마음의 문을 열고 대화하기 때문에 노동자들이 룰라 위원장을 신뢰하고 존경하게 되었습니다(토의 성격). 룰라는 믿음성 있고 꾸밈이 없는 가톨릭 신도로 해방신학과 거리가 멀었고 보수적인 브라질의 가톨릭 교구와 사이좋은 관계를 형성했습니다.

브라질 대통령 선거에 3선을 한 룰라 대통령은 복지프로그램을 최우선으로 실시했습니다(화의 성격). 룰라 대통령은 브라질 역사상 최초의 좌파 성향 대통령이었으나 그는 노동자당의 중도파를 자처했으며 자본주의 틀을 유지한 채 각종 개혁을 시도하겠다고 선언하였습니다. 부가외채도 성실히 줄여 나갔습니다.(금의 성격) 룰라 대통령은 국가개혁에 대한 열정(화의 성격), 좌우정책을 아우르는 포용력 있는 지도력(토의 성격, 약속을 성실히 지키는 정치가입니다. 룰라 대통령은 성격모델 7의 강점성격(재능)인 목 2개, 화 2개, 금 2개, 토 2개를 개발하고 확장하여 성공한 본보기입니다. 수는 0개이나 목과 금에게서 충분한 도움을 받을 수 있어 수의 잠자고 있는 오행 성격 특성을 깨워 1개 정도 활성은 가능합니다.

영화와 연극에는 주연과 조연배우가 있습니다. 영화나 연극이 성공한 작품이 되려면 주연과 조연배우 모두 각자에게 주어진 역할을 충실하게 연기해 내는 것이 필수조건입니다. 오행성격인 목, 화, 금, 수, 토 역시 각각을 주연과 조연의 역할로 나누어 이해한다면 활용이 아주 쉽습니다.

성격모델 8에서 사주 8자 중에 배정될 수 있는 오행성격, 목, 화, 금, 수, 토의 평균 분포수는 1.6개입니다(사주 8자÷오행성격 5자=1.6 : 실제가 아닌 이론적 수치). 오행성격 특성이 활발히 행동하게 하는 단계를 3단계, 즉 상·중·하단계로 선택하여 이해하기 쉽게 정하였습니다. 오행성격 평균 분포수 1.6개를 활발히 행동하게 하는 단계를 3단계 중 중간 단계로 정하였습니다. 개인의 오행성격 특성 분포수가 평균 분포수 1.6개보다 높은 2개 이상은 강점성격(재능)으로, 평균 분포수보다 낮은 한 개 이하는 약점성격으로 정하였습니다. 오행성격의 강점성격은 주연 역할을, 약점성격은 조연 역할로 설명하였습니다.

목과 화의 오행성격 행동의 뿌리는 자연생태계에 적응한 생물 본능(자신과 가족을 돌보고 지키며, 아들, 딸, 손자, 손녀들이 많아지고 부자가 되기를 바라는 생물 성질)에 있습니다. 목과 화의 오행성격 특성이 동시에 강점성격(재능)으로 나타날 때는 활동하기 좋은 '봄'을 닮은 목의 성격이 주연 역할을 하고 더위 때문에 활동하기가 힘든 '여름'을 닮은 화의 성격이 조연 역할을 합니다. 금과 수의 오행성격 행동의 뿌리는 인공 생태계에 적응한 사회 본능(집

승이 아닌 사람답게 사회 생활을 하려고 하는 마음이 밑바탕이 된 사람 성질)에 있습니다. 금과 수의 오행성격 특성이 동시에 강점성격(재능)으로 나타날 때는 활동하기 상쾌한 '가을'을 닮은 금의 성격이 주연 역할을 하고, 추위 때문에 활동하기가 어려운 '겨울'을 닮은 수의 성격이 조연 역할을 하게 됩니다. 토의 오행성격은 생물 본능에 뿌리를 두고 있는 목과 화의 성격과 사회 본능에 뿌리를 두고 있는 금과 수의 성격을 모두 함께 가지고 있습니다. 목과 화 성격이 두 개가 모두 약점성격일 때, 또는 금과 수 성격이 두 개가 모두 약점성격일 때, 토의 성격이 강점성격일 경우에만 목과 화의 약점성격을, 혹은 금과 수의 약점성격을 대리(agency)하여 강점성격의 역할, 즉 주연 역할을 하게 됩니다. 그러나 토의 성격이 약점성격일 경우는 목과 화의 약점성격과 금과 수의 약점성격을 대리할 수 없습니다.

성격모델 8에서는 생물 본능에 뿌리를 둔 강점성격인 화가 주연 역할을 하고 사회 본능에 뿌리를 둔 강점성격 수가 주연 역할을 합니다. 토도 강점성격이지만 주연 같은 조연을 합니다. 약점성격인 목과 금이 조연 역할을 합니다.

말이 끄는 마차가 정상적으로 굴러가기 위해서는 두 개의 바퀴가 있어야 합니다. 오행성격에서 생물 본능에 뿌리를 두고 있는 목과 화의 성격이 한쪽 바퀴가 되고 사회 본능에 뿌리를 두고 있는 금과 수의 성격이 반대쪽 바퀴가 됩니다. 성격모델 8에서는 생물 본능에 뿌리를 둔 야성미가 있는 강점성격 화와 사회 본능에 뿌리를 둔 세련미가 있는 강점성격 수가 주연 역할을 하게 되어 균형을 잡습니다. 목, 금, 토의 성실한 조연 역할로 조화를 이루게 되어 오행성격 간에 균형과 조화를 튼튼하게 이룬 건전한 성격 조합이 됩니다.

자기의 음양오행 성격은 태어날 때부터 가지고 있는 자기만의 특별한 재능(unique talent)입니다. 이 재능을 키우면 자기의 성격에 맞는 분야에서 성공할 가능성이 매우 높습니다. 자기의 화, 금, 수의 강점성격을 매일 아침 일어나 4회 반복하여 소리 내어 읽고 목과 토의 약점성격도 매일 2회 소리 내어 읽으면 몇 주 후에는 오행성격 특성들의 내용을 이해하고 확실히 익혀 스스로가 활용 가능한 수준에 이르게 됩니다. 당신의 밝은 미래를 위한 준비는 오늘을 잘 활용하는 것으로부터 시작됩니다. 어제는 지나갔으며 내일은 아직 오지 않았습니다. 미래를 준비할 수 있는 기회는 오늘뿐입니다. 음양오행 성격에 대해 매일 10분씩만 투자하여 몸에 익히는 훈련과 노력을 한다면 당신의 강점성격을 개발시키고 약점성격을 강화할 수 있으며, 당신의 무한한 잠재력을 최대로 발휘시켜 삶을 성공적으로 이끄는 내비게이션 역할을 할 것입니다.

우리는 자기의 마음이 끌리는 일을 할 때 만족감을 느낍니다. 끌림은 당신의 내면에서 부르는 소리를 듣고 서로 응하여 대답하는 마음입니다(생존 본능). 좋아하는 일은 누구나 즐기면서 합니다. 하고 싶은 일을 할 때는 신바람이 납니다. 자기의 강점성격에 맞는 일은 마음이 끌리며 즐겁고 계속하고 싶어집니다. 마음이 끌리는 대로 따라가는 것, 즉 당신의 성격 안에 있는 내비게이션이 안내하는 대로 따라가면 인생 여정은 기쁨이 동반자가 될 것입니다.

성격모델 8에서 오행성격 특성을 요약한 3장 81~88페이지 12개 중에 가장 중요한 오행성격 특성을 추려내어 정리했습니다.

① 화의 강점성격

• 정열적이고 열정이 강렬하며 에너지가 넘치는 여름을 닮은 원시인 행동의 중요한 뿌리가 되는 자연생태계에 적응한 생물 본능적 성격입니다.

• 신경이 예민하고 남자의 예감(premonition; 일이 있기 전에 그 일을 암시적으로 느낌)이나 여자의 직감(immediate perception; 곧바로 느끼어 앎)을 닮은 직관(intuition)은 일이나 상황을 보는 순간 깨닫게 되어 마주하는 날마다 상황을 잽싸게 알아차리고 확실히 이해할 수 있어 즉흥적으로 판단이 빠른 순발력(외부의 자극에 순간적으로 몸을 움직여 힘을 낼 수 있는 능력)을 가지고 있습니다. 역동적(dynamic) 상황이 많은 정보화 사회에서 곡예사 같은 능력을 최상으로 발휘할 수 있습니다.

• 직관은 창조적 예술(음악·미술·체육)이나 과학적 발견으로 이어질 잠재력이 있습니다.

• 눈앞에 위협적인 상황 또는 불확실한 상황에 대해 두려움과 불안을 느낌이나 위협적인 상황에서 자신을 보호하기 위한 싸움의 방어 전략과 응집된 에너지 덩어리인 분노를 보입니다.

• 감정적이고 동정적이며 감사하는 마음이 강합니다. 개인적 감정으로 판단합니다.

• 미래의 꿈과 성취에 대한 열정과 도전정신이 있습니다. 그러나 침착하지 못하고 인내심이 부족하여 쉽게 꿈을 포기합니다.

② 수의 강점성격

• 주위로부터 마음의 충동과 자극을 받아도 행동이 우물쭈물 분명하지 않은 태도를 보이지만, 세상을 살아가는 일에는 침착하여 서둘지 않는 모습입니다.

• 지혜를 쌓는 계절, 겨울철을 닮은 인간 행동의 뿌리가 되는 인공 생태계에 적응한 사회적 본능의 성격입니다.

• 일이나 물체(thing)에 대한 빠른 이해와 깨달음을 바탕으로 한 정신(mental) 분야에 관계되는 능력이 높아 학자로 성공할 가능성이 높습니다.

• 다른 사람의 마음을 헤아리고 감정을 느끼는 공감능력이 뛰어나고 포용과 친화력이 있어 의사소통이 원활해서 인간관계가 물 흐르듯 막힘이 없습니다.

• 현실적인 감각이 뛰어나고 사물에 대해 객관적으로 판단하며 상황과 환경 변화에 유연하게 대처하는 적응력이 강합니다.

• 현재를 위해 삽니다. 미래는 이 순간에 이뤄지는 선택으로부터 만들어지는 것이라고 생각합니다. 운명은 기회가 아닌 선택의 문제입니다. 미래는 기다리는 것이 아니라 성취하는 것입니다.

③ 토의 강점성격

• 토는 '생명체는 모두 중요한 존재'라는 믿음으로 동·식물에게 삶의 터전을 차별하지 않고 포용하고 개방합니다. 옛 경험이나 생각으로부터 자유로운 열린 마음을 가지고 있어 새로운 아이디어를 만들어 내고 타인들의 혁신과 새로운 아이디어를 받아들이는 열린 마음의 성격입니다.

• 토의 성격은 사계절 변화 기간(2월, 5월, 8월, 11월) 사이에 봄, 여름, 가을, 겨울에 계절의 변화에 쉽게 적응하도록 공평한 도움을 주는 신뢰감 있는

협력자의 역할을 성실히 수행합니다.

•믿음, 의리, 공평 그리고 포용력이 있으며, 활동적이고 부드러움, 열정, 책임감이 강해 지도력이 있습니다.

•어떤 상황에서도 주어진 일을 자신이 해낼 수 있다는 자신감을 가지고 있으며 인내심, 끈기가 있고 성취욕이 강렬하여 주어진 일을 끝까지 책임감을 가지고 마무리 짓습니다.

④ 목의 약점성격

•돋보이고 싶은 욕구, 하고자 하거나 가지고자 하는 마음이 간절한 욕망과 열망은 높지만 야망은 낮습니다. 많은 꿈을 가진 봄을 닮은 원시인 행동의 중요한 뿌리가 되는 생태계에 적응한 생물 본능적 성격이지만 꿈을 가지려는 마음이 약합니다.

•새롭고 신기한 것에 호기심과 흥미를 느끼지만 새로운 것을 찾으려는 도전정신은 약합니다.

•성취하려는 욕망이 약한 것도 타고난 성격으로 믿어 버립니다.

•일상생활의 시간표가 일정하지 않고 시간표대로 사는 것을 싫어합니다.

•배움에 대한 생각은 이지만 행동으로 옮기는 것은 내일로 미룹니다.

⑤ 금의 약점성격

•금을 '0'개로 표시된 것은 금의 성격 특성이 없는 것이 아니라 금의 성격이 내부에 깊이 잠들어 있는 상태와 비슷합니다. 얕은 잠을 자고 있는 사람은 주위로 말하는 소리를 들어도 잠을 깹니다. 그러나 깊이 잠을 자고 있는 사람은 흔들어야 잠이 깹니다. 잠자고 있는 금의 성격을 깨우기 위해서는 외부의 강한 자극(세게 흔듦)이 필요합니다. 가족과 사회 환경 그

리고 자연 환경이 금의 성격 특성을 깨우는 자극을 만들어 냅니다. 맹자의 어머니의 3번 이사로 교육한 것이 좋은 실례입니다. 박지원(조선후기 학자, 진보적 사상가, 1737-1805)과 정약용(조선후기 실학자, 1762-1836)의 사주에는 금이 '0'개입니다. 그러나 두 분은 양반집에 태어나 어릴 때부터 철저한 유교 교육(금의 성격 특성이 대부분임)과 훈련으로 금의 성격인 성실함, 절제력, 집중력, 인내심, 책임감 같은 금의 성격 특성들을 배우고 몸에 익혀 활용한 좋은 실제적인 성격모델입니다.

- 논리적이고 합리적인 사고를 하며 냉정하게 행동하는 것이 싸늘한 가을을 닮은 인간 행동의 뿌리가 되는 사람이 만든 환경, 즉 사회 환경에 적응한 사회적 본능 성격입니다.

- 책임감이 강하고 정신적·육체적 고통을 참고 견디는 인내심과 끈기가 있습니다.

- 조심성 있고 신중하며 돌다리도 두드려 보고 안전을 확인 후 건너는 성격입니다.

- 곧이곧대로 말하고 솔직함에 충실합니다. 일에 집중력은 강하지만 융통성은 부족합니다.

- 삶의 과거의 경험과 배움으로 얻은 지식을 활용하여 상황을 정확하게 분석하고 객관적인 판단을 할 수 있는 능력이 있어 남을 비판할 가능성이 있습니다.

- 처음 배운 몇 개의 사실에서 느끼는 짜릿한 기쁨, 배운 것을 이야기하거나 연습해 보는 처음의 노력, 몸에 익한 기술에 대해 점점 더 커지는 확실한 믿음, 이러한 과정에 마음이 강하게 끌립니다.

상생 상극을 활용하여 오행성격 간의 균형과 조화를 이룰 수 있습니다.

상생과 상극은 봄, 여름, 가을, 겨울이 변함없이 순서대로 돌고 도는 순환적인 4계절에 대한 체험을 바탕으로 만들어졌습니다. 상생(서로 도움을 주는 순환적 상호협력 관계)과 상극(넘치는 것을 덜어 내고 부족한 것은 채워 주며 어려운 상황을 이겨 내게 멘토를 해주는 순환적 상호조절 관계)을 활용하여 오행성격 간에 균형과 조화를 이룰 수 있습니다.

성격모델 1(104페이지)에 있는 상생도와 상극도를 보면서 다음 글을 읽으면 이해가 빠릅니다. 상생도와 상극도 오행성격 간에 관계를 쉽게 이해하여 오랫동안 기억에 남을 수 있는 그림을 활용한 것입니다. 상생은 생물 본능에 뿌리를 둔 사람의 계절의 성격인 '목'과 생장 계절의 성격인 '화' 사이에(목생화, 화생목) 그리고 사회 본능에 뿌리를 둔 씨 뿌리고 가꾼 대로 거두어들이는 정직한 계절의 성격인 '금'과 지혜를 쌓는 계절의 성격인 '수' 사이(금생수+수생금)에 이루어집니다. 사계절처럼 순환하는 또 하나의 상생은 겨울을 닮은 '수'와 봄을 닮은 '목' 사이를 상생으로 연결하여 순환이 계속 이어지게 하였습니다.

영화·연극에서 감독은 출연 배우 모두를 관리하는 관리자 역할을 하는 것처럼 '토'는 화와 금과는 '상생', 목과 수와는 '상극' 관계로 생장의 계절인 에너지 넘치는 '화'의 성격과 성숙 계절인 가을을 닮은 성실성이 근본이 되는 '금'의 성격과는 상생을 합니다(토생화, 화생토 그리고 토생금, 금생토). 대부분 생물은 겨울잠을 자고 인간은 지혜를 쌓는 계절을 닮은 '수'의 성격과 생물이 겨울잠에서 깨어나 생명 활동을 시작하고 짝짓기를 하는 사랑의 계절을 닮은 목의 성격과 토의 성격 사이에는 상극이 이루어집니다. 즉 지나친 것이나 모자라는 것이나 다 같이 좋지 않습니다. 정도에 넘치는 짝짓기 횟수와 겨울과 봄 날씨가 뒤섞인 2월 자기의 사정에 알맞은 때를 기다리지 않고 일찍 겨울잠에서 깨어나면 생명이 위태로워지는 것을 알맞게 조절하는 것이 '토'의 상극 역할입니다(토극목).

사계절의 순환을 닮은 상생은 오행성격 간에 서로 돕는 관계지만 상극은 오행성격 간에 서로 조절하여 오행성격 간에 균형과 조화를 이루려는 인간의 지혜로 만들어진 것입니다. 상생도에 화(여름)와 금(가을)의 위치를 바꾸어 오행성격 간에 서로 조절하는 기능 즉 넘치는 것을 덜어 내고 부족한 것은 채워 주며 어려운 상황을 이겨 내게 하는 관계입니다.

목의 오행성격 분포수는 1개, 금의 오행성격 분포수는 '0'개로 오행성격 평균 분포수(상·중·하 3단계 중 중간 단계)인 중간 단계 1.6개보다 적어 약점성격입니다. 강점성격인 화와 강점성격인 수는 목과 상생 관계이므로 목에게 충분한 도움을 줄 수 있어 목의 오행성격 특성을 활발하게 행동하게 하는 중간 단계 가까이 끌어올릴 가능성이 매우 높습니다(화생목+수생토). 강점성격인 토는 금과 상생 관계이므로 금의 오행성격 특성을 활발하게 행동하게 하는 중간 단계 가까이 끌어올릴 가능성이 있습니다. 이에 앞서 부모님과 가족이 금의 사회 생활의 중심이 되는 오행성격 특성을 꾸준한 교육과 훈련으로 몸에 익히게 해야 가능합니다.

오행성격은 각각의 재능을 가지고 있습니다. 각각의 재능을 단순하게 합치면(1+1+1+1+1=5) 5개 재능에 지나지 않습니다. 그러나 상생과 상극 활용으로 오행성격 팀을 만들어 오행성격 특성 간에 균형과 조화를 이루는 팀워크를 하게 되면 오행성격 재능을 배가시킬 수 있습니다.

사주 8자에 분포된 오행성격 목, 화, 금, 수, 토에 음 또는 양이 하나씩 분포되어 있습니다. 오행성격 특성의 활성화 정도가 양이 분포된 경우는 올라가지만 음이 분포된 경우는 오행성격의 활성화 정도가 내려갑니다. 성격 모델 30개는 이론적 모형입니다. 실제 사주 8자는 개인정보 보호법 때문에 조사가 불가능하였습니다. 오행성격 목, 화, 금, 수, 토의 음양의 역할은 설명할 수 없게 되었음을 이해하여 주시기 바랍니다. 그러나 개인은 이 책의 음양 성격 활용법을 읽고 이해하면 음과 양의 오행성격 활용이 가능합니다.

음양의 성격 활용법은 3장 73~74페이지를 참고하시기 바랍니다.

화의 강점성격은 불타오르는 정열과 열정으로 자기 몸마저 불사를 가능성이 높습니다. 수에게서 겨울의 찬물 같은 마음을 가지라는 배려 있는 충고를 받을 수 있고 금에게서 냉정한 마음을 가지라는 싸늘한 충고를 받게 되어 불타오르는 열정과 정열을 어느 정도 식히고 냉정한 마음도 가질 수 있습니다(수극화+금극화). 신경이 예민하여 주변의 작은 자극에도 감정이 쉽게 흔들려 '버럭' 화를 내거나 분노를 참지 못해 씩씩거리는 모습을 보일 수 있습니다. 화는 금에게서 이성적인 침착한 생각과 절제력을 평소에 가지게 하는 생활습관에 대한 성실한 조언을 받아들여야만 성급한 성격을 조절(control)할 수 있습니다(금극화). 화는 목의 성격처럼 미래의 가능성 있는 비전을 보고 성취에 대한 열정과 도전정신도 있습니다. 그러나 침착하지 못하고 인내심이 부족하여 열정과 도전정신이 쉽게 꺾입니다. 화는 목에게서 성취에 대한 동기와 의욕을 북돋음 받을 수 있어 미래에 대한 꿈과 성취에 대한 열정과 도전정신을 강화시킬 수 있습니다.

수의 강점성격은 미지근한 행동과 세상을 쉽게 살려는 태도로 주위 사람들로부터 자신감(self-confidence) 없고 게으른 사람으로 오해 받을 가능성이 큽니다. 수와 목은 상생 관계이므로 수는 목에게서 주위의 충동과 자극에 대해 좀 더 적극적인 태도와 자존감을 가지라는 응원과 격려를 받을 수 있어 미지근한 행동과 게으름 등을 줄일 수 있습니다(목생화). 강점성격인 수는 타인의 감정을 읽는 공감능력과 동정심이 높아 다른 사람들을 돕는 데 적극적이어서 타인들에게 이용당할 가능성이 높습니다. 수는 자신과 가족에게 경제적인 피해를 입힐 가능성이 높습니다. 흙(토)으로 제방을 만들어 흘러가는 물을 모아 두어 필요할 때 물(재물)을 사용하는 지혜가 토에게 있습니다. 수와 토는 상극 관계이지만 수는 토에게서 재물을 절약하는 지혜로운 조언을 받아야 합니다(토극수). 수는 일이 되어 가는 상황에 대한 빠른 이해와 깨달음을 바탕으로 정신활동에 관계되는 분야에 능력을 발휘할 수 있어 학자로 성공할 가능성이 있습니다. 수와 금은 상생 관계이므로 인내심, 끈기와 집착심을 기르도록 하는 금의 성실한 충고를 받아들여 학자가 될 가능성이 높아집니다(금생수).

스티브 잡스의 성격은 오행성격 분포수 3개인 강점성격 토를 잘 설명해 주는 좋은 본보기가 되는 것으로 생각됩니다. 그는 그 자신의 성격을 명확하게 이해하고 활용하였던 것이 분명합니다. 회사의 미래의 성장 방향을 제시할 때는 강렬한 의지와 야망을 겉으로 드러내 보이는 것이 오행의 목의 성격을 닮았습니다. 신제품 개발을 설명할 때의 정열과 에너지 넘치는 열정은 화의 성격을 보여 줍니다. 젊은 사원들과 대화할 때는 부드럽고 융통성 있는 수의 성격을 나타냅니다. 회사 경영진들과 회사의 재정에 관하여 이야기할 때는 냉철하고 날카롭고 쓸모 있고 실용적인 사고가 금의 성격이 드러나고 전체 사원 단합대회에서는 넓은 마음으로 회사원을 포용하고 회사원들에게 믿음을 심어 주는 모습이 토의 강점성격을 잘 보여 주고 있습니다.

목의 약점성격은 욕구와 욕망은 강렬하지만 야망이 작습니다. 목과 화는 상생 관계이므로 목은 강점성격인 화에게서 목표를 세우고 성취하려는 열정과 도전정신을 갖게 하는 데 충분한 도움을 받을 수 있어 목표를 세우고 성취하려는 야망이 되살아나 목표 성취에 화에게 받은 에너지를 집중할 가능성이 있습니다(화생목). 수와 목은 상생 관계이므로 수에게서 현실적인 감각과 일과 일이 되어 가는 상황에 대해 객관적으로 판단하고 환경과 상황 변화에 유연하게 알맞은 방법으로 일을 잘 살펴서 처리하는 데 수의 충분한 도움을 받을 가능성이 있습니다(수생목).

금의 약점성격은 논리적이고 합리적인 사고로 객관적으로 판단할 수 있어 냉정하게 타인들을 비판할 가능성이 있습니다. 화와 금은 상극 관계이므로 화의 충고를 받아들여 평소 생활에서 타인을 사랑하고 이해하는 습관을 길들여 비판을 줄여야 합니다(화극금). 금은 일하는 데 집중력은 강하지만 융통성이 부족하여 고집불통이 될 수 있습니다. 수와 금은 상생 관계이므로 수의 응원을 받아들여 평소 생활에서 유연성과 융통성을 길들이는 습관을 길러야 합니다.(수생목) 금은 조심성 있고 신중하여 돌다리도 두드려 보고 건너는 성격입니다. 목과 금은 상극 관계이므로 목에게서 도전정신을 가지라는 조언을 받을 수 있습니다. 도전정신을 가지는 것은 금의 의지에 달려 있습니다(목극금).

요약 : 성격모델 8 에서는 화, 수, 토가 중심 역할을 하는 강점성격입니다.

화의 열정과 정열 그리고 21세기 정보화 사회처럼 빠르게 변화하는 환경과 상황에 재빠르게 대응하는 순발력이 있습니다. 수는 이타적 성격으로 타인의 마음을 읽고 감정을 느끼는 공감능력이 뛰어나고 친화력이 있어 의사소통이 원활하고 인간관계가 넓습니다. 열린 마음으로 타인의 새로운 아이디어와 혁신을 받아들이는 포용력 있는 토의 성격, 일이 되어가는 상황에 대한 빠른 이해와 깨달음을 가지고 있어 사회 어느 분야에서나 CEO가 될 가능성이 높습니다.

로마제국의 혁신적 의학자이자 철학자 갈레노스

성격모델 8의 오행성격과 비슷한 성격을 가진 갈레노스는 로마제국 당시의 의학자이자 철학자입니다. 로마의 철학자 황제 마르쿠스 아우렐리우스를 비롯한 4명의 황제의 주치의사가 되었으며 히포크라테스 이래 최고의 의학자로 꼽히며 고대 의학의 완성자로 알려져 있습니다. 400권 이상의 철학 및 의학 관계 저술이 있습니다.

갈레노스는 부유한 집안에서 태어났습니다. 그의 아버지는 건축가이면서 수학, 철학, 천문학, 식물학 등 넓은 지식을 가지고 있었습니다. 갈레노스는 어릴 적부터 그의 아버지로부터 의학과 철학에 대한 많은 가르침을 받았습니다. 또한 그의 아버지는 갈레노스를 고대 그리스 체육관에 보내어 달리기, 레슬링, 수영, 창던지기 등을 배우고 체력을 강화시키고 용기와 도전정신을 심어 주었습니다. 갈레노스는 아버지의 가르침을 받아 과학과 철학에 흥미를 가지게 되어 14살에 철학학교에 진학하여 중요한 철학자에 대해 배우며 성장했습니다. 갈레노스의 아버지는 꿈에 의학의 신이 나타나 갈레노스는 위대한 의사가 된다는 신의 계시를 받았습니다. 이후에 4년 동안 신전에서 치료하고 연구하던 의사 아래서 치료활동을 보면서 의술을 익혔습니다. 19세에 고향 펠라가몬을 떠나 스미르나 펠롭스 의학학교에서 의학, 철학, 식물학 등을 공부하였습니다. 여러 나라를 돌며 공부하다 최종적으로 이집트 알렉산드리아 대학습원 무세이온에서 연구를 하였습니다. 여기에서 인체해부학을 연구하였습니다. 여기에서 의사의 삶을 살아야겠다고 결심하고 28세에 고향인 페르가몬으로 돌아왔습니다.

갈레노스는 검투사 학교 의사직을 4년간 맡게 됩니다. 갈레노스는 직접 검투사들의 상처를 수술, 치료했습니다. 그의 전임의사는 4년 동안 60명이 사망했지만, 갈레노스는 5명의 사망자만을 내는 놀라운 의학 실력을 보여 주었습니다. 갈레노스는 4년 동안 많은 수술과 치료 경험을 쌓았고 '상처가 인체 내부로 열린 창문'이며 이 창문을 통해 직접적인 인체를 볼 수 있다는 명언을 남겼습니다. 이러한 경험은 갈레노스가 인체해부학, 생리학, 병리학을 집필하는 데 기초가 된 것으로 보입니다.

32살이 되는 해 검투사 학교와의 계약이 만료되자 갈레노스는 로마로 이주하였습니다. 갈레노스는 로마에서 이름이 잘 알려진 자신의 스승이었던 에우더무스를 찾아갔습니다. 그 당시 그의 스승은 건강이 매우 좋지 않아 많은 의사들이 치료를 포기한 상태였습니다. 이때 갈레노스는 자신의 의술로 스승의 병을 고치자, 순식간에 이 소문이 로마 전역에 퍼져 유명한 의사로 알려졌습니다. 이런 결과로 갈레노스는 마르쿠스 아우렐리우스와 루키우스 베루스 그리고 콤모두스 황제 주치의사가 됩니다.

37세 때 갑자기 로마를 떠나 고향 페르가몬으로 돌아갔습니다. 로마는 그 당시 전염병으로 많은 인구를 잃자 아우렐리우스 황제는 갈레노스를 다시 불러 군사들과 백성들의 전염병을 치료하게 하였습니다.

갈레노스는 4가지 체액설, 다혈질(봄), 우울질(가을), 담즙질(여름), 점액질(겨울)로 분류하고 각 체질에 따라 나타나는 질병, 건강상태 그리고 성격까지 제시하였습니다. 갈레노스는 4가지 체액이 균형을 이루어야 건강하다고 믿고 이 4가지 체액의 균형이 깨지면 병이 생긴다고 생각했습니다. **18세기 철학자 칸트는 성격유형론에 갈레노스의 4가지 체액설을 활용했습니다.** 혈액의 움직임의 속도와 온도의 2가지 점에서 경혈(다혈질, 봄), 중혈(우울질, 가을), 온혈(담즘질, 여름), 냉혈(점액질, 겨울)로 분류하였습니다.

필자는 오행성격 사이에 균형과 조화를 이룰 때 건전한 성격이 될 수 있다는 것을 성격모델 30개에 자세하게 설명하였습니다.

갈레노스는 그리스 의학 성과를 집대성하며 해부학, 생리학, 병리학에 걸친 방대한 의학 체계를 만들어 냈으며 15-16세기까지 의사들은 갈레노스가 기록했던 관찰과 실험들을 그대로 사용해야 한다고 결론을 내리고 그의 저서를 활용하였다고 합니다. 갈레노스는 약초를 찾아내고 활용한 것을 30권의 책에 나누어 서술하였습니다. 이것이 『갈레노스 약학전』입니다. 또한 철학자이기도 한 갈레노스는 논리와 철학에 대한 많은 글을 썼습니다. 갈레노스는 의학기술에 철학을 결합하는 것에 높은 관심을 보였습니다. 그는 "가장 좋은 의사는 바로 철학자이다."라는 명언을 남겼습니다.

갈레노스는 평생 400권이 넘는 서적을 출판하였습니다. 그의 책은 아랍어로 번역되기도 하였습니다. 191년 로마 대화재로 신전에 소장중이던 미출간 원고가 소실되었습니다. 1820년 독일 의사 퀸에 의해 『갈레노스 전집』으로 나왔는데 천 페이지 책 20권에 해당하는 방대한 분량이었습니다.

성격모델 8의 오행성격, 목 1개, 화 2개, 토 3개, 금 0개, 수 2개입니다. 금 0개는 상생 성격인 토와 수가 강점성격이어서 금에게 충분한 도움을 주어 오행성격 평균 분포수 1.6개에 가까운 역할을 할 수 있습니다. 갈레노스 오행성격은 목 1개, 화 2개, 토 3개, 금 1개, 수 2개입니다. 성격모델 8의 오행성격의 강점성격과 갈레노스의 오행성격의 강점성격은 비슷합니다. 갈레노스는 어려서부터 아버지의 교육으로 약점성격인 금과 목이 강점성격으로 변화된 것으로 보입니다. 성격의 50%는 유전이지만 나머지 50%는 환경에 따라 변할 수 있다는 것이 심리학자들의 결론입니다. 13세 전까지 이미 3권의 책을 썼다는 것은 금의 성격이 강점성격으로 변화되었다는 증거입니다. 또한 달리기, 레슬링, 수영, 창던지기 등 도전과 경쟁심을 기른 것은 목의 성격 강화입니다. 같은 성격을 가지고 있다 하더라도 그들의 청소년 시절과 청년 시절의 가정환경, 사회 환경 여기에 자연환경이 그들의 성격 활성화에 큰 영향을 주는 것으로 보입니다. **갈레노스가 환경의 영향을 보여 주는 본보기입니다.**

성격모델 9
화 2개, 금 3개, 목 1개, 수 1개, 토 1개(개인 사주 8자에 배정된 오행성격 분포수)

영화와 연극에는 주연과 조연배우가 있습니다. 영화나 연극이 성공한 작품이 되려면 주연과 조연배우 모두 각자에게 주어진 역할을 충실하게 연기해 내는 것이 필수조건입니다. 오행성격인 목, 화, 금, 수, 토 역시 각각을 주연과 조연의 역할로 나누어 이해한다면 활용이 아주 쉽습니다.

성격모델 9에서 사주 8자 중에 배정될 수 있는 오행성격, 목, 화, 금, 수, 토의 평균 분포수는 1.6개입니다(사주 8자÷오행성격 5자=1.6 : 실제가 아닌 이론적 수치). 오행성격 특성이 활발히 행동하게 하는 단계를 3단계, 즉 상·중·하단계로 선택하여 이해하기 쉽게 정하였습니다. 오행성격 평균 분포수 1.6개를 활발히 행동하게 하는 단계를 3단계 중 중간 단계로 정하였습니다. 개인의 오행성격 특성 분포수가 평균 분포수 1.6개보다 높은 2개 이상은 강점성격(재능)으로, 평균 분포수보다 낮은 한 개 이하는 약점성격으로 정하였습니다. 오행성격의 강점성격은 주연 역할을, 약점성격은 조연 역할로 설

명하였습니다.

목과 화의 오행성격 행동의 뿌리는 자연생태계에 적응한 생물 본능(자신과 가족을 돌보고 지키며, 아들, 딸, 손자, 손녀들이 많아지고 부자가 되기를 바라는 생물 성질)에 있습니다. 목과 화의 오행성격 특성이 동시에 강점성격(재능)으로 나타날 때는 활동하기 좋은 '봄'을 닮은 목의 성격이 주연 역할을 하고 더위 때문에 활동하기가 힘든 '여름'을 닮은 화의 성격이 조연 역할을 합니다. 금과 수의 오행성격 행동의 뿌리는 인공 생태계에 적응한 사회 본능(짐승이 아닌 사람답게 사회 생활을 하려고 하는 마음이 밑바탕이 된 사람 성질)에 있습니다. 금과 수의 오행성격 특성이 동시에 강점성격(재능)으로 나타날 때는 활동하기 상쾌한 '가을'을 닮은 금의 성격이 주연 역할을 하고, 추위 때문에 활동하기가 어려운 '겨울'을 닮은 수의 성격이 조연 역할을 하게 됩니다. 토의 오행성격은 생물 본능에 뿌리를 두고 있는 목과 화의 성격과 사회 본능에 뿌리를 두고 있는 금과 수의 성격을 모두 함께 가지고 있습니다. 목과 화 성격이 두 개가 모두 약점성격일 때, 또는 금과 수 성격이 두 개가 모두 약점성격일 때, 토의 성격이 강점성격일 경우에만 목과 화의 약점성격을, 혹은 금과 수의 약점성격을 대리(agency)하여 강점성격의 역할, 즉 주연 역할을 하게 됩니다. 그러나 토의 성격이 약점성격일 경우는 목과 화의 약점성격과 금과 수의 약점성격을 대리할 수 없습니다.

성격모델 9에서는 생물 본능에 뿌리를 둔 강점성격인 화가 주연 역할을 하고 사회 본능에 뿌리를 둔 강점성격 금이 주연 역할을 합니다. 약점성격인 목, 수, 토는 조연 역할을 합니다.

206

말이 끄는 마차가 정상적으로 굴러가기 위해서는 두 개의 바퀴가 있어야 합니다. 오행성격에서 생물 본능에 뿌리를 두고 있는 목과 화의 성격이 한쪽 바퀴가 되고 사회 본능에 뿌리를 두고 있는 금과 수의 성격이 반대쪽 바퀴가 됩니다. 성격모델 9에서는 생물 본능에 뿌리를 둔 야성미가 있는 강점성격 화와 사회 본능에 뿌리를 둔 세련미가 있는 금이 주연 역할을 하게 되어 균형을 잡습니다. 목, 수, 토의 성실한 조연 역할로 조화를 이루게 되어 오행성격 간에 균형과 조화를 튼튼하게 이룬 건전한 성격 조합이 됩니다.

자기의 음양오행 성격은 태어날 때부터 가지고 있는 자기만의 특별한 재능(unique talent)입니다. 이 재능을 키우면 자기의 성격에 맞는 분야에서 성공할 가능성이 매우 높습니다. 자기의 화·금의 강점성격을 매일 아침 일어나 4회 반복하여 소리 내어 읽고 목과 수, 그리고 토의 약점성격도 매일 2회 소리 내어 읽으면 몇 주 후에는 오행성격 특성들의 내용을 이해하고 확실히 익혀 스스로가 활용 가능한 수준에 이르게 됩니다. 당신의 밝은 미래를 위한 준비는 오늘을 잘 활용하는 것으로부터 시작됩니다. 어제는 지나갔으며 내일은 아직 오지 않았습니다. 미래를 준비할 수 있는 기회는 오늘뿐입니다. 음양오행 성격에 대해 매일 10분씩만 투자하여 몸에 익히는 훈련과 노력을 한다면 당신의 강점성격을 개발시키고 약점성격을 강화할 수 있으며, 당신의 무한한 잠재력을 최대로 발휘시켜 삶을 성공적으로 이끄는 내비게이션 역할을 할 것입니다.

우리는 자기의 마음이 끌리는 일을 할 때 만족감을 느낍니다. 끌림은 당신의 내면에서 부르는 소리를 듣고 서로 응하여 대답하는 마음입니다(생존 본능). 좋아하는 일은 누구나 즐기면서 합니다. 하고 싶은 일을 할 때는

신바람이 납니다. 자기의 강점성격에 맞는 일은 마음이 끌리며 즐겁고 계속하고 싶어집니다. 마음이 끌리는 대로 따라가는 것, 즉 당신의 성격 안에 있는 내비게이션이 안내하는 대로 따라가면 인생 여정은 기쁨이 동반자가 될 것입니다.

성격모델 9 오행성격 특성을 요약한 3장 81~88페이지 12개 중에 가장 중요한 오행성격 특성을 추려내어 정리했습니다.

① 화의 강점성격
- 정열적이고 열정이 강렬하며 에너지가 넘치는 여름을 닮은 원시인 행동의 중요한 뿌리가 되는 자연생태계에 적응한 생물 본능적 성격입니다.
- 신경이 예민하고 남자의 예감(premonition; 일이 있기 전에 그 일을 암시적으로 느낌)이나 여자의 직감(immediate perception; 곧바로 느끼어 앎)을 닮은 직관(intuition)은 일이나 상황을 보는 순간 깨닫게 되어 마주하는 날마다 상황을 잽싸게 알아차리고 확실히 이해할 수 있어 즉흥적으로 판단이 빠른 순발력(외부의 자극에 순간적으로 몸을 움직여 힘을 낼 수 있는 능력)을 가지고 있습니다. 역동적(dynamic) 상황이 많은 정보화 사회에서 곡예사 같은 능력을 최상으로 발휘할 수 있습니다.
- 직관은 창조적 예술(음악·미술·체육)이나 과학적 발견으로 이어질 잠재력이 있습니다.
- 눈앞에 위협적인 상황 또는 불확실한 상황에 대해 두려움과 불안을 느낌이나 위협적인 상황에서 자신을 보호하기 위한 싸움의 방어 전략과 응집된 에너지 덩어리인 분노를 보입니다.
- 감정적이고 동정적이며 감사하는 마음이 강합니다. 개인적 감정으로

판단합니다.

- 미래의 꿈과 성취에 대한 열정과 도전정신이 있습니다. 그러나 침착하지 못하고 인내심이 부족하여 쉽게 꿈을 포기합니다.

② 금의 강점성격

- 논리적이고 합리적인 사고를 하며 냉정하게 행동하는 것이 싸늘한 가을을 닮은 인간 행동의 뿌리가 되는 사람이 만든 환경에 적응한 사회적 본능 성격입니다.

- 책임감이 강하고 정신적·육체적 고통을 참고 견디는 인내심과 끈기가 강합니다.

- 세상의 안쪽에는 여러 가지 위험이 도사리고 있는 것을 알고 조심성 있고 신중하게 행동합니다. 돌다리도 두드려 보고 안전을 확인한 후 건너가는 성격입니다.

- 곧이곧대로 말하고 솔직함에 충실합니다. 일에 집중력은 강하지만 융통성이 부족합니다.

- 삶의 과거 경험과 배움으로 얻은 지식을 활용해서 마주하는 상황을 정확하게 분석하고 객관적인 판단을 할 수 있는 능력이 있어 남을 비판할 가능성이 높습니다. 다른 한편으로 개인의 차이점은 성격 차이에서 생기는 것을 알고 강점성격은 개발하고 약점성격은 보완하도록 용기와 의욕을 불어넣습니다.

- 처음 배운 몇 개의 사실에서 느끼는 짜릿한 기쁨, 배운 것을 이야기하거나 연습해 보는 처음의 노력, 몸에 익힌 기술에 대해 점점 더 커지는 확실한 믿음 이러한 배우고 활용하는 과정에 마음이 강하게 끌립니다.

③ 목의 약점성격

• 목은 돋보이고 싶은 요구, 하고자 하거나 가지고자 하는 마음이 간절한 욕망과 열망은 높지만 야망(ambition; 남모르게 품고 있는 큰 꿈)은 낮습니다. 많은 꿈을 가진 봄을 닮은 원시인 행동의 중요한 뿌리가 되는 자연생태계에 적응한 생물 본능적 성격이지만 꿈을 가지려는 마음이 약합니다.

• 새롭고 신기한 것에 호기심과 흥미를 느끼지만 새로운 것을 찾으려는 도전정신은 약합니다.

• 성취하려는 욕망이 약한 것도 타고난 성격으로 믿어 버립니다.

• 일상생활의 시간표가 일정하지 않고 시간표대로 사는 것을 싫어합니다.

• 배움에 대한 생각은 있지만 행동으로 옮기는 것을 내일로 미룹니다.

④ 수의 약점성격

• 주위로부터 마음의 충동과 자극을 받아도 흔들리지 않고 천연덕스럽게 미지근한 행동을 하는 여유만만한 유연성이 있습니다. 지혜를 쌓는 계절, 겨울철을 닮은 인간 행동의 뿌리가 되는 인공 생태계에 적응한 사회 본능적 성격입니다.

• 타인의 마음을 헤아리고 감정을 느끼는 공감능력이 뛰어나며 포용과 친화력이 있어 의사소통이 원활하며 인간관계가 물 흐르듯 막힘이 없습니다.

⑤ 토의 약점성격

• 토는 '생명체는 모두 같다'는 믿음으로 동·식물에게 삶의 터전을 차별하지 않고 포용하고 개방합니다. 옛 경험이나 생각으로부터 자유로운 열린 마음을 가지고 있어 새로운 아이디어를 만들어 내고 타인들의 혁신과

새로운 아이디어를 만들어 내고 타인들의 혁신과 새로운 아이디어를 받아들이는 열린 마음의 성격입니다.

- 4계절 변화 기간(2월, 5월, 8월, 11월) 사이에 봄, 여름, 가을, 겨울에게 적응하도록 공평한 도움을 주는 신뢰감 있는 협력자의 역할을 성실히 수행하는 것이 토의 성격입니다.

- 믿음, 의리, 공평 그리고 포용력이 있으며 더불어 활동적이고 부드러움, 열정, 책임감이 강해 지도력이 있습니다.

- 어떤 상황에서도 주어진 일을 자신이 해낼 수 있다는 자신감을 가지고 있음 인내심, 끈기가 있고 성취욕이 강렬하여 주어진 일에 끝까지 책임감을 가지고 마무리 짓습니다.

상생 상극을 활용하여 오행성격 간의 균형과 조화를 이룰 수 있습니다.

상생과 상극은 봄, 여름, 가을, 겨울이 변함없이 순서대로 돌고 도는 순환적인 4계절에 대한 체험을 바탕으로 만들어졌습니다. 상생(서로 도움을 주는 순환적 상호협력 관계)과 상극(넘치는 것을 덜어 내고 부족한 것은 채워 주며 어려운 상황을 이겨 내게 멘토링을 해주는 순환적 상호조절 관계)을 활용하여 오행성격 간에 균형과 조화를 이룰 수 있습니다.

성격모델 1(104페이지)에 있는 상생도와 상극도를 보면서 다음 글을 읽으면 이해가 빠릅니다. 상생도와 상극도 오행성격 간에 관계를 쉽게 이해하여 오랫동안 기억에 남을 수 있는 그림을 활용한 것입니다. 상생은 생물 본능에 뿌리를 둔 사람의 계절의 성격인 '목'과 생장 계절의 성격인 '화' 사이에(목생화, 화생목) 그리고 사회 본능에 뿌리를 둔 씨 뿌리고 가꾼 대로 거두어들이는 정직한 계절의 성격인 '금'과 지혜를 쌓는 계절의 성격인 '수' 사이(금생수+수생금)에 이루어집니다. 사계절처럼 순환하는 또 하나의 상생은 겨울을 닮은 '수'와 봄을 닮은 '목' 사이를 상생으로 연결하여 순환이 계속 이어지게 하였습니다.

영화·연극에서 감독은 출연 배우 모두를 관리하는 관리자 역할을 하는 것처럼 '토'는 화와 금과는 '상생', 목과 수와는 '상극' 관계로 생장의 계절인 에너지 넘치는 '화'의 성격과 성숙 계절인 가을을 닮은 성실성이 근본이 되는 '금'의 성격과는 상생을 합니다(토생화, 화생토 그리고 토생금, 금생토). 대부분 생물은 겨울잠을 자고 인간은 지혜를 쌓는 계절을 닮은 '수'의 성격과 생물이 겨울잠에서 깨어나 생명 활동을 시작하고 짝짓기를 하는 사랑의 계절을 닮은 목의 성격과 토의 성격 사이에는 상극이 이루어집니다. 즉 지나친 것이나 모자라는 것이나 다 같이 좋지 않습니다. 정도에 넘치는 짝짓기 횟수와 겨울과 봄 날씨가 뒤섞인 2월 자기의 사정에 알맞은 때를 기다리지 않고 일찍 겨울잠에서 깨어나면 생명이 위태로워지는 것을 알맞게 조절하는 것이 '토'의 상극 역할입니다(토극목).

사계절의 순환을 닮은 상생은 오행성격 간에 서로 돕는 관계지만 상극은 오행성격 간에 서로 조절하여 오행성격 간에 균형과 조화를 이루려는 인간의 지혜로 만들어진 것입니다. 상생도에 화(여름)와 금(가을)의 위치를 바꾸어 오행성격 간에 서로 조절하는 기능 즉 넘치는 것을 덜어 내고 부족한 것은 채워 주며 어려운 상황을 이겨 내게 하는 관계입니다.

오행성격 분포수가 목 1개, 수 1개, 토 1개로 오행성격 평균 분포수인 1.6개보다 적어 약점성격입니다. 강점성격인 화는 목과 상생 관계이므로 목에게 충분한 도움을 줄 수 있어 목의 오행성격 특성을 활발하게 행동하게 하는 중간 단계 가까이 끌어올릴 가능성이 있습니다(화생목). 강점성격인 금은 수와 상생 관계이므로 수에게 충분한 도움을 줄 수 있어 수의 오행성격 특성을 활발하게 행동하게 하는 중간 단계 가까이 끌어올릴 가능성이 있습니다(금생수). 화와 금은 토와 상생 관계이므로 토에게 충분한 도움을 줄 수 있어 토의 오행성격 특성을 활발하게 행동하게 하는 중간 단계 가까이 끌어올릴 가능성이 높습니다(화생토+금생토). 토는 목과 수와 상극 관계이므로 넘치는 부분을 덜어 내고 부족한 부분을 채우도록 하는 성실한 멘토 역활을 합니다(토극목+토극수).

오행성격은 각각의 재능을 가지고 있습니다. 각각의 재능을 단순하게 합치면(1+1+1+1=5) 5개 재능에 지나지 않습니다. 그러나 상생과 상극 활용으로 오행성격 팀을 만들어 오행성격 특성 간에 균형과 조화를 이루는 팀워크를 하게 되면 오행성격 재능을 배가시킬 수 있습니다.

사주 8자에 분포된 오행성격 목, 화, 금, 수, 토에 음 또는 양이 하나씩 분포되어 있습니다. 오행성격 특성의 활성화 정도가 양이 분포된 경우는 올라가지만 음이 분포된 경우는 오행성격의 활성화 정도가 내려갑니다. 성격 모델 30개는 이론적 모형입니다. 실제 사주 8자는 개인정보 보호법 때문에 조사가 불가능하였습니다. 오행성격 목, 화, 금, 수, 토의 음양의 역할은 설명할 수 없게 되었음을 이해하여 주시기 바랍니다. 그러나 개인은 이 책의 음양 성격 활용법을 읽고 이해하면 음과 양의 오행성격 활용이 가능합니다.

<u>음양의 성격 활용법은 3장 73-74페이지를 참고하시기 바랍니다.</u>

<u>금의 강점성격은</u> 이성적(감정에 좌우되지 않고 논리적으로 생각하고 판단하는 능력)이어서 경험과 지식으로 객관적인 분석을 할 수 있어 타인의 성격의

강점과 약점 그리고 잠재력을 보고 강점은 개발하고 약점은 보완하도록 용기와 의욕을 불어넣습니다. 때로는 타인을 쉽게 비판할 수 있어 주위 사람들로부터 푸대접을 받을 가능성이 높습니다. 금은 화와 상극 관계이므로 금은 화에게서 사람을 쉽게 비판하는 것을 줄이고 진정으로 사랑이 담긴 조언을 하라는 충고를 받아들일 가능성이 있습니다. 금이 화의 충고를 받아들이면 싸늘한 비판이 사랑이 담긴 멘토로 바뀔 수 있습니다(화극금).

　금은 일을 계획한 대로 처음부터 끝까지 한결같은 태도로 일하는 데는 집중력이 있지만 집중력이 지나치면 일에 집착하게 되고 때로는 고집불통이 될 가능성이 높습니다. 수와 금은 상생 관계이므로 수가 금에게 일상생활에서 융통성과 유연한 태도를 가지는 습관을 기르도록 응원을 할 수 있습니다. 금이 수의 도움을 받아 고집불통을 누그러뜨릴 가능성이 있습니다(수생금). 금은 신중하고 조심성이 많습니다. 돌다리도 두드려 보고 건너는 안전하고 완벽한 생활을 좋아합니다. 안전하고 완벽한 생활태도는 모든 세상일에 겁이 많아 주어진 일을 끝맺음하기가 어렵습니다. 목과 금은 상극 관계입니다. 목은 금에게 '많은 세상일에는 용기 있는 도전정신을 가져야 일을 제때에 끝낼 수 있다'는 충고를 할 수 있습니다. 금은 목의 충고를 받아들여야 제때 많은 일을 끝맺음 할 수 있습니다(목극금).

　화의 강점성격은 불타오르는 정열과 열정으로 자기 몸마저 불사를 가능성이 높습니다. 화는 수, 금과 상극 관계입니다. 수에게서 겨울의 찬물 같은 마음을 가지라는 충고를 받을 수 있고 금에게서 냉정한 마음을 가지라는 싸늘한 조언을 받을 수 있어 불타오르는 정열과 열정을 어느 정도 식히고 냉정한 마음을 되찾을 가능성이 있습니다(수극화+금극화). 신경이 예민하여 주위의 작은 자극이나 충동에 감정이 쉽게 흔들려 '버럭' 화를

214

내거나 분노를 참지 못해 씩씩거리는 모습을 보일 수 있습니다. 화는 금에게서 감정에 좌우되지 않는 침착한 생각과 자제력을 평소에 가지게 하는 생활 습관에 대한 성실한 조언을 받아들여 성급한 성격을 조절할 수 있을 가능성이 높습니다(금극화). 화는 목의 성격처럼 미래의 가능성 있는 비전을 보고 성취에 대한 열정과 도전정신도 가지고 있습니다. 그러나 화는 침착하지 못하고 인내심이 부족하여 성취에 대한 열정과 도전정신이 쉽게 꺾입니다. 화와 목은 상생 관계입니다. 화는 목에게서 성취에 대한 동기와 북돋음을 받을 수 있어 미래에 대한 꿈과 성취에 대한 열정과 도전정신이 되살아날 수 있습니다(목생화). 더불어 화는 금으로부터 인내심과 끈기를 갖도록 하는 성실한 충고를 받을 수 있습니다(금극화). 토에게서 성취욕과 일의 끝맺음에 대한 도움을 받을 수 있습니다(토생화).

　<u>목의 약점성격</u>은 욕구와 욕망은 강렬하지만 야망은 낮습니다. 목은 강점성격인 화에게서 목표를 세우고 성취하려는 열정과 도전정신을 가지게 하는 충분한 도움을 받을 수 있어 목표를 세우고 성취하여 야망이 되살아나 목표 성취에 화에게 받은 에너지를 집중할 가능성이 있습니다(화생목). 목은 자신이 계획한 목표를 성취하기 위한 구체적인 일들을 처음부터 끝가지 한결같은 태도로 일에 노력을 집중하라는 강점성격인 금의 진실한 조언을 받아들일 가능성이 있습니다(금극목).

　<u>수의 약점성격</u>은 미지근한 행동과 쉽게 살려는 태도로 주위 사람에게 수의 마음에는 자신감이 없고 게으른 사람으로 오해 받을 가능성이 높습니다. 목과 수는 상생 관계이므로 목이 수에게 자기주장과 적극적인 성격을 가지는 데 도움을 줄 수 있습니다. 수가 목의 도움과 응원을 받아들여 노력하면 적극적인 행동과 부지런한 성격을 가질 수 있습니다(목생수). 수는 타인의 감정을 쉽게 읽고 공감능력과 동정심이 많아 타인을 돕는 데

적극적입니다. 이런 행동들은 사람들에게 이용당해 자기와 가족에게 경제적인 피해를 입힐 가능서이 높습니다. 흙(토)으로 둑을 쌓아 흘러가는 물을 모아 두어 필요할 때 물을 사용하는 지혜가 토에게 있습니다. 수와 토는 상극 관계입니다. 수는 토에게서 재물을 절약하는 지혜 있는 조언을 받아들여야 다른 사람들에게 이용당할 염려를 줄일 수 있습니다(토극수).

토의 약점성격은 목, 화, 금, 수에게 세상 변화에 쉽게 적응하도록 협력자 역할을 합니다. 토는 정직하고 진실하여 신뢰감을 주며 개방적인 성격이어서 사람들과 소통이 잘 되어 인간관계가 물 흐르듯 막힘이 없습니다. 토는 믿음, 의리, 공평 그리고 포용력이 있으며 활동적이고 부드러움과 열정이 있어 리더십이 강합니다.

요약 : 성격모델 9에서는 금과 화가 중심 역할을 하는 강점성격(재능)입니다.

화의 성격은 신경이 예민하여 일이 생기기 전에 그 일을 곧바로 느끼어 아는 직관이 발달하여 창조적인 예술이나 과학적 발견 같은 새로운 가능성에 초점을 맞춥니다.

예술적 창의력과 과학적 발견이 구체적인 작품으로 만드는 데는 금의 인내심, 끈기, 노력과 집중력이 갖추어져 있습니다. 창의적 예술분야나 과학연구와 개발 분야에 재능을 발휘할 가능성이 있습니다. 훌륭한 작품이 만들어지는 과정에는 여러 명의 조력자들이 있어야 합니다. 중세기 천지창조를 굳게 믿던 시대에 진화론을 주장한 다윈은 사회로부터 외면당했습니다. 그의 아내 엠마는 사회의 수많은 비난을 막아 주는 울타리 역할을 하며 날마다 피아노를 쳐주며 남편의 마음을 위로하였고 비서와 편집자 역할을 하며 결혼 43년 동안 한결같았습니다. 이러한 엠마의 자랑과 도움이 있었기에 진화론이 세상의 빛을 보게 되었습니다.

216

세월을 낚은 문왕과 무왕의 스승 강태공

성격모델 9의 오행성격과 비슷한 성격을 가진 강상(강태공)은 중국 은나라를 멸망시키고 주나라를 세운 무왕과 그의 아버지 은나라 제후 문왕의 스승이었습니다. 문왕의 선조인 태공이 꿈에 바라던 인물이 나타났다고 하여 강상을 태공망 즉, 강태공으로 부르게 되었다고 합니다. 은나라 말에 강태공은 주왕의 폭정으로 시골에 숨어서 군사를 활용하는 방법에 대한 책인 『육도』를 집필하고 주역의 체계에 대한 연구를 깊이하며 세상이 자기의 역할이 필요할 시기를 기다리는 지혜가 있는 현자였습니다. 강태공은 문왕을 만나 그의 스승이 되었고 그의 아들 무왕을 도와 은나라를 멸망시키고 주나라를 건국시킨 일등공신입니다. 문왕이 8괘를 64괘사로 설명하였고, 그의 동생 주공은 64괘에 각각 육효를 붙여 총 384효에 자세한 설명을 하였습니다. 그 후 공자가 여기에 심오한 원리를 더 붙인 십익을 추가해서 주역이 완성되었습니다. 주역은 주나라 때에 완성되었기 때문에 붙여진 이름입니다. 문왕의 스승인 강태공이 문왕 형제가 주역 체계를 만드는 데 많은 가르침이 있었던 것으로 추측됩니다(토 2개).

강태공의 강점성격은 금 3개, 화 2개, 토 2개입니다. 성격모델 9에 토가 하나로 약점성격이지만 토는 화와 금과 상생 관계이어서 이들에게 충분한 도움을 받을 수 있어 오행성격 평균 분포수 1.6개에 가까이 활성화될 수 있습니다. 강태공은 화가 2개로 개혁의 의지가 강합니다. 또한 강태공은 금이 3개로 주나라의 국가 체제를 객관적인 사고로 성실하게 구축한 것으로 보입니다. 역사가들이 국가 체제가 제대로 잡힌 것은 주나라 때부터라고 합니다. 정치인 호찌민이 금 3개와 화 3개입니다. 한국의 대통령을 지낸 한 분도 금 3개, 화 2개의 성격 소유자입니다. 국가발전에 지대한 공을 세운 세 분의 업적은 그들의 성격이 한 몫을 한 것으로 보입니다. 그러나 3나라가 직면한 문제는 달랐습니다. 강상은 은나라 주왕의 흉포한 정치를 끝내고 질서 있는 주나라를 건국시켰고, 호찌민은 식민지로 고통당하는 베트남을 독립국가로 만들었으며, 대물림 가난을 끊고 잘사는 나라로 경제를 발전시킨 것이 한국 정치 지도자의 의무와 책임이었습니다. 개인마다 마주하는 가족 환경과 사회 환경이 같은 사람은 없습니다. 성격의 강점인 재능을 개발하고 확장하는 성격 소유자의 몫입니다.

성격모델 10
화 3개, 토 2개, 목 1개, 금 1개, 수 1개(개인 사주 8자에 배정된 오행성격 분포수)

영화와 연극에는 주연과 조연배우가 있습니다. 영화나 연극이 성공한 작품이 되려면 주연과 조연배우 모두 각자에게 주어진 역할을 충실하게 연기해 내는 것이 필수조건입니다. 오행성격인 목, 화, 금, 수, 토 역시 각각을 주연과 조연의 역할로 나누어 이해한다면 활용이 아주 쉽습니다. 성격모델 10에서는 화, 토가 주연 역할을 하고 목, 금, 수는 조연 역할을 하게 됩니다.

성격모델 10에서 사주 8자 중에 배정될 수 있는 오행성격, 목, 화, 금, 수, 토의 평균 분포수는 1.6개입니다(사주 8자÷오행성격 5자=1.6 : 실제가 아닌 이론적 수치). 오행성격 특성이 활발히 행동하게 하는 단계를 3단계, 즉 상·중·하단계로 선택하여 이해하기 쉽게 정하였습니다. 오행성격 평균 분포수 1.6개를 활발히 행동하게 하는 단계를 3단계 중 중간 단계로 정하였습니다. 개

인의 오행성격 특성 분포수가 평균 분포수 1.6개보다 높은 2개 이상은 강점성격(재능)으로, 평균 분포수보다 낮은 한 개 이하는 약점성격으로 정하였습니다. 오행성격의 강점성격은 주연 역할을, 약점성격은 조연 역할로 설명하였습니다.

목과 화의 오행성격 행동의 뿌리는 자연생태계에 적응한 생물 본능(자신과 가족을 돌보고 지키며, 아들, 딸, 손자, 손녀들이 많아지고 부자가 되기를 바라는 생물 성질)에 있습니다. 목과 화의 오행성격 특성이 동시에 강점성격(재능)으로 나타날 때는 활동하기 좋은 '봄'을 닮은 목의 성격이 주연 역할을 하고 더위 때문에 활동하기가 힘든 '여름'을 닮은 화의 성격이 조연 역할을 합니다. 금과 수의 오행성격 행동의 뿌리는 인공 생태계에 적응한 사회 본능(짐승이 아닌 사람답게 사회 생활을 하려고 하는 마음이 밑바탕이 된 사람 성질)에 있습니다. 금과 수의 오행성격 특성이 동시에 강점성격(재능)으로 나타날 때는 활동하기 상쾌한 '가을'을 닮은 금의 성격이 주연 역할을 하고, 추위 때문에 활동하기가 어려운 '겨울'을 닮은 수의 성격이 조연 역할을 하게 됩니다. 토의 오행성격은 생물 본능에 뿌리를 두고 있는 목과 화의 성격과 사회 본능에 뿌리를 두고 있는 금과 수의 성격을 모두 함께 가지고 있습니다. 목과 화 성격이 두 개가 모두 약점성격일 때, 또는 금과 수 성격이 두 개가 모두 약점성격일 때, 토의 성격이 강점성격일 경우에만 목과 화의 약점성격을, 혹은 금과 수의 약점성격을 대리(agency)하여 강점성격의 역할, 즉 주연 역할을 하게 됩니다. 그러나 토의 성격이 약점성격일 경우는 목과 화의 약점성격과 금과 수의 약점성격을 대리할 수 없습니다.

성격모델 10에서는 생물 본능에 뿌리를 둔 강점성격인 화가 주연 역할을 하고 사회 본능에 뿌리를 둔 강점성격 토가 주연 역할을 합니다. 약점 성격인 목, 금, 수는 조연 역할을 합니다.

  말이 끄는 마차가 정상적으로 굴러가기 위해서는 두 개의 바퀴가 있어야 합니다. 오행성격에서 생물 본능에 뿌리를 두고 있는 목과 화의 성격이 한쪽 바퀴가 되고 사회 본능에 뿌리를 두고 있는 금과 수의 성격이 반대쪽 바퀴가 됩니다. 그러나 성격모델 10에서는 생물 본능에 뿌리를 둔 야성미가 있는 강점성격 화와 사회 본능에 뿌리를 둔 세련미가 있는 금과 수가 약점성격이어서 토가 강점성격이므로 약점성격인 금과 수의 사회 본능을 대리하여 주연 역할을 하게 되어 균형을 잡습니다. 목, 수, 금의 성실한 조연 역할로 조화를 이루게 되어 오행성격 간에 균형과 조화를 튼튼하게 이룬 건전한 성격 조합이 됩니다.

  자기의 음양오행 성격은 태어날 때부터 가지고 있는 자기만의 특별한 재능(unique talent)입니다. 이 재능을 키우면 자기의 성격에 맞는 분야에서 성공할 가능성이 매우 높습니다. 자기의 화와 토의 강점성격을 매일 아침 일어나 4회 반복하여 소리 내어 읽고 목과 수와 금의 약점성격도 매일 2회 소리 내어 읽으면 몇 주 후에는 오행성격 특성들의 내용을 이해하고 확실히 익혀 스스로가 활용 가능한 수준에 이르게 됩니다. 당신의 밝은 미래를 위한 준비는 오늘을 잘 활용하는 것으로부터 시작됩니다. 어제는 지나 갔으며 내일은 아직 오지 않았습니다. 미래를 준비할 수 있는 기회는 오늘 뿐입니다. 음양오행 성격에 대해 매일 10분씩만 투자하여 몸에 익히는 훈련과 노력을 한다면 당신의 강점성격을 개발시키고 약점성격을 강화할 수 있으며, 당신의 무한한 잠재력을 최대로 발휘시켜 삶을 성공적으로 이끄는 내비게이션 역할을 할 것입니다.

우리는 자기의 마음이 끌리는 일을 할 때 만족감을 느낍니다. 끌림은 당신의 내면에서 부르는 소리를 듣고 서로 응하여 대답하는 마음입니다(생존 본능). 좋아하는 일은 누구나 즐기면서 합니다. 하고 싶은 일을 할 때는 신바람이 납니다. 자기의 강점성격에 맞는 일은 마음이 끌리며 즐겁고 계속하고 싶어집니다. 마음이 끌리는 대로 따라가는 것, 즉 당신의 성격 안에 있는 내비게이션이 안내하는 대로 따라가면 인생 여정은 기쁨이 동반자가 될 것입니다.

성격모델 10 오행성격 특성을 요약한 3장 81~88페이지 12개 중에 가장 중요한 오행성격 특성을 추려내어 정리했습니다.

① 화의 강점성격
• 정열적이고 열정이 강렬하며 에너지가 넘치는 여름을 닮은 원시인 행동의 중요한 뿌리가 되는 자연생태계에 적응한 생물 본능적 성격입니다.
• 신경이 예민하고 남자의 예감(premonition; 일이 있기 전에 그 일을 암시적으로 느낌)이나 여자의 직감(immediate perception; 곧바로 느끼어 앎)을 닮은 직관(intuition)은 일이나 상황을 보는 순간 깨닫게 되어 마주하는 날마다 상황을 잽싸게 알아차리고 확실히 이해할 수 있어 즉흥적으로 판단이 빠른 순발력(외부의 자극에 순간적으로 몸을 움직여 힘을 낼 수 있는 능력)을 가지고 있습니다. 역동적(dynamic) 상황이 많은 정보화 사회에서 곡예사 같은 능력을 최상으로 발휘할 수 있습니다.
• 직관은 창조적 예술(음악·미술·체육)이나 과학적 발견으로 이어질 잠재력이 있습니다.
• 눈앞에 위협적인 상황 또는 불확실한 상황에 대해 두려움과 불안을

느낌이나 위협적인 상황에서 자신을 보호하기 위한 싸움의 방어 전략과 응집된 에너지 덩어리인 분노를 보입니다.

- 감정적이고 동정적이며 감사하는 마음이 강합니다. 개인적 감정으로 판단합니다.
- 미래의 꿈과 성취에 대한 열정과 도전정신이 있습니다. 그러나 침착하지 못하고 인내심이 부족하여 쉽게 꿈을 포기합니다.

② 토의 강점성격

- 토는 '생명체는 모두 중요한 존재'라는 믿음으로 동·식물에게 삶의 터전을 차별하지 않고 포용하고 개방합니다. 옛 경험이나 생각으로부터 자유로운 열린 마음을 가지고 있어 새로운 아이디어를 만들어 내고 타인들의 혁신과 새로운 아이디어를 받아들이는 열린 마음의 성격입니다.
- 토의 성격은 사계절 변화 기간(2월, 5월, 8월, 11월) 사이에 봄, 여름, 가을, 겨울에 계절의 변화에 쉽게 적응하도록 공평한 도움을 주는 신뢰감 있는 협력자의 역할을 성실히 수행합니다.
- 믿음, 의리, 공평 그리고 포용력이 있으며, 활동적이고 부드러움, 열정, 책임감이 강해 지도력이 있습니다.
- 어떤 상황에서도 주어진 일을 자신이 해낼 수 있다는 자신감을 가지고 있으며 인내심, 끈기가 있고 성취욕이 강렬하여 주어진 일을 끝까지 책임감을 가지고 마무리 짓습니다.

③ 목의 약점성격

- 돋보이고 싶은 욕구, 하고자 하거나 가지고자 하는 마음이 간절한 욕망과 열망은 높지만 야망은 낮습니다. 많은 꿈을 가진 봄을 닮은 원시인

행동의 중요한 뿌리가 되는 생태계에 적응한 생물 본능적 성격이지만 꿈을 가지려는 마음이 약합니다.

•새롭고 신기한 것에 호기심과 흥미를 느끼지만 새로운 것을 찾으려는 도전정신은 약합니다.

•성취하려는 욕망이 약한 것도 타고난 성격으로 믿어 버립니다.

•일상생활의 시간표가 일정하지 않고 시간표대로 사는 것을 싫어합니다.

•배움에 대한 생각은 있지만 행동으로 옮기는 것은 내일로 미룹니다.

④ 금의 약점성격

•논리적이고 합리적인 사고를 하며 냉정하게 행동하여 가을을 닮은 인간 행동의 뿌리가 되는 인공 생태계에 적응한 사회적 본능 성격입니다.

•책임감이 강하고 정신적·육체적 고통을 참고 견디는 인내심과 끈기가 강합니다.

•처음 배운 몇 개의 사실에서 느끼는 짜릿한 기쁨, 배운 것을 몸에 익히는 노력 익힐 지식에 대한 점점 커지는 자신감 등이 공부하여 학업(studies)을 닦는 일에 마음이 끌립니다.

•집중력은 강하지만 융통성이 부족합니다.

•경험과 지식으로 정확하게 분석하고 객관적으로 판단할 수 있는 능력은 있지만 남을 비판할 가능성이 있습니다.

⑤ 수의 약점성격

•주위로부터 마음의 충동과 자극을 받아도 흔들리지 않고 천연덕스럽게 미지근한 행동을 하는 여유만만한 유연성이 있습니다. 지혜를 쌓는 계절, 겨울철을 닮은 인간 행동의 뿌리가 되는 인공 생태계에 적응한 사회

본능적 성격입니다.

• 타인의 마음을 헤아리고 감정을 느끼는 공감능력이 뛰어나며 포용과 친화력이 있어 의사소통이 원활하며 인간관계가 물 흐르듯 막힘이 없습니다.

상생 상극을 활용하여 오행성격 간의 균형과 조화를 이룰 수 있습니다.

상생과 상극은 봄, 여름, 가을, 겨울이 변함없이 순서대로 돌고 도는 순환적인 4계절에 대한 체험을 바탕으로 만들어졌습니다. 상생(서로 도움을 주는 순환적 상호협력 관계)과 상극(넘치는 것을 덜어 내고 부족한 것은 채워 주며 어려운 상황을 이겨 내게 멘토링을 해주는 순환적 상호조절 관계)을 활용하여 오행성격 간에 균형과 조화를 이룰 수 있습니다.

성격모델 1(104페이지)에 있는 상생도와 상극도를 보면서 다음 글을 읽으면 이해가 빠릅니다. 상생도와 상극도 오행성격 간에 관계를 쉽게 이해하여 오랫동안 기억에 남을 수 있는 그림을 활용한 것입니다. 상생은 생물 본능에 뿌리를 둔 사람의 계절의 성격인 '목'과 생장 계절의 성격인 '화' 사이에(목생화, 화생목) 그리고 사회 본능에 뿌리를 둔 씨 뿌리고 가꾼 대로 거두어들이는 정직한 계절의 성격인 '금'과 지혜를 쌓는 계절의 성격인 '수' 사이(금생수+수생금)에 이루어집니다. 사계절처럼 순환하는 또 하나의 상생은 겨울을 닮은 '수'와 봄을 닮은 '목' 사이를 상생으로 연결하여 순환이 계속 이어지게 하였습니다.

영화·연극에서 감독은 출연 배우 모두를 관리하는 관리자 역할을 하는 것처럼 '토'는 화와 금과는 '상생', 목과 수와는 '상극' 관계로 생장의 계절인 에너지 넘치는 '화'의 성격과 성숙 계절인 가을을 닮은 성실성이 근본이 되는 '금'의 성격과는 상생을 합니다(토생화, 화생토 그리고 토생금, 금생토).

대부분 생물은 겨울잠을 자고 인간은 지혜를 쌓는 계절을 닮은 '수'의 성격과 생물이 겨울잠에서 깨어나 생명 활동을 시작하고 짝짓기를 하는 사랑의 계절을 닮은 목의 성격과 토의 성격 사이에는 상극이 이루어집니다. 즉 지나친 것이나 모자라는 것이나 다 같이 좋지 않습니다. 정도에 넘치는 짝짓기 횟수와 겨울과 봄 날씨가 뒤섞인 2월 자기의 사정에 알맞은 때를 기다리지 않고 일찍 겨울잠에서 깨어나면 생명이 위태로워지는 것을 알맞게 조절하는 것이 '토'의 상극 역할입니다(토극목).

사계절의 순환을 닮은 상생은 오행성격 간에 서로 돕는 관계지만 상극은 오행성격 간에 서로 조절하여 오행성격 간에 균형과 조화를 이루려는 인간의 지혜로 만들어진 것입니다. 상생도에 화(여름)와 금(가을)의 위치를 바꾸어 오행성격 간에 서로 조절하는 기능 즉 넘치는 것을 덜어 내고 부족한 것은 채워 주며 어려운 상황을 이겨 내게 하는 관계입니다.

목, 금, 수의 오행성격 분포수가 각각 1개를 오행성격 평균 분포수(상·중·하 3단계 중 중간 단계)인 1.6개보다 적어 약점성격입니다. 강점성격인 화는 목과 상생 관계이므로 목에게 충분한 도움을 줄 수 있어 목의 오행성격 특성을 활발하게 행동하게 하는 중간 단계 가까이 끌어올릴 가능성이 있습니다(화생목). 강점성격인 토는 금과 상생 관계이므로 금에게 충분한 도움을 줄 수 있어 금의 오행성격 특성을 활발하게 행동하게 하는 중간 단계 가까이 끌어올릴 가능성이 있습니다(토생금). 화는 토는 수와 상극 관계(넘치는 것을 덜어 내고 부족한 것은 채워 주는 조절 관계)입니다. 강점성격인 화와 토는 수에게 부족한 것을 채워 주는 멘토 역할을 할 수 있습니다(화극수+토극수).

오행성격은 각각의 재능을 가지고 있습니다. 각각의 재능을 단순하게 합치면(1+1+1+1+1=5) 5개 재능에 지나지 않습니다. 그러나 상생과 상극 활용으로 오행성격 만들어 오행성격 특성 간에 균형과 조화를 이루는 팀워크를 하게 되면 오행성격 재능을 배가시킬 수 있습니다.

사주 8자에 분포된 오행성격 목, 화, 금, 수, 토에 음 또는 양이 하나씩 분포되어 있습니다. 오행성격 특성의 활성화 정도가 양이 분포된 경우는 올라가지만 음이 분포된 경우는 오행성격의 활성화 정도가 내려갑니다. 성격모델 30개는 이론적 모형입니다. 실제 사주 8자는 개인정보 보호법 때문에 조사가 불가능하였습니다. 오행성격 목, 화, 금, 수, 토의 음양의 역할은 설명할 수 없게 되었음을 이해하여 주시기 바랍니다. 그러나 개인은 이 책의 음양 성격 활용법을 읽고 이해하면 음과 양의 오행성격 활용이 가능합니다.

음양의 성격 활용법은 3장 73~74페이지를 참고하시기 바랍니다.

<u>화의 강점성격은</u> 불타오르는 정열과 열정으로 자기 몸마저 불사를 가능성이 높습니다. 화는 수, 금과 상극 관계입니다. 수에게서 겨울의 찬물같은 마음을 가지라는 충고를 받을 수 있고 금에게서 냉정한 마음을 가지라는 싸늘한 조언을 받을 수 있어 불타오르는 정열과 열정을 어느 정도 식히고 냉정한 마음을 되찾을 가능성이 있습니다(수극화+금극화). 신경이 예민하여 주위의 작은 자극이나 충동에 감정이 쉽게 흔들려 '버럭' 화를 내거나 분노를 참지 못해 씩씩거리는 모습을 보일 수 있습니다. 화는 금에게서 감정에 좌우되지 않는 침착한 생각과 자제력을 평소에 가지게 하는 생활 습관에 대한 성실한 조언을 받아들여 성급한 성격을 조절할 수 있을

가능성이 높습니다(금극화). 화는 목의 성격처럼 미래의 가능성 있는 비전을 보고 성취에 대한 열정과 도전정신도 가지고 있습니다. 그러나 화는 침착하지 못하고 인내심이 부족하여 성취에 대한 열정과 도전정신이 쉽게 꺾입니다. 화와 목은 상생 관계입니다. 화는 목에게서 성취에 대한 동기와 북돋음을 받을 수 있어 미래에 대한 꿈과 성취에 대한 열정과 도전정신이 되살아날 수 있습니다(목생화). 더불어 화는 금으로부터 인내심과 끈기를 갖도록 하는 성실한 충고를 받을 수 있습니다(금극화). 토에게서 성취욕과 일의 끝맺음에 대한 도움을 받을 수 있습니다(토생화).

토의 강점성격은 목, 화, 금, 수의 성취의 모델이 됩니다. 토는 목·화의 생존 본능의 성격과 금·수의 사회 본능 성격의 역할을 자신감을 가지고 대신하여 해냅니다. 토는 자기 확신 즉 자신감을 가진 강점성격입니다. 토는 자신의 능력을 확실하게 믿습니다. 목, 화, 금, 수에게 신뢰감을 줍니다. 토는 우리 모두는 서로 다른 성격 특성을 가지고 있지만 모두가 똑같은 중요한 존재라는 것을 믿고 모두를 포용합니다. 포용은 지도자 성격의 핵심입니다. 만물과 사계절을 감싸는 포용력이 있습니다.

목의 약점성격은 욕구와 욕망은 강렬하지만 야망은 낮습니다. 목은 강점성격인 화에게서 목표를 세우고 성취하려는 열정과 도전정신을 가지게 하는 충분한 도움을 받을 수 있어 목표를 세우고 성취하여 야망이 되살아나 목표 성취에 화에게 받은 에너지를 집중할 가능성이 있습니다(화생목). 목은 자신이 계획한 목표를 성취하기 위한 구체적인 일들을 처음부터 끝까지 한결같은 태도로 일에 노력을 집중하라는 강점성격인 금의 진실한 조언을 받아들일 가능성이 있습니다(금극목).

수의 약점성격은 미지근한 행동과 쉽게 살려는 태도로 주위 사람에게 자신감이 없고 게으른 사람으로 오해 받을 가능성이 높습니다. 목과 수는 상생 관계이므로 목이 수에게 자기주장과 적극적인 성격을 가지는 데 도움을 줄 수 있습니다. 수가 목의 도움과 응원을 받아들여 노력하면 적극적인 행동과 부지런한 성격을 가질 수 있습니다(목생수). 수는 타인의 감정을 쉽게 읽고 공감능력과 동정심이 많아 타인을 돕는 데 적극적입니다. 이런 행동들은 사람들에게 이용당해 자기와 가족에게 경제적인 피해를 입힐 가능성이 높습니다. 흙(토)으로 둑을 쌓아 흘러가는 물을 모아 두어 필요할 때 물을 사용하는 지혜가 토에게 있습니다. 수와 토는 상극 관계입니다. 수는 토에게서 재물을 절약하는 지혜 있는 조언을 받아들여야 다른 사람들에게 이용당할 염려를 줄일 수 있습니다(토극수).

금의 약점성격은 논리적이고 합리적인 사고로 객관적으로 판단할 수 있어 냉정하게 타인들을 비판할 가능성이 있습니다. 화와 금은 상극 관계이므로 화의 충고를 받아들여 평소 생활에서 타인을 사랑하고 이해하는 습관을 길들여 비판을 줄여야 합니다(화극금). 금은 일하는 데 집중력은 강하지만 융통성이 부족하여 고집불통이 될 수 있습니다. 수와 금은 상생 관계이므로 수의 응원을 받아들여 평소 생활에서 유연성과 융통성을 길들이는 습관을 길러야 합니다(수생목). 금은 조심성 있고 신중하여 돌다리도 두드려 보고 건너는 성격입니다. 목과 금은 상극 관계이므로 목에게서 도전정신을 가지라는 조언을 받을 수 있습니다. 도전정신을 가지는 것은 금의 의지에 달려 있습니다(목극금).

요약 : 성격모델 10에서는 화와 토가 중심 역할을 하는 강점성격입니다.

화는 열정과 정열, 그리고 21세기 정보화 사회처럼 빠르게 변화하는 환경과 상황에 재빠르게 대응하는 순발력이 있습니다. 사람의 일에는 세상의 조류가 있어서 밀물일 때 이용하여 배를 띄우면 행운을 잡을 수 있지만 그것을 놓치고 썰물일 때 배를 띄우면 얕은 물로 가서 좌초되기 쉽습니다. 화의 순발력은 타이밍의 감각이 뛰어납니다. 여기에 토는 세상 전반에 대한 특별한 시각(4계절 변화를 알고 있음)을 가지고 있어 보통 사람들 눈에는 복잡하게 보이는 것으로부터 일정한 변화의 경향을 발견하고 대책을 세울 능력이 있습니다. 화와 토가 힘을 합쳐 21세기 변화의 파도를 유능한 항해사처럼 바람의 방향(변화) 따라 지그재그 항해하여 목적지에 도달할 수 있습니다. 화의 성격은 신경이 예민하여 일이 생기기 전에 그 일을 곧바로 느끼어 아는 직관이 발달하여 창조적 예술이나 과학적 발견에 대한 가능성이 높아 이 분야에서 성취할 가능성이 높습니다.

'1%의 영감과 99% 노력' 발명왕 에디슨

성격모델 10의 오행성격과 비슷한 성격을 가진 미국의 발명왕 에디슨의 일생사를 살펴서 에디슨의 성격이 일생에 어떻게 영향을 미치게 되었는지를 필자가 설명하겠습니다. 에디슨의 오행성격은 화 3개, 토 2개, 금 2개, 목 1개입니다. 성격모델 10과 다른 것은 화 1개, 금 1개가 많고 수가 0개입니다.

에디슨은 어린 시절부터 과학 과목을 좋아했습니다. 초등학교의 주입식 교육에 적응하지 못하고 초등학교 1학년 3개월만에 학교를 중단했습니다. 다행히 전직 교사였던 어머니의 열성적인(화의 성격) 교육 덕분에 점차 에디슨은 그의 재능을 발휘하게 되었습니다. 에디슨의 어머니는 아들의 재능을 알아보고 직접 실험을 할 수 있는 과학책을 사주며 그의 창의력을 키우고(화의 성격) 정신적·육체적 고통을 참고 견디는 인내심과 끈기를 길러 주었습니다.(금의 성격) 에디슨은 주입식교육에서 벗어나 옛 경험과 지식으로부터 자유로워 열린 마음의 성격, 토의 성격을 가지게 되었습니다. 에디슨은 1879년 탄소필라멘트를 사용하여 백열전등을 발명하였습니다. 그 때 기자회견에서 기자가 에디슨에게 "당신은 1999번을 실패하고 2000번 만에 성공하셨지요?"라고 묻자, 에디슨은 "1999번은 실패가 아니라 백열전등을 발명하는 성공의 과정이었습니다.' <u>무엇을 발명하는 것은 1%가 영감이고 99%가 노력'이라는 명언을 남겼습니다.</u>

에디슨은 수의 성격이 0개이어서인지 셋째 아들과 가장 친밀하다고 하였지만, 정작 찰스 에디슨(뉴저지 주지사)은 평생 동안 아버지 얼굴을 본 것은 1주일도 되지 않는다 털어놓았습니다. 성격모델 10 성격 소유자는 수의 성격이 있으니 걱정할 필요는 없습니다. 에디슨의 넘치는 열정의 에너지(화 3개), 새로운 아이디어를 창안하고 타인들의 혁신과 아이디어를 받아들여(토 2개) 성실하게 인내심과 끈기(금 2개)를 가지고 2000번 실험으로 백열전구를 발명한 것은 에디슨의 강점성격(재능)을 빛나게 한 것으로 생각됩니다.

성격모델 11
토 2개, 금 2개, 수 2개, 목 1개, 화 1개(개인 사주 8자에 배정된 오행성격 분포수)

영화와 연극에는 주연과 조연배우가 있습니다. 영화나 연극이 성공한 작품이 되려면 주연과 조연배우 모두 각자에게 주어진 역할을 충실하게 연기해 내는 것이 필수조건입니다. 오행성격인 목, 화, 금, 수, 토 역시 각각을 주연과 조연의 역할로 나누어 이해한다면 활용이 아주 쉽습니다.

성격모델 11에서 사주 8자 중에 배정될 수 있는 오행성격, 목, 화, 금, 수, 토의 평균 분포수는 1.6개입니다. (사주 8자÷오행성격 5자=1.6 : 실제가 아닌 이론적 수치) 오행성격 특성이 활발히 행동하게 하는 단계를 3단계, 즉 상·중·하 단계로 선택하여 이해하기 쉽게 정하였습니다. 오행성격 평균 분포수 1.6개를 활발히 행동하게 하는 단계를 3단계 중 중간 단계로 정하였습니다. 개인의 오행성격 특성 분포수가 평균 분포수 1.6개보다 높은 2개 이상은 강점성격(재능)으로, 평균 분포수보다 낮은 한 개 이하는 약점성격으로 정하였습니다. 오행성격의 강점성격은 주연 역할을, 약점성격은 조연 역할로 설명하였습니다.

목과 화의 오행성격 행동의 뿌리는 자연생태계에 적응한 생물 본능(자신과 가족을 돌보고 지키며, 아들, 딸, 손자, 손녀들이 많아지고 부자가 되기를 바라는 생물 성질)에 있습니다. 목과 화의 오행성격 특성이 동시에 강점성격(재능)으로 나타날 때는 활동하기 좋은 '봄'을 닮은 목의 성격이 주연 역할을 하고 더위 때문에 활동하기가 힘든 '여름'을 닮은 화의 성격이 조연 역할을 합니다. 금과 수의 오행성격 행동의 뿌리는 인공 생태계에 적응한 사회 본능(짐승이 아닌 사람답게 사회 생활을 하려고 하는 마음이 밑바탕이 된 사람 성질)에 있습니다. 금과 수의 오행성격 특성이 동시에 강점성격(재능)으로 나타날 때는 활동하기 상쾌한 '가을'을 닮은 금의 성격이 주연 역할을 하고, 추위 때문에 활동하기가 어려운 '겨울'을 닮은 수의 성격이 조연 역할을 하게 됩니다. 토의 오행성격은 생물 본능에 뿌리를 두고 있는 목과 화의 성격과 사회 본능에 뿌리를 두고 있는 금과 수의 성격을 모두 함께 가지고 있습니다. 목과 화 성격이 두 개가 모두 약점성격일 때, 또는 금과 수 성격이 두 개가 모두 약점성격일 때, 토의 성격이 강점성격일 경우에만 목과 화의 약점성격을, 혹은 금과 수의 약점성격을 대리(agency)하여 강점성격의 역할, 즉 주연 역할을 하게 됩니다. 그러나 토의 성격이 약점성격일 경우는 목과 화의 약점성격과 금과 수의 약점성격을 대리할 수 없습니다.

성격모델 11에서는 사회 본능에 뿌리를 둔 금이 주연 역할을 하고 개인 발달 본능에 뿌리를 둔 강점성격인 토가 주연 역할을 합니다. 강점성격인 수는 주연 같은 조연 역할을 하고 약점성격인 목, 화는 조연 역할을 합니다.

말이 끄는 마차가 정상적으로 굴러가기 위해서는 두 개의 바퀴가 있어야 합니다. 오행성격에서 생물 본능에 뿌리를 두고 있는 목과 화의 성격이 한쪽 바퀴가 되고 사회 본능에 뿌리를 두고 있는 금과 수의 성격이 반대쪽 바퀴가 됩니다. 성격모델 11에서는 생물 본능에 뿌리를 둔 화와 목은 약점성격이어서 토가 강점성격이므로 생물 본능에 뿌리를 둔 약점성격인 목을 대리하여 주연 역할을 합니다. 그리고 사회 본능에 뿌리를 둔 강점성격인 금이 주연 역할을 하게 되어 성격모델 11의 균형을 잡습니다. 목, 수, 화의 성실한 조연 역할로 조화를 이루게 되어 오행성격 간에 균형과 조화를 튼튼하게 이룬 건전한 성격 조합이 됩니다.

자기의 음양오행 성격은 태어날 때부터 가지고 있는 자기만의 특별한 재능(unique talent)입니다. 이 재능을 키우면 자기의 성격에 맞는 분야에서 성공할 가능성이 매우 높습니다. 자기의 토, 금, 수의 강점성격을 매일 아침 일어나 4회 반복하여 소리 내어 읽고 목과 화의 약점성격도 매일 2회 소리 내어 읽으면 몇 주 후에는 오행성격 특성들의 내용을 이해하고 확실히 익혀 스스로가 활용 가능한 수준에 이르게 됩니다. 당신의 밝은 미래를 위한 준비는 오늘을 잘 활용하는 것으로부터 시작됩니다. 어제는 지나갔으며 내일은 아직 오지 않았습니다. 미래를 준비할 수 있는 기회는 오늘 뿐입니다. 음양오행 성격에 대해 매일 10분씩만 투자하여 몸에 익히는 훈련과 노력을 한다면 당신의 강점성격을 개발시키고 약점성격을 강화할 수 있으며, 당신의 무한한 잠재력을 최대로 발휘시켜 삶을 성공적으로 이끄는 내비게이션 역할을 할 것입니다.

우리는 자기의 마음이 끌리는 일을 할 때 만족감을 느낍니다. 끌림은 당신의 내면에서 부르는 소리를 듣고 서로 응하여 대답하는 마음입니다(생존 본능). 좋아하는 일은 누구나 즐기면서 합니다. 하고 싶은 일을 할 때는 신바람이 납니다. 자기의 강점성격에 맞는 일은 마음이 끌리며 즐겁고 계속하고 싶어집니다. 마음이 끌리는 대로 따라가는 것, 즉 당신의 성격 안에 있는 내비게이션이 안내하는 대로 따라가면 인생 여정은 기쁨이 동반자가 될 것입니다.

성격모델 11 오행성격 특성을 요약한 3장 81~88페이지 12개 중에 가장 중요한 오행성격 특성을 추려내어 정리하였습니다.

① 토의 강점성격
• 토는 '생명체는 모두 중요한 존재'라는 믿음으로 동·식물에게 삶의 터전을 차별하지 않고 포용하고 개방합니다. 옛 경험이나 생각으로부터 자유로운 열린 마음을 가지고 있어 새로운 아이디어를 만들어 내고 타인들의 혁신과 새로운 아이디어를 받아들이는 열린 마음의 성격입니다.
• 토의 성격은 사계절 변화 기간(2월, 5월, 8월, 11월) 사이에 봄, 여름, 가을, 겨울에 계절의 변화에 쉽게 적응하도록 공평한 도움을 주는 신뢰감 있는

협력자의 역할을 성실히 수행합니다.

•믿음, 의리, 공평 그리고 포용력이 있으며, 활동적이고 부드러움, 열정, 책임감이 강해 지도력이 있습니다.

•어떤 상황에서도 주어진 일을 자신이 해낼 수 있다는 자신감을 가지고 있으며 인내심, 끈기가 있고 성취욕이 강렬하여 주어진 일을 끝까지 책임감을 가지고 마무리 짓습니다.

② 금의 강점성격

•논리적이고 합리적인 사고를 하며 냉정하게 행동하는 것이 싸늘한 가을을 닮은 인간 행동의 뿌리가 되는 사람이 만든 환경에 적응한 사회적 본능 성격입니다.

•책임감이 강하고 정신적·육체적 고통을 참고 견디는 인내심과 끈기가 강합니다.

•세상의 안쪽에는 여러 가지 위험이 도사리고 있는 것을 알고 조심성 있고 신중하게 행동합니다. 돌다리도 두드려 보고 안전을 확인한 후 건너가는 성격입니다.

•곧이곧대로 말하고 솔직함에 충실합니다. 일에 집중력은 강하지만 융통성이 부족합니다.

•삶의 과거 경험과 배움으로 얻은 지식을 활용해서 마주하는 상황을 정확하게 분석하고 객관적인 판단을 할 수 있는 능력이 있어 남을 비판할 가능성이 높습니다.

③ 수의 강점성격

•주위로부터 마음의 충동과 자극을 받아도 행동이 우물쭈물 분명하지

않은 태도를 보이지만, 세상을 살아가는 일에는 침착하여 서둘지 않는 모습입니다.

• 지혜를 쌓는 계절, 겨울철을 닮은 인간 행동의 뿌리가 되는 인공 생태계에 적응한 사회적 본능의 성격입니다.

• 일이나 물체(thing)에 대한 빠른 이해와 깨달음을 바탕으로 한 정신(mental) 분야에 관계되는 능력이 높아 학자로 성공할 가능성이 높습니다.

• 다른 사람의 마음을 헤아리고 감정을 느끼는 공감능력이 뛰어나고 포용과 친화력이 있어 의사소통이 원활해서 인간관계가 물 흐르듯 막힘이 없습니다.

• 현실적인 감각이 뛰어나고 사물에 대해 객관적으로 판단하며 상황과 환경 변화에 유연하게 대처하는 적응력이 강합니다.

• 현재를 위해 삽니다. 미래는 이 순간에 이뤄지는 선택으로부터 만들어지는 것이라고 생각합니다. 운명은 기회가 아닌 선택의 문제입니다. 미래는 기다리는 것이 아니라 성취하는 것입니다.

④ 목의 약점성격

• 돋보이고 싶은 욕구, 하고자 하거나 가지고자 하는 마음이 간절한 욕망과 열망은 높지만 야망은 낮습니다. 많은 꿈을 가진 봄을 닮은 원시인 행동의 중요한 뿌리가 되는 생태계에 적응한 생물 본능적 성격이지만 꿈을 가지려는 마음이 약합니다.

• 새롭고 신기한 것에 호기심과 흥미를 느끼지만 새로운 것을 찾으려는 도전정신은 약합니다.

• 성취하려는 욕망이 약한 것도 타고난 성격으로 믿어 버립니다.

• 일상생활의 시간표가 일정하지 않고 시간표대로 사는 것을 싫어합니다.

•배움에 대한 생각은 있지만 행동으로 옮기는 것은 내일로 미룹니다.

⑤ 화의 약점성격

•열정과 정열이 강렬하여 자신을 불사를 가능성이 있습니다.

•신경이 예민하여 눈앞에 위협적인 상황 또는 불확실한 상황에 대해 불안해하고 근심을 할 수 있습니다.

•목표지향성과 성취에 대한 열정 그리고 도전정신이 있습니다. 그러나 침착하지 못하고 인내심이 부족하여 쉽게 좌절합니다.

•감정적이고 동정적이며 감사하는 마음이 강합니다. 개인적인 감정으로 판단합니다.

•위협적인 상황에서 자신을 보호하기 위한 싸움의 방어 전략과 응집된 에너지 덩어리인 분노를 보입니다.

상생 상극을 활용하여 오행성격 간의 균형과 조화를 이룰 수 있습니다.

상생과 상극은 봄, 여름, 가을, 겨울이 변함없이 순서대로 돌고 도는 순환적인 4계절에 대한 체험을 바탕으로 만들어졌습니다. 상생(서로 도움을 주는 순환적 상호협력 관계)과 상극(넘치는 것을 덜어 내고 부족한 것은 채워 주며 어려운 상황을 이겨 내게 멘토링을 해주는 순환적 상호조절 관계)을 활용하여 오행성격 간에 균형과 조화를 이룰 수 있습니다.

성격모델 1(104페이지)에 있는 상생도와 상극도를 보면서 다음 글을 읽으면 이해가 빠릅니다. 상생도와 상극도 오행성격 간에 관계를 쉽게 이해하여 오랫동안 기억에 남을 수 있는 그림을 활용한 것입니다. 상생은 생물 본능에 뿌리를 둔 사람의 계절의 성격인 '목'과 생장 계절의 성격인 '화' 사이(목생화, 화생목), 그리고 사회 본능에 뿌리를 둔 씨 뿌리고 가꾼 대로 거두어들이는 정직한 계절의 성격인 '금'과 지혜를 쌓는 계절의 성격인 '수' 사이(금생수+수생금)에 이루어집니다. 사계절처럼 순환하는 또 하나의 상생은 겨울을 닮은 '수'와 봄을 닮은 '목' 사이를 상생으로 연결하여 순환이 계속 이어지게 하였습니다.

영화·연극에서 감독은 출연 배우 모두를 관리하는 관리자 역할을 하는 것처럼 '토'는 화와 금과는 '상생', 목과 수와는 '상극' 관계로 생장의 계절인 에너지 넘치는 '화'의 성격과 성숙 계절인 가을을 닮은 성실성이 근본이 되는 '금'의 성격과는 상생을 합니다(토생화, 화생토 그리고 토생금, 금생토). 대부분 생물은 겨울잠을 자고 인간은 지혜를 쌓는 계절을 닮은 '수'의 성격과 생물이 겨울잠에서 깨어나 생명 활동을 시작하고 짝짓기를 하는 사랑의 계절을 닮은 목의 성격과 토의 성격 사이에는 상극이 이루어집니다. 즉 지나친 것이나 모자라는 것이나 다 같이 좋지 않습니다. 정도에 넘치는 짝짓기 횟수와 겨울과 봄 날씨가 뒤섞인 2월 자기의 사정에 알맞은 때를 기다리지 않고 일찍 겨울잠에서 깨어나면 생명이 위태로워지는 것을 알맞게 조절하는 것이 '토'의 상극 역할입니다(토극목).

사계절의 순환을 닮은 상생은 오행성격 간에 서로 돕는 관계지만 상극은 오행성격 간에 서로 조절하여 오행성격 간에 균형과 조화를 이루려는 인간의 지혜로 만들어진 것입니다. 상생도에 화(여름)와 금(가을)의 위치를 바꾸어 오행성격 간에 서로 조절하는 기능 즉 넘치는 것을 덜어 내고 부족한 것은 채워 주며 어려운 상황을 이겨 내게 하는 관계입니다.

목, 화의 오행성격 분포수가 각각 1개로 오행성격 평균 분포수(상·중·하 3단계 중 중간 단계)인 1.6개보다 적어 약점성격입니다. 강점성격인 수는 목과 상생 관계이므로 목에게 충분한 도움을 줄 수 있어 목의 오행성격 특성을 활발하게 행동하게 하는 중간 단계 가까이 끌어올릴 가능성이 있습니다(수생목). 강점성격인 토는 화와 상생 관계이므로 화에게 충분한 도움을 줄 수 있어 화의 오행성격 특성을 활발하게 행동하게 하는 중간 단계 가까이 끌어올릴 가능성이 있습니다(토생화). 강점성격인 금과 토는 목과 상극 관계이므로 목에게 부족한 것을 채워 주는 성실한 멘토 역할을 할 수 있습니다(금극목+토극목). 강점성격인 금과 수는 화와 상극 관계이므로 화에게 부족한 것을 채워 주는 성실한 멘토 역할을 할 수 있습니다(금극화+수극화).

오행성격은 각각의 재능을 가지고 있습니다. 각각의 재능을 단순하게 합치면(1+1+1+1=5) 5개 재능에 지나지 않습니다. 그러나 상생과 상극 활용으로 오행성격 팀을 만들어 오행성격 특성 간에 균형과 조화를 이루는 팀워크를 하게 되면 오행성격 재능을 배가시킬 수 있습니다.

사주 8자에 분포된 오행성격 목, 화, 금, 수, 토에 음 또는 양이 하나씩 분포되어 있습니다. 오행성격 특성의 활성화 정도가 양이 분포된 경우는 올라가지만 음이 분포된 경우는 오행성격의 활성화 정도가 내려갑니다. 성격 모델 30개는 이론적 모형입니다. 실제 사주 8자는 개인정보 보호법 때문에 조사가 불가능하였습니다. 오행성격 목, 화, 금, 수, 토의 음양의 역할은 설명할 수 없게 되었음을 이해하여 주시기 바랍니다. 그러나 개인은 이 책의 음양 성격 활용법을 읽고 이해하면 음과 양의 오행성격 활용이 가능합니다.
음양의 성격 활용법은 3장 73~74페이지를 참고하시기 바랍니다.

<u>금의 강점성격은</u> 이성적(감정에 좌우되지 않고 논리적으로 생각하고 판단하는 능력)이어서 경험과 지식으로 객관적인 분석을 할 수 있어 타인의 성격의 강점과 약점 그리고 잠재력을 보고 강점은 개발하고 약점은 보완하도록 용기와 의욕을 불어넣습니다. 때로는 타인을 쉽게 비판할 수 있어 주위 사람들로부터 푸대접을 받을 가능성이 높습니다. 금은 화와 상극 관계이므로 금은 화에게서 사람을 쉽게 비판하는 것을 줄이고 진정으로 사랑이 담긴 조언을 하라는 충고를 받아들일 가능성이 있습니다. 금이 화의 충고를 받아들이면 싸늘한 비판이 사랑이 담긴 멘토로 바뀔 수 있습니다(화극금). 금은 일을 계획한 대로 처음부터 끝까지 한결같은 태도로 일하는 데는 집중력은 있지만 집중력이 지나치면 일에 집착하게 되고 때로는 고집불통이 될 가능성이 높습니다. 수와 금은 상생 관계이므로 수가 금에게 일상생활에서 융통성과 유연한 태도를 가지는 습관을 기르도록 응원을 할 수 있습니다. 금이 수의 도움을 받아 고집불통을 누그러뜨릴 가능성이 있습니다(수생금). 금은 신중하고 조심성이 많습니다. 돌다리도 두드려 보고 건너는 안전하고 완벽한 생활을 좋아합니다. 안전하고 완벽한 생활태도는 모든 세상일에 겁이 많아 주어진 일을 끝맺음하기가 어렵습니다. 목과 금은 상극 관계입니다. 목은 금에게 '많은 세상일에는 용기 있는 도전정신을 가져야 일을 제때에 끝낼 수 있다'는 충고를 할 수 있습니다. 금은 목의 충고를 받아들여야 제때 많은 일을 끝맺음할 수 있습니다(목극금).

<u>토의 강점성격은</u> 목, 화, 금, 수의 성취의 모델이 됩니다. 토는 목·화의 생존 본능의 성격과 금·수의 사회 본능 성격의 역할을 자신감을 가지고 대신하여 해냅니다. 토는 자기 확신 즉 자신감을 가진 강점성격입니다. 토는 자신의 능력을 확실하게 믿습니다. 목, 화, 금, 수에게 신뢰감을 줍니다. 토는 '우리가 모두 똑같다'는 믿음에서 우리 모두는 서로 다른 성격 특성을

가지고 있지만 모두가 똑같은 중요한 존재라는 것을 믿고 모두를 포용합니다. 포용은 지도자 성격의 핵심입니다. 만물과 사계절을 감싸는 포용력이 있습니다.

수의 강점성격은 미지근한 행동과 세상을 쉽게 살려는 태도로 주위 사람들로부터 자신감(self-confidence) 없고 게으른 사람으로 오해 받을 가능성이 큽니다. 수와 목은 상생 관계이므로 수는 목에게서 주위의 충동과 자극에 대해 좀 더 적극적인 태도와 자존감을 가지라는 응원과 격려를 받을 수 있어 미지근한 행동과 게으름 등을 줄일 수 있습니다(목생화). 강점성격인 수는 타인의 감정을 읽는 공감능력과 동정심이 높아 다른 사람들을 돕는 데 적극적이어서 타인들에게 이용당할 가능성이 높습니다. 수는 자신과 가족에게 경제적인 피해를 입힐 가능성이 높습니다. 흙(토)으로 제방을 만들어 흘러가는 물을 모아 두어 필요할 때 물(재물)을 사용하는 지혜가 토에게 있습니다. 수와 토는 상극 관계이며 수는 토에게서 재물을 절약하는 지혜 있는 조언을 받아야 합니다(토극수). 수는 일이 되어가는 상황에 대한 빠른 이해와 깨달음을 바탕으로 정신활동에 관계되는 분야에 능력을 발휘할 수 있어 학자로 성공할 가능성이 있습니다. 수와 금은 상생 관계이므로 인내심, 끈기와 집착심을 기르도록 하는 금의 성실한 충고를 받아들여 학자가 될 가능성이 높아집니다(금생수).

목의 약점성격은 욕구와 욕망은 강렬하지만 야망은 낮습니다. 목은 강점성격인 화에게서 목표를 세우고 성취하려는 열정과 도전정신을 가지게 하는 충분한 도움을 받을 수 있어 목표를 세우고 성취하여 야망이 되살아나 목표 성취에 화에게 받은 에너지를 집중할 가능성이 있습니다(화생목). 목은 자신이 계획한 목표를 성취하기 위한 구체적인 일들을 처음부터 끝가지 한결같은 태도로 일에 노력을 집중하라는 강점성격인 금의 진실한 조언을 받아들일 가능성이 있습니다(금극목).

　화의 약점성격은 정열과 열정이 강렬하여 자기 몸마저 불사를 가능성이 있습니다. 화는 수, 금과 상극 관계이므로 수에게서 겨울철의 찬물 같은 마음을 가지라는 충고를 받을 수 있고 금에게서 냉정한 마음을 가지라는 싸늘한 조언을 받을 수 있어 타오르는 정열과 열정을 어느 정도 식히고 냉정한 마음을 가질 수 있습니다(수극화+금극화). 화는 목의 성격처럼 미래의 가능성이 있는 비전을 보고 성취에 대한 열정과 도전정신도 가지고 있습니다. 그러나 화는 침착하지 못하고 인내심이 부족하여 성취에 대한 열정과 도전정신이 쉽게 꺾입니다. 화와 목은 상생 관계이므로 화는 목에게서 성취에 대한 동기와 북돋음을 받을 수 있어 미래에 대한 꿈과 성취에 대한 열정과 도전정신이 되살아날 수 있습니다(목생화). 또한 화와 금은 상극 관계이므로 화는 금으로부터 인내심을 갖도록 하는 성실한 충고를 받을 수 있습니다(금극화). 화는 토와 상생 관계이므로 토에게서 성취욕과 일의 끝맺음에 대한 도움을 받을 가능성이 높습니다(토생화).

요약 : 성격모델 11에서는 금, 수, 토가 중심 역할을 하는 강점성격(재능)입니다.

　사회 생활의 중심이 되는 사회 본능에 뿌리를 둔 금·수, 개인발달 본능에 뿌리를 둔 토가 중심 역할을 하는 성격모델 11의 성격 소유자는 법과 질서, 규칙이 갖추어진 사회에서 자신의 재능을 발휘할 가능성이 매우 높습니다. 법과 규칙이 분명하고 모든 사람들에게 평등하고 공평하게 적용되는 질서정연한 사회 환경에서 사람들이 공평한 기회를 가지고 자신들의 역량을 발휘할 수 있다고 믿습니다. 금은 정성스럽고 참되며 공평하고 거짓이 없으며 한결같은 성실성이 높습니다. 수는 이타적인 성격으로 타인의 마음을 읽고 감정을 느끼는 공감능력이 뛰어나고 동정심이 많아 남을 돕는 데 적극적입니다. 포용력과 친화력이 있어 의사소통이 원활하여 인간관계가 물 흐르듯 막힘이 없습니다. 토는 믿음, 의리, 공평 그리고 포용력을 가지고 있으며 활동적이고 부드럽고 열정이 있어 사회 어느 분야에서나 지도력을 발휘할 수 있습니다.

노벨문학상을 받은 인도의 시인, 화가, 철학자 타고르

성격모델 11의 오행성격과 비슷한 성격을 가진 아시아에서 처음으로 노벨문학상을 받은 인도의 시인, 화가, 역사가, 철학자, 작사, 작곡가, 교육자인 타고르의 인생사를 살펴서 타고르의 성격이 일생에 어떻게 영향을 미치게 되었는지를 필자가 설명하겠습니다. 타고르의 오행성격은 금 2개, 토 2개, 수 2개 그리고 목 1개, 화 1개로 성격모델 11과 비슷합니다.

타고르는 인도 4계급 최상위인 브라만 가문에 태어났습니다. 타고르의 아버지는 힌두교 개혁에 관심을 두어 위대한 성자라는 호칭까지 받는 분이었습니다. 벵골 문예부흥의 중심이었던 집안 환경이어서 8세 때부터 벵골어로 시를 쓰기 시작했으며, 16세에 시집 『들꽃』을 냈습니다. 초기작품은 유머적이었으나 갈수록 현실적이고 종교적 색채가 강해졌습니다. 타고르는 교육 및 독립운동에 힘을 쏟았습니다. 인도 출신인 타고르는 영국에 유학하여 법학과 문학을 전공하였습니다. 타고르는 방글라데시 국가와 인도의 국가를 작사, 작곡하였습니다.

타고르는 힌두교 성자로 호칭을 받은 아버지의 교육과 영향으로 이성적·합리적 사고도 강화된 것으로 생각됩니다. 토의 열린 마음의 성격이어서 서양문화와 인도 문화를 포용한 것으로 보입니다(토 2개). 수가 2개여서 식민지의 지식인이 겪는 독립에 대한 충동과 자극을 받으면서 유연하게 대응하였습니다. 타인의 마음을 읽고 타인의 감정을 느끼는 공감이 높아 같은 식민지 처지에 있는 대한민국에 대한 연민이 있어 '동방의 등불'이라는 시로 한국 국민들에게 위로를 주었습니다. 깊은 물처럼 생각이 깊어 명상생활을 많이 한 것으로 보입니다. 전원적·명상적 작품을 많이 남겼습니다. 타고르는 사회 환경에 적응하면서 그의 강점성격인 재능을 빛나게 한 것으로 생각됩니다.

성격모델 12
금 3개, 수 2개, 목 1개, 화 1개, 토 1개(개인 사주 8자에 배정된 오행성격 분포수)

영화와 연극에는 주연과 조연배우가 있습니다. 영화나 연극이 성공한 작품이 되려면 주연과 조연배우 모두 각자에게 주어진 역할을 충실하게 연기해 내는 것이 필수조건입니다. 오행성격인 목, 화, 금, 수, 토 역시 각각을 주연과 조연의 역할로 나누어 이해한다면 활용이 아주 쉽습니다.

성격모델 12에서 사주 8자 중에 배정될 수 있는 오행성격, 목, 화, 금, 수, 토의 평균 분포수는 1.6개입니다(사주 8자÷오행성격 5자=1.6 : 실제가 아닌 이론적 수치). 오행성격 특성이 활발히 행동하게 하는 단계를 3단계, 즉 상·중·하단계로 선택하여 이해하기 쉽게 정하였습니다. 오행성격 평균 분포수 1.6개를 활발히 행동하게 하는 단계를 3단계 중 중간 단계로 정하였습니다. 개인의 오행성격 특성 분포수가 평균 분포수 1.6개보다 높은 2개 이상은 강점성격(재능)으로, 평균 분포수보다 낮은 한 개 이하는 약점성격으로 정하였습니다. 오행성격의 강점성격은 주연 역할을, 약점성격은 조연 역할로 설

명하였습니다.

목과 화의 오행성격 행동의 뿌리는 자연생태계에 적응한 생물 본능(자신과 가족을 돌보고 지키며, 아들, 딸, 손자, 손녀들이 많아지고 부자가 되기를 바라는 생물 성질)에 있습니다. 목과 화의 오행성격 특성이 동시에 강점성격(재능)으로 나타날 때는 활동하기 좋은 '봄'을 닮은 목의 성격이 주연 역할을 하고 더위 때문에 활동하기가 힘든 '여름'을 닮은 화의 성격이 조연 역할을 합니다. 금과 수의 오행성격 행동의 뿌리는 인공 생태계에 적응한 사회 본능(짐승이 아닌 사람답게 사회 생활을 하려고 하는 마음이 밑바탕이 된 사람 성질)에 있습니다. 금과 수의 오행성격 특성이 동시에 강점성격(재능)으로 나타날 때는 활동하기 상쾌한 '가을'을 닮은 금의 성격이 주연 역할을 하고, 추위 때문에 활동하기가 어려운 '겨울'을 닮은 수의 성격이 조연 역할을 하게 됩니다. 토의 오행성격은 생물 본능에 뿌리를 두고 있는 목과 화의 성격과 사회 본능에 뿌리를 두고 있는 금과 수의 성격을 모두 함께 가지고 있습니다. 목과 화 성격이 두 개가 모두 약점성격일 때, 또는 금과 수 성격이 두 개가 모두 약점성격일 때, 토의 성격이 강점성격일 경우에만 목과 화의 약점성격을, 혹은 금과 수의 약점성격을 대리(agency)하여 강점성격의 역할, 즉 주연 역할을 하게 됩니다. 그러나 토의 성격이 약점성격일 경우는 목과 화의 약점성격과 금과 수의 약점성격을 대리할 수 없습니다.

성격모델 12에서는 사회 본능에 뿌리를 둔 강점성격인 금과 수가 주연 역할을 하고 생물 본능에 뿌리를 둔 목과 화, 토는 약점성격이어서 조연 역할을 합니다.

말이 끄는 마차가 정상적으로 굴러가기 위해서는 두 개의 바퀴가 있어야 합니다. 오행성격에서 생물 본능에 뿌리를 두고 있는 목과 화의 성격이 한쪽 바퀴가 되고 사회 본능에 뿌리를 두고 있는 금과 수의 성격이 반대쪽 바퀴가 됩니다. 성격모델 12에서는 생물 본능에 뿌리를 둔 목과 화는 약점성격이어서 주연 역할을 할 수 없습니다. 사회 본능에 뿌리를 둔 강점성격인 금이 주연 역할을 합니다. 강점성격인 수는 주연 같은 조연 역할을 합니다. 목, 화, 토는 약점성격이어서 조연 역할을 하게 되어 오행성격 간에 균형과 조화를 이루는 데 한계가 있습니다.

자기의 음양오행 성격은 태어날 때부터 가지고 있는 자기만의 특별한 재능(unique talent)입니다. 이 재능을 키우면 자기의 성격에 맞는 분야에서 성공할 가능성이 매우 높습니다. 자기의 금·수의 강점성격을 매일 아침 일어나 4회 반복하여 소리 내어 읽고 목과 토, 화의 약점성격도 매일 4회 소리 내어 읽으면 몇 주 후에는 오행성격 특성들의 내용을 이해하고 확실히 익혀 스스로가 활용 가능한 수준에 이르게 됩니다. 당신의 밝은 미래를 위한 준비는 오늘을 잘 활용하는 것으로부터 시작됩니다. 어제는 지나갔으며 내일은 아직 오지 않았습니다. 미래를 준비할 수 있는 기회는 오늘뿐입니다. 음양오행 성격에 대해 매일 10분씩만 투자하여 몸에 익히는 훈련과 노력을 한다면 당신의 강점성격을 개발시키고 약점성격을 강화할 수 있으며, 당신의 무한한 잠재력을 최대로 발휘시켜 삶을 성공적으로 이끄는 내비게이션 역할을 할 것입니다.

우리는 자기의 마음이 끌리는 일을 할 때 만족감을 느낍니다. 끌림은 당신의 내면에서 부르는 소리를 듣고 서로 응하여 대답하는 마음입니다(생존 본능). 좋아하는 일은 누구나 즐기면서 합니다. 하고 싶은 일을 할 때는

신바람이 납니다. 자기의 강점성격에 맞는 일은 마음이 끌리며 즐겁고 계속하고 싶어집니다. 마음이 끌리는 대로 따라가는 것, 즉 당신의 성격 안에 있는 내비게이션이 안내하는 대로 따라가면 인생 여정은 기쁨이 동반자가 될 것입니다.

<u>성격모델 12 오행성격 특성을 요약한 3장 81~88페이지 12개 중에 가장 중요한 오행성격 특성을 추려내어 정리했습니다.</u>

① 금의 강점성격
- 논리적이고 합리적인 사고를 하며 냉정하게 행동하는 것이 싸늘한 가을을 닮은 인간 행동의 뿌리가 되는 사람이 만든 환경에 적응한 사회적 본능 성격입니다.
- 책임감이 강하고 정신적·육체적 고통을 참고 견디는 인내심과 끈기가 강합니다.
- 세상의 안쪽에는 여러 가지 위험이 도사리고 있는 것을 알고 조심성 있고 신중하게 행동합니다. 돌다리도 두드려 보고 안전을 확인한 후 건너가는 성격입니다.
- 곧이곧대로 말하고 솔직함에 충실합니다. 일에 집중력은 강하지만 융통성이 부족합니다.
- 삶의 과거 경험과 배움으로 얻은 지식을 활용해서 마주하는 상황을 정확하게 분석하고 객관적인 판단을 할 수 있는 능력이 있어 남을 비판할 가능성이 높습니다. 다른 한편으로 개인의 차이점은 성격 차이에서 생기는 것을 알고 강점성격은 개발하고 약점성격은 보완하도록 용기와 의욕을 불어넣습니다.

●처음 배운 몇 개의 사실에서 느끼는 짜릿한 기쁨, 배운 것을 이야기하거나 연습해 보는 처음의 노력, 몸에 익힌 기술에 대해 점점 더 커지는 확실한 믿음 이러한 배우고 활용하는 과정에 마음이 강하게 끌립니다.

② 수의 강점성격
●주위로부터 마음의 충동과 자극을 받아도 행동이 우물쭈물 분명하지 않은 태도를 보이지만, 세상을 살아가는 일에는 침착하여 서둘지 않는 모습입니다.
●지혜를 쌓는 계절, 겨울철을 닮은 인간 행동의 뿌리가 되는 인공 생태계에 적응한 사회적 본능의 성격입니다.
●일이나 물체(thing)에 대한 빠른 이해와 깨달음을 바탕으로 한 정신(mental) 분야에 관계되는 능력이 높아 학자로 성공할 가능성이 높습니다.
●다른 사람의 마음을 헤아리고 감정을 느끼는 공감능력이 뛰어나고 포용과 친화력이 있어 의사소통이 원활해서 인간관계가 물 흐르듯 막힘이 없습니다.
●현실적인 감각이 뛰어나고 사물에 대해 객관적으로 판단하며 상황과 환경 변화에 유연하게 대처하는 적응력이 강합니다.
●현재를 위해 삽니다. 미래는 이 순간에 이뤄지는 선택으로부터 만들어지는 것이라고 생각합니다. 운명은 기회가 아닌 선택의 문제입니다. 미래는 기다리는 것이 아니라 성취하는 것입니다.

③ 토의 약점성격
●토는 '생명체는 모두 같다'는 믿음으로 동·식물에게 삶의 터전을 차별하지 않고 포용하고 개방합니다. 옛 경험이나 생각으로부터 자유로운 열

린 마음을 가지고 있어 새로운 아이디어를 만들어 내고 타인들의 혁신과 새로운 아이디어를 만들어 내고 타인들의 혁신과 새로운 아이디어를 받아들이는 열린 마음의 성격입니다.

- 4계절 변화 기간(2월, 5월, 8월, 11월) 사이에 봄, 여름, 가을, 겨울에게 적응하도록 공평한 도움을 주는 신뢰감 있는 협력자의 역할을 성실히 수행하는 것이 토의 성격입니다.

- 믿음, 의리, 공평 그리고 포용력이 있으며 더불어 활동적이고 부드러움, 열정, 책임감이 강해 지도력이 있습니다.

- 어떤 상황에서도 주어진 일을 자신이 해낼 수 있다는 자신감을 가지고 있음 인내심, 끈기가 있고 성취욕이 강렬하여 주어진 일에 끝까지 책임감을 가지고 마무리 짓습니다.

④ 목의 약점성격

- 목은 돋보이고 싶은 요구, 하고자 하거나 가지고자 하는 마음이 간절한 욕망과 열망을 높지만 야망은 낮습니다. 많은 꿈을 가진 봄을 닮은 원시인 행동의 중요한 뿌리가 되는 자연생태계에 적응한 생물 본능적 성격이지만 꿈을 가지려는 마음이 약합니다.

- 새롭고 신기한 것에 호기심과 흥미를 느끼지만 새로운 것을 찾으려는 도전정신은 약합니다.

- 성취하려는 욕망이 약한 것도 타고난 성격으로 믿어 버립니다.

- 일상생활의 시간표가 일정하지 않고 시간표대로 사는 것을 싫어합니다.

- 배움에 대한 생각은 있지만 행동으로 옮기는 것을 내일로 미룹니다.

⑤ 화의 약점성격

• 열정과 정열이 강렬하여 자신을 불사를 가능성이 있습니다.

• 신경이 예민하여 눈앞에 위협적인 상황 또는 불확실한 상황에 대해 불안해하고 근심을 할 수 있습니다.

• 목표지향성과 성취에 대한 열정 그리고 도전정신이 있습니다. 그러나 침착하지 못하고 인내심이 부족하여 쉽게 좌절합니다.

• 감정적이고 동정적이며 감사하는 마음이 강합니다. 개인적인 감정으로 판단합니다.

• 위협적인 상황에서 자신을 보호하기 위한 싸움의 방어 전략과 응집된 에너지 덩어리인 분노를 보입니다.

상생 상극을 활용하여 오행성격 간의 균형과 조화를 이룰 수 있습니다.

상생과 상극은 봄, 여름, 가을, 겨울이 변함없이 순서대로 돌고 도는 순환적인 4계절에 대한 체험을 바탕으로 만들어졌습니다. 상생(서로 도움을 주는 순환적 상호협력 관계)과 상극(넘치는 것을 덜어 내고 부족한 것은 채워 주며 어려운 상황을 이겨 내게 조언을 해주는 순환적 상호조절 관계)을 활용하여 오행성격 간에 균형과 조화를 이룰 수 있습니다.

성격모델 1(104페이지)에 있는 상생도와 상극도를 보면서 다음 글을 읽으면 이해가 빠릅니다. 상생도와 상극도 오행성격 간에 관계를 쉽게 이해하여 오랫동안 기억에 남을 수 있는 그림을 활용한 것입니다. 상생은 생물 본능에 뿌리를 둔 사람의 계절의 성격인 '목'과 생장 계절의 성격인 '화' 사이(목생화, 화생목), 그리고 사회 본능에 뿌리를 둔 씨 뿌리고 가꾼 대로 거두어들이는 정직한 계절의 성격인 '금'과 지혜를 쌓는 계절의 성격인 '수' 사이(금생수+수생금)에 이루어집니다. 사계절처럼 순환하는 또 하나의 상생은 겨울을 닮은 '수'와 봄을 닮은 '목' 사이를 상생으로 연결하여 순환이 계속 이어지게 하였습니다.

영화·연극에서 감독은 출연 배우 모두를 관리하는 관리자 역할을 하는 것처럼 '토'는 화와 금과는 '상생', 목과 수와는 '상극' 관계로 생장의 계절인 에너지 넘치는 '화'의 성격과 성숙 계절인 가을을 닮은 성실성이 근본이 되는 '금'의 성격과는 상생을 합니다(토생화, 화생토 그리고 토생금, 금생토). 대부분 생물은 겨울잠을 자고 인간은 지혜를 쌓는 계절을 닮은 '수'의 성격과 생물이 겨울잠에서 깨어나 생명 활동을 시작하고 짝짓기를 하는 사랑의 계절을 닮은 목의 성격과 토의 성격 사이에는 상극이 이루어집니다. 즉 지나친 것이나 모자라는 것이나 다 같이 좋지 않습니다. 정도에 넘치는 짝짓기 횟수와 겨울과 봄 날씨가 뒤섞인 2월 자기의 사정에 알맞은 때를 기다리지 않고 일찍 겨울잠에서 깨어나면 생명이 위태로워지는 것을 알맞게 조절하는 것이 '토'의 상극 역할입니다(토극목).

사계절의 순환을 닮은 상생은 오행성격 간에 서로 돕는 관계지만 상극은 오행성격 간에 서로 조절하여 오행성격 간에 균형과 조화를 이루려는 인간의 지혜로 만들어진 것입니다. 상생도에 화(여름)와 금(가을)의 위치를 바꾸어 오행성격 간에 서로 조절하는 기능 즉 넘치는 것을 덜어 내고 부족한 것은 채워 주며 어려운 상황을 이겨 내게 하는 관계입니다.

목·화·토의 오행성격 분포수가 각각 1개로 오행성격 평균 분포수(상·중·하 3단계 중 중간 단계)인 1.6개보다 적어 약점성격입니다. 강점성격인 수는 목과 상생 관계이므로 목에게 충분한 도움을 줄 수 있어 목의 오행성격 특성을 활발하게 행동하게 하는 중간 단계 가까이 끌어올릴 가능성이 있습니다(수생목). 강점성격인 금은 토와 상생 관계이므로 토에게 충분한 도움을 줄 수 있어 토의 오행성격 특성을 활발하게 행동하게 하는 중간 단계 가까이 끌어올릴 가능성이 있습니다(금생토). 목과 토의 오행성격 특성이 중간 단계 가까이 활성화되어 있고 목과 토가 화와는 상생 관계이므로 목과 토는 화에게 충분한 도움을 줄 수 있어 오행성격 특성을 활발하게 행동하게 하는 중간 단계 가까이 끌어올릴 가능성이 있습니다(목생화+토생화). 강점성격 인 금은 목과 화와 상극 관계이므로 목과 화에게 부족한 것을 채워 주는 성실한 멘토 역할을 할 수 있습니다(금극목+금극화).

오행성격은 각각의 재능을 가지고 있습니다. 각 재능을 단순하게 합치면(1+1+1+1+1=5) 5개 재능에 지나지 않습니다. 그러나 상생과 상극 활용으로 오행성격 팀을 만들어 오행성격 특성 간에 균형과 조화를 이루는 팀워크를 하게 되면 오행성격 재능을 배가시킬 수 있습니다.

사주 8자에 각각 음 또는 양이 하나씩 분포되어 있습니다. 그리고 사주 8자에 오행성격 목, 화, 금, 수, 토에 음 또는 양이 하나씩 분포되어 있습니다. 오행성격 특성의 활성화 정도가 양이 분포된 경우는 올라가지만 음이 분포된 경우는 오행성격의 활성화 정도가 내려갑니다. 성격모델 30개는 이론적 모형입니다. 실제 사주 8자는 개인정보 보호법 때문에 조사가 불가능하였습니다. 오행성격 목, 화, 금, 수, 토의 음양의 역할은 설명할 수 없게 되었음을 이해하여 주시기 바랍니다. 그러나 개인은 이 책의 음양 성격 활용법을 읽고 이해하면 음과 양의 오행성격 활용이 가능합니다.
음양의 성격 활용법은 3장 73~74페이지를 참고하시기 바랍니다.

<u>금의 강점성격은</u> 이성적(감정에 좌우되지 않고 논리적으로 생각하고 판단하는 능

력)이어서 경험과 지식으로 객관적인 분석을 할 수 있어 타인의 성격의 강점과 약점 그리고 잠재력을 보고 강점은 개발하고 약점은 보완하도록 용기와 의욕을 불어넣습니다. 때로는 타인을 쉽게 비판할 수 있어 주위 사람들로부터 푸대접을 받을 가능성이 높습니다. 금은 화와 상극 관계이므로 금은 화에게서 사람을 쉽게 비판하는 것을 줄이고 진정으로 사랑이 담긴 조언을 하라는 충고를 받아들일 가능성이 있습니다. 금이 화의 충고를 받아들이면 싸늘한 비판이 사랑이 담긴 멘토로 바뀔 수 있습니다(화극금). 금은 일을 계획한 대로 처음부터 끝까지 한결같은 태도로 일하는 데는 집중력은 있지만 집중력이 지나치면 일에 집착하게 되고 때로는 고집불통이 될 가능성이 높습니다. 수와 금은 상생 관계이므로 수가 금에게 일상생활에서 융통성과 유연한 태도를 가지는 습관을 기르도록 응원을 할 수 있습니다. 금이 수의 도움을 받아 고집불통을 누그러뜨릴 가능성이 있습니다(수생금). 금은 신중하고 조심성이 많습니다. 돌다리도 두드려 보고 건너는 안전하고 완벽한 생활을 좋아합니다. 안전하고 완벽한 생활태도는 모든 세상일에 겁이 많아 주어진 일을 끝맺음하기가 어렵습니다. 목과 금은 상극 관계입니다. 목은 금에게 '많은 세상일에는 용기 있는 도전정신을 가져야 일을 제때에 끝낼 수 있다'는 충고를 할 수 있습니다. 금은 목의 충고를 받아들여야 제때 많은 일을 끝맺음할 수 있습니다(목극금).

수의 강점성격은 미지근한 행동과 세상을 쉽게 살려는 태도로 주위 사람들로부터 자신감(self-confidence) 없고 게으른 사람으로 오해 받을 가능성이 큽니다. 수와 목은 상생 관계이므로 수는 목에게서 주위의 충동과 자극에 대해 좀 더 적극적인 태도와 자존감을 가지라는 응원과 격려를 받을 수 있어 미지근한 행동과 게으름 등을 줄일 수 있습니다(목생화). 강점성격인 수는 타인의 감정을 읽는 공감능력과 동정심이 높아 다른 사람들을 돕는 데 적극적이어서 타인들에게 이용당할 가능성이 높습니다. 수는 자신과 가족에게 경제적인 피해를 입힐 가능성이 높습니다. 흙(토)으로 제방을 만들어 흘러가는 물을 모아 두어 필요할 때 물(재물)을 사용하는 지혜가 토에게 있습니다. 수와 토는 상극 관계이면 수는 토에게서 재물을 절약하는 지혜 있는 조언을 받아야 합니다(토극수). 수는 일이 되어 가는 상황에 대한 빠른 이해와 깨달음을 바탕으로 정신활동에 관계되는 분야에 능력을 발휘할 수 있어 학자로 성공할 가능성이 있습니다. 수와 금은 상생 관계이므로 인내심, 끈기와 집착심을 기르도록 하는 금의 성실한 충고를 받아들여 학자가 될 가능성이 높아집니다(금생수).

목의 약점성격은 욕구와 욕망은 강렬하지만 야망이 작습니다. 목과 화는 상생 관계이므로 목은 강점성격인 화에게서 목표를 세우고 성취하려는 열정과 도전정신을 갖게 하는 데 충분한 도움을 받을 수 있어 목표를 세우고 성취하려는 야망이 되살아나 목표 성취에 화에게 받은 에너지를 집중할 가능성이 있습니다(화생목). 수와 목은 상생 관계이므로 수에게서 현실적인 감각과 일과 일이 되어 가는 상황에 대해 객관적으로 판단하고 환경과 상황 변화에 유연하게 알맞은 방법으로 일을 잘 살펴서 처리하는 데 수의 충분한 도움을 받을 가능성이 있습니다(수생목).

화의 약점성격은 정열과 열정이 강렬하여 자기 몸마저 불사를 가능성이 있습니다. 화는 수·금과 상극 관계이므로 수에게서 겨울철의 찬물 같은 마음을 가지라는 충고를 받을 수 있고 금에게서 냉정한 마음을 가지라는 싸늘한 조언을 받을 수 있어 타오르는 정열과 열정을 어느 정도 식히고 냉정한 마음을 가질 수 있습니다(수극화+금극화). 화는 목의 성격처럼 미래의 가능성이 있는 비전을 보고 성취에 대한 열정과 도전정신도 가지고 있습니다. 그러나 화는 침착하지 못하고 인내심이 부족하여 성취에 대한 열

253

정과 도전정신이 쉽게 꺾입니다. 화와 목은 상생 관계이므로 화는 목에게서 성취에 대한 동기와 북돋음을 받을 수 있어 미래에 대한 꿈과 성취에 대한 열정과 도전정신이 되살아날 수 있습니다(목생화). 또한 화와 금은 상극 관계이므로 화는 금으로부터 인내심을 갖도록 하는 성실한 충고를 받을 수 있습니다(금극화). 화는 토와 상생 관계이므로 토에게서 성취욕과 일의 끝맺음에 대한 도움을 받을 가능성이 높습니다(토생화).

토의 약점성격은 목, 화, 금, 수에게 세상 변화에 쉽게 적응하도록 협력자 역할을 합니다. 토는 정직하고 진실하여 신뢰감을 주며 개방적인 성격이어서 사람들과 소통이 잘 되어 인간관계가 물 흐르듯 막힘이 없습니다. 토는 믿음, 의리, 공평 그리고 포용력이 있으며 활동적이고 부드러움과 열정이 있어 리더십이 강합니다.

요약 : 성격모델 12에서 금과 수가 중심 역할을 하는 강점성격(재능)입니다.

사회 생활의 중심이 되는 사회 본능에 뿌리를 둔 금과 수가 중심 역할을 하는 성격모델 12의 성격 소유자는 법과 질서, 규칙이 갖추어진 현대 사회에서 자신의 재능을 발휘할 가능성이 매우 높습니다. 금은 정성스럽고 참되며 공평하고 거짓이 없으며 한결같은 성실성이 높습니다. 수는 이타적인 성격으로 타인의 마음을 읽고 감정을 느끼는 공감능력이 뛰어나고 동정심이 많아 남을 돕는 데 적극적입니다.

개인 생활에 중심이 되는 때때로 내부에서 올라오는 생명 본능의 욕구를 금은 엄격하게 억누를 가능성이 매우 높습니다. 가정생활은 소홀히 하고 사회 생활에만 열중하여 겉모양은 세련되어 보이지만 나무와 돌처럼 인정 없고 감정이 메마른 사람이 될 수 있습니다. 생물 본능인 목과 화의 성격 특성과 사회 본능인 금과 수의 성격 특성의 균형을 이루려는 끊임없는 노력이 필요합니다.

영국의 진화생물학자 도킨스

성격모델 12의 오행성격과 비슷한 성격을 가진 영국의 진화생물학자, 인본주의자, 과학적 합리주의자인 옥스퍼드 교수 도킨스의 인생사를 살펴서 도킨스의 성격이 일생에 어떻게 영향을 미치게 되었는지를 필자가 설명하겠습니다. 도킨스의 오행성격은 금 3개, 화 2개, 수 2개, 목 1개로 성격모델 12와 비슷합니다. 다른 것은 성격모델 12보다 화는 1개 많고, 토는 0개입니다.

도킨스의 부모는 모두 과학에 매우 흥미를 가지고 있었습니다. 가족 환경이 과학에 대한 대화가 많아서 어린 도킨스도 부모의 대화에 참여하여 한 것으로 보입니다. 도킨스의 질문에 부모는 과학적 언어로 답을 해주었다고 합니다. 9세쯤 되던 무렵 부모님과 과학에 관한 대화의 영향으로 도킨스는 신의 존재에 대한 의심을 가지기 시작했다고 합니다. 도킨스가 생물의 진화과정을 더 많이 이해하게 되었을 때 초자연적인 신의 존재 없이도 진화론의 자연선택이 생명의 복잡성을 잘 설명할 수 있다고 생각했습니다.

도킨스는 옥스퍼드 대학에 입학하며 동물학을 공부하고, 노벨수상자인 니콜라스 틴 버겐 교수의 지도를 받으며 석사와 박사를 받았습니다. 도킨스는 미국 캘리포니아 대학교 버클리 동물학 조교수로 재직 당시 베트남 반전운동에 참여한 행동가였습니다. 1970년부터 옥스퍼드 교수로 재직, 2009년에 정년퇴임했습니다.

도킨스 교수의 저서로는 『이기적인 유전자』, 『눈먼 시계공』, 『만들어진

신』등이며, 여러 권의 저서를 일반 대중이 생명과학을 쉽게 이해하도록 집필하였습니다. 위 3권의 책들은 필자도 감명 깊게 읽고 소장하고 있습니다. 도킨스 교수는 삽화도 잘 그렸다고 합니다(화 2개). 도킨스 교수의 강점성격(재능)인 금 3개, 화 2개, 수 2개를 빛나게 하였습니다. 훌륭한 많은 책을 집필한 도킨스 교수는 인내와 끈기, 성실함(금의 성격)과 끊임없는 열정과 새로운 아이디어 창출(화의 성격), 생각이 깊은 상상력과 총명한 지혜와 통찰력(수의 성격)을 갖춘 합리적이고 이성적 사고를 한 모델로 생각됩니다. 도킨스 교수의 강점성격은 금 3개, 화 2개, 수 2개입니다.

성격모델 13

토 3개, 금 2개, 목 1개, 화 1개, 수 1개(개인 사주 8자에 배정된 오행성격 분포수)

영화와 연극에는 주연과 조연배우가 있습니다. 영화나 연극이 성공한 작품이 되려면 주연과 조연배우 모두 각자에게 주어진 역할을 충실하게 연기해 내는 것이 필수조건입니다. 오행성격인 목, 화, 금, 수, 토 역시 각각을 주연과 조연의 역할로 나누어 이해한다면 활용이 아주 쉽습니다.

성격모델 13에서 사주 8자 중에 배정될 수 있는 오행성격, 목, 화, 금, 수, 토의 평균 분포수는 1.6개입니다(사주 8자÷오행성격 5자=1.6 : 실제가 아닌 이론적 수치). 오행성격 특성이 활발히 행동하게 하는 단계를 3단계, 즉 상·중·하단계로 선택하여 이해하기 쉽게 정하였습니다. 오행성격 평균 분포수 1.6개를 활발히 행동하게 하는 단계를 3단계 중 중간 단계로 정하였습니다. 개인의 오행성격 특성 분포수가 평균 분포수 1.6개보다 높은 2개 이상은 강점성격(재능)으로, 평균 분포수보다 낮은 한 개 이하는 약점성격으로 정하였습니다. 오행성격의 강점성격은 주연 역할을, 약점성격은 조연 역할로 설명하였습니다.

목과 화의 오행성격 행동의 뿌리는 자연생태계에 적응한 생물 본능(자신과 가족을 돌보고 지키며, 아들, 딸, 손자, 손녀들이 많아지고 부자가 되기를 바라는 생물 성질)에 있습니다. 목과 화의 오행성격 특성이 동시에 강점성격(재능)으로 나타날 때는 활동하기 좋은 '봄'을 닮은 목의 성격이 주연 역할을 하고 더위 때문에 활동하기가 힘든 '여름'을 닮은 화의 성격이 조연 역할을 합니다. 금과 수의 오행성격 행동의 뿌리는 인공 생태계에 적응한 사회 본능(짐승이 아닌 사람답게 사회 생활을 하려고 하는 마음이 밑바탕이 된 사람 성질)에 있습니다. 금과 수의 오행성격 특성이 동시에 강점성격(재능)으로 나타날 때는 활동하기 상쾌한 '가을'을 닮은 금의 성격이 주연 역할을 하고, 추위 때문에 활동하기가 어려운 '겨울'을 닮은 수의 성격이 조연 역할을 하게 됩니다. 토의 오행성격은 생물 본능에 뿌리를 두고 있는 목과 화의 성격과 사회 본능에 뿌리를 두고 있는 금과 수의 성격을 모두 함께 가지고 있습니다. 목과 화 성격이 두 개가 모두 약점성격일 때, 또는 금과 수 성격이 두 개가 모두 약점성격일 때, 토의 성격이 강점성격일 경우에만 목과 화의 약점성격을, 혹은 금과 수의 약점성격을 대리(agency)하여 강점성격의 역할, 즉 주연 역할을 하게 됩니다. 그러나 토의 성격이 약점성격일 경우는 목과 화의 약점성격과 금과 수의 약점성격을 대리할 수 없습니다.

성격모델 13에서는 생물 본능에 뿌리를 둔 강점성격인 금이 주연 역할을 하고 개인발달 본능에 뿌리를 둔 강점성격 토가 주연 역할을 합니다.

약점성격인 목, 화, 수는 조연 역할을 합니다.

말이 끄는 마차가 정상적으로 굴러가기 위해서는 두 개의 바퀴가 있어야 합니다. 오행성격에서 생물 본능에 뿌리를 두고 있는 목과 화의 성격이 한쪽 바퀴가 되고 사회 본능에 뿌리를 두고 있는 금과 수의 성격이 반대쪽 바퀴가 됩니다. 성격모델 13에서는 생물 본능에 뿌리를 둔 화와 목이 약점성격이고 토가 강점성격이어서 생물 본능에 뿌리를 둔 목을 대리하여 주연 역할을 합니다. 사회 본능에 뿌리를 둔 금이 주연 역할을 하게 되어 성격모델 13에서 균형을 이루었습니다. 목, 화, 수의 성실한 조연 역할로 조화를 이루게 되어 오행성격 간에 균형과 조화를 튼튼하게 이룬 건전한 성격 조합이 됩니다.

자기의 음양오행 성격은 태어날 때부터 가지고 있는 자기만의 특별한 재능(unique talent)입니다. 이 재능을 키우면 자기의 성격에 맞는 분야에서 성공할 가능성이 매우 높습니다. 자기의 토·금·수의 강점성격을 매일 아침 일어나 4회 반복하여 소리 내어 읽고 목과 화의 약점성격도 매일 4회 소리 내어 읽으면 몇 주 후에는 오행성격 특성들의 내용을 이해하고 확실히 익혀 스스로가 활용 가능한 수준에 이르게 됩니다. 당신의 밝은 미래를 위한 준비는 오늘을 잘 활용하는 것으로부터 시작됩니다. 어제는 지나갔으며 내일은 아직 오지 않았습니다. 미래를 준비할 수 있는 기회는 오늘뿐입니다. 음양오행 성격에 대해 매일 10분씩만 투자하여 몸에 익히는 훈련과 노력을 한다면 당신의 강점성격을 개발시키고 약점성격을 강화할 수 있으며, 당신의 무한한 잠재력을 최대로 발휘시켜 삶을 성공적으로 이끄는 내비게이션 역할을 할 것입니다.

우리는 자기의 마음이 끌리는 일을 할 때 만족감을 느낍니다. 끌림은 당신의 내면에서 부르는 소리를 듣고 서로 응하여 대답하는 마음입니다(생존 본능). 좋아하는 일은 누구나 즐기면서 합니다. 하고 싶은 일을 할 때는 신바람이 납니다. 자기의 강점성격에 맞는 일은 마음이 끌리며 즐겁고 계속하고 싶어집니다. 마음이 끌리는 대로 따라가는 것, 즉 당신의 성격 안에 있는 내비게이션이 안내하는 대로 따라가면 인생 여정은 기쁨이 동반자가 될 것입니다.

성격모델 13에서 오행성격 특성을 요약한 3장 81~88페이지 12개 중에 가장 중요한 오행성격 특성을 추려내어 정리했습니다.

① 토의 강점성격

• 토는 '생명체는 모두 중요한 존재'라는 믿음으로 동·식물에게 삶의 터전을 차별하지 않고 포용하고 개방합니다. 옛 경험이나 생각으로부터 자유로운 열린 마음을 가지고 있어 새로운 아이디어를 만들어 내고 타인들의 혁신과 새로운 아이디어를 받아들이는 열린 마음의 성격입니다.

• 토의 성격은 사계절 변화 기간(2월, 5월, 8월, 11월) 사이에 봄, 여름, 가을, 겨울에 계절의 변화에 쉽게 적응하도록 공평한 도움을 주는 신뢰감 있는 협력자의 역할을 성실히 수행합니다.

• 믿음, 의리, 공평 그리고 포용력이 있으며, 활동적이고 부드러움, 열정, 책임감이 강해 지도력이 있습니다.

• 어떤 상황에서도 주어진 일을 자신이 해낼 수 있다는 자신감을 가지고 있으며 인내심, 끈기가 있고 성취욕이 강렬하여 주어진 일을 끝까지 책임감을 가지고 마무리 짓습니다.

② 금의 강점성격

• 논리적이고 합리적인 사고를 하며 냉정하게 행동하는 것이 싸늘한 가을을 닮은 인간 행동의 뿌리가 되는 사람이 만든 환경에 적응한 사회적 본능 성격입니다.

• 책임감이 강하고 정신적·육체적 고통을 참고 견디는 인내심과 끈기가 강합니다.

• 세상의 안쪽에는 여러 가지 위험이 도사리고 있는 것을 알고 조심성 있고 신중하게 행동합니다. 돌다리도 두드려 보고 안전을 확인한 후 건너가는 성격입니다.

• 곧이곧대로 말하고 솔직함에 충실합니다. 일에 집중력은 강하지만 융통성이 부족합니다.

• 삶의 과거 경험과 배움으로 얻은 지식을 활용해서 마주하는 상황을 정확하게 분석하고 객관적인 판단을 할 수 있는 능력이 있어 남을 비판할 가능성이 높습니다. 다른 한편으로 개인의 차이점은 성격 차이에서 생기는 것을 알고 강점성격은 개발하고 약점성격은 보완하도록 용기와 의욕을 불어넣습니다.

• 처음 배운 몇 개의 사실에서 느끼는 짜릿한 기쁨, 배운 것을 이야기하거나 연습해 보는 처음의 노력, 몸에 익힌 기술에 대해 점점 더 커지는 확실한 믿음 이러한 배우고 활용하는 과정에 마음이 강하게 끌립니다.

③ 목의 약점성격

• 목은 돋보이고 싶은 요구, 하고자 하거나 가지고자 하는 마음이 간절한 욕망과 열망은 높지만 야망은 낮습니다. 많은 꿈을 가진 봄을 닮은 원시인 행동의 중요한 뿌리가 되는 자연생태계에 적응한 생물 본능적 성격

이지만 꿈을 가지려는 마음이 약합니다.

• 새롭고 신기한 것에 호기심과 흥미를 느끼지만 새로운 것을 찾으려는 도전정신은 약합니다.

• 성취하려는 욕망이 약한 것도 타고난 성격으로 믿어 버립니다.

• 일상생활의 시간표가 일정하지 않고 시간표대로 사는 것을 싫어합니다.

• 배움에 대한 생각은 있지만 행동으로 옮기는 것을 내일로 미룹니다.

④ 화의 약점성격

• 열정과 정열이 강렬하여 자신을 불사를 가능성이 있습니다.

• 신경이 예민하여 눈앞에 위협적인 상황 또는 불확실한 상황에 대해 불안해하고 근심할 수 있습니다.

• 목표지향성과 성취에 대한 열정 그리고 도전정신이 있습니다. 그러나 침착하지 못하고 인내심이 부족하여 쉽게 좌절합니다.

• 감정적이고 동정적이며 감사하는 마음이 강합니다. 개인적인 감정으로 판단합니다.

• 위협적인 상황에서 자신을 보호하기 위한 싸움의 방어 전략과 응집된 에너지 덩어리인 분노를 보입니다.

⑤ 수의 약점성격

• 주위로부터 마음의 충동과 자극을 받아도 흔들리지 않고 천연덕스럽게 미지근한 행동을 하는 여유만만한 유연성이 있습니다. 지혜를 쌓는 계절, 겨울철을 닮은 인간 행동의 뿌리가 되는 인공 생태계에 적응한 사회 본능적 성격입니다.

• 타인의 마음을 헤아리고 감정을 느끼는 공감능력이 뛰어나며 포용과

친화력이 있어 의사소통이 원활하며 인간관계가 물 흐르듯 막힘이 없습니다.

상생 상극을 활용하여 오행성격 간의 균형과 조화를 이룰 수 있습니다.

상생과 상극은 봄, 여름, 가을, 겨울이 변함없이 순서대로 돌고 도는 순환적인 4계절에 대한 체험을 바탕으로 만들어졌습니다. 상생(서로 도움을 주는 순환적 상호협력 관계)과 상극(넘치는 것을 덜어 내고 부족한 것은 채워 주며 어려운 상황을 이겨 내게 멘토링을 해주는 순환적 상호조절 관계)을 활용하여 오행성격 간에 균형과 조화를 이룰 수 있습니다.

성격모델 1(104페이지)에 있는 상생도와 상극도를 보면서 다음 글을 읽으면 이해가 빠릅니다. 상생도와 상극도 오행성격 간에 관계를 쉽게 이해하여 오랫동안 기억에 남을 수 있는 그림을 활용한 것입니다. 상생은 생물 본능에 뿌리를 둔 사람의 계절의 성격인 '목'과 생장 계절의 성격인 '화' 사이(목생화, 화생목), 그리고 사회 본능에 뿌리를 둔 씨 뿌리고 가꾼 대로 거두어들이는 정직한 계절의 성격인 '금'과 지혜를 쌓는 계절의 성격인 '수' 사이(금생수+수생금)에 이루어집니다. 사계절처럼 순환하는 또 하나의 상생은 겨울을 닮은 '수'와 봄을 닮은 '목' 사이를 상생으로 연결하여 순환이 계속 이어지게 하였습니다.

영화·연극에서 감독은 출연 배우 모두를 관리하는 관리자 역할을 하는 것처럼 '토'는 화와 금과는 '상생', 목과 수와는 '상극' 관계로 생장의 계절인 에너지 넘치는 '화'의 성격과 성숙 계절인 가을을 닮은 성실성이 근본이 되는 '금'의 성격과는 상생을 합니다(토생화, 화생토 그리고 토생금, 금생토). 대부분 생물은 겨울잠을 자고 인간은 지혜를 쌓는 계절을 닮은 '수'의 성격과 생물이 겨울잠에서 깨어나 생명 활동을 시작하고 짝짓기를 하는 사

랑의 계절을 닮은 목의 성격과 토의 성격 사이에는 상극이 이루어집니다. 즉 지나친 것이나 모자라는 것이나 다 같이 좋지 않습니다. 정도에 넘치는 짝짓기 횟수와 겨울과 봄 날씨가 뒤섞인 2월 자기의 사정에 알맞은 때를 기다리지 않고 일찍 겨울잠에서 깨어나면 생명이 위태로워지는 것을 알맞게 조절하는 것이 '토'의 상극 역할입니다(토극목).

사계절의 순환을 닮은 상생은 오행성격 간에 서로 돕는 관계지만 상극은 오행성격 간에 서로 조절하여 오행성격 간에 균형과 조화를 이루려는 인간의 지혜로 만들어진 것입니다. 상생도에 화(여름)와 금(가을)의 위치를 바꾸어 오행성격 간에 서로 조절하는 기능 즉 넘치는 것을 덜어 내고 부족한 것은 채워 주며 어려운 상황을 이겨 내게 하는 관계입니다.

목, 화, 수의 오행성격 평균 분포수가 각각 1개로 오행성격 평균 분포수(상, 중, 하 3단계 중 중간 단계)인 1.6개보다 적어 약점성격입니다. 강점성격인 토는 화와 상생 관계이므로 화에게 충분한 도움을 줄 수 있어 화의 오행성격 특성을 활발하게 행동하게 하는 중간 단계 가까이 끌어올릴 가능성이 있습니다(토생화). 강점성격인 금은 수와 상생 관계이므로 수에 충분한 도움을 줄 수 있어 수의 오행성격 특성을 활발하게 행동하게 하는 중간 단계 가까이 끌어올릴 가능성이 있습니다(금생수). 강점성격인 토와 금은 목과 상극 관계(넘치는 것은 덜어 내고 부족한 것은 채워 주는 순환적 상호조절 관계)입니다. 강점성격인 토와 금이 목에게 부족한 것을 채워 주는 멘토 역할을 할 수 있습니다(토극목+금극목).

오행성격은 각각의 재능을 가지고 있습니다. 각 재능을 단순하게 합치면(1+1+1+1+1=5) 5개 재능에 지나지 않습니다. 그러나 상생과 상극 활용으로 오행성격 팀을 만들어 오행성격 특성 간에 균형과 조화를 이루는 팀워크를 하게 되면 오행성격 재능을 배가시킬 수 있습니다.

사주 8자에 분포된 오행성격 목, 화, 금, 수, 토에 음 또는 양이 하나씩 분포되어 있습니다. 오행성격 특성의 활성화 정도가 양이 분포된 경우는 올라가지만 음이 분포된 경우는 오행성격의 활성화 정도가 내려갑니다. 성격모델 30개는 이론적 모형입니다. 실제 사주 8자는 개인정보 보호법 때문에 조사가 불가능하였습니다. 오행성격 목, 화, 금, 수, 토의 음양의 역할은 설명할 수 없게 되었음을 이해하여 주시기 바랍니다. 그러나 개인은 이 책의 음양 성격 활용법을 읽고 이해하면 음과 양의 오행성격 활용이 가능합니다.

음양의 성격 활용법은 3장 73~74페이지를 참고하시기 바랍니다.

스티브 잡스의 성격이 오행성격 분포수 3개인 강점성격 토를 잘 설명해주는 좋은 본보기가 되는 것으로 생각됩니다. 그는 그 자신의 성격을 명확하게 이해하고 활용하였던 것이 분명합니다. 회사의 미래의 성장 방향을 제시할 때는 강렬한 의지와 야망을 겉으로 드러내 보이는 것이 오행의 목의 성격을 닮았습니다. 신제품 개발을 설명할 때의 정열과 에너지 넘치는 열정은 화의 성격을 보여 줍니다. 젊은 사원들과 대화할 때는 부드럽고 융통성 있는 수의 성격을 나타냅니다. 회사 경영진들과 회사의 재정에 관하여 이야기할 때는 냉철하고 날카롭고 쓸모 있고 실용적인 사고가 금의 성격이 드러나고, 전체 사원 단합대회에서는 넓은 마음으로 회사원을 포용하고 회사원들에게 믿음을 심어 주는 모습이 토의 강점성격을 잘 보여 주고 있습니다. 협력자의 역할을 성실히 수행합니다.

<u>금의 강점성격은</u> 이성적(감정에 좌우되지 않고 논리적으로 생각하고 판단하는 능력)이어서 경험과 지식으로 객관적인 분석을 할 수 있어 타인의 성격의 강점과 약점 그리고 잠재력을 보고 강점은 개발하고 약점은 보완하도록 용기와 의욕을 불어넣습니다. 때로는 타인을 쉽게 비판할 수 있어 주위 사람들로부터 푸대접을 받을 가능성이 높습니다. 금은 화와 상극 관계이므로 금은 화에게서 사람을 쉽게 비판하는 것을 줄이고 진정으로 사랑이 담긴 조언을 하라는 충고를 받아들일 가능성이 있습니다. 금이 화의 충고를 받아들이면 싸늘한 비판이 사랑이 담긴 멘토로 바뀔 수 있습니다(화극금). 금은 일을 계획한 대로 처음부터 끝까지 한결같은 태도로 일하는 데는 집중력은 있지만 집중력이 지나치면 일에 집착하게 되고 때로는 고집불통이 될 가능성이 높습니다. 수와 금은 상생 관계이므로 수가 금에게 일상생활에서 융통성과 유연한 태도를 가지는 습관을 기르도록 응원을 할 수 있습니다. 금이 수의 도움을 받아 고집불통을 누그러뜨릴 가능성이 있습니다(수생금). 금은 신중하고 조심성이 많습니다. 돌다리도 두드려 보고 건너는 안전하고 완벽한 생활을 좋아합니다. 안전하고 완벽한 생활태도는 모든 세상일에 겁이 많아 주어진 일을 끝맺음하기가 어렵습니다. 목과 금은 상극 관계입니다. 목은 금에게 '많은 세상일에는 용기 있는 도전정신을 가져야 일을 제때에 끝낼 수 있다'는 충고를 할 수 있습니다. 금은 목의 충고를 받아들여야 제때 많은 일을 끝맺음할 수 있습니다(목극금).

<u>목의 약점성격은</u> 욕구와 욕망은 강렬하지만 야망이 작습니다. 목과 화는 상생 관계이므로 목은 강점성격인 화에게서 목표를 세우고 성취하려는 열정과 도전정신을 갖게 하는 데 충분한 도움을 받을 수 있어 목표를 세우고 성취하려는 야망이 되살아나 목표 성취에 화에게 받은 에너지를 집중할 가능성이 있습니다(화생목). 수와 목은 상생 관계이므로 수에게서

현실적인 감각과 일과 일이 되어 가는 상황에 대해 객관적으로 판단하고 환경과 상황 변화에 유연하게 알맞은 방법으로 일을 잘 살펴서 처리하는 데 수의 충분한 도움을 받을 가능성이 있습니다(수생목).

　　화의 약점성격은 정열과 열정이 강렬하여 자기 몸마저 불사를 가능성이 있습니다. 화는 수·금과 상극 관계이므로 수에게서 겨울철의 찬물 같은 마음을 가지라는 충고를 받을 수 있고 금에게서 냉정한 마음을 가지라는 싸늘한 조언을 받을 수 있어 타오르는 정열과 열정을 어느 정도 식히고 냉정한 마음을 가질 수 있습니다(수극화+금극화). 화는 목의 성격처럼 미래의 가능성이 있는 비전을 보고 성취에 대한 열정과 도전정신도 가지고 있습니다. 그러나 화는 침착하지 못하고 인내심이 부족하여 성취에 대한 열정과 도전정신이 쉽게 꺾입니다. 화와 목은 상생 관계이므로 화는 목에게서 성취에 대한 동기와 북돋음을 받을 수 있어 미래에 대한 꿈과 성취에 대한 열정과 도전정신이 되살아날 수 있습니다(목생화). 또한 화와 금은 상극 관계이므로 화는 금으로부터 인내심을 갖도록 하는 성실한 충고를 받을 수 있습니다(금극화). 화는 토와 상생 관계이므로 토에게서 성취욕과 일의 끝맺음에 대한 도움을 받을 가능성이 높습니다(토생화).

　　수의 약점성격은 미지근한 행동과 쉽게 살려는 태도로 주위 사람에게 수의 마음에는 자신감이 없고 게으른 사람으로 오해 받을 가능성이 높습니다. 목과 수는 상생 관계이므로 목이 수에게 자기주장과 적극적인 성격을 가지는 데 도움을 줄 수 있습니다. 수가 목의 도움과 응원을 받아들여 노력하면 적극적인 행동과 부지런한 성격을 가질 수 있습니다(목생수). 수는 타인의 감정을 쉽게 읽고 공감능력과 동정심이 많아 타인을 돕는 데 적극적입니다. 이런 행동들은 사람들에게 이용당해 자기와 가족에게 경제적인 피해를 입힐 가능성이 높습니다. 흙(토)으로 둑을 쌓아 흘러가는 물을 모아 두어 필요할 때 물을 사용하는 지혜가 토에게 있습니다. 수와 토는 상극 관계입니다. 수는 토에게서 재물을 절약하는 지혜 있는 멘토를 받아들여야 다른 사람들에게 이용당할 염려를 줄일 수 있습니다(토극수).

요약 : 성격모델 13에서는 토와 금이 중심 역할을 하는 강점성격입니다.

토는 세상 전반에 대한 특별한 시각(4계절 변화를 알고 있음)을 가지고 있어 보통 사람의 눈에는 복잡하게 보이는 것으로부터 일정한 변화의 경향을 발견하고 대책을 세울 능력이 있습니다. 토는 옛 경험과 생각으로부터 자유로워 새로운 아이디어를 창안해낼 수 있고 타인의 혁신과 아이디어를 받아들일 수 있는 열린 마음의 성격입니다. 금은 무엇이 문제인지 파악하고 해결책을 찾는 일에 흥미를 느끼고 즐깁니다. 하겠다고 말한 것에 대해서 끝까지 성실하게 책임을 지려고 합니다. 토는 믿음, 의리, 공평과 포용력이 있으며 활동적이고 부드러운 열정이 있어 어느 분야에서나 지도력을 발휘할 수 있는 CEO성격입니다.

마이크로소프트사의 설립자 빌게이츠

성격모델 13의 오행성격과 비슷한 성격을 가진 마이크로소프트사의 설립자이자 기업가인 빌게이츠의 인생사를 살펴서 빌게이츠의 성격이 일생에 어떻게 영향을 미치게 되었는지를 필자가 설명하겠습니다. 빌게이츠의 오행성격은 토 3개, 금 2개, 목 1개, 화 1개, 수 1개로 성격모델 13과 비슷합니다.

빌게이츠의 아버지는 변호사, 어머니는 교사이었으며, 가정은 미국의 상류중 중간층이었습니다. 빌게이츠는 상류층 사립학교인 레이크사이드 스쿨을 입학했습니다. 빌게이츠는 제너럴 일렉트릭(GE)컴퓨터에서 베이직으로 프로그래밍하는 것에 흥미를 갖게 됩니다. 고등학교를 졸업 후 하버드 대학교 법학과에 진학했습니다. 재학 중 1975년 고등학교 때 친구인 폴 앨런과 함께 마이크로소프트를 설립, 운영하면서 학업을 중단했습니다. 빌게이츠는 미래학자 이상의 시대적 감각(토 3개)으로 소비자들의 요구를 컴퓨터 산업에 접목시켰습니다. 그는 개인용 컴퓨터가 컴퓨터 산업을 주도하고 소프트웨어가 도약의 기회가 될 것이라고 미래를 예견했습니다.

빌게이츠의 열린 마음(토 3개)은 지속적인 쌍방향 커뮤니케이션을 통해 새로운 아이디어를 창안할 수 있었습니다. 빌게이츠는 호숫가의 별장에서 1주일 간 가족의 방문도 차단한 채 생각 주간을 가졌습니다. 또한 빌게이츠는 1년 50권의 책을 읽고 독후감을 남겼습니다(금 2개). 빌게이츠는 그에게 책을 읽도록 격려해주신 부모님께 감사한다는 말을 잊지 않았습니다. 빌게이츠는 컴퓨터보다 책이 어린 시절의 꿈과 상상력, 창의력을 키우는 데 더 중요한 무기라고 생각하기 때문에 자녀 교육에도 컴퓨터 사용은 제한하고 독서에 집중하도록 장려한다고 합니다. 빌게이츠 자신의 강점성격 (재능)인 토와 금을 최대로 발휘한 모델로 생각됩니다.

성격모델 14
목 1개, 화 1개, 토 1개, 금 2개, 수 3개(개인 사주 8자에 배정된 오행)

영화와 연극에는 주연과 조연배우가 있습니다. 영화나 연극이 성공한 작품이 되려면 주연과 조연배우 모두 각자에게 주어진 역할을 충실하게 연기해 내는 것이 필수조건입니다. 오행성격인 목, 화, 금, 수, 토 역시 각각을 주연과 조연의 역할로 나누어 이해한다면 활용이 아주 쉽습니다.

성격모델 14에서 사주 8자 중에 배정될 수 있는 오행성격, 목, 화, 금, 수, 토의 평균 분포수는 1.6개입니다(사주 8자÷오행성격 5자=1.6 : 실제가 아닌 이론적 수치). 오행성격 특성이 활발히 행동하게 하는 단계를 3단계, 즉 상·중·하단계로 선택하여 이해하기 쉽게 정하였습니다. 오행성격 평균 분포수 1.6개를 활발히 행동하게 하는 단계를 3단계 중 중간 단계로 정하였습니다. 개인의 오행성격 특성 분포수가 평균 분포수 1.6개보다 높은 2개 이상은 강점성격(재능)으로, 평균 분포수보다 낮은 한 개 이하는 약점성격으로 정하였습니다. 오행성격의 강점성격은 주연 역할을, 약점성격은 조연 역할로 설명하였습니다.

목과 화의 오행성격 행동의 뿌리는 자연생태계에 적응한 생물 본능(자신과 가족을 돌보고 지키며, 아들, 딸, 손자, 손녀들이 많아지고 부자가 되기를 바라는 생물 성질)에 있습니다. 목과 화의 오행성격 특성이 동시에 강점성격(재능)으로 나타날 때는 활동하기 좋은 '봄'을 닮은 목의 성격이 주연 역할을 하고 더위 때문에 활동하기가 힘든 '여름'을 닮은 화의 성격이 조연 역할을 합니다. 금과 수의 오행성격 행동의 뿌리는 인공 생태계에 적응한 사회 본능(짐승이 아닌 사람답게 사회 생활을 하려고 하는 마음이 밑바탕이 된 사람 성질)에 있습니다. 금과 수의 오행성격 특성이 동시에 강점성격(재능)으로 나타날 때는 활동하기 상쾌한 '가을'을 닮은 금의 성격이 주연 역할을 하고, 추위 때문에 활동하기가 어려운 '겨울'을 닮은 수의 성격이 조연 역할을 하게 됩니다. 토의 오행성격은 생물 본능에 뿌리를 두고 있는 목과 화의 성격과 사회 본능에 뿌리를 두고 있는 금과 수의 성격을 모두 함께 가지고 있습니다.

목과 화 성격이 두 개가 모두 약점성격일 때, 또는 금과 수 성격이 두 개가 모두 약점성격일 때, 토의 성격이 강점성격일 경우에만 목과 화의 약점성 격을, 혹은 금과 수의 약점성격을 대리(agency)하여 강점성격의 역할, 즉 주 연 역할을 하게 됩니다. 그러나 토의 성격이 약점성격일 경우는 목과 화의 약점성격과 금과 수의 약점성격을 대리할 수 없습니다.

성격모델 14에서는 사회 본능에 뿌리를 둔 금, 수가 주연 역할을 하고 강 점성격인 수는 주연 같은 조연 역할을 합니다. 생물 본능에 뿌리를 둔 약 점성격인 목, 화는 조연 역할을 하고 개인발달 본능에 뿌리를 둔 약점성격 인 토도 조연 역할을 합니다.

말이 끄는 마차가 정상적으로 굴러가기 위해서는 두 개의 바퀴가 있어 야 합니다. 오행성격에서 생물 본능에 뿌리를 두고 있는 목과 화의 성격 이 한쪽 바퀴가 되고 사회 본능에 뿌리를 두고 있는 금과 수의 성격이 반 대쪽 바퀴가 됩니다. 성격모델 14에서는 생물 본능에 뿌리를 둔 화와 목은 약점성격이어서 주연 역할을 할 수 없습니다. 사회 본능에 뿌리를 둔 금이 주연 역할을 합니다. 수는 강점성격이지만 주연 같은 조연 역할을 합니다. 목, 화, 토는 조연 역할을 하게 되어 오행성격 간에 균형과 조화를 이루는 대는 한계가 있습니다.

자기의 음양오행 성격은 태어날 때부터 가지고 있는 자기만의 특별한 재능(unique talent)입니다. 이 재능을 키우면 자기의 성격에 맞는 분야에서 성공할 가능성이 매우 높습니다. 자기의 금·수의 강점성격을 매일 아침 일 어나 4회 반복하여 소리 내어 읽고 목·화·토의 약점성격도 매일 4회 소리 내어 읽으면 몇 주 후에는 오행성격 특성들의 내용을 이해하고 확실히 익혀 스스로가 활용 가능한 수준에 이르게 됩니다. 당신의 밝은 미래를 위한 준비는 오늘을 잘 활용하는 것으로부터 시작됩니다. 어제는 지나갔으며 내일은 아직 오지 않았습니다. 미래를 준비할 수 있는 기회는 오늘뿐입니다. 음양오행 성격에 대해 매일 10분씩만 투자하여 몸에 익히는 훈련과 노력을 한다면 당신의 강점성격을 개발시키고 약점성격을 강화할 수 있으며, 당신의 무한한 잠재력을 최대로 발휘시켜 삶을 성공적으로 이끄는 내비게이션 역할을 할 것입니다.

우리는 자기의 마음이 끌리는 일을 할 때 만족감을 느낍니다. 끌림은 당신의 내면에서 부르는 소리를 듣고 서로 응하여 대답하는 마음입니다(생존 본능). 좋아하는 일은 누구나 즐기면서 합니다. 하고 싶은 일을 할 때는 신바람이 납니다. 자기의 강점성격에 맞는 일은 마음이 끌리며 즐겁고 계속하고 싶어집니다. 마음이 끌리는 대로 따라가는 것, 즉 당신의 성격 안에 있는 내비게이션이 안내하는 대로 따라가면 인생 여정은 기쁨이 동반자가 될 것입니다.

성격모델 14에서 오행성격 특성을 요약한 3장 81~88페이지 12개 중에 가장 중요한 오행성격 특성을 추려내어 정리했습니다.

① 금의 강점성격
• 논리적이고 합리적인 사고를 하며 냉정하게 행동하는 것이 싸늘한 가을을 닮은 인간 행동의 뿌리가 되는 사람이 만든 환경에 적응한 사회적 본능 성격입니다.
• 책임감이 강하고 정신적·육체적 고통을 참고 견디는 인내심과 끈기가

271

강합니다.

• 세상의 안쪽에는 여러 가지 위험이 도사리고 있는 것을 알고 조심성 있고 신중하게 행동합니다. 돌다리도 두드려 보고 안전을 확인한 후 건너가는 성격입니다.

• 곧이곧대로 말하고 솔직함에 충실합니다. 일에 집중력은 강하지만 융통성이 부족합니다.

• 삶의 과거 경험과 배움으로 얻은 지식을 활용해서 마주하는 상황을 정확하게 분석하고 객관적인 판단을 할 수 있는 능력이 있어 남을 비판할 가능성이 높습니다. 다른 한편으로 개인의 차이점은 성격 차이에서 생기는 것을 알고 강점성격은 개발하고 약점성격은 보완하도록 용기와 의욕을 불어넣습니다.

• 처음 배운 몇 개의 사실에서 느끼는 짜릿한 기쁨, 배운 것을 이야기하거나 연습해 보는 처음의 노력, 몸에 익힌 기술에 대해 점점 더 커지는 확실한 믿음 이러한 배우고 활용하는 과정에 마음이 강하게 끌립니다.

② 수의 강점성격

• 주위로부터 마음의 충동과 자극을 받아도 행동이 우물쭈물 분명하지 않은 태도를 보이지만, 세상을 살아가는 일에는 침착하여 서둘지 않는 모습입니다.

• 지혜를 쌓는 계절, 겨울철을 닮은 인간 행동의 뿌리가 되는 인공 생태계에 적응한 사회적 본능의 성격입니다.

• 일이나 물체(thing)에 대한 빠른 이해와 깨달음을 바탕으로 한 정신(mental) 분야에 관계되는 능력이 높아 학자로 성공할 가능성이 높습니다.

• 다른 사람의 마음을 헤아리고 감정을 느끼는 공감능력이 뛰어나고 포

용과 친화력이 있어 의사소통이 원활해서 인간관계가 물 흐르듯 막힘이 없습니다.

• 현실적인 감각이 뛰어나고 사물에 대해 객관적으로 판단하며 상황과 환경 변화에 유연하게 대처하는 적응력이 강합니다.

• 현재를 위해 삽니다. 미래는 이 순간에 이뤄지는 선택으로부터 만들어지는 것이라고 생각합니다. 운명은 기회가 아닌 선택의 문제입니다. 미래는 기다리는 것이 아니라 성취하는 것입니다.

③ 목의 약점성격

• 돋보이고 싶은 욕구, 하고자 하거나 가지고자 하는 마음이 간절한 욕망과 열망은 높지만 야망이 부족합니다. 많은 꿈을 가진 봄을 닮은 원시인 행동의 중요한 뿌리가 되는 자연생태계에 적응한 생물 본능적 성격이지만 꿈을 가지려는 마음이 약합니다.

• 새롭고 신기한 것에 호기심과 흥미를 느끼지만, 도전하며 이기는 경쟁을 피합니다.

• 성취하려는 욕망이 약한 것도 타고난 성격으로 믿어 버립니다.

• 일상생활의 시간표가 일정하지 않고 시간표대로 사는 것을 싫어합니다.

• 배움에 대한 생각은 있지만 행동으로 옮기는 것은 내일로 미룹니다.

④ 화의 약점성격

• 열정과 정열이 강렬하여 자신을 불사를 가능성이 있습니다.

• 신경이 예민하여 눈앞에 위협적인 상황 또는 불확실한 상황에 대해 불안해하고 근심할 수 있습니다.

• 목표지향성과 성취에 대한 열정 그리고 도전정신이 있습니다. 그러나

침착하지 못하고 인내심이 부족하여 쉽게 좌절합니다.

•감정적이고 동정적이며 감사하는 마음이 강합니다. 개인적인 감정으로 판단합니다.

•위협적인 상황에서 자신을 보호하기 위한 싸움의 방어 전략과 응집된 에너지 덩어리인 분노를 보입니다.

⑤ 토의 약점성격

•토는 '생명체는 모두 중요한 존재'라는 믿음으로 동·식물에게 삶의 터전을 차별하지 않고 포용하고 개방합니다. 옛 경험이나 생각으로부터 자유로운 열린 마음을 가지고 있어 새로운 아이디어를 만들어 내고 타인들의 혁신과 새로운 아이디어를 받아들이는 열린 마음의 성격입니다.

•토의 성격은 사계절 변화 기간(2월, 5월, 8월, 11월) 사이에 봄, 여름, 가을, 겨울에 계절의 변화에 쉽게 적응하도록 공평한 도움을 주는 신뢰감 있는 협력자의 역할을 성실히 수행합니다.

•믿음, 의리, 공평 그리고 포용력이 있으며, 활동적이고 부드러움, 열정, 책임감이 강해 지도력이 있습니다.

•어떤 상황에서도 주어진 일을 자신이 해낼 수 있다는 자신감을 가지고 있으며 인내심, 끈기가 있고 성취욕이 강렬하여 주어진 일을 끝까지 책임감을 가지고 마무리 짓습니다.

상생 상극을 활용하여 오행성격 간의 균형과 조화를 이룰 수 있습니다.

상생과 상극은 봄, 여름, 가을, 겨울이 변함없이 순서대로 돌고 도는 순환적인 4계절에 대한 체험을 바탕으로 만들어졌습니다. 상생(서로 도움을 주는 순환적 상호협력 관계)과 상극(넘치는 것을 덜어 내고 부족한 것은 채워 주며 어려운 상황을 이겨 내게 멘토를 해주는 순환적 상호조절 관계)을 활용하여 오행성격 간에 균형과 조화를 이룰 수 있습니다.

성격모델 1(104페이지)에 있는 상생도와 상극도를 보면서 다음 글을 읽으면 이해가 빠릅니다. 상생도와 상극도 오행성격 간에 관계를 쉽게 이해하여 오랫동안 기억에 남을 수 있는 그림을 활용한 것입니다. 상생은 생물 본능에 뿌리를 둔 사람의 계절의 성격인 '목'과 생장 계절의 성격인 '화' 사이(목생화, 화생목), 그리고 사회 본능에 뿌리를 둔 씨 뿌리고 가꾼 대로 거두어들이는 정직한 계절의 성격인 '금'과 지혜를 쌓는 계절의 성격인 '수' 사이(금생수+수생금)에 이루어집니다. 사계절처럼 순환하는 또 하나의 상생은 겨울을 닮은 '수'와 봄을 닮은 '목' 사이를 상생으로 연결하여 순환이 계속 이어지게 하였습니다.

영화·연극에서 감독은 출연 배우 모두를 관리하는 관리자 역할을 하는 것처럼 '토'는 화와 금과는 '상생', 목과 수와는 '상극' 관계로 생장의 계절인 에너지 넘치는 '화'의 성격과 성숙 계절인 가을을 닮은 성실성이 근본이 되는 '금'의 성격과는 상생을 합니다(토생화, 화생토 그리고 토생금, 금생토). 대부분 생물은 겨울잠을 자고 인간은 지혜를 쌓는 계절을 닮은 '수'의 성격과 생물이 겨울잠에서 깨어나 생명 활동을 시작하고 짝짓기를 하는 사랑의 계절을 닮은 목의 성격과 토의 성격 사이에는 상극이 이루어집니다. 즉 지나친 것이나 모자라는 것이나 다 같이 좋지 않습니다. 정도에 넘치는 짝짓기 횟수와 겨울과 봄 날씨가 뒤섞인 2월 자기의 사정에 알맞은 때를 기다리지 않고 일찍 겨울잠에서 깨어나면 생명이 위태로워지는 것을 알맞게 조절하는 것이 '토'의 상극 역할입니다(토극목).

사계절의 순환을 닮은 상생은 오행성격 간에 서로 돕는 관계지만 상극은 오행성격 간에 서로 조절하여 오행성격 간에 균형과 조화를 이루려는 인간의 지혜로 만들어진 것입니다. 상생도에 화(여름)와 금(가을)의 위치를 바꾸어 오행성격 간에 서로 조절하는 기능 즉 넘치는 것을 덜어 내고 부족한 것은 채워 주며 어려운 상황을 이겨 내게 하는 관계입니다.

목, 화, 토의 오행성격 분포수가 각각 1개로 오행성격 평균 분포수(상, 중, 하 3단계 중 중간 단계)인 1.6개보다 적어 약점성격입니다. 강점성격인 수는 목과 상생 관계이므로 충분한 도움을 줄 수 있어 목의 오행성격을 활발하게 행동하게 하는 중간 단계 가까이 끌어올릴 가능성이 있습니다(수생목). 강점성격인 금은 토와 상생 관계이므로 토에게 상당한 도움을 줄 수 있어 토의 오행성격 특성을 활발하게 행동하게 하는 중간 단계 가까이 끌어올릴 가능성이 있습니다(금생토). 강점성격인 금과 수는 화와 상극 관계(넘치는 것을 덜어 내고 부족한 것은 채워 주는 순환적 상호조절 관계)입니다. 강점성격인 금과 수는 화에게 부족한 것을 채워 주는 멘토 역할을 할 수 있습니다(금극화+수극화).

각 재능을 단순하게 합치면(1+1+1+1+1=5) 5개 재능에 지나지 않습니다. 그러나 상생과 상극 활용으로 오행성격 팀을 만들어 오행성격 특성 간에 균형과 조화를 이루는 팀워크를 하게 되면 오행성격 재능을 배가시킬 수 있습니다.

사주 8자에 분포된 오행성격 목, 화, 금, 수, 토에 음 또는 양이 하나씩 분포되어 있습니다. 오행성격 특성의 활성화 정도가 양이 분포된 경우는 올라가지만 음이 분포된 경우는 오행성격의 활성화 정도가 내려갑니다. 성격 모델 30개는 이론적 모형입니다. 실제 사주 8자는 개인정보 보호법 때문에 조사가 불가능하였습니다. 오행성격 목, 화, 금, 수, 토의 음양의 역할은 설명할 수 없게 되었음을 이해하여 주시기 바랍니다. 그러나 개인은 이 책의 음양 성격 활용법을 읽고 이해하면 음과 양의 오행성격 활용이 가능합니다.

음양의 성격 활용법은 3장 73~74페이지를 참고하시기 바랍니다.

<u>금의 강점성격은</u> 이성적(감정에 좌우되지 않고 논리적으로 생각하고 판단하는 능력)이어서 경험과 지식으로 객관적인 분석을 할 수 있어 타인의 성격의 강점과 약점 그리고 잠재력을 보고 강점은 개발하고 약점은 보완하도록 용기와 의욕을 불어넣습니다. 때로는 타인을 쉽게 비판할 수 있어 주위 사람들로부터 푸대접을 받을 가능성이 높습니다. 금은 화와 상극 관계이므로 금은 화에게서 사람을 쉽게 비판하는 것을 줄이고 진정으로 사랑이 담긴 조언을 하라는 충고를 받아들일 가능성이 있습니다. 금이 화의 충고를 받아들이면 싸늘한 비판이 사랑이 담긴 멘토로 바뀔 수 있습니다(화극금). 금은 일을 계획한 대로 처음부터 끝까지 한결같은 태도로 일하는 데는 집중력은 있지만 집중력이 지나치면 일에 집착하게 되고 때로는 고집불통이 될 가능성이 높습니다. 수와 금은 상생 관계이므로 수가 금에게 일상생활에서 융통성과 유연한 태도를 가지는 습관을 기르도록 응원을 할 수 있습니다. 금이 수의 도움을 받아 고집불통을 누그러뜨릴 가능성이 있습니다(수생금). 금은 신중하고 조심성이 많습니다. 돌다리도 두드려 보고 건너는 안전하고 완벽한 생활을 좋아합니다. 안전하고 완벽한 생활태도는 모든 세상일에 겁이 많아 주어진 일을 끝맺음하기가 어렵습니다. 목과 금은 상극 관계입니다. 목은 금에게 '많은 세상일에는 용기 있는 도전정신을 가져야 일을 제때에 끝낼 수 있다'는 충고를 할 수 있습니다. 금은 목의 충고를

받아들여야 제때 많은 일을 끝맺음할 수 있습니다(목극금).

  수의 강점성격은 미지근한 행동과 세상을 쉽게 살려는 태도로 주위 사람들로부터 자신감(self-confidence) 없고 게으른 사람으로 오해 받을 가능성이 큽니다. 수와 목은 상생 관계이므로 수는 목에게서 주위의 충동과 자극에 대해 좀 더 적극적인 태도와 자존감을 가지라는 응원과 격려를 받을 수 있어 미지근한 행동과 게으름 등을 줄일 수 있습니다(목생화). 강점성격인 수는 타인의 감정을 읽는 공감능력과 동정심이 높아 다른 사람들을 돕는 데 적극적이어서 타인들에게 이용당할 가능성이 높습니다. 수는 자신과 가족에게 경제적인 피해를 입힐 가능성이 높습니다. 흙(토)으로 제방을 만들어 흘러가는 물을 모아 두어 필요할 때 물(재물)을 사용하는 지혜가 토에게 있습니다. 수와 토는 상극 관계이므로 수는 토에게서 재물을 절약하는 지혜로운 멘토를 받아야 합니다(토극수). 수는 일이 되어가는 상황에 대한 빠른 이해와 깨달음을 바탕으로 정신활동에 관계되는 분야에 능력을 발휘할 수 있어 학자로 성공할 가능성이 있습니다. 수와 금은 상생 관계이므로 인내심, 끈기와 집착심을 기르도록 하는 금의 성실한 충고를 받아들여 학자가 될 가능성이 높아집니다(금생수).

  목의 약점성격은 욕구와 욕망은 강렬하지만 야망이 작습니다. 목과 화는 상생 관계이므로 목은 강점성격인 화에게서 목표를 세우고 성취하려는 열정과 도전정신을 갖게 하는 데 충분한 도움을 받을 수 있어 목표를 세우고 성취하려는 야망이 되살아나 화에게 받은 에너지를 집중할 가능성이 있습니다(화생목). 수와 목은 상생 관계이므로 수에게서 현실적인 감각과 일과 일이 되어 가는 상황에 대해 객관적으로 판단하고 환경과 상황 변화에 유연하게 알맞은 방법으로 일을 잘 살펴서 처리하는 데 수의 충분한 도움을 받을 가능성이 있습니다(수생목).

<u>화의 약점성격은</u> 정열과 열정이 강렬하여 자기 몸마저 불사를 가능성이 있습니다. 화는 수·금과 상극 관계이므로 수에게서 겨울철의 찬물 같은 마음을 가지라는 충고를 받을 수 있고 금에게서 냉정한 마음을 가지라는 싸늘한 조언을 받을 수 있어 타오르는 정열과 열정을 어느 정도 식히고 냉정한 마음을 가질 수 있습니다(수극화+금극화). 화는 목의 성격처럼 미래의 가능성이 있는 비전을 보고 성취에 대한 열정과 도전정신도 가지고 있습니다. 그러나 화는 침착하지 못하고 인내심이 부족하여 성취에 대한 열정과 도전정신이 쉽게 꺾입니다. 화와 목은 상생 관계이므로 화는 목에게서 성취에 대한 동기와 북돋음을 받을 수 있어 미래에 대한 꿈과 성취에 대한 열정과 도전정신이 되살아날 수 있습니다(목생화). 또한 화와 금은 상극 관계이므로 화는 금으로부터 인내심을 갖도록 하는 성실한 충고를 받을 수 있습니다(금극화). 화는 토와 상생 관계이므로 토에게서 성취욕과 일의 끝맺음에 대한 도움을 받을 가능성이 높습니다(토생화).

<u>토의 약점성격은</u> 목, 화, 금, 수에게 세상 변화에 쉽게 적응하도록 협력자 역할을 합니다. 토는 정직하고 진실하여 신뢰감을 주며 개방적인 성격이어서 사람들과 소통이 잘 되어 인간관계가 물 흐르듯 막힘이 없습니다. 토는 믿음, 의리, 공평 그리고 포용력이 있으며 활동적이고 부드러움과 열정이 있어 리더십이 강합니다.

요약 : 성격모델 14에서 금과 수가 중심 역할을 하는 강점성격입니다.

사회 생활의 중심이 되는 사회 본능에 뿌리를 둔 금과 수가 중심 역할을 하는 성격모델 14의 성격 소유자는 법과 질서, 규칙이 갖추어진 현대 사회에서 자신의 재능을 높게 발휘할 가능성이 매우 높습니다. 금은 정성스럽고 참되며 공평하고 거짓이 없으며 한결같은 성실성이 높습니다. 자기의 욕망과 감정을 스스로 무리하게 누르는 마음이 강합니다. 수는 타인의 마음을 읽고 감정이 느끼는 공감능력이 뛰어나고 동정심이 많아 남을 돕는 데 적극적입니다. 연민과 동정심이 높아 타인에게 이용당하기 쉬워 가족에게 경제적인 피해를 줄 가능성이 높습니다. 교직, 종교, 카운셀링 등 분야에 적합한 성격입니다.

독일의 종교 개혁가 마르틴 루터

성격모델 14의 오행성격과 비슷한 성격을 가진 독일의 종교 개혁가이며 교수인 마르틴 루터의 인생사를 살펴서 루터의 오행성격이 일생에 어떻게 영향을 미치게 되었는지를 필자가 설명하겠습니다. 루터의 오행성격은 목 1개, 화 1개, 토 1개, 금 2개, 수 3개로 성격모델 14와 비슷합니다.

루터는 광산업에 종사하는 열성 있고 진실한 기독교 신자인 아버지와 어머니 사이에서 태어났습니다. 루터의 아버지는 아들이 법률가가 되어 사회적 성공을 하게 하려는 큰 꿈을 기대하며 에르프르트 대학에 입학시켰습니다. 루터는 이 대학교에서 학사와 문학석사를 취득하고 본격적으로 법 공부를 시작했습니다. 루터는 공부를 계속하던 중 집에 갔다가 돌아가는 길에서 벼락이 떨어지는 순간 "성안나여(성모 어머니), 나를 도우소서. 저는 신부가 되겠습니다."라고 하나님의 일꾼이 되겠다고 약속하였습니다. 루터는 아버지의 반대에도 불구하고 수도원에 들어가 신부가 됩니다. 당시 로마 가톨릭 교회의 강제적 면죄부 판매로 루터의 신앙은 근본적으로 흔들렸습니다. 루터는 종교개혁의 출발점 95개 논제를 게시했습니다. 가톨릭과 여러번 신학논쟁을 하다가 로마 가톨릭 교회로부터 이단 선고를 받고 파문을 당했습니다. 루터는 카를5세의 배려로 바르트 부르크성에 숨어 지내야 했습니다. 이곳에서 성서 주석과 신약성서를 번역하였습니다.

루터는 강점성격(재능) 수 3개와 금 2개를 빛나게 하였습니다. 루터는 면죄부에 대해 성격에 근거하여 객관적으로 판단하여 중세 종교의 환경과 상황에 따라 유연하게 대처해 나갔습니다(수 3개). 그는 일반 독일인에 대한 연민과 동정심이 높아(수 3개) 성직자들만 읽을 수 있어 성서를 악용하는 것을 막기 위해 성경을 독일어로 번역하는 힘든 작업을 인내심, 끈기 그리고 성실하게 끝까지 해냈습니다(금 2개). 로마 가톨릭 교회 성가는 성가대 전문가들만이 불렀습니다. 루터는 개신교의 일반 신도들도 찬송을 부를 수 있게 예배 양식을 개혁하고 많은 찬송가을 작사, 작곡하였습니다.

성격모델 15
목 2개, 금 2개, 토 2개, 화 1개, 수 1개(개인 사주 8자에 배정된 오행성격 분포수)

영화와 연극에는 주연과 조연배우가 있습니다. 영화나 연극이 성공한 작품이 되려면 주연과 조연배우 모두 각자에게 주어진 역할을 충실하게 연기해 내는 것이 필수조건입니다. 오행성격인 목, 화, 금, 수, 토 역시 각각을 주연과 조연의 역할로 나누어 이해한다면 활용이 아주 쉽습니다.

성격모델 15에서 사주 8자 중에 배정될 수 있는 오행성격, 목, 화, 금, 수, 토의 평균 분포수는 1.6개입니다(사주 8자÷오행성격 5자=1.6 : 실제가 아닌 이론적 수치). 오행성격 특성이 활발히 행동하게 하는 단계를 3단계, 즉 상·중·하단계로 선택하여 이해하기 쉽게 정하였습니다. 오행성격 평균 분포수 1.6개를 활발히 행동하게 하는 단계를 3단계 중 중간 단계로 정하였습니다. 개

인의 오행성격 특성 분포수가 평균 분포수 1.6개보다 높은 2개 이상은 강점성격(재능)으로, 평균 분포수보다 낮은 한 개 이하는 약점성격으로 정하였습니다. 오행성격의 강점성격은 주연 역할을, 약점성격은 조연 역할로 설명하였습니다.

목과 화의 오행성격 행동의 뿌리는 자연생태계에 적응한 생물 본능(자신과 가족을 돌보고 지키며, 아들, 딸, 손자, 손녀들이 많아지고 부자가 되기를 바라는 생물 성질)에 있습니다. 목과 화의 오행성격 특성이 동시에 강점성격(재능)으로 나타날 때는 활동하기 좋은 '봄'을 닮은 목의 성격이 주연 역할을 하고 더위 때문에 활동하기가 힘든 '여름'을 닮은 화의 성격이 조연 역할을 합니다. 금과 수의 오행성격 행동의 뿌리는 인공 생태계에 적응한 사회 본능(짐승이 아닌 사람답게 사회 생활을 하려고 하는 마음이 밑바탕이 된 사람 성질)에 있습니다. 금과 수의 오행성격 특성이 동시에 강점성격(재능)으로 나타날 때는 활동하기 상쾌한 '가을'을 닮은 금의 성격이 주연 역할을 하고, 추위 때문에 활동하기가 어려운 '겨울'을 닮은 수의 성격이 조연 역할을 하게 됩니다. 토의 오행성격은 생물 본능에 뿌리를 두고 있는 목과 화의 성격과 사회 본능에 뿌리를 두고 있는 금과 수의 성격을 모두 함께 가지고 있습니다. 목과 화 성격이 두 개가 모두 약점성격일 때, 또는 금과 수 성격이 두 개가 모두 약점성격일 때, 토의 성격이 강점성격일 경우에만 목과 화의 약점성격을, 혹은 금과 수의 약점성격을 대리(agency)하여 강점성격의 역할, 즉 주연 역할을 하게 됩니다. 그러나 토의 성격이 약점성격일 경우는 목과 화의 약점성격과 금과 수의 약점성격을 대리할 수 없습니다.

성격모델 15에서는 생물 본능에 뿌리를 둔 강점성격인 목이 주연 역할을 하고 사회 본능에 뿌리를 둔 강점성격인 금이 주연 역할을 합니다. 개인발달 본능인 토는 강점성격이지만 주연 같은 조연을 합니다. 약점성격인 화와 수는 조연 역할을 합니다.

말이 끄는 마차가 정상적으로 굴러가기 위해서는 두 개의 바퀴가 있어야 합니다. 오행성격에서 생물 본능에 뿌리를 두고 있는 목과 화의 성격이 한쪽 바퀴가 되고 사회 본능에 뿌리를 두고 있는 금과 수의 성격이 반대쪽 바퀴가 됩니다. 성격모델 15에서는 생물 본능에 뿌리를 둔 야성미가 있는 강점성격 화와 사회 본능에 뿌리를 둔 세련미가 있는 금이 주연 역할을 하게 되어 균형을 잡습니다. 화, 수, 토의 성실한 조연 역할로 조화를 이루게 되어 오행성격 간에 균형과 조화를 튼튼하게 이룬 건전한 성격 조합이 됩니다.

자기의 음양오행 성격은 태어날 때부터 가지고 있는 자기만의 특별한 재능(unique talent)입니다. 이 재능을 키우면 자기의 성격에 맞는 분야에서 성공할 가능성이 매우 높습니다. 자기의 목·금·토의 강점성격을 매일 아침 일어나 4회 반복하여 소리 내어 읽고 화와 수의 약점성격도 매일 4회 소리 내어 읽으면 몇 주 후에는 오행성격 특성들의 내용을 이해하고 확실히 익혀 스스로가 활용 가능한 수준에 이르게 됩니다. 당신의 밝은 미래를 위한 준비는 오늘을 잘 활용하는 것으로부터 시작됩니다. 어제는 지나갔으며 내일은 아직 오지 않았습니다. 미래를 준비할 수 있는 기회는 오늘뿐입니다. 음양오행 성격에 대해 매일 10분씩만 투자하여 몸에 익히는 훈련과 노력을 한다면 당신의 강점성격을 개발시키고 약점성격을 강화할 수 있으며, 당신의 무한한 잠재력을 최대로 발휘시켜 삶을 성공적으로 이끄는 내비게이션 역할을 할 것입니다.

우리는 자기의 마음이 끌리는 일을 할 때 만족감을 느낍니다. 끌림은 당신의 내면에서 부르는 소리를 듣고 서로 응하여 대답하는 마음입니다(생존 본능). 좋아하는 일은 누구나 즐기면서 합니다. 하고 싶은 일을 할 때는 신바람이 납니다. 자기의 강점성격에 맞는 일은 마음이 끌리며 즐겁고 계속하고 싶어집니다. 마음이 끌리는 대로 따라가는 것, 즉 당신의 성격 안에 있는 내비게이션이 안내하는 대로 따라가면 인생 여정은 기쁨이 동반자가 될 것입니다.

성격모델 15에서 오행성격 특성을 요약한 3장 81~88페이지 12개 중에 가장 중요한 오행성격 특성을 추려내어 정리 했습니다.

① 목의 강점성격
- 돋보이고 싶은 욕구, 하고자 하거나 가지고자 하는 마음이 몹시 간절한 욕망과 열망, 그리고 야망이 강렬하며 많은 꿈을 가진 봄을 닮은 원시인 행동의 중요한 뿌리가 되는 자연계에 적응한 생물 본능적 성격입니다.
- 새롭고 신기한 것에 호기심과 흥미를 강렬하게 느끼며 도전하여 이기는 경쟁을 즐깁니다.
- 성취하려는 욕망이 강점성격이 된 것은 하늘이 내려준 선물입니다. 당신이 가진 모든 것은 하늘로부터 받은 선물이기 때문에 당신은 이것을 받아들일 수밖에 없습니다.
- 당신은 매년, 매월 심지어 매주마다 즐기는 일 즉 목표를 계획합니다. 직접 경험할 수 있고 측정할 수 있고 정해진 시간표대로 생활합니다.
- 당신은 말이나 생각이 아니라 모든 일은 행동이 있어야 성과가 나올 수 있다고 믿습니다. 행동이야말로 체험을 통한 학습이라고 믿고 할 일을

결정하고 행동하고 그 결과를 보면서 배웁니다.

•카멜레온처럼 환경과 상황 변화에 민감하여 속과 겉이 다르게 전략적으로 행동합니다.

② 금의 강점성격

•논리적이고 합리적인 사고를 하며 냉정하게 행동하는 것이 싸늘한 가을을 닮은 인간 행동의 뿌리가 되는 사람이 만든 환경에 적응한 사회적 본능 성격입니다.

•책임감이 강하고 정신적·육체적 고통을 참고 견디는 인내심과 끈기가 강합니다.

•세상의 안쪽에는 여러 가지 위험이 도사리고 있는 것을 알고 조심성 있고 신중하게 행동합니다. 돌다리도 두드려 보고 안전을 확인한 후 건너가는 성격입니다.

•곧이곧대로 말하고 솔직함에 충실합니다. 일에 집중력은 강하지만 융통성이 부족합니다.

•삶의 과거 경험과 배움으로 얻은 지식을 활용해서 마주하는 상황을 정확하게 분석하고 객관적인 판단을 할 수 있는 능력이 있어 남을 비판할 가능성이 높습니다. 다른 한편으로 개인의 차이점은 성격 차이에서 생기는 것을 알고 강점성격은 개발하고 약점성격은 보완하도록 용기와 의욕을 불어넣습니다.

•처음 배운 몇 개의 사실에서 느끼는 짜릿한 기쁨, 배운 것을 이야기하거나 연습해 보는 처음의 노력, 몸에 익힌 기술에 대해 점점 더 커지는 확실한 믿음 이러한 배우고 활용하는 과정에 마음이 강하게 끌립니다.

③ 토의 강점성격

• 토는 '생명체는 모두 중요한 존재'라는 믿음으로 동·식물에게 삶의 터전을 차별하지 않고 포용하고 개방합니다. 옛 경험이나 생각으로부터 자유로운 열린 마음을 가지고 있어 새로운 아이디어를 만들어 내고 타인들의 혁신과 새로운 아이디어를 받아들이는 열린 마음의 성격입니다.

• 토의 성격은 사계절 변화 기간(2월, 5월, 8월, 11월) 사이에 봄, 여름, 가을, 겨울에 계절의 변화에 쉽게 적응하도록 공평한 도움을 주는 신뢰감 있는 협력자의 역할을 성실히 수행합니다.

• 믿음, 의리, 공평 그리고 포용력이 있으며, 활동적이고 부드러움, 열정, 책임감이 강해 지도력이 있습니다.

• 어떤 상황에서도 주어진 일을 자신이 해낼 수 있다는 자신감을 가지고 있으며 인내심, 끈기가 있고 성취욕이 강렬하여 주어진 일을 끝까지 책임감을 가지고 마무리 짓습니다.

④ 화의 약점성격

• 열정과 정열이 강렬하여 자신을 불사를 가능성이 있습니다.

• 신경이 예민하여 눈앞에 위협적인 상황 또는 불확실한 상황에 대해 불안해하고 근심할 수 있습니다.

• 목표지향성과 성취에 대한 열정 그리고 도전정신이 있습니다. 그러나 침착하지 못하고 인내심이 부족하여 쉽게 좌절합니다.

• 감정적이고 동정적이며 감사하는 마음이 강합니다. 개인적인 감정으로 판단합니다.

• 위협적인 상황에서 자신을 보호하기 위한 싸움의 방어 전략과 응집된 에너지 덩어리인 분노를 보입니다.

⑤ 수의 약점성격

• 주위로부터 마음의 충동과 자극을 받아도 흔들리지 않고 천연덕스럽게 미지근한 행동을 하는 여유만만한 유연성이 있습니다. 지혜를 쌓는 계절, 겨울철을 닮은 인간 행동의 뿌리가 되는 인공 생태계에 적응한 사회 본능적 성격입니다.

• 타인의 마음을 헤아리고 감정을 느끼는 공감능력이 뛰어나며 포용과 친화력이 있어 의사소통이 원활하며 인간관계가 물 흐르듯 막힘이 없습니다.

상생 상극을 활용하여 오행성격 간의 균형과 조화를 이룰 수 있습니다.

상생과 상극은 봄, 여름, 가을, 겨울이 변함없이 순서대로 돌고 도는 순환적인 4계절에 대한 체험을 바탕으로 만들어졌습니다. 상생(서로 도움을 주는 순환적 상호협력 관계)과 상극(넘치는 것을 덜어 내고 부족한 것은 채워 주며 어려운 상황을 이겨 내게 멘토링을 해주는 순환적 상호조절 관계)을 활용하여 오행성격 간에 균형과 조화를 이룰 수 있습니다.

상생은 생물 본능에 뿌리를 둔 사랑의 계절인 '목'과 생장의 계절 성격인 '화' 사이(목생화, 화생목), 그리고 사회 본능에 뿌리를 둔 씨 뿌리고 가꾼 대로 거두는 정직한 계절의 성격인 '금'과 지혜를 쌓는 계절 성격인 '수' 사이(금생수, 수생목)에 이루어집니다. 사계절처럼 순환하는 또 하나의 상생은 겨울을 많은 '수'와 봄을 닮은 '목' 사이를 상생으로 연결하여 순환이 계속 이어지게 하였습니다(수생목, 목생화).

영화·연극에서 감독은 출연 배우 모두를 관리하는 관리자 역할을 하는 것처럼 '토'는 화와 금과는 '상생', 목과 수와는 '상극' 관계로 생장 계절인 에너지가 넘치는 '화'의 성격과 성숙 계절인 가을을 닮은 성실성이 근본이 되는 '금'의 성격과는 상생을 합니다(토생화, 화생토 그리고 토생금, 금생토). 대부분 생물은 겨울잠을 자고 인간은 지혜를 쌓는 계절을 닮은 '수' 성격과 생물이 겨울잠에서 깨어나 생명 활동을 시작하고 짝짓기를 하는 사랑의 계절을 닮은 '목'의 성격과 '토' 사이에는 상극이 이루어집니다(토극수, 수극토 그리고 토극목, 목극토). 과유불급 지나친 것이나 모자란 것이나 다 같이 좋지 않습니다. 정도에 넘치는 짝짓기 횟수와 너무 일찍이 겨울잠에서 깨어나면 생명이 위태로워지는 것을 알맞게 조절하는 것이 '토'의 상극 역할입니다(토극목). 사계절의 순환을 닮은 상생은 오행성격 간에 서로 돕는 관계지만 상극은 오행성격 간에 서로 조절하여 오행성격 간에 균형과 조화를 이루려는 인간의 지혜로 만들어진 것입니다. 상생도에 화(여름)와 금(가을)의 위치를 바꾸어 오행성격 간에 서로 조절하는 기능 즉 넘치는 것을 덜어 내고 부족한 것은 채워 주며 어려운 상황을 이겨 내게 하는 관계입니다.

　필자의 오행성격 분포수는 목 2개, 금 2개, 토 2개로 강점성격이 성격모델 15 오행성격 분포수와 같습니다. 제가 미국 유학을 떠날 때 저의 모습을 되돌아보고 깜짝 놀랐습니다. 제가 돈키호테를 닮은 성격(목의 성격) 특성을 가지고 있었습니다. 영어 실력도 전공 실력도 준비되지 않은 채 재정 지원도 확보되지 않은 상태로 현실을 무시하고 교수가 되겠다는 저의 강렬한 야망에 빠져 앞뒤를 헤아리지 않고 미련하고 무식하게 미국 유학에 도전했던 저의 옛 모습에 연민의 정을 느낍니다. 첫 학기에 'D'학점을 맞아 학사경고를 받아 대학원에서 제적(학사경고 두 번 받으면 퇴학)당할 위기를 맞이했습니다. 천 길 낭떠러지 맨 끝부분에 서 있는 기분이었습니다. 며칠 동안 잠도 못 자고 방황했습니다. 정신을 가다듬고 뒤를 보니 저는 미국 대학원에서 박사학위를 받을 수 있다는 비전이 있었습니다. 며칠 후 시작하는 둘째 학기에 'A'학점을 맞을 구체적인 준비를 곰곰이 생각했습니다. 교수 강의를 제대로 들을 수 없어 강의 노트를 준비하지 못했습니다. 과제 제출 기간 정해진 날짜도 몰랐고 시험을 어떻게 준비하는지 몰랐습니다. 유기화학 첫 시간에 용기를 내어 교수님께 '강의 노트를 하는 데 도움을 줄 학우를 찾아 달라' 부탁을 하였습니다. 다행스럽게 134명 학우 중에 3명 여학생이 손을 들고 도움을 주겠다고 말했습니다. 수업이 끝난 직후에 아름다운 글씨를 쓴 노트 3권 받아서 즉시 카피했습니다. 그다음 수업시간이 끝난 직후 지난 학기의 과제물을 쓰는 요령과 제출했던 과제물, 시험지 등 여러 정보를 제공받았습니다. 3명 여학생의 도움으로 열심히 준비해서 'A+'를 얻어 학사경고에서 탈출할 수 있었습니다. 3명 여학생의 도움에 대한 감사함을 평생 잊지 않겠습니다.

성격에 대해 집필하면서 저의 무모한 도전(목의 성격)을 위험에서 벗어나게 한 것은 금의 정신적·육체적 고통을 참고 견디는 인내심과 끈기의 성격이었습니다. 어떤 어려움을 마주할 경우도 자신감을 잃지 않고 자신이 해낼 수 있다는 자신에 대한 믿음, 즉 자기 확신이 저의 성격에 있습니다(토의 성격). 제가 미국 오하이오 주립대학원에서 박사학위를 받고 귀국하여 교수가 되는 꿈을 이룬 것은 목 2개, 금 2개 그리고 토 2개의 강점성격(재능)이 상생과 상극(목극금, 토생금)으로 균형과 조화를 이룬 성격 조합에서 비롯된 것을 성격 집필 과정에서 알게 되었습니다.

화, 수의 오행성격 분포수가 각각 1개를 오행성격 평균 분포수(상·중·하 3단계 중 중간 단계)인 1.6개보다 적어 약점성격입니다. 화는 강점성격인 목과 토와 상생 관계이므로 목과 토에게서 충분한 도움을 받을 수 있어 화의 오행성격 특성을 활발하게 행동하게 하는 중간 단계 가까이 끌어올릴 가능성이 매우 높습니다(목생화+토생화). 수는 강점성격인 목과 금과 상생 관계이므로 목과 금에게서 충분한 도움을 받을 수 있어 수의 오행성격 특성을 활발하게 행동하게 하는 중간 단계 가까이 끌어올릴 가능성이 매우 높습니다(목생수+금생수). 강점성격인 금은 화와 상극 관계이므로 화에게 부족한 것을 채워 주는 성실한 멘토 역할을 할 수 있습니다(금극화).

오행성격은 각각의 재능을 가지고 있습니다. 각 재능을 단순하게 합치면(1+1+1+1) 5개 재능에 지나지 않습니다. 그러나 상생과 상극 활용으로 오행성격 팀을 만들어 오행성격 특성 간에 균형과 조화를 이루는 팀워크를 하게 되면 오행성격 재능을 배가시킬 수 있습니다.

사주 8자에 분포된 오행성격 목, 화, 금, 수, 토에 음 또는 양이 하나씩 분포되어 있습니다. 오행성격 특성의 활성화 정도가 양이 분포된 경우는 올라가지만 음이 분포된 경우는 오행성격의 활성화 정도가 내려갑니다. 성격모델 30개는 이론적 모형입니다. 실제 사주 8자는 개인정보 보호법 때문에 조사가 불가능하였습니다. 오행성격 목, 화, 금, 수, 토의 음양의 역할은 설명할 수 없게 되었음을 이해하여 주시기 바랍니다. 그러나 개인은 이 책의 음양 성격 활용법을 읽고 이해하면 음과 양의 오행성격 활용이 가능합니다.

음양의 성격 활용법은 3장 73~74페이지를 참고하시기 바랍니다.

<u>목의 강점성격</u>은 여러 가지 꿈을 함께 이루려는 욕망이 강렬합니다. '토끼 두 마리를 한꺼번에 잡으려다가 한 마리도 못 잡는다.'는 속담이 있습니다. '금'은 '목'에게 삶의 목표를 신중하게 하나를 선택해서 빈틈없고 완벽

한 계획을 세우고 성실하게 실행할 것을 충고하며 응원합니다(금극목). 그리고 '목'에게 돋보이고 싶은 사회적 출세와 강렬한 명예 욕구를 현실에 적합하도록 스스로 자신을 조절하게 돕습니다(금극목). '목'은 삶의 목표를 높게 세우고 이에 대한 성취를 열망하고 그곳에 '화'에게서 에너지를 충분히 지원 받아 성취에 집중하는 의지력이 매우 강합니다(화생목). 카멜레온처럼 상황 변화에 민감하여 속과 겉이 다르게 전략적으로 행동을 합니다. 그 결과 사회 생활에서 신용을 잃고 주위로부터 따돌림당할 가능성이 큽니다. 목, 화, 금, 수에게 신용 있는 협력자 역할을 하는 토는 전략적 행동을 될 수 있는 대로 적게 하도록 목에게 충고합니다(토극목). 수는 호기심과 흥미에 끌려 어수선하고 바쁘게 생활하는 '목'에게 유연하고 여유 있게 생활하도록 도움을 줍니다(수생목).

  <u>금의 강점성격은</u> 이성적(감정에 좌우되지 않고 논리적으로 생각하고 판단하는 능력)이어서 경험과 지식으로 객관적인 분석을 할 수 있어 타인의 성격 강점과 약점 그리고 잠재력을 보고 강점은 개발하고 약점은 보완하도록 용기와 의욕을 불어넣습니다. 때로는 타인을 쉽게 비판할 수 있어 주위 사람들로부터 푸대접을 받을 가능성이 높습니다. 금은 화와 상극 관계이므로 금은 화에게서 사람을 쉽게 비판하는 것을 줄이고 진정으로 사랑이 담긴 조언을 하라는 충고를 받아들일 가능성이 있습니다. 금이 화의 충고를 받아들이면 싸늘한 비판이 사랑이 담긴 멘토로 바뀔 수 있습니다(화극금). 금은 일을 계획한 대로 처음부터 끝까지 한결같은 태도로 일하는 데는 집중력은 있지만 집중력이 지나치면 일에 집착하게 되고 때로는 고집불통이될 가능성이 높습니다. 수와 금은 상생 관계이므로 수가 금에게 일상생활에서 융통성과 유연한 태도를 가지는 습관을 기르도록 응원을 할 수 있습니다. 금이 수의 도움을 받아 고집불통을 누그러뜨릴 가능성이 있습니다

(수생금). 금은 신중하고 조심성이 많습니다. 돌다리도 두드려 보고 건너는 안전하고 완벽한 생활을 좋아합니다. 안전하고 완벽한 생활태도는 모든 세상일에 겁이 많아 주어진 일을 끝맺음하기가 어렵습니다. 목과 금은 상극 관계입니다. 목은 금에게 '많은 세상일에는 용기 있는 도전정신을 가져야 일을 제때에 끝낼 수 있다'는 충고를 할 수 있습니다. 금은 목의 충고를 받아들여야 제때 많은 일을 끝맺음할 수 있습니다(목극금).

<u>토의 강점성격</u>은 목, 화, 금, 수의 성취의 모델이 됩니다. 토는 목·화의 생존 본능의 성격과 금·수의 사회 본능 성격의 역할을 자신감을 가지고 대신하여 해냅니다. 토는 자기 확신 즉 자신감을 가진 강점성격입니다. 토는 자신의 능력을 확실하게 믿습니다. 목, 화, 금, 수에게 신뢰감을 줍니다. 토는 '우리가 모두 똑같다'는 믿음에서 우리 모두는 서로 다른 성격 특성을 가지고 있지만 모두가 똑같은 중요한 존재라는 것을 믿고 모두를 포용합니다. 포용은 지도자 성격의 핵심입니다. 만물과 사계절을 감싸는 포용력이 있습니다.

<u>화의 약점성격</u>은 정열과 열정이 강렬하여 자기 몸마저 불사를 가능성이 있습니다. 화는 수·금과 상극 관계이므로 수에게서 겨울철의 찬물 같은 마음을 가지라는 충고를 받을 수 있고 금에게서 냉정한 마음을 가지라는 싸늘한 조언을 받을 수 있어 타오르는 정열과 열정을 어느 정도 식히고 냉정한 마음을 가질 수 있습니다(수극화+금극화). 화는 목의 성격처럼 미래의 가능성이 있는 비전을 보고 성취에 대한 열정과 도전정신도 가지고 있습니다. 그러나 화는 침착하지 못하고 인내심이 부족하여 성취에 대한 열정과 도전정신이 쉽게 꺾입니다. 화와 목은 상생 관계이므로 화는 목에게서 성취에 대한 동기와 북돋음을 받을 수 있어 미래에 대한 꿈과 성취에 대한 열정과 도전정신이 되살아날 수 있습니다(목생화). 또한 화와 금은 상

극 관계이므로 화는 금으로부터 인내심을 갖도록 하는 성실한 충고를 받을 수 있습니다(금극화). 화는 토와 상생 관계이므로 토에게서 성취욕과 일의 끝맺음에 대한 도움을 받을 가능성이 높습니다(토생화).

<u>수의 약점성격은</u> 미지근한 행동과 쉽게 살려는 태도로 주위 사람에게 수의 마음에는 자신감이 없고 게으른 사람으로 오해 받을 가능성이 높습니다. 목과 수는 상생 관계이므로 목이 수에게 자기주장과 적극적인 성격을 가지는 데 도움을 줄 수 있습니다. 수가 목의 도움과 응원을 받아들여 노력하면 적극적인 행동과 부지런한 성격을 가질 수 있습니다(목생수). 수는 타인의 감정을 쉽게 읽고 공감능력과 동정심이 많아 타인을 돕는 데 적극적입니다. 이런 행동들은 사람들에게 이용당해 자기와 가족에게 경제적인 피해를 입힐 가능성이 높습니다. 흙(토)으로 둑을 쌓아 흘러가는 물을 모아 두어 필요할 때 물을 사용하는 지혜가 토에게 있습니다. 수와 토는 상극 관계입니다. 수는 토에게서 재물을 절약하는 지혜 있는 멘토를 받아들여야 다른 사람들에게 이용당할 염려를 줄일 수 있습니다(토극수).

요약 : 성격모델 15에서 목, 금, 토가 중심 역할을 하는 강점성격(재능)입니다.

목의 성격은 외부의 사실에 관심의 초점을 맞추는 외향적, 활동적, 사교적입니다. 마음의 깊은 곳에서 오직 행동만이 중요하다는 것을 알고 모든 일은 행동이 있어야 성과가 나올 가능성이 있다고 생각합니다. 행동이야 말로 최선의 학습방법이라고 믿고 체험을 바탕으로 객관적인 판단을 하며 경제적 인간의 성격을 가지고 있어 일을 실용적으로 처리하는 행동주의자입니다. 금의 성격은 정성스럽고 참되며 공평하고 거짓이 없으며 한결같은 성실성이 높습니다. 자기의 욕망과 감정을 스스로 무리하게 내리누르는 마음이 강합니다. 성공을 위한 준비는 오늘을 잘 사용하는 것부터 시작해야 한다고 믿습니다. 토는 옛 경험과 생각으로부터 자유로워 새로운 아이디어를 창안해낼 수 있고 타인의 혁신과 새로운 아이디어를 받아들일 수 있는 열린 마음의 성격입니다. 토는 믿음, 의리, 공평과 포용력이 있으며 활동적이고 부드러움과 열정이 있어 어느 분야에서나 지도력을 발휘할 수 있습니다.

천재적인 조각가이자 화가 미켈란젤로

성격모델 15의 오행성격과 비슷한 성격을 가진 이탈리아의 조각가, 건축가인 미켈란젤로의 인생사를 살펴서 미켈란젤로의 성격이 일생에 어떻게 영향을 미치게 되었는지를 필자가 설명하겠습니다.

미켈란젤로의 오행성격은 목 3개, 토 3개, 금 2개입니다. 화와 수의 오행성격은 0개입니다. 그러나 '화' 성격은 목과 토와 상생 관계이어서 목과 토에게서 충분한 도움을 받을 수 있어 '화'의 오행성격 특성을 활발하게 행동하게 하는 중간 단계 가까이 끌어올릴 가능성이 매우 높습니다. '수'의 성격도 목과 금과 상생 관계이어서 목과 금에게서 충분한 도움을 받을 수 있어 '수'의 오행성격 특성을 활발하게 행동하게 하는 중간 단계 가까이 끌어올릴 가능성이 높습니다.

미켈란젤로는 석공인 아버지 밑에서 생활하면서 자연스럽게 돌 깎는 기술을 익혔습니다. 메다치가의 로렌조 1세가 석공장에서 열심히 돌을 깎고 있는 미켈란젤로 소년을 발견했습니다. 소년에게 묻습니다. "무엇을 하고 있느냐?" "조각품을 만들려고요" "조각품이 완성되면 나에게 보여 주렴." "알겠습니다." 로렌조 1세는 다음 날 오전 산책하다가 미켈란젤로가 조각품을 완성시키는 것을 봅니다. "어떻게 이처럼 빠르게 조각품을 만들었니?" "어르신과 약속한 것을 지키려고 밤을 새워 조각했어요"(금 2개). 소년 미켈란젤로의 재능을 알아본 로렌조 1세는 미켈란젤로르 메디치가 공방에 데려와서 전문 조각가와 화가, 건축가에게 체계적인 전문교육을 받게 하여 위대한 예술가로 키웠습니다. 미켈란젤로는 모세, 다비드의 조각상을 완성했습니다. 그는 시스티나 성당 천장벽화를 4년 동안 발판에 누워서 작업을 해야 했고, 이로 인해 관절염, 근육경련과 눈병도 생겼습니다. 이 그림을 완성하겠다는 강력한 열망(목 3개)과 정신적·육체적 고통을 참고 인내심과 끈기 그리고 책임감과 성실함(금 2개), 그리고 창세기에 나오는 9가지의 이야기를 보통 사람들이 쉽게 이해하도록 그 속에 있는 인물들을 위대한 창의력(토 3개)으로 표현한 미켈란젤로의 걸작입니다. 필자도 천장화를 한 번 보았는데 지금까지 영상으로 머리에 남아있습니다. "내 작업에 믿을 만한 길잡이는 아름다움입니다. 저에게 나의 그림과 조각은 나의 거울이요 등불입니다."라는 미켈란젤로의 말은 그의 인생사를 대변하는 것 같습니다.

미켈란젤로는 그의 강점성격인 목 3개, 금 2개, 토 3개를 최대로 발전, 확대시켜 빛낸 분으로 생각됩니다. 성격모델 15의 성격 소유자도 자신의 강점성격을 알고 최선의 노력을 하면 미켈란젤로에 버금가는 인생사를 만들 가능성이 있습니다.

성격모델 16
목 2개, 금 3개, 화 1개, 수 1개, 토 1개(개인 사주 8자에 배정된 오행성격 분포수)

영화와 연극에는 주연과 조연배우가 있습니다. 영화나 연극이 성공한 작품이 되려면 주연과 조연배우 모두 각자에게 주어진 역할을 충실하게 연기해 내는 것이 필수조건입니다. 오행성격인 목, 화, 금, 수, 토 역시 각각을 주연과 조연의 역할로 나누어 이해한다면 활용이 아주 쉽습니다.

성격모델 16에서 사주 8자 중에 배정될 수 있는 오행성격, 목, 화, 금, 수, 토의 평균 분포수는 1.6개입니다(사주 8자÷오행성격 5자=1.6 : 실제가 아닌 이론적 수치). 오행성격 특성이 활발히 행동하게 하는 단계를 3단계, 즉 상·중·하단계로 선택하여 이해하기 쉽게 정하였습니다. 오행성격 평균 분포수 1.6개를 활발히 행동하게 하는 단계를 3단계 중 중간 단계로 정하였습니다. 개인의 오행성격 특성 분포수가 평균 분포수 1.6개보다 높은 2개 이상은 강점성격(재능)으로, 평균 분포수보다 낮은 한 개 이하는 약점성격으로 정하였습니다. 오행성격의 강점성격은 주연 역할을, 약점성격은 조연 역할로 설명하였습니다.

목과 화의 오행성격 행동의 뿌리는 자연생태계에 적응한 생물 본능(자신과 가족을 돌보고 지키며, 아들, 딸, 손자, 손녀들이 많아지고 부자가 되기를 바라는 생물 성질)에 있습니다. 목과 화의 오행성격 특성이 동시에 강점성격(재능)으로 나타날 때는 활동하기 좋은 '봄'을 닮은 목의 성격이 주연 역할을 하고 더위 때문에 활동하기가 힘든 '여름'을 닮은 화의 성격이 조연 역할을 합니다. 금과 수의 오행성격 행동의 뿌리는 인공 생태계에 적응한 사회 본능(짐승이 아닌 사람답게 사회 생활을 하려고 하는 마음이 밑바탕이 된 사람 성질)에 있습니다. 금과 수의 오행성격 특성이 동시에 강점성격(재능)으로 나타날 때는 활동하기 상쾌한 '가을'을 닮은 금의 성격이 주연 역할을 하고, 추위 때문에 활동하기가 어려운 '겨울'을 닮은 수의 성격이 조연 역할을 하게 됩니다.

토의 오행성격은 생물 본능에 뿌리를 두고 있는 목과 화의 성격과 사회 본능에 뿌리를 두고 있는 금과 수의 성격을 모두 함께 가지고 있습니다. 목과 화 성격이 두 개가 모두 약점성격일 때, 또는 금과 수 성격이 두 개가 모두 약점성격일 때, 토의 성격이 강점성격일 경우에만 목과 화의 약점성격을, 혹은 금과 수의 약점성격을 대리(agency)하여 강점성격의 역할, 즉 주연 역할을 하게 됩니다. 그러나 토의 성격이 약점성격일 경우는 목과 화의 약점성격과 금과 수의 약점성격을 대리할 수 없습니다.

성격모델 16에서는 생물 본능에 뿌리를 둔 강점성격인 목이 주연 역할을 하고, 사회 본능에 뿌리를 둔 강점성격 금이 주연 역할을 합니다. 약점성격인 화, 수, 토는 조연 역할을 합니다.

말이 끄는 마차가 정상적으로 굴러가기 위해서는 두 개의 바퀴가 있어야 합니다. 오행성격에서 생물 본능에 뿌리를 두고 있는 목과 화의 성격이 한쪽 바퀴가 되고 사회 본능에 뿌리를 두고 있는 금과 수의 성격이 반대쪽 바퀴가 됩니다. 성격모델 16에서는 생물 본능에 뿌리를 둔 야성미가 있는 강점성격 화와 사회 본능에 뿌리를 둔 세련미가 있는 금이 주연 역할을 하게 되어 균형을 잡습니다. 목, 수, 토의 성실한 조연 역할로 조화를 이루게 되어 오행성격 간에 균형과 조화를 튼튼하게 이룬 건전한 성격 조합이 됩니다.

자기의 음양오행 성격은 태어날 때부터 가지고 있는 자기만의 특별한 재능(unique talent)입니다. 이 재능을 키우면 자기의 성격에 맞는 분야에서 성공할 가능성이 매우 높습니다. 자기의 목·금의 강점성격을 매일 아침 일어나 4회 반복하여 소리 내어 읽고 화·수·토의 약점성격도 매일 2회 소리 내어 읽으면 몇 주 후에는 오행성격 특성들의 내용을 이해하고 확실히 익혀 스스로가 활용 가능한 수준에 이르게 됩니다. 당신의 밝은 미래를 위한 준비는 오늘을 잘 활용하는 것으로부터 시작됩니다. 어제는 지나갔으며 내일은 아직 오지 않았습니다. 미래를 준비할 수 있는 기회는 오늘뿐입니다. 음양오행 성격에 대해 매일 10분씩만 투자하여 몸에 익히는 훈련과 노력을 한다면 당신의 강점성격을 개발시키고 약점성격을 강화할 수 있으며, 당신의 무한한 잠재력을 최대로 발휘시켜 삶을 성공적으로 이끄는 내비게이션 역할을 할 것입니다.

우리는 자기의 마음이 끌리는 일을 할 때 만족감을 느낍니다. 끌림은 당신의 내면에서 부르는 소리를 듣고 서로 응하여 대답하는 마음입니다(생존 본능). 좋아하는 일은 누구나 즐기면서 합니다. 하고 싶은 일을 할 때는 신바람이 납니다. 자기의 강점성격에 맞는 일은 마음이 끌리며 즐겁고 계속하고 싶어집니다. 마음이 끌리는 대로 따라가는 것, 즉 당신의 성격 안에 있는 내비게이션이 안내하는 대로 따라가면 인생 여정은 기쁨이 동반자가 될 것입니다.

성격모델 16에서 오행성격 특성을 요약한 3장 81~88페이지 12개 중에 가장 중요한 오행성격 특성을 추려내어 정리했습니다.

① 목의 강점성격
• 돋보이고 싶은 욕구, 하고자 하거나 가지고자 하는 다음이 몹시 간절한 욕망과 열망, 그리고 야망이 강렬하며 많은 꿈을 가진 봄을 닮은 원시인 행동의 중요한 뿌리가 되는 자연계에 적응한 생물 본능적 성격입니다.

- 새롭고 신기한 것에 호기심과 흥미를 강렬하게 느끼며 도전하여 이기는 경쟁을 즐깁니다.

- 성취하려는 욕망이 강점성격이 된 것은 하늘이 내려준 선물입니다. 당신이 가진 모든 것은 하늘로부터 받은 선물이기 때문에 당신은 이것을 받아들일 수밖에 없습니다.

- 당신은 매년, 매월 심지어 매주마다 즐기는 일 즉 목표를 계획합니다. 직접 경험할 수 있고 측정할 수 있고 정해진 시간표대로 생활합니다.

- 당신은 말이나 생각이 아니라 모든 일은 행동이 있어야 성과가 나올 수 있다고 믿습니다. 행동이야말로 체험을 통한 학습이라고 믿고 할 일을 결정하고 행동하고 그 결과를 보면서 배웁니다.

- 카멜레온처럼 환경과 상황 변화에 민감하여 속과 겉이 다르게 전략적으로 행동합니다.

② 금의 강점성격

- 논리적이고 합리적인 사고를 하며 냉정하게 행동하는 것이 싸늘한 가을을 닮은 인간 행동의 뿌리가 되는 사람이 만든 환경에 적응한 사회적 본능 성격입니다.

- 책임감이 강하고 정신적·육체적 고통을 참고 견디는 인내심과 끈기가 강합니다.

- 세상의 안쪽에는 여러 가지 위험이 도사리고 있는 것을 알고 조심성 있고 신중하게 행동합니다. 돌다리도 두드려 보고 안전을 확인한 후 건너가는 성격입니다.

- 곧이곧대로 말하고 솔직함에 충실합니다. 일에 집중력은 강하지만 융통성이 부족합니다.

• 삶의 과거 경험과 배움으로 얻은 지식을 활용해서 마주하는 상황을 정확하게 분석하고 객관적인 판단을 할 수 있는 능력이 있어 남을 비판할 가능성이 높습니다. 다른 한편으로 개인의 차이점은 성격 차이에서 생기는 것을 알고 강점성격은 개발하고 약점성격은 보완하도록 용기와 의욕을 불어넣습니다.

• 처음 배운 몇 개의 사실에서 느끼는 짜릿한 기쁨, 배운 것을 이야기하거나 연습해 보는 처음의 노력, 몸에 익힌 기술에 대해 점점 더 커지는 확실한 믿음 이러한 배우고 활용하는 과정에 마음이 강하게 끌립니다.

③ 토의 약점성격

• 토는 '생명체는 모두 중요한 존재'라는 믿음으로 동·식물에게 삶의 터전을 차별하지 않고 포용하고 개방합니다. 옛 경험이나 생각으로부터 자유로운 열린 마음을 가지고 있어 새로운 아이디어를 만들어 내고 타인들의 혁신과 새로운 아이디어를 받아들이는 열린 마음의 성격입니다.

• 토의 성격은 사계절 변화 기간(2월, 5월, 8월, 11월) 사이에 봄, 여름, 가을, 겨울에 계절의 변화에 쉽게 적응하도록 공평한 도움을 주는 신뢰감 있는 협력자의 역할을 성실히 수행합니다.

• 믿음, 의리, 공평 그리고 포용력이 있으며, 활동적이고 부드러움, 열정, 책임감이 강해 지도력이 있습니다.

• 어떤 상황에서도 주어진 일을 자신이 해낼 수 있다는 자신감을 가지고 있으며 인내심, 끈기가 있고 성취욕이 강렬하여 주어진 일을 끝까지 책임감을 가지고 마무리 짓습니다.

④ 화의 약점성격

• 열정과 정열이 강렬하여 자신을 불사를 가능성이 있습니다.

• 신경이 예민하여 눈앞에 위협적인 상황 또는 불확실한 상황에 대해 불안해하고 근심할 수 있습니다.

• 목표지향성과 성취에 대한 열정 그리고 도전정신이 있습니다. 그러나 침착하지 못하고 인내심이 부족하여 쉽게 좌절합니다.

• 감정적이고 동정적이며 감사하는 마음이 강합니다. 개인적인 감정으로 판단합니다.

• 위협적인 상황에서 자신을 보호하기 위한 싸움의 방어 전략과 응집된 에너지 덩어리인 분노를 보입니다.

⑤ 수의 약점성격

• 주위로부터 마음의 충동과 자극을 받아도 흔들리지 않고 천연덕스럽게 미지근한 행동을 하는 여유만만한 유연성이 있습니다. 지혜를 쌓는 계절, 겨울철을 닮은 인간 행동의 뿌리가 되는 인공 생태계에 적응한 사회 본능적 성격입니다.

• 타인의 마음을 헤아리고 감정을 느끼는 공감능력이 뛰어나며 포용과 친화력이 있어 의사소통이 원활하며 인간관계가 물 흐르듯 막힘이 없습니다.

상생 상극을 활용하여 오행성격 간의 균형과 조화를 이룰 수 있습니다.

상생과 상극은 봄, 여름, 가을, 겨울이 변함없이 순서대로 돌고 도는 순환적인 4계절에 대한 체험을 바탕으로 만들어졌습니다. 상생(서로 도움을 주는 순환적 상호협력 관계)과 상극(넘치는 것을 덜어 내고 부족한 것은 채워 주며 어려운

301

상황을 이겨 내게 멘토링을 해주는 순환적 상호조절 관계)을 활용하여 오행성격 간에 균형과 조화를 이룰 수 있습니다.

성격모델 1(104페이지)에 있는 상생도와 상극도를 보면서 다음 글을 읽으면 이해가 빠릅니다. 상생도와 상극도 오행성격 간에 관계를 쉽게 이해하여 오랫동안 기억에 남을 수 있는 그림을 활용한 것입니다. 상생은 생물 본능에 뿌리를 둔 사람의 계절의 성격인 '목'과 생장 계절의 성격인 '화' 사이(목생화, 화생목), 그리고 사회 본능에 뿌리를 둔 씨 뿌리고 가꾼 대로 거두어들이는 정직한 계절의 성격인 '금'과 지혜를 쌓는 계절의 성격인 '수' 사이(금생수+수생금)에 이루어집니다. 사계절처럼 순환하는 또 하나의 상생은 겨울을 닮은 '수'와 봄을 닮은 '목' 사이를 상생으로 연결하여 순환이 계속 이어지게 하였습니다.

영화·연극에서 감독은 출연 배우 모두를 관리하는 관리자 역할을 하는 것처럼 '토'는 화와 금과는 '상생', 목과 수와는 '상극' 관계로 생장의 계절인 에너지 넘치는 '화'의 성격과 성숙 계절인 가을을 닮은 성실성이 근본이 되는 '금'의 성격과는 상생을 합니다(토생화, 화생토 그리고 토생금, 금생토). 대부분 생물은 겨울잠을 자고 인간은 지혜를 쌓는 계절을 닮은 '수'의 성격과 생물이 겨울잠에서 깨어나 생명 활동을 시작하고 짝짓기를 하는 사랑의 계절을 닮은 목의 성격과 토의 성격 사이에는 상극이 이루어집니다. 즉 지나친 것이나 모자라는 것이나 다 같이 좋지 않습니다. 정도에 넘치는 짝짓기 횟수와 겨울과 봄 날씨가 뒤섞인 2월 자기의 사정에 알맞은 때를 기다리지 않고 일찍 겨울잠에서 깨어나면 생명이 위태로워지는 것을 알맞게 조절하는 것이 '토'의 상극 역할입니다(토극목).

사계절의 순환을 닮은 상생은 오행성격 간에 서로 돕는 관계지만 상극은 오행성격 간에 서로 조절하여 오행성격 간에 균형과 조화를 이루려는

302

인간의 지혜로 만들어진 것입니다. 상생도에 화(여름)와 금(가을)의 위치를 바꾸어 오행성격 간에 서로 조절하는 기능 즉 넘치는 것을 덜어 내고 부족한 것은 채워 주며 어려운 상황을 이겨 내게 하는 관계입니다.

화·수·토의 오행성격 분포수가 각각 1개로 오행성격 평균 분포수(상·중·하 3단계 중 중간 단계)인 1.6개보다 적어 약점성격입니다. 화는 강점성격인 목과 상생 관계이므로 목에게 충분한 도움을 받을 수 있어 화의 오행성격 특성을 활발하게 행동하게 하는 중간 단계 가까이 끌어올릴 가능성이 있습니다(목생화). 수는 강점성격은 목과 금과 상생 관계이므로 목과 금에게서 충분한 도움을 받을 수 있어 수의 오행성격 특성을 활발하게 행동하게 하는 중간 단계 가까이 끌어올릴 가능성이 매우 높습니다(목생수+금생수). 강점성격인 금은 화와 상극 관계이므로 화에게 부족한 것을 채워 주는 성실한 멘토 역할을 할 수 있습니다(금극화).

오행성격은 각각의 재능을 가지고 있습니다. 각 재능을 단순하게 합치면(1+1+1+1+1=5) 5개 재능에 지나지 않습니다. 그러나 상생과 상극 활용으로 오행성격 팀을 만들어 오행성격 특성 간에 균형과 조화를 이루는 팀워크를 하게 되면 오행성격 재능을 배가시킬 수 있습니다.

사주 8자에 분포된 오행성격 목, 화, 금, 수, 토에 음 또는 양이 하나씩 분포되어 있습니다. 오행성격 특성의 활성화 정도가 양이 분포된 경우는 올라가지만 음이 분포된 경우는 오행성격의 활성화 정도가 내려갑니다. 성격 모델 30개는 이론적 모형입니다. 실제 사주 8자는 개인정보 보호법 때문에 조사가 불가능하였습니다. 오행성격 목, 화, 금, 수, 토의 음양의 역할은 설명할 수 없게 되었음을 이해하여 주시기 바랍니다. 그러나 개인은 이 책의 음양 성격 활용법을 읽고 이해하면 음과 양의 오행성격 활용이 가능합니다.

음양의 성격 활용법은 3장 73~74페이지를 참고하시기 바랍니다.

<u>목의 강점성격은</u> 여러 가지 꿈을 함께 이루려는 욕망이 강렬합니다. '토끼 두 마리를 한꺼번에 잡으려다가 한 마리도 못 잡는다.'는 속담이 있습니다. '금'은 '목'에게 삶의 목표를 신중하게 하나를 선택해서 빈틈없고 완벽한 계획을 세우고 성실하게 실행할 것을 충고하며 응원합니다(금극목). 그리고 '목'에게 돋보이고 싶은 사회적 출세와 강렬한 명예 욕구를 현실에 적합하도록 스스로 자신을 조절하게 돕습니다(금극목). '목'은 삶의 목표를 높게 세우고 이에 대한 성취를 열망하고 그곳에 '화'에게서 에너지를 충분히 지원 받아 성취에 집중하는 의지력이 매우 강합니다(화생목). 카멜레온처럼 상황 변화에 민감하여 속과 겉이 다르게 전략적으로 행동을 합니다. 그 결과 사회 생활에서 신용을 잃고 주위로부터 따돌림 당할 가능성이 큽니다. 목, 화, 금, 수에게 신용 있는 협력자 역할을 하는 토는 전략적 행동을 될 수 있는 대로 적게 하도록 목에게 충고합니다(토극목). 수는 호기심과 흥미에 끌려 어수선하고 바쁘게 생활하는 '목'에게 유연하고 여유 있게 생활하도록 도움을 줍니다(수생목).

<u>금의 강점성격은</u> 이성적(감정에 좌우되지 않고 논리적으로 생각하고 판단하는 능력)이어서 경험과 지식으로 객관적인 분석을 할 수 있어 타인의 성격 강점과 약점 그리고 잠재력을 보고 강점은 개발하고 약점은 보완하도록 용기와 의욕을 불어넣습니다. 때로는 타인을 쉽게 비판할 수 있어 주위 사람들로부터 푸대접을 받을 가능성이 높습니다. 금은 화와 상극 관계이므로 금

은 화에게서 사람을 쉽게 비판하는 것을 줄이고 진정으로 사랑이 담긴 조언을 하라는 충고를 받아들일 가능성이 있습니다. 금이 화의 충고를 받아들이면 싸늘한 비판이 사랑이 담긴 멘토로 바뀔 수 있습니다(화극금). 금은 일을 계획한 대로 처음부터 끝까지 한결같은 태도로 일하는 데는 집중력은 있지만 집중력이 지나치면 일에 집착하게 되고 때로는 고집불통이 될 가능성이 높습니다. 수와 금은 상생 관계이므로 수가 금에게 일상생활에서 융통성과 유연한 태도를 가지는 습관을 기르도록 응원을 할 수 있습니다. 금이 수의 도움을 받아 고집불통을 누그러뜨릴 가능성이 있습니다(수생금). 금은 신중하고 조심성이 많습니다. 돌다리도 두드려 보고 건너는 안전하고 완벽한 생활을 좋아합니다. 안전하고 완벽한 생활태도는 모든 세상일에 겁이 많아 주어진 일을 끝맺음하기가 어렵습니다. 목과 금은 상극 관계입니다. 목은 금에게 '많은 세상일에는 용기 있는 도전정신을 가져야 일을 제때에 끝낼 수 있다'는 충고를 할 수 있습니다. 금은 목의 충고를 받아들여야 제때 많은 일을 끝맺음할 수 있습니다(목극금).

　<u>화의 약점성격</u>은 정열과 열정이 강렬하여 자기 몸마저 불사를 가능성이 있습니다. 화는 수·금과 상극 관계이므로 수에게서 겨울철의 찬물 같은 마음을 가지라는 충고를 받을 수 있고 금에게서 냉정한 마음을 가지라는 싸늘한 조언을 받을 수 있어 타오르는 정열과 열정을 어느 정도 식히고 냉정한 마음을 가질 수 있습니다(수극화+금극화). 화는 목의 성격처럼 미래의 가능성이 있는 비전을 보고 성취에 대한 열정과 도전정신도 가지고 있습니다. 그러나 화는 침착하지 못하고 인내심이 부족하여 성취에 대한 열정과 도전정신이 쉽게 꺾입니다. 화와 목은 상생 관계이므로 화는 목에게서 성취에 대한 동기와 북돋음을 받을 수 있어 미래에 대한 꿈과 성취에 대한 열정과 도전정신이 되살아날 수 있습니다(목생화). 또한 화와 금은 상

극 관계이므로 화는 금으로부터 인내심을 갖도록 하는 성실한 충고를 받을 수 있습니다(금극화). 화는 토와 상생 관계이므로 토에게서 성취욕과 일의 끝맺음에 대한 도움을 받을 가능성이 높습니다(토생화).

수의 약점성격은 미지근한 행동과 쉽게 살려는 태도로 주위 사람에게 자신감이 없고 게으른 사람으로 오해 받을 가능성이 높습니다. 목과 수는 상생 관계이므로 목이 수에게 자기주장과 적극적인 성격을 가지는 데 도움을 줄 수 있습니다. 수가 목의 도움과 응원을 받아들여 노력하면 적극적인 행동과 부지런한 성격을 가질 수 있습니다(목생수). 수는 타인의 감정을 쉽게 읽고 공감능력과 동정심이 많아 타인을 돕는 데 적극적입니다. 이런 행동들은 사람들에게 이용당해 자기와 가족에게 경제적인 피해를 입힐 가능성이 높습니다. 흙(토)으로 둑을 쌓아 흘러가는 물을 모아 두어 필요할 때 물을 사용하는 지혜가 토에게 있습니다. 수와 토는 상극 관계입니다. 수는 토에게서 재물을 절약하는 지혜 있는 멘토를 받아들여야 다른 사람들에게 이용당할 염려를 줄일 수 있습니다(토극수).

토의 약점성격은 목, 화, 금, 수에게 세상 변화에 쉽게 적응하도록 협력자 역할을 합니다. 토는 정직하고 진실하여 신뢰감을 주며 개방적인 성격이어서 사람들과 소통이 잘 되어 인간관계가 물 흐르듯 막힘이 없습니다. 토는 믿음, 의리, 공평 그리고 포용력이 있으며 활동적이고 부드러움과 열정이 있어 리더십이 강합니다.

요약: 성격모델 16에서 목과 금이 중심 역할을 하는 강점성격(재능)입니다.

목의 성격은 외부의 사실에 초점을 맞추는 외향적, 활동적, 사교적입니다.

마음 깊은 곳에서 오직 행동만이 중요하다는 것을 알고 모든 일에 행동이 있어야 성과가 나올 가능성이 있다고 생각합니다. 행동이야말로 최선의 학습 방법이라고 믿고 체험을 바탕으로 객관적인 판단을 하며 경제적인 인간 성격을 가지고 있어 일을 실용적으로 처리하는 행동주의자입니다. 금은 정성스럽고 참되며 공평하고 거짓이 없으며 한결같은 성실성이 높습니다. 금은 무엇인지 문제를 파악하고 해결책은 찾는 일에 흥미를 느끼고 즐겁니다. 하겠다고 말한 것에 대해서 끝까지 성실하게 책임을 지려고 합니다. 경영, 경제, 회계, 통계, 생물학 등 분야에서 능력을 발휘할 가능성이 높습니다.

아르헨티나의 전설 마라도나

성격모델 16의 오행성격과 비슷한 성격을 가진 아르헨티나의 전설적인 축구선수 마라도나의 인생사를 살펴서 마라도나의 성격이 일생에 어떻게 영향을 미치게 되었는지를 필자가 설명하겠습니다. 마라도나의 오행성격은 금3개, 목 2개, 화1개, 토1개, 수1개입니다. 성격모델 16의 오행성격과 비슷합니다.

마라도나는 가난한 가정에서 태어나 판자촌에서 자랐습니다. 마라도나는 세 살 때 선물로 축구공을 받아 축구에 빠져들게 되었습니다. 마라도나 이 8살 때 동네 축구클럽에서 축구를 하던 중에 유소년을 스카우트하는 사람의 눈에 띄어 유명한 유소년 팀의 핵심 선수가 됩니다. 12살 볼보이이던 시절 1군 팀 경기 하프타임 중에 그는 마법 같은 공을 다루는 모습을 선보이며 관객을 놀라게 하였습니다. 마라도나의 마법 같은 기술은 많은 노력과 성실한 훈련의 결과이며(금 3개) 일류 축구선수가 되겠다는 강렬한 야망(목 2개)의 표현입니다. 마라도나는 16세에 등번호 16번을 달고 최연소

프로입단의 기록을 세웠습니다. 데뷔를 치른 단 몇 분만에 넛메그(nut meg: 상대방 다리 사이로 공을 쳐내는 기술)를 해냈습니다. 마라도나는 16살이 된 지 2주만에 프로축구에서 첫 골을 넣었습니다. 이후 넛메그 기술은 마라도나의 전매특허로 인정되었습니다. 마라도나는 펠러 선수와 함께 축구역사상 최고 선수로, 그리고 1980년대를 대표하는 선수가 되었습니다. 마라도나는 그의 성격강점인 금 3개, 목 2개를 확대, 발전시킨 본보기입니다. 성격모델 16의 성격 소유자는 청소년 때부터 마음에 끌리는 일을 목표로 삼고 열심히 노력하는 자신의 꿈을 이룰 수 있다고 생각합니다.

성격모델 17
목 2개, 수 2개, 토 2개, 화 1개, 금 1개(개인 사주 8자에 배정된 오행성격 분포수)

영화와 연극에는 주연과 조연배우가 있습니다. 영화나 연극이 성공한 작품이 되려면 주연과 조연배우 모두 각자에게 주어진 역할을 충실하게 연기해 내는 것이 필수조건입니다. 오행성격인 목, 화, 금, 수, 토 역시 각각을 주연과 조연의 역할로 나누어 이해한다면 활용이 아주 쉽습니다.

성격모델 17에서 사주 8자 중에 배정될 수 있는 오행성격, 목, 화, 금, 수, 토의 평균 분포수는 1.6개입니다(사주 8자÷오행성격 5자=1.6 : 실제가 아닌 이론적 수치). 오행성격 특성이 활발히 행동하게 하는 단계를 3단계, 즉 상·중·하단계로 선택하여 이해하기 쉽게 정하였습니다. 오행성격 평균 분포수 1.6개를 활발히 행동하게 하는 단계를 3단계 중 중간 단계로 정하였습니다. 개인의 오행성격 특성 분포수가 평균 분포수 1.6개보다 높은 2개 이상은 강점성격(재능)으로, 평균 분포수보다 낮은 한 개 이하는 약점성격으로 정하였습니다. 오행성격의 강점성격은 주연 역할을, 약점성격은 조연 역할로 설명하였습니다.

목과 화의 오행성격 행동의 뿌리는 자연생태계에 적응한 생물 본능(자신과 가족을 돌보고 지키며, 아들, 딸, 손자, 손녀들이 많아지고 부자가 되기를 바라는 생물 성질)에 있습니다. 목과 화의 오행성격 특성이 동시에 강점성격(재능)으로 나타날 때는 활동하기 좋은 '봄'을 닮은 목의 성격이 주연 역할을 하고 더위 때문에 활동하기가 힘든 '여름'을 닮은 화의 성격이 조연 역할을 합니다. 금과 수의 오행성격 행동의 뿌리는 인공 생태계에 적응한 사회 본능(짐승이 아닌 사람답게 사회 생활을 하려고 하는 마음이 밑바탕이 된 사람 성질)에 있습니다. 금과 수의 오행성격 특성이 동시에 강점성격(재능)으로 나타날 때는 활동하기 상쾌한 '가을'을 닮은 금의 성격이 주연 역할을 하고, 추위 때문에 활동하기가 어려운 '겨울'을 닮은 수의 성격이 조연 역할을 하게 됩니다. 토의 오행성격은 생물 본능에 뿌리를 두고 있는 목과 화의 성격과 사회 본능에 뿌리를 두고 있는 금과 수의 성격을 모두 함께 가지고 있습니다. 목과 화 성격이 두 개가 모두 약점성격일 때, 또는 금과 수 성격이 두 개가 모두 약점성격일 때, 토의 성격이 강점성격일 경우에만 목과 화의 약점성격을, 혹은 금과 수의 약점성격을 대리(agency)하여 강점성격의 역할, 즉 주연 역할을 하게 됩니다. 그러나 토의 성격이 약점성격일 경우는 목과 화의 약점성격과 금과 수의 약점성격을 대리할 수 없습니다.

성격모델 17에서는 생물 본능에 뿌리를 둔 강점성격인 목이 주연 역할을 하고 사회 본능에 뿌리를 둔 강점성격인 수가 주연 역할을 합니다. 토는 강점성격이지만 주연 같은 조연을 합니다. 약점성격인 화와 금은 조연 역할을 합니다.

말이 끄는 마차가 정상적으로 굴러가기 위해서는 두 개의 바퀴가 있어야 합니다. 오행성격에서 생물 본능에 뿌리를 두고 있는 목과 화의 성격이 한쪽 바퀴가 되고 사회 본능에 뿌리를 두고 있는 금과 수의 성격이 반대쪽 바퀴가 됩니다. 성격모델 17에서는 생물 본능에 뿌리를 둔 야성미가 있는 강점성격인 목과 사회 본능에 뿌리를 둔 세련미가 있는 강점성격인 수가 주연 역할을 합니다. 토는 강점성격이지만 주연 같은 조연 역할을 합니다. 결과적으로 화, 금, 토의 성실한 조연 역할로 조화를 이루게 되어 오행 성격 간에 균형과 조화를 튼튼하게 이룬 건전한 성격 조합이 됩니다.

자기의 음양오행 성격은 태어날 때부터 가지고 있는 자기만의 특별한 재능(unique talent)입니다. 이 재능을 키우면 자기의 성격에 맞는 분야에서 성공할 가능성이 매우 높습니다. 자기의 목·토·수의 강점성격을 매일 아침 일어나 4회 반복하여 소리 내어 읽고 화와 금의 약점성격도 매일 2회 소리 내어 읽으면 몇 주 후에는 오행성격 특성들의 내용을 이해하고 확실히 익혀 스스로가 활용 가능한 수준에 이르게 됩니다. 당신의 밝은 미래를 위한 준비는 오늘을 잘 활용하는 것으로부터 시작됩니다. 어제는 지나갔으며 내일은 아직 오지 않았습니다. 미래를 준비할 수 있는 기회는 오늘뿐입니다. 음양오행 성격에 대해 매일 10분씩만 투자하여 몸에 익히는 훈련과 노력을 한다면 당신의 강점성격을 개발시키고 약점성격을 강화할 수 있으며, 당신의 무한한 잠재력을 최대로 발휘시켜 삶을 성공적으로 이끄는 내비게이션 역할을 할 것입니다.

우리는 자기의 마음이 끌리는 일을 할 때 만족감을 느낍니다. 끌림은 당신의 내면에서 부르는 소리를 듣고 서로 응하여 대답하는 마음입니다(생존 본능). 좋아하는 일은 누구나 즐기면서 합니다. 하고 싶은 일을 할 때는 신바람이 납니다. 자기의 강점성격에 맞는 일은 마음이 끌리며 즐겁고 계속하고 싶어집니다. 마음이 끌리는 대로 따라가는 것, 즉 당신의 성격 안에 있는 내비게이션이 안내하는 대로 따라가면 인생 여정은 기쁨이 동반자가 될 것입니다.

성격모델 17에서 오행성격 특성을 요약한 3장 81~88페이지 12개 중에 가장 중요한 오행성격 특성을 추려내어 정리했습니다.

① 목의 강점성격
• 돋보이고 싶은 욕구, 하고자 하거나 가지고자 하는 마음이 몹시 간절한 욕망과 열망, 그리고 야망이 강렬하며 많은 꿈을 가진 봄을 닮은 원시인 행동의 중요한 뿌리가 되는 자연계에 적응한 생물 본능적 성격입니다.
• 새롭고 신기한 것에 호기심과 흥미를 강렬하게 느끼며 도전하여 이기는 경쟁을 즐깁니다.
• 성취하려는 욕망이 강점성격이 된 것은 하늘이 내려준 선물입니다. 당신이 가진 모든 것은 하늘로부터 받은 선물이기 때문에 당신은 이것을 받아들일 수밖에 없습니다.
• 당신은 매년, 매월 심지어 매주마다 즐기는 일 즉 목표를 계획합니다. 직접 경험할 수 있고 측정할 수 있고 정해진 시간표대로 생활합니다.
• 당신은 말이나 생각이 아니라 모든 일은 행동이 있어야 성과가 나올 수 있다고 믿습니다. 행동이야말로 체험을 통한 학습이라고 믿고 할 일을

결정하고 행동하고 그 결과를 보면서 배웁니다.

•카멜레온처럼 환경과 상황 변화에 민감하여 속과 겉이 다르게 전략적으로 행동합니다.

② 수의 강점성격

•주위로부터 마음의 충동과 자극을 받아도 행동이 우물쭈물 분명하지 않은 태도를 보이지만, 세상을 살아가는 일에는 침착하여 서둘지 않는 모습입니다.

•지혜를 쌓는 계절, 겨울철을 닮은 인간 행동의 뿌리가 되는 인공 생태계에 적응한 사회적 본능의 성격입니다.

•일이나 물체(thing)에 대한 빠른 이해와 깨달음을 바탕으로 한 정신(mental) 분야에 관계되는 능력이 높아 학자로 성공할 가능성이 높습니다.

•다른 사람의 마음을 헤아리고 감정을 느끼는 공감능력이 뛰어나고 포용과 친화력이 있어 의사소통이 원활해서 인간관계가 물 흐르듯 막힘이 없습니다.

•현실적인 감각이 뛰어나고 사물에 대해 객관적으로 판단하며 상황과 환경 변화에 유연하게 대처하는 적응력이 강합니다.

•현재를 위해 삽니다. 미래는 이 순간에 이뤄지는 선택으로부터 만들어지는 것이라고 생각합니다. 운명은 기회가 아닌 선택의 문제입니다. 미래는 기다리는 것이 아니라 성취하는 것입니다.

③ 토의 강점성격

•토는 '생명체는 모두 중요한 존재'라는 믿음으로 동·식물에게 삶의 터전을 차별하지 않고 포용하고 개방합니다. 옛 경험이나 생각으로부터 자

유로운 열린 마음을 가지고 있어 새로운 아이디어를 만들어 내고 타인들의 혁신과 새로운 아이디어를 받아들이는 열린 마음의 성격입니다.

- 토의 성격은 사계절 변화 기간(2월, 5월, 8월, 11월) 사이에 봄, 여름, 가을, 겨울에 계절의 변화에 쉽게 적응하도록 공평한 도움을 주는 신뢰감 있는 협력자의 역할을 성실히 수행합니다.

- 믿음, 의리, 공평 그리고 포용력이 있으며, 활동적이고 부드러움, 열정, 책임감이 강해 지도력이 있습니다.

- 어떤 상황에서도 주어진 일을 자신이 해낼 수 있다는 자신감을 가지고 있으며 인내심, 끈기가 있고 성취욕이 강렬하여 주어진 일을 끝까지 책임감을 가지고 마무리 짓습니다.

④ 화의 약점성격

- 열정과 정열이 강렬하여 자신을 불사를 가능성이 있습니다.

- 신경이 예민하여 눈앞에 위협적인 상황 또는 불확실한 상황에 대해 불안해하고 근심할 수 있습니다.

- 목표지향성과 성취에 대한 열정 그리고 도전정신이 있습니다. 그러나 침착하지 못하고 인내심이 부족하여 쉽게 좌절합니다.

- 감정적이고 동정적이며 감사하는 마음이 강합니다. 개인적인 감정으로 판단합니다.

- 위협적인 상황에서 자신을 보호하기 위한 싸움의 방어 전략과 응집된 에너지 덩어리인 분노를 보입니다.

⑤ 금의 약점성격

- 논리적이고 합리적인 사고를 하며 냉정하게 행동을 하며 싸늘한 가을

을 닮은 인간 행동의 뿌리가 되는 인공 생태계에 적응한 사회 본능적 성격입니다.

- 처음 배운 몇 개의 사실에서 느끼는 짜릿한 기쁨, 배운 것을 몸에 익히는 노력, 익힌 지식에 대한 점점 더 커지는 자신감 등이 공부하여 학업을 닦는 일에 마음이 끌리게 됩니다.

- 책임감이 강하고 정신적·육체적 고통을 참고 견디는 인내심과 끈기가 강합니다.

- 곧이곧대로 말하고 솔직함에 충실합니다. 일에 집중력은 강하지만 융통성이 부족합니다.

상생 상극을 활용하여 오행성격 간의 균형과 조화를 이룰 수 있습니다.

상생과 상극은 봄, 여름, 가을, 겨울이 변함없이 순서대로 돌고 도는 순환적인 4계절에 대한 체험을 바탕으로 만들어졌습니다. 상생(서로 도움을 주는 순환적 상호협력 관계)과 상극(넘치는 것을 덜어 내고 부족한 것은 채워 주며 어려운 상황을 이겨 내게 멘토링을 해주는 순환적 상호조절 관계)을 활용하여 오행성격 간에 균형과 조화를 이룰 수 있습니다.

성격모델 1(104페이지)에 있는 상생도와 상극도를 보면서 다음 글을 읽으면 이해가 빠릅니다. 상생도와 상극도 오행성격 간에 관계를 쉽게 이해하여 오랫동안 기억에 남을 수 있는 그림을 활용한 것입니다. 상생은 생물 본능에 뿌리를 둔 사람의 계절의 성격인 '목'과 생장 계절의 성격인 '화' 사이(목생화, 화생목), 그리고 사회 본능에 뿌리를 둔 씨 뿌리고 가꾼 대로 거두어들이는 정직한 계절의 성격인 '금'과 지혜를 쌓는 계절의 성격인 '수' 사이(금생수+수생금)에 이루어집니다. 사계절처럼 순환하는 또 하나의 상생은 겨울을 닮은 '수'와 봄을 닮은 '목' 사이를 상생으로 연결하여 순환이 계속

이어지게 하였습니다.

영화·연극에서 감독은 출연 배우 모두를 관리하는 관리자 역할을 하는 것처럼 '토'는 화와 금과는 '상생', 목과 수와는 '상극' 관계로 생장의 계절인 에너지 넘치는 '화'의 성격과 성숙 계절인 가을을 닮은 성실성이 근본이 되는 '금'의 성격과는 상생을 합니다(토생화, 화생토 그리고 토생금, 금생토). 대부분 생물은 겨울잠을 자고 인간은 지혜를 쌓는 계절을 닮은 '수'의 성격과 생물이 겨울잠에서 깨어나 생명 활동을 시작하고 짝짓기를 하는 사랑의 계절을 닮은 목의 성격과 토의 성격 사이에는 상극이 이루어집니다. 즉 지나친 것이나 모자라는 것이나 다 같이 좋지 않습니다. 정도에 넘치는 짝짓기 횟수와 겨울과 봄 날씨가 뒤섞인 2월 자기의 사정에 알맞은 때를 기다리지 않고 일찍 겨울잠에서 깨어나면 생명이 위태로워지는 것을 알맞게 조절하는 것이 '토'의 상극 역할입니다(토극목).

사계절의 순환을 닮은 상생은 오행성격 간에 서로 돕는 관계지만 상극은 오행성격 간에 서로 조절하여 오행성격 간에 균형과 조화를 이루려는 인간의 지혜로 만들어진 것입니다. 상생도에 화(여름)와 금(가을)의 위치를 바꾸어 오행성격 간에 서로 조절하는 기능 즉 넘치는 것을 덜어 내고 부족한 것은 채워 주며 어려운 상황을 이겨 내게 하는 관계입니다.

화와 금의 오행성격 분포수가 각각 1개로 오행성격 평균 분포수(상·중·하 3단계 중 중간 단계)인 1.6개보다 적어 약점성격입니다. 화는 강점성격인 목과 토와 상생 관계이므로 목과 토에게 충분한 도움을 받을 수 있어 화의 오행성격 특성을 활발하게 행동하게 하는 중간 단계 가까이 끌어올릴 가능성이 매우 높습니다(목생화+토생화). 금은 강점성격인 수와 토와 상생 관계이므로 수와 토에게서 충분한 도움을 받을 수 있어 금의 오행성격 특성을 활발하게 행동하게 하는 중간 단계 가까이 끌어올릴 가능성이 매우 높습니다(토생금+수생금).

목의 강점성격은 금과 상극 관계이므로 금에게 부족한 부분을 채워 주는 성실한 멘토 역할을 할 수 있습니다(목극금). 강점성격인 수는 화와 상극 관계이므로 목처럼 화에게 성실한 멘토 역할을 할 수 있습니다(수극화).

오행성격은 각각의 재능을 가지고 있습니다. 각 재능을 단순하게 합치면(1+1+1+1=5) 5개 재능에 지나지 않습니다. 그러나 상생과 상극 활용으로 오행성격 팀을 만들어 오행성격 특성 간에 균형과 조화를 이루는 팀워크를 하게 되면 오행성격 재능을 배가시킬 수 있습니다.

사주 8자에 분포된 오행성격 목, 화, 금, 수, 토에 음 또는 양이 하나씩 분포되어 있습니다. 오행성격 특성의 활성화 정도가 양이 분포된 경우는 올라가지만 음이 분포된 경우는 오행성격의 활성화 정도가 내려갑니다. 성격 모델 30개는 이론적 모형입니다. 실제 사주 8자는 개인정보 보호법 때문에 조사가 불가능하였습니다. 오행성격 목, 화, 금, 수, 토의 음양의 역할은 설명할 수 없게 되었음을 이해하여 주시기 바랍니다. 그러나 개인은 이 책의 음양 성격 활용법을 읽고 이해하면 음과 양의 오행성격 활용이 가능합니다.

음양의 성격 활용법은 3장 73~74페이지를 참고하시기 바랍니다.

목의 강점성격은 여러 가지 꿈을 함께 이루려는 욕망이 강렬합니다. '토끼 두 마리를 한꺼번에 잡으려다가 한 마리도 못 잡는다'는 속담이 있습니다. '금'은 '목'에게 삶의 목표를 신중하게 하나를 선택해서 빈틈없고 완벽한 계획을 세우고 성실하게 실행할 것을 충고하며 응원합니다(금극목). 그리고 '목'에게 돋보이고 싶은 사회적 출세와 강렬한 명예 욕구를 현실에 적합하도록 스스로 자신을 조절하게 돕습니다(금극목). '목'은 삶의 목표를 높게 세우고 이에 대한 성취를 열망하고 그곳에 '화'에게서 에너지를 충분히 지원 받아 성취에 집중하는 의지력이 매우 강합니다(화생목). 카멜레온처럼 상황 변화에 민감하여 속과 겉이 다르게 전략적으로 행동을 합니다. 그 결과 사회 생활에서 신용을 잃고 주위로부터 따돌림 당할 가능성이 큽니다. 목, 화, 금, 수에게 신용 있는 협력자 역할을 하는 토는 전략적 행동을 될 수 있는 대로 적게 하도록 목에게 충고합니다(토극목). 수는 호기심과 흥미에 끌려 어수선하고 바쁘게 생활하는 '목'에게 유연하고 여유 있게 생활하도록 도움을 줍니다(수생목).

　<u>수의 강점성격은</u> 미지근한 행동과 세상을 쉽게 살려는 태도로 주위 사람들로부터 자신감(self-confidence) 없고 게으른 사람으로 오해 받을 가능성이 큽니다. 수와 목은 상생 관계이므로 수는 목에게서 주위의 충동과 자극에 대해 좀 더 적극적인 태도와 자존감을 가지라는 응원과 격려를 받을 수 있어 미지근한 행동과 게으름 등을 줄일 수 있습니다(목생화). 강점성격인 수는 타인의 감정을 읽는 공감능력과 동정심이 높아 다른 사람들을 돕는 데 적극적이어서 타인들에게 이용당할 가능성이 높습니다. 수는 자신과 가족에게 경제적인 피해를 입힐 가능성이 높습니다. 흙(토)으로 제방을 만들어 흘러가는 물을 모아 두어 필요할 때 물(재물)을 사용하는 지혜가 토에게 있습니다. 수와 토는 상극 관계이므로 수는 토에게서 재물을 절약하는 지혜 있는 조언을 받아야 합니다(토극수). 수는 일이 되어가는 상황에 대한 빠른 이해와 깨달음을 바탕으로 정신활동에 관계되는 분야에 능력을 발휘할 수 있어 학자로 성공할 가능성이 있습니다. 수와 금은 상생 관

계이므로 인내심, 끈기와 집착심을 기르도록 하는 금의 성실한 충고를 받아들여 학자가 될 가능성이 높아집니다(금생수).

토의 강점성격은 목, 화, 금, 수의 성취의 모델이 됩니다. 토는 목·화의 생존 본능의 성격과 금·수의 사회 본능 성격의 역할을 자신감을 가지고 대신하여 해냅니다. 토는 자기 확신 즉 자신감을 가진 강점성격입니다. 토는 자신의 능력을 확실하게 믿습니다. 목, 화, 금, 수에게 신뢰감을 줍니다. 토는 '우리가 모두 똑같다'는 믿음에서 우리 모두는 서로 다른 성격 특성을 가지고 있지만 모두가 똑같은 중요한 존재라는 것을 믿고·모두를 포용합니다. 포용은 지도자 성격의 핵심입니다. 만물과 사계절을 감싸는 포용력이 있습니다.

화의 약점성격은 정열과 열정이 강렬하여 자기 몸마저 불사를 가능성이 있습니다. 화는 수·금과 상극 관계이므로 수에게서 겨울철의 찬물 같은 마음을 가지라는 충고를 받을 수 있고 금에게서 냉정한 마음을 가지라는 싸늘한 조언을 받을 수 있어 타오르는 정열과 열정을 어느 정도 식히고 냉정한 마음을 가질 수 있습니다(수극화+금극화). 화는 목의 성격처럼 미래의 가능성이 있는 비전을 보고 성취에 대한 열정과 도전정신도 가지고 있습니다. 그러나 화는 침착하지 못하고 인내심이 부족하여 성취에 대한 열정과 도전정신이 쉽게 꺾입니다. 화와 목은 상생 관계이므로 화는 목에게서 성취에 대한 동기와 북돋음을 받을 수 있어 미래에 대한 꿈과 성취에 대한 열정과 도전정신이 되살아날 수 있습니다(목생화). 또한 화와 금은 상극 관계이므로 화는 금으로부터 인내심을 갖도록 하는 성실한 충고를 받을 수 있습니다(금극화). 화는 토와 상생 관계이므로 토에게서 성취욕과 일의 끝맺음에 대한 도움을 받을 가능성이 높습니다(토생화).

금의 약점성격은 논리적이고 합리적인 사고로 객관적으로 판단할 수 있어 냉정하게 타인들을 비판할 가능성이 있습니다. 화와 금은 상극 관계이므로 화의 충고를 받아들여 평소 생활에서 타인을 사랑하고 이해하는 습관을 길들여 비판을 줄여야 합니다(화극금). 금은 일하는 데 집중력은 강하지만 융통성이 부족하여 고집불통이 될 수 있습니다. 수와 금은 상생 관계이므로 수의 응원을 받아들여 평소 생활에서 유연성과 융통성을 길들이는 습관을 길러야 합니다(수생목). 금은 조심성 있고 신중하여 돌다리도 두드려 보고 건너는 성격입니다. 목과 금은 상극 관계이므로 목에게서 도전정신을 가지라는 조언을 받을 수 있습니다. 도전정신을 가지는 것은 금의 의지에 달려 있습니다(목극금).

요약 : 성격모델 17에서 목, 수, 토가 중심 역할을 하는 강점성격(재능)입니다.

목의 성격은 외부의 사실에 초점을 맞추는 외향적, 활동적, 사교적입니다.

마음 깊은 곳에서 오직 행동만이 중요하다는 것을 알고 모든 일에 행동이 있어야 성과가 나올 가능성이 있다고 생각합니다. 행동이야말로 최선의 학습 방법이라고 믿고 체험을 바탕으로 객관적인 판단을 하며 경제적 인간의 성격이어서 일을 실용적으로 처리하는 행동주의자입니다. 수의 성격은 이타적으로 타인의 마음을 읽고 타인의 감정을 느끼는 공감능력이 뛰어납니다. 포용력과 친화력이 있어 의사소통이 원활해 인간관계가 물 흐르듯 막힘이 없습니다. 토의 성격은 옛 경험과 생각으로부터 자유로워 새로운 아이디어를 창안해 낼 수 있고 타인의 혁신과 새로운 아이디어를 받아들일 수 있는 열린 마음이 있습니다. 그리고 믿음, 의리, 공평, 포용력이 있어 어느 분야에서나 지도력을 발휘할 가능성이 큽니다.

중화인민공화국의 3대 최고 지도자 등소평(덩샤오핑)

성격모델 17의 오행성격과 비슷한 오행성격을 가진 중국을 공산주의 틀 안에서 미국 자본에 경제를 개방하고 시장을 개방하여 중국 경제를 성장 시킨 발판을 마련하고, 개혁 절차도 농민혁명가에서 교육을 받은 전문기술인으로 세대교차해서 제도화한 등소평 주석의 인생사를 살펴서 등소평의 성격이 일생에 어떻게 영향을 미치게 되었는지를 필자가 설명하겠습니다. 등소평의 오행성격은 목 2개, 토 2개, 수 2개, 화 1개, 금 1개로 성격모델 17의 오행성격과 비슷합니다.

등소평 주석은 부유한 지주의 장남으로 태어났습니다. 등소평 아버지는 등소평이 공자 같은 인물이 되기를 기대한 것으로 보입니다. 등소평은 낙관주의 성격(목 2개)으로 사람들과 잘 어울리는 원만한 성격(수 2개)이어서 공산당 안에서 적이 없었다고 합니다. 그는 파리에 유학하는 동안 부지런하게 일하고 낭비하지 않고 비용을 아껴 쓰는 중국의 유교의 가르침에 따라 르노에서 금속노동자로 일하면서 노동운동과 사회주의를 배웠습니다. 소련 모스크바 중산대학교에 유학하며 중국공산당에 입당하였습니다. 귀국 후 공산혁명에 가담하여 한 때 마우쩌둥 파에 대립했으나 얼마 후 마우쩌둥의 이론을 인정하고 마우쩌둥의 전우가 되어 대장정에 참여하여 꿈을 세웁니다. 등소평 주석은 실권과 복권을 여러 번 했습니다. 그는 현실적 감각이 뛰어나고 현실 상황에 대해 사실에 근거하여 객관적으로 판단하여 상황과 환경 변화에 적응력이 강해 오뚝이란 별명도 가졌습니다(수 2개). 등소평 주석은 마음이 열려있어 포용력이 있으며 활동적이고 부드러움과 친구들과 소통이 원활하여 지도력이 있습니다. 그는 서방과의 관계도 확연히 증진시켜 해외순방도 하고 서방지도자들과도 우호적인 만 남을 가졌습니다. 미국 대통령 지미 카터도 만났으며 중화인민공화국을 중국 유일한 합법 정부로 유엔에서 정식 공인받았습니다. 등소평 주석의 개혁은 세계 어디에서도 볼 수 없는 인류 복지의 가장 큰 향상을 가져왔다는 언론인의 평가가 있습니다. **등소평 주석의 강점성격은 낙관적인 행동파(목 2개)이며, 열린 마음을 가진 포용력(토 2개), 유연성과 친화력(수 2개)을 빛내게 한 인생사의 모델이라고 생각됩니다.**

성격모델 18
목 3개, 수 2개, 화 1개, 금 1개, 토 1개(개인 사주 8자에 배정된 오행성격 분포수)

영화와 연극에는 주연과 조연배우가 있습니다. 영화나 연극이 성공한 작품이 되려면 주연과 조연배우 모두 각자에게 주어진 역할을 충실하게 연기해 내는 것이 필수조건입니다. 오행성격인 목, 화, 금, 수, 토 역시 각각을 주연과 조연의 역할로 나누어 이해한다면 활용이 아주 쉽습니다.

성격모델 18에서 사주 8자 중에 배정될 수 있는 오행성격, 목, 화, 금, 수, 토의 평균 분포수는 1.6개입니다(사주 8자÷오행성격 5자=1.6 : 실제가 아닌 이론적 수치). 오행성격 특성이 활발히 행동하게 하는 단계를 3단계, 즉 상·중·하단계로 선택하여 이해하기 쉽게 정하였습니다. 오행성격 평균 분포수 1.6개를 활발히 행동하게 하는 단계를 3단계 중 중간 단계로 정하였습니다. 개인의 오행성격 특성 분포수가 평균 분포수 1.6개보다 높은 2개 이상은 강점성격(재능)으로, 평균 분포수보다 낮은 한 개 이하는 약점성격으로 정하였습니다. 오행성격의 강점성격은 주연 역할을, 약점성격은 조연 역할로 설

명하였습니다.

목과 화의 오행성격 행동의 뿌리는 자연생태계에 적응한 생물 본능(자신과 가족을 돌보고 지키며, 아들, 딸, 손자, 손녀들이 많아지고 부자가 되기를 바라는 생물 성질)에 있습니다. 목과 화의 오행성격 특성이 동시에 강점성격(재능)으로 나타날 때는 활동하기 좋은 '봄'을 닮은 목의 성격이 주연 역할을 하고 더위 때문에 활동하기가 힘든 '여름'을 닮은 화의 성격이 조연 역할을 합니다. 금과 수의 오행성격 행동의 뿌리는 인공 생태계에 적응한 사회 본능(짐승이 아닌 사람답게 사회 생활을 하려고 하는 마음이 밑바탕이 된 사람 성질)에 있습니다. 금과 수의 오행성격 특성이 동시에 강점성격(재능)으로 나타날 때는 활동하기 상쾌한 '가을'을 닮은 금의 성격이 주연 역할을 하고, 추위 때문에 활동하기가 어려운 '겨울'을 닮은 수의 성격이 조연 역할을 하게 됩니다. 토의 오행성격은 생물 본능에 뿌리를 두고 있는 목과 화의 성격과 사회 본능에 뿌리를 두고 있는 금과 수의 성격을 모두 함께 가지고 있습니다. 목과 화 성격이 두 개가 모두 약점성격일 때, 또는 금과 수 성격이 두 개가 모두 약점성격일 때, 토의 성격이 강점성격일 경우에만 목과 화의 약점성격을, 혹은 금과 수의 약점성격을 대리(agency)하여 강점성격의 역할, 즉 주연 역할을 하게 됩니다. 그러나 토의 성격이 약점성격일 경우는 목과 화의 약점성격과 금과 수의 약점성격을 대리할 수 없습니다.

말이 끄는 마차가 정상적으로 굴러가기 위해서는 두 개의 바퀴가 있어야 합니다. 오행성격에서 생물 본능에 뿌리를 두고 있는 목과 화의 성격이 한쪽 바퀴가 되고 사회 본능에 뿌리를 두고 있는 금과 수의 성격이 반대쪽 바퀴가 됩니다. 성격모델 18에서는 생물 본능에 뿌리를 둔 야성미가 있는 강점성격인 목과 사회 본능에 뿌리를 둔 세련미가 있는 강점성격인 수가 주연 역할을 하게 되어 균형을 잡습니다. 화, 금, 토의 성실한 조연 역할로 조화를 이루게 되어 오행성격 간에 균형과 조화를 튼튼하게 이룬 건전한 성격 조합이 됩니다.

　자기의 음양오행 성격은 태어날 때부터 가지고 있는 자기만의 특별한 재능(unique talent)입니다. 이 재능을 키우면 자기의 성격에 맞는 분야에서 성공할 가능성이 매우 높습니다. 자기의 목·수의 강점성격을 매일 아침 일어나 4회 반복하여 소리 내어 읽고 화·토·금의 약점성격도 매일 2회 소리 내어 읽으면 몇 주 후에는 오행성격 특성들의 내용을 이해하고 확실히 익혀 스스로가 활용 가능한 수준에 이르게 됩니다. 당신의 밝은 미래를 위한 준비는 오늘을 잘 활용하는 것으로부터 시작됩니다. 어제는 지나갔으며 내일은 아직 오지 않았습니다. 미래를 준비할 수 있는 기회는 오늘뿐입니다. 음양오행 성격에 대해 매일 10분씩만 투자하여 몸에 익히는 훈련과 노력을 한다면 당신의 강점성격을 개발시키고 약점성격을 강화할 수 있으며, 당신의 무한한 잠재력을 최대로 발휘시켜 삶을 성공적으로 이끄는 내비게이션 역할을 할 것입니다.

　우리는 자기의 마음이 끌리는 일을 할 때 만족감을 느낍니다. 끌림은 당신의 내면에서 부르는 소리를 듣고 서로 응하여 대답하는 마음입니다(생존 본능). 좋아하는 일은 누구나 즐기면서 합니다. 하고 싶은 일을 할 때는 신바람이 납니다. 자기의 강점성격에 맞는 일은 마음이 끌리며 즐겁고 계속하고 싶어집니다. 마음이 끌리는 대로 따라가는 것, 즉 당신의 성격 안에 있는 내비게이션이 안내하는 대로 따라가면 인생 여정은 기쁨이 동반자가 될 것입니다.

성격모델 18에서 오행성격 특성을 요약한 3장 81~88페이지 12개 중에 가장 중요한 오행성격 특성을 추려내어 정리했습니다.

① 목의 강점성격

• 돋보이고 싶은 욕구, 하고자 하거나 가지고자 하는 마음이 몹시 간절한 욕망과 열망, 그리고 야망이 강렬하며 많은 꿈을 가진 봄을 닮은 원시인 행동의 중요한 뿌리가 되는 자연계에 적응한 생물 본능적 성격입니다.

• 새롭고 신기한 것에 호기심과 흥미를 강렬하게 느끼며 도전하여 이기는 경쟁을 즐깁니다.

• 성취하려는 욕망이 강점성격이 된 것은 하늘이 내려준 선물입니다. 당신이 가진 모든 것은 하늘로부터 받은 선물이기 때문에 당신은 이것을 받아들일 수밖에 없습니다.

• 당신은 매년, 매월 심지어 매주마다 즐기는 일 즉 목표를 계획합니다. 직접 경험할 수 있고 측정할 수 있고 정해진 시간표대로 생활합니다.

• 당신은 말이나 생각이 아니라 모든 일은 행동이 있어야 성과가 나올 수 있다고 믿습니다. 행동이야말로 체험을 통한 학습이라고 믿고 할 일을 결정하고 행동하고 그 결과를 보면서 배웁니다.

• 카멜레온처럼 환경과 상황 변화에 민감하여 속과 겉이 다르게 전략적으로 행동합니다.

② 수의 강점성격

• 주위로부터 마음의 충동과 자극을 받아도 행동이 우물쭈물 분명하지 않은 태도를 보이지만, 세상을 살아가는 일에는 침착하여 서둘지 않는 모습입니다.

- 지혜를 쌓는 계절, 겨울철을 닮은 인간 행동의 뿌리가 되는 인공 생태계에 적응한 사회적 본능의 성격입니다.
- 일이나 물체(thing)에 대한 빠른 이해와 깨달음을 바탕으로 한 정신(mental) 분야에 관계되는 능력이 높아 학자로 성공할 가능성이 높습니다.
- 다른 사람의 마음을 헤아리고 감정을 느끼는 공감능력이 뛰어나고 포용과 친화력이 있어 의사소통이 원활해서 인간관계가 물 흐르듯 막힘이 없습니다.
- 현실적인 감각이 뛰어나고 사물에 대해 객관적으로 판단하며 상황과 환경 변화에 유연하게 대처하는 적응력이 강합니다.
- 현재를 위해 삽니다. 미래는 이 순간에 이뤄지는 선택으로부터 만들어지는 것이라고 생각합니다. 운명은 기회가 아닌 선택의 문제입니다. 미래는 기다리는 것이 아니라 성취하는 것입니다.

③ 화의 약점성격

- 열정과 정열이 강렬하여 자신을 불사를 가능성이 있습니다.
- 신경이 예민하여 눈앞에 위협적인 상황 또는 불확실한 상황에 대해 불안해하고 근심할 수 있습니다.
- 목표지향성과 성취에 대한 열정 그리고 도전정신이 있습니다. 그러나 침착하지 못하고 인내심이 부족하여 쉽게 좌절합니다.
- 감정적이고 동정적이며 감사하는 마음이 강합니다. 개인적인 감정으로 판단합니다.
- 위협적인 상황에서 자신을 보호하기 위한 싸움의 방어 전략과 응집된 에너지 덩어리인 분노를 보입니다.

④ 금의 약점성격

• 논리적이고 합리적인 사고를 하며 냉정하게 행동을 하며 싸늘한 가을을 닮은 인간 행동의 뿌리가 되는 인공 생태계에 적응한 사회 본능적 성격입니다.

• 처음 배운 몇 개의 사실에서 느끼는 짜릿한 기쁨, 배운 것을 몸에 익히는 노력, 익힌 지식에 대한 점점 더 커지는 자신감 등이 공부하여 학업을 닦는 일에 마음이 끌리게 됩니다.

• 책임감이 강하고 정신적·육체적 고통을 참고 견디는 인내심과 끈기가 강합니다.

• 곧이곧대로 말하고 솔직함에 충실합니다. 일에 집중력은 강하지만 융통성이 부족합니다.

⑤ 토의 약점성격

• 토는 '생명체는 모두 중요한 존재'라는 믿음으로 동·식물에게 삶의 터전을 차별하지 않고 포용하고 개방합니다. 옛 경험이나 생각으로부터 자유로운 열린 마음을 가지고 있어 새로운 아이디어를 만들어 내고 타인들의 혁신과 새로운 아이디어를 받아들이는 열린 마음의 성격입니다.

• 토의 성격은 사계절 변화 기간(2월, 5월, 8월, 11월) 사이에 봄, 여름, 가을, 겨울에 계절의 변화에 쉽게 적응하도록 공평한 도움을 주는 신뢰감 있는 협력자의 역할을 성실히 수행합니다.

• 믿음, 의리, 공평 그리고 포용력이 있으며, 활동적이고 부드러움, 열정, 책임감이 강해 지도력이 있습니다.

• 어떤 상황에서도 주어진 일을 자신이 해낼 수 있다는 자신감을 가지고 있으며 인내심, 끈기가 있고 성취욕이 강렬하여 주어진 일을 끝까지 책

임감을 가지고 마무리 짓습니다.

상생 상극을 활용하여 오행성격 간의 균형과 조화를 이룰 수 있습니다.

상생과 상극은 봄, 여름, 가을, 겨울이 변함없이 순서대로 돌고 도는 순환적인 4계절에 대한 체험을 바탕으로 만들어졌습니다. 상생(서로 도움을 주는 순환적 상호협력 관계)과 상극(넘치는 것을 덜어 내고 부족한 것은 채워 주며 어려운 상황을 이겨 내게 멘토를 해주는 순환적 상호조절 관계)을 활용하여 오행성격 간에 균형과 조화를 이룰 수 있습니다.

성격모델 1(104페이지)에 있는 상생도와 상극도를 보면서 다음 글을 읽으면 이해가 빠릅니다. 상생도와 상극도 오행성격 간에 관계를 쉽게 이해하여 오랫동안 기억에 남을 수 있는 그림을 활용한 것입니다. 상생은 생물 본능에 뿌리를 둔 사람의 계절의 성격인 '목'과 생장 계절의 성격인 '화' 사이(목생화, 화생목), 그리고 사회 본능에 뿌리를 둔 씨 뿌리고 가꾼 대로 거두어들이는 정직한 계절의 성격인 '금'과 지혜를 쌓는 계절의 성격인 '수' 사이(금생수+수생금)에 이루어집니다. 사계절처럼 순환하는 또 하나의 상생은 겨울을 닮은 '수'와 봄을 닮은 '목' 사이를 상생으로 연결하여 순환이 계속 이어지게 하였습니다.

영화·연극에서 감독은 출연 배우 모두를 관리하는 관리자 역할을 하는 것처럼 '토'는 화와 금과는 '상생', 목과 수와는 '상극' 관계로 생장의 계절인 에너지 넘치는 '화'의 성격과 성숙 계절인 가을을 닮은 성실성이 근본이 되는 '금'의 성격과는 상생을 합니다(토생화, 화생토 그리고 토생금, 금생토). 대부분 생물은 겨울잠을 자고 인간은 지혜를 쌓는 계절을 닮은 '수'의 성격과 생물이 겨울잠에서 깨어나 생명 활동을 시작하고 짝짓기를 하는 사랑의 계절을 닮은 목의 성격과 토의 성격 사이에는 상극이 이루어집니다.

즉 지나친 것이나 모자라는 것이나 다 같이 좋지 않습니다. 정도에 넘치는 짝짓기 횟수와 겨울과 봄 날씨가 뒤섞인 2월 자기의 사정에 알맞은 때를 기다리지 않고 일찍 겨울잠에서 깨어나면 생명이 위태로워지는 것을 알 맞게 조절하는 것이 '토'의 상극 역할입니다(토극목).

사계절의 순환을 닮은 상생은 오행성격 간에 서로 돕는 관계지만 상극은 오행성격 간에 서로 조절하여 오행성격 간에 균형과 조화를 이루려는 인간의 지혜로 만들어진 것입니다. 상생도에 화(여름)와 금(가을)의 위치를 바꾸어 오행성격 간에 서로 조절하는 기능 즉 넘치는 것을 덜어 내고 부족한 것은 채워 주며 어려운 상황을 이겨 내게 하는 관계입니다.

화, 금, 토의 오행성격 분포수가 각각 1개로 오행성격 평균 분포수(상·중·하 3단계 중 중간 단계)인 1.6개보다 적어 약점성격입니다. 화는 강점성격인 목과 상생 관계이므로 화에게 충분한 도움을 받을 수 있어 화의 오행성격 특성을 활발하게 행동하게 하는 중간 단계 가까이 끌어올릴 가능성이 있습니다(목생화). 금은 강점성격인 수와 상생 관계이므로 수에게 충분한 도움을 받을 수 있어 금의 오행성격 특성을 활발하게 행동하게 하는 중간 단계 가까이 끌어올릴 가능성이 있습니다(수생금). 토는 강점성격인 목과 수와 상극 관계이므로 목과 수에게서 충분한 조언을 받을 수 있습니다(상극은 넘치는 것을 덜어 내고 모자라는 것은 채워 주는 조절 관계입니다(목극토+수극토). 목의 강점성격은 금과 상극 관계이므로 금에게 부족한 것을 채워 주는 성실한 멘토 역할을 할 수 있습니다(목극금).

오행성격은 각각의 재능을 가지고 있습니다. 각 재능을 단순하게 합치면(1+1+1+1=5) 5개 재능에 지나지 않습니다. 그러나 상생과 상극 활용으로

오행성격 팀을 만들어 오행성격 특성 간에 균형과 조화를 이루는 팀워크를 하게 되면 오행성격 재능을 배가시킬 수 있습니다.

사주 8자에 분포된 오행성격 목, 화, 금, 수, 토에 음 또는 양이 하나씩 분포되어 있습니다. 오행성격 특성의 활성화 정도가 양이 분포된 경우는 올라가지만 음이 분포된 경우는 오행성격의 활성화 정도가 내려갑니다. 성격모델 30개는 이론적 모형입니다. 실제 사주 8자는 개인정보 보호법 때문에 조사가 불가능하였습니다. 오행성격 목, 화, 금, 수, 토의 음양의 역할은 설명할 수 없게 되었음을 이해하여 주시기 바랍니다. 그러나 개인은 이 책의 음양 성격 활용법을 읽고 이해하면 음과 양의 오행성격 활용이 가능합니다.

음양의 성격 활용법은 3장 73~74페이지를 참고하시기 바랍니다.

<u>목의 강점성격</u>은 여러 가지 꿈을 함께 이루려는 욕망이 매우 강렬합니다. 화살 하나로 셋의 목표를 한꺼번에 맞출 수 없습니다. 하나의 목표에 에너지(화의 성격)을 집중해야 합니다. 욕망이 강렬한 사람은 여러 개의 목표를 한꺼번에 성취하려고 합니다. 그러나 이런 경우 불행하게도 하나도 이루기가 어렵습니다. '금'은 '목'에게 삶의 목표를 신중하게 하나를 선택해서 빈틈없고 완벽한 계획을 세우고 성실하게 실행할 것을 충고하며 응원합니다(금극목). 그리고 '목'에게 돋보이고 싶은 사회적 출세와 강렬한 명예욕구를 현실에 적합하도록 스스로 자신을 조절하게 돕습니다(금극목). 카멜레온처럼 상황 변화에 민감하여 속과 겉이 다르게 전략적으로 행동을 합니다. 그 결과 사회 생활에서 신용을 잃고 주위로부터 따돌림 당할 가능성이 큽니다. 토는 전략적 행동을 될 수 있는 대로 적게 하도록 목에게

충고합니다(토극목). '목'은 삶의 목표를 높게 세우고 이에 대한 성취를 열망하고 그곳에 '화'에게서 에너지를 충분히 지원받아 성취에 집중하는 의지력이 매우 강합니다(화생목).

 수의 강점성격은 미지근한 행동과 세상을 쉽게 살려는 태도로 주위 사람들로부터 자신감(self-confidence) 없고 게으른 사람으로 오해 받을 가능성이 큽니다. 수와 목은 상생 관계이므로 수는 목에게서 주위의 충동과 자극에 대해 좀 더 적극적인 태도와 자존감을 가지라는 응원과 격려를 받을수 있어 미지근한 행동과 게으름 등을 줄일 수 있습니다(목생화). 강점성격인 수는 타인의 감정을 읽는 공감능력과 동정심이 높아 다른 사람들을 돕는 데 적극적이어서 타인들에게 이용당할 가능성이 높습니다. 수는 자신과 가족에게 경제적인 피해를 입힐 가능성이 높습니다. 흙(토)으로 제방을 만들어 흘러가는 물을 모아 두어 필요할 때 물(재물)을 사용하는 지혜가토에게 있습니다. 수와 토는 상극 관계이므로 수는 토에게서 재물을 절약하는 지혜 있는 조언을 받아야 합니다(토극수).

 화의 약점성격은 정열과 열정이 강렬하여 자기 몸마저 불사를 가능성이 있습니다. 화는 수·금과 상극 관계이므로 수에게서 겨울철의 찬물 같은 마음을 가지라는 충고를 받을 수 있고 금에게서 냉정한 마음을 가지라는 싸늘한 조언을 받을 수 있어 타오르는 정열과 열정을 어느 정도 식히고 냉정한 마음을 가질 수 있습니다(수극화+금극화). 화는 목의 성격처럼 미래의 가능성이 있는 비전을 보고 성취에 대한 열정과 도전정신도 가지고 있습니다. 그러나 화는 침착하지 못하고 인내심이 부족하여 성취에 대한 열정과 도전정신이 쉽게 꺾입니다. 화와 목은 상생 관계이므로 화는 목에게서 성취에 대한 동기와 북돋음을 받을 수 있어 미래에 대한 꿈과 성취에 대한 열정과 도전정신이 되살아날 수 있습니다(목생화). 또한 화와 금은 상극 관계이므로 화는 금으로부터 인내심을 갖도록 하는 성실한 충고를 받을 수 있습니다(금극화). 화는 토와 상생 관계이므로 토에게서 성취욕과 일의 끝맺음에 대한 도움을 받을 가능성이 높습니다(토생화).

금의 약점성격은 논리적이고 합리적인 사고로 객관적으로 판단할 수 있어 냉정하게 타인들을 비판할 가능성이 있습니다. 화와 금은 상극 관계이므로 화의 충고를 받아들여 평소 생활에서 타인을 사랑하고 이해하는 습관을 길들여 비판을 줄여야 합니다(화극금). 금은 일하는 데 집중력은 강하지만 융통성이 부족하여 고집불통이 될 수 있습니다. 수와 금은 상생 관계이므로 수의 응원을 받아들여 평소 생활에서 유연성과 융통성을 길들이는 습관을 길러야 합니다(수생목). 금은 조심성 있고 신중하여 돌다리도 두드려 보고 건너는 성격입니다. 목과 금은 상극 관계이므로 목에게서 도전정신을 가지라는 조언을 받을 수 있습니다. 도전정신을 가지는 것은 금의 의지에 달려 있습니다(목극금).

토의 약점성격은 목, 화, 금, 수에게 세상 변화에 쉽게 적응하도록 협력자 역할을 합니다. 토는 정직하고 진실하여 신뢰감을 주며 개방적인 성격이어서 사람들과 소통이 잘 되어 인간관계가 물 흐르듯 막힘이 없습니다. 토는 믿음, 의리, 공평 그리고 포용력이 있으며 활동적이고 부드러움과 열정이 있어 리더십이 강합니다.

요약 : 성격모델 18에서 목과 수가 중심 역할을 하는 강점성격(재능)입니다.

목의 성격은 외부의 사실에 초점을 맞추는 외향적, 활동적, 사교적입니다. 마음 깊은 곳에서 오직 행동만이 중요하다는 것을 알고 모든 일에 행동이 있어야 성과가 나올 가능성이 있다고 생각합니다. 행동이야말로 최선의 학습 방법이라 믿고 체험을 바탕으로 객관적인 판단을 하며 경제적 인간 성격이어서 일을 실용적으로 처리하는 실용주의자입니다. 세상은 고통의 바다가 아니라 즐거운 곳으로 바라봅니다. 다른 사람에게 인정받고 알려지고 성공적이라는 칭찬을 듣고 싶어 하고 성취하려는 욕망이 강렬합니다. 수의 성격은 이타적이어서 타인의 마음을 읽고 타인의 감정을 느끼는 공감능력이 뛰어납니다. 포용력과 친화력이 있어 의사소통이 원활하여 인간관계가 물 흐르듯 막힘이 없습니다. 찰스디킨스(Dickens. Charles, 영국 대중작가, 1812-1870)의 작품 「크리스마스 캐럴」은 주인공 스크루지 영감의 이기심(생물 본능, 목의 성격)이 천사를 만나 이타심(사회 본능의 수의 성격)으로 변화되는 이야기입니다. 이야기 주인공은 성격모델 18의 성격 소유자를 닮았습니다. 이기심과 이타심이 균형과 조화를 이룬 우리들의 이야기입니다.

영국의 세계적인 문호 셰익스피어

성격모델 18의 오행성격과 비슷한 오행성격을 가진 영국의 위대한 문학가인 셰익스피어의 인생사를 살펴서 셰익스피어의 성격이 일생에 어떻게 영향을 미치게 되었는지를 필자가 설명하겠습니다. 셰익스피어의 오행성격은 목 3개, 수 1개, 토 2개, 금 2개, 화 0개로 성격모델 18 오행성격과 거의 비슷합니다. 셰익스피어의 오행성격 화는 '0'개이나 강점성격인 목과 토와 상생 관계이므로 목과 토가 화에게 충분한 도움을 줄 수 있어 화의 오행성격을 활발하게 행동하게 하는 중간 단계(오행성격 평균 분포수인 1.6개) 가까이 끌어올릴 가능성이 매우 높습니다(목생화+토생화). 또한 강점성격인 목과 금은 수와 상생 관계이므로 목과 금이 수에게 충분한 도움을 줄 수 있어 오행성격 특성을 활발하게 행동하게 하는 중간 단계 가까이 끌어올릴 가능성이 매우 높습니다(목생구+금생수).

　셰익스피어는 영국 중부의 작은 마을에서 8남매 중 셋째로 태어났습니다. 셰익스피어는 부모님이 비교적 넉넉한 상인이며 교역수공업, 가공업과 중간 정도 농토를 가진 풍족한 가정에서 소년 시절을 보냈습니다. 그는 11세에 문법학교에 입학하여 문법, 논리학, 수사학, 문학 등을 배웠고, 성서와 고전도 많이 읽었습니다. 특히, 오비디우스(BC43~ AD17?)의 『변신이야기: 사랑의 즐거움을 노래한 연애시』는 셰익스피어의 상상력의 원천이 되었다고 합니다(수 2개). 셰익스피어가 13세가 되었을 무렵 가세가 기울어 학업을 중단하고 여러 가지 일을 하여 집안경제에 도움을 주었습니다. 셰익스피어는 18세에 결혼 후에 가족의 경제적 생활을 책임지고 이어 가느라 고행을 떠나 7~8년간 여러 가지 직업을 따라 옮겨 다니다가 1590년경 런던에 도착하였습니다. 그의 이러한 다양한 직업을 가진 경험이 훗날 다양한 글쓰기 소재가 되었다고 합니다.

　셰익스피어가 런던에 도착할 당시는 영국은 봉건 체제에서 근대 국가 체제로 바뀌어가는 시기였습니다. 엘리자베스 여왕은 소규모 수공업을 활성화시켜 일자리를 늘려서 농촌 사람들이 런던으로 빠르게 흘러 들어오고, 상업과 국제무역을 활성화시켜 국가경제를 부흥시키고, 문화도 부흥시켰습니다. 엘리자베스 여왕의 이러한 정책 전환은 런던을 활기차고 붐비는 역동적인 변화의 도시로 만들었습니다. 활기 넘치는 런던은 경제 활동, 각양각색의 문화 활동과 행사, 특히 대중의 즐거움을 위해 빈번하게 공연되는 연극은 외향적·활동적·낙관적·감각적·사교적인(목 3개) 셰익스피어의 성공적인 작품 활동의 밑바탕이 되었습니다.

　셰익스피어의 작품은 인간관계에서 생기는 문제를 밑바닥에 깔고 있습니다(수 2개). 또한 셰익스피어는 인간에 대한 흥미와 호기심(목 3개)으로 **인**

간을 살펴본 결과 **인간은 그의 성격과 마음이 조화롭게 균형을 이룬 통합체가 아니라 분열적이고 모순된 존재로서의 인간을 인식하고 그의 작품에 주제가 된 것이 시대를 뛰어넘어 서구문화에 살아 움직이는 원동력이었습니다.** 햄릿의 유명한 대사인 '사느냐 죽느냐 그것이 문제로다'가 셰익스피어의 인간에 대한 인식을 잘 표현하고 있습니다. 자신의 생존과 자손번식을 위한 생명 본능에 따라 동물처럼 행동할 것인지(자기 아버지를 죽인 원수를 갚고 죽을 것인지= 생물 본능, 목 3개) 사회를 유지, 발전시키기 위해 도덕과 법률을 지키며 인간답게 행동할 것인지(사회 본능에 순응하여 고통스럽게 살 것인지, 금 2개)의 갈등을 함께 가지고 있는 모순된 인간을 통찰해서(토 2개) 그려낼 수 있는 능력을 가진 셰익스피어는 한 세기에 한 명밖에 나타나지 않는 천재임에 틀림없습니다.

생물 본능에 뿌리를 두고 있는 목·화의 성격과 사회 본능에 뿌리를 두고 있는 금·수의 성격과 어떻게 균형, 조화를 이루어 낼 것인지는 우리 모두에 남겨진 영원한 숙제입니다.

셰익스피어는 그의 강점성격 목 3개(생물 본능 성격)과 금 2개(사회 본능 성격) 그리고 목과 금의 성격을 포용하는 열린 마음의 성격 토 2개를 개발하고 발전시켜 빛나게 한 문학가의 본보기로 믿어집니다.

성격모델 19

토 3개, 수 2개, 목 1개, 화 1개, 금 1개(개인 사주 8자에 배정된 오행성격 분포수)

영화와 연극에는 주연과 조연배우가 있습니다. 영화나 연극이 성공한 작품이 되려면 주연과 조연배우 모두 각자에게 주어진 역할을 충실하게 연기해 내는 것이 필수조건입니다. 오행성격인 목, 화, 금, 수, 토 역시 각각을 주연과 조연의 역할로 나누어 이해한다면 활용이 아주 쉽습니다.

성격모델 19에서 사주 8자 중에 배정될 수 있는 오행성격, 목, 화, 금, 수, 토의 평균 분포수는 1.6개입니다(사주 8자÷오행성격 5자=1.6 : 실제가 아닌 이론적 수치). 오행성격 특성이 활발히 행동하게 하는 단계를 3단계, 즉 상·중·하단계로 선택하여 이해하기 쉽게 정하였습니다. 오행성격 평균 분포수 1.6개를 활발히 행동하게 하는 단계를 3단계 중 중간 단계로 정하였습니다. 개인의 오행성격 특성 분포수가 평균 분포수 1.6개보다 높은 2개 이상은 강점성격(재능)으로, 평균 분포수보다 낮은 한 개 이하는 약점성격으로 정하였습니다. 오행성격의 강점성격은 주연 역할을, 약점성격은 조연 역할로 설명하였습니다.

목과 화의 오행성격 행동의 뿌리는 자연생태계에 적응한 생물 본능(자신과 가족을 돌보고 지키며, 아들, 딸, 손자, 손녀들이 많아지고 부자가 되기를 바라는 생물 성질)에 있습니다. 목과 화의 오행성격 특성이 동시에 강점성격(재능)으로 나타날 때는 활동하기 좋은 '봄'을 닮은 목의 성격이 주연 역할을 하고 더위 때문에 활동하기가 힘든 '여름'을 닮은 화의 성격이 조연 역할을 합니다. 금과 수의 오행성격 행동의 뿌리는 인공 생태계에 적응한 사회 본능(짐승이 아닌 사람답게 사회 생활을 하려고 하는 마음이 밑바탕이 된 사람 성질)에 있습니다. 금과 수의 오행성격 특성이 동시에 강점성격(재능)으로 나타날 때는 활동하기 상쾌한 '가을'을 닮은 금의 성격이 주연 역할을 하고, 추위 때문에 활동하기가 어려운 '겨울'을 닮은 수의 성격이 조연 역할을 하게 됩니다. 토의 오행성격은 생물 본능에 뿌리를 두고 있는 목과 화의 성격과 사회 본능에 뿌리를 두고 있는 금과 수의 성격을 모두 함께 가지고 있습니다. 목과 화 성격이 두 개가 모두 약점성격일 때, 또는 금과 수 성격이 두 개가 모두 약점성격일 때, 토의 성격이 강점성격일 경우에만 목과 화의 약점성격을, 혹은 금과 수의 약점성격을 대리(agency)하여 강점성격의 역할, 즉 주연 역할을 하게 됩니다. 그러나 토의 성격이 약점성격일 경우는 목과 화의 약점성격과 금과 수의 약점성격을 대리할 수 없습니다.

성격모델 19에서는 사회 본능에 뿌리를 둔 강점성격인 수가 주연 역할을 하고 개인발달 본능에 뿌리를 둔 강점성격인 토가 주연 역할을 합니다. 약점성격인 목, 화, 금은 조연 역할을 합니다.

말이 끄는 마차가 정상적으로 굴러가기 위해서는 두 개의 바퀴가 있어야 합니다. 오행성격에서 생물 본능에 뿌리를 두고 있는 목과 화의 성격이 한쪽 바퀴가 되고 사회 본능에 뿌리를 두고 있는 금과 수의 성격이 반대쪽 바퀴가 됩니다. 성격모델 19에서는 생물 본능에 뿌리를 둔 화와 목은 약점성격이어서 토가 강점성격이므로 생물 본능에 뿌리를 둔 목을 대리하여 주연 역할을 합니다. 사회 본능에 뿌리를 둔 수가 주연 역할을 하게 되어 균형을 잡습니다. 목, 화, 금의 성실한 조연 역할로 조화를 이루게 되어 오행성격 간에 균형과 조화를 튼튼하게 이룬 건전한 성격 조합이 됩니다.

자기의 음양오행 성격은 태어날 때부터 가지고 있는 자기만의 특별한 재능(unique talent)입니다. 이 재능을 키우면 자기의 성격에 맞는 분야에서 성공할 가능성이 매우 높습니다. 자기의 토와 수의 강점성격을 매일 아침 일어나 4회 반복하여 소리 내어 읽고 목과 화, 금의 약점성격도 매일 2회 소리 내어 읽으면 몇 주 후에는 오행성격 특성들의 내용을 이해하고 확실히 익혀 스스로가 활용 가능한 수준에 이르게 됩니다. 당신의 밝은 미래를 위한 준비는 오늘을 잘 활용하는 것으로부터 시작됩니다. 어제는 지나갔으며 내일은 아직 오지 않았습니다. 미래를 준비할 수 있는 기회는 오늘뿐입니다. 음양오행 성격에 대해 매일 10분씩만 투자하여 몸에 익히는 훈련과 노력을 한다면 당신의 강점성격을 개발시키고 약점성격을 강화할 수 있으며, 당신의 무한한 잠재력을 최대로 발휘시켜 삶을 성공적으로 이끄는 내비게이션 역할을 할 것입니다.

우리는 자기의 마음이 끌리는 일을 할 때 만족감을 느낍니다. 끌림은 당신의 내면에서 부르는 소리를 듣고 서로 응하여 대답하는 마음입니다(생존 본능). 좋아하는 일은 누구나 즐기면서 합니다. 하고 싶은 일을 할 때는 신바람이 납니다. 자기의 강점성격에 맞는 일은 마음이 끌리며 즐겁고 계속하고 싶어집니다. 마음이 끌리는 대로 따라가는 것, 즉 당신의 성격 안에 있는 내비게이션이 안내하는 대로 따라가면 인생 여정은 기쁨이 동반자가 될 것입니다.

성격모델 19에서 오행성격 특성을 요약한 3장 81~88페이지 12개 중에 가장 중요한 오행성격 특성을 추려내어 정리했습니다.

① 토의 강점성격
• 토는 '생명체는 모두 중요한 존재'라는 믿음으로 동·식물에게 삶의 터전을 차별하지 않고 포용하고 개방합니다. 옛 경험이나 생각으로부터 자유로운 열린 마음을 가지고 있어 새로운 아이디어를 만들어 내고 타인들

의 혁신과 새로운 아이디어를 받아들이는 열린 마음의 성격입니다.

•토의 성격은 사계절 변화 기간(2월, 5월, 8월, 11월) 사이에 봄, 여름, 가을, 겨울에 계절의 변화에 쉽게 적응하도록 공평한 도움을 주는 신뢰감 있는 협력자의 역할을 성실히 수행합니다.

•믿음, 의리, 공평 그리고 포용력이 있으며, 활동적이고 부드러움, 열정, 책임감이 강해 지도력이 있습니다.

•어떤 상황에서도 주어진 일을 자신이 해낼 수 있다는 자신감을 가지고 있으며 인내심, 끈기가 있고 성취욕이 강렬하여 주어진 일을 끝까지 책임감을 가지고 마무리 짓습니다.

② 수의 강점성격

•주위로부터 마음의 충동과 자극을 받아도 행동이 우물쭈물 분명하지 않은 태도를 보이지만, 세상을 살아가는 일에는 침착하여 서둘지 않는 모습입니다.

•지혜를 쌓는 계절, 겨울철을 닮은 인간 행동의 뿌리가 되는 인공 생태계에 적응한 사회적 본능의 성격입니다.

•일이나 물체(thing)에 대한 빠른 이해와 깨달음을 바탕으로 한 정신(mental) 분야에 관계되는 능력이 높아 학자로 성공할 가능성이 높습니다.

•다른 사람의 마음을 헤아리고 감정을 느끼는 공감능력이 뛰어나고 포용과 친화력이 있어 의사소통이 원활해서 인간관계가 물 흐르듯 막힘이 없습니다.

•현실적인 감각이 뛰어나고 사물에 대해 객관적으로 판단하며 상황과 환경 변화에 유연하게 대처하는 적응력이 강합니다.

•현재를 위해 삽니다. 미래는 이 순간에 이뤄지는 선택으로부터 만들어

지는 것이라고 생각합니다. 운명은 기회가 아닌 선택의 문제입니다. 미래는 기다리는 것이 아니라 성취하는 것입니다.

③ 목의 약점성격

• 돋보이고 싶은 욕구, 하고자 하거나 가지고자 하는 마음이 간절한 욕망과 열망은 높지만 야망은 낮습니다. 많은 꿈을 가진 봄을 닮은 원시인 행동의 중요한 뿌리가 되는 생태계에 적응한 생물 본능적 성격이지만 꿈을 가지려는 마음이 약합니다.

• 새롭고 신기한 것에 호기심과 흥미를 느끼지만 새로운 것을 찾으려는 도전정신은 약합니다.

• 성취하려는 욕망이 약한 것도 타고난 성격으로 믿어 버립니다.

• 일상생활의 시간표가 일정하지 않고 시간표대로 사는 것을 싫어합니다.

• 배움에 대한 생각은 이지만 행동으로 옮기는 것은 내일로 미룹니다.

④ 화의 약점성격

• 열정과 정열이 강렬하여 자신을 불사를 가능성이 있습니다.

• 신경이 예민하여 눈앞에 위협적인 상황 또는 불확실한 상황에 대해 불안해하고 근심할 수 있습니다.

• 목표지향성과 성취에 대한 열정 그리고 도전정신이 있습니다. 그러나 침착하지 못하고 인내심이 부족하여 쉽게 좌절합니다.

• 감정적이고 동정적이며 감사하는 마음이 강합니다. 개인적인 감정으로 판단합니다.

• 위협적인 상황에서 자신을 보호하기 위한 싸움의 방어 전략과 응집된 에너지 덩어리인 분노를 보입니다.

⑤ 금의 약점성격

• 논리적이고 합리적인 사고를 하며 냉정하게 행동을 하며 싸늘한 가을을 닮은 인간 행동의 뿌리가 되는 인공 생태계에 적응한 사회 본능적 성격입니다.

• 처음 배운 몇 개의 사실에서 느끼는 짜릿한 기쁨, 배운 것을 몸에 익히는 노력, 익힌 지식에 대한 점점 더 커지는 자신감 등이 공부하여 학업을 닦는 일에 마음이 끌리게 됩니다.

• 책임감이 강하고 정신적·육체적 고통을 참고 견디는 인내심과 끈기가 강합니다.

• 곧이곧대로 말하고 솔직함에 충실합니다. 일에 집중력은 강하지만 융통성이 부족합니다.

상생 상극을 활용하여 오행성격 간의 균형과 조화를 이룰 수 있습니다.

상생과 상극은 봄, 여름, 가을, 겨울이 변함없이 순서대로 돌고 도는 순환적인 4계절에 대한 체험을 바탕으로 만들어졌습니다. 상생(서로 도움을 주는 순환적 상호협력 관계)과 상극(넘치는 것을 덜어 내고 부족한 것은 채워 주며 어려운 상황을 이겨 내게 멘토링을 해주는 순환적 상호조절 관계)을 활용하여 오행성격 간에 균형과 조화를 이룰 수 있습니다.

성격모델 1(104페이지)에 있는 상생도와 상극도를 보면서 다음 글을 읽으면 이해가 빠릅니다. 상생도와 상극도 오행성격 간에 관계를 쉽게 이해하여 오랫동안 기억에 남을 수 있는 그림을 활용한 것입니다. 상생은 생물 본능에 뿌리를 둔 사람의 계절의 성격인 '목'과 생장 계절의 성격인 '화' 사이(목생화, 화생목), 그리고 사회 본능에 뿌리를 둔 씨 뿌리고 가꾼 대로 거두어들이는 정직한 계절의 성격인 '금'과 지혜를 쌓는 계절의 성격인 '수' 사이(금생수＋수생금)에 이루어집니다. 사계절처럼 순환하는 또 하나의 상생은 겨울을 닮은 '수'와 봄을 닮은 '목' 사이를 상생으로 연결하여 순환이 계속 이어지게 하였습니다.

영화·연극에서 감독은 출연 배우 모두를 관리하는 관리자 역할을 하는 것처럼 '토'는 화와 금과는 '상생', 목과 수와는 '상극' 관계로 생장의 계절인 에너지 넘치는 '화'의 성격과 성숙 계절인 가을을 닮은 성실성이 근본이 되는 '금'의 성격과는 상생을 합니다(토생화, 화생토 그리고 토생금, 금생토). 대부분 생물은 겨울잠을 자고 인간은 지혜를 쌓는 계절을 닮은 '수'의 성격과 생물이 겨울잠에서 깨어나 생명 활동을 시작하고 짝짓기를 하는 사랑의 계절을 닮은 목의 성격과 토의 성격 사이에는 상극이 이루어집니다. 즉 지나친 것이나 모자라는 것이나 다 같이 좋지 않습니다. 정도에 넘치는 짝짓기 횟수와 겨울과 봄 날씨가 뒤섞인 2월 자기의 사정에 알맞은 때를 기다리지 않고 일찍 겨울잠에서 깨어나면 생명이 위태로워지는 것을 알맞게 조절하는 것이 '토'의 상극 역할입니다(토극목).

사계절의 순환을 닮은 상생은 오행성격 간에 서로 돕는 관계지만 상극은 오행성격 간에 서로 조절하여 오행성격 간에 균형과 조화를 이루려는 인간의 지혜로 만들어진 것입니다. 상생도에 화(여름)와 금(가을)의 위치를 바꾸어 오행성격 간에 서로 조절하는 기능 즉 넘치는 것을 덜어 내고 부족한 것은 채워 주며 어려운 상황을 이겨 내게 하는 관계입니다.

목·화·금의 오행성격 분포수가 각각 1개로 오행성격 평균 분포수(상·중·하 3단계 중 중간 단계)인 1.6개보다 적어 약점성격입니다. 강점성격인 토는 화와 금과 상생 관계이므로 화와 금에게 충분한 도움을 줄 수 있어 화와 금의 오행성격 특성을 활발하게 행동하게 하는 중간 단계 가까이 끌어올릴 가능성이 높습니다(토생화+토생금). 강점성격인 수는 목과 상생 관계이므로 목에게 충분한 도움을 줄 수 있어 목의 오행성격 특성을 활발하게 행동하게 하는 중간 단계 가까이 끌어올릴 가능성이 있습니다(수생목). 결과적으로 목, 화, 금이 충분히 조연 역할을 할 수 있게 되었습니다.

강점성격인 토는 목과 상극 관계이므로 금에게 부족한 것을 채워 주는 성실한 멘토 역할을 할 수 있습니다(토극목). 강점성격인 수는 화와 상극 관계이므로 화에게 부족한 부분을 채워 주는 성실한 멘토 역할을 할 수 있습니다(수극화).

오행성격은 각각의 재능을 가지고 있습니다. 각 재능을 단순하게 합치면(1+1+1+1+1=5) 5개 재능에 지나지 않습니다. 그러나 상생과 상극 활용으로 오행성격 팀을 만들어 오행성격 특성 간에 균형과 조화를 이루는 팀워크를 하게 되면 오행성격 재능을 배가시킬 수 있습니다.

사주 8자에 분포된 오행성격 목, 화, 금, 수, 토에 음 또는 양이 하나씩 분포되어 있습니다. 오행성격 특성의 활성화 정도가 양이 분포된 경우는 올라가지만 음이 분포된 경우는 오행성격의 활성화 정도가 내려갑니다. 성격 모델 30개는 이론적 모형입니다. 실제 사주 8자는 개인정보 보호법 때문에 조사가 불가능하였습니다. 오행성격 목, 화, 금, 수, 토의 음양의 역할은 설명할 수 없게 되었음을 이해하여 주시기 바랍니다. 그러나 개인은 이 책의 음양 성격 활용법을 읽고 이해하면 음과 양의 오행성격 활용이 가능합니다.

음양의 성격 활용법은 3장 73~74페이지를 참고하시기 바랍니다.

스티브 잡스의 성격이 오행성격 분포수 3개인 강점성격 토를 잘 설명해 주는 좋은 본보기가 되는 것으로 생각됩니다. 그는 그 자신의 성격을 명확하게 이해하고 활용하였던 것이 분명합니다. 회사의 미래의 성장 방향을 제시할 때는 강력한 의지와 야망을 겉으로 드러내 보이는 것이 오행의 목의 성격을 닮았습니다. 신제품 개발을 설명할 때의 정열과 에너지 넘치는 열정은 화의 성격을 보여 줍니다. 젊은 사원들과 대화할 때는 부드럽고 융통성 있는 수의 성격을 나타냅니다. 회사 경영진들과 회사의 재정에 관하여 이야기할 때는 냉철하고 날카롭고 쓸모 있고 실용적인 사고가 금의 성격이 드러나고 전체 사원 단합대회에서는 넓은 마음으로 회사원을 포용하고 회사원들에게 믿음을 심어 주는 모습이 토의 강점성격을 잘 보여 주고 있습니다.

　수의 강점성격은 미지근한 행동과 세상을 쉽게 살려는 태도로 주위 사람들로부터 자신감(self-confidence) 없고 게으른 사람으로 오해 받을 가능성이 큽니다. 수와 목은 상생 관계이므로 수는 목에게서 주위의 충동과 자극에 대해 좀 더 적극적인 태도와 자존감을 가지라는 응원과 격려를 받을 수 있어 미지근한 행동과 게으름 등을 줄일 수 있습니다(목생화). 강점성격인 수는 이타적이어서 타인의 감정을 읽는 공감능력과 동정심이 높아 다른 사람들을 돕는 데 적극적이어서 타인들에게 이용당할 가능성이 높습니다. 수는 자신과 가족에게 경제적인 피해를 입힐 가능성이 높습니다. 흙(토)으로 제방을 만들어 흘러가는 물을 모아 두어 필요할 때 물(재물)을 사용하는 지혜가 토에게 있습니다. 수와 토는 상극 관계이므로 수는 토에게서 재물을 절약하는 지혜 있는 조언을 받아야 합니다(토극수). 수는 일이 되어가는 상황에 대한 빠른 이해와 깨달음을 바탕으로 정신활동에 관계되는 분야에 능력을 발휘할 수 있어 학자로 성공할 가능성이 있습니다. 수와 금은 상생 관계이므로 인내심, 끈기와 집착심을 기르도록 하는 금의 성실한 충고를 받아들여 학자가 될 가능성이 높아집니다(금생수).

목의 약점성격은 욕구와 욕망은 강렬하지만 야망이 작습니다. 목과 화는 상생 관계이므로 목은 강점성격인 화에게서 목표를 세우고 성취하려는 열정과 도전정신을 갖게 하는 데 충분한 도움을 받을 수 있어 목표를 세우고 성취하려는 야망이 되살아나 목표 성취에 화에게 받은 에너지를 집중할 가능성이 있습니다(화생목). 수와 목은 상생 관계이므로 수에게서 현실적인 감각과 일과 일이 되어 가는 상황에 대해 객관적으로 판단하고 환경과 상황 변화에 유연하게 알맞은 방법으로 일을 잘 살펴서 처리하는 데 수의 충분한 도움을 받을 가능성이 있습니다(수생목).

화의 약점성격은 정열과 열정이 강렬하여 자기 몸마저 불사를 가능성이 있습니다. 화는 수·금과 상극 관계이므로 수에게서 겨울철의 찬물 같은 마음을 가지라는 충고를 받을 수 있고 금에게서 냉정한 마음을 가지라는 싸늘한 조언을 받을 수 있어 타오르는 정열과 열정을 어느 정도 식히고 냉정한 마음을 가질 수 있습니다(수극화+금극화). 화는 목의 성격처럼 미래의 가능성이 있는 비전을 보고 성취에 대한 열정과 도전정신도 가지고 있습니다. 그러나 화는 침착하지 못하고 인내심이 부족하여 성취에 대한 열정과 도전정신이 쉽게 꺾입니다. 화와 목은 상생 관계이므로 화는 목에게서 성취에 대한 동기와 북돋음을 받을 수 있어 미래에 대한 꿈과 성취에 대한 열정과 도전정신이 되살아날 수 있습니다(목생화). 또한 화와 금은 상극 관계이므로 화는 금으로부터 인내심을 갖도록 하는 성실한 충고를 받을 수 있습니다(금극화). 화는 토와 상생 관계이므로 토에게서 성취욕과 일의 끝맺음에 대한 도움을 받을 가능성이 높습니다(토생화).

금의 약점성격은 논리적이고 합리적인 사고로 객관적으로 판단할 수 있어 냉정하게 타인들을 비판할 가능성이 있습니다. 화와 금은 상극 관계이므로 화의 충고를 받아들여 평소 생활에서 타인을 사랑하고 이해하는 습관을 길들여 비판을 줄여야 합니다(화극금). 금은 일하는 데 집중력은 강하지만 융통성이 부족하여 고집불통이 될 수 있습니다. 수와 금은 상생 관계이므로 수의 응원을 받아들여 평소 생활에서 유연성과 융통성을 길들이는 습관을 길러야 합니다(수생목). 금은 조심성 있고 신중하여 돌다리도 두드려 보고 건너는 성격입니다. 목과 금은 상극 관계이므로 목에게서 도전정신을 가지라는 조언을 받을 수 있습니다. 도전정신을 가지는 것은 금의 의지에 달려 있습니다(목극금).

요약 : 성격모델 19에서는 토와 수가 중심 역할을 하는 강점성격(재능)입니다.

토는 세상 전반에 대한 특별할 시각(4계절 변화를 알고 있음)을 가지고 있어 보통 사람의 눈에는 복잡하게 보이는 것으로부터 일정한 변화의 경향을 발견하고 대책을 세우는 능력이 있습니다. 토는 옛 경험과 생각으로부터 자유로워 새로운 아이디어를 창안해 낼 수 있고 타인의 혁신과 아이디어를 받아들일 수 있는 열린 마음입니다. 수의 성격은 이타적이어서 타인의 감정을 느끼는 공감능력이 뛰어나고 포용력과 친화력이 있어 의사소통이 원활하며 인간관계가 물 흐르듯 막힘이 없습니다. 토는 믿음, 의리, 공평 그리고 포용력을 가지고 있으며 활동적이고 부드러운 열정이 있어 수의 공감능력과 적응력이 더해져서 CEO가 될 가능성이 있습니다.

경영관련 저서를 30여 권 저술한 경영학자이며 사회 생태학자인 피터 드러커

성격모델 19의 오행의 성격과 비슷한 오행성격을 가진 오스트리아 빈 출신인 미국의 저명한 저술가, 경영학자, 그리고 사회 생태학자인 피터 드러커 교수의 인생사를 살펴서 드러커 교수의 성격이 일생에 어떻게 영향을 미치게 되는지를 필자가 설명하겠습니다. 드러커 교수의 오행성격은 토 3개, 금 2개, 수 2개, 목 1개, 화 0개로 성격모델 19 오행성격과 거의 비슷합니다. 드러커 교수의 오행성격 화는 0개이나 강점성격 토 3개와 상생 관계이므로 토가 화에게 충분한 도움을 줄 수 있어 화의 오행성격 특성을 활발하게 행동하게 하는 중간 단계(오행성격 평균 분포수 1.6개) 가까이 끌어올릴 가능성이 있습니다(토생화). 드러커 교수의 오행성격은 성격모델 19와 조금 다르게 금이 2개로 강점성격입니다.

드러커 교수는 유복한 가정에서 태어나 빈 짐나지움(대학 진학과정의 9년제 학교)을 졸업하고 독일 함부르크 대학 법학부에 입학, 졸업 후 프랑크푸르트 대학에서 석사와 박사를 취득 후 신문기자, 투자은행에 근무했습니다. 드러커는 "내 인생 출발 배경은 전문적인 두 가지 학문, 즉 정치학과 역사학이었다."고 술회하였습니다. 미국으로 건너가 사라로렌스 대학에서 경제학 및 통계학을 강의했으며 1942~1949년까지 베닝턴 대학에서 철학 및 정치학 교수를 역임하였고 1950년~1971년까지 뉴욕대학 경영학부에 재직하였으며, 그 후 캘리포니아 클레어몬드 경영대학원 사회과학부에 석좌교수를 지냈습니다. 그동안 드러커 교수는 경영 관련 저서를 30여 권 출간하였습니다(금 2개).

드러커 교수가 경제학, 통계학, 철학, 정치학 및 경영학 등 다방면의 학문을 섭렵하고 강의하며 저술 활동을 계속한 것은 열린 마음의 토의 성격인 강점을 개발하고 확대하여 빛나게 한 본보기입니다(토 3개). 성실, 인내, 끈기 그리고 학습으로 30권의 책을 저술한 것(금 2개)과 현실적인 감각이 뛰어나고 깊은 상상력과 깨달음을 바탕으로 사실에 근거한 객관적 판단으로 저술 활동(수 2개)을 생애 마지막까지 한 것은 그의 강점성격인 금 2개와 수 2개에 있다고 생각됩니다. 필자도 드러커 교수의 프로페셔널의 조건(자기실현편), 변화의 리더십(미래경영), 이노베이터의 조건(자기혁신편)의 3권의 저서를 감명 깊게 읽었습니다. 드러커 교수의 오행성격은 생물 본능에 뿌리를 둔 목과 화의 성격보다 사회 본능에 뿌리를 둔 금과 수의 성격이 활성화되어 있습니다. **드러커 교수의 연구 활동은 언제나 사회 환경에 대한 관심이 높았으며 내부에서 꿈틀거리는 생물 본능을 조절하는 데 고심하는 개인과 외부에서 밀려오는 사회 본능의 압박에 적응하려는 인간의 실존 사이에 균형과 조화를 이루는 데 초점이 맞추어져 있습니다.**

성격모델 20
수 3개, 토 2개, 목 1개, 화 1개, 금 1개(개인 사주 8자에 배정된 오행성격 분포수)

영화와 연극에는 주연과 조연배우가 있습니다. 영화나 연극이 성공한 작품이 되려면 주연과 조연배우 모두 각자에게 주어진 역할을 충실하게 연기해 내는 것이 필수조건입니다. 오행성격인 목, 화, 금, 수, 토 역시 각각을 주연과 조연의 역할로 나누어 이해한다면 활용이 아주 쉽습니다.

성격모델 20에서 사주 8자 중에 배정될 수 있는 오행성격, 목, 화, 금, 수, 토의 평균 분포수는 1.6개입니다(사주 8자÷오행성격 5자=1.6 : 실제가 아닌 이론적 수치). 오행성격 특성이 활발히 행동하게 하는 단계를 3단계, 즉 상·중·하단계로 선택하여 이해하기 쉽게 정하였습니다. 오행성격 평균 분포수 1.6개를 활발히 행동하게 하는 단계를 3단계 중 중간 단계로 정하였습니다. 개

인의 오행성격 특성 분포수가 평균 분포수 1.6개보다 높은 2개 이상은 강점성격(재능)으로, 평균 분포수보다 낮은 한 개 이하는 약점성격으로 정하였습니다. 오행성격의 강점성격은 주연 역할을, 약점성격은 조연 역할로 설명하였습니다.

목과 화의 오행성격 행동의 뿌리는 자연생태계에 적응한 생물 본능(자신과 가족을 돌보고 지키며, 아들, 딸, 손자, 손녀들이 많아지고 부자가 되기를 바라는 생물 성질)에 있습니다. 목과 화의 오행성격 특성이 동시에 강점성격(재능)으로 나타날 때는 활동하기 좋은 '봄'을 닮은 목의 성격이 주연 역할을 하고 더위 때문에 활동하기가 힘든 '여름'을 닮은 화의 성격이 조연 역할을 합니다. 금과 수의 오행성격 행동의 뿌리는 인공 생태계에 적응한 사회 본능(짐승이 아닌 사람답게 사회 생활을 하려고 하는 마음이 밑바탕이 된 사람 성질)에 있습니다. 금과 수의 오행성격 특성이 동시에 강점성격(재능)으로 나타날 때는 활동하기 상쾌한 '가을'을 닮은 금의 성격이 주연 역할을 하고, 추위 때문에 활동하기가 어려운 '겨울'을 닮은 수의 성격이 조연 역할을 하게 됩니다. 토의 오행성격은 생물 본능에 뿌리를 두고 있는 목과 화의 성격과 사회 본능에 뿌리를 두고 있는 금과 수의 성격을 모두 함께 가지고 있습니다. 목과 화 성격이 두 개가 모두 약점성격일 때, 또는 금과 수 성격이 두 개가 모두 약점성격일 때, 토의 성격이 강점성격일 경우에만 목과 화의 약점성격을, 혹은 금과 수의 약점성격을 대리(agency)하여 강점성격의 역할, 즉 주연 역할을 하게 됩니다. 그러나 토의 성격이 약점성격일 경우는 목과 화의 약점성격과 금과 수의 약점성격을 대리할 수 없습니다.

성격모델 20에서는 사회 본능에 뿌리를 둔 강점성격인 수가 주연 역할을 하고 생물 본능에 대리해서 강점성격인 토가 주연 역할을 합니다. 약점성격인 목, 화, 금은 조연 역할을 합니다.

말이 끄는 마차가 정상적으로 굴러가기 위해서는 두 개의 바퀴가 있어야 합니다. 오행성격에서 생물 본능에 뿌리를 두고 있는 목과 화의 성격이 한쪽 바퀴가 되고 사회 본능에 뿌리를 두고 있는 금과 수의 성격이 반대쪽 바퀴가 됩니다. 성격모델 20에서는 생물 본능에 뿌리를 둔 화와 목은 약점성격이어서 토가 강점성격이므로 생물 본능에 뿌리를 둔 목을 대리하여 주연 역할을 합니다. 사회 본능에 뿌리를 둔 수가 주연 역할을 하게 되어 균형을 잡습니다. 화, 금의 성실한 조연 역할로 조화를 이루게 되어 오행성격 간에 균형과 조화를 튼튼하게 이룬 건전한 성격 조합이 됩니다.

자기의 음양오행 성격은 태어날 때부터 가지고 있는 자기만의 특별한 재능(unique talent)입니다. 이 재능을 키우면 자기의 성격에 맞는 분야에서 성공할 가능성이 매우 높습니다. 자기의 토와 수의 강점성격을 매일 아침 일어나 4회 반복하여 소리 내어 읽고 목·화·금의 약점성격도 매일 2회 소리 내어 읽으면 몇 주 후에는 오행성격 특성들의 내용을 이해하고 확실히 익혀 스스로가 활용 가능한 수준에 이르게 됩니다. 당신의 밝은 미래를 위한 준비는 오늘을 잘 활용하는 것으로부터 시작됩니다. 어제는 지나갔으며 내일은 아직 오지 않았습니다. 미래를 준비할 수 있는 기회는 오늘뿐입니다. 음양오행 성격에 대해 매일 10분씩만 투자하여 몸에 익히는 훈련과 노력을 한다면 당신의 강점성격을 개발시키고 약점성격을 강화할 수 있으며, 당신의 무한한 잠재력을 최대로 발휘시켜 삶을 성공적으로 이끄는 내비게이션 역할을 할 것입니다.

우리는 자기의 마음이 끌리는 일을 할 때 만족감을 느낍니다. 끌림은 당신의 내면에서 부르는 소리를 듣고 서로 응하여 대답하는 마음입니다(생존 본능). 좋아하는 일은 누구나 즐기면서 합니다. 하고 싶은 일을 할 때는 신바람이 납니다. 자기의 강점성격에 맞는 일은 마음이 끌리며 즐겁고 계속하고 싶어집니다. 마음이 끌리는 대로 따라가는 것, 즉 당신의 성격 안에 있는 내비게이션이 안내하는 대로 따라가면 인생 여정은 기쁨이 동반자가 될 것입니다.

성격모델 20에서 오행성격 특성을 요약한 3장 81~88페이지 12개 중에 가장 중요한 오행성격 특성을 추려내어 정리했습니다.

① 수의 강점성격
• 주위로부터 마음의 충동과 자극을 받아도 행동이 우물쭈물 분명하지 않은 태도를 보이지만, 세상을 살아가는 일에는 침착하여 서둘지 않은 모습입니다.
• 지혜를 쌓는 계절, 겨울철을 닮은 인간 행동의 뿌리가 되는 인공 생태계에 적응한 사회적 본능의 성격입니다.
• 일이나 물체(thing)에 대한 빠른 이해와 깨달음을 바탕으로 한 정신(mental) 분야에 관계되는 능력이 높아 학자로 성공할 가능성이 높습니다.
• 다른 사람의 마음을 헤아리고 감정을 느끼는 공감능력이 뛰어나고 포용과 친화력이 있어 의사소통이 원활해서 인간관계가 물 흐르듯 막힘이 없습니다.
• 현실적인 감각이 뛰어나고 사물에 대해 객관적으로 판단하며 상황과 환경 변화에 유연하게 대처하는 적응력이 강합니다.

• 현재를 위해 삽니다. 미래는 이 순간에 이뤄지는 선택으로부터 만들어지는 것이라고 생각합니다. 운명은 기회가 아닌 선택의 문제입니다. 미래는 기다리는 것이 아니라 성취하는 것입니다.

② 토의 강점성격

• 토는 '생명체는 모두 중요한 존재'라는 믿음으로 동·식물에게 삶의 터전을 차별하지 않고 포용하고 개방합니다. 옛 경험이나 생각으로부터 자유로운 열린 마음을 가지고 있어 새로운 아이디어를 만들어 내고 타인들의 혁신과 새로운 아이디어를 받아들이는 열린 마음의 성격입니다.

• 토의 성격은 사계절 변화 기간(2월, 5월, 8월, 11월) 사이에 봄, 여름, 가을, 겨울에 계절의 변화에 쉽게 적응하도록 공평한 도움을 주는 신뢰감 있는 협력자의 역할을 성실히 수행합니다.

• 믿음, 의리, 공평 그리고 포용력이 있으며, 활동적이고 부드러움, 열정, 책임감이 강해 지도력이 있습니다.

• 어떤 상황에서도 주어진 일을 자신이 해낼 수 있다는 자신감을 가지고 있으며 인내심, 끈기가 있고 성취욕이 강렬하여 주어진 일을 끝까지 책임감을 가지고 마무리 짓습니다.

③ 목의 약점성격

• 돋보이고 싶은 욕구, 하고자 하거나 가지고자 하는 마음이 간절한 욕망과 열망은 높지만 야망이 부족합니다. 많은 꿈을 가진 봄을 닮은 원시인 행동의 중요한 뿌리가 되는 자연생태계에 적응한 생물 본능적 성격이지만 꿈을 가지려는 마음이 약합니다.

• 새롭고 신기한 것에 호기심과 흥미를 느끼지만, 도전하며 이기는 경쟁

을 피합니다.

- 성취하려는 욕망이 약한 것도 타고난 성격으로 믿어 버립니다.
- 일상생활의 시간표가 일정하지 않고 시간표대로 사는 것을 싫어합니다.
- 배움에 대한 생각은 있지만 행동으로 옮기는 것은 내일로 미룹니다.

④ 화의 약점성격

- 열정과 정열이 강렬하여 자신을 불사를 가능성이 있습니다.
- 신경이 예민하여 눈앞에 위협적인 상황 또는 불확실한 상황에 대해 불안해하고 근심할 수 있습니다.
- 목표지향성과 성취에 대한 열정 그리고 도전정신이 있습니다. 그러나 침착하지 못하고 인내심이 부족하여 쉽게 좌절합니다.
- 감정적이고 동정적이며 감사하는 마음이 강합니다. 개인적인 감정으로 판단합니다.
- 위협적인 상황에서 자신을 보호하기 위한 싸움의 방어 전략과 응집된 에너지 덩어리인 분노를 보입니다.

⑤ 금의 약점성격

- 논리적이고 합리적인 사고를 하며 냉정하게 행동하여 가을을 닮은 인간 행동의 뿌리가 되는 인공 생태계에 적응한 사회적 본능 성격입니다.
- 책임감이 강하고 정신적·육체적 고통을 참고 견디는 인내심과 끈기가 강합니다.
- 처음 배운 몇 개의 사실에서 느끼는 짜릿한 기쁨, 배운 것을 몸에 익히는 노력 익힐 지식에 대한 점점 커지는 자신감 등이 공부하여 학업(studies)을 닦는 일에 마음이 끌립니다.

- 집중력은 강하지만 융통성이 부족합니다.
- 경험과 지식으로 정확하게 분석하고 객관적으로 판단할 수 있는 능력은 있지만 남을 비판할 가능성이 있습니다.

상생 상극을 활용하여 오행성격 간의 균형과 조화를 이룰 수 있습니다.

상생과 상극은 봄, 여름, 가을, 겨울이 변함없이 순서대로 돌고 도는 순환적인 4계절에 대한 체험을 바탕으로 만들어졌습니다. 상생(서로 도움을 주는 순환적 상호협력 관계)과 상극(넘치는 것을 덜어 내고 부족한 것은 채워 주며 어려운 상황을 이겨 내게 멘토링을 해주는 순환적 상호조절 관계)을 활용하여 오행성격 간에 균형과 조화를 이룰 수 있습니다.

성격모델 1(104페이지)에 있는 상생도와 상극도를 보면서 다음 글을 읽으면 이해가 빠릅니다. 상생도와 상극도 오행성격 간에 관계를 쉽게 이해하여 오랫동안 기억에 남을 수 있는 그림을 활용한 것입니다. 상생은 생물 본능에 뿌리를 둔 사람의 계절의 성격인 '목'과 생장 계절의 성격인 '화' 사이(목생화, 화생목), 그리고 사회 본능에 뿌리를 둔 씨 뿌리고 가꾼 대로 거두어들이는 정직한 계절의 성격인 '금'과 지혜를 쌓는 계절의 성격인 '수' 사이(금생수+수생금)에 이루어집니다. 사계절처럼 순환하는 또 하나의 상생은 겨울을 닮은 '수'와 봄을 닮은 '목' 사이를 상생으로 연결하여 순환이 계속 이어지게 하였습니다.

영화·연극에서 감독은 출연 배우 모두를 관리하는 관리자 역할을 하는 것처럼 '토'는 화와 금과는 '상생', 목과 수와는 '상극' 관계로 생장의 계절인 에너지 넘치는 '화'의 성격과 성숙 계절인 가을을 닮은 성실성이 근본이 되는 '금'의 성격과는 상생을 합니다(토생화, 화생토 그리고 토생금, 금생토). 대부분 생물은 겨울잠을 자고 인간은 지혜를 쌓는 계절을 닮은 '수'의 성격과 생물이 겨울잠에서 깨어나 생명 활동을 시작하고 짝짓기를 하는 사랑의 계절을 닮은 목의 성격과 토의 성격 사이에는 상극이 이루어집니다. 즉 지나친 것이나 모자라는 것이나 다 같이 좋지 않습니다. 정도에 넘치는 짝짓기 횟수와 겨울과 봄 날씨가 뒤섞인 2월 자기의 사정에 알맞은 때를 기다리지 않고 일찍 겨울잠에서 깨어나면 생명이 위태로워지는 것을 알맞게 조절하는 것이 '토'의 상극 역할입니다(토극목).

사계절의 순환을 닮은 상생은 오행성격 간에 서로 돕는 관계지만 상극은 오행성격 간에 서로 조절하여 오행성격 간에 균형과 조화를 이루려는 인간의 지혜로 만들어진 것입니다. 상생도에 화(여름)와 금(가을)의 위치를 바꾸어 오행성격 간에 서로 조절하는 기능 즉 넘치는 것을 덜어 내고 부족한 것은 채워 주며 어려운 상황을 이겨 내게 하는 관계입니다.

목·화·금의 오행성격 분포수가 각각 1개로 오행성격 평균 분포수(상·중·하 3단계 중 중간 단계)인 1.6개보다 적어 약점성격입니다. 강점성격인 수는 목과 금과 상생 관계이므로 목과 금에게 충분한 도움을 줄 수 있어 목과 금의 오행성격 특성을 활발하게 행동하게 하는 중간 단계 가까이 끌어올릴 가능성이 높습니다(수생목+수생금). 강점성격인 토는 화와 금과 상생 관계이므로 화와 금에게 충분한 도움을 줄 수 있어 화와 금의 오행성격 특성을 활발하게 행동하게 하는 중간 단계 가까이 끌어올릴 가능성이 있습니다(토생화+토생금). 결과적으로 목·화·금이 충분해 조연 역할을 할 수 있게 되었습니다. 강점성격인 수는 화와 상극 관계이므로 화에게 부족한 부분을 채워 주는 성실한 멘토 역할을 할 수 있습니다.(수극화) 강점성격인 토는 목과 상극 관계이므로 수처럼 목에게 성실한 멘토 역할을 할 수 있습니다(토극목).

오행성격은 각각의 재능을 가지고 있습니다. 각 재능을 단순하게 합치면(1+1+1+1+1=5) 5개 재능에 지나지 않습니다. 그러나 상생과 상극 활용으로 오행성격 팀을 만들어 오행성격 특성 간에 균형과 조화를 이루는 팀워크를 하게 되면 오행성격 재능을 배가시킬 수 있습니다.

사주 8자에 분포된 오행성격 목, 화, 금, 수, 토에 음 또는 양이 하나씩 분포되어 있습니다. 오행성격 특성의 활성화 정도가 양이 분포된 경우는 올라가지만 음이 분포된 경우는 오행성격의 활성화 정도가 내려갑니다. 성격 모델 30개는 이론적 모형입니다. 실제 사주 8자는 개인정보 보호법 때문에 조사가 불가능하였습니다. 오행성격 목, 화, 금, 수, 토의 음양의 역할은 설명할 수 없게 되었음을 이해하여 주시기 바랍니다. 그러나 개인은 이 책의 음양 성격 활용법을 읽고 이해하면 음과 양의 오행성격 활용이 가능합니다.

음양의 성격 활용법은 3장 73-74페이지를 참고하시기 바랍니다.

<u>수의 강점성격</u>은 미지근한 행동과 세상을 쉽게 살려는 태도로 주위 사람들로부터 자신감(self-confidence) 없고 게으른 사람으로 오해 받을 가능성이 큽니다. 수와 목은 상생 관계이므로 수는 목에게서 주위의 충동과 자극에 대해 좀 더 적극적인 태도와 자존감을 가지라는 응원과 격려를 받을 수 있어 미지근한 행동과 게으름 등을 줄일 수 있습니다(목생화). 강점성격인 수는 이타적이어서 타인의 감정을 읽는 공감능력과 동정심이 높아 다른 사람들을 돕는 데 적극적이어서 타인들에게 이용당할 가능성이 높습니다. 수는 자신과 가족에게 경제적인 피해를 입힐 가능성이 높습니다. 흙(토)으로 제방을 만들어 흘러가는 물을 모아 두어 필요할 때 물(재물)을 사

용하는 지혜가 토에게 있습니다. 수와 토는 상극 관계이므로 수는 토에게서 재물을 절약하는 지혜 있는 조언을 받아야 합니다(토극수). 수는 일이 되어가는 상황에 대한 빠른 이해와 깨달음을 바탕으로 정신활동에 관계되는 분야에 능력을 발휘할 수 있어 학자로 성공할 가능성이 있습니다. 수와 금은 상생 관계이므로 인내심, 끈기와 집착심을 기르도록 하는 금의 성실한 충고를 받아들여 학자가 될 가능성이 높아집니다(금생수).

토의 강점성격은 목, 화, 금, 수의 성취의 모델이 됩니다. 토는 목·화의 생존 본능의 성격과 금·수의 사회 본능 성격의 역할을 자신감을 가지고 대신하여 해냅니다. 토는 자기 확신 즉 자신감을 가진 강점성격입니다. 토는 자신의 능력을 확실하게 믿습니다. 목, 화, 금, 수에게 신뢰감을 줍니다. 토는 '우리가 모두 똑같다'는 믿음에서 우리 모두는 서로 다른 성격 특성을 가지고 있지만 모두가 똑같은 중요한 존재라는 것을 믿고 모두를 포용합니다. 포용은 지도자 성격의 핵심입니다. 만물과 사계절을 감싸는 포용력이 있습니다.

목의 약점성격은 욕구와 욕망은 강렬하지만 야망이 작습니다. 목과 화는 상생 관계이므로 목은 강점성격인 화에게서 목표를 세우고 성취하려는 열정과 도전정신을 갖게 하는 데 충분한 도움을 받을 수 있어 목표를 세우고 성취하려는 야망이 되살아나 목표 성취에 화에게 받은 에너지를 집중할 가능성이 있습니다(화생목). 수와 목은 상생 관계이므로 수에게서 현실적인 감각과 일과 일이 되어 가는 상황에 대해 객관적으로 판단하고 환경과 상황 변화에 유연하게 알맞은 방법으로 일을 잘 살펴서 처리하는 데 수의 충분한 도움을 받을 가능성이 있습니다(수생목).

화의 약점성격은 정열과 열정이 강렬하여 자기 몸마저 불사를 가능성이 있습니다. 화는 수·금과 상극 관계이므로 수에게서 겨울철의 찬물 같은 마음을 가지라는 충고를 받을 수 있고 금에게서 냉정한 마음을 가지라는 싸늘한 조언을 받을 수 있어 타오르는 정열과 열정을 어느 정도 식히고 냉정한 마음을 가질 수 있습니다(수극화+금극화). 화는 목의 성격처럼 미래의 가능성이 있는 비전을 보고 성취에 대한 열정과 도전정신도 가지고 있습니다. 그러나 화는 침착하지 못하고 인내심이 부족하여 성취에 대한 열정과 도전정신이 쉽게 꺾입니다. 화와 목은 상생 관계이므로 화는 목에게서 성취에 대한 동기와 북돋음을 받을 수 있어 미래에 대한 꿈과 성취에 대한 열정과 도전정신이 되살아날 수 있습니다(목생화). 또한 화와 금은 상극 관계이므로 화는 금으로부터 인내심을 갖도록 하는 성실한 충고를 받을 수 있습니다(금극화). 화는 토와 상생 관계이므로 토에게서 성취욕과 일의 끝맺음에 대한 도움을 받을 가능성이 높습니다(토생화).

금의 약점성격은 논리적이고 합리적인 사고로 객관적으로 판단할 수 있어 냉정하게 타인들을 비판할 가능성이 있습니다. 화와 금은 상극 관계이므로 화의 충고를 받아들여 평소 생활에서 타인을 사랑하고 이해하는 습관을 길들여 비판을 줄여야 합니다(화극금). 금은 일하는 데 집중력은 강하지만 융통성이 부족하여 고집불통이 될 수 있습니다. 수와 금은 상생 관계이므로 수의 응원을 받아들여 평소 생활에서 유연성과 융통성을 길들이는 습관을 길러야 합니다(수생목). 금은 조심성 있고 신중하여 돌다리도 두드려 보고 건너는 성격입니다. 목과 금은 상극 관계이므로 목에게서 도전정신을 가지라는 조언을 받을 수 있습니다. 도전정신을 가지는 것은 금의 의지에 달려 있습니다(목극금).

요약 : 성격모델 20에서는 수와 토가 중심 역할을 하는 강점성격입니다.

수는 현실감각이 뛰어나고 사물에 대하여 사실을 근거로 객관적 판단을 하며 환경과 상황 변화에 적응력이 강합니다. 또한 예절 바르고 정직하며 자신을 드러내지 않는 겸손함이 있어 자기 의견을 드러내지 않아 유연하게 친구들 간의 갈등을 서로 잘 풀어 줍니다. 수는 이타적이어서 타인의 마음을 읽고 감정을 느끼는 공감능력이 뛰어나고 포용력과 친화력이 있어 의사소통이 원활하여 인간관계가 물 흐르듯 막힘이 없습니다. 토는 믿음, 의리, 공평 그리고 포용력을 가지고 있으며 활동적이고 부드러운 열정이 있어 지도력이 있습니다. 성격모델 20 성격 소유자는 사회 어느 분야에서나 유능하게 사회 생활을 할 가능성이 높습니다.

천재적인 세계 문호 <u>괴테</u>

성격모델 20의 오행성격과 거의 비슷한 오행성격을 가진 독일이 낳은 세계적인 문호, 괴테의 인생사를 살펴서 괴테의 성격이 일생에 어떻게 영향을 미치게 되었는지를 필자가 설명하겠습니다. 괴테의 오행성격은 토 2개, 화 2개, 금 2개, 수 2개 그리고 목은 0개로 성격모델 20 오행성격과 거의 비슷합니다. 괴테의 오행성격 목은 0개이나 강점성격인 화, 수와 상생관계이므로 화, 수가 목에게 충분한 도움을 줄 수 있어 목의 오행성격 특성을 활발하게 행동하게 하는 중간 단계(오행성격 평균 분포수 1.6개) 가까이 끌어올릴 가능성이 매우 높습니다(화생목+수생목). 괴테의 오행성격은 성격모델 20과 조금 다르게 화 2개, 금 2개로 강점성격입니다.

괴테는 귀족 가문에서 태어났습니다. 어린 시절부터 천재의 재능을 보여 그리스어, 라틴어, 히브리어, 불어, 영어, 이탈리어 등을 배웠고 그리스, 로마의 고전문학과 성경을 읽었습니다. 괴테는 아버지의 건장한 체격과 근면한 생활태도(금 2개)와 어머니의 문학과 예술을 사랑하는 마음씨(화 2

개)를 이어받았습니다. 괴테는 어린 나이에 신년시를 써서 조부에게 선물할 정도로 문학적 재능을 보여 천재 교육을 받았습니다. 괴테는 라이프치히 대학에서 법학을 공부하고 스트라스부르크 대학에서 법학박사 학위를 취득하였습니다. 24세 때 『젊은 베르테르의 슬픔』을 써서 작가적 지위를 확립했습니다. 바이마르 공국에서 10년 동안 정치생활(목의 성격)을 하면서 식물학, 해부학 등의 연구(금 2개)에도 정진하며 궁정 사람들과 밀접하게 친교를 했습니다(수 2개). 괴테는 이런 정무나 사회 및 자연을 통하여 자연과 인생을 지배하는 법칙을 터득하고(토 2개, 금 2개) 격정(화 2개)을 조절하며(금 2개) 점차 마음의 평정을 얻고 성숙되어 갔습니다. 괴테는 정치를 떠나 이탈리아에서 미술 연구, 그 후 고전주의로 전향하였습니다. 종합적(토 2개) 직관적인(화 2개) 괴테와 이념적·분석적인(금의 성격) 실러의 교제는 오랫동안 계속되었습니다. 두 분 간의 주고받는 편지는 독일 고전주의 문학의 귀중한 자료로 남았습니다. 괴테는 수많은 시, 소설, 희곡을 남겼으며 그의 대표작 『파우스트』는 죽기 전 해에 완성했습니다. 괴테는 주요한 저서 『색채론』을 남겼습니다. 괴테의 다양한 분야를 종합하여 연구한 것은 토의 열린 성격이며, 창의력이 뛰어나 여러 문학작품을 남긴 것은 그의 화의 성격이고 다양한 연구는 노력, 인내심과 끈기인 금의 성격이며 다양한 사람들과 친교는 그의 수의 성격입니다. 괴테는 그의 강점성격을 최대로 확장, 발달시켜 빛을 내게 한 본보기입니다. 괴테의 강점성격은 토 2개, 금 2개, 화 2개, 수 2개입니다.

영화와 연극에는 주연과 조연배우가 있습니다. 영화나 연극이 성공한 작품이 되려면 주연과 조연배우 모두 각자에게 주어진 역할을 충실하게 연기해 내는 것이 필수조건입니다. 오행성격인 목, 화, 금, 수, 토 역시 각각을 주연과 조연의 역할로 나누어 이해한다면 활용이 아주 쉽습니다.

성격모델 21에서 사주 8자 중에 배정될 수 있는 오행성격, 목, 화, 금, 수, 토의 평균 분포수는 1.6개입니다(사주 8자÷오행성격 5자=1.6 : 실제가 아닌 이론적 수치). 오행성격 특성이 활발히 행동하게 하는 단계를 3단계, 즉 상·중·하단계로 선택하여 이해하기 쉽게 정하였습니다. 오행성격 평균 분포수 1.6개를 활발히 행동하게 하는 단계를 3단계 중 중간 단계로 정하였습니다. 개인의 오행성격 특성 분포수가 평균 분포수 1.6개보다 높은 2개 이상은 강점성격(재능)으로, 평균 분포수보다 낮은 한 개 이하는 약점성격으로 정하였습니다. 오행성격의 강점성격은 주연 역할을, 약점성격은 조연 역할로 설명하였습니다.

목과 화의 오행성격 행동의 뿌리는 자연생태계에 적응한 생물 본능(자신과 가족을 돌보고 지키며, 아들, 딸, 손자, 손녀들이 많아지고 부자가 되기를 바라는 생물 성질)에 있습니다. 목과 화의 오행성격 특성이 동시에 강점성격(재능)으로 나타날 때는 활동하기 좋은 '봄'을 닮은 목의 성격이 주연 역할을 하고 더위 때문에 활동하기가 힘든 '여름'을 닮은 화의 성격이 조연 역할을 합니다. 금과 수의 오행성격 행동의 뿌리는 인공 생태계에 적응한 사회 본능(짐승이 아닌 사람답게 사회 생활을 하려고 하는 마음이 밑바탕이 된 사람 성질)에 있습니

다. 금과 수의 오행성격 특성이 동시에 강점성격(재능)으로 나타날 때는 활동하기 상쾌한 '가을'을 닮은 금의 성격이 주연 역할을 하고, 추위 때문에 활동하기가 어려운 '겨울'을 닮은 수의 성격이 조연 역할을 하게 됩니다. 토의 오행성격은 생물 본능에 뿌리를 두고 있는 목과 화의 성격과 사회 본능에 뿌리를 두고 있는 금과 수의 성격을 모두 함께 가지고 있습니다. 목과 화 성격이 두 개가 모두 약점성격일 때, 또는 금과 수 성격이 두 개가 모두 약점성격일 때, 토의 성격이 강점성격일 경우에만 목과 화의 약점성격을, 혹은 금과 수의 약점성격을 대리(agency)하여 강점성격의 역할, 즉 주연 역할을 하게 됩니다. 그러나 토의 성격이 약점성격일 경우는 목과 화의 약점성격과 금과 수의 약점성격을 대리할 수 없습니다.

성격모델 21에서는 생물 본능에 뿌리를 둔 강점성격인 목이 주연 역할을 하고, 사회 본능에 뿌리를 둔 강점성격인 금이 주연 역할을 합니다. 수도 강점성격이지만 주연 같은 조연을 합니다. 약점성격인 화와 토는 조연 역할을 합니다.

말이 끄는 마차가 정상적으로 굴러가기 위해서는 두 개의 바퀴가 있어야 합니다. 오행성격에서 생물 본능에 뿌리를 두고 있는 목과 화의 성격이 한쪽 바퀴가 되고 사회 본능에 뿌리를 두고 있는 금과 수의 성격이 반대쪽 바퀴가 됩니다. 성격모델 21에서는 생물 본능에 뿌리를 둔 야성미가 있는 강점성격인 목과 사회 본능에 뿌리를 둔 세련미가 있는 강점성격인 금이 주연 역할을 합니다. 화, 수, 토의 성실한 조연 역할로 조화를 이루게 되어 오행성격 간에 균형과 조화를 튼튼하게 이룬 건전한 성격 조합이 됩니다.

자기의 음양오행 성격은 태어날 때부터 가지고 있는 자기만의 특별한 재능(unique talent)입니다. 이 재능을 키우면 자기의 성격에 맞는 분야에서 성공할 가능성이 매우 높습니다. 자기의 목·금·수의 강점성격을 매일 아침 일어나 4회 반복하여 소리 내어 읽고 화와 토의 약점성격도 매일 2회 소리 내어 읽으면 몇 주 후에는 오행성격 특성들의 내용을 이해하고 확실히 익혀 스스로가 활용 가능한 수준에 이르게 됩니다. 당신의 밝은 미래를 위한 준비는 오늘을 잘 활용하는 것으로부터 시작됩니다. 어제는 지나갔으며 내일은 아직 오지 않았습니다. 미래를 준비할 수 있는 기회는 오늘뿐입니다. 음양오행 성격에 대해 매일 10분씩만 투자하여 몸에 익히는 훈련과 노력을 한다면 당신의 강점성격을 개발시키고 약점성격을 강화할 수 있으며, 당신의 무한한 잠재력을 최대로 발휘시켜 삶을 성공적으로 이끄는 내비게이션 역할을 할 것입니다.

우리는 자기의 마음이 끌리는 일을 할 때 만족감을 느낍니다. 끌림은 당신의 내면에서 부르는 소리를 듣고 서로 응하여 대답하는 마음입니다(생존 본능). 좋아하는 일은 누구나 즐기면서 합니다. 하고 싶은 일을 할 때는 신바람이 납니다. 자기의 강점성격에 맞는 일은 마음이 끌리며 즐겁고 계속하고 싶어집니다. 마음이 끌리는 대로 따라가는 것, 즉 당신의 성격 안에 있는 내비게이션이 안내하는 대로 따라가면 인생 여정은 기쁨이 동반자가 될 것입니다.

성격모델 21에서 오행성격 특성을 요약한 3장 81~88페이지 12개 중에 가장 중요한 오행성격 특성을 추려내어 정리했습니다.

① 목의 강점성격

• 돋보이고 싶은 욕구, 하고자 하거나 가지고자 하는 마음이 몹시 간절한 욕망과 열망, 그리고 야망이 강렬하며 많은 꿈을 가진 봄을 닮은 원시인 행동의 중요한 뿌리가 되는 자연계에 적응한 생물 본능적 성격입니다.

• 새롭고 신기한 것에 호기심과 흥미를 강렬하게 느끼며 도전하여 이기는 경쟁을 즐깁니다.

• 성취하려는 욕망이 강점성격이 된 것은 하늘이 내려준 선물입니다. 당신이 가진 모든 것은 하늘로부터 받은 선물이기 때문에 당신은 이것을 받아들일 수밖에 없습니다.

• 당신은 매년, 매월 심지어 매주마다 즐기는 일 즉 목표를 계획합니다. 직접 경험할 수 있고 측정할 수 있고 정해진 시간표대로 생활합니다.

• 당신은 말이나 생각이 아니라 모든 일은 행동이 있어야 성과가 나올 수 있다고 믿습니다. 행동이야말로 체험을 통한 학습이라고 믿고 할 일을 결정하고 행동하고 그 결과를 보면서 배웁니다.

• 카멜레온처럼 환경과 상황 변화에 민감하여 속과 겉이 다르게 전략적으로 행동합니다.

② 금의 강점성격

• 논리적이고 합리적인 사고를 하며 냉정하게 행동하는 것이 싸늘한 가을을 닮은 인간 행동의 뿌리가 되는 사람이 만든 환경에 적응한 사회적 본능 성격입니다.

• 책임감이 강하고 정신적·육체적 고통을 참고 견디는 인내심과 끈기가 강합니다.

• 세상의 안쪽에는 여러 가지 위험이 도사리고 있는 것을 알고 조심성

있고 신중하게 행동합니다. 돌다리도 두드려 보고 안전을 확인한 후 건너가는 성격입니다.

• 곧이곧대로 말하고 솔직함에 충실합니다. 일에 집중력은 강하지만 융통성이 부족합니다.

• 삶의 과거 경험과 배움으로 얻은 지식을 활용해서 마주하는 상황을 정확하게 분석하고 객관적인 판단을 할 수 있는 능력이 있어 남을 비판할 가능성이 높습니다. 다른 한편으로 개인의 차이점은 성격 차이에서 생기는 것을 알고 강점성격은 개발하고 약점성격은 보완하도록 용기와 의욕을 불어넣습니다.

• 처음 배운 몇 개의 사실에서 느끼는 짜릿한 기쁨, 배운 것을 이야기하거나 연습해 보는 처음의 노력, 몸에 익힌 기술에 대해 점점 더 커지는 확실한 믿음 이러한 배우고 활용하는 과정에 마음이 강하게 끌립니다.

③ 수의 강점성격

• 주위로부터 마음의 충동과 자극을 받아도 행동이 우물쭈물 분명하지 않은 태도를 보이지만, 세상을 살아가는 일에는 침착하여 서둘지 않는 모습입니다.

• 지혜를 쌓는 계절, 겨울철을 닮은 인간 행동의 뿌리가 되는 인공 생태계에 적응한 사회적 본능의 성격입니다.

• 일이나 물체(thing)에 대한 빠른 이해와 깨달음을 바탕으로 한 정신(mental) 분야에 관계되는 능력이 높아 학자로 성공할 가능성이 높습니다.

• 다른 사람의 마음을 헤아리고 감정을 느끼는 공감능력이 뛰어나고 포용과 친화력이 있어 의사소통이 원활해서 인간관계가 물 흐르듯 막힘이 없습니다.

• 현실적인 감각이 뛰어나고 사물에 대해 객관적으로 판단하며 상황과 환경 변화에 유연하게 대처하는 적응력이 강합니다.

• 현재를 위해 삽니다. 미래는 이 순간에 이뤄지는 선택으로부터 만들어지는 것이라고 생각합니다. 운명은 기회가 아닌 선택의 문제입니다. 미래는 기다리는 것이 아니라 성취하는 것입니다.

④ 화의 약점성격

• 열정과 정열이 강렬하여 자신을 불사를 가능성이 있습니다.

• 신경이 예민하여 눈앞에 위협적인 상황 또는 불확실한 상황에 대해 불안해하고 근심할 수 있습니다.

• 목표지향성과 성취에 대한 열정 그리고 도전정신이 있습니다. 그러나 침착하지 못하고 인내심이 부족하여 쉽게 좌절합니다.

• 감정적이고 동정적이며 감사하는 마음이 강합니다. 개인적인 감정으로 판단합니다.

• 위협적인 상황에서 자신을 보호하기 위한 싸움의 방어 전략과 응집된 에너지 덩어리인 분노를 보입니다.

⑤ 토의 약점성격

• 토는 '생명체는 모두 중요한 존재'라는 믿음으로 동·식물에게 삶의 터전을 차별하지 않고 포용하고 개방합니다. 옛 경험이나 생각으로부터 자유로운 열린 마음을 가지고 있어 새로운 아이디어를 만들어 내고 타인들의 혁신과 새로운 아이디어를 받아들이는 열린 마음의 성격입니다.

• 토의 성격은 사계절 변화 기간(2월, 5월, 8월, 11월) 사이에 봄, 여름, 가을, 겨울에 계절의 변화에 쉽게 적응하도록 공평한 도움을 주는 신뢰감 있는

협력자의 역할을 성실히 수행합니다.

• 믿음, 의리, 공평 그리고 포용력이 있으며, 활동적이고 부드러움, 열정, 책임감이 강해 지도력이 있습니다.

• 어떤 상황에서도 주어진 일을 자신이 해낼 수 있다는 자신감을 가지고 있으며 인내심, 끈기가 있고 성취욕이 강렬하여 주어진 일을 끝까지 책임감을 가지고 마무리 짓습니다.

상생 상극을 활용하여 오행성격 간의 균형과 조화를 이룰 수 있습니다.

상생과 상극은 봄, 여름, 가을, 겨울이 변함없이 순서대로 돌고 도는 순환적인 4계절에 대한 체험을 바탕으로 만들어졌습니다. 상생(서로 도움을 주는 순환적 상호협력 관계)과 상극(넘치는 것을 덜어 내고 부족한 것은 채워 주며 어려운 상황을 이겨 내게 멘토를 해주는 순환적 상호조절 관계)을 활용하여 오행성격 간에 균형과 조화를 이룰 수 있습니다.

성격모델 1(104페이지)에 있는 상생도와 상극도를 보면서 다음 글을 읽으면 이해가 빠릅니다. 상생도와 상극도 오행성격 간에 관계를 쉽게 이해하여 오랫동안 기억에 남을 수 있는 그림을 활용한 것입니다. 상생은 생물 본능에 뿌리를 둔 사람의 계절의 성격인 '목'과 생장 계절의 성격인 '화' 사이(목생화, 화생목), 그리고 사회 본능에 뿌리를 둔 씨 뿌리고 가꾼 대로 거두어들이는 정직한 계절의 성격인 '금'과 지혜를 쌓는 계절의 성격인 '수' 사이(금생수+수생금)에 이루어집니다. 사계절처럼 순환하는 또 하나의 상생은 겨울을 닮은 '수'와 봄을 닮은 '목' 사이를 상생으로 연결하여 순환이 계속 이어지게 하였습니다.

영화·연극에서 감독은 출연 배우 모두를 관리하는 관리자 역할을 하는 것처럼 '토'는 화와 금과는 '상생', 목과 수와는 '상극' 관계로 생장의 계절인 에너지 넘치는 '화'의 성격과 성숙 계절인 가을을 닮은 성실성이 근본이 되는 '금'의 성격과는 상생을 합니다(토생화, 화생토 그리고 토생금, 금생토). 대부분 생물은 겨울잠을 자고 인간은 지혜를 쌓는 계절을 닮은 '수'의 성격과 생물이 겨울잠에서 깨어나 생명 활동을 시작하고 짝짓기를 하는 사랑의 계절을 닮은 목의 성격과 토의 성격 사이에는 상극이 이루어집니다. 즉 지나친 것이나 모자라는 것이나 다 같이 좋지 않습니다. 정도에 넘치는 짝짓기 횟수와 겨울과 봄 날씨가 뒤섞인 2월 자기의 사정에 알맞은 때를 기다리지 않고 일찍 겨울잠에서 깨어나면 생명이 위태로워지는 것을 알맞게 조절하는 것이 '토'의 상극 역할입니다(토극목).

사계절의 순환을 닮은 상생은 오행성격 간에 서로 돕는 관계지만 상극은 오행성격 간에 서로 조절하여 오행성격 간에 균형과 조화를 이루려는 인간의 지혜로 만들어진 것입니다. 상생도에 화(여름)와 금(가을)의 위치를 바꾸어 오행성격 간에 서로 조절하는 기능 즉 넘치는 것을 덜어 내고 부족한 것은 채워 주며 어려운 상황을 이겨 내게 하는 관계입니다.

화와 토의 오행성격 분포수가 각각 1개로 오행성격 평균 분포수(상·중·하 3단계 중 중간 단계)인 1.6개보다 적어 약점성격입니다. 강점성격인 목은 화와 상생 관계이므로 화에게 충분한 도움을 줄 수 있어 화의 오행성격 특성을 활발하게 행동하게 하는 중간 단계 가까이 끌어올릴 가능성이 있습니다(목생화). 강점성격인 금은 토와 상생 관계이므로 금이 토에게 충분한 도움을 줄 수 있어 토의 오행성격 특성을 활발하게 행동하게 하는 중간 단계 가까이 끌어올릴 가능성이 있습니다(금생수). 결과적으로 화·토가 충분히 조연 역할을 할 수 있게 되었습니다. 강점성격인 금과 수는 화와 상극 관계이므로 화에게 부족한 부분을 채워 주는 성실한 멘토 역할을 할 수 있습니다(금극화+수극화).

오행성격은 각각의 재능을 가지고 있습니다. 각 재능을 단순하게 합치면(1+1+1+1=5) 5개 재능에 지나지 않습니다. 그러나 상생과 상극 활용으로 오행성격 팀을 만들어 오행성격 특성 간에 균형과 조화를 이루는 팀워크를 하게 되면 오행성격 재능을 배가시킬 수 있습니다.

사주 8자에 분포된 오행성격 목, 화, 금, 수, 토에 음 또는 양이 하나씩 분포되어 있습니다. 오행성격 특성의 활성화 정도가 양이 분포된 경우는 올라가지만 음이 분포된 경우는 오행성격의 활성화 정도가 내려갑니다. 성격 모델 30개는 이론적 모형입니다. 실제 사주 8자는 개인정보 보호법 때문에 조사가 불가능하였습니다. 오행성격 목, 화, 금, 수, 토의 음양의 역할은 설명할 수 없게 되었음을 이해하여 주시기 바랍니다. 그러나 개인은 이 책의 음양 성격 활용법을 읽고 이해하면 음과 양의 오행성격 활용이 가능합니다.

음양의 성격 활용법은 3장 73~74페이지를 참고하시기 바랍니다.

목의 강점성격은 여러 가지 꿈을 함께 이루려는 욕망이 강렬합니다. '토끼 두 마리를 한꺼번에 잡으려다가 한 마리도 못 잡는다.'는 속담이 있습니다. '금'은 '목'에게 삶의 목표를 신중하게 하나를 선택해서 빈틈없고 완벽한 계획을 세우고 성실하게 실행할 것을 충고하며 응원합니다(금극목). 그리고 '목'에게 돋보이고 싶은 사회적 출세와 강렬한 명예 욕구를 현실에 적합하도록 스스로 자신을 조절하게 돕습니다(금극목). '목'은 삶의 목표를 높게 세우고 이에 대한 성취를 열망하고 그곳에 '화'에게서 에너지를 충분히 지원 받아 성취에 집중하는 의지력이 매우 강합니다(화생목). 카멜레온처럼 상황 변화에 민감하여 속과 겉이 다르게 전략적으로 행동을 합니다. 그 결과 사회 생활에서 신용을 잃고 주위로부터 따돌림 당할 가능성이 큽니다. 목, 화, 금, 수에게 신용 있는 협력자 역할을 하는 토는 전략적 행동을 될 수 있는 대로 적게 하도록 목에게 충고합니다(토극목). 수는 호기심과 흥미에 끌려 어수선하고 바쁘게 생활하는 '목'에게 유연하고 여유 있게 생활하도록 도움을 줍니다(수생목).

<u>금의 강점성격은</u> 이성적(감정에 좌우되지 않고 논리적으로 생각하고 판단하는 능력)이어서 경험과 지식으로 객관적인 분석을 할 수 있어 타인의 성격 강점과 약점 그리고 잠재력을 보고 강점은 개발하고 약점은 보완하도록 용기와 의욕을 불어넣습니다. 때로는 타인을 쉽게 비판할 수 있어 주위 사람들로부터 푸대접을 받을 가능성이 높습니다. 금은 화와 상극 관계이므로 금은 화에게서 사람을 쉽게 비판하는 것을 줄이고 진정으로 사랑이 담긴 조언을 하라는 충고를 받아들일 가능성이 있습니다. 금이 화의 충고를 받아들이면 싸늘한 비판이 사랑이 담긴 멘토로 바뀔 수 있습니다(화극금). 금은 일을 계획한 대로 처음부터 끝까지 한결같은 태도로 일하는 데는 집중력은 있지만 집중력이 지나치면 일에 집착하게 되고 때로는 고집불통이 될 가능성이 높습니다. 수와 금은 상생 관계이므로 수가 금에게 일상생활에서 융통성과 유연한 태도를 가지는 습관을 기르도록 응원을 할 수 있습니다. 금이 수의 도움을 받아 고집불통을 누그러뜨릴 가능성이 있습니다(수생금). 금은 신중하고 조심성이 많습니다. 돌다리도 두드려 보고 건너는 안전하고 완벽한 생활을 좋아합니다. 안전하고 완벽한 생활태도는 모든 세상일에 겁이 많아 주어진 일을 끝맺음하기가 어렵습니다. 목과 금은 상극 관계입니다. 목은 금에게 '많은 세상일에는 용기 있는 도전정신을 가져

야 일을 제때에 끝낼 수 있다'는 충고를 할 수 있습니다. 금은 목의 충고를 받아들여야 제때 많은 일을 끝맺음할 수 있습니다(목극금).

　수의 강점성격은 미지근한 행동과 세상을 쉽게 살려는 태도로 주위 사람들로부터 자신감(self-confidence) 없고 게으른 사람으로 오해 받을 가능성이 큽니다. 수와 목은 상생 관계이므로 수는 목에게서 주위의 충동과 자극에 대해 좀 더 적극적인 태도와 자존감을 가지라는 응원과 격려를 받을 수 있어 미지근한 행동과 게으름 등을 줄일 수 있습니다(목생화). 강점성격인 수는 타인의 감정을 읽는 공감능력과 동정심이 높아 다른 사람들을 돕는 데 적극적이어서 타인들에게 이용당할 가능성이 높습니다. 수는 자신과 가족에게 경제적인 피해를 입힐 가능성이 높습니다. 흙(토)으로 제방을 만들어 흘러가는 물을 모아 두어 필요할 때 물(재물)을 사용하는 지혜가 토에게 있습니다. 수와 토는 상극 관계이므로 수는 토에게서 재물을 절약하는 지혜 있는 조언을 받아야 합니다(토극수). 수는 일이 되어가는 상황에 대한 빠른 이해와 깨달음을 바탕으로 정신활동에 관계되는 분야에 능력을 발휘할 수 있어 학자로 성공할 가능성이 있습니다. 수와 금은 상생 관계이므로 인내심, 끈기와 집착심을 기르도록 하는 금의 성실한 충고를 받아들여 학자가 될 가능성이 높아집니다(금생수).

　화의 약점성격은 정열과 열정이 강렬하여 자기 몸마저 불사를 가능성이 있습니다. 화는 수·금과 상극 관계이므로 수에게서 겨울철의 찬물 같은 마음을 가지라는 충고를 받을 수 있고 금에게서 냉정한 마음을 가지라는 싸늘한 조언을 받을 수 있어 타오르는 정열과 열정을 어느 정도 식히고 냉정한 마음을 가질 수 있습니다(수극화+금극화). 화는 목의 성격처럼 미래의 가능성이 있는 비전을 보고 성취에 대한 열정과 도전정신도 가지고 있습니다. 그러나 화는 침착하지 못하고 인내심이 부족하여 성취에 대한 열정과 도전정신이 쉽게 꺾입니다. 화와 목은 상생 관계이므로 화는 목에게서 성취에 대한 동기와 북돋음을 받을 수 있어 미래에 대한 꿈과 성취에 대한 열정과 도전정신이 되살아날 수 있습니다(목생화). 또한 화와 금은 상극 관계이므로 화는 금으로부터 인내심을 갖도록 하는 성실한 충고를 받을 수 있습니다(금극화). 화는 토와 상생 관계이므로 토에게서 성취욕과 일의 끝맺음에 대한 도움을 받을 가능성이 높습니다(토생화).

토의 약점성격은 목, 화, 금, 수에게 세상 변화에 쉽게 적응하도록 협력자 역할을 합니다. 토는 정직하고 진실하여 신뢰감을 주며 개방적인 성격이어서 사람들과 소통이 잘 되어 인간관계가 물 흐르듯 막힘이 없습니다. 토는 믿음, 의리, 공평 그리고 포용력이 있으며 활동적이고 부드러움과 열정이 있어 리더십이 강합니다.

요약 : 성격모델 21에서는 목, 금, 수가 중심 역할을 하는 강점성격입니다.

성격모델 21의 성격 소유자는 경험이 밑바탕이 되는 실용적 사실을 중요하게 생각하여(목) 사실과 관련된 결정을 내릴 때 합리적이고 객관적인 분석에 의존합니다(금). 목은 마음 깊은 곳에서 오직 행동만이 중요하다는 것을 알고 모든 일은 행동이 있어야 나올 가능성이 있다고 믿는 행동주의자입니다. 금은 무엇이 문제인지 파악하고 해결책을 찾는 일에 흥미를 느끼고 즐깁니다. 금은 하겠다고 말한 것에 대해 끝까지 책임을 지려고 합니다. 금은 처음 배운 몇 개의 사실에서 느끼는 짜릿한 기쁨, 배운 것을 연습해 보는 초기의 노력, 익힌 기술에 대해 점점 더 커지는 확신에 매우 끌립니다. 수는 이타적 성격이어서 타인의 마음을 읽고 타인의 감정을 느끼는 공감능력이 뛰어나고 포용력과 친화력이 있어 의사소통이 원활하여 인간관계가 물 흐르듯 막힘이 없습니다. 성격모델 21 성격 소유자는 목·금·수의 강점성격을 발휘할 수 있는 분야에서 성공할 가능성이 높습니다.

'내 사전에는 불가능이란 말은 없다.' 프랑스 황제 나폴레옹

성격모델 21의 오행성격과 거의 비슷한 오행성격을 가진 프랑스 황제 나폴레옹의 인생사를 살펴서 나폴레옹의 성격이 일생에 어떻게 영향을 미치게 되었는지를 필자가 설명하겠습니다. 나폴레옹의 오행성격은 목 2개, 금 2개, 수 2개, 토 2개 그리고 화는 0개로 성격모델 21의 성격과 거의 비슷합니다. 나폴레옹의 오행성격인 화는 0개이나 강점성격 목과 토와 상생 관계이므로 목과 토가 화에게 충분한 도움을 줄 수 있어 화의 오행성격 특성을 활발하게 행동하게 하는 중간 단계(오행성격 평균 분포수 1.6개) 가까이 끌어올릴 가능성이 매우 높습니다(목생화+토생화). 나폴레옹의 오행성격은 성격모델 20과 조금 다르게 토가 2개로 강점성격입니다.

나폴레옹은 코르시카 섬에서 변호사인 아버지와 전통적 군인 가문 출신인 어머니 사이에 8명의 자녀 중 둘째로 태어났습니다. 7세쯤에 나폴레옹은 예수회 학교에 입학하여 글을 읽고 쓰기, 셈법, 라틴어, 고대사를 배웠습니다. 9살 때 프랑스로 건너가 수도원 부속 종교학교에 입학했습니다. 그 후 나폴레옹은 브리엔 군사학교, 파리육군사관학교에 입학하여 조기 졸업하고 포병 장교가 되었습니다. **나폴레옹은 16세에 소위로 부임한 후 수학, 화학, 물리학 강의를 듣고 시간 여유가 있을 때 역사, 철학, 포병기술에 관한 책들을 많이 공부했습니다.**

나폴레옹은 1789년 프랑스혁명 때 공을 세웠으며, 1799년 쿠데타로 통령정부를 세워 제일대통령이 되고, 1804년에 황제가 됩니다. 그리고 처음으로 체제가 갖추어진 나폴레옹 법전을 편찬했습니다. **나폴레옹의 법전은 만인은 법 앞에 평등하다는 원리를 담은 근대적 법전의 모범이 되어 근대 여러 나라 법전의 본보기가 되었습니다.** 제1통령 시절 나폴레옹은 원정대를 이끌고 해발 2,469m의 알프스를 넘어 이탈리아 북부를 장악했습니다. 이 작전을 극구 만류하는 부관들에게 **'내 사전에는 불가능이란 말은 없다'는 유명한 말을 남겼습니다**(목 2개, 토 2개). 이 말 속에 나폴레옹의 도전과 야망의 목의 성격이 잘 드러나고 있습니다. 나폴레옹은 유럽 여러 나라의 정복전쟁에서 군사 상황을 합리적이고 객관적으로 판단하여 치밀한 전략(금 2개)을 세우고 포병기술을 최대로 활용하여 전쟁을 승리로 이끌었습니다. 나폴레옹은 믿음과 의리, 그리고 포용력이 있었으며(토 2개) 낙관적인 행동파(목 2개)이며 부드러움(수 2개)과 열정(화의 성격)이 있어 리더십이 매우 뛰어났습니다. 나폴레옹은 국민투표로 제1통령이 되어 프랑스를 근대 국가로 만드는 데 많은 기여를 했습니다. 베토벤은 나폴레옹에 관한 뉴스를 듣고 그를 공화제와 인민들의 영웅이라 생각하고 교향곡 3번을 작곡해서 나폴레옹에게 헌정할 생각이었습니다. 그러나 나폴레옹이 황제에 등극했다는 소식을 듣고 실망하고 탄식하여 악보의 표지를 산산이 조각내어 허공중에 날려 버렸습니다. 만약 나폴레옹이 황제에 오르는 욕망을 멈추었다면 역사는 그를 영웅으로 기억했을 텐데……

성격모델 20의 괴테와 성격모델 21의 나폴레옹의 오행 강점성격이 다른 점은 괴테는 예술적 창의력이 바탕인 화가 2개, 나폴레옹은 야망, 출세, 명예, 도전이 바탕인 목이 2개입니다.

영화와 연극에는 주연과 조연배우가 있습니다. 영화나 연극이 성공한 작품이 되려면 주연과 조연배우 모두 각자에게 주어진 역할을 충실하게 연기해 내는 것이 필수조건입니다. 오행성격인 목, 화, 금, 수, 토 역시 각각을 주연과 조연의 역할로 나누어 이해한다면 활용이 아주 쉽습니다.

성격모델 22에서 사주 8자 중에 배정될 수 있는 오행성격, 목, 화, 금, 수, 토의 평균 분포수는 1.6개입니다(사주 8자÷오행성격 5자=1.6 : 실제가 아닌 이론적 수치). 오행성격 특성이 활발히 행동하게 하는 단계를 3단계, 즉 상·중·하단계로 선택하여 이해하기 쉽게 정하였습니다. 오행성격 평균 분포수 1.6개를 활발히 행동하게 하는 단계를 3단계 중 중간 단계로 정하였습니다. 개인의 오행성격 특성 분포수가 평균 분포수 1.6개보다 높은 2개 이상은 강점성격(재능)으로, 평균 분포수보다 낮은 한 개 이하는 약점성격으로 정하였습니다. 오행성격의 강점성격은 주연 역할을, 약점성격은 조연 역할로 설명하였습니다.

목과 화의 오행성격 행동의 뿌리는 자연생태계에 적응한 생물 본능(자신과 가족을 돌보고 지키며, 아들, 딸, 손자, 손녀들이 많아지고 부자가 되기를 바라는 생물 성질)에 있습니다. 목과 화의 오행성격 특성이 동시에 강점성격(재능)으로 나타날 때는 활동하기 좋은 '봄'을 닮은 목의 성격이 주연 역할을 하고 더위 때문에 활동하기가 힘든 '여름'을 닮은 화의 성격이 조연 역할을 합니다. 금과 수의 오행성격 행동의 뿌리는 인공 생태계에 적응한 사회 본능(집

승이 아닌 사람답게 사회 생활을 하려고 하는 마음이 밑바탕이 된 사람 성질)에 있습니다. 금과 수의 오행성격 특성이 동시에 강점성격(재능)으로 나타날 때는 활동하기 상쾌한 '가을'을 닮은 금의 성격이 주연 역할을 하고, 추위 때문에 활동하기가 어려운 '겨울'을 닮은 수의 성격이 조연 역할을 하게 됩니다. 토의 오행성격은 생물 본능에 뿌리를 두고 있는 목과 화의 성격과 사회 본능에 뿌리를 두고 있는 금과 수의 성격을 모두 함께 가지고 있습니다. 목과 화 성격이 두 개가 모두 약점성격일 때, 또는 금과 수 성격이 두 개가 모두 약점성격일 때, 토의 성격이 강점성격일 경우에만 목과 화의 약점성격을, 혹은 금과 수의 약점성격을 대리(agency)하여 강점성격의 역할, 즉 주연 역할을 하게 됩니다. 그러나 토의 성격이 약점성격일 경우는 목과 화의 약점성격과 금과 수의 약점성격을 대리할 수 없습니다.

말이 끄는 마차가 정상적으로 굴러가기 위해서는 두 개의 바퀴가 있어야 합니다. 오행성격에서 생물 본능에 뿌리를 두고 있는 목과 화의 성격이 한쪽 바퀴가 되고 사회 본능에 뿌리를 두고 있는 금과 수의 성격이 반대쪽 바퀴가 됩니다. 그러나 성격모델 22에서는 사회 본능인 금과 수의 오행성격이 각각 1개로 약점성격이 되어 조연 역할을 하기 때문에 생물 본능과 사회 본능 간에 균형과 조화를 이루기가 어렵습니다. 그렇지만 금과 수의 약점 오행성격을 강점 오행성격이 되도록 하는 방법이 있습니다. 금과 수의 오행성격 특성을 반복해서 외우고 몸에 익히는 연습과 훈련으로 행동에 들어날 수 있도록 하면 금과 수의 약점성격도 강점성격과 거의 비슷한 수준에 도달할 수 있습니다. 습관이 될 때까지 꾸준한 노력과 인내가 필요합니다.

자기의 음양오행 성격은 태어날 때부터 가지고 있는 자기만의 특별한 재능(unique talent)입니다. 이 재능을 키우면 자기의 성격에 맞는 분야에서 성공할 가능성이 매우 높습니다. 자기의 목과 화의 강점성격을 매일 아침 일어나 4회 반복하여 소리 내어 읽고 금·수·토의 약점성격도 매일 4회 소리 내어 읽으면 몇 주 후에는 오행성격 특성들의 내용을 이해하고 확실히 익혀 스스로가 활용 가능한 수준에 이르게 됩니다. 당신의 밝은 미래를 위한 준비는 오늘을 잘 활용하는 것으로부터 시작됩니다. 어제는 지나갔으며 내일은 아직 오지 않았습니다. 미래를 준비할 수 있는 기회는 오늘뿐입니다. 음양오행 성격에 대해 매일 10분씩만 투자하여 몸에 익히는 훈련과 노력을 한다면 당신의 강점성격을 개발시키고 약점성격을 강화할 수 있으며, 당신의 무한한 잠재력을 최대로 발휘시켜 삶을 성공적으로 이끄는 내비게이션 역할을 할 것입니다.

우리는 자기의 마음이 끌리는 일을 할 때 만족감을 느낍니다. 끌림은 당신의 내면에서 부르는 소리를 듣고 서로 응하여 대답하는 마음입니다(생존 본능). 좋아하는 일은 누구나 즐기면서 합니다. 하고 싶은 일을 할 때는 신바람이 납니다. 자기의 강점성격에 맞는 일은 마음이 끌리며 즐겁고 계속하고 싶어집니다. 마음이 끌리는 대로 따라가는 것, 즉 당신의 성격 안에 있는 내비게이션이 안내하는 대로 따라가면 인생 여정은 기쁨이 동반자가 될 것입니다.

성격모델 22에서 오행성격 특성을 요약한 3장 81~88페이지 12개 중에 가장 중요한 오행성격 특성을 추려내어 정리했습니다.

① 화의 강점성격

• 정열적이고 열정이 강렬하며 에너지가 넘치는 여름을 닮은 원시인 행동의 중요한 뿌리가 되는 자연생태계에 적응한 생물 본능적 성격입니다.

• 신경이 예민하고 남자의 예감(premonition; 일이 있기 전에 그 일을 암시적으로 느낌)이나 여자의 직감(immediate perception; 곧바로 느끼어 앎)을 닮은 직관(intuition)은 일이나 상황을 보는 순간 깨닫게 되어 마주하는 날마다 상황을 잽싸게 알아차리고 확실히 이해할 수 있어 즉흥적으로 판단이 빠른 순발력(외부의 자극에 순간적으로 몸을 움직여 힘을 낼 수 있는 능력)을 가지고 있습니다. 역동적(dynamic) 상황이 많은 정보화 사회에서 곡예사 같은 능력을 최상으로 발휘할 수 있습니다.

• 직관은 창조적 예술(음악·미술·체육)이나 과학적 발견으로 이어질 잠재력이 있습니다.

• 눈앞에 위협적인 상황 또는 불확실한 상황에 대해 두려움과 불안을 느끼거나 위협적인 상황에서 자신을 보호하기 위한 싸움의 방어 전략과 응집된 에너지 덩어리인 분노를 보입니다.

• 감정적이고 동정적이며 감사하는 마음이 강합니다. 개인적 감정으로 판단합니다.

• 미래의 꿈과 성취에 대한 열정과 도전정신이 있습니다. 그러나 침착하지 못하고 인내심이 부족하여 쉽게 꿈을 포기합니다.

② 목의 강점성격

• 돋보이고 싶은 욕구, 하고자 하거나 가지고자 하는 마음이 몹시 간절한 욕망과 열망, 그리고 야망이 강렬하며 많은 꿈을 가진 봄을 닮은 원시인 행동의 중요한 뿌리가 되는 자연계에 적응한 생물 본능적 성격입니다.

• 새롭고 신기한 것에 호기심과 흥미를 강렬하게 느끼며 도전하여 이기는 경쟁을 즐깁니다.

• 성취하려는 욕망이 강점성격이 된 것은 하늘이 내려준 선물입니다. 당신이 가진 모든 것은 하늘로부터 받은 선물이기 때문에 당신은 이것을 받아들일 수밖에 없습니다.

• 당신은 매년, 매월 심지어 매주마다 즐기는 일 즉 목표를 계획합니다. 직접 경험할 수 있고 측정할 수 있고 정해진 시간표대로 생활합니다.

• 당신은 말이나 생각이 아니라 모든 일은 행동이 있어야 성과가 나올 수 있다고 믿습니다. 행동이야말로 체험을 통한 학습이라고 믿고 할 일을 결정하고 행동하고 그 결과를 보면서 배웁니다.

• 카멜레온처럼 환경과 상황 변화에 민감하여 속과 겉이 다르게 전략적으로 행동합니다.

③ 금의 약점성격

• 논리적이고 합리적인 사고를 하며 냉정하게 행동하여 가을을 닮은 인간 행동의 뿌리가 되는 인공 생태계에 적응한 사회적 본능 성격입니다.

• 책임감이 강하고 정신적·육체적 고통을 참고 견디는 인내심과 끈기가 강합니다.

• 처음 배운 몇 개의 사실에서 느끼는 짜릿한 기쁨, 배운 것을 몸에 익히는 노력 익힐 지식에 대한 점점 커지는 자신감 등이 공부하여 학업(studies)을 닦는 일에 마음이 끌립니다.

• 집중력은 강하지만 융통성이 부족합니다.

• 경험과 지식으로 정확하게 분석하고 객관적으로 판단할 수 있는 능력은 있지만 남을 비판할 가능성이 있습니다.

④ 수의 약점성격

• 주위로부터 마음의 충동과 자극을 받아도 흔들리지 않고 천연덕스럽게 미지근한 행동을 하는 여유만만한 유연성이 있습니다. 지혜를 쌓는 계절, 겨울철을 닮은 인간 행동의 뿌리가 되는 인공 생태계에 적응한 사회 본능적 성격입니다.

• 타인의 마음을 헤아리고 감정을 느끼는 공감능력이 뛰어나며 포용과 친화력이 있어 의사소통이 원활하며 인간관계가 물 흐르듯 막힘이 없습니다.

⑤ 토의 약점성격

• 토는 '생명체는 모두 중요한 존재'라는 믿음으로 동·식물에게 삶의 터전을 차별하지 않고 포용하고 개방합니다. 옛 경험이나 생각으로부터 자유로운 열린 마음을 가지고 있어 새로운 아이디어를 만들어 내고 타인들의 혁신과 새로운 아이디어를 받아들이는 열린 마음의 성격입니다.

• 토의 성격은 사계절 변화 기간(2월, 5월, 8월, 11월) 사이에 봄, 여름, 가을, 겨울에 계절의 변화에 쉽게 적응하도록 공평한 도움을 주는 신뢰감 있는 협력자의 역할을 성실히 수행합니다.

• 믿음, 의리, 공평 그리고 포용력이 있으며, 활동적이고 부드러움, 열정, 책임감이 강해 지도력이 있습니다.

• 어떤 상황에서도 주어진 일을 자신이 해낼 수 있다는 자신감을 가지고 있으며 인내심, 끈기가 있고 성취욕이 강렬하여 주어진 일을 끝까지 책임감을 가지고 마무리 짓습니다.

상생 상극을 활용하여 오행성격 간의 균형과 조화를 이룰 수 있습니다.

상생과 상극은 봄, 여름, 가을, 겨울이 변함없이 순서대로 돌고 도는 순환적인 4계절에 대한 체험을 바탕으로 만들어졌습니다. 상생(서로 도움을 주는 순환적 상호협력 관계)과 상극(넘치는 것을 덜어 내고 부족한 것은 채워 주며 어려운 상황을 이겨 내게 멘토링을 해주는 순환적 상호조절 관계)을 활용하여 오행성격 간에 균형과 조화를 이룰 수 있습니다.

성격모델 1(104페이지)에 있는 상생도와 상극도를 보면서 다음 글을 읽으면 이해가 빠릅니다. 상생도와 상극도 오행성격 간에 관계를 쉽게 이해하여 오랫동안 기억에 남을 수 있는 그림을 활용한 것입니다. 상생은 생물 본능에 뿌리를 둔 사람의 계절의 성격인 '목'과 생장 계절의 성격인 '화' 사이(목생화, 화생목), 그리고 사회 본능에 뿌리를 둔 씨 뿌리고 가꾼 대로 거두어들이는 정직한 계절의 성격인 '금'과 지혜를 쌓는 계절의 성격인 '수' 사이(금생수+수생금)에 이루어집니다. 사계절처럼 순환하는 또 하나의 상생은 겨울을 닮은 '수'와 봄을 닮은 '목' 사이를 상생으로 연결하여 순환이 계속 이어지게 하였습니다.

영화·연극에서 감독은 출연 배우 모두를 관리하는 관리자 역할을 하는 것처럼 '토'는 화와 금과는 '상생', 목과 수와는 '상극' 관계로 생장의 계절인 에너지 넘치는 '화'의 성격과 성숙 계절인 가을을 닮은 성실성이 근본이 되는 '금'의 성격과는 상생을 합니다(토생화, 화생토 그리고 토생금, 금생토). 대부분 생물은 겨울잠을 자고 인간은 지혜를 쌓는 계절을 닮은 '수'의 성격과 생물이 겨울잠에서 깨어나 생명 활동을 시작하고 짝짓기를 하는 사랑의 계절을 닮은 목의 성격과 토의 성격 사이에는 상극이 이루어집니다. 즉 지나친 것이나 모자라는 것이나 다 같이 좋지 않습니다. 정도에 넘치는 짝짓기 횟수와 겨울과 봄 날씨가 뒤섞인 2월 자기의 사정에 알맞은 때를

380

기다리지 않고 일찍 겨울잠에서 깨어나면 생명이 위태로워지는 것을 알 맞게 조절하는 것이 '토'의 상극 역할입니다(토극목).

사계절의 순환을 닮은 상생은 오행성격 간에 서로 돕는 관계지만 상극은 오행성격 간에 서로 조절하여 오행성격 간에 균형과 조화를 이루려는 인간의 지혜로 만들어진 것입니다. 상생도에 화(여름)와 금(가을)의 위치를 바꾸어 오행성격 간에 서로 조절하는 기능 즉 넘치는 것을 덜어 내고 부족한 것은 채워 주며 어려운 상황을 이겨 내게 하는 관계입니다.

금·수·토의 오행성격 분포수가 각각 1개로 오행성격 평균 분포수(상·중·하 3단계 중 중간 단계)인 1.6개보다 적어 약점성격입니다. 강점성격인 목은 수와 상생 관계이므로 수에게 충분한 도움을 줄 수 있어 수의 오행성격 특성을 활발하게 행동하게 하는 중간 단계 가까이 끌어올릴 가능성이 있습니다(목생수). 강점성격인 화는 토와 상생 관계이므로 토에게 충분한 도움을 줄 수 있어 토의 오행성격 특성을 활발하게 행동하게 하는 중간 단계 가까이 끌어올릴 가능성이 있습니다(화생토). 목과 화는 금과 상극 관계(넘치는 분야는 덜어 내고 부족한 부분은 채워 주는 관계)이므로 금에게 사랑이 담긴 조언을 할 수 있어 금의 오행성격 특성을 활발하게 행동하게 하는 중간 단계 쪽으로 올라가게 할 가능성이 있습니다(목극금+화극금). 결과적으로 금·수·토가 충분히 조연 역할을 할 수 있게 되었습니다.

오행성격은 각각의 재능을 가지고 있습니다. 각 재능을 단순하게 합치면(1+1+1+1+1=5) 5개 재능에 지나지 않습니다. 그러나 상생과 상극 활용으로 오행성격 팀을 만들어 오행성격 특성 간에 균형과 조화를 이루는 팀워크를 하게 되면 오행성격 재능을 배가시킬 수 있습니다.

사주 8자에 분포된 오행성격 목, 화, 금, 수, 토에 음 또는 양이 하나씩 분포되어 있습니다. 오행성격 특성의 활성화 정도가 양이 분포된 경우는 올라가지만 음이 분포된 경우는 오행성격의 활성화 정도가 내려갑니다. 성격 모델 30개는 이론적 모형입니다. 실제 사주 8자는 개인정보 보호법 때문에 조사가 불가능하였습니다. 오행성격 목, 화, 금, 수, 토의 음양의 역할은 설명할 수 없게 되었음을 이해하여 주시기 바랍니다. 그러나 개인은 이 책의 음양 성격 활용법을 읽고 이해하면 음과 양의 오행성격 활용이 가능합니다.

<u>음양의 성격 활용법은 3장 73~74페이지를 참고하시기 바랍니다.</u>

<u>화의 강점성격</u>은 불타오르는 정열과 열정으로 자기 몸마저 불사를 가능성이 높습니다. 화는 수·금과 상극 관계입니다. 수에게서 겨울의 찬물 같은 마음을 가지라는 충고를 받을 수 있고 금에게서 냉정한 마음을 가지라는 싸늘한 조언을 받을 수 있어 불타오르는 정열과 열정을 어느 정도 식히고 냉정한 마음을 되찾을 가능성이 있습니다(수극화+금극화). 신경이 예민하여 주위의 작은 자극이나 충동에 감정이 쉽게 흔들려 '버럭' 화를 내거나 분노를 참지 못해 씩씩거리는 모습을 보일 수 있습니다. 화는 금에게서 감정에 좌우되지 않는 침착한 생각과 자제력을 평소에 가지게 하는 생활 습관에 대한 성실한 조언을 받아들여 성급한 성격을 조절할 수 있을 가능성이 높습니다(금극화). 화는 목의 성격처럼 미래의 가능성 있는 비전을 보고 성취에 대한 열정과 도전정신도 가지고 있습니다. 그러나 화는 침착하지 못하고 인내심이 부족하여 성취에 대한 열정과 도전정신이 쉽게 꺾입니다. 화와 목은 상생 관계입니다. 화는 목에게서 성취에 대한 동기와 북돋음을 받을 수 있어 미래에 대한 꿈과 성취에 대한 열정과 도전정신이

되살아날 수 있습니다(목생화). 더불어 화는 금으로부터 인내심과 끈기를 갖도록 하는 성실한 충고를 받을 수 있습니다(금극화). 토에게서 성취욕과 일의 끝맺음에 대한 도움을 받을 수 있습니다(토생화).

　목의 강점성격은 여러 가지 꿈을 함께 이루려는 욕망이 강렬합니다. '토끼 두 마리를 한꺼번에 잡으려다가 한 마리도 못 잡는다.'는 속담이 있습니다. '금'은 '목'에게 삶의 목표를 신중하게 하나를 선택해서 빈틈없고 완벽한 계획을 세우고 성실하게 실행할 것을 충고하며 응원합니다(금극목). 그리고 '목'에게 돋보이고 싶은 사회적 출세와 강렬한 명예 욕구를 현실에 적합하도록 스스로 자신을 조절하게 돕습니다(금극목). '목'은 삶의 목표를 높게 세우고 이에 대한 성취를 열망하고 그곳에 '화'에게서 에너지를 충분히 지원 받아 성취에 집중하는 의지력이 매우 강합니다(화생목). 카멜레온처럼 상황 변화에 민감하여 속과 겉이 다르게 전략적으로 행동을 합니다. 그 결과 사회 생활에서 신용을 잃고 주위로부터 따돌림 당할 가능성이 큽니다. 목, 화, 금, 수에게 신용 있는 협력자 역할을 하는 토는 전략적 행동을 될 수 있는 대로 적게 하도록 목에게 충고합니다(토극목). 수는 호기심과 흥미에 끌려 어수선하고 바쁘게 생활하는 '목'에게 유연하고 여유 있게 생활하도록 도움을 줍니다(수생목).

　금의 약점성격은 논리적이고 합리적인 사고로 객관적으로 판단할 수 있어 냉정하게 타인들을 비판할 가능성이 있습니다. 화와 금은 상극 관계이므로 화의 충고를 받아들여 평소 생활에서 타인을 사랑하고 이해하는 습관을 길들여 비판을 줄여야 합니다(화극금). 금은 일하는 데 집중력은 강하지만 융통성이 부족하여 고집불통이 될 수 있습니다. 수와 금은 상생 관계이므로 수의 응원을 받아들여 평소 생활에서 유연성과 융통성을 길들이는 습관을 길러야 합니다(수생목). 금은 조심성 있고 신중하여 돌다리도 두드려 보고 건너는 성격입니다. 목과 금은 상극 관계이므로 목에게서 도전정신을 가지라는 조언을 받을 수 있습니다. 도전정신을 가지는 것은 금의 의지에 달려 있습니다(목극금).

수의 약점성격은 미지근한 행동과 쉽게 살려는 태도로 주위 사람에게 자신감이 없고 게으른 사람으로 오해 받을 가능성이 높습니다. 목과 수는 상생 관계이므로 목이 수에게 자기주장과 적극적인 성격을 가지는 데 도움을 줄 수 있습니다. 수가 목의 도움과 응원을 받아들여 노력하면 적극적인 행동과 부지런한 성격을 가질 수 있습니다(목생수). 수는 타인의 감정을 쉽게 읽고 돕는 데 적극적입니다. 이런 행동들은 사람들에게 이용당해 자기와 가족에게 경제적인 피해를 입힐 가능성이 높습니다. 흙(토)으로 둑을 쌓아 흘러가는 물을 모아 두어 필요할 때 물을 사용하는 지혜가 토에게 있습니다. 수와 토는 상극 관계입니다. 수는 토에게서 재물을 절약하는 지혜 있는 멘토를 받아들여야 다른 사람들에게 이용당할 염려를 줄일 수 있습니다(토극수).

토의 약점성격은 목, 화, 금, 수에게 세상 변화에 쉽게 적응하도록 협력자 역할을 합니다. 토는 정직하고 진실하여 신뢰감을 주며 개방적인 성격이어서 사람들과 소통이 잘 되어 인간관계가 물 흐르듯 막힘이 없습니다. 토는 믿음, 의리, 공평 그리고 포용력이 있으며 활동적이고 부드러움과 열정이 있어 리더십이 강합니다.

요약 : 성격모델 22에서는 목과 화가 중심 역할을 하는 강점성격입니다.

개인 생활의 중심이 되는 생물 본능에 뿌리를 둔 목·화가 중심 역할을 합니다. 목의 성격은 외부 사실에 마음이 끌림을 맞추는 외향적, 활동적, 사교적입니다. 마음 깊은 곳에서는 오직 행동만이 중요하다는 것을 알고 모든 일에 행동이 있어야 성과가 나올 가능성이 있다고 생각합니다. 행동이야말로 최선의 학습방법이라고 믿고 체험을 바탕으로 객관적인 판단을 하며 경제적 인간 성격이어서 일을 실용적으로 처리하는 행동주의자입니다. 화의 성격은 신경이 예민하고 원시생활에서 생긴 직감이 발달해서 창조적인 예술이나 과학적인 발견 같은 재능이 있습니다. 화는 외부의 충동에 자동적으로 무의식적 행동을 하는 성격이어서 즉흥적으로 결단이 빠른 순발력도 가지고 있습니다. 21세기처럼 변화가 빠른 사회 즉 신 유목생활같이 옮겨 다님이 빠르게 이루어져 새로운 환경에 적응해야 하는 시대에 적합한 성격이 될 수 있습니다. 창조적인 예술과 과학적인 발견이 현실적인 작품으로 되기 위해서는 금의 인내심, 끈기 그리고 의지력의 도움이 필요합니다. 예술과 과학 분야에 재능이 발휘할 가능성이 있습니다.

가장 위대한 작곡가이자 피아니스트 베토벤

성격모델 22의 오행성격과 비슷한 오행성격을 가진 독일이 낳은 가장 위대한 작곡가이자 피아니스트인 베토벤의 인생사를 살펴서 베토벤의 성격이 일생에 어떻게 영향을 미치게 되었는지를 필자가 설명하겠습니다. 베토벤의 오행성격은 목 2개, 화 2개, 수 2개, 금 1개, 토 1개입니다. 베토벤의 오행성격인 토는 1개이나 강점성격인 화와 상생 관계이므로 화가 토에게 충분한 도움을 줄 수 있어 토의 오행성격 특성을 활발하게 행동하게 하는 중간 단계(오행성격 평균 분포수 1.6개) 가까이 끌어올릴 가능성이 높습니다(화생토). 그리고 금도 1개이나 강점성격인 수와 상생 관계이므로 수가 금에게 충분한 도움을 줄 수 있어 수가 금의 오행성격 특성을 활성화하여 중간 단계 가까이 끌어올릴 가능성이 있습니다(수생금).

베토벤은 일곱 자녀 중 둘째로 태어났으며 음악 귀족 가문 출신인 베토벤은 어릴 적부터 아버지에게 음악을 배웠습니다. 베토벤의 아버지는 아들의 뛰어난 음악 재능을 알아차리고 베토벤이 5세 때부터 궁정의 유능한 음악교사들에게 음악교육을 맡겼습니다. **7살 때 베토벤은 피아노 연주로 음악 '신동'으로 알려졌습니다(화 2개).** 11세 무렵 베토벤은 독일 본에서 그의 일생에 가장 중요한 스승인 네페에게 가르침을 받기 시작했습니다. 네페는 베토벤의 재능을 알아차리고 작곡을 가르쳤습니다. 베토벤은 작곡가로서 재능뿐만 아니라(화 2개) 대담한 성격(목 2개)도 드러냈으며 독서도 열심히 하였습니다(금의 성격). 베토벤은 그리스 신화, 독일의 고전문학, 칸트, 동양과 인도철학, 천문학 등 광범위한 독서(토의 성격)로 교양 있는 음악가로 보입니다. 베토벤은 음악가는 단순한 연주자가 아니라 예술작품을 창작하는 예술가임을 공언하였습니다. **베토벤은 괴테와의 친교를 통해서 음악 속에 시가 있어야 한다는 믿음이 강해진 것으로 보입니다. 교향곡 9번 안에 '음악에는 시와 서사시가 있음'을 보여 주었습니다.** 베토벤의 표정은 풍부하고(화 2개) 생기 넘치는 눈빛, 강한 인상(목 2개), 사회성 있고 친절하고(수 2개) 순진하면서도 엄격하고 냉정한 행동(금의 성격)이 있었습니다. 베토벤은 강점성격인 목의 활발하고 도전적이며, 화의 끊임없는 에너지로 창작예술을 보여 주고, 수의 친화력과 공감능력을 발휘하고 광범위한 독서와 끊임없는 배움(금의 성격), 여러 종교를 포용하는 열린 마음(토의 성격)의 오행성격 간에 균형과 조화를 이룬 본보기로 생각됩니다. 베토벤의 강점성격은 목 2개, 화 2개, 수 2개입니다.

영화와 연극에는 주연과 조연배우가 있습니다. 영화나 연극이 성공한 작품이 되려면 주연과 조연배우 모두 각자에게 주어진 역할을 충실하게 연기해 내는 것이 필수조건입니다. 오행성격인 목, 화, 금, 수, 토 역시 각각을 주연과 조연의 역할로 나누어 이해한다면 활용이 아주 쉽습니다.

성격모델 23에서 사주 8자 중에 배정될 수 있는 오행성격, 목, 화, 금, 수, 토의 평균 분포수는 1.6개입니다(사주 8자÷오행성격 5자=1.6 : 실제가 아닌 이론적 수치). 오행성격 특성이 활발히 행동하게 하는 단계를 3단계, 즉 상·중·하단계로 선택하여 이해하기 쉽게 정하였습니다. 오행성격 평균 분포수 1.6개를 활발히 행동하게 하는 단계를 3단계 중 중간 단계로 정하였습니다. 개인의 오행성격 특성 분포수가 평균 분포수 1.6개보다 높은 2개 이상은 강점성격(재능)으로, 평균 분포수보다 낮은 한 개 이하는 약점성격으로 정하였습니다. 오행성격의 강점성격은 주연 역할을, 약점성격은 조연 역할로 설명하였습니다.

목과 화의 오행성격 행동의 뿌리는 자연생태계에 적응한 생물 본능(자신과 가족을 돌보고 지키며, 아들, 딸, 손자, 손녀들이 많아지고 부자가 되기를 바라는 생물 성질)에 있습니다. 목과 화의 오행성격 특성이 동시에 강점성격(재능)으로 나타날 때는 활동하기 좋은 '봄'을 닮은 목의 성격이 주연 역할을 하고 더위 때문에 활동하기가 힘든 '여름'을 닮은 화의 성격이 조연 역할을 합니다. 금과 수의 오행성격 행동의 뿌리는 인공 생태계에 적응한 사회 본능(짐승이 아닌 사람답게 사회 생활을 하려고 하는 마음이 밑바탕이 된 사람 성질)에 있습니

다. 금과 수의 오행성격 특성이 동시에 강점성격(재능)으로 나타날 때는 활동하기 상쾌한 '가을'을 닮은 금의 성격이 주연 역할을 하고, 추위 때문에 활동하기가 어려운 '겨울'을 닮은 수의 성격이 조연 역할을 하게 됩니다. 토의 오행성격은 생물 본능에 뿌리를 두고 있는 목과 화의 성격과 사회 본능에 뿌리를 두고 있는 금과 수의 성격을 모두 함께 가지고 있습니다. 목과 화 성격이 두 개가 모두 약점성격일 때, 또는 금과 수 성격이 두 개가 모두 약점성격일 때, 토의 성격이 강점성격일 경우에만 목과 화의 약점성격을, 혹은 금과 수의 약점성격을 대리(agency)하여 강점성격의 역할, 즉 주연 역할을 하게 됩니다. 그러나 토의 성격이 약점성격일 경우는 목과 화의 약점성격과 금과 수의 약점성격을 대리할 수 없습니다.

성격모델 23에서는 생물 본능에 뿌리를 둔 강점성격인 화가 주연 역할을 하고 사회 본능에 뿌리를 둔 강점성격 금이 주연 역할을 합니다. 약점성격인 목, 수, 토는 조연 역할을 합니다.

말이 끄는 마차가 정상적으로 굴러가기 위해서는 두 개의 바퀴가 있어야 합니다. 오행성격에서 생물 본능에 뿌리를 두고 있는 목과 화의 성격이 한쪽 바퀴가 되고 사회 본능에 뿌리를 두고 있는 금과 수의 성격이 반대쪽 바퀴가 됩니다. 성격모델 23에서는 생물 본능에 뿌리를 둔 야성미가 있는 강점성격 화와 사회 본능에 뿌리를 둔 세련미가 있는 강점성격인 금이 주연 역할을 합니다. 목, 수, 토의 성실한 조연 역할로 조화를 이루게 되어 오행성격 간에 균형과 조화를 튼튼하게 이룬 건전한 성격 조합이 됩니다.

자기의 음양오행 성격은 태어날 때부터 가지고 있는 자기만의 특별한 재능(unique talent)입니다. 이 재능을 키우면 자기의 성격에 맞는 분야에서 성공할 가능성이 매우 높습니다. 자기의 화와 금의 강점성격을 매일 아침 일어나 4회 반복하여 소리 내어 읽고 목·토·수의 약점성격도 매일 2회 소리 내어 읽으면 몇 주 후에는 오행성격 특성들의 내용을 이해하고 확실히 익혀 스스로가 활용 가능한 수준에 이르게 됩니다. 당신의 밝은 미래를 위한 준비는 오늘을 잘 활용하는 것으로부터 시작됩니다. 어제는 지나갔으며 내일은 아직 오지 않았습니다. 미래를 준비할 수 있는 기회는 오늘뿐입니다. 음양오행 성격에 대해 매일 10분씩만 투자하여 몸에 익히는 훈련과 노력을 한다면 당신의 강점성격을 개발시키고 약점성격을 강화할 수 있으며, 당신의 무한한 잠재력을 최대로 발휘시켜 삶을 성공적으로 이끄는 내비게이션 역할을 할 것입니다.

우리는 자기의 마음이 끌리는 일을 할 때 만족감을 느낍니다. 끌림은 당신의 내면에서 부르는 소리를 듣고 서로 응하여 대답하는 마음입니다(생존 본능). 좋아하는 일은 누구나 즐기면서 합니다. 하고 싶은 일을 할 때는 신바람이 납니다. 자기의 강점성격에 맞는 일은 마음이 끌리며 즐겁고 계속하고 싶어집니다. 마음이 끌리는 대로 따라가는 것, 즉 당신의 성격 안에 있는 내비게이션이 안내하는 대로 따라가면 인생 여정은 기쁨이 동반자가 될 것입니다.

성격모델 23에서 오행성격 특성을 요약한 3장 81~88페이지 12개 중에 가장 중요한 오행성격 특성을 추려내어 정리했습니다.

① 화의 강점성격
• 정열적이고 열정이 강렬하며 에너지가 넘치는 여름을 닮은 원시인 행

동의 중요한 뿌리가 되는 자연생태계에 적응한 생물 본능적 성격입니다.

- 신경이 예민하고 남자의 예감(premonition; 일이 있기 전에 그 일을 암시적으로 느낌)이나 여자의 직감(immediate perception; 곧바로 느끼어 앎)을 닮은 직관(intuition)은 일이나 상황을 보는 순간 깨닫게 되어 마주하는 날마다 상황을 잽싸게 알아차리고 확실히 이해할 수 있어 즉흥적으로 판단이 빠른 순발력(외부의 자극에 순간적으로 몸을 움직여 힘을 낼 수 있는 능력)을 가지고 있습니다. 역동적(dynamic) 상황이 많은 정보화 사회에서 곡예사 같은 능력을 최상으로 발휘할 수 있습니다.

- 직관은 창조적 예술(음악·미술·체육)이나 과학적 발견으로 이어질 잠재력이 있습니다.

- 눈앞에 위협적인 상황 또는 불확실한 상황에 대해 두려움과 불안을 느낌이나 위협적인 상황에서 자신을 보호하기 위한 싸움의 방어 전략과 응집된 에너지 덩어리인 분노를 보입니다.

- 감정적이고 동정적이며 감사하는 마음이 강합니다. 개인적 감정으로 판단합니다.

- 미래의 꿈과 성취에 대한 열정과 도전정신이 있습니다. 그러나 침착하지 못하고 인내심이 부족하여 쉽게 꿈을 포기합니다.

② 금의 강점성격

- 논리적이고 합리적인 사고를 하며 냉정하게 행동하는 것이 싸늘한 가을을 닮은 인간 행동의 뿌리가 되는 사람이 만든 환경에 적응한 사회적 본능 성격입니다.

- 책임감이 강하고 정신적·육체적 고통을 참고 견디는 인내심과 끈기가 강합니다.

• 세상의 안쪽에는 여러 가지 위험이 도사리고 있는 것을 알고 조심성 있고 신중하게 행동합니다. 돌다리도 두드려 보고 안전을 확인한 후 건너가는 성격입니다.

• 곧이곧대로 말하고 솔직함에 충실합니다. 일에 집중력은 강하지만 융통성이 부족합니다.

• 삶의 과거 경험과 배움으로 얻은 지식을 활용해서 마주하는 상황을 정확하게 분석하고 객관적인 판단을 할 수 있는 능력이 있어 남을 비판할 가능성이 높습니다. 다른 한편으로 개인의 차이점은 성격 차이에서 생기는 것을 알고 강점성격은 개발하고 약점성격은 보완하도록 용기와 의욕을 불어넣습니다.

• 처음 배운 몇 개의 사실에서 느끼는 짜릿한 기쁨, 배운 것을 이야기하거나 연습해 보는 처음의 노력, 몸에 익힌 기술에 대해 점점 더 커지는 확실한 믿음 이러한 배우고 활용하는 과정에 마음이 강하게 끌립니다.

③ 목의 약점성격

• 돋보이고 싶은 욕구, 하고자 하거나 가지고자 하는 마음이 간절한 욕망과 열망은 높지만 야망이 부족합니다. 많은 꿈을 가진 봄을 닮은 원시인 행동의 중요한 뿌리가 되는 자연생태계에 적응한 생물 본능적 성격이지만 꿈을 가지려는 마음이 약합니다.

• 새롭고 신기한 것에 호기심과 흥미를 느끼지만, 도전하며 이기는 경쟁을 피합니다.

• 성취하려는 욕망이 약한 것도 타고난 성격으로 믿어 버립니다.

• 일상생활의 시간표가 일정하지 않고 시간표대로 사는 것을 싫어합니다.

• 배움에 대한 생각은 있지만 행동으로 옮기는 것은 내일로 미룹니다.

④ 수의 약점성격

• 주위로부터 마음의 충동과 자극을 받아도 흔들리지 않고 천연덕스럽게 미지근한 행동을 하는 여유만만한 유연성이 있습니다. 지혜를 쌓는 계절, 겨울철을 닮은 인간 행동의 뿌리가 되는 인공 생태계에 적응한 사회본능적 성격입니다.

• 타인의 마음을 헤아리고 감정을 느끼는 공감능력이 뛰어나며 포용과 친화력이 있어 의사소통이 원활하며 인간관계가 물 흐르듯 막힘이 없습니다.

⑤ 토의 약점성격

• 토는 '생명체는 모두 중요한 존재'라는 믿음으로 동·식물에게 삶의 터전을 차별하지 않고 포용하고 개방합니다. 옛 경험이나 생각으로부터 자유로운 열린 마음을 가지고 있어 새로운 아이디어를 만들어 내고 타인들의 혁신과 새로운 아이디어를 받아들이는 열린 마음의 성격입니다.

• 토의 성격은 사계절 변화 기간(2월, 5월, 8월, 11월) 사이에 봄, 여름, 가을, 겨울에 계절의 변화에 쉽게 적응하도록 공평한 도움을 주는 신뢰감 있는 협력자의 역할을 성실히 수행합니다.

• 믿음, 의리, 공평 그리고 포용력이 있으며, 활동적이고 부드러움, 열정, 책임감이 강해 지도력이 있습니다.

• 어떤 상황에서도 주어진 일을 자신이 해낼 수 있다는 자신감을 가지고 있으며 인내심, 끈기가 있고 성취욕이 강렬하여 주어진 일을 끝까지 책임감을 가지고 마무리 짓습니다.

상생 상극을 활용하여 오행성격 간의 균형과 조화를 이룰 수 있습니다.

상생과 상극은 봄, 여름, 가을, 겨울이 변함없이 순서대로 돌고 도는 순환적인 4계절에 대한 체험을 바탕으로 만들어졌습니다. 상생(서로 도움을 주는 순환적 상호협력 관계)과 상극(넘치는 것을 덜어 내고 부족한 것은 채워 주며 어려운 상황을 이겨 내게 멘토링을 해주는 순환적 상호조절 관계)을 활용하여 오행성격 간에 균형과 조화를 이룰 수 있습니다.

성격모델 1(104페이지)에 있는 상생도와 상극도를 보면서 다음 글을 읽으면 이해가 빠릅니다. 상생도와 상극도 오행성격 간에 관계를 쉽게 이해하여 오랫동안 기억에 남을 수 있는 그림을 활용한 것입니다. 상생은 생물 본능에 뿌리를 둔 사람의 계절의 성격인 '목'과 생장 계절의 성격인 '화' 사이(목생화, 화생목), 그리고 사회 본능에 뿌리를 둔 씨 뿌리고 가꾼 대로 거두어들이는 정직한 계절의 성격인 '금'과 지혜를 쌓는 계절의 성격인 '수' 사이(금생수+수생금)에 이루어집니다. 사계절처럼 순환하는 또 하나의 상생은 겨울을 닮은 '수'와 봄을 닮은 '목' 사이를 상생으로 연결하여 순환이 계속 이어지게 하였습니다.

영화·연극에서 감독은 출연 배우 모두를 관리하는 관리자 역할을 하는 것처럼 '토'는 화와 금과는 '상생', 목과 수와는 '상극' 관계로 생장의 계절인 에너지 넘치는 '화'의 성격과 성숙 계절인 가을을 닮은 성실성이 근본이 되는 '금'의 성격과는 상생을 합니다(토생화, 화생토 그리고 토생금, 금생토). 대부분 생물은 겨울잠을 자고 인간은 지혜를 쌓는 계절을 닮은 '수'의 성격과 생물이 겨울잠에서 깨어나 생명 활동을 시작하고 짝짓기를 하는 사랑의 계절을 닮은 목의 성격과 토의 성격 사이에는 상극이 이루어집니다. 즉 지나친 것이나 모자라는 것이나 다 같이 좋지 않습니다. 정도에 넘치는 짝짓기 횟수와 겨울과 봄 날씨가 뒤섞인 2월 자기의 사정에 알맞은 때를 기다리지 않고 일찍 겨울잠에서 깨어나면 생명이 위태로워지는 것을 알 맞게 조절하는 것이 '토'의 상극 역할입니다(토극목).

사계절의 순환을 닮은 상생은 오행성격 간에 서로 돕는 관계지만 상극은 오행성격 간에 서로 조절하여 오행성격 간에 균형과 조화를 이루려는 인간의 지혜로 만들어진 것입니다. 상생도에 화(여름)와 금(가을)의 위치를 바꾸어 오행성격 간에 서로 조절하는 기능 즉 넘치는 것을 덜어 내고 부족한 것은 채워 주며 어려운 상황을 이겨 내게 하는 관계입니다.

목·수·토의 오행성격 분포수가 각각 1개로 오행성격 평균 분포수(상·중·하 3단계 중 중간 단계)인 1.6개보다 적어 약점성격입니다. 강점성격인 화는 목과 토와 상생 관계이므로 목과 토에게 충분한 도움을 줄 수 있어 목의 오행성격 특성을 활발하게 행동하게 하는 중간 단계 가까이 끌어올릴 가능성이 있습니다(화생목). 강점성격인 금은 수와 상생 관계이므로 수에게 충분한 도움을 줄 수 있어 수의 오행성격 특성을 활발하게 행동하게 하는 중간 단계 가까이 끌어올릴 가능성이 있습니다(금생수). 토는 강점성격인 화와 금과 상생 관계이므로 화와 금에게서 충분한 도움을 받을 수 있어 토의 오행성격 특성을 활발하게 행동하게 하는 중간 단계 가까이 끌어올릴 가능성이 매우 높습니다(화생토+금생토). 강점성격인 화는 수와 상극 관계이므로 수에게 부족한 부분을 채워 주는 성실한 멘토 역할을 할 수 있습니다(화극수). 결과적으로 목·수·토가 충분히 조연 역할을 할 수 있게 되었습니다.

오행성격은 각각의 재능을 가지고 있습니다. 각 재능을 단순하게 합치면(1+1+1+1+1=5) 5개 재능에 지나지 않습니다. 그러나 상생과 상극 활용으로 오행성격 팀을 만들어 오행성격 특성 간에 균형과 조화를 이루는 팀워크를 하게 되면 오행성격 재능을 배가시킬 수 있습니다.

사주 8자에 분포된 오행성격 목, 화, 금, 수, 토에 음 또는 양이 하나씩 분포되어 있습니다. 오행성격 특성의 활성화 정도가 양이 분포된 경우는 올라가지만 음이 분포된 경우는 오행성격의 활성화 정도가 내려갑니다. 성격모델 30개는 이론적 모형입니다. 실제 사주 8자는 개인정보 보호법 때문에 조사가 불가능하였습니다. 오행성격 목, 화, 금, 수, 토의 음양의 역할은 설명할 수 없게 되었음을 이해하여 주시기 바랍니다. 그러나 개인은 이 책의 음양 성격 활용법을 읽고 이해하면 음과 양의 오행성격 활용이 가능합니다.

음양의 성격 활용법은 3장 73~74페이지를 참고하시기 바랍니다.

<u>화의 강점성격</u>은 불타오르는 정열과 열정으로 자기 몸마저 불사를 가능성이 높습니다. 화는 수·금과 상극 관계입니다. 수에게서 겨울의 찬물 같은 마음을 가지라는 충고를 받을 수 있고 금에게서 냉정한 마음을 가지라는 싸늘한 조언을 받을 수 있어 불타오르는 정열과 열정을 어느 정도 식히고 냉정한 마음을 되찾을 가능성이 있습니다(수극화+금극화). 신경이 예민하여 주위의 작은 자극이나 충동에 감정이 쉽게 흔들려 '버럭' 화를 내거나 분노를 참지 못해 씩씩거리는 모습을 보일 수 있습니다. 화는 금에게서 감정에 좌우되지 않는 침착한 생각과 자제력을 평소에 가지게 하는 생활 습관에 대한 성실한 조언을 받아들여 성급한 성격을 조절할 수 있을 가능성이 높습니다(금극화). 화는 목의 성격처럼 미래의 가능성 있는 비전을 보고 성취에 대한 열정과 도전정신도 가지고 있습니다. 그러나 화는 침

착하지 못하고 인내심이 부족하여 성취에 대한 열정과 도전정신이 쉽게 꺾입니다. 화와 목은 상생 관계입니다. 화는 목에게서 성취에 대한 동기와 북돋음을 받을 수 있어 미래에 대한 꿈과 성취에 대한 열정과 도전정신이 되살아날 수 있습니다(목생화). 더불어 화는 금으로부터 인내심과 끈기를 갖도록 하는 성실한 충고를 받을 수 있습니다(금극화). 토에게서 성취욕과 일의 끝맺음에 대한 도움을 받을 수 있습니다(토생화).

<u>금의 강점성격은</u> 이성적(감정에 좌우되지 않고 논리적으로 생각하고 판단하는 능력)이어서 경험과 지식으로 객관적인 분석을 할 수 있어 타인의 성격의 강점과 약점 그리고 잠재력을 보고 강점은 개발하고 약점은 보완하도록 용기와 의욕을 불어넣습니다. 때로는 타인을 쉽게 비판할 수 있어 주위 사람들로부터 푸대접을 받을 가능성이 높습니다. 금은 화와 상극 관계이므로 금은 화에게서 사람을 쉽게 비판하는 것을 줄이고 진정으로 사랑이 담긴 조언을 하라는 충고를 받아들일 가능성이 있습니다. 금이 화의 충고를 받아들이면 싸늘한 비판이 사랑이 담긴 멘토로 바뀔 수 있습니다(화극금). 금은 일을 계획한 대로 처음부터 끝까지 한결같은 태도로 일하는 데는 집중력은 있지만 집중력이 지나치면 일에 집착하게 되고 때로는 고집불통이 될 가능성이 높습니다. 수와 금은 상생 관계이므로 수가 금에게 일상생활에서 융통성과 유연한 태도를 가지는 습관을 기르도록 응원을 할 수 있습니다. 금이 수의 도움을 받아 고집불통을 누그러뜨릴 가능성이 있습니다 (수생금). 금은 신중하고 조심성이 많습니다. 돌다리도 두드려 보고 건너는 안전하고 완벽한 생활을 좋아합니다. 안전하고 완벽한 생활태도는 모든 세상일에 겁이 많아 주어진 일을 끝맺음하기가 어렵습니다. 목과 금은 상극 관계입니다. 목은 금에게 '많은 세상일에는 용기 있는 도전정신을 가져야 일을 제때에 끝낼 수 있다'는 충고를 할 수 있습니다. 금은 목의 충고를

받아들여야 제때 많은 일을 끝맺음할 수 있습니다(목극금).

목의 약점성격은 욕구와 욕망은 강렬하지만 야망은 낮습니다. 목은 강점성격인 화에게서 목표를 세우고 성취하려는 열정과 도전정신을 가지게 하는 충분한 도움을 받을 수 있어 목표를 세우고 성취하여 야망이 되살아나 목표 성취에 화에게 받은 에너지를 집중할 가능성이 있습니다(화생목). 목은 자신이 계획한 목표를 성취하기 위한 구체적인 일들을 처음부터 끝까지 한결같은 태도로 일에 노력을 집중하라는 강점성격인 금의 진실한 조언을 받아들일 가능성이 있습니다(금극목).

수의 약점성격은 미지근한 행동과 쉽게 살려는 태도로 주위 사람에게 자신감이 없고 게으른 사람으로 오해 받을 가능성이 높습니다. 목과 수는 상생 관계이므로 목이 수에게 자기주장과 적극적인 성격을 가지는 데 도움을 줄 수 있습니다. 수가 목의 도움과 응원을 받아들여 노력하면 적극적인 행동과 부지런한 성격을 가질 수 있습니다(목생수). 수는 타인의 감정을 쉽게 읽고 돕는 데 적극적입니다. 이런 행동들은 사람들에게 이용당해 자기와 가족에게 경제적인 피해를 입힐 가능성이 높습니다. 흙(토)으로 둑을 쌓아 흘러가는 물을 모아 두어 필요할 때 물을 사용하는 지혜가 토에게 있습니다. 수와 토는 상극 관계입니다. 수는 토에게서 재물을 절약하는 지혜 있는 조언을 받아들여야 다른 사람들에게 이용당할 염려를 줄일 수 있습니다(토극수).

토의 약점성격은 목, 화, 금, 수에게 세상 변화에 쉽게 적응하도록 협력자 역할을 합니다. 토는 정직하고 진실하여 신뢰감을 주며 개방적인 성격이어서 사람들과 소통이 잘 되어 인간관계가 물 흐르듯 막힘이 없습니다. 토는 믿음, 의리, 공평 그리고 포용력이 있으며 활동적이고 부드러움과 열정이 있어 리더십이 강합니다.

요약 : 성격모델 23에서는 화와 금이 중심 역할을 하는 강점성격입니다.

화의 성격은 신경이 예민하고 원시생활에서 생긴 직감이 발달해서 즉흥적으로 결단이 빠른 순발력을 가지고 있습니다. 21세기처럼 변화가 빠른 사회, 즉 신 유목생활같이 옮겨 다님이 빠르게 이루어져 새로운 환경에 적응해야 하는 시대에 적합한 성격이 될 수 있습니다. 화는 직관적 사고를 하게 되어 창조적 예술이나 과학적 발견과 같은 능력이 있습니다. 금은 정신적·육체적 고통을 참고 견디는 인내심과 끈기가 강하며 일에 집중력이 높습니다. 목표를 세우고 실행할 수 있는 의지력이 강합니다. 예술적 창의력과 과학적 발견이 훌륭한 작품으로 만들어지는 과정에서 여러 명의 조력자가 필요합니다. 금의 성격이 강점성격이어서 작품을 만드는 데 주요한 조력자 역할을 할 수 있어 성격모델 23의 성격 소유자는 창의적인 예술·문화 분야와 과학적 연구와 기술 개발 분야에 재능을 발휘할 가능성이 매우 높습니다.

걸작 『죄와 벌』을 남긴 도스토옙스키

성격모델 23의 오행성격과 비슷한 오행성격을 가진 러시아가 낳은 세계적인 소설가 도스토옙스키의 인생사를 살펴서 도스토옙스키의 성격이 일생에 어떻게 영향을 미치게 되었는지를 필자가 설명하겠습니다.

도스토옙스키의 오행성격은 화 3개, 금 2개, 목 1개, 수 1개, 토 1개입니다. 도스토옙스키의 오행성격인 토는 1개이나 강점성격인 화와 금과 상생관계이므로 화와 금이 토에게 충분한 도움을 줄 수 있어 토의 오행성격 특성을 활발하게 행동하게 하는 중간 단계(오행성격 평균 분포수 1.6개) 가까이 끌어올릴 가능성이 매우 높습니다(화생토+금생토).

도스토옙스키는 병원의사인 아버지와 어머니 사이에서 7남매 가운데 차남으로 태어났습니다. 아버지는 귀족 가문 출신이었지만 의사는 중인계급이었으므로 경제적으로 넉넉지 않았으며, 가부장적 성격이었습니다. 온화하고 아랫사람에게 도타운 사랑을 베푸는 천사 같은 어머니이 폐결핵으로 1937년에 사망했습니다. 도스토옙스키는 열세 살 때 모스크바의 체르마크 기숙학교에 입학하여 3년간 수료하고 17세 때 공병학교에 입학하여 군사교육을 받았습니다. 소심하고 예민하며(화 3개) 병약했던 소년 도스토옙스키는 군사교육은 싫어했지만 공병학교에서 문학에 대한 열정을 가진 친구들(화의 성격)을 만나 습작을 서로 평가하고 토론하는 것이 유일한 위안이었습니다. 도스토옙스키는 공병학교를 졸업하고 육군성제도국 소위로 임관하였지만 문학에 대한 그리움과 열정 때문에 3년간 근무 후에 제대하고 문학에 전념하게 됩니다. 도스토옙스키는 『가난한 사람들』로 극찬을 받으며 25세 때에 문단에 데뷔하였습니다. 도스토옙스키는 젊은 지식인들이 모여 공상적 사회주의를 신봉하는 급진적 정치모임에 참가하였습니다. 도스토옙스키는 이 일로 체포되어 사형선고를 받고 총살형이 집행되기 직전에 특별사면으로 사형 집행이 중지되고 시베리아로 유배되어 4년간 감옥에서 수형생활을 합니다. 성경만이 허용되었던 환경에서 도스토옙스키는 성경에 대한 깊은 독서(금 2개)와 죄인의 경험으로 사회주의자에서 기독교적인 인도주의자로 바뀌어집니다.

도스토옙스키는 페테르부르크에 귀환한 후 10년에 가까운 문학적 공백을 메꾸고자 열정으로 작품 활동을 재개하였습니다. 도스트엡스키님은 1866년 걸작 『죄와 벌』을 완성하였습니다. 필자도 고등학교 2학년 중간고사 직전에 이 소설에 빨려들어 중간고사를 망치기는 했지만 후회한 적은 없습니다. 1880년에는 그의 최후 걸작 『카라마조프의 형제』 완성하였습니다. 이 때 도스토옙스키는 건강 악화로 침대에 누워서 말로 전달한 내용을 아내인 안나가 속기하여 작품을 완성했습니다. 도스토옙스키는 임종 직전 아내에게 시베리아 형무소에서 지니게 된 성경책을 읽어달라고 부탁하고 그날 밤 성경을 가슴에 안고 60세 나이로 영면했습니다.

도스토옙스키는 신흥자본주의 밑에서 신음하는 소시민의 대변자(화 3개, 아가페적 사랑)인 동시에 열렬한 슬라브주의자(슬라브 민족사랑)였습니다. 그의 걸작 『죄와 벌』, 『카라마조프의 형제』는 문학뿐만 아니라 철학, 종교, 사회문제 등 각 방면에 커다란 영향을 끼쳤습니다.

도스토옙스키는 그의 강점성격, 화 3개(창작과 아가페적 사랑), 그리고 금 2개(수많은 소설을 집필하는 데 노력, 인내, 끈기, 성실함)의 재능을 최대로 확장, 발전시켜 빛낸 모델로 생각됩니다.

성격모델 24
목 3개, 금 2개, 화 1개, 수 1개, 토 1개 (개인 사주 8자에 배정된 오행성격 분포수)

영화와 연극에는 주연과 조연배우가 있습니다. 영화나 연극이 성공한 작품이 되려면 주연과 조연배우 모두 각자에게 주어진 역할을 충실하게 연기해 내는 것이 필수조건입니다. 오행성격인 목, 화, 금, 수, 토 역시 각각을 주연과 조연의 역할로 나누어 이해한다면 활용이 아주 쉽습니다.

성격모델 24에서 사주 8자 중에 배정될 수 있는 오행성격, 목, 화, 금, 수, 토의 평균 분포수는 1.6개입니다(사주 8자÷오행성격 5자=1.6 : 실제가 아닌 이론적 수치). 오행성격 특성이 활발히 행동하게 하는 단계를 3단계, 즉 상·중·하단계로 선택하여 이해하기 쉽게 정하였습니다. 오행성격 평균 분포수 1.6개를 활발히 행동하게 하는 단계를 3단계 중 중간 단계로 정하였습니다. 개인의 오행성격 특성 분포수가 평균 분포수 1.6개보다 높은 2개 이상은 강점성격(재능)으로, 평균 분포수보다 낮은 한 개 이하는 약점성격으로 정하였습니다. 오행성격의 강점성격은 주연 역할을, 약점성격은 조연 역할로 설명하였습니다.

목과 화의 오행성격 행동의 뿌리는 자연생태계에 적응한 생물 본능(자신과 가족을 돌보고 지키며, 아들, 딸, 손자, 손녀들이 많아지고 부자가 되기를 바라는 생물 성질)에 있습니다. 목과 화의 오행성격 특성이 동시에 강점성격(재능)으로 나타날 때는 활동하기 좋은 '봄'을 닮은 목의 성격이 주연 역할을 하고 더위 때문에 활동하기가 힘든 '여름'을 닮은 화의 성격이 조연 역할을 합니다. 금과 수의 오행성격 행동의 뿌리는 인공 생태계에 적응한 사회 본능(짐승이 아닌 사람답게 사회 생활을 하려고 하는 마음이 밑바탕이 된 사람 성질)에 있습니다. 금과 수의 오행성격 특성이 동시에 강점성격(재능)으로 나타날 때는 활동하기 상쾌한 '가을'을 닮은 금의 성격이 주연 역할을 하고, 추위 때문에 활동하기가 어려운 '겨울'을 닮은 수의 성격이 조연 역할을 하게 됩니다. 토의 오행성격은 생물 본능에 뿌리를 두고 있는 목과 화의 성격과 사회 본능에 뿌리를 두고 있는 금과 수의 성격을 모두 함께 가지고 있습니다. 목과 화 성격이 두 개가 모두 약점성격일 때, 또는 금과 수 성격이 두 개가 모두 약점성격일 때, 토의 성격이 강점성격일 경우에만 목과 화의 약점성격을, 혹은 금과 수의 약점성격을 대리(agency)하여 강점성격의 역할, 즉 주연 역할을 하게 됩니다. 그러나 토의 성격이 약점성격일 경우는 목과 화의 약점성격과 금과 수의 약점성격을 대리할 수 없습니다.

말이 끄는 마차가 정상적으로 굴러가기 위해서는 두 개의 바퀴가 있어야 합니다. 오행성격에서 생물 본능에 뿌리를 두고 있는 목과 화의 성격이 한쪽 바퀴가 되고 사회 본능에 뿌리를 두고 있는 금과 수의 성격이 반대쪽 바퀴가 됩니다. 성격모델 24에서는 생물 본능에 뿌리를 둔 야성미가 있는 강점성격인 목과 사회 본능에 뿌리를 둔 세련미가 있는 강점성격인 금이 주연 역할을 합니다. 화, 수, 토의 성실한 조연 역할로 조화를 이루어 오행성격 간에 균형과 조화를 튼튼하게 이룬 건전한 성격 조합이 됩니다.

자기의 음양오행 성격은 태어날 때부터 가지고 있는 자기만의 특별한 재능(unique talent)입니다. 이 재능을 키우면 자기의 성격에 맞는 분야에서 성공할 가능성이 매우 높습니다. 자기의 목·금의 강점성격을 매일 아침 일어나 4회 반복하여 소리 내어 읽고 화·토·수의 약점성격도 매일 2회 소리 내어 읽으면 몇 주 후에는 오행성격 특성들의 내용을 이해하고 확실히 익혀 스스로가 활용 가능한 수준에 이르게 됩니다. 당신의 밝은 미래를 위한 준비는 오늘을 잘 활용하는 것으로부터 시작됩니다. 어제는 지나갔으며 내일은 아직 오지 않았습니다. 미래를 준비할 수 있는 기회는 오늘뿐입니다. 음양오행 성격에 대해 매일 10분씩만 투자하여 몸에 익히는 훈련과 노력을 한다면 당신의 강점성격을 개발시키고 약점성격을 강화할 수 있으며, 당신의 무한한 잠재력을 최대로 발휘시켜 삶을 성공적으로 이끄는 내비게이션 역할을 할 것입니다.

우리는 자기의 마음이 끌리는 일을 할 때 만족감을 느낍니다. 끌림은 당신의 내면에서 부르는 소리를 듣고 서로 응하여 대답하는 마음입니다(생존 본능). 좋아하는 일은 누구나 즐기면서 합니다. 하고 싶은 일을 할 때는

신바람이 납니다. 자기의 강점성격에 맞는 일은 마음이 끌리며 즐겁고 계속하고 싶어집니다. 마음이 끌리는 대로 따라가는 것, 즉 당신의 성격 안에 있는 내비게이션이 안내하는 대로 따라가면 인생 여정은 기쁨이 동반자가 될 것입니다.

성격모델 24에서 오행성격 특성을 요약한 3장 81~88페이지 12개 중에 가장 중요한 오행성격 특성을 추려내어 정리했습니다.

① 목의 강점성격
• 돋보이고 싶은 욕구, 하고자 하거나 가지고자 하는 마음이 몹시 간절한 욕망과 열망, 그리고 야망이 강렬하며 많은 꿈을 가진 봄을 닮은 원시인 행동의 중요한 뿌리가 되는 자연계에 적응한 생물 본능적 성격입니다.
• 새롭고 신기한 것에 호기심과 흥미를 강렬하게 느끼며 도전하여 이기는 경쟁을 즐깁니다.
• 성취하려는 욕망이 강점성격이 된 것은 하늘이 내려준 선물입니다. 당신이 가진 모든 것은 하늘로부터 받은 선물이기 때문에 당신은 이것을 받아들일 수밖에 없습니다.
• 당신은 매년, 매월 심지어 매주마다 즐기는 일 즉 목표를 계획합니다. 직접 경험할 수 있고 측정할 수 있고 정해진 시간표대로 생활합니다.
• 당신은 말이나 생각이 아니라 모든 일은 행동이 있어야 성과가 나올 수 있다고 믿습니다. 행동이야말로 체험을 통한 학습이라고 믿고 할 일을 결정하고 행동하고 그 결과를 보면서 배웁니다.
• 카멜레온처럼 환경과 상황 변화에 민감하여 속과 겉이 다르게 전략적으로 행동합니다.

② 금의 강점성격

• 논리적이고 합리적인 사고를 하며 냉정하게 행동하는 것이 싸늘한 가을을 닮은 인간 행동의 뿌리가 되는 사람이 만든 환경에 적응한 사회적 본능 성격입니다.

• 책임감이 강하고 정신적·육체적 고통을 참고 견디는 인내심과 끈기가 강합니다.

• 세상의 안쪽에는 여러 가지 위험이 도사리고 있는 것을 알고 조심성 있고 신중하게 행동합니다. 돌다리도 두드려 보고 안전을 확인한 후 건너가는 성격입니다.

• 곧이곧대로 말하고 솔직함에 충실합니다. 일에 집중력은 강하지만 융통성이 부족합니다.

• 삶의 과거 경험과 배움으로 얻은 지식을 활용해서 마주하는 상황을 정확하게 분석하고 객관적인 판단을 할 수 있는 능력이 있어 남을 비판할 가능성이 높습니다. 다른 한편으로 개인의 차이점은 성격 차이에서 생기는 것을 알고 강점성격은 개발하고 약점성격은 보완하도록 용기와 의욕을 불어넣습니다.

• 처음 배운 몇 개의 사실에서 느끼는 짜릿한 기쁨, 배운 것을 이야기하거나 연습해 보는 처음의 노력, 몸에 익힌 기술에 대해 점점 더 커지는 확실한 믿음 이러한 배우고 활용하는 과정에 마음이 강하게 끌립니다.

③ 화의 약점성격

• 열정과 정열이 강렬하여 자신을 불사를 가능성이 있습니다.

• 신경이 예민하여 눈앞에 위협적인 상황 또는 불확실한 상황에 대해 불안해하고 근심할 수 있습니다.

• 목표지향성과 성취에 대한 열정 그리고 도전정신이 있습니다. 그러나 침착하지 못하고 인내심이 부족하여 쉽게 좌절합니다.

• 감정적이고 동정적이며 감사하는 마음이 강합니다. 개인적인 감정으로 판단합니다.

• 위협적인 상황에서 자신을 보호하기 위한 싸움의 방어 전략과 응집된 에너지 덩어리인 분노를 보입니다.

④ 수의 약점성격

• 주위로부터 마음의 충동과 자극을 받아도 흔들리지 않고 천연덕스럽게 미지근한 행동을 하는 여유만만한 유연성이 있습니다. 지혜를 쌓는 계절, 겨울철을 닮은 인간 행동의 뿌리가 되는 인공 생태계에 적응한 사회 본능적 성격입니다.

• 타인의 마음을 헤아리고 감정을 느끼는 공감능력이 뛰어나며 포용과 친화력이 있어 의사소통이 원활하며 인간관계가 물 흐르듯 막힘이 없습니다.

⑤ 토의 약점성격

• 토는 '생명체는 모두 중요한 존재'라는 믿음으로 동·식물에게 삶의 터전을 차별하지 않고 포용하고 개방합니다. 옛 경험이나 생각으로부터 자유로운 열린 마음을 가지고 있어 새로운 아이디어를 만들어 내고 타인들의 혁신과 새로운 아이디어를 받아들이는 열린 마음의 성격입니다.

• 토의 성격은 사계절 변화 기간(2월, 5월, 8월, 11월) 사이에 봄, 여름, 가을, 겨울에 계절의 변화에 쉽게 적응하도록 공평한 도움을 주는 신뢰감 있는 협력자의 역할을 성실히 수행합니다.

- 믿음, 의리, 공평 그리고 포용력이 있으며, 활동적이고 부드러움, 열정, 책임감이 강해 지도력이 있습니다.

- 어떤 상황에서도 주어진 일을 자신이 해낼 수 있다는 자신감을 가지고 있으며 인내심, 끈기가 있고 성취욕이 강렬하여 주어진 일을 끝까지 책임감을 가지고 마무리 짓습니다.

상생 상극을 활용하여 오행성격 간의 균형과 조화를 이룰 수 있습니다.

상생과 상극은 봄, 여름, 가을, 겨울이 변함없이 순서대로 돌고 도는 순환적인 4계절에 대한 체험을 바탕으로 만들어졌습니다. 상생(서로 도움을 주는 순환적 상호협력 관계)과 상극(넘치는 것을 덜어 내고 부족한 것은 채워 주며 어려운 상황을 이겨 내게 멘토링을 해주는 순환적 상호조절 관계)을 활용하여 오행성격 간에 균형과 조화를 이룰 수 있습니다.

성격모델 1(104페이지)에 있는 상생도와 상극도를 보면서 다음 글을 읽으면 이해가 빠릅니다. 상생도와 상극도 오행성격 간에 관계를 쉽게 이해하여 오랫동안 기억에 남을 수 있는 그림을 활용한 것입니다. 상생은 생물 본능에 뿌리를 둔 사람의 계절의 성격인 '목'과 생장 계절의 성격인 '화' 사이(목생화, 화생목), 그리고 사회 본능에 뿌리를 둔 씨 뿌리고 가꾼 대로 거두어들이는 정직한 계절의 성격인 '금'과 지혜를 쌓는 계절의 성격인 '수' 사이(금생수+수생금)에 이루어집니다. 사계절처럼 순환하는 또 하나의 상생은 겨울을 닮은 '수'와 봄을 닮은 '목' 사이를 상생으로 연결하여 순환이 계속 이어지게 하였습니다.

영화·연극에서 감독은 출연 배우 모두를 관리하는 관리자 역할을 하는 것처럼 '토'는 화와 금과는 '상생', 목과 수와는 '상극' 관계로 생장의 계절인 에너지 넘치는 '화'의 성격과 성숙 계절인 가을을 닮은 성실성이 근본이 되는 '금'의 성격과는 상생을 합니다(토생화, 화생토 그리고 토생금, 금생토). 대부분 생물은 겨울잠을 자고 인간은 지혜를 쌓는 계절을 닮은 '수'의 성격과 생물이 겨울잠에서 깨어나 생명 활동을 시작하고 짝짓기를 하는 사랑의 계절을 닮은 목의 성격과 토의 성격 사이에는 상극이 이루어집니다. 즉 지나친 것이나 모자라는 것이나 다 같이 좋지 않습니다. 정도에 넘치는 짝짓기 횟수와 겨울과 봄 날씨가 뒤섞인 2월 자기의 사정에 알맞은 때를 기다리지 않고 일찍 겨울잠에서 깨어나면 생명이 위태로워지는 것을 알맞게 조절하는 것이 '토'의 상극 역할입니다(목극토, 토극수, 수극토).

화·수·토의 오행성격 분포수가 각각 1개로 오행성격 평균 분포수(상·중·하 3단계 중 중간 단계)인 1.6개보다 적어 약점성격입니다. 강점성격인 목은 화와 수와 상생 관계이므로 화와 수에게 충분한 도움을 줄 수 있어 화와 수의 오행성격 특성을 활발하게 행동하게 하는 중간 단계 가까이 끌어올릴 가능성이 있습니다(목생화+목생수). 강점성격인 금은 수와 토와 상생 관계이므로 수와 토에게 충분한 도움을 줄 수 있어 수와 토의 오행성격 특성을 활발하게 행동하게 하는 중간 단계 가까이 끌어올릴 가능성이 있습니다(금생수+금생토). 결과적으로 화·수·토가 충분히 조연 역할을 할 수 있게 되었습니다.

오행성격은 각각의 재능을 가지고 있습니다. 각 재능을 단순하게 합치면(1+1+1+1+1=5) 5개 재능에 지나지 않습니다. 그러나 상생과 상극 활용으로 오행성격 팀을 만들어 오행성격 특성 간에 균형과 조화를 이루는 팀워크를 하게 되면 오행성격 재능을 배가시킬 수 있습니다.

사주 8자에 분포된 오행성격 목, 화, 금, 수, 토에 음 또는 양이 하나씩 분포되어 있습니다. 오행성격 특성의 활성화 정도가 양이 분포된 경우는 올라가지만 음이 분포된 경우는 오행성격의 활성화 정도가 내려갑니다. 성격 모델 30개는 이론적 모형입니다. 실제 사주 8자는 개인정보 보호법 때문에 조사가 불가능하였습니다. 오행성격 목, 화, 금, 수, 토의 음양의 역할은 설명할 수 없게 되었음을 이해하여 주시기 바랍니다. 그러나 개인은 이 책의 음양 성격 활용법을 읽고 이해하면 음과 양의 오행성격 활용이 가능합니다.

<u>음양의 성격 활용법은 3장 73~74페이지를 참고하시기 바랍니다.</u>

<u>목의 강점성격</u>은 여러 가지 꿈을 함께 이루려는 욕망이 매우 강렬합니다. 화살 하나로 셋의 목표를 한꺼번에 맞출 수 없습니다. 하나의 목표에 에너지(화의 성격)을 집중해야 합니다. 욕망이 강렬한 사람은 여러 개의 목표를 한꺼번에 성취하려고 합니다. 그러나 이런 경우 불행하게도 하나도 이루기가 어렵습니다. '금'은 '목'에게 삶의 목표를 신중하게 하나를 선택해서 빈틈없고 완벽한 계획을 세우고 성실하게 실행할 것을 충고하며 응원합니다(금극목). 그리고 '목'에게 돋보이고 싶은 사회적 출세와 강렬한 명예욕구를 현실에 적합하도록 스스로 자신을 조절하게 돕습니다(금극목). 카멜레온처럼 상황 변화에 민감하여 속과 겉이 다르게 전략적으로 행동을 합니다. 그 결과 사회 생활에서 신용을 잃고 주위로부터 따돌림 당할 가능성이 큽니다. 토는 전략적 행동을 될 수 있는 대로 적게 하도록 목에게 충고합니다(토극목). '목'은 삶의 목표를 높게 세우고 이에 대한 성취를 열망하고 그곳에 '화'에게서 에너지를 충분히 지원받아 성취에 집중하는 의지력이 매우 강합니다(화생목).

<u>금의 강점성격은</u> 이성적(감정에 좌우되지 않고 논리적으로 생각하고 판단하는 능력)이어서 경험과 지식으로 객관적인 분석을 할 수 있어 타인의 성격의 강점과 약점 그리고 잠재력을 보고 강점은 개발하고 약점은 보완하도록 용기와 의욕을 불어넣습니다. 때로는 타인을 쉽게 비판할 수 있어 주위 사람들로부터 푸대접을 받을 가능성이 높습니다. 금은 화와 상극 관계이므로 금은 화에게서 사람을 쉽게 비판하는 것을 줄이고 진정으로 사랑이 담긴 조언을 하라는 충고를 받아들일 가능성이 있습니다. 금이 화의 충고를 받아들이면 싸늘한 비판이 사랑이 담긴 멘토로 바뀔 수 있습니다(화극금). 금은 일을 계획한 대로 처음부터 끝까지 한결같은 태도로 일하는 데는 집중력은 있지만 집중력이 지나치면 일에 집착하게 되고 때로는 고집불통이 될 가능성이 높습니다. 수와 금은 상생 관계이므로 수가 금에게 일상생활에서 융통성과 유연한 태도를 가지는 습관을 기르도록 응원을 할 수 있습니다. 금이 수의 도움을 받아 고집불통을 누그러뜨릴 가능성이 있습니다(수생금). 금은 신중하고 조심성이 많습니다. 돌다리도 두드려 보고 건너는 안전하고 완벽한 생활을 좋아합니다. 안전하고 완벽한 생활태도는 모든 세상일에 겁이 많아 주어진 일을 끝맺음하기가 어렵습니다. 목과 금은 상극 관계입니다. 목은 금에게 '많은 세상일에는 용기 있는 도전정신을 가져야 일을 제때에 끝낼 수 있다'는 충고를 할 수 있습니다. 금은 목의 충고를 받아들여야 제때 많은 일을 끝맺음할 수 있습니다(목극금).

<u>화의 약점성격은</u> 정열과 열정이 강렬하여 자기 몸마저 불사를 가능성이 있습니다. 화는 수·금과 상극 관계이므로 수에게서 겨울철의 찬물 같은 마음을 가지라는 충고를 받을 수 있고 금에게서 냉정한 마음을 가지라는 싸늘한 조언을 받을 수 있어 타오르는 정열과 열정을 어느 정도 식히고 냉정한 마음을 가질 수 있습니다(수극화+금극화). 화는 목의 성격처럼 미래

의 가능성이 있는 비전을 보고 성취에 대한 열정과 도전정신도 가지고 있습니다. 그러나 화는 침착하지 못하고 인내심이 부족하여 성취에 대한 열정과 도전정신이 쉽게 꺾입니다. 화와 목은 상생 관계이므로 화는 목에게서 성취에 대한 동기와 북돋음을 받을 수 있어 미래에 대한 꿈과 성취에 대한 열정과 도전정신이 되살아날 수 있습니다(목생화). 또한 화와 금은 상극 관계이므로 화는 금으로부터 인내심을 갖도록 하는 성실한 충고를 받을 수 있습니다(금극화). 화는 토와 상생 관계이므로 토에게서 성취욕과 일의 끝맺음에 대한 도움을 받을 가능성이 높습니다(토생화).

수의 약점성격은 미지근한 행동과 쉽게 살려는 태도로 주위 사람에게 자신감이 없고 게으른 사람으로 오해 받을 가능성이 높습니다. 목과 수는 상생 관계이므로 목이 수에게 자기주장과 적극적인 성격을 가지는 데 도움을 줄 수 있습니다. 수가 목의 도움과 응원을 받아들여 노력하면 적극적인 행동과 부지런한 성격을 가질 수 있습니다(목생수). 수는 타인의 감정을 쉽게 읽고 돕는 데 적극적입니다. 이런 행동들은 사람들에게 이용당해 자기와 가족에게 경제적인 피해를 입힐 가능성이 높습니다. 흙(토)으로 둑을 쌓아 흘러가는 물을 모아 두어 필요할 때 물을 사용하는 지혜가 토에게 있습니다. 수와 토는 상극 관계입니다. 수는 토에게서 재물을 절약하는 지혜 있는 조언을 받아들여야 다른 사람들에게 이용당할 염려를 줄일 수 있습니다(토극수).

토의 약점성격은 목, 화, 금, 수에게 세상 변화에 쉽게 적응하도록 협력자 역할을 합니다. 토는 정직하고 진실하여 신뢰감을 주며 개방적인 성격이어서 사람들과 소통이 잘 되어 인간관계가 물 흐르듯 막힘이 없습니다. 토는 믿음, 의리, 공평 그리고 포용력이 있으며 활동적이고 부드러움과 열정이 있어 리더십이 강합니다.

요약 : 성격모델 24에서는 목과 금이 중심 역할을 하는 강점성격입니다.

목의 성격은 신경이 돋보이고 싶은 욕구, 욕망이 강력합니다. 욕망이 강력한 사람은 여러 개의 목표를 한꺼번에 성취하려다가 하나도 이루기가 어렵습니다. 다행스럽게 강점성격인 금이 목에게 삶의 목표 하나를 신중하게 선택해서 빈틈없고 완벽한 계획을 세우고 성실하게 실행할 것을 충고할 수 없습니다(금극목). 목은 경험이 밑바탕이 되는 실용적 사실을 중요하게 생각합니다. 목은 마음 깊은 곳에서 오직 행동만이 중요하다는 것을 알고 모든 일에 행동이 있어야 성과가 나올 가능성이 있다고 생각합니다. 목은 행동이야말로 최선의 학습 방법이라고 믿는 행동주의자입니다. 이와 반대로 금은 차분하고 조심성 있는 신중해서 도전을 꺼리고 안전을 선호하다 마주치는 기회를 놓칠 가능성이 있습니다. 생물 본능 성격인 목과 사회 본능 성격인 금이 균형과 조화를 이루고 있어 어느 분야에 직업을 가지든 자신의 강점성격인 재능을 발휘할 수 있습니다.

성격모델 24와 오행성격이 비슷한 한 사람은 세계 농구사를 통틀어 가장 위대하고 뛰어났던 선수로 평가받는 마이클 조던입니다. 마이클 조던의 인생사를 살펴서 성격이 인생에 어떤 영향을 미치게 되었는지를 필자가 설명하겠습니다. 마이클 조던의 오행성격은 목 4개, 금 2개, 화 0개, 토 1개, 수 1개입니다. 마이클 조던의 오행성격인 수는 1개이나 강점성격 목과 금과 상생 관계이므로 목과 금이 수에게 충분한 도움을 줄 수 있어 수의 오행성격 특성을 활발하게 행동하게 하는 중간 단계(오행성격 평균 분포수 1.6개) 가까이 끌어올릴 가능성이 매우 높습니다(목생수+금생수).

농구 황제 마이클 조던

　마이클 조던은 뉴욕 브루클린에서 태어났으며, 형 래리 조던의 반만큼만 농구를 잘하고 싶은 열망이 매우 강렬한 소년이었습니다. 농구선수에 대한 기대와 성장욕구가 강렬하여 프로 농구선수가 될 목표를 세우고 목표 성취를 열망하는 의지가 강했습니다(목 4개). 마이클 조던은 키 198cm와 몸무게 98kg의 건장한 체격과 체력의 재능을 가지고 태어난 행운아입니다. 조던은 금 2개 성격으로 소년 때부터 형에게 많은 지도를 받고 꾸준한 훈련과 연습을 인내심, 끈기 그리고 성실하게 쌓은 것으로 보입니다. 조던은 내외곽에서 안정적인 점프슛, 드리블과 풀업 점프슛, 드라브인 덩크 또는 더블 클런치, 환상의 뱅크슛, 베이라인 돌파와 페이드어웨이, 턴어라운드 페이드어웨이, 폭발적인 퍼스트 스텝 등 수많은 농구 기술을 완벽하게 몸에 익힌 천재적인 농구선수였습니다. 조던은 강렬한 승부욕과 명예욕(목 4개), 즉흥적인 결단이 빠른 순발력(화의 성격), 끊임없는 자기훈련(금 2개), 동료들의 사기를 돋우는 포용력(토의 성격: 금생토로 토의 성격 활성화)이 그의 오행성격의 균형과 조화를 이룬 본보기로 생각됩니다. 조던의 강점성격은 목 4개, 금 2개입니다.

열린마음(open mind)의 지도자 무하마드 빈 살만 알사우드

　성격모델 24의 오행성격과 비슷한 또 다른 한사람은 사우디아라비아의 왕세자이며, 총리이고, 경제개발문제위원회와 정치안보문제위원회 의장을 겸하고 있는 무함마드 빈 살만 알사우드입니다. 이 분의 인생사를 살펴서 성격이 일생에 어떻게 영향을 미치게 되었는지를 필자가 설명하겠습니다. 빈 살만의 오행성격은 목 3개, 금 2개, 수 1개, 토 1개, 화 1개입니다. 빈 살만의 오행성격인 수는 1개이나 강점성격인 목과 상생 관계이고, 화도 1 개이나 목과 상생 관계이고, 토도 1개이나 강점성격인 금과 상생 관계이어서 강점성격인 목은 수와 화에게, 강점성격인 금은 토에게 충분한 도움을 줄 수 있어 수와 화 그리고 토의 오행성격 특성을 활발하게 행동하게 하는 중간 단계(오행성격 평균 분포수 1.6개) 가까이 끌어올릴 가능성이 높습니다 (목생수, 목생화, 그리고 금생토).

　　빈 살만은 살만 빈 압둘아지즈 왕의 7남으로 킹 사우드 대학에서 법학 학위를 수료한 후 왕세자인 아버지 조언가로 일했습니다. 왕세자인 아버지가 국왕으로 추대되자 2015년 국방부 장관에 임명되었고 왕세자 역할도 물려받았으며 2017년 살만 빈 국왕은 빈 살만을 왕세자로 책봉하였고, 2022년에 총리직에 임명하였습니다. 빈 살만은 국방부 장관으로 임명되자 왕권을 안정화시키는 데 국내외 상황을 객관적으로 판단하고 일을 실용적으로 처리하는 것으로 보입니다. 다른 한 편으로는 빈 살만은 국제적으로, 그리고 왕국 내에서 국가 이미지를 새롭게 하기 위해 여러 방면의 개혁도 추진하고 있습니다. 빈 살만은 2018년 여성의 운전면허 취득 금지조치를 해제하고 최초로 여성 가수의 공개 콘서트 개최, 여성의 입장을 허용한 스포츠 경기장, 해외관광객에게 국가를 개방하는 등 여러 문화발전을 이끌고 있습니다. 빈 살만은 사우디아라비아를 살기 좋고 안전한 국가로 만들기 위해 정치안보와 경제개발에 주력하는 것으로 보입니다. 전 세계의 이목을 끌고 있는 미래의 신도시는 빈 살만님의 야심찬 경제개발의 표본으로 보입니다. 살만 국왕의 7남으로 태어나 왕세자가 된 것은 빈 살만의 높은 야망과 도전(목 3개), 합리적인 사고로 목표를 세우고 실행해 나가는 강한 의지력과 정신적·육체적 고통을 참고 견디는 인내심과 끈기 그리고 배움을 계속하는 자기개발에 대한 노력과 철저한 준비(금 2개)를 하는 성격을 가진 것으로 보입니다. 빈 살만은 국제관계를 다면화하고 혁신과 새로운 아이디어를 찾고 받아들이는 열린 마음의 소유자로 생각됩니다. 빈 살만은 포용력이 있고 활동적이고 부드러움(수의 성격)과 열정(화의 성격)있는 지도자의 자질을 갖춘 새 시대의 지도자로 생각됩니다. 빈 살만의 강점성격은 목 3개, 금 2개입니다.

성격모델 25
토 3개, 화 2개, 목 1개, 금 1개, 수 1개 (개인 사주 8자에 배정된 오행성격 분포수)

영화와 연극에는 주연과 조연배우가 있습니다. 영화나 연극이 성공한 작품이 되려면 주연과 조연배우 모두 각자에게 주어진 역할을 충실하게 연기해 내는 것이 필수조건입니다. 오행성격인 목, 화, 금, 수, 토 역시 각각을 주연과 조연의 역할로 나누어 이해한다면 활용이 아주 쉽습니다.

성격모델 25에서 사주 8자 중에 배정될 수 있는 오행성격, 목, 화, 금, 수, 토의 평균 분포수는 1.6개입니다(사주 8자÷오행성격 5자=1.6 : 실제가 아닌 이론적 수치). 오행성격 특성이 활발히 행동하게 하는 단계를 3단계, 즉 상·중·하단계로 선택하여 이해하기 쉽게 정하였습니다. 오행성격 평균 분포수 1.6개를 활발히 행동하게 하는 단계를 3단계 중 중간 단계로 정하였습니다. 개인의 오행성격 특성 분포수가 평균 분포수 1.6개보다 높은 2개 이상은 강점성격(재능)으로, 평균 분포수보다 낮은 한 개 이하는 약점성격으로 정하였습니다. 오행성격의 강점성격은 주연 역할을, 약점성격은 조연 역할로 설

명하였습니다.

　목과 화의 오행성격 행동의 뿌리는 자연생태계에 적응한 생물 본능(자신과 가족을 돌보고 지키며, 아들, 딸, 손자, 손녀들이 많아지고 부자가 되기를 바라는 생물 성질)에 있습니다. 목과 화의 오행성격 특성이 동시에 강점성격(재능)으로 나타날 때는 활동하기 좋은 '봄'을 닮은 목의 성격이 주연 역할을 하고 더위 때문에 활동하기가 힘든 '여름'을 닮은 화의 성격이 조연 역할을 합니다. 금과 수의 오행성격 행동의 뿌리는 인공 생태계에 적응한 사회 본능(짐승이 아닌 사람답게 사회 생활을 하려고 하는 마음이 밑바탕이 된 사람 성질)에 있습니다. 금과 수의 오행성격 특성이 동시에 강점성격(재능)으로 나타날 때는 활동하기 상쾌한 '가을'을 닮은 금의 성격이 주연 역할을 하고, 추위 때문에 활동하기가 어려운 '겨울'을 닮은 수의 성격이 조연 역할을 하게 됩니다. 토의 오행성격은 생물 본능에 뿌리를 두고 있는 목과 화의 성격과 사회 본능에 뿌리를 두고 있는 금과 수의 성격을 모두 함께 가지고 있습니다. 목과 화 성격이 두 개가 모두 약점성격일 때, 또는 금과 수 성격이 두 개가 모두 약점성격일 때, 토의 성격이 강점성격일 경우에만 목과 화의 약점성격을, 혹은 금과 수의 약점성격을 대리(agency)하여 강점성격의 역할, 즉 주연 역할을 하게 됩니다. 그러나 토의 성격이 약점성격일 경우는 목과 화의 약점성격과 금과 수의 약점성격을 대리할 수 없습니다.

　성격모델 25에서는 생활본능에 뿌리를 둔 화가 주연 역할을 하고 개인 발달 본능에 뿌리를 둔 강점성격인 토가 주연 역할을 합니다. 약점성격인 목, 금, 수는 조연 역할을 합니다.

말이 끄는 마차가 정상적으로 굴러가기 위해서는 두 개의 바퀴가 있어야 합니다. 오행성격에서 생물 본능에 뿌리를 두고 있는 목과 화의 성격이 한쪽 바퀴가 되고 사회 본능에 뿌리를 두고 있는 금과 수의 성격이 반대쪽 바퀴가 됩니다. 성격모델 25에서는 생물 본능에 뿌리를 둔 강점성격인 화가 주연 역할을 합니다. 사회 본능에 뿌리를 둔 금과 수가 약점성격이어서 토가 강점성격이므로 사회 본능에 뿌리를 둔 금을 대리하여 주연 역할을 합니다. 목, 수, 금의 성실한 조연 역할로 조화를 이루어 오행성격 간에 균형과 조화를 튼튼하게 이룬 건전한 성격 조합이 됩니다.

자기의 음양오행 성격은 태어날 때부터 가지고 있는 자기만의 특별한 재능(unique talent)입니다. 이 재능을 키우면 자기의 성격에 맞는 분야에서 성공할 가능성이 매우 높습니다. 자기의 토와 화의 강점성격을 매일 아침 일어나 4회 반복하여 소리 내어 읽고 목·금·수의 약점성격도 매일 2회 소리 내어 읽으면 몇 주 후에는 오행성격 특성들의 내용을 이해하고 확실히 익혀 스스로가 활용 가능한 수준에 이르게 됩니다. 당신의 밝은 미래를 위한 준비는 오늘을 잘 활용하는 것으로부터 시작됩니다. 어제는 지나갔으며 내일은 아직 오지 않았습니다. 미래를 준비할 수 있는 기회는 오늘뿐입니다. 음양오행 성격에 대해 매일 10분씩만 투자하여 몸에 익히는 훈련과 노력을 한다면 당신의 강점성격을 개발시키고 약점성격을 강화할 수 있으며, 당신의 무한한 잠재력을 최대로 발휘시켜 삶을 성공적으로 이끄는 내비게이션 역할을 할 것입니다.

우리는 자기의 마음이 끌리는 일을 할 때 만족감을 느낍니다. 끌림은 당신의 내면에서 부르는 소리를 듣고 서로 응하여 대답하는 마음입니다(생존 본능). 좋아하는 일은 누구나 즐기면서 합니다. 하고 싶은 일을 할 때는 신바람이 납니다. 자기의 강점성격에 맞는 일은 마음이 끌리며 즐겁고 계속하고 싶어집니다. 마음이 끌리는 대로 따라가는 것, 즉 당신의 성격 안에 있는 내비게이션이 안내하는 대로 따라가면 인생 여정은 기쁨이 동반자가 될 것입니다.

성격모델 25에서 오행성격 특성을 요약한 3장 81~88페이지 12개 중에 가장 중요한 오행성격 특성을 추려내어 정리했습니다.

① 토의 강점성격
• 토는 '생명체는 모두 중요한 존재'라는 믿음으로 동·식물에게 삶의 터전을 차별하지 않고 포용하고 개방합니다. 옛 경험이나 생각으로부터 자유로운 열린 마음을 가지고 있어 새로운 아이디어를 만들어 내고 타인들의 혁신과 새로운 아이디어를 받아들이는 열린 마음의 성격입니다.
• 토의 성격은 사계절 변화 기간(2월, 5월, 8월, 11월) 사이에 봄, 여름, 가을, 겨울에 계절의 변화에 쉽게 적응하도록 공평한 도움을 주는 신뢰감 있는 협력자의 역할을 성실히 수행합니다.
• 믿음, 의리, 공평 그리고 포용력이 있으며, 활동적이고 부드러움, 열정, 책임감이 강해 지도력이 있습니다.
• 어떤 상황에서도 주어진 일을 자신이 해낼 수 있다는 자신감을 가지고 있으며 인내심, 끈기가 있고 성취욕이 강렬하여 주어진 일을 끝까지 책임감을 가지고 마무리 짓습니다.

② 화의 강점성격

• 정열적이고 열정이 강렬하며 에너지가 넘치는 여름을 닮은 원시인 행동의 중요한 뿌리가 되는 자연생태계에 적응한 생물 본능적 성격입니다.

• 신경이 예민하고 남자의 예감(premonition; 일이 있기 전에 그 일을 암시적으로 느낌)이나 여자의 직감(immediate perception; 곧바로 느끼어 앎)을 닮은 직관(intuition)은 일이나 상황을 보는 순간 깨닫게 되어 마주하는 날마다 상황을 잽싸게 알아차리고 확실히 이해할 수 있어 즉흥적으로 판단이 빠른 순발력(외부의 자극에 순간적으로 몸을 움직여 힘을 낼 수 있는 능력)을 가지고 있습니다. 역동적(dynamic) 상황이 많은 정보화 사회에서 곡예사 같은 능력을 최상으로 발휘할 수 있습니다.

• 직관은 창조적 예술(음악·미술·체육)이나 과학적 발견으로 이어질 잠재력이 있습니다.

• 눈앞에 위협적인 상황 또는 불확실한 상황에 대해 두려움과 불안을 느낌이나 위협적인 상황에서 자신을 보호하기 위한 싸움의 방어 전략과 응집된 에너지 덩어리인 분노를 보입니다.

• 감정적이고 동정적이며 감사하는 마음이 강합니다. 개인적 감정으로 판단합니다.

• 미래의 꿈과 성취에 대한 열정과 도전정신이 있습니다. 그러나 침착하지 못하고 인내심이 부족하여 쉽게 꿈을 포기합니다.

③ 목의 약점성격

• 돋보이고 싶은 욕구, 하고자 하거나 가지고자 하는 마음이 간절한 욕망과 열망은 높지만 야망이 부족합니다. 많은 꿈을 가진 봄을 닮은 원시인 행동의 중요한 뿌리가 되는 자연생태계에 적응한 생물 본능적 성격이지만 꿈을 가지려는 마음이 약합니다.

- 새롭고 신기한 것에 호기심과 흥미를 느끼지만, 도전하며 이기는 경쟁을 피합니다.
- 성취하려는 욕망이 약한 것도 타고난 성격으로 믿어 버립니다.
- 일상생활의 시간표가 일정하지 않고 시간표대로 사는 것을 싫어합니다.
- 배움에 대한 생각은 있지만 행동으로 옮기는 것은 내일로 미룹니다.

④ 금의 약점성격
- 논리적이고 합리적인 사고를 하며 냉정하게 행동하여 가을을 닮은 인간 행동의 뿌리가 되는 인공 생태계에 적응한 사회적 본능 성격입니다.
- 책임감이 강하고 정신적·육체적 고통을 참고 견디는 인내심과 끈기가 강합니다.
- 처음 배운 몇 개의 사실에서 느끼는 짜릿한 기쁨, 배운 것을 몸에 익히는 노력, 익힐 지식에 대한 점점 커지는 자신감 등이 공부하여 학업(studies)을 닦는 일에 마음이 끌립니다.
- 집중력은 강하지만 융통성이 부족합니다.
- 경험과 지식으로 정확하게 분석하고 객관적으로 판단할 수 있는 능력은 있지만 남을 비판할 가능성이 있습니다.

⑤ 수의 약점성격
- 주위로부터 마음의 충동과 자극을 받아도 흔들리지 않고 천연덕스럽게 미지근한 행동을 하는 여유만만한 유연성이 있습니다. 지혜를 쌓는 계절, 겨울철을 닮은 인간 행동의 뿌리가 되는 인공 생태계에 적응한 사회 본능적 성격입니다.
- 타인의 마음을 헤아리고 감정을 느끼는 공감능력이 뛰어나며 포용과

친화력이 있어 의사소통이 원활하며 인간관계가 물 흐르듯 막힘이 없습니다.

상생 상극을 활용하여 오행성격 간의 균형과 조화를 이룰 수 있습니다.

상생과 상극은 봄, 여름, 가을, 겨울이 변함없이 순서대로 돌고 도는 순환적인 4계절에 대한 체험을 바탕으로 만들어졌습니다. 상생(서로 도움을 주는 순환적 상호협력 관계)과 상극(넘치는 것을 덜어 내고 부족한 것은 채워 주며 어려운 상황을 이겨 내게 멘토링을 해주는 순환적 상호조절 관계)을 활용하여 오행성격 간에 균형과 조화를 이룰 수 있습니다.

성격모델 1(104페이지)에 있는 상생도와 상극도를 보면서 다음 글을 읽으면 이해가 빠릅니다. 상생도와 상극도 오행성격 간에 관계를 쉽게 이해하여 오랫동안 기억에 남을 수 있는 그림을 활용한 것입니다. 상생은 생물 본능에 뿌리를 둔 사람의 계절의 성격인 '목'과 생장 계절의 성격인 '화' 사이(목생화, 화생목), 그리고 사회 본능에 뿌리를 둔 씨 뿌리고 가꾼 대로 거두어들이는 정직한 계절의 성격인 '금'과 지혜를 쌓는 계절의 성격인 '수' 사이(금생수+수생금)에 이루어집니다. 사계절처럼 순환하는 또 하나의 상생은 겨울을 닮은 '수'와 봄을 닮은 '목' 사이를 상생으로 연결하여 순환이 계속 이어지게 하였습니다.

영화·연극에서 감독은 출연 배우 모두를 관리하는 관리자 역할을 하는 것처럼 '토'는 화와 금과는 '상생', 목과 수와는 '상극' 관계로 생장의 계절인 에너지 넘치는 '화'의 성격과 성숙 계절인 가을을 닮은 성실성이 근본이 되는 '금'의 성격과는 상생을 합니다(토생화, 화생토 그리고 토생금, 금생토). 대부분 생물은 겨울잠을 자고 인간은 지혜를 쌓는 계절을 닮은 '수'의 성격과 생물이 겨울잠에서 깨어나 생명 활동을 시작하고 짝짓기를 하는 사

랑의 계절을 닮은 목의 성격과 토의 성격 사이에는 상극이 이루어집니다. 즉 지나친 것이나 모자라는 것이나 다 같이 좋지 않습니다. 정도에 넘치는 짝짓기 횟수와 겨울과 봄 날씨가 뒤섞인 2월 자기의 사정에 알맞은 때를 기다리지 않고 일찍 겨울잠에서 깨어나면 생명이 위태로워지는 것을 알맞게 조절하는 것이 '토'의 상극 역할입니다(토극목).

사계절의 순환을 닮은 상생은 오행성격 간에 서로 돕는 관계지만 상극은 오행성격 간에 서로 조절하여 오행성격 간에 균형과 조화를 이루려는 인간의 지혜로 만들어진 것입니다. 상생도에 화(여름)와 금(가을)의 위치를 바꾸어 오행성격 간에 서로 조절하는 기능 즉 넘치는 것을 덜어 내고 부족한 것은 채워 주며 어려운 상황을 이겨 내게 하는 관계입니다.

목·금·수의 오행성격 분포수가 각각 1개로 오행성격 평균 분포수(상·중·하 3단계 중 중간 단계)인 1.6개보다 적어 약점성격입니다. 강점성격인 화는 목과 상생 관계이므로 목에게 충분한 도움을 줄 수 있어 목의 오행성격 특성을 활발하게 행동하게 하는 중간 단계 가까이 끌어올릴 가능성이 있습니다.(화생목) 강점성격인 토는 금과 상생 관계이므로 금에게 충분한 도움을 줄 수 있어 금의 오행성격 특성을 활발하게 행동하게 하는 중간 단계 가까이 끌어올릴 가능성이 있습니다(토생금). 그리고 토는 목과 수와 상극 관계이므로 목과 수에게 성실한 멘토 역할을 할 수 있습니다(토극목+토극수). 결과적으로 화·수·토가 충분히 조연 역할을 할 수 있게 되었습니다.

오행성격은 각각의 재능을 가지고 있습니다. 각 재능을 단순하게 합치면(1+1+1+1=5) 5개 재능에 지나지 않습니다. 그러나 상생과 상극 활용으로

오행성격 팀을 만들어 오행성격 특성 조화를 이루는 팀워크를 하게 되면 오행성격 재능을 배가시킬 수 있습니다.

사주 8자에 분포된 오행성격 목, 화, 금, 수, 토에 음 또는 양이 하나씩 분포되어 있습니다. 오행성격 특성의 활성화 정도가 양이 분포된 경우는 올라가지만 음이 분포된 경우는 오행성격의 활성화 정도가 내려갑니다. 성격 모델 30개는 이론적 모형입니다. 실제 사주 8자는 개인정보 보호법 때문에 조사가 불가능하였습니다. 오행성격 목, 화, 금, 수, 토의 음양의 역할은 설명할 수 없게 되었음을 이해하여 주시기 바랍니다. 그러나 개인은 이 책의 음양 성격 활용법을 읽고 이해하면 음과 양의 오행성격 활용이 가능합니다.

음양의 성격 활용법은 3장 73~74페이지를 참고하시기 바랍니다.

스티브 잡스의 성격이 오행성격 분포수 3개인 강점성격 토를 잘 설명해 주는 좋은 본보기가 되는 것으로 생각됩니다. 그는 그 자신의 성격을 명확하게 이해하고 활용하였던 것이 분명합니다. 회사의 미래의 성장 방향을 제시할 때는 강력한 의지와 야망을 겉으로 드러내 보이는 것이 오행의 목의 성격을 닮았습니다. 신제품 개발을 설명할 때의 정열과 에너지 넘치는 열정은 화의 성격을 보여 줍니다. 젊은 사원들과 대화할 때는 부드럽고 융통성 있는 수의 성격을 나타냅니다. 회사 경영진들과 회사의 재정에 관하여 이야기할 때는 냉철하고 날카롭고 쓸모 있고 실용적인 사고가 금의 성격이 드러나고 전체 사원 단합대회에서는 넓은 마음으로 회사원을 포용하고 회사원들에게 믿음을 심어 주는 모습이 토의 강점성격을 잘 보여 주고 있습니다. .

토의 강점성격은 목, 화, 금, 수의 성취의 모델이 됩니다. 토는 목·화의 생존 본능의 성격과 금·수의 사회 본능 성격의 역할을 자신감을 가지고 대신하여 해냅니다. 토는 자기 확신 즉 자신감을 가진 강점성격입니다. 토는 자신의 능력을 확실하게 믿습니다. 목, 화, 금, 수에게 신뢰감을 줍니다. 토는 '우리가 모두 똑같다'는 믿음에서 우리 모두는 서로 다른 성격 특성을 가지고 있지만 모두가 똑같은 중요한 존재라는 것을 믿고 모두를 포용합니다. 포용은 지도자 성격의 핵심입니다. 만물과 사계절을 감싸는 포용력이 있습니다.

　　화의 강점성격은 불타오르는 정열과 열정으로 자기 몸마저 불사를 가능성이 높습니다. 강점성격 수에게서 겨울의 찬물 같은 마음을 가지라는 충분한 충고를 받을 수 있어 불타오르는 열정과 정열을 어느 정도 식힐 수 있습니다(수극화). 신경이 예민하여 주변의 작은 자극에도 감정이 쉽게 흔들어 '버럭' 화를 내거나 분노를 못 참아 씩씩거리는 모습을 보일 수 있습니다. 화는 금에게서 이성적인 침착한 생각과 절제력을 평소에 가지게 하는 생활습관에 대한 조언을 받아들여 성급한 성격을 조절(control)할 수 있습니다(금극화). 화는 목의 성격처럼 미래를 꿈꾸는 삶과 성취에 대한 열정과 도전정신도 있습니다. 그러나 침착하지 못하고 인내심이 부족하여 열정과 도전정신이 쉽게 꺾입니다. 화는 목에게서 성취에 대한 동기와 의욕을 북돋음 받을 수 있어 미래에 대한 꿈과 성취에 대한 열정과 도전을 강화시킬 수 있습니다(목생화). 더불어 토에게서 인내심과 끈기 그리고 성취욕구를 가지도록 충분한 도움을 받을 수 있습니다(토생화).

　　목의 약점성격은 욕구와 욕망은 강렬하지만 야망이 작습니다. 목과 화는 상생 관계이므로 목은 강점성격인 화에게서 목표를 세우고 성취하려는 열정과 도전정신을 갖게 하는 데 충분한 도움을 받을 수 있어 목표를 세우고 성취하려는 야망이 되살아나 목표 성취에 화에게 받은 에너지를 집중할 가능성이 있습니다(화생목). 수와 목은 상생 관계이므로 수에게서 현실적인 감각과 일과 일이 되어 가는 상황에 대해 객관적으로 판단하고 환경과 상황 변화에 유연하게 알맞은 방법으로 일을 잘 살펴서 처하는 데 수의 충분한 도움을 받을 가능성이 있습니다(수생목).

　<u>금의 약점성격은</u> 논리적이고 합리적인 사고로 객관적으로 판단할 수 있어 냉정하게 타인들을 비판할 가능성이 있습니다. 화와 금은 상극 관계이므로 화의 충고를 받아들여 평소 생활에서 타인을 사랑하고 이해하는 습관을 길들여 비판을 줄여야 합니다(화극금) 금은 일하는 데 집중력은 강하지만 융통성이 부족하여 고집불통이 될 수 있습니다. 수와 금은 상생 관계이므로 수의 응원을 받아들여 평소 생활에서 유연성과 융통성을 길들이는 습관을 길러야 합니다(수생목). 금은 조심성 있고 신중하여 돌다리도 두드려 보고 건너는 성격입니다. 목과 금은 상극 관계이므로 목에게서 도전정신을 가지라는 멘토를 받을 수 있습니다. 도전정신을 가지는 것은 금의 의지에 달려 있습니다(목극금).

　<u>수의 약점성격은</u> 미지근한 행동과 쉽게 살려는 태도로 주위 사람에게 자신감이 없고 게으른 사람으로 오해 받을 가능성이 높습니다. 목과 수는 상생 관계이므로 목이 수에게 자기주장과 적극적인 성격을 가지는 데 도움을 줄 수 있습니다. 수가 목의 도움과 응원을 받아들여 노력하면 적극적인 행동과 부지런한 성격을 가질 수 있습니다(목생수). 수는 타인의 감정을 쉽게 읽고 돕는 데 적극적입니다. 이런 행동들은 사람들에게 이용당해 자기와 가족에게 경제적인 피해를 입힐 가능성이 높습니다. 흙(토)으로 둑을 쌓아 흘러가는 물을 모아 두어 필요할 때 물을 사용하는 지혜가 토에게 있습니다. 수와 토는 상극 관계입니다. 수는 토에게서 재물을 절약하는 지

혜 있는 조언을 받아들여야 다른 사람들에게 이용당할 염려를 줄일 수 있습니다(토극수).

요약 : 성격모델 25에서는 토와 화가 중심 역할을 하는 강점성격입니다.

토는 세상 전반에 대한 특별한 시각을 가지고 있어 보통 사람의 복잡하게 보이는 세상일들에서 일정한 변화 물결 방향을 발견하고 미래의 대책을 세우는 능력이 있습니다. 토는 옛 경험과 생각으로부터 자유로워 새로운 아이디어를 창안해 낼 수 있고 타인의 혁신과 새로운 아이디어를 받아들일 수 있는 열린 마음의 성격입니다. 화는 신경이 예민하고 원시생활에서 생긴 직감이 발달해서 즉흥적으로 결단을 가지고 있습니다. 21세기처럼 변화가 빠른 사회 즉 신 유목생활같이 옮겨 다님이 빠르게 이루어지는 생활환경에 적응해야 하는 시대에 화는 적합한 성격이 될 가능성이 높습니다. 정보에 관련된 분야에서 CEO의 재능을 발휘할 가능성이 높습니다.

원시림의 성자이자 루터교 목사 닥터 슈바이처

성격모델 25의 오행성격과 비슷한 오행성격을 가진 독일 출신의 프랑스 의사, 음악가, 철학자, 신학자이자 루터교 목사인 슈바이처의 인생사를 살펴서 슈바이처의 성격이 일생에 어떻게 영향을 미치게 되었는지를 필자가 설명하겠습니다. 슈바이처의 오행성격은 토 3개, 화 2개, 금 1개, 수 1개, 목 1개입니다. 슈바이처의 오행성격인 금은 1개이나 강점성격인 토와 상생 관계이므로 토가 금에게 충분한 도움을 줄 수 있어 금의 오행성격 특성을 활발하게 행동하게 하는 중간 단계(오행성격 평균 분포수 1.6개) 가까이 끌어올릴 가능성이 높습니다(토생금).

슈바이처는 루터교 목사인 루이 슈바이처의 큰아들로 태어났습니다. 몸이 약한 아들의 건강을 걱정한 아버지의 뜻에 따라 공기가 맑은 농촌 권스바흐에서 자라 자연과 소통하면서 생명에 대한 경건하고 공손한 태도를 가지게 되었습니다. 슈바이처는 유년 시절 아버지에게서 성서의 가르침을 받아 기독교 믿음과 정신이 길러졌다고 합니다. 슈바이처는 가난한 친구들을 보면서 가난한 사람들에 대한 연민과 동정심 그리고 공감능력이 높아졌습니다(수의 성격). 여기에 아버지의 아프리카 사람들의 비참한 삶에 대한 여러 번의 설교가 슈바이처가 아프리카 선교를 결심하게 된 동기가 되었다고 합니다.

슈바이처는 고등학교를 작은 할아버지 집에서 다녔는데 할아버지의 엄격하면서 사랑이 담긴 정성 어린 교육을 받은 것을 늘 감사하였습니다. 그는 20세에서 30세까지 학문과 예술 속에서 살았습니다(금과 토의 성격). 이때 대학 졸업을 하고 철학박사와 신학박사를 취득했습니다. 슈바이처는 인류애의 직접 봉사활동을 위해 의학과에 진학하여 의사가 된 후 아프리카 의료 선교에 나가 '흑인의 아버지', '원시림의 성자'로서 위대한 사랑의 힘으로 모든 인류에게 행복을 나누어 주기 위하여 그의 일생을 바쳤습니다(화의 아카페 사랑, 모든 사람을 차별하지 않고 품에 안는 토의 포용력). 슈바이처는 핵무기에 반대하는 반핵운동을 하였고 평화운동에도 많은 이바지를 하였으며 노벨평화상을 받았습니다. 슈바이처는 그의 강점성격인 화와 토의 특별한 재능을 계발하고 확장하여 빛냈으며 금과 수의 성격 조화를 유감없이 발휘한 본보기입니다.

영화와 연극에는 주연과 조연배우가 있습니다. 영화나 연극이 성공한 작품이 되려면 주연과 조연배우 모두 각자에게 주어진 역할을 충실하게 연기해 내는 것이 필수조건입니다. 오행성격인 목, 화, 금, 수, 토 역시 각각을 주연과 조연의 역할로 나누어 이해한다면 활용이 아주 쉽습니다.

성격모델 26에서 사주 8자 중에 배정될 수 있는 오행성격, 목, 화, 금, 수, 토의 평균 분포수는 1.6개입니다(사주 8자÷오행성격 5자=1.6 : 실제가 아닌 이론적 수치). 오행성격 특성이 활발히 행동하게 하는 단계를 3단계, 즉 상·중·하단계로 선택하여 이해하기 쉽게 정하였습니다. 오행성격 평균 분포수 1.6개를 활발히 행동하게 하는 단계를 3단계 중 중간 단계로 정하였습니다. 개인의 오행성격 특성 분포수가 평균 분포수 1.6개보다 높은 2개 이상은 강점성격(재능)으로, 평균 분포수보다 낮은 한 개 이하는 약점성격으로 정하였습니다. 오행성격의 강점성격은 주연 역할을, 약점성격은 조연 역할로 설명하였습니다.

목과 화의 오행성격 행동의 뿌리는 자연생태계에 적응한 생물 본능(자신과 가족을 돌보고 지키며, 아들, 딸, 손자, 손녀들이 많아지고 부자가 되기를 바라는 생물 성질)에 있습니다. 목과 화의 오행성격 특성이 동시에 강점성격(재능)으로 나타날 때는 활동하기 좋은 '봄'을 닮은 목의 성격이 주연 역할을 하고 더위 때문에 활동하기가 힘든 '여름'을 닮은 화의 성격이 조연 역할을 합니다. 금과 수의 오행성격 행동의 뿌리는 인공 생태계에 적응한 사회 본능(짐승이 아닌 사람답게 사회 생활을 하려고 하는 마음이 밑바탕이 된 사람 성질)에 있습니다. 금과 수의 오행성격 특성이 동시에 강점성격(재능)으로 나타날 때는 활동하기 상쾌한 '가을'을 닮은 금의 성격이 주연 역할을 하고, 추위 때문에 활동하기가 어려운 '겨울'을 닮은 수의 성격이 조연 역할을 하게 됩니다. 토의 오행성격은 생물 본능에 뿌리를 두고 있는 목과 화의 성격과 사회 본능에 뿌리를 두고 있는 금과 수의 성격을 모두 함께 가지고 있습니다. 목과 화 성격이 두 개가 모두 약점성격일 때, 또는 금과 수 성격이 두 개가 모두 약점성격일 때, 토의 성격이 강점성격일 경우에만 목과 화의 약점성격을, 혹은 금과 수의 약점성격을 대리(agency)하여 강점성격의 역할, 즉 주연 역할을 하게 됩니다. 그러나 토의 성격이 약점성격일 경우는 목과 화의 약점성격과 금과 수의 약점성격을 대리할 수 없습니다.

말이 끄는 마차가 정상적으로 굴러가기 위해서는 두 개의 바퀴가 있어야 합니다. 오행성격에서 생물 본능에 뿌리를 두고 있는 목과 화의 성격이 한쪽 바퀴가 되고 사회 본능에 뿌리를 두고 있는 금과 수의 성격이 반대쪽 바퀴가 됩니다. 성격모델 26에서는 생물 본능에 뿌리를 둔 야성미가 있는 강점성격인 목이 주연 역할을 합니다. 세련미가 있는 금과 수가 약점성격이어서 토가 강점성격이므로 사회 본능에 뿌리를 둔 금을 대리하여 주연 역할을 합니다. 결과적으로 성격모델 26에서 생물 본능 성격인 목과 사회 본능을 대리한 토의 성격이 균형을 이루었습니다. 화, 금, 수의 조연 역할로 조화를 이루어 오행성격 간에 균형과 조화를 튼튼하게 이룬 건전한 성격 조합이 됩니다.

자기의 음양오행 성격은 태어날 때부터 가지고 있는 자기만의 특별한 재능(unique talent)입니다. 이 재능을 키우면 자기의 성격에 맞는 분야에서 성공할 가능성이 매우 높습니다. 자기의 토와 목의 강점성격을 매일 아침 일어나 4회 반복하여 소리 내어 읽고 화·금·수의 약점성격도 매일 2회 소리 내어 읽으면 몇 주 후에는 오행성격 특성들의 내용을 이해하고 확실히 익혀 스스로가 활용 가능한 수준에 이르게 됩니다. 당신의 밝은 미래를 위한 준비는 오늘을 잘 활용하는 것으로부터 시작됩니다. 어제는 지나갔으며 내일은 아직 오지 않았습니다. 미래를 준비할 수 있는 기회는 오늘뿐입니다. 음양오행 성격에 대해 매일 10분씩만 투자하여 몸에 익히는 훈련과 노력을 한다면 당신의 강점성격을 개발시키고 약점성격을 강화할 수 있으며, 당신의 무한한 잠재력을 최대로 발휘시켜 삶을 성공적으로 이끄는 내비게이션 역할을 할 것입니다.

우리는 자기의 마음이 끌리는 일을 할 때 만족감을 느낍니다. 끌림은 당신의 내면에서 부르는 소리를 듣고 서로 응하여 대답하는 마음입니다(생존 본능). 좋아하는 일은 누구나 즐기면서 합니다. 하고 싶은 일을 할 때는 신바람이 납니다. 자기의 강점성격에 맞는 일은 마음이 끌리며 즐겁고 계속하고 싶어집니다. 마음이 끌리는 대로 따라가는 것, 즉 당신의 성격 안에 있는 내비게이션이 안내하는 대로 따라가면 인생 여정은 기쁨이 동반자가 될 것입니다.

성격모델 26에서 오행성격 특성을 요약한 3장 81~88페이지 12개 중에 가장 중요한 오행성격 특성을 추려내어 정리했습니다.

① 토의 강점성격

• 토는 '생명체는 모두 중요한 존재'라는 믿음으로 동·식물에게 삶의 터전을 차별하지 않고 포용하고 개방합니다. 옛 경험이나 생각으로부터 자유로운 열린 마음을 가지고 있어 새로운 아이디어를 만들어 내고 타인들의 혁신과 새로운 아이디어를 받아들이는 열린 마음의 성격입니다.

• 토의 성격은 사계절 변화 기간(2월, 5월, 8월, 11월) 사이에 봄, 여름, 가을, 겨울에 계절의 변화에 쉽게 적응하도록 공평한 도움을 주는 신뢰감 있는 협력자의 역할을 성실히 수행합니다.

• 믿음, 의리, 공평 그리고 포용력이 있으며, 활동적이고 부드러움, 열정, 책임감이 강해 지도력이 있습니다.

• 어떤 상황에서도 주어진 일을 자신이 해낼 수 있다는 자신감을 가지고 있으며 인내심, 끈기가 있고 성취욕이 강렬하여 주어진 일을 끝까지 책임감을 가지고 마무리 짓습니다.

② 목의 강점성격

• 돋보이고 싶은 욕구, 하고자 하거나 가지고자 하는 마음이 몹시 간절한 욕망과 열망, 그리고 야망이 강렬하며 많은 꿈을 가진 봄을 닮은 원시인 행동의 중요한 뿌리가 되는 자연계에 적응한 생물 본능적 성격입니다.

• 새롭고 신기한 것에 호기심과 흥미를 강렬하게 느끼며 도전하여 이기는 경쟁을 즐깁니다.

• 성취하려는 욕망이 강점성격이 된 것은 하늘이 내려준 선물입니다. 당신이 가진 모든 것은 하늘로부터 받은 선물이기 때문에 당신은 이것을 받아들일 수밖에 없습니다.

• 당신은 매년, 매월 심지어 매주마다 즐기는 일 즉 목표를 계획합니다.

직접 경험할 수 있고 측정할 수 있고 정해진 시간표대로 생활합니다.

• 당신은 말이나 생각이 아니라 모든 일은 행동이 있어야 성과가 나올 수 있다고 믿습니다. 행동이야말로 체험을 통한 학습이라고 믿고 할 일을 결정하고 행동하고 그 결과를 보면서 배웁니다.

• 카멜레온처럼 환경과 상황 변화에 민감하여 속과 겉이 다르게 전략적으로 행동합니다.

③ 화의 약점성격

• 열정과 정열이 강렬하여 자신을 불사를 가능성이 있습니다.

• 신경이 예민하여 눈앞에 위협적인 상황 또는 불확실한 상황에 대해 불안해하고 근심할 수 있습니다.

• 목표지향성과 성취에 대한 열정 그리고 도전정신이 있습니다. 그러나 침착하지 못하고 인내심이 부족하여 쉽게 좌절합니다.

• 감정적이고 동정적이며 감사하는 마음이 강합니다. 개인적인 감정으로 판단합니다.

• 위협적인 상황에서 자신을 보호하기 위한 싸움의 방어 전략과 응집된 에너지 덩어리인 분노를 보입니다.

④ 금의 약점성격

• 논리적이고 합리적인 사고를 하며 냉정하게 행동하여 가을을 닮은 인간 행동의 뿌리가 되는 인공 생태계에 적응한 사회적 본능 성격입니다.

• 책임감이 강하고 정신적·육체적 고통을 참고 견디는 인내심과 끈기가 강합니다.

• 처음 배운 몇 개의 사실에서 느끼는 짜릿한 기쁨, 배운 것을 몸에 익히

는 노력, 익힐 지식에 대한 점점 커지는 자신감 등이 공부하여 학업(studies)을 닦는 일에 마음이 끌립니다.

- 집중력은 강하지만 융통성이 부족합니다.
- 경험과 지식으로 정확하게 분석하고 객관적으로 판단할 수 있는 능력은 있지만 남을 비판할 가능성이 있습니다.

⑤ 수의 약점성격

- 주위로부터 마음의 충동과 자극을 받아도 흔들리지 않고 천연덕스럽게 미지근한 행동을 하는 여유만만한 유연성이 있습니다. 지혜를 쌓는 계절, 겨울철을 닮은 인간 행동의 뿌리가 되는 인공 생태계에 적응한 사회 본능적 성격입니다.
- 타인의 마음을 헤아리고 감정을 느끼는 공감능력이 뛰어나며 포용과 친화력이 있어 의사소통이 원활하며 인간관계가 물 흐르듯 막힘이 없습니다.

상생 상극을 활용하여 오행성격 간의 균형과 조화를 이룰 수 있습니다. 상생과 상극은 봄, 여름, 가을, 겨울이 변함없이 순서대로 돌고 도는 순환적인 4계절에 대한 체험을 바탕으로 만들어졌습니다. 상생(서로 도움을 주는 순환적 상호협력 관계)과 상극(넘치는 것을 덜어 내고 부족한 것은 채워 주며 어려운 상황을 이겨 내게 멘토링을 해주는 순환적 상호조절 관계)을 활용하여 오행성격 간에 균형과 조화를 이룰 수 있습니다.

성격모델 1(104페이지)에 있는 상생도와 상극도를 보면서 다음 글을 읽으면 이해가 빠릅니다. 상생도와 상극도 오행성격 간에 관계를 쉽게 이해하여 오랫동안 기억에 남을 수 있는 그림을 활용한 것입니다. 상생은 생물 본능에 뿌리를 둔 사람의 계절의 성격인 '목'과 생장 계절의 성격인 '화' 사이 (목생화, 화생목), 그리고 사회 본능에 뿌리를 둔 씨 뿌리고 가꾼 대로 거두 어들이는 정직한 계절의 성격인 '금'과 지혜를 쌓는 계절의 성격인 '수' 사 이(금생수+수생금)에 이루어집니다. 사계절처럼 순환하는 또 하나의 상생은 겨울을 닮은 '수'와 봄을 닮은 '목' 사이를 상생으로 연결하여 순환이 계속 이어지게 하였습니다.

영화·연극에서 감독은 출연 배우 모두를 관리하는 관리자 역할을 하 는 것처럼 '토'는 화와 금과는 '상생', 목과 수와는 '상극' 관계로 생장의 계 절인 에너지 넘치는 '화'의 성격과 성숙 계절인 가을을 닮은 성실성이 근 본이 되는 '금'의 성격과는 상생을 합니다(토생화, 화생토 그리고 토생금, 금생토). 대부분 생물은 겨울잠을 자고 인간은 지혜를 쌓는 계절을 닮은 '수'의 성 격과 생물이 겨울잠에서 깨어나 생명 활동을 시작하고 짝짓기를 하는 사 랑의 계절을 닮은 목의 성격과 토의 성격 사이에는 상극이 이루어집니다. 즉 지나친 것이나 모자라는 것이나 다 같이 좋지 않습니다. 정도에 넘치는 짝짓기 횟수와 겨울과 봄 날씨가 뒤섞인 2월 자기의 사정에 알맞은 때를 기다리지 않고 일찍 겨울잠에서 깨어나면 생명이 위태로워지는 것을 알 맞게 조절하는 것이 '토'의 상극 역할입니다(토극목).

사계절의 순환을 닮은 상생은 오행성격 간에 서로 돕는 관계지만 상극 은 오행성격 간에 서로 조절하여 오행성격 간에 균형과 조화를 이루려는 인간의 지혜로 만들어진 것입니다. 상생도에 화(여름)와 금(가을)의 위치를 바꾸어 오행성격 간에 서로 조절하는 기능 즉 넘치는 것을 덜어 내고 부 족한 것은 채워 주며 어려운 상황을 이겨 내게 하는 관계입니다.

화·금·수의 오행성격 분포수가 각각 1개로 오행성격 평균 분포수(상·중·

하 3단계 중 중간 단계)인 1.6개보다 적어 약점성격입니다. 강점성격인 목은 화와 수는 상생 관계이므로 화와 수에게 충분한 도움을 줄 수 있어 화와 수의 오행성격 특성을 활발하게 행동하게 하는 중간 단계 가까이 끌어올릴 가능성이 있습니다(목생화+목생수). 강점성격인 토는 화와 금과 상생 관계이므로 화와 금에게 충분한 도움을 줄 수 있어 화와 금의 오행성격 특성을 활발하게 행동하게 하는 중간 단계 가까이 끌어올릴 가능성이 있습니다(토생화+토생금). 그리고 토는 목과 수와 상극 관계이므로 수에게 성실한 멘토 역할을 할 수 있습니다(토극수). 결과적으로 화·금·수가 충분히 조연 역할을 할 수 있게 되었습니다.

오행성격은 각각의 재능을 가지고 있습니다. 각 재능을 단순하게 합치면(1+1+1+1=5) 5개 재능에 지나지 않습니다. 그러나 상생과 상극 활용으로 오행성격 팀을 만들어 오행성격 특성 간에 균형과 조화를 이루는 팀워크를 하게 되면 오행성격 재능을 배가시킬 수 있습니다.

사주 8자에 분포된 오행성격 목, 화, 금, 수, 토에 음 또는 양이 하나씩 분포되어 있습니다. 오행성격 특성의 활성화 정도가 양이 분포된 경우는 올라가지만 음이 분포된 경우는 오행성격의 활성화 정도가 내려갑니다. 성격 모델 30개는 이론적 모형입니다. 실제 사주 8자는 개인정보 보호법 때문에 조사가 불가능하였습니다. 오행성격 목, 화, 금, 수, 토의 음양의 역할은 설명할 수 없게 되었음을 이해하여 주시기 바랍니다. 그러나 개인은 이 책의 음양 성격 활용법을 읽고 이해하면 음과 양의 오행성격 활용이 가능합니다.

음양의 성격 활용법은 3장 73-74페이지를 참고하시기 바랍니다.

<u>토의 강점성격은</u> 목, 화, 금, 수의 성취의 모델이 됩니다. 토는 목·화의 생존 본능의 성격과 금·수의 사회 본능 성격의 역할을 자신감을 가지고 대신하여 해냅니다. 토는 자기 확신 즉 자신감을 가진 강점성격입니다. 토는 자신의 능력을 확실하게 믿습니다. 목, 화, 금, 수에게 신뢰감을 줍니다. 토는 '우리가 모두 똑같다'는 믿음에서 우리 모두는 서로 다른 성격 특성을 가지고 있지만 모두가 똑같은 중요한 존재라는 것을 믿고 모두를 포용합니다. 포용은 지도자 성격의 핵심입니다. 만물과 사계절을 감싸는 포용력이 있습니다.

<u>목의 강점성격은</u> 여러 가지 꿈을 함께 이루려는 욕망이 강렬합니다. '토끼 두 마리를 한꺼번에 잡으려다가 한 마리도 못 잡는다.'는 속담이 있습니다. '금'은 '목'에게 삶의 목표를 신중하게 하나를 선택해서 빈틈없고 완벽한 계획을 세우고 성실하게 실행할 것을 충고하며 응원합니다(금극목). 그리고 '목'에게 돋보이고 싶은 사회적 출세와 강렬한 명예 욕구를 현실에 적합하도록 스스로 자신을 조절하게 돕습니다(금극목). '목'은 삶의 목표를 높게 세우고 이에 대한 성취를 열망하고 그곳에 '화'에게서 에너지를 충분히 지원 받아 성취에 집중하는 의지력이 매우 강합니다(화생목). 카멜레온처럼 상황 변화에 민감하여 속과 겉이 다르게 전략적으로 행동을 합니다. 그 결과 사회 생활에서 신용을 잃고 주위로부터 따돌림 당할 가능성이 큽니다. 목, 화, 금, 수에게 신용 있는 협력자 역할을 하는 토는 전략적 행동을 될 수 있는 대로 적게 하도록 목에게 충고합니다(토극목). 수는 호기심과 흥미에 끌려 어수선하고 바쁘게 생활하는 '목'에게 유연하고 여유 있게 생활하도록 도움을 줍니다(수생목).

<u>화의 약점성격은</u> 정열과 열정이 강렬하여 자기 몸마저 불사를 가능성이 있습니다. 화는 수·금과 상극 관계이므로 수에게서 겨울철의 찬물 같

은 마음을 가지라는 충고를 받을 수 있고 금에게서 냉정한 마음을 가지라는 싸늘한 조언을 받을 수 있어 타오르는 정열과 열정을 어느 정도 식히고 냉정한 마음을 가질 수 있습니다(수극화+금극화). 화는 목의 성격처럼 미래의 가능성이 있는 비전을 보고 성취에 대한 열정과 도전정신도 가지고 있습니다. 그러나 화는 침착하지 못하고 인내심이 부족하여 성취에 대한 열정과 도전정신이 쉽게 꺾입니다. 화와 목은 상생 관계이므로 화는 목에게서 성취에 대한 동기와 북돋음을 받을 수 있어 미래에 대한 꿈과 성취에 대한 열정과 도전정신이 되살아날 수 있습니다(목생화). 또한 화와 금은 상극 관계이므로 화는 금으로부터 인내심을 갖도록 하는 성실한 충고를 받을 수 있습니다(금극화). 화는 토와 상생 관계이므로 토에게서 성취욕과 일의 끝맺음에 대한 도움을 받을 가능성이 높습니다(토생화).

금의 약점성격은 논리적이고 합리적인 사고로 객관적으로 판단할 수 있어 냉정하게 타인들을 비판할 가능성이 있습니다. 화와 금은 상극 관계이므로 화의 충고를 받아들여 평소 생활에서 타인을 사랑하고 이해하는 습관을 길들여 비판을 줄여야 합니다(화극금). 금은 일하는 데 집중력은 강하지만 융통성이 부족하여 고집불통이 될 수 있습니다. 수와 금은 상생 관계이므로 수의 응원을 받아들여 평소 생활에서 유연성과 융통성을 길들이는 습관을 길러야 합니다(수생목). 금은 조심성 있고 신중하여 돌다리도 두드려 보고 건너는 성격입니다. 목과 금은 상극 관계이므로 목에게서 도전정신을 가지라는 조언을 받을 수 있습니다. 도전정신을 가지는 것은 금의 의지에 달려 있습니다(목극금).

수의 약점성격은 미지근한 행동과 쉽게 살려는 태도로 주위 사람에게 수의 마음에는 자신감이 없고 게으른 사람으로 오해 받을 가능성이 높습니다. 목과 수는 상생 관계이므로 목이 수에게 자기주장과 적극적인 성격을 가지는 데 도움을 줄 수 있습니다. 수가 목의 도움과 응원을 받아들여 노력하면 적극적인 행동과 부지런한 성격을 가질 수 있습니다(목생수). 수는 타인의 감정을 쉽게 읽고 돕는 데 적극적입니다. 이런 행동들은 사람들에게 이용당해 자기와 가족에게 경제적인 피해를 입힐 가능성이 높습니다. 흙(토)으로 둑을 쌓아 흘러가는 물을 모아 두어 필요할 때 물을 사용하는 지혜가 토에게 있습니다. 수와 토는 상극 관계입니다. 수는 토에게서 재물을 절약하는 지혜 있는 조언을 받아들여야 다른 사람들에게 이용당할 염려를 줄일 수 있습니다(토극수).

요약 : 성격모델 26에서는 토와 목이 중심 역할을 하는 강점성격입니다.

토는 세상 전반에 대한 특별한 시각을 가지고 있어 보통 사람의 눈에는 복잡하게 보이는 세상일들에서 일정한 변화 물결의 방향을 발견하고 미래의 대책을 세우는 능력이 있습니다. 토는 옛 경험과 생각으로부터 자유로워 새로운 아이디어를 창안해 낼 수 있고 타인의 혁신과 새로운 아이디어를 받아들일 수 있는 열린 마음의 성격입니다. 그리고 토는 믿음, 공평과 의리 그리고 포용력이 있으며 활동적이고 부드러움과 열정이 있어 리더십이 있습니다. 목의 성격은 외부 사실에 마음이 끌림을 맞추는 외향적, 활동적, 사교적입니다. 목의 마음 깊은 곳에서는 오직 행동만이 중요하다는 것을 알고 모든 일에 행동이 있어야 성과가 나올 가능성이 있다고 생각합니다. 행동이야말로 최선의 학습 방법이라고 믿고 체험을 바탕으로 객관적인 판단을 하며 일을 실용적으로 처리하는 행동주의자입니다. 성격모델 26의 성격 소유자는 사회 어느 분야에 활동하는 남보다 먼저 앞장서서 행동하는 지도자가 될 가능성이 높습니다.

위대한 철학자 칸트

성격모델 26의 오행성격과 비슷한 오행성격을 가진 독일의 유명한 철학자인 칸트의 인생사를 살펴서 칸트의 성격이 일생에 어떻게 영향을 미치게 되었는지를 필자가 설명하겠습니다. 칸트의 오행성격은 토 3개, 금 2개, 목 2개, 수 1개, 화 0개입니다. 칸트의 오행성격인 화는 0개이나 강점성격인 토와 목과 상생 관계이므로 토와 목이 화에게 충분한 도움을 줄 수 있어 화의 오행성격 특성을 활발하게 행동하게 하는 중간 단계(오행성격 평균 분포수 1.6개) 가까이 끌어올릴 가능성이 매우 높습니다. 칸트의 오행성격인 수도 하나이지만 강점성격인 목과 금과 상생 관계이므로 수의 오행성격 특성을 중간 단계 가까이 끌어올릴 가능성이 매우 높습니다.

칸트는 수공업자인 아버지와 어머니 사이에 11남매 중에 넷째로 태어났습니다. 칸트는 기독교의 종교적인 헌신과 겸손을 중요하게 여기는 가정에서 성장했습니다. 칸트는 엄숙한 분위기의 프리드릭스 짐나지움에서 교육을 받았습니다(금 2개). 졸업 후 쾨니히스베르크 대학에 입학하여, 철학, 수학, 물리학, 신학을 배우고 40대 후반에 모교에서 교수직을 얻었습니다. 칸트는 교수가 된 후 중요한 저서들을 집필하였습니다. 『순수이성비판: 나는 무엇을 어떻게 알 수 있을까?』, 『실천이성비판: 나는 어떻게 행동해야 하나?』, 『판단력 비판: 나는 무엇을 바랄 수 있나』 등은 대표 저서입니다. 칸트는 인간의 마음속에서는 충동(생물 본능)과 도덕심(사회 본능)이 투쟁하며, 충동과 도덕심의 균형이 이루어져야 한다고 생각한 것으로 보입니다. 칸트는 『인간학』 속에 성격을 혈액의 움직임 속도와 온도를 기준으로 경혈(다혈질: 봄), 중혈(우울질: 가을), 온혈(담즙질: 여름), 냉혈(점액질: 겨울)로 분류하였습니다. 칸트의 제자 요한 헤르더는 그의 스승에 대해 다음과 같이 평가했습니다. "사고를 위한 선생님의 침착함(금 성격), 유쾌함과 기쁨(화의 성격)의 자리였습니다. 말씀에는 풍부한 사상(토의 성격)이 넘쳐흘렀고 농담과 재치(토의 성격)가 장기였습니다. -중략- 선생님은 다른 사람들로 하여금 스스로 생각하도록 부드럽게 강요(수의 성격)했습니다. 후략" 칸트는 싱글로 살면서 규칙적인 일상생활을 하고 강의와 사유에 전념하였으며 80세로 타계하였습니다.

칸트는 열린 마음으로 여러 학문 분야를 섭렵했고(토 3개), 수많은 저서를 집필했으며(금 2개), 학문을 일생의 목표로 삼고 싱글로 인생을 보냈습니다. (목 2개) 칸트는 자신의 강점성격(재능)을 성실하게 수행한 모델입니다.

성격모델 27
토 4개, 목 1개, 화 1개, 금 1개, 수 1개 (개인 사주 8자에 배정된 오행성격 분포수)

영화와 연극에는 주연과 조연배우가 있습니다. 영화나 연극이 성공한 작품이 되려면 주연과 조연배우 모두 각자에게 주어진 역할을 충실하게 연기해 내는 것이 필수조건입니다. 오행성격인 목, 화, 금, 수, 토 역시 각각을 주연과 조연의 역할로 나누어 이해한다면 활용이 아주 쉽습니다.

성격모델 27에서 사주 8자 중에 배정될 수 있는 오행성격, 목, 화, 금, 수, 토의 평균 분포수는 1.6개입니다(사주 8자÷오행성격 5자=1.6 : 실제가 아닌 이론적 수치). 오행성격 특성이 활발히 행동하게 하는 단계를 3단계, 즉 상·중·하단계로 선택하여 이해하기 쉽게 정하였습니다. 오행성격 평균 분포수 1.6개를 활발히 행동하게 하는 단계를 3단계 중 중간 단계로 정하였습니다. 개

인의 오행성격 특성 분포수가 평균 분포수 1.6개보다 높은 2개 이상은 강점성격(재능)으로, 평균 분포수보다 낮은 한 개 이하는 약점성격으로 정하였습니다. 오행성격의 강점성격은 주연 역할을, 약점성격은 조연 역할로 설명하였습니다.

목과 화의 오행성격 행동의 뿌리는 자연생태계에 적응한 생물 본능(자신과 가족을 돌보고 지키며, 아들, 딸, 손자, 손녀들이 많아지고 부자가 되기를 바라는 생물 성질)에 있습니다. 목과 화의 오행성격 특성이 동시에 강점성격(재능)으로 나타날 때는 활동하기 좋은 '봄'을 닮은 목의 성격이 주연 역할을 하고 더위 때문에 활동하기가 힘든 '여름'을 닮은 화의 성격이 조연 역할을 합니다. 금과 수의 오행성격 행동의 뿌리는 인공 생태계에 적응한 사회 본능(짐승이 아닌 사람답게 사회 생활을 하려고 하는 마음이 밑바탕이 된 사람 성질)에 있습니다. 금과 수의 오행성격 특성이 동시에 강점성격(재능)으로 나타날 때는 활동하기 상쾌한 '가을'을 닮은 금의 성격이 주연 역할을 하고, 추위 때문에 활동하기가 어려운 '겨울'을 닮은 수의 성격이 조연 역할을 하게 됩니다. 토의 오행성격은 생물 본능에 뿌리를 두고 있는 목과 화의 성격과 사회 본능에 뿌리를 두고 있는 금과 수의 성격을 모두 함께 가지고 있습니다. 목과 화 성격이 두 개가 모두 약점성격일 때, 또는 금과 수 성격이 두 개가 모두 약점성격일 때, 토의 성격이 강점성격일 경우에만 목과 화의 약점성격을, 혹은 금과 수의 약점성격을 대리(agency)하여 강점성격의 역할, 즉 주연 역할을 하게 됩니다. 그러나 토의 성격이 약점성격일 경우는 목과 화의 약점성격과 금과 수의 약점성격을 대리할 수 없습니다.

성격모델 27에서는 생물 본능에 뿌리를 둔 강점성격인 목과 화 그리고 사회 본능에 뿌리를 둔 금과 수가 모두 약점성격이어서 주연 역할을 할 수 없고 조연 역할을 할 뿐입니다. 강점성격이 매우 강한(토 4개) 토가 생물 본능의 목의 주연 역할과 사회 본능의 금의 주연 역할을 대리하게 됩니다.

말이 끄는 마차가 정상적으로 굴러가기 위해서는 두 개의 바퀴가 있어야 합니다. 오행성격에서 생물 본능에 뿌리를 두고 있는 목과 화의 성격이 한쪽 바퀴가 되고 사회 본능에 뿌리를 두고 있는 금과 수의 성격이 반대쪽 바퀴가 됩니다. 성격모델 27에서는 생물 본능에 뿌리를 둔 야성미가 있는 목과 사회 본능에 뿌리를 둔 세련미가 있는 금이 약점성격이어서 강점성격인 토가 목과 금을 대리하여 주연 역할을 합니다. 성격모델 27에서 생물 본능 성격과 사회 본능 성격이 균형을 이루었습니다. 목, 화, 금, 수의 성실한 조연 역할로 조화를 이루게 되어 오행성격 간에 균형과 조화를 튼튼하게 이룬 건전한 성격 조합이 됩니다.

자기의 음양오행 성격은 태어날 때부터 가지고 있는 자기만의 특별한 재능(unique talent)입니다. 이 재능을 키우면 자기의 성격에 맞는 분야에서 성공할 가능성이 매우 높습니다. 자기의 토의 강점성격을 매일 아침 일어나 4회 반복하여 소리 내어 읽고 목·화·금·수의 약점성격도 매일 2회 소리 내어 읽으면 몇 주 후에는 오행성격 특성들의 내용을 이해하고 확실히 익혀 스스로가 활용 가능한 수준에 이르게 됩니다. 당신의 밝은 미래를 위한 준비는 오늘을 잘 활용하는 것으로부터 시작됩니다. 어제는 지나갔으며 내일은 아직 오지 않았습니다. 미래를 준비할 수 있는 기회는 오늘뿐입니다. 음양오행 성격에 대해 매일 10분씩만 투자하여 몸에 익히는 훈련과 노력을 한다면 당신의 강점성격을 개발시키고 약점성격을 강화할 수 있으며, 당신의 무한한 잠재력을 최대로 발휘시켜 삶을 성공적으로 이끄는 내비게이션 역할을 할 것입니다.

우리는 자기의 마음이 끌리는 일을 할 때 만족감을 느낍니다. 끌림은 당신의 내면에서 부르는 소리를 듣고 서로 응하여 대답하는 마음입니다(생존 본능). 좋아하는 일은 누구나 즐기면서 합니다. 하고 싶은 일을 할 때는 신바람이 납니다. 자기의 강점성격에 맞는 일은 마음이 끌리며 즐겁고 계속하고 싶어집니다. 마음이 끌리는 대로 따라가는 것, 즉 당신의 성격 안에 있는 내비게이션이 안내하는 대로 따라가면 인생 여정은 기쁨이 동반자가 될 것입니다.

성격모델 27에서 오행성격 특성을 요약한 3장 81~88페이지 12개 중에 가장 중요한 오행성격 특성을 추려내어 정리했습니다.

① 토의 강점성격
• 토는 '생명체는 모두 중요한 존재'라는 믿음으로 동·식물에게 삶의 터전을 차별하지 않고 포용하고 개방합니다. 옛 경험이나 생각으로부터 자유로운 열린 마음을 가지고 있어 새로운 아이디어를 만들어 내고 타인들의 혁신과 새로운 아이디어를 받아들이는 열린 마음의 성격입니다.
• 토의 성격은 사계절 변화 기간(2월, 5월, 8월, 11월) 사이에 봄, 여름, 가을, 겨울에 계절의 변화에 쉽게 적응하도록 공평한 도움을 주는 신뢰감 있는 협력자의 역할을 성실히 수행합니다.
• 믿음, 의리, 공평 그리고 포용력이 있으며, 활동적이고 부드러움, 열정, 책임감이 강해 지도력이 있습니다.
• 어떤 상황에서도 주어진 일을 자신이 해낼 수 있다는 자신감을 가지

고 있으며 인내심, 끈기가 있고 성취욕이 강렬하여 주어진 일을 끝까지 책임감을 가지고 마무리 짓습니다.

② 목의 약점성격

• 돋보이고 싶은 욕구, 하고자 하거나 가지고자 하는 마음이 간절한 욕망과 열망은 높지만 야망이 부족합니다. 많은 꿈을 가진 봄을 닮은 원시인 행동의 중요한 뿌리가 되는 자연생태계에 적응한 생물 본능적 성격이지만 꿈을 가지려는 마음이 약합니다.

• 새롭고 신기한 것에 호기심과 흥미를 느끼지만, 도전하며 이기는 경쟁을 피합니다.

• 성취하려는 욕망이 약한 것도 타고난 성격으로 믿어 버립니다.

• 일상생활의 시간표가 일정하지 않고 시간표대로 사는 것을 싫어합니다.

• 배움에 대한 생각은 있지만 행동으로 옮기는 것은 내일로 미룹니다.

③ 화의 약점성격

• 열정과 정열이 강렬하여 자신을 불사를 가능성이 있습니다.

• 신경이 예민하여 눈앞에 위협적인 상황 또는 불확실한 상황에 대해 불안해하고 근심할 수 있습니다.

• 목표지향성과 성취에 대한 열정 그리고 도전정신이 있습니다. 그러나 침착하지 못하고 인내심이 부족하여 쉽게 좌절합니다.

• 감정적이고 동정적이며 감사하는 마음이 강합니다. 개인적인 감정으로 판단합니다.

• 위협적인 상황에서 자신을 보호하기 위한 싸움의 방어 전략과 응집된 에너지 덩어리인 분노를 보입니다.

④ 금의 약점성격

• 논리적이고 합리적인 사고를 하며 냉정하게 행동하여 가을을 닮은 인간 행동의 뿌리가 되는 인공 생태계에 적응한 사회적 본능 성격입니다.

• 책임감이 강하고 정신적·육체적 고통을 참고 견디는 인내심과 끈기가 강합니다.

• 처음 배운 몇 개의 사실에서 느끼는 짜릿한 기쁨, 배운 것을 몸에 익히는 노력, 익힐 지식에 대한 점점 커지는 자신감 등이 공부하여 학업(studies)을 닦는 일에 마음이 끌립니다.

• 집중력은 강하지만 융통성이 부족합니다.

• 경험과 지식으로 정확하게 분석하고 객관적으로 판단할 수 있는 능력은 있지만 남을 비판할 가능성이 있습니다.

⑤ 수의 약점성격

• 주위로부터 마음의 충동과 자극을 받아도 흔들리지 않고 천연덕스럽게 미지근한 행동을 하는 여유만만한 유연성이 있습니다. 지혜를 쌓는 계절, 겨울철을 닮은 인간 행동의 뿌리가 되는 인공 생태계에 적응한 사회 본능적 성격입니다.

• 타인의 마음을 헤아리고 감정을 느끼는 공감능력이 뛰어나며 포용과 친화력이 있어 의사소통이 원활하며 인간관계가 물 흐르듯 막힘이 없습니다.

상생 상극을 활용하여 오행성격 간의 균형과 조화를 이룰 수 있습니다.

상생과 상극은 봄, 여름, 가을, 겨울이 변함없이 순서대로 돌고 도는 순환적인 4계절에 대한 체험을 바탕으로 만들어졌습니다. 상생(서로 도움을 주는 순환적 상호협력 관계)과 상극(넘치는 것을 덜어 내고 부족한 것은 채워 주며 어려운 상황을 이겨 내게 멘토링을 해주는 순환적 상호조절 관계)을 활용하여 오행성격 간에 균형과 조화를 이룰 수 있습니다.

성격모델 1(104페이지)에 있는 상생도와 상극도를 보면서 다음 글을 읽으면 이해가 빠릅니다. 상생도와 상극도 오행성격 간에 관계를 쉽게 이해하여 오랫동안 기억에 남을 수 있는 그림을 활용한 것입니다. 상생은 생물 본능에 뿌리를 둔 사람의 계절의 성격인 '목'과 생장 계절의 성격인 '화' 사이(목생화, 화생목), 그리고 사회 본능에 뿌리를 둔 씨 뿌리고 가꾼 대로 거두어들이는 정직한 계절의 성격인 '금'과 지혜를 쌓는 계절의 성격인 '수' 사이(금생수+수생금)에 이루어집니다. 사계절처럼 순환하는 또 하나의 상생은 겨울을 닮은 '수'와 봄을 닮은 '목' 사이를 상생으로 연결하여 순환이 계속 이어지게 하였습니다.

영화·연극에서 감독은 출연 배우 모두를 관리하는 관리자 역할을 하는 것처럼 '토'는 화와 금과는 '상생', 목과 수와는 '상극' 관계로 생장의 계절인 에너지 넘치는 '화'의 성격과 성숙 계절인 가을을 닮은 성실성이 근본이 되는 '금'의 성격과는 상생을 합니다(토생화, 화생토 그리고 토생금, 금생토). 대부분 생물은 겨울잠을 자고 인간은 지혜를 쌓는 계절을 닮은 '수'의 성격과 생물이 겨울잠에서 깨어나 생명 활동을 시작하고 짝짓기를 하는 사랑의 계절을 닮은 목의 성격과 토의 성격 사이에는 상극이 이루어집니다. 즉 지나친 것이나 모자라는 것이나 다 같이 좋지 않습니다. 정도에 넘치는 짝짓기 횟수와 겨울과 봄 날씨가 뒤섞인 2월 자기의 사정에 알맞은 때를 기다리지 않고 일찍 겨울잠에서 깨어나면 생명이 위태로워지는 것을 알맞게 조절하는 것이 '토'의 상극 역할입니다(토극목).

사계절의 순환을 닮은 상생은 오행성격 간에 서로 돕는 관계지만 상극은 오행성격 간에 서로 조절하여 오행성격 간에 균형과 조화를 이루려는 인간의 지혜로 만들어진 것입니다. 상생도에 화(여름)와 금(가을)의 위치를 바꾸어 오행성격 간에 서로 조절하는 기능 즉 넘치는 것을 덜어 내고 부족한 것은 채워 주며 어려운 상황을 이겨 내게 하는 관계입니다.

목·화·금·수의 오행성격 분포수가 각각 1개로 오행성격 평균 분포수(상·중·하 3단계 중 중간 단계)인 1.6개보다 적어 약점성격입니다. 강점성격인 토는 화와 금과 상생 관계이므로 화와 금에게 충분한 도움을 줄 수 있어 화와 금의 오행성격 특성을 활발하게 행동하게 하는 중간 단계 가까이 끌어올릴 가능성이 있습니다(토생화+토생금). 강점성격인 토는 목과 수와 상극 관계이므로 목과 수에게 성실한 조언을 할 수 있어 목과 수의 오행성격 특성을 활발하게 행동하게 하는 중간 단계 가까이 끌어올릴 가능성이 높습니다. 결과적으로 화·금·수가 충분히 조연 역할을 할 수 있게 되었습니다.

오행성격은 각각의 재능을 가지고 있습니다. 각 재능을 단순하게 합치면(1+1+1+1+1=5) 5개 재능에 지나지 않습니다. 그러나 상생과 상극 활용으로 오행성격 팀을 만들어 오행성격 특성 간에 균형과 조화를 이루는 팀워크를 하게 되면 오행성격 재능을 배가시킬 수 있습니다.

사주 8자에 분포된 오행성격 목, 화, 금, 수, 토에 음 또는 양이 하나씩 분포되어 있습니다. 오행성격 특성의 활성화 정도가 양이 분포된 경우는 올라가지만 음이 분포된 경우는 오행성격의 활성화 정도가 내려갑니다. 성격 모델 30개는 이론적 모형입니다. 실제 사주 8자는 개인정보 보호법 때문에 조사가 불가능하였습니다. 오행성격 목, 화, 금, 수, 토의 음양의 역할은 설명할 수 없게 되었음을 이해하여 주시기 바랍니다. 그러나 개인은 이 책의 음양 성격 활용법을 읽고 이해하면 음과 양의 오행성격 활용이 가능합니다.

음양의 성격 활용법은 3장 73~74페이지를 참고하시기 바랍니다.

스티브 잡스의 성격이 오행성격 분포수 3개인 강점성격 토를 잘 설명해 주는 좋은 본보기가 되는 것으로 생각됩니다. 그는 그 자신의 성격을 명확하게 이해하고 활용하였던 것이 분명합니다. 회사의 미래의 성장 방향을 제시할 때는 강렬한 의지와 야망을 겉으로 드러내 보이는 것이 오행의 목의 성격을 닮았습니다. 신제품 개발을 설명할 때의 정열과 에너지 넘치는 열정은 화의 성격을 보여 줍니다. 젊은 사원들과 대화할 때는 부드럽고 융통성 있는 수의 성격을 나타냅니다. 회사 경영진들과 회사의 재정에 관하여 이야기할 때는 냉철하고 날카롭고 쓸모 있고 실용적인 사고가 금의 성격이 드러나고 전체 사원 단합대회에서는 넓은 마음으로 회사원을 포용하고 회사원들에게 믿음을 심어 주는 모습이 토의 강점성격을 잘 보여 주고 있습니다.

목의 약점성격은 욕구와 욕망은 강렬하지만 야망이 작습니다. 목과 화는 상생 관계이므로 목은 강점성격인 화에게서 목표를 세우고 성취하려는 열정과 도전정신을 갖게 하는 데 충분한 도움을 받을 수 있어 목표를 세우고 성취하려는 야망이 되살아나 목표 성취에 화에게 받은 에너지를 집중할 가능성이 있습니다(화생목). 수와 목은 상생 관계이므로 수에게서 현실적인 감각과 일과 일이 되어 가는 상황에 대해 객관적으로 판단하고 환경과 상황 변화에 유연하게 알맞은 방법으로 일을 잘 살펴서 처리하는 데 수의 충분한 도움을 받을 가능성이 있습니다(수생목).

화의 약점성격은 정열과 열정이 강렬하여 자기 몸마저 불사를 가능성이 있습니다. 화는 수, 금과 상극 관계이므로 수에게서 겨울철의 찬물 같은 마음을 가지라는 충고를 받을 수 있고 금에게서 냉정한 마음을 가지라는 싸늘한 조언을 받을 수 있어 타오르는 정열과 열정을 어느 정도 식히고 냉정한 마음을 가질 수 있습니다(수극화+금극화). 화는 목의 성격처럼 미래의 가능성이 있는 비전을 보고 성취에 대한 열정과 도전정신도 가지고 있습니다. 그러나 화는 침착하지 못하고 인내심이 부족하여 성취에 대한 열정과 도전정신이 쉽게 꺾입니다. 화와 목은 상생 관계이므로 화는 목에게서 성취에 대한 동기와 북돋음을 받을 수 있어 미래에 대한 꿈과 성취에 대한 열정과 도전정신이 되살아날 수 있습니다(목생화). 또한 화와 금은 상극 관계이므로 화는 금으로부터 인내심을 갖도록 하는 성실한 충고를 받을 수 있습니다(금극화). 화는 토와 상생 관계이므로 토에게서 성취욕과 일의 끝맺음에 대한 도움을 받을 가능성이 높습니다(토생화).

금의 약점성격은 논리적이고 합리적인 사고로 객관적으로 판단할 수 있어 냉정하게 타인들을 비판할 가능성이 있습니다. 화와 금은 상극 관계이므로 화의 충고를 받아들여 평소 생활에서 타인을 사랑하고 이해하는 습관을 길들여 비판을 줄여야 합니다(화극금). 금은 일하는 데 집중력은 강하지만 융통성이 부족하여 고집불통이 될 수 있습니다. 수와 금은 상생 관계이므로 수의 응원을 받아들여 평소 생활에서 유연성과 융통성을 길들이는 습관을 길러야 합니다(수생목). 금은 조심성 있고 신중하여 돌다리도 두드려 보고 건너는 성격입니다. 목과 금은 상극 관계이므로 목에게서 도전정신을 가지라는 조언을 받을 수 있습니다. 도전정신을 가지는 것은 금의 의지에 달려 있습니다(목극금).

　수의 약점성격은 미지근한 행동과 쉽게 살려는 태도로 주위 사람에게 자신감이 없고 게으른 사람으로 오해 받을 가능성이 높습니다. 목과 수는 상생 관계이므로 목이 수에게 자기주장과 적극적인 성격을 가지는 데 도움을 줄 수 있습니다. 수가 목의 도움과 응원을 받아들여 노력하면 적극적인 행동과 부지런한 성격을 가질 수 있습니다(목생수). 수는 타인의 감정을 쉽게 읽고 돕는 데 적극적입니다. 이런 행동들은 사람들에게 이용당해 자기와 가족에게 경제적인 피해를 입힐 가능성이 높습니다. 흙(토)으로 둑을 쌓아 흘러가는 물을 모아 두어 필요할 때 물을 사용하는 지혜가 토에게 있습니다. 수와 토는 상극 관계입니다. 수는 토에게서 재물을 절약하는 지혜 있는 조언을 받아들여야 다른 사람들에게 이용당할 염려를 줄일 수 있습니다(토극수).

요약 : 성격모델 27에서는 토와 목이 중심 역할을 하는 강점성격입니다.

　토는 세상 전반에 대한 특별한 시각을 가지고 있어 보통 사람의 눈에는 복잡하게 보이는 세상일들에서 일정한 변화 물결의 방향을 발견하고 미래의 대책을 세우는 능력이 있습니다. 토는 옛 경험과 생각으로부터 자유로워 새로운 아이디어를 창안해 낼 수 있고 타인의 혁신과 새로운 아이디어를 받아들일 수 있는 열린 마음의 성격입니다. 그리고 토는 믿음, 공평과 의리(금의 성격) 그리고 포용력(수의 성격)이 있으며, 활동적(목의 성격)이고 부드러움과 열정(화의 성격)이 있어 리더십이 뛰어납니다. 토는 인간관계를 중요하게 생각하며(수의 성격) 사람을 좋아해서(화의 성격) 친구와 소통이 원활합니다. 그리고 토는 인내력이 강하고 고집이 세며(금의 성격) 성취욕(목의 성격)과 열정(화의 성격)이 강해서 주어진 일을 끝까지 해냅니다.(금의 성격) 성격모델 27의 성격 소유자는 사회 어느 분야에 활동하는 남보다 먼저 앞장서서 행동하는 지도자가 될 가능성이 높습니다.

문학과 철학을 겸비한 니체

성격모델 27의 오행성격과 거의 비슷한 오행성격을 가진 독일의 문학자이자 철학자인 니체의 인생사를 살펴서 니체의 성격이 일생에 어떻게 영향을 미치게 되었는지를 필자가 설명하겠습니다.

니체의 오행성격은 토 4개, 목 2개, 금 0개, 화 2개, 수 0개입니다. 니체의 오행성격인 금은 0개이나 강점성격인 토와 상생 관계이므로 토가 금에게 충분한 도움을 줄 수 있어 금의 오행성격 특성을 활발하게 행동하게 하는 중간 단계(오행성격 평균 분포수 1.6개) 가까이 끌어올릴 가능성이 있습니다. 니체의 수의 성격은 0개이지만 강점성격인 목과 금이 상생 관계이므로 수의 오행성격을 하나 정도로 끌어올릴 가능성이 있습니다.

니체는 루터교회 목사이며 전직 교사이었던 아버지와 어머니 사이 2남 1녀 중 장남으로 태어났습니다. 니체는 어린 시절 병치레가 잦았습니다. 그는 짐나지움에 다니면서 음악과목에서 뛰어난 재능을 발휘했습니다. 니체는 학업을 계속하면서 가곡과 피아노곡 작곡에 열중하며 고대 그리스와 로마에 대한 배움에 관심을 쏟았습니다. 니체는 짐나지움을 졸업하고 본 대학에서 신학과 철학을 공부하였습니다. 또한 군복무 중에 말을 타다 사고를 당했으나 군복무를 5년 이상 지속했습니다. 리출 교수 밑에서 철학을 공부하는 데 집중하였고 리출 교수를 따라 라이프치히 대학으로 옮겨 공부했습니다. 니체는 리출 교수의 도움으로 1869년 스위스바젤 대학교에 고전문헌학 교수에 취임하여 10년간 교수생활을 하며 강연활동도

하였습니다. 같은 해 라이프치리 대학교에서 시험과 논문 없이 출판된 저술만으로 박사학위를 받았습니다.

니체는 건강 악화로 퇴직 후 병든 몸이 적응할 수 있는 곳을 찾아 여러 곳을 다니며 집필을 계속하였습니다. 니체가 남긴 걸작 『인간적인 너무도 인간적인』과 『자라투스트라는 이렇게 말했다』는 필자도 청년 시절에 재미있게 읽었습니다. 시인이자 철학자인 니체는 여러 분야의 철학자, 작가, 시인, 심리학자인 하이데거, 야스퍼스, 카뮈, 헤세, 지프릴케, 예이츠, 프로이트와 융 등에게 많은 영향을 끼친 것으로 알려졌습니다. 니체의 강점성격인 4개의 토의 재능은 마음이 열려 있어 여러 분야에서 혁신적인 아이디어로 발휘되었고, 강점성격인 목은 여러 분야에 흥미와 호기심을 가지고 도전하며 삶의 기대와 성장욕구가 강렬하여 목표 성취에 최선을 다한 본보기 성격입니다.

성격모델 28
목 2개, 수 3개, 화 1개, 금 1개, 토 1개 (개인 사주 8자에 배정된 오행성격 분포수)

영화와 연극에는 주연과 조연배우가 있습니다. 영화나 연극이 성공한 작품이 되려면 주연과 조연배우 모두 각자에게 주어진 역할을 충실하게 연기해 내는 것이 필수조건입니다. 오행성격인 목, 화, 금, 수, 토 역시 각각을 주연과 조연의 역할로 나누어 이해한다면 활용이 아주 쉽습니다.

성격모델 28에서 사주 8자 중에 배정될 수 있는 오행성격, 목, 화, 금, 수, 토의 평균 분포수는 1.6개입니다(사주 8자÷오행성격 5자=1.6 : 실제가 아닌 이론적 수치). 오행성격 특성이 활발히 행동하게 하는 단계를 3단계, 즉 상·중·하단 계로 선택하여 이해하기 쉽게 정하였습니다. 오행성격 평균 분포수 1.6개 를 활발히 행동하게 하는 단계를 3단계 중 중간 단계로 정하였습니다. 개 인의 오행성격 특성 분포수가 평균 분포수 1.6개보다 높은 2개 이상은 강 점성격(재능)으로, 평균 분포수보다 낮은 한 개 이하는 약점성격으로 정하 였습니다. 오행성격의 강점성격은 주연 역할을, 약점성격은 조연 역할로 설 명하였습니다.

목과 화의 오행성격 행동의 뿌리는 자연생태계에 적응한 생물 본능(자 신과 가족을 돌보고 지키며, 아들, 딸, 손자, 손녀들이 많아지고 부자가 되기를 바라는 생 물 성질)에 있습니다. 목과 화의 오행성격 특성이 동시에 강점성격(재능)으로 나타날 때는 활동하기 좋은 '봄'을 닮은 목의 성격이 주연 역할을 하고 더 위 때문에 활동하기가 힘든 '여름'을 닮은 화의 성격이 조연 역할을 합니 다. 금과 수의 오행성격 행동의 뿌리는 인공 생태계에 적응한 사회 본능(짐 승이 아닌 사람답게 사회 생활을 하려고 하는 마음이 밑바탕이 된 사람 성질)에 있습니 다. 금과 수의 오행성격 특성이 동시에 강점성격(재능)으로 나타날 때는 활 동하기 상쾌한 '가을'을 닮은 금의 성격이 주연 역할을 하고, 추위 때문에 활동하기가 어려운 '겨울'을 닮은 수의 성격이 조연 역할을 하게 됩니다. 토의 오행성격은 생물 본능에 뿌리를 두고 있는 목과 화의 성격과 사회 본능에 뿌리를 두고 있는 금과 수의 성격을 모두 함께 가지고 있습니다. 목과 화 성격이 두 개가 모두 약점성격일 때, 또는 금과 수 성격이 두 개가 모두 약점성격일 때, 토의 성격이 강점성격일 경우에만 목과 화의 약점성 격을, 혹은 금과 수의 약점성격을 대리(agency)하여 강점성격의 역할, 즉 주 연 역할을 하게 됩니다. 그러나 토의 성격이 약점성격일 경우는 목과 화의 약점성격과 금과 수의 약점성격을 대리할 수 없습니다.

성격모델 28에서는 생물 본능에 뿌리를 둔 강점성격인 목이 주연 역할을 하고, 사회 본능에 뿌리를 둔 강점성격인 수가 주연 역할을 합니다. 약점성격인 화, 금, 토는 조연 역할을 합니다.

말이 끄는 마차가 정상적으로 굴러가기 위해서는 두 개의 바퀴가 있어야 합니다. 오행성격에서 생물 본능에 뿌리를 두고 있는 목과 화의 성격이 한쪽 바퀴가 되고 사회 본능에 뿌리를 두고 있는 금과 수의 성격이 반대쪽 바퀴가 됩니다. 성격모델 28에서는 생물 본능에 뿌리를 둔 야성미가 있는 강점성격인 목과 사회 본능에 뿌리를 둔 세련미가 있는 강점성격인 수가 주연 역할을 합니다. 화, 금, 토의 성실한 조연 역할로 조화를 이루게 되어 오행성격 간에 균형과 조화를 튼튼하게 이룬 건전한 성격 조합이 됩니다.

자기의 음양오행 성격은 태어날 때부터 가지고 있는 자기만의 특별한 재능(unique talent)입니다. 이 재능을 키우면 자기의 성격에 맞는 분야에서 성공할 가능성이 매우 높습니다. 자기의 목과 수의 강점성격을 매일 아침 일어나 4회 반복하여 소리 내어 읽고 화·금·토의 약점성격도 매일 2회 소리 내어 읽으면 몇 주 후에는 오행성격 특성들의 내용을 이해하고 확실히 익혀 스스로가 활용 가능한 수준에 이르게 됩니다. 당신의 밝은 미래를 위한 준비는 오늘을 잘 활용하는 것으로부터 시작됩니다. 어제는 지나갔으며 내일은 아직 오지 않았습니다. 미래를 준비할 수 있는 기회는 오늘뿐입니다. 음양오행 성격에 대해 매일 10분씩만 투자하여 몸에 익히는 훈련과 노력을 한다면 당신의 강점성격을 개발시키고 약점성격을 강화할 수 있으며, 당신의 무한한 잠재력을 최대로 발휘시켜 삶을 성공적으로 이끄는 내비게이션 역할을 할 것입니다.

우리는 자기의 마음이 끌리는 일을 할 때 만족감을 느낍니다. 끌림은 당신의 내면에서 부르는 소리를 듣고 서로 응하여 대답하는 마음입니다(생존 본능). 좋아하는 일은 누구나 즐기면서 합니다. 하고 싶은 일을 할 때는 신바람이 납니다. 자기의 강점성격에 맞는 일은 마음이 끌리며 즐겁고 계속하고 싶어집니다. 마음이 끌리는 대로 따라가는 것, 즉 당신의 성격 안에 있는 내비게이션이 안내하는 대로 따라가면 인생 여정은 기쁨이 동반자가 될 것입니다.

성격모델 28에서 오행성격 특성을 요약한 3장 81~88페이지 12개 중에 가장 중요한 오행성격 특성을 추려내어 정리했습니다.

① 목의 강점성격

• 돋보이고 싶은 욕구, 하고자 하거나 가지고자 하는 마음이 몹시 간절한 욕망과 열망, 그리고 야망이 강렬하며 많은 꿈을 가진 봄을 닮은 원시인 행동의 중요한 뿌리가 되는 자연계에 적응한 생물 본능적 성격입니다.

• 새롭고 신기한 것에 호기심과 흥미를 강렬하게 느끼며 도전하여 이기는 경쟁을 즐깁니다.

• 성취하려는 욕망이 강점성격이 된 것은 하늘이 내려준 선물입니다. 당신이 가진 모든 것은 하늘로부터 받은 선물이기 때문에 당신은 이것을 받아들일 수밖에 없습니다.

• 당신은 매년, 매월 심지어 매주마다 즐기는 일 즉 목표를 계획합니다. 직접 경험할 수 있고 측정할 수 있고 정해진 시간표대로 생활합니다.

• 당신은 말이나 생각이 아니라 모든 일은 행동이 있어야 성과가 나올 수 있다고 믿습니다. 행동이야말로 체험을 통한 학습이라고 믿고 할 일을 결정하고 행동하고 그 결과를 보면서 배웁니다.

• 카멜레온처럼 환경과 상황 변화에 민감하여 속과 겉이 다르게 전략적으로 행동합니다.

② 수의 강점성격

• 주위로부터 마음의 충동과 자극을 받아도 행동이 우물쭈물 분명하지 않은 태도를 보이지만, 세상을 살아가는 일에는 침착하여 서둘지 않는 모습입니다.

• 지혜를 쌓는 계절, 겨울철을 닮은 인간 행동의 뿌리가 되는 인공 생태계에 적응한 사회적 본능의 성격입니다.

• 일이나 물체(thing)에 대한 빠른 이해와 깨달음을 바탕으로 한 정신(mental) 분야에 관계되는 능력이 높아 학자로 성공할 가능성이 높습니다.

• 다른 사람의 마음을 헤아리고 감정을 느끼는 공감능력이 뛰어나고 포용과 친화력이 있어 의사소통이 원활해서 인간관계가 물 흐르듯 막힘이 없습니다.

• 현실적인 감각이 뛰어나고 사물에 대해 객관적으로 판단하며 상황과 환경 변화에 유연하게 대처하는 적응력이 강합니다.

• 현재를 위해 삽니다. 미래는 이 순간에 이뤄지는 선택으로부터 만들어지는 것이라고 생각합니다. 운명은 기회가 아닌 선택의 문제입니다. 미래는 기다리는 것이 아니라 성취하는 것입니다.

③ 화의 약점성격

• 열정과 정열이 강렬하여 자신을 불사를 가능성이 있습니다.

• 신경이 예민하여 눈앞에 위협적인 상황 또는 불확실한 상황에 대해 불안해하고 근심할 수 있습니다.

• 목표지향성과 성취에 대한 열정 그리고 도전정신이 있습니다. 그러나 침착하지 못하고 인내심이 부족하여 쉽게 좌절합니다.

• 감정적이고 동정적이며 감사하는 마음이 강합니다. 개인적인 감정으로 판단합니다.

• 위협적인 상황에서 자신을 보호하기 위한 싸움의 방어 전략과 응집된 에너지 덩어리인 분노를 보입니다.

④ 금의 약점성격

• 논리적이고 합리적인 사고를 하며 냉정하게 행동하여 가을을 닮은 인간 행동의 뿌리가 되는 인공 생태계에 적응한 사회적 본능 성격입니다.

• 책임감이 강하고 정신적·육체적 고통을 참고 견디는 인내심과 끈기가 강합니다.

• 처음 배운 몇 개의 사실에서 느끼는 짜릿한 기쁨, 배운 것을 몸에 익히는 노력, 익힐 지식에 대한 점점 커지는 자신감 등이 공부하여 학업(studies)을 닦는 일에 마음이 끌립니다.

• 집중력은 강하지만 융통성이 부족합니다.

• 경험과 지식으로 정확하게 분석하고 객관적으로 판단할 수 있는 능력은 있지만 남을 비판할 가능성이 있습니다.

⑤ 토의 약점성격

● 토는 '생명체는 모두 중요한 존재'라는 믿음으로 동·식물에게 삶의 터전을 차별하지 않고 포용하고 개방합니다. 옛 경험이나 생각으로부터 자유로운 열린 마음을 가지고 있어 새로운 아이디어를 만들어 내고 타인들의 혁신과 새로운 아이디어를 받아들이는 열린 마음의 성격입니다.

● 토의 성격은 사계절 변화 기간(2월, 5월, 8월, 11월) 사이에 봄, 여름, 가을, 겨울에 계절의 변화에 쉽게 적응하도록 공평한 도움을 주는 신뢰감 있는 협력자의 역할을 성실히 수행합니다.

● 믿음, 의리, 공평 그리고 포용력이 있으며, 활동적이고 부드러움, 열정, 책임감이 강해 지도력이 있습니다.

● 어떤 상황에서도 주어진 일을 자신이 해낼 수 있다는 자신감을 가지고 있으며 인내심, 끈기가 있고 성취욕이 강렬하여 주어진 일을 끝까지 책임감을 가지고 마무리 짓습니다.

상생 상극을 활용하여 오행성격 간의 균형과 조화를 이룰 수 있습니다.

상생과 상극은 봄, 여름, 가을, 겨울이 변함없이 순서대로 돌고 도는 순환적인 4계절에 대한 체험을 바탕으로 만들어졌습니다. 상생(서로 도움을 주는 순환적 상호협력 관계)과 상극(넘치는 것을 덜어 내고 부족한 것은 채워 주며 어려운 상황을 이겨 내게 멘토링을 해주는 순환적 상호조절 관계)을 활용하여 오행성격 간에 균형과 조화를 이룰 수 있습니다.

성격모델 1(104페이지)에 있는 상생도와 상극도를 보면서 다음 글을 읽으면 이해가 빠릅니다. 상생도와 상극도 오행성격 간에 관계를 쉽게 이해하여 오랫동안 기억에 남을 수 있는 그림을 활용한 것입니다. 상생은 생물 본능에 뿌리를 둔 사람의 계절의 성격인 '목'과 생장 계절의 성격인 '화' 사이

(목생화, 화생목), 그리고 사회 본능에 뿌리를 둔 씨 뿌리고 가꾼 대로 거두어들이는 정직한 계절의 성격인 '금'과 지혜를 쌓는 계절의 성격인 '수' 사이(금생수+수생금)에 이루어집니다. 사계절처럼 순환하는 또 하나의 상생은 겨울을 닮은 '수'와 봄을 닮은 '목' 사이를 상생으로 연결하여 순환이 계속 이어지게 하였습니다.

영화·연극에서 감독은 출연 배우 모두를 관리하는 관리자 역할을 하는 것처럼 '토'는 화와 금과는 '상생', 목과 수와는 '상극' 관계로 생장의 계절인 에너지 넘치는 '화'의 성격과 성숙 계절인 가을을 닮은 성실성이 근본이 되는 '금'의 성격과는 상생을 합니다(토생화, 화생토 그리고 토생금, 금생토). 대부분 생물은 겨울잠을 자고 인간은 지혜를 쌓는 계절을 닮은 '수'의 성격과 생물이 겨울잠에서 깨어나 생명 활동을 시작하고 짝짓기를 하는 사랑의 계절을 닮은 목의 성격과 토의 성격 사이에는 상극이 이루어집니다. 즉 지나친 것이나 모자라는 것이나 다 같이 좋지 않습니다. 정도에 넘치는 짝짓기 횟수와 겨울과 봄 날씨가 뒤섞인 2월 자기의 사정에 알맞은 때를 기다리지 않고 일찍 겨울잠에서 깨어나면 생명이 위태로워지는 것을 알맞게 조절하는 것이 '토'의 상극 역할입니다(토극목).

사계절의 순환을 닮은 상생은 오행성격 간에 서로 돕는 관계지만 상극은 오행성격 간에 서로 조절하여 오행성격 간에 균형과 조화를 이루려는 인간의 지혜로 만들어진 것입니다. 상생도에 화(여름)와 금(가을)의 위치를 바꾸어 오행성격 간에 서로 조절하는 기능 즉 넘치는 것을 덜어 내고 부족한 것은 채워 주며 어려운 상황을 이겨 내게 하는 관계입니다.

화·금·토의 오행성격 분포수가 각각 1개로 오행성격 평균 분포수(상·중·하 3단계 중 중간 단계)인 1.6개보다 적어 약점성격입니다. 강점성격인 목은 화와 상생 관계이므로 화에게 충분한 도움을 줄 수 있어 화의 오행성격 특성을 활발하게 행동하게 하는 중간 단계 가까이 끌어올릴 가능성이 있습니다(목생화). 강점성격인 수는 금과 상생 관계이므로 금에게 충분한 도움을 줄 수 있어 금의 오행성격 특성을 활발하게 행동하게 하는 중간 단계 가까이 끌어올릴 가능성이 높습니다(수생금). 강점성격인 목과 수는 토와 상극 관계이므로 토에게 성실한 멘토 역할을 충분히 할 수 있습니다(수극토+목극토). 결과적으로 화·금·수가 충분히 조연 역할을 할 수 있게 되었습니다.

오행성격은 각각의 재능을 가지고 있습니다. 각 재능을 단순하게 합치면(1+1+1+1=5) 5개 재능에 지나지 않습니다. 그러나 상생과 상극 활용으로 오행성격 팀을 만들어 오행성격 특성 간에 균형과 조화를 이루는 팀워크를 하게 되면 오행성격 재능을 배가시킬 수 있습니다.

사주 8자에 분포된 오행성격 목, 화, 금, 수, 토에 음 또는 양이 하나씩 분포되어 있습니다. 오행성격 특성의 활성화 정도가 양이 분포된 경우는 올라가지만 음이 분포된 경우는 오행성격의 활성화 정도가 내려갑니다. 성격 모델 30개는 이론적 모형입니다. 실제 사주 8자는 개인정보 보호법 때문에 조사가 불가능하였습니다. 오행성격 목, 화, 금, 수, 토의 음양의 역할은 설명할 수 없게 되었음을 이해하여 주시기 바랍니다. 그러나 개인은 이 책의 음양 성격 활용법을 읽고 이해하면 음과 양의 오행성격 활용이 가능합니다.

음양의 성격 활용법은 3장 73-74페이지를 참고하시기 바랍니다.

목의 강점성격은 여러 가지 꿈을 함께 이루려는 욕망이 강렬합니다. '토끼 두 마리를 한꺼번에 잡으려다가 한 마리도 못 잡는다.'는 속담이 있습니다. '금'은 '목'에게 삶의 목표를 신중하게 하나를 선택해서 빈틈없고 완벽한 계획을 세우고 성실하게 실행할 것을 충고하며 응원합니다(금극목). 그리고 '목'에게 돋보이고 싶은 사회적 출세와 강렬한 명예 욕구를 현실에 적합하도록 스스로 자신을 조절하게 돕습니다(금극목). '목'은 삶의 목표를 높게 세우고 이에 대한 성취를 열망하고 그곳에 '화'에게서 에너지를 충분히 지원 받아 성취에 집중하는 의지력이 매우 강합니다(화생목). 카멜레온처럼 상황 변화에 민감하여 속과 겉이 다르게 전략적으로 행동을 합니다. 그 결과 사회 생활에서 신용을 잃고 주위로부터 따돌림 당할 가능성이 큽니다. 목, 화, 금, 수에게 신용 있는 협력자 역할을 하는 토는 전략적 행동을 될 수 있는 대로 적게 하도록 목에게 충고합니다(토극목). 수는 호기심과 흥미에 끌려 어수선하고 바쁘게 생활하는 '목'에게 유연하고 여유 있게 생활하도록 도움을 줍니다(수생목).

수의 강점성격은 미지근한 행동과 세상을 쉽게 살려는 태도로 주위 사람들로부터 자신감(self-confidence) 없고 게으른 사람으로 오해 받을 가능성이 큽니다. 수와 목은 상생 관계이므로 수는 목에게서 주위의 충동과 자극에 대해 좀 더 적극적인 태도와 자존감을 가지라는 응원과 격려를 받을 수 있어 미지근한 행동과 게으름 등을 줄일 수 있습니다(목생화). 강점성격인 수는 타인의 감정을 읽는 공감능력과 동정심이 높아 다른 사람들을 돕는 데 적극적이어서 타인들에게 이용당할 가능성이 높습니다. 수는 자신과 가족에게 경제적인 피해를 입힐 가능성이 높습니다. 흙(토)으로 제방을 만들어 흘러가는 물을 모아 두어 필요할 때 물(재물)을 사용하는 지혜가 토에게 있습니다. 수와 토는 상극 관계이므로 수는 토에게서 재물을 절약

하는 지혜 있는 조언을 받아야 합니다(토극수). 수는 일이 되어가는 상황에 대한 빠른 이해와 깨달음을 바탕으로 정신활동에 관계되는 분야에 능력을 발휘할 수 있어 학자로 성공할 가능성이 있습니다. 수와 금은 상생 관계이므로 인내심, 끈기와 집착심을 기르도록 하는 금의 성실한 충고를 받아들여 학자가 될 가능성이 높아집니다(금생수).

화의 약점성격은 정열과 열정이 강렬하여 자기 몸마저 불사를 가능성이 있습니다. 화는 수·금과 상극 관계이므로 수에게서 겨울철의 찬물 같은 마음을 가지라는 충고를 받을 수 있고 금에게서 냉정한 마음을 가지라는 싸늘한 조언을 받을 수 있어 타오르는 정열과 열정을 어느 정도 식히고 냉정한 마음을 가질 수 있습니다(수극화+금극화). 화는 목의 성격처럼 미래의 가능성이 있는 비전을 보고 성취에 대한 열정과 도전정신도 가지고 있습니다. 그러나 화는 침착하지 못하고 인내심이 부족하여 성취에 대한 열정과 도전정신이 쉽게 깎입니다. 화와 목은 상생 관계이므로 화는 목에게서 성취에 대한 동기와 북돋음을 받을 수 있어 미래에 대한 꿈과 성취에 대한 열정과 도전정신이 되살아날 수 있습니다(목생화). 또한 화와 금은 상극 관계이므로 화는 금으로부터 인내심을 갖도록 하는 성실한 충고를 받을 수 있습니다(금극화). 화는 토와 상생 관계이므로 토에게서 성취욕과 일의 끝맺음에 대한 도움을 받을 가능성이 높습니다(토생화).

금의 약점성격은 논리적이고 합리적인 사고로 객관적으로 판단할 수 있어 냉정하게 타인들을 비판할 가능성이 있습니다. 화와 금은 상극 관계이므로 화의 충고를 받아들여 평소 생활에서 타인을 사랑하고 이해하는 습관을 길들여 비판을 줄여야 합니다(화극금). 금은 일하는 데 집중력은 강하지만 융통성이 부족하여 고집불통이 될 수 있습니다. 수와 금은 상생 관계이므로 수의 응원을 받아들여 평소 생활에서 유연성과 융통성을 길들이는 습관을 길러야 합니다(수생목). 금은 조심성 있고 신중하여 돌다리도 두드려 보고 건너는 성격입니다. 목과 금은 상극 관계이므로 목에게서 도전정신을 가지라는 조언을 받을 수 있습니다. 도전정신을 가지는 것은 금의 의지에 달려 있습니다(목극금).

<u>토의 약점성격은</u> 목, 화, 금, 수의 성취의 모델이 됩니다. 토는 목·화의 생존 본능의 성격과 금·수의 사회 본능 성격의 역할을 자신감을 가지고 대신하여 해냅니다. 토는 자기 확신 즉 자신감을 가진 강점성격입니다. 토는 자신의 능력을 확실하게 믿습니다. 목, 화, 금, 수에게 신뢰감을 줍니다. 토는 '우리가 모두 똑같다'는 믿음에서 우리 모두는 서로 다른 성격 특성을 가지고 있지만 모두가 똑같은 중요한 존재라는 것을 믿고 모두를 포용합니다. 포용은 지도자 성격의 핵심입니다. 만물과 사계절을 감싸는 포용력이 있습니다.

<u>요약 : 성격모델 28에서는 목과 수가 중심 역할을 하는 강점성격입니다.</u>

목의 성격은 외부의 사실에 초점을 맞추는 외향적, 활동적, 사교적입니다. 마음 깊은 곳에서 오직 행동만이 중요하다는 것을 알고 모든 일에 행동이 있어야 성과가 나올 가능성이 있다고 생각합니다. 행동이야말로 최선의 학습 방법이라 믿고 체험을 바탕으로 객관적인 판단을 하며 경제적 인간 성격이어서 일을 실용적으로 처리하는 행동주의자입니다. 수는 현실 감각이 뛰어나고 사물에 대하여 사실을 근거로 객관적인 판단을 하며 환경과 상황 변화에 적응력이 강한 성격입니다. 수는 예절 바르고 유연하게 친구들 간의 갈등을 서로 좋도록 잘 풀어 줍니다. 수는 이타적이어서 타인의 마음을 읽고 감정을 느끼는 공감능력이 뛰어나고 포용력과 친화력이 있어 의사소통이 원활하여 인간관계가 물 흐르듯 막힘이 없습니다. 성격모델 28의 성격 소유자는 사회 어느 분야에서나 유능한 사람으로 인정받고 원활한 사회 생활을 할 가능성이 높습니다.

일본 에도막부를 개창하고 첫 쇼군이 된 **도쿠가와 이에야스**

성격모델 28의 오행성격과 거의 비슷한 오행성격을 가진 일본의 에도막부를 세운 문관과 무관의 재능을 갖추었으며, 학문의 자질을 갖춘 도쿠가와 이에야스의 인생사를 살펴서 이에야스의 성격이 일생에 어떻게 영향을 미치게 되었는지를 필자가 설명하겠습니다. 이에야스의 성격은 수 3개, 목 2개, 토 2개, 화 1개, 금 0개입니다. 이에야스의 오행성격인 금은 0개이나 강점성격인 수와 토가 상생 관계이므로 수와 토가 금에게 충분한 도움을 줄 수 있어 금의 오행성격 특성을 활발하게 행동하게 하는 중간 단계(오행성격 평균 분포수 1.6개) 가까이 끌어올릴 가능성이 매우 높습니다. 또한 화의 오행성격도 하나이나 강점성격인 목과 토와 상생 관계이므로 화도 목과 토의 충분한 도움으로 화의 성격 특성 화가 중간 단계 가까이 끌어올려질 가능성이 높습니다.

이에야스는 성주인 아버지와 성주의 딸인 어머니 사이에 태어났습니다. 이에야스는 2살 때 어머니와 헤어지고 8세부터 19세까지 인질로 생활하였습니다. 다행히 6년간 좋은 스승인 셋사이에게서 학문과 병법을 배웠습니다. 이에야스는 16세에 결혼하였으며, 17세 때 첫 전투에서 방화작전으로 승리를 했습니다. 그 후 여러 해 동안 이에야스는 전쟁에 승리하며 자기의 세력을 키워 갔습니다. 이에야스는 일본을 거의 통일한 도요토미 히데요시와 경쟁관계가 되었으나 히데요시의 여동생과의 정략결혼으로 히데요시에게 형식적으로 복종을 맹세합니다(목 2개). 이에야스는 히데요시와 다른 지방의 다이묘들의 중재자 역할을 성공적으로 수행했습니다(수 3개). 이에야스는 히데요시가 내려준 에도에 입성한 후 선정을 베풀고 기술·행정 전문가들을 등용하여 더욱 큰 세력으로 성장하였습니다(토 2개). 1592년 히데요시가 조선을 침략할 당시 신중하게 생각해서 조선 침략 전쟁에 참여하지 않았습니다. 히데요시 사망 후 이에야스는 히데요시의 아들 히데요리와 전쟁을 승리로 이끌어 일본을 통일하였습니다. 이에야스는 인내의 귀재(금의 성격), 현실감각이 뛰어나고 객관적인 판단으로 환경 변화에 적응력이 강합니다(수 3개). 전국통일의 큰 야망을 가진 이에야스는 도전할 때는 과감하게 행동하고 전쟁에서는 카멜레온처럼 전략적으로 행동하였습니다(목 2개). 이에야스는 의리가 있고 포용력 있고(토 2개) 활동적이고 부드러움과 열정이 있어(화의 성격) 지도력이 매우 강한 분이었습니다. 이에야스는 강점성격인 수, 목과 토의 재능을 마음껏 발휘했으며 오행성격 특성 간에 균형과 조화를 이룬 본보기로 생각됩니다.

성격모델 29
수 3개, 화 2개, 목 1개, 금 1개, 토 1개 (개인 사주 8자에 배정된 오행성격 분포수)

영화와 연극에는 주연과 조연배우가 있습니다. 영화나 연극이 성공한 작품이 되려면 주연과 조연배우 모두 각자에게 주어진 역할을 충실하게 연기해 내는 것이 필수조건입니다. 오행성격인 목, 화, 금, 수, 토 역시 각각을 주연과 조연의 역할로 나누어 이해한다면 활용이 아주 쉽습니다.

성격모델 29에서 사주 8자 중에 배정될 수 있는 오행성격, 목, 화, 금, 수,

토의 평균 분포수는 1.6개입니다(사주 8자÷오행성격 5자=1.6 : 실제가 아닌 이론적 수치). 오행성격 특성이 활발히 행동하게 하는 단계를 3단계, 즉 상·중·하단계로 선택하여 이해하기 쉽게 정하였습니다. 오행성격 평균 분포수 1.6개를 활발히 행동하게 하는 단계를 3단계 중 중간 단계로 정하였습니다. 개인의 오행성격 특성 분포수가 평균 분포수 1.6개보다 높은 2개 이상은 강점성격(재능)으로, 평균 분포수보다 낮은 한 개 이하는 약점성격으로 정하였습니다. 오행성격의 강점성격은 주연 역할을, 약점성격은 조연 역할로 설명하였습니다.

목과 화의 오행성격 행동의 뿌리는 자연생태계에 적응한 생물 본능(자신과 가족을 돌보고 지키며, 아들, 딸, 손자, 손녀들이 많아지고 부자가 되기를 바라는 생물 성질)에 있습니다. 목과 화의 오행성격 특성이 동시에 강점성격(재능)으로 나타날 때는 활동하기 좋은 '봄'을 닮은 목의 성격이 주연 역할을 하고 더위 때문에 활동하기가 힘든 '여름'을 닮은 화의 성격이 조연 역할을 합니다. 금과 수의 오행성격 행동의 뿌리는 인공 생태계에 적응한 사회 본능(짐승이 아닌 사람답게 사회 생활을 하려고 하는 마음이 밑바탕이 된 사람 성질)에 있습니다. 금과 수의 오행성격 특성이 동시에 강점성격(재능)으로 나타날 때는 활동하기 상쾌한 '가을'을 닮은 금의 성격이 주연 역할을 하고, 추위 때문에 활동하기가 어려운 '겨울'을 닮은 수의 성격이 조연 역할을 하게 됩니다. 토의 오행성격은 생물 본능에 뿌리를 두고 있는 목과 화의 성격과 사회 본능에 뿌리를 두고 있는 금과 수의 성격을 모두 함께 가지고 있습니다. 목과 화 성격이 두 개가 모두 약점성격일 때, 또는 금과 수 성격이 두 개가 모두 약점성격일 때, 토의 성격이 강점성격일 경우에만 목과 화의 약점성격을, 혹은 금과 수의 약점성격을 대리(agency)하여 강점성격의 역할, 즉 주연 역할을 하게 됩니다. 그러나 토의 성격이 약점성격일 경우는 목과 화의 약점성격과 금과 수의 약점성격을 대리할 수 없습니다.

성격모델 29에서는 생물 본능에 뿌리를 둔 강점성격인 화가 주연 역할을 하고, 사회 본능에 뿌리를 둔 강점성격인 수가 주연 역할을 합니다. 약점성격인 목, 금, 토는 조연 역할을 합니다.

말이 끄는 마차가 정상적으로 굴러가기 위해서는 두 개의 바퀴가 있어야 합니다. 오행성격에서 생물 본능에 뿌리를 두고 있는 목과 화의 성격이 한쪽 바퀴가 되고 사회 본능에 뿌리를 두고 있는 금과 수의 성격이 반대쪽 바퀴가 됩니다. 성격모델 29에서는 생물 본능에 뿌리를 둔 야성미가 있는 강점성격인 화와 사회 본능에 뿌리를 둔 세련미가 있는 강점성격인 수가 주연 역할을 합니다. 성격모델 29에서 생물 본능 성격과 사회 본능 성격이 균형을 이루었습니다. 목, 금, 토의 성실한 조연 역할로 조화를 이루게 되어 오행성격 간에 균형과 조화를 튼튼하게 이룬 건전한 성격 조합이 됩니다.

자기의 음양오행 성격은 태어날 때부터 가지고 있는 자기만의 특별한 재능(unique talent)입니다. 이 재능을 키우면 자기의 성격에 맞는 분야에서 성공할 가능성이 매우 높습니다. 자기의 화와 수의 강점성격을 매일 아침 일어나 4회 반복하여 소리 내어 읽고 목·금·토의 약점성격도 매일 2회 소리 내어 읽으면 몇 주 후에는 오행성격 특성들의 내용을 이해하고 확실히 익혀 스스로가 활용 가능한 수준에 이르게 됩니다. 당신의 밝은 미래를 위한 준비는 오늘을 잘 활용하는 것으로부터 시작됩니다. 어제는 지나갔으며 내일은 아직 오지 않았습니다. 미래를 준비할 수 있는 기회는 오늘뿐입니다. 음양오행 성격에 대해 매일 10분씩만 투자하여 몸에 익히는 훈련과 노력을 한다면 당신의 강점성격을 개발시키고 약점성격을 강화할 수 있으며, 당신의 무한한 잠재력을 최대로 발휘시켜 삶을 성공적으로 이끄는 내비게이션 역할을 할 것입니다.

우리는 자기의 마음이 끌리는 일을 할 때 만족감을 느낍니다. 끌림은 당신의 내면에서 부르는 소리를 듣고 서로 응하여 대답하는 마음입니다(생존 본능). 좋아하는 일은 누구나 즐기면서 합니다. 하고 싶은 일을 할 때는 신바람이 납니다. 자기의 강점성격에 맞는 일은 마음이 끌리며 즐겁고 계속하고 싶어집니다. 마음이 끌리는 대로 따라가는 것, 즉 당신의 성격 안에 있는 내비게이션이 안내하는 대로 따라가면 인생 여정은 기쁨이 동반자가 될 것입니다.

성격모델 29에서 오행성격 특성을 요약한 3장 81~88페이지 12개 중에 가장 중요한 오행성격 특성을 추려내어 정리했습니다.

① 화의 강점성격
 • 정열적이고 열정이 강렬하며 에너지가 넘치는 여름을 닮은 원시인 행동의 중요한 뿌리가 되는 자연생태계에 적응한 생물 본능적 성격입니다.
 • 신경이 예민하고 남자의 예감(premonition; 일이 있기 전에 그 일을 암시적으로 느낌)이나 여자의 직감(immediate perception; 곧바로 느끼어 앎)을 닮은 직관(intuition)은 일이나 상황을 보는 순간 깨닫게 되어 마주하는 날마다 상황을 잽싸게 알아차리고 확실히 이해할 수 있어 즉흥적으로 판단이 빠른 순발력(외부의 자극에 순간적으로 몸을 움직여 힘을 낼 수 있는 능력)을 가지고 있습니

467

다. 역동적(dynamic) 상황이 많은 정보화 사회에서 곡예사 같은 능력을 최상으로 발휘할 수 있습니다.

- 직관은 창조적 예술(음악·미술·체육)이나 과학적 발견으로 이어질 잠재력이 있습니다.

- 눈앞에 위협적인 상황 또는 불확실한 상황에 대해 두려움과 불안을 느끼거나 위협적인 상황에서 자신을 보호하기 위한 싸움의 방어 전략과 응집된 에너지 덩어리인 분노를 보입니다.

- 감정적이고 동정적이며 감사하는 마음이 강합니다. 개인적 감정으로 판단합니다.

- 미래의 꿈과 성취에 대한 열정과 도전정신이 있습니다. 그러나 침착하지 못하고 인내심이 부족하여 쉽게 꿈을 포기합니다.

② 수의 강점성격

- 주위로부터 마음의 충동과 자극을 받아도 행동이 우물쭈물 분명하지 않은 태도를 보이지만, 세상을 살아가는 일에는 침착하여 서둘지 않는 모습입니다.

- 지혜를 쌓는 계절, 겨울철을 닮은 인간 행동의 뿌리가 되는 인공 생태계에 적응한 사회적 본능의 성격입니다.

- 일이나 물체(thing)에 대한 빠른 이해와 깨달음을 바탕으로 한 정신(mental) 분야에 관계되는 능력이 높아 학자로 성공할 가능성이 높습니다.

- 다른 사람의 마음을 헤아리고 감정을 느끼는 공감능력이 뛰어나고 포용과 친화력이 있어 의사소통이 원활해서 인간관계가 물 흐르듯 막힘이 없습니다.

- 현실적인 감각이 뛰어나고 사물에 대해 객관적으로 판단하며 상황과

환경 변화에 유연하게 대처하는 적응력이 강합니다.

- 현재를 위해 삽니다. 미래는 이 순간에 이뤄지는 선택으로부터 만들어지는 것이라고 생각합니다. 운명은 기회가 아닌 선택의 문제입니다. 미래는 기다리는 것이 아니라 성취하는 것입니다.

③ 목의 약점성격

- 돋보이고 싶은 욕구, 하고자 하거나 가지고자 하는 마음이 간절한 욕망과 열망은 높지만 야망이 부족합니다. 많은 꿈을 가진 봄을 닮은 원시인 행동의 중요한 뿌리가 되는 자연생태계에 적응한 생물 본능적 성격이지만 꿈을 가지려는 마음이 약합니다.
- 새롭고 신기한 것에 호기심과 흥미를 느끼지만, 도전하며 이기는 경쟁을 피합니다.
- 성취하려는 욕망이 약한 것도 타고난 성격으로 믿어 버립니다.
- 일상생활의 시간표가 일정하지 않고 시간표대로 사는 것을 싫어합니다.
- 배움에 대한 생각은 있지만 행동으로 옮기는 것은 내일로 미룹니다.

④ 금의 약점성격

- 논리적이고 합리적인 사고를 하며 냉정하게 행동하여 가을을 닮은 인간 행동의 뿌리가 되는 인공 생태계에 적응한 사회적 본능 성격입니다.
- 책임감이 강하고 정신적·육체적 고통을 참고 견디는 인내심과 끈기가 강합니다.
- 처음 배운 몇 개의 사실에서 느끼는 짜릿한 기쁨, 배운 것을 몸에 익히는 노력, 익힐 지식에 대한 점점 커지는 자신감 등이 공부하여 학업(studies)을 닦는 일에 마음이 끌립니다.

- 집중력은 강하지만 융통성이 부족합니다.
- 경험과 지식으로 정확하게 분석하고 객관적으로 판단할 수 있는 능력은 있지만 남을 비판할 가능성이 있습니다.

⑤ 토의 약점성격
- 토는 '생명체는 모두 중요한 존재'라는 믿음으로 동·식물에게 삶의 터전을 차별하지 않고 포용하고 개방합니다. 옛 경험이나 생각으로부터 자유로운 열린 마음을 가지고 있어 새로운 아이디어를 만들어 내고 타인들의 혁신과 새로운 아이디어를 받아들이는 열린 마음의 성격입니다.
- 토의 성격은 사계절 변화 기간(2월, 5월, 8월, 11월) 사이에 봄, 여름, 가을, 겨울에 계절의 변화에 쉽게 적응하도록 공평한 도움을 주는 신뢰감 있는 협력자의 역할을 성실히 수행합니다.
- 믿음, 의리, 공평 그리고 포용력이 있으며, 활동적이고 부드러움, 열정, 책임감이 강해 지도력이 있습니다.
- 어떤 상황에서도 주어진 일을 자신이 해낼 수 있다는 자신감을 가지고 있으며 인내심, 끈기가 있고 성취욕이 강렬하여 주어진 일을 끝까지 책임감을 가지고 마무리 짓습니다.

상생 상극을 활용하여 오행성격 간의 균형과 조화를 이룰 수 있습니다.

상생과 상극은 봄, 여름, 가을, 겨울이 변함없이 순서대로 돌고 도는 순환적인 4계절에 대한 체험을 바탕으로 만들어졌습니다. 상생(서로 도움을 주는 순환적 상호협력 관계)과 상극(넘치는 것을 덜어 내고 부족한 것은 채워 주며 어려운 상황을 이겨 내게 멘토링을 해주는 순환적 상호조절 관계)을 활용하여 오행성격 간에 균형과 조화를 이룰 수 있습니다.

성격모델 1(104페이지)에 있는 상생도와 상극도를 보면서 다음 글을 읽으면 이해가 빠릅니다. 상생도와 상극도 오행성격 간에 관계를 쉽게 이해하여 오랫동안 기억에 남을 수 있는 그림을 활용한 것입니다. 상생은 생물 본능에 뿌리를 둔 사람의 계절의 성격인 '목'과 생장 계절의 성격인 '화' 사이(목생화, 화생목), 그리고 사회 본능에 뿌리를 둔 씨 뿌리고 가꾼 대로 거두어들이는 정직한 계절의 성격인 '금'과 지혜를 쌓는 계절의 성격인 '수' 사이(금생수+수생금)에 이루어집니다. 사계절처럼 순환하는 또 하나의 상생은 겨울을 닮은 '수'와 봄을 닮은 '목' 사이를 상생으로 연결하여 순환이 계속 이어지게 하였습니다.

영화·연극에서 감독은 출연 배우 모두를 관리하는 관리자 역할을 하는 것처럼 '토'는 화와 금과는 '상생', 목과 수와는 '상극' 관계로 생장의 계절인 에너지 넘치는 '화'의 성격과 성숙 계절인 가을을 닮은 성실성이 근본이 되는 '금'의 성격과는 상생을 합니다(토생화, 화생토 그리고 토생금, 금생토). 대부분 생물은 겨울잠을 자고 인간은 지혜를 쌓는 계절을 닮은 '수'의 성격과 생물이 겨울잠에서 깨어나 생명 활동을 시작하고 짝짓기를 하는 사랑의 계절을 닮은 목의 성격과 토의 성격 사이에는 상극이 이루어집니다. 즉 지나친 것이나 모자라는 것이나 다 같이 좋지 않습니다. 정도에 넘치는 짝짓기 횟수와 겨울과 봄 날씨가 뒤섞인 2월 자기의 사정에 알맞은 때를 기다리지 않고 일찍 겨울잠에서 깨어나면 생명이 위태로워지는 것을 알맞게 조절하는 것이 '토'의 상극 역할입니다(토극목).

사계절의 순환을 닮은 상생은 오행성격 간에 서로 돕는 관계지만 상극은 오행성격 간에 서로 조절하여 오행성격 간에 균형과 조화를 이루려는 인간의 지혜로 만들어진 것입니다. 상생도에 화(여름)와 금(가을)의 위치를 바꾸어 오행성격 간에 서로 조절하는 기능 즉 넘치는 것을 덜어 내고 부족한 것은 채워 주며 어려운 상황을 이겨 내게 하는 관계입니다.

　목·금·토의 오행성격 분포수가 각각 1개로 오행성격 평균 분포수(상·중·하 3단계 중 중간 단계)인 1.6개보다 적어 약점성격입니다. 강점성격인 화는 목과 토와 상생 관계이므로 목에게 충분한 도움을 줄 수 있어 목과 토의 오행성격 특성을 활발하게 행동하게 하는 중간 단계 가까이 끌어올릴 가능성이 있습니다(화생목+화생토). 강점성격인 수는 금과 상생 관계이므로 금에게 충분한 도움을 줄 수 있어 금의 오행성격 특성을 활발하게 행동하게 하는 중간 단계 가까이 끌어올릴 가능성이 높습니다(수생금). 강점성격인 수는 토와 상극 관계이므로 토에게 성실한 멘토 역할을 충분히 할 수 있습니다(수극토). 결과적으로 목·금·토가 충분히 조연 역할을 할 수 있게 되었습니다.

　오행성격은 각각의 재능을 가지고 있습니다. 각 재능을 단순하게 합치면(1+1+1+1=5) 5개 재능에 지나지 않습니다. 그러나 상생과 상극 활용으로 오행성격 팀을 만들어 오행성격 특성 간에 균형과 조화를 이루는 팀워크를 하게 되면 오행성격 재능을 배가시킬 수 있습니다.

　사주 8자에 분포된 오행성격 목, 화, 금, 수, 토에 음 또는 양이 하나씩 분포되어 있습니다. 오행성격 특성의 활성화 정도가 양이 분포된 경우는 올라가지만 음이 분포된 경우는 오행성격의 활성화 정도가 내려갑니다. 성격 모델 30개는 이론적 모형입니다. 실제 사주 8자는 개인정보 보호법 때문에 조사가 불가능하였습니다. 오행성격 목, 화, 금, 수, 토의 음양의 역할은 설명할 수 없게 되었음을 이해하여 주시기 바랍니다. 그러나 개인은 이 책의 음양 성격 활용법을 읽고 이해하면 음과 양의 오행성격 활용이 가능합니다.

음양의 성격 활용법은 3장 73~74페이지를 참고하시기 바랍니다.

<u>화의 강점성격</u>은 불타오르는 정열과 열정으로 자기 몸마저 불사를 가능성이 높습니다. 강점성격 수에서 겨울의 찬물 같은 마음을 가지라는 충분한 충고를 받을 수 있어 불타오르는 열정과 정열을 어느 정도 식힐 수 있습니다(수극화). 신경이 예민하여 주변의 작은 자극에도 감정이 쉽게 흔들어 '버럭' 화를 내거나 분노를 못참아 씩씩거리는 모습을 보일 수 있습니다. 화는 금에게서 이성적인 침착한 생각과 절제력을 평소에 가지게 하는 생활습관에 대한 조언을 받아들여 성급한 성격을 조절(control)할 수 있습니다(금극화). 화는 목의 성격처럼 미래를 꿈꾸는 삶과 성취에 대한 열정과 도전정신도 있습니다. 그러나 침착하지 못하고 인내심이 부족하여 열정과 도전정신이 쉽게 꺾입니다. 화는 목에게서 성취에 대한 동기와 의욕을 북돋음 받을 수 있어 미래에 대한 꿈과 성취에 대한 열정과 도전을 강화시킬 수 있습니다(목생화). 더불어 토에게서 인내심과 끈기 그리고 성취욕구를 가지도록 충분한 도움을 받을 수 있습니다(토생화).

<u>수의 강점성격</u>은 미지근한 행동과 세상을 쉽게 살려는 태도로 주위 사람들로부터 자신감(self-confidence) 없고 게으른 사람으로 오해 받을 가능성이 큽니다. 수와 목은 상생 관계이므로 수는 목에게서 주위의 충동과 자극에 대해 좀 더 적극적인 태도와 자존감을 가지라는 응원과 격려를 받을 수 있어 미지근한 행동과 게으름 등을 줄일 수 있습니다(목생화). 강점성격인 수는 타인의 감정을 읽는 공감능력과 동정심이 높아 다른 사람들을 돕는 데 적극적이어서 타인들에게 이용당할 가능성이 높습니다. 수는 자신

473

과 가족에게 경제적인 피해를 입힐 가능성이 높습니다. 흙(토)으로 제방을 만들어 흘러가는 물을 모아 두어 필요할 때 물(재물)을 사용하는 지혜가 토에게 있습니다. 수와 토는 상극 관계이므로 수는 토에게서 재물을 절약하는 지혜 있는 조언을 받아야 합니다(토극수). 수는 일이 되어가는 상황에 대한 빠른 이해와 깨달음을 바탕으로 정신활동에 관계되는 분야에 능력을 발휘할 수 있어 학자로 성공할 가능성이 있습니다. 수와 금은 상생 관계이므로 인내심, 끈기와 집착심을 기르도록 하는 금의 성실한 충고를 받아들여 학자가 될 가능성이 높아집니다(금생수).

목의 약점성격은 욕구와 욕망은 강렬하지만 야망은 낮습니다. 목은 강점성격인 화에게서 목표를 세우고 성취하려는 열정과 도전정신을 가지게 하는 충분한 도움을 받을 수 있어 목표를 세우고 성취하여 야망이 되살아나 목표 성취에 화에게 받은 에너지를 집중할 가능성이 있습니다(화생목). 목은 자신이 계획한 목표를 성취하기 위한 구체적인 일들을 처음부터 끝까지 한결같은 태도로 일에 노력을 집중하라는 강점성격인 금의 진실한 조언을 목은 받아들일 가능성이 있습니다(금극목).

금의 약점성격은 논리적이고 합리적인 사고로 객관적으로 판단할 수 있어 냉정하게 타인들을 비판할 가능성이 있습니다. 화와 금은 상극 관계이므로 화의 충고를 받아들여 평소 생활에서 타인을 사랑하고 이해하는 습관을 길들여 비판을 줄여야 합니다(화극금). 금은 일하는 데 집중력은 강하지만 융통성이 부족하여 고집불통이 될 수 있습니다. 수와 금은 상생 관계이므로 수의 응원을 받아들여 평소 생활에서 유연성과 융통성을 길들이는 습관을 길러야 합니다(수생목). 금은 조심성 있고 신중하여 돌다리도 두드려 보고 건너는 성격입니다. 목과 금은 상극 관계이므로 목에게서 도전정신을 가지라는 조언을 받을 수 있습니다. 도전정신을 가지는 것은 금의 의지에 달려 있습니다(목극금).

토의 약점성격은 목, 화, 금, 수에게 세상 변화에 쉽게 적응하도록 협력자 역할을 합니다. 토는 정직하고 진실하여 신뢰감을 주며 개방적인 성격이어서 사람들과 소통이 잘 되어 인간관계가 물 흐르듯 막힘이 없습니다. 토는 믿음, 의리, 공평 그리고 포용력이 있으며 활동적이고 부드러움과 열정이 있어 리더십이 강합니다.

요약 : 성격모델 29에서는 화와 수가 중심 역할을 하는 강점성격입니다.

화의 성격은 신경이 예민하고 원시생활에서 생긴 직감이 발달해서 즉흥적으로 결단이 빠른 순발력도 가지고 있습니다. 21세기처럼 변화가 빠른 사회 즉 신 유목 생활같이 옮겨 다님이 빠르게 이루어져 새로운 환경에 적응해야 하는 시대에 적합한 성격이 될 가능성이 높습니다. 화는 직관적 사고를 하게 되어 창조적인 예술이나 과학적인 발견과 같은 능력이 있습니다. 수는 예절 바르고 유연하게 친구들 간의 갈등을 잘 풀어 줍니다. 수는 이타적이어서 타인의 마음을 읽고 감정을 느끼는 공감능력이 뛰어나고 포용력과 친화력이 있어 의사소통이 원활하여 인간관계가 물 흐르듯 막힘이 없습니다. 수는 현실적인 감각이 뛰어나고 사물에 대하여 객관적인 사실에 의해 판단을 하며 사물에 대한 이해가 빠르고 사물의 본질을 환히 알게 되는 능력이 있어 학자로 성공할 가능성이 높습니다. 성격모델 29의 성격 소유자는 창조적 예술, 과학적 발견과 학문의 연구 분야에 성공할 가능성이 있습니다. 여기에 금의 인내심, 끈기, 의지력의 도움이 필요합니다.

북송 최고의 시인이자 정치가 소식(소동파)

성격모델 29의 오행성격과 비슷한 오행성격을 가진 중국 당나라와 송나라 시대의 8명의 저명한 문장대가의 한 사람인 소식의 인생사를 살펴서 소식의 성격이 일생에 어떻게 영향을 미치게 되었는지를 필자가 설명하겠습니다. 소식의 오행성격은 수 3개, 화 2개, 목 1개, 토 1개, 금 1개입니다. 목은 하나이나 강점성격인 수와 화와 상생 관계이므로 수와 화가 목에게 충분한 도움을 줄 수 있어 목의 오행성격 특성을 활발하게 행동하게 하는 중간 단계(오행성격 평균 분포수 1.6개) 가까이 끌어올릴 가능성이 매우 높습니다. 또한 토는 하나이나 강점성격인 화와 상생 관계이고, 금도 하나이나 강점성격인 수와 상생 관계이므로 토는 화에게, 금은 수에게 충분한 도움을 받을 수 있어 오행성격 특성 활성화를 중간 단계 가까이 끌어올릴 가능성이 있습니다.

소식은 아버지 소순, 아우 소철과 더불어 당·송 시대의 8대 문장가로 꼽히는 문장가입니다. 중국 문인 화풍을 확립한 뛰어난 화가이기도 합니다. 소식은 천재 예술가요 팔방미인으로 알려졌습니다. 소식은 당시 문장대가인 구양순 문하에서 배웠으며, 22세에 과거에 합격하여 정치가로도 활약했습니다. 소식은 삶의 기대와 성장욕구가 강렬하여 목표 성취를 열망하고(목의 성격) 에너지를 집중하는 의지력이 강한 성격으로 보입니다. 정치생활에서 여러 번의 귀양생활을 이겨내고 한림학사에 올랐습니다. 소식은 귀양살이 도중에도 뛰어난 적응력과 유연하게 대응하여(수의 성격) 주민들의 칭찬을 받은 것으로 알려졌습니다. 소식은 유교사상에 뿌리를 둔 현실참여자로 나라를 걱정하고 백성을 구제해야 한다는 행동하는 지성인이었습니다(금의 성격). 소식은 한편으로 불교사상에도 학식이 깊어 물

질세계에 초월할 수 있으며 자연을 매우 사랑하며 자연과 함께 살기를 원했다고 합니다. 소식은 중국 삼국시대 촉과 오나라의 연합군이 적벽에서 조조군을 대파한 적벽대전의 역사적 사건을 537자(보통시 20자 또는 28자)의 긴 형식의 시로 읊은 서사시 「적벽부」를 남겼습니다. 그리스에는 호메로스 대서사시 「일리아드」와 「오디세이」가 있습니다. 소식은 **"시를 감상할 때는 그 시가 묘사한 정경을 볼 수 있어야 하고 그림을 볼 때는 그림 속에 담긴 시적인 정취도 알아차려야 한다."**는 뜻의 글귀를 남겼습니다. 소식은 그의 강점성격인 화는 창조력을 발휘하여 시와 그림에 그리고 강점성격인 수는 현실적인 감각이 뛰어나 정치적인 여러 환경에서 객관적인 판단을 하며 상황 변화에 유연하게 대처하며 적응력을 발휘했습니다. 금의 성격인 성실함과 수의 성격인 백성을 향한 연민과 동정심 그리고 백성에게 신뢰감을 주는 정치가 모습(토+목)을 보여준 성격모델입니다.

성격모델 30
토 5개, 목 1개, 화 1개, 수 1개, 금 0개 (개인 사주 8자에 배정된 오행성격 분포수)

영화와 연극에는 주연과 조연배우가 있습니다. 영화나 연극이 성공한 작품이 되려면 주연과 조연배우 모두 각자에게 주어진 역할을 충실하게 연기해 내는 것이 필수조건입니다. 오행성격인 목, 화, 금, 수, 토 역시 각각을 주연과 조연의 역할로 나누어 이해한다면 활용이 아주 쉽습니다.

성격모델 30에서 사주 8자 중에 배정될 수 있는 오행성격, 목, 화, 금, 수, 토의 평균 분포수는 1.6개입니다(사주 8자÷오행성격 5자=1.6 : 실제가 아닌 이론적 수치). 오행성격 특성이 활발히 행동하게 하는 단계를 3단계, 즉 상·중·하단계로 선택하여 이해하기 쉽게 정하였습니다. 오행성격 평균 분포수 1.6개를 활발히 행동하게 하는 단계를 3단계 중 중간 단계로 정하였습니다. 개인의 오행성격 특성 분포수가 평균 분포수 1.6개보다 높은 2개 이상은 강점성격(재능)으로, 평균 분포수보다 낮은 한 개 이하는 약점성격으로 정하였습니다. 오행성격의 강점성격은 주연 역할을, 약점성격은 조연 역할로 설명하였습니다.

　목과 화의 오행성격 행동의 뿌리는 자연생태계에 적응한 생물 본능(자신과 가족을 돌보고 지키며, 아들, 딸, 손자, 손녀들이 많아지고 부자가 되기를 바라는 생물 성질)에 있습니다. 목과 화의 오행성격 특성이 동시에 강점성격(재능)으로 나타날 때는 활동하기 좋은 '봄'을 닮은 목의 성격이 주연 역할을 하고 더위 때문에 활동하기가 힘든 '여름'을 닮은 화의 성격이 조연 역할을 합니다. 금과 수의 오행성격 행동의 뿌리는 인공 생태계에 적응한 사회 본능(짐승이 아닌 사람답게 사회 생활을 하려고 하는 마음이 밑바탕이 된 사람 성질)에 있습니다. 금과 수의 오행성격 특성이 동시에 강점성격(재능)으로 나타날 때는 활동하기 상쾌한 '가을'을 닮은 금의 성격이 주연 역할을 하고, 추위 때문에 활동하기가 어려운 '겨울'을 닮은 수의 성격이 조연 역할을 하게 됩니다. 토의 오행성격은 생물 본능에 뿌리를 두고 있는 목과 화의 성격과 사회 본능에 뿌리를 두고 있는 금과 수의 성격을 모두 함께 가지고 있습니다. 목과 화 성격이 두 개가 모두 약점성격일 때, 또는 금과 수 성격이 두 개가 모두 약점성격일 때, 토의 성격이 강점성격일 경우에만 목과 화의 약점성격을, 혹은 금과 수의 약점성격을 대리(agency)하여 강점성격의 역할, 즉 주연 역할을 하게 됩니다. 그러나 토의 성격이 약점성격일 경우는 목과 화의 약점성격과 금과 수의 약점성격을 대리할 수 없습니다.

성격모델 30에서는 생물 본능에 뿌리를 둔 강점성격인 목과 화, 그리고 사회 본능에 뿌리를 둔 금과 수가 모두 약점성격이어서 주연 역할을 할 수 없고 조연 역할을 할 뿐입니다. 강점성격이 매우 강한(토 5개) 토가 생물 본능의 목의 주연 역할과 사회 본능의 금의 주연 역할을 대리하게 됩니다.

말이 끄는 마차가 정상적으로 굴러가기 위해서는 두 개의 바퀴가 있어야 합니다. 오행성격에서 생물 본능에 뿌리를 두고 있는 목과 화의 성격이 한쪽 바퀴가 되고 사회 본능에 뿌리를 두고 있는 금과 수의 성격이 반대쪽 바퀴가 됩니다. 성격모델 30에서는 생물 본능에 뿌리를 둔 야성미가 있는 목과 사회 본능에 뿌리를 둔 세련미가 있는 금이 약점성격이어서 강점성격인 토가 목과 금을 대리하여 주연 역할을 합니다. 성격모델 30에서 생물 본능 성격과 사회 본능 성격이 균형을 이루었습니다. 목, 수, 토의 조연 역할로 조화를 이루게 되어 오행성격 간에 균형과 조화를 튼튼하게 이룬 건전한 성격 조합이 됩니다.

자기의 음양오행 성격은 태어날 때부터 가지고 있는 자기만의 특별한 재능(unique talent)입니다. 이 재능을 키우면 자기의 성격에 맞는 분야에서 성공할 가능성이 매우 높습니다. 자기의 토의 강점성격을 매일 아침 일어나 4회 반복하여 소리 내어 읽고 목·화·금·수의 약점성격도 매일 2회 소리 내어 읽으면 몇 주 후에는 오행성격 특성들의 내용을 이해하고 확실히 익혀 스스로가 활용 가능한 수준에 이르게 됩니다. 당신의 밝은 미래를 위한 준비는 오늘을 잘 활용하는 것으로부터 시작됩니다. 어제는 지나갔으며 내일은 아직 오지 않았습니다. 미래를 준비할 수 있는 기회는 오늘뿐입니다. 음양오행 성격에 대해 매일 10분씩만 투자하여 몸에 익히는 훈련과 노력을 한다면 당신의 강점성격을 개발시키고 약점성격을 강화할 수 있으며, 당신의 무한한 잠재력을 최대로 발휘시켜 삶을 성공적으로 이끄는 내비게이션 역할을 할 것입니다.

우리는 자기의 마음이 끌리는 일을 할 때 만족감을 느낍니다. 끌림은 당신의 내면에서 부르는 소리를 듣고 서로 응하여 대답하는 마음입니다(생존 본능). 좋아하는 일은 누구나 즐기면서 합니다. 하고 싶은 일을 할 때는 신바람이 납니다. 자기의 강점성격에 맞는 일은 마음이 끌리며 즐겁고 계속하고 싶어집니다. 마음이 끌리는 대로 따라가는 것, 즉 당신의 성격 안에 있는 내비게이션이 안내하는 대로 따라가면 인생 여정은 기쁨이 동반자가 될 것입니다.

성격모델 30에서 오행성격 특성을 요약한 3장 81~88페이지 12개 중에 가장 중요한 오행성격 특성을 추려내어 정리했습니다.

① 토의 강점성격

•토는 '생명체는 모두 중요한 존재'라는 믿음으로 동·식물에게 삶의 터전을 차별하지 않고 포용하고 개방합니다. 옛 경험이나 생각으로부터 자유로운 열린 마음을 가지고 있어 새로운 아이디어를 만들어 내고 타인들의 혁신과 새로운 아이디어를 받아들이는 열린 마음의 성격입니다.

•토의 성격은 사계절 변화 기간(2월, 5월, 8월, 11월) 사이에 봄, 여름, 가을, 겨울에 계절의 변화에 쉽게 적응하도록 공평한 도움을 주는 신뢰감 있는

협력자의 역할을 성실히 수행합니다.

• 믿음, 의리, 공평 그리고 포용력이 있으며, 활동적이고 부드러움, 열정, 책임감이 강해 지도력이 있습니다.

• 어떤 상황에서도 주어진 일을 자신이 해낼 수 있다는 자신감을 가지고 있으며 인내심, 끈기가 있고 성취욕이 강렬하여 주어진 일을 끝까지 책임감을 가지고 마무리 짓습니다.

② 목의 약점성격

• 돋보이고 싶은 욕구, 하고자 하거나 가지고자 하는 마음이 간절한 욕망과 열망은 높지만 야망이 부족합니다. 많은 꿈을 가진 봄을 닮은 원시인 행동의 중요한 뿌리가 되는 자연생태계에 적응한 생물 본능적 성격이지만 꿈을 가지려는 마음이 약합니다.

• 새롭고 신기한 것에 호기심과 흥미를 느끼지만, 도전하며 이기는 경쟁을 피합니다.

• 성취하려는 욕망이 약한 것도 타고난 성격으로 믿어 버립니다.

• 일상생활의 시간표가 일정하지 않고 시간표대로 사는 것을 싫어합니다.

• 배움에 대한 생각은 있지만 행동으로 옮기는 것은 내일로 미룹니다.

③ 화의 약점성격

• 열정과 정열이 강렬하여 자신을 불사를 가능성이 있습니다.

• 신경이 예민하여 눈앞에 위협적인 상황 또는 불확실한 상황에 대해 불안해하고 근심할 수 있습니다.

• 목표지향성과 성취에 대한 열정 그리고 도전정신이 있습니다. 그러나 침착하지 못하고 인내심이 부족하여 쉽게 좌절합니다.

● 감정적이고 동정적이며 감사하는 마음이 강합니다. 개인적인 감정으로 판단합니다.

● 위협적인 상황에서 자신을 보호하기 위한 싸움의 방어 전략과 응집된 에너지 덩어리인 분노를 보입니다.

④ 수의 약점성격

● 주위로부터 마음의 충동과 자극을 받아도 흔들리지 않고 천연덕스럽게 미지근한 행동을 하는 여유만만한 유연성이 있습니다. 지혜를 쌓는 계절, 겨울철을 닮은 인간 행동의 뿌리가 되는 인공 생태계에 적응한 사회 본능적 성격입니다.

● 타인의 마음을 헤아리고 감정을 느끼는 공감능력이 뛰어나며 포용과 친화력이 있어 의사소통이 원활하며 인간관계가 물 흐르듯 막힘이 없습니다.

⑤ 금의 약점성격

● 논리적이고 합리적인 사고를 하며 냉정하게 행동하여 가을을 닮은 인간 행동의 뿌리가 되는 인공 생태계에 적응한 사회적 본능 성격입니다.

● 책임감이 강하고 정신적·육체적 고통을 참고 견디는 인내심과 끈기가 강합니다.

● 처음 배운 몇 개의 사실에서 느끼는 짜릿한 기쁨, 배운 것을 몸에 익히는 노력, 익힐 지식에 대한 점점 커지는 자신감 등이 공부하여 학업(studies)을 닦는 일에 마음이 끌립니다.

● 집중력은 강하지만 융통성이 부족합니다.

● 경험과 지식으로 정확하게 분석하고 객관적으로 판단할 수 있는 능력

은 있지만 남을 비판할 가능성이 있습니다.

상생 상극을 활용하여 오행성격 간의 균형과 조화를 이룰 수 있습니다.

상생과 상극은 봄, 여름, 가을, 겨울이 변함없이 순서대로 돌고 도는 순환적인 4계절에 대한 체험을 바탕으로 만들어졌습니다. 상생(서로 도움을 주는 순환적 상호협력 관계)과 상극(넘치는 것을 덜어 내고 부족한 것은 채워 주며 어려운 상황을 이겨 내게 멘토링을 해주는 순환적 상호조절 관계)을 활용하여 오행성격 간에 균형과 조화를 이룰 수 있습니다.

성격모델 1(104페이지)에 있는 상생도와 상극도를 보면서 다음 글을 읽으면 이해가 빠릅니다. 상생도와 상극도 오행성격 간에 관계를 쉽게 이해하여 오랫동안 기억에 남을 수 있는 그림을 활용한 것입니다. 상생은 생물 본능에 뿌리를 둔 사람의 계절의 성격인 '목'과 생장 계절의 성격인 '화' 사이(목생화, 화생목), 그리고 사회 본능에 뿌리를 둔 씨 뿌리고 가꾼 대로 거두어들이는 정직한 계절의 성격인 '금'과 지혜를 쌓는 계절의 성격인 '수' 사이(금생수+수생금)에 이루어집니다. 사계절처럼 순환하는 또 하나의 상생은 겨울을 닮은 '수'와 봄을 닮은 '목' 사이를 상생으로 연결하여 순환이 계속 이어지게 하였습니다.

영화·연극에서 감독은 출연 배우 모두를 관리하는 관리자 역할을 하는 것처럼 '토'는 화와 금과는 '상생', 목과 수와는 '상극' 관계로 생장의 계절인 에너지 넘치는 '화'의 성격과 성숙 계절인 가을을 닮은 성실성이 근본이 되는 '금'의 성격과는 상생을 합니다(토생화, 화생토 그리고 토생금, 금생토). 대부분 생물은 겨울잠을 자고 인간은 지혜를 쌓는 계절을 닮은 '수'의 성격과 생물이 겨울잠에서 깨어나 생명 활동을 시작하고 짝짓기를 하는 사랑의 계절을 닮은 목의 성격과 토의 성격 사이에는 상극이 이루어집니다.

즉 지나친 것이나 모자라는 것이나 다 같이 좋지 않습니다. 정도에 넘치는 짝짓기 횟수와 겨울과 봄 날씨가 뒤섞인 2월 자기의 사정에 알맞은 때를 기다리지 않고 일찍 겨울잠에서 깨어나면 생명이 위태로워지는 것을 알 맞게 조절하는 것이 '토'의 상극 역할입니다(토극목).

사계절의 순환을 닮은 상생은 오행성격 간에 서로 돕는 관계지만 상극은 오행성격 간에 서로 조절하여 오행성격 간에 균형과 조화를 이루려는 인간의 지혜로 만들어진 것입니다. 상생도에 화(여름)와 금(가을)의 위치를 바꾸어 오행성격 간에 서로 조절하는 기능 즉 넘치는 것을 덜어 내고 부족한 것은 채워 주며 어려운 상황을 이겨 내게 하는 관계입니다.

목·화·수의 오행성격 분포수가 각각 1개, 금의 오행성격 분포수는 '0'개로 오행성격 평균 분포수(상·중·하 3단계 중 중간 단계)인 1.6개보다 적어 약점 성격입니다. 강점성격인 토는 화와 금과 상생 관계이므로 화와 금에게 충분한 도움을 줄 수 있어 화와 금의 오행성격 특성을 활발하게 행동하게 하는 중간 단계 가까이 끌어올릴 가능성이 있습니다(토생화+토생금). 이보다 앞서 부모님과 가족이 금의 오행성격 특성을 꾸준한 교육과 훈련으로 몸에 익히게 해야 가능합니다. 강점성격인 토는 목과 수와 상극 관계이므로 목과 수에게 성실하고 따뜻한 조언을 충분히 할 수 있어 목과 수의 오행성격 특성을 활발하게 행동하게 하는 중간 단계 가까이 끌어올릴 가능성이 높습니다(토극수+토극목). 결과적으로 목·화·금·수가 충분히 조연 역할을 할 수 있게 되었습니다.

오행성격은 각각의 재능을 가지고 있습니다. 각 재능을 단순하게 합치면(1+1+1+1=5) 5개 재능에 지나지 않습니다. 그러나 상생과 상극 활용으로

오행성격 팀을 만들어 오행성격 특성 간에 균형과 조화를 이루는 팀워크를 하게 되면 오행성격 재능을 배가시킬 수 있습니다.

사주 8자에 분포된 오행성격 목, 화, 금, 수, 토에 음 또는 양이 하나씩 분포되어 있습니다. 오행성격 특성의 활성화 정도가 양이 분포된 경우는 올라가지만 음이 분포된 경우는 오행성격의 활성화 정도가 내려갑니다. 성격모델 30개는 이론적 모형입니다. 실제 사주 8자는 개인정보 보호법 때문에 조사가 불가능하였습니다. 오행성격 목, 화, 금, 수, 토의 음양의 역할은 설명할 수 없게 되었음을 이해하여 주시기 바랍니다. 그러나 개인은 이 책의 음양 성격 활용법을 읽고 이해하면 음과 양의 오행성격 활용이 가능합니다.

<u>음양의 성격 활용법은 3장 73~74페이지를 참고하시기 바랍니다.</u>

<u>토의 강점성격은</u> 오행성격 특성인 목·화·금·수·토를 모두 가지고 있습니다. 일본 교토대 혼조 다스쿠 교수가 2018년 노벨 생리의학상을 받았습니다. 1992년 그의 대학원생 한 명의 연구에서 우연히 새로운 분자 PD-1이 다른 물질을 공격해 몸을 지키는 면역기능에 브레이크 역할을 한다는 것을 발견하였습니다. 이 브레이크의 역할을 막으면 면역기능이 암을 공격하게 되지 않을까 하는 생각을 하고 암 치료에 응용이 가능할까 하는 생각이 떠올랐습니다. 당시 면역기능으로 암을 치료하려는 시도는 모두 실패해 면역기능으로 암 치료제를 개발하는 것은 상식 밖의 일이었습니다. 그는 상식을 뛰어 넘어 '면역치료' 암 치료제를 개발하였습니다. 동아일보 교토 특파원과의 인터뷰에서 그는 "돌멩이를 주어 갈고 닦았더니 다이아몬드가 되었다."고 말했습니다. 절차탁마(切磋琢磨)라는 중국 고전의 말을

인용한 것으로 보입니다. 이 말 속에 그의 총명함과 지혜(토의 성격), 직감능력(화의 성격), 인내, 끈기, 집중력, 성실함(금의 성격), 끊임없이 솟아나는 열정(화의 성격), 높은 목표에 도전(목의 성격), 머리 회전이 빠르고 깨달음을 바탕으로 한 정신적 기능이 높은 학자(수의 성격)의 모습이 보입니다.

목의 약점성격은 욕구와 욕망은 강렬하지만 야망이 작습니다. 목과 화는 상생 관계이므로 목은 강점성격인 화에게서 목표를 세우고 성취하려는 열정과 도전정신을 갖게 하는 데 충분한 도움을 받을 수 있어 목표를 세우고 성취하려는 야망이 되살아나 목표 성취에 화에게 받은 에너지를 집중할 가능성이 있습니다(화생목). 수와 목은 상생 관계이므로 수에게서 현실적인 감각과 일과 일이 되어 가는 상황에 대해 객관적으로 판단하고 환경과 상황 변화에 유연하게 알맞은 방법으로 일을 잘 살펴서 처리하는 데 수의 충분한 도움을 받을 가능성이 있습니다(수생목).

화의 약점성격은 정열과 열정이 강렬하여 자기 몸마저 불사를 가능성이 있습니다. 화는 수·금과 상극 관계이므로 수에게서 겨울철의 찬물 같은 마음을 가지라는 충고를 받을 수 있고 금에게서 냉정한 마음을 가지라는 싸늘한 조언을 받을 수 있어 타오르는 정열과 열정을 어느 정도 식히고 냉정한 마음을 가질 수 있습니다(수극화+금극화). 화는 목의 성격처럼 미래의 가능성이 있는 비전을 보고 성취에 대한 열정과 도전정신도 가지고 있습니다. 그러나 화는 침착하지 못하고 인내심이 부족하여 성취에 대한 열정과 도전정신이 쉽게 꺾입니다. 화와 목은 상생 관계이므로 화는 목에게서 성취에 대한 동기와 북돋음을 받을 수 있어 미래에 대한 꿈과 성취에 대한 열정과 도전정신이 되살아날 수 있습니다(목생화). 또한 화와 금은 상극 관계이므로 화는 금으로부터 인내심을 갖도록 하는 성실한 충고를 받을 수 있습니다(금극화). 화는 토와 상생 관계이므로 토에게서 성취욕과 일의 끝맺음에 대한 도움을 받을 가능성이 높습니다(토생화).

　수의 약점성격은 미지근한 행동과 쉽게 살려는 태도로 주위 사람에게 자신감이 없고 게으른 사람으로 오해 받을 가능성이 높습니다. 목과 수는 상생 관계이므로 목이 수에게 자기주장과 적극적인 성격을 가지는 데 도움을 줄 수 있습니다. 수가 목의 도움과 응원을 받아들여 노력하면 적극적인 행동과 부지런한 성격을 가질 수 있습니다(목생수). 수는 타인의 감정을 쉽게 읽고 돕는 데 적극적입니다. 이런 행동들은 사람들에게 이용당해 자기와 가족에게 경제적인 피해를 입힐 가능성이 높습니다. 흙(토)으로 둑을 쌓아 흘러가는 물을 모아 두어 필요할 때 물을 사용하는 지혜가 토에게 있습니다. 수와 토는 상극 관계입니다. 수는 토에게서 재물을 절약하는 지혜 있는 조언을 받아들여야 다른 사람들에게 이용당할 염려를 줄일 수 있습니다(토극수).

　금의 약점성격은 논리적이고 합리적인 사고로 객관적으로 판단할 수 있어 냉정하게 타인들을 비판할 가능성이 있습니다. 화와 금은 상극 관계이므로 화의 충고를 받아들여 평소 생활에서 타인을 사랑하고 이해하는 습관을 길들여 비판을 줄여야 합니다(화극금). 금은 일하는 데 집중력은 강하지만 융통성이 부족하여 고집불통이 될 수 있습니다. 수와 금은 상생 관계이므로 수의 응원을 받아들여 평소 생활에서 유연성과 융통성을 길들이는 습관을 길러야 합니다(수생목). 금은 조심성 있고 신중하여 돌다리도 두드려 보고 건너는 성격입니다. 목과 금은 상극 관계이므로 목에게서 도전정신을 가지라는 조언을 받을 수 있습니다. 도전정신을 가지는 것은 금의 의지에 달려 있습니다(목극금).

요약 : 성격모델 30에서는 토가 중심 역할을 하는 강점성격입니다.

토는 세상 전반에 대한 특별한 시각을 가지고 있어 보통 사람의 눈에는 복잡하게 보이는 세상일들에서 일정한 변화 물결 방향을 발견하고 미래의 대책을 세우는 능력이 있습니다. 토는 옛 경험과 생각으로부터 자유로워 새로운 아이디어를 창안해 낼 수 있고 타인의 혁신과 새로운 아이디어를 받아들일 수 있는 열린 마음의 성격입니다. 그리고 토는 믿음, 공평과 의리(금의 성격) 그리고 포용력(수의 성격)이 있으며, 활동적(목의 성격)이고 부드러움과 열정(화의 성격)이 있어 리더십이 뛰어납니다. 토는 인간관계를 중요하게 생각하며(수의 성격) 사람을 좋아해서(화의 성격) 친구와 소통이 원활합니다. 그리고 토는 성취욕(목의 성격)과 열정(화의 성격)이 강해서 주어진 일을 끝까지 해냅니다(금의 성격). 성격모델 30의 성격 소유자는 오행성격 특성을 모두 가지고 있어 자기의 마음이 끌리는 분야를 개발하고 확장해 나가면 사회적으로 큰 인물이 될 가능성이 높습니다.

『종의 기원』을 저술한 찰스 다윈

성격모델 30의 오행성격과 거의 비슷한 오행성격을 가진 영국의 생물학자, 지질학자로 인류 역사에 오랫동안 빛낼 뛰어난 작품『종의 기원』을 저술한 찰스 다윈의 인생사를 살펴서 다윈의 성격이 일생에 어떻게 영향을 미치게 되었는지를 필자가 설명하겠습니다.

다윈의 오행성격은 토 5개, 목 1개, 화 1개, 금 1개, 수 0개입니다. 토의 오행성격은 오행성격 목, 화, 금, 수, 토를 모두 가지고 있습니다. 다윈의 오행성격이 5개인 것은 환경과 상황 변화에 따라 대응하는 데 필요한 오행성격 특성이 행동으로 드러난다는 뜻입니다. 다윈의 5개의 토의 성격은 목,

화, 금, 수에게 오행성격 1개씩 이상의 도움을 줄 수 있습니다. 결과적으로 토는 물론 목, 화, 금도 강점성격(오행성격 분포수가 2개 이상)이 될 가능성이 매우 높습니다. 수의 오행성격도 오행성격 평균 분포수 1.6개 가까이 끌어올려질 수 있습니다.

다윈은 부유한 의사인 아버지와 어머니 사이에서 2남 4녀 중 다섯째 아이이자 둘째 아들로 태어났습니다. 박물학자이며 진보지식인 의사인 할아버지, 영국 도자기 산업의 창시자이며, 도예가이자 기업인인 조시아 웨지우드가 다윈의 외할아버지입니다. 다윈의 어머니는 다윈이 8세 때 돌아가셔서 누나들에 의해 길러졌습니다. 집안 분위기는 너그럽고 인정이 많고 자유로웠습니다. 다윈은 8세 때 식물, 조개, 광물을 수집하는 취미를 가지게 되었습니다. 형의 화학실험도 도왔습니다. 다윈은 초중등학교 교육이 주입식이어서 자유로운 영혼을 가진 다윈이 적응하는 데 어려움이 있었으나 점차 과학에 큰 관심을 가지게 되었습니다. 다윈의 아버지는 다윈을 의학부에 보냈으나 관심이 없자, 케임브리지대학 신학부로 옮겼습니다. 졸업 후 비글호를 타고 5년간 세계 일주를 하면서 동물, 식물, 광물 등 많은 박물학 자료를 수집하였습니다. 다윈은 여행 후 수집한 자료들을 분류하고 분석하며 진화론을 연구한 후 1859년 『종의 기원』을 발표하였습니다. 다윈은 갈릴레오, 에디슨, 아인슈타인처럼 내향성 성격이 강했습니다. 그는 놀라운 집중력과 끈기, 과학적 자료에 근거한 객관적인 판단(금), 엄청난 통찰력(토), 한 가지 목표에만(목) 열정을 끊임없이 집중하는 강한 의지력(화), 잠재성과 가능성을 지각하는 직관형 사고(화), 열린 마음으로 독창적 연구를 하는 성격입니다. 다윈은 오행의 강점성격 4개, 목, 화, 금, 토를 최대로 발휘한 모델로 보입니다.

"국민의, 국민에 의한, 국민을 위한 정부" 에이브러햄 링컨

성격모델 30의 오행성격과 거의 비슷한 오행성격을 가진 미국의 대통령을 지낸 에이브러햄 링컨의 인생사를 살펴서 링컨의 성격이 일생에 어떻게 영향을 미치게 되었는지를 필자가 설명하겠습니다.

링컨의 오행성격은 토 5개, 목 1개, 화 1개, 금 1개, 수 0개로 앞장에서 설명한 오행성격이 다윈과 같습니다. 그런데 **왜 다윈과 링컨은 오행성격은 같은데 서로 다른 인생사를 엮어 나갔을까요?** 다윈은 과학자로, 링컨은 정치가로 최고 지위에 오른 분들입니다. 두 분은 조상으로부터 이어받은 재능이 다르고 어린 시절부터 청년이 되기까지 부모로 받은 후원이 달랐습니다. 심리학자들은 개인의 성격 형성은 50%가 유전, 나머지 50%는 환경에 의해 결정된다고 합니다. 다윈과 링컨은 생년월일이 같습니다. 다윈은 『종의 기원』으로 링컨은 노예해방으로 인류 역사에 큰 발자취를 남기셨습니다.

링컨은 아버지와 어머니 사이에 둘째 자녀로 태어났습니다. 링컨의 어머니는 34세로 세상을 떠났습니다. 링컨의 아버지와 재혼한 새엄마는 마음이 따뜻하고 부드러운 분이어서 독서를 좋아하는 링컨을 잘 보살펴 주어서 여러 방면의 독서를 깊이 할 수 있어, 정식교육은 18개월밖에 받지 않았지만 풍부한 지식을 가지게 되었습니다(금의 성격). 링컨은 말솜씨가 뛰어나고 영리하고 재주가 있었습니다(토의 성격). 링컨은 농담을 잘하는(토의 성격) 쾌활한 성격이었습니다. 링컨은 키가 193cm로 힘이 장사였습니다. 링컨은 생계를 위해 프로 레슬러도 했는데 12년 동안 단 한번 밖에 패하지 않은 도전적인 경쟁을 즐기는 성격이었습니다(목의 성격). 링컨은 독학으로 변호사가 되었습니다. 그 후 링컨은 일리노이주 주의원으로 정치계에 입문 후 연방의회 하원의원으로 당선되었습니다. 노예제도를 반대한 링컨은 1860년 11월 6일 미국 16대 대통령으로 당선되었습니다. 남북전쟁 당시 치열한 게티스버그 전투가 승리로 끝난 후, 링컨은 역사에 오래 남을 만한 "국민의, 국민에 의한, 국민을 위한 정부"라는 짧은 문장으로 많은 사람들의 공감을 얻었습니다. 1863년 1월 1일에 링컨은 인류 전체에 대한 사랑의 신념으로 노예 해방 선언문에 서명하였으며, 남북전쟁 후 국가를 통합하기 위해 관대한 화해정책을 폈습니다(토의 성격). 링컨은 유연한 지도력을 발휘하여 공화당의 여러 분파 지도자들을 내각에 참여시켜 공화당이 하나로 되게 하였습니다. 링컨은 리더십을 발휘하여 1864년에 재선에 성공하였다. 링컨은 야망이 크고, 도전과 경쟁을 즐기며 활동적이고 사교적인 행동파 성격입니다(목의 성격). 독서를 좋아하고 독학으로 변호사가 되고(금의 성격), 의리와 공평과 포용력이 있으며 활동적이고 부드러움과 열정이 있어 리더십이 강했습니다(토의 성격). 말솜씨가 뛰어나 대중에게 감동을 줄 수 있는 대중연설의 달인이었습니다(토의 성격). 링컨은 최대의 강점성격은 토 5개를 다른 오행성격 목, 금, 화, 수 재능을 최대로 발휘한 모델입니다.

성격모델 30개와 다른 오행성격을 가진 소설가, 극작가
빅토르 위고, 기드 모파상, 알베르 까뮈

성격모델 30개에 없는 오행성격을 가진 프랑스의 대표작가 3명의 오행성격을 필자가 설명하겠습니다. 1802년에 태어난 시인, 소설가, 극작가인 빅토르 위고, 1850년에 태어난 사실주의의 대표작가 기드 모파상, 1913년에 태어난 철학자, 소설가, 시인인 알베르 카뮈의 오행의 강점성격과 3인의 창작 재능의 공통 오행성격을 살펴보겠습니다.

위고의 오행성격은 화 3개, 수 2개, 토 1개, 금 1개, 목 1개입니다. 모파상의 오행성격은 토 3개, 수 2개, 화 1개, 금 2개입니다. 카뮈의 오행성격은 수 4개, 토 2개, 화 1개, 금 1개입니다. 창조적인 작가는 눈앞의 현실을 떠나 잠재성과 가능성을 상상하는 직관형이 많으며 자기 감정에 빠지기 쉬운 화의 성격을 가지고 있습니다. 창조적 작가는 수의 성격인 실행할 수 없는 상상으로 많은 시간을 보냅니다. 창조적 작가는 옛 경험과 사고로부터 자유로운 열린 마음인 토의 성격을 가지고 있습니다. 창조적 작가들은 오행성격 분포수가 총 8개 중에 6개 이상을 가지고 있습니다. 위고는 화 3개+수 2개+토 1개=6개 이고 모파상은 토 3개+수 2개+화 1개=6개, 그리고 금 2개입니다. 카뮈는 수 4개+토 2개+화 1개=7개입니다.

　위고는 17, 18세기에 걸쳐 유럽에서 일어난 그리스, 로마를 모범으로 삼은 예술 경향에 대항하여 낭만주의를 승리로 이끈 혁신적(화 3개) 경향이 강한 소설, 극작가로 『레미제라블』, 『노트르담 곱추』 등 많은 문학작품을 남겼습니다. 모파상은 불과 10년간의 문단생활에서 단편소설 약300편을 썼습니다. 모파상은 19세기 후반 유럽 각국에서 일어난 자연과 현실을 발판 삼고(토 3개) 객관적 사실(금 2개)에서 출발하여 현실의 본질을 올바르게 파악하려는 사실주의 문학에 충실한 장편소설 『여자의 일생』 걸작을 남겼습니다. 카뮈는 소설가, 평론가, 철학자, 언론인으로 다양한 활동을 하였습니다. 카뮈는 현실적 감각이 뛰어나고 사실에 근거하여 객관적으로 판단하며 상황과 환경 변화에 적응력이 강하고(수 4개) 20세기 중반 소용돌이치는 국제 환경에서 총명함과 지혜로 세상 변화의 물결을 파악하여 행동하는 지성인이었습니다. 레지스탕스와 인권운동에 카뮈는 사회참여를 하였습니다. 카뮈는 소설 『이방인』, 평론 「시지프 신화」를 발표하여 부조리(absurd)를 명석하게 의식하면서, 그것에 반항하는 부조리한 인간을 그려냈습니다. 카뮈는 1957년 노벨문학상을 받았습니다.

성격모델 30개와 다른 오행성격을 가진 축구스타
리오넬 메시, 킬리안 음바페, 네이마르, 크리스티아누 호날두

성격모델 30개에 없는 오행성격을 가진 축구 스타인 아르헨티나의 리오넬 메시, 프랑스의 킬리안 음바페, 브라질의 네이마르, 포르투갈의 크리스티아누 호날두 등 4명의 공격수들이 어떤 오행성격을 가지고 노력하여 스포츠스타가 되었는지를 필자가 설명하겠습니다.

메시 선수의 오행성격은 화 3개, 금 2개, 토 1개와 목 2개입니다. 음바페 선수의 오행성격은 화 2개, 금 1개, 토 2개와 목 2개입니다. 네이마르 선수의 오행성격은 화 2개, 금 2개, 토 1개와 목 2개입니다. 호날두 선수의 오행성격은 화 2개, 금 0개, 토 2개, 수 2개와 목 2개입니다.

축구 스타 4명 모두 강점성격인 목 2개입니다. 이분들은 최고 축구선수가 되려는 명예욕과 욕망과 야망이 매우 강렬하고 경쟁을 즐기며, 활동적이고 낙관적이며 행동파 성격을 가졌습니다(목 2개). 4명 모두 공격수로 필요한 골문 근처에서 슈팅할 수 있는 직감능력이 발달하였으며 즉흥적 결단과 순발력이 매우 발달한 선수들입니다(화 2개, 메시는 3개). 메시는 키가 170cm, 네이마르는 키가 174.6cm로 큰 키는 아니지만 끊임없는 자기훈련으로 축구 기술을 발달시킨 것으로 보입니다(금 2개). 음바페는 키가 178cm로 강건한 체격을 가지고 있습니다. 이 선수는 금의 성격이 하나이지만 강점성격인 토와 상생 관계이어서 금의 오행성격을 중간 단계 가까이 끌어올릴 가능성이 높아 자기 훈련을 열심히 할 것으로 생각됩니다. 호날두는 키가 187.5cm로 공격수로서 좋은 체격을 가지고 있습니다. 다만 호날두는 금이 0개이나 강점성격인 토와 수가 금에게 충분한 도움을 줄 수 있어 금의 오행성격 활성화를 중간 단계 가까이 끌어올릴 가능성이 있습니다. 호날두는 수가 2개로 여유 있고 유연하며 서둘지 않는 성격으로 보입니다. 축구 스타인 4명 모두 자신의 강점성격을 개발, 발전시켜 세계 최우수 축구선수의 꿈을 이루어 가는 모델들입니다.

성격모델 30개와 다른 오행성격을 가진 골프, 테니스 황제와 여제
타이거 우즈, 아니카 소렌스탐, 마리아 샤라포바

성격모델 30개에 없는 오행성격을 가진 미국의 골프 황제 타이거 우즈, 스웨덴의 여자골프 선수로 가장 성공적인 기록들을 남긴 아니카 소렌스탐, 출중한 외모와 뛰어난 테니스 실력을 갖춘 러시아의 마리아 샤라포바 등 3명의 선수들이 어떤 오행성격을 가지고 노력하여 스포츠스타가 되었는지를 살펴보겠습니다.

3명의 스포츠 스타의 오행성격 특성을 살펴보면 우즈의 오행성격은 목 2개, 토 2개, 금 3개입니다. 소렌스탐의 오행성격은 토 3개, 금 3개, 화 1개입니다. 샤라포바의 오행성격은 목 2개, 토 3개, 금 2개입니다.

우즈와 샤라포바는 부모님들의 열렬한 보살핌과 보살핌을 받으며 어린 시절부터 운동을 시작해서 꾸준한 연습과 훈련, 전문코치에게 교육을 받았습니다. 우즈와 샤라포바는 강점성격인 목 2개입니다. 둘은 최고의 선수가 되려는 명예욕과 욕망과 야망이 강렬하고 운동과 경쟁을 즐기며 활동적이고 낙관적이며 행동파 성격을 가졌습니다. 소렌스탐은 12세에 골프를 시작하여 미국의 애리조나 골프 명문 대학에서 유학하며 골프교육을 받으며 골프 기술을 몸에 익히는 데 최선을 다하는 선수였습니다(금 3개). 소렌스탐은 체력훈련도 열심히 한 것으로 알려져 있습니다. 샤라바포의 금의 성격은 2개이지만, 강점성격인 토와 상생 관계이어서 금은 토에게 충분한 도움을 받을 수 있어 금 3개 활성화 정도에 이룰 가능성이 매우 높습니다. 세 명의 금의 성격 특성은 정신적·육체적 고통을 참고 견디는 인내심과 끈기가 강렬하고 게임을 할 때는 이성적이고 합리적인 사고를 하여 감정에 치우치지 않고 침착하게 게임을 이끌어갑니다. 매 경기마다 환경과 상황 변화가 많습니다. 세 명 모두 강점성격(재능)인 토의 성격을 가지고 있습니다(우즈와 샤로포바는 2개, 소렌스탐은 3개). 세 명은 이후, 장소환경과 몸 컨디션, 같이 운동하는 선수 등등의 상황 변화에 총명함과 지혜로(토의 성격) 다양한 변화에 대처해 나갑니다. 세 선수 모두 자신의 강점성격을 개발, 발전시켜 세계의 최우수 스포츠 스타의 꿈을 성취한 본보기로 생각됩니다.

5장
나이가 성격을 변화시키는가?

행복한 삶은

생물 본능, 사회 본능과 개인발달 본능의

조화와 균형에서 만들어집니다.

삶의 과정은 몇 단계로 나눌 수 있을까?

일년생 식물의 성장과정은 씨가 싹이 튼 후에 뿌리와 줄기, 잎이 생장하고 발달합니다. 그 후에 꽃이 피고 열매를 맺습니다. 그리고 노화되고 일생을 마감합니다. '벼'처럼 우리의 일생에도 삶의 단계가 있다고 생각해서 청소년기, 중년기, 장년기, 노년기로 나누었습니다.

과거 현인들은 '벼'의 일생이 단계별로 반복되는 것처럼 사람의 일생도 비슷하게 반복되는 일생 주기(life cycle)에 관심을 가지게 된 것으로 보입니다. **고대 중국의 성인 공자는 일생을 여섯 단계로 나누었습니다.** 15세에 이학(而學)-배우기·인생준비기, 30세에 이립(而立)-부모로부터 독립·사회 구성원이 된 시기, 40세에 불혹(不惑)-삶의 목표에 매진하는 시기, 50세 지천명(知天命)-사회적 정의 실현에 어긋남이 없는지 되돌아보고, 60세에 이순(而順)-인간관계를 중요하게 여기는 시기, 70세에 종심(從心)-세상일에 초월한 자유로운 삶을 즐기는 시기로 분류했습니다.

반면, **스페인의 현인 발타자르 그라시안(Balthasar Gracian 1601~1658)은 일생 과정을 동물에 비유하여 일곱 단계로 나누었습니다.** 스물은 아름다움을 상징하는 공작, 서른은 육체적·정신적으로 힘이 절정에 달하는 시기로 사자, 마흔은 생산성이 최고인 시기로 낙타, 쉰 살을 지혜와 총명의 상징인 뱀, 예순일 때는 열린 마음으로 다른 사람들을 포용하는 개, 일흔이 되면 풍부한 경험과 지식으로 사회적 능력이 성숙한 원숭이로, 마지막 여든이 되면 사회의 시야에 벗어난 사람, 아무것도 아닌 것이라고 쉽게 이해하도록 표현했습니다.

공자의 여섯 단계로 나눈 일생 과정을 동북아시아에서는 2500년이 지난 근대까지도 금옥과 같이 귀중하게 여기어 신봉하는 법칙(Golden rule)으로 여겼습니다.

서양에서는 발타자르 그라시안의 일생 일곱 단계를 쇼펜하우어, 니체 등 많은 지식인들이 인용하여 널리 사람들의 대화 주제에 오르내렸습니다. 이 공자와 그라시안의 인생 단계 분류 안에는 성격의 변화가 나이에 따라 이루어진다는 것이 암시되어 있습니다.

현대에 들어서면서 많은 학자들이 사람의 일생 과정을 여러 단계로 나누었습니다. 레빈슨(Levinson, D. T, 1978)은 사람의 일생을 1년으로 비유해 각 단계를 봄, 여름, 가을, 겨울로 비유하였습니다(성격 발달과 심리의 이해. 박아청). 1년 4계절을 일생으로 비유하여 생각한 것은 동양의 오랜 관습이었습니다. 봄은 청춘 시절 즉 청년기로 생각했습니다. 그리고 "귀 밑에 하얀 서리가 내렸으니 내 인생도 가을이 되었구나!"라는 표현은 인생이 이미 장년기에 접어들었다는 의미입니다. 오행의 성격 특성은 4계절에 맞추어져 있습니다.

공자와 그라시안은 인생 단계에 따라 성격이 다르게 나타남을 보여 주었습니다. 사람처럼 환경 변화에 예민하게 적응하는 생명체는 지구상에는 없습니다. 사람이 '만물의 영장'이 된 것도 바로 이 적응력 때문이라 생각됩니다. 나이에 맞는 행동은 사회 생활에 필수적입니다. 인생의 각 단계별 적절한 성격을 이해하면 자기 발전과 성장의 토대가 될 수 있습니다. 오행성격은 사주책에 계절별로 차례를 좇아 설명한 것이 여러 곳에 있습니다. 필자는 이것들을 인생 단계, 즉 청년기, 중년기, 장년기, 노년기에 맞추어 정리하여 쉽게 설명하려고 시도하였습니다. 인생의 4단계 분류가 이치에 닿지 않은 내용을 꿰어 맞춘 것이라는 전문가들의 비평이 있을 수 있습니다. 독자들의 아량을 부탁드립니다.

'성격 특성은 신기루 같다'는 표현이 생각납니다. 저에게 성격 특성은 무지개처럼 보입니다. 어릴 적에 무지개를 만져보려고 달려가면 무지개는 저만큼 물러서 있는 것을 보았습니다. 볼 수는 있어도 만질 수는 없는 것이 무지개라는 것을 깨달았습니다. 사랑하는 행동을 보면 사랑이 무엇인지를 얼마쯤은 알 수 있는 것처럼 사람의 행동을 보면 그 사람의 성격을 대충 알아볼 수는 있어도 성격은 보고 만져 볼 수는 없습니다.

청소년기 '목'의 성격

인간의 성격은 일생 동안 발달한다고 발달심리학자들은 주장합니다. 생물학적 발달은 대부분 청소년기에 완성되지만 심리적, 사회적 적응 능력은 노년기까지 발전하는 것으로 보고 있습니다. 현대 사회 이전까지는 인간의 평균수명이 40세에 머물러 있었지만 지금은 80세에 근접하고 있습니다. 정보화 사회에 접어들어 세계의 여러 가지 특성을 가진 문화의 교류가 폭넓게 그리고 빠르게 이루어져서 전통적인 가치관이나 생활양식이 하나로 융합되어 가는 과정에서 지금까지 들어본 적이 없고 기대도 하지 않았던 새로운 활기차고 변화가 빠른 시대가 열려 모든 세대가 사회 생활 적응에 힘겨워하고 있습니다. 지금 세계는 문화, 문명이 옛 것에서 벗어나 새것으로 옮겨가는 시기로 생각됩니다.

변화하는 과도기의 대처 방법은 기본 원칙에 따라 대응하는 것이 좋다고 생각됩니다. 음양오행의 성격 특성 요인들은 자연법칙에 근거해 사계절의 변화에 특별히 관심을 가지고 자세히 살폈습니다. 생물학적 변화는 자연의 법칙입니다. 생물학적 변화인 연령 증가에 따라 5대 성격요인 모델 중에 신경성, 외향성 그리고 개방성은 거의 그대로 유지하는 것으로 알려졌습니다. 이들 성격 특성 요인은 원시 사회의 원시인 행동의 중요한 원인이 되는 생물 본능에서 유래되었습니다. 그러나 농업·산업 사회의 문명인 행동의 중요한 원인이 되는 사회적 본능에서 유래된 성실성과 친화성은 나이가 들수록 높아지는 것으로 알려졌습니다.

청년기에는 자기 생존과 생식 본능, 생물 본능에 따라 욕망, 야망, 그리고 정욕과 열정에 관련된 많은 생물의 생식 계절인 봄을 닮은 목(木)과 화(火)의 성격이 도드라지게 나타나는 시기입니다. 바로 이 청년기는 사회인이 되는 준비기간으로 봅니다. 태아기에서 유아기, 아동기 그리고 청소년기를 거쳐서 청년기에 이르러 몸과 마음이 성장하고 발달하게 됩니다. 출생 시에 23%의 성장을 보인 뇌가 7세 무렵에는 90% 성장하고 20대에 뇌의 성숙이 이루어진다고 합니다. 2~3세 무렵에 부모 사랑의 정도를 판단할 수 있는 것으로 보입니다. 아이가 엄마와 친근감을 표현할 때 "엄마가 세상에서 제일 좋아." 그리고 아빠와 이야기 할 때도 "아빠가 세상에서 제일 좋아."라고 합니다. 엄마와 아빠가 함께 "누가 더 세상에서 제일 좋아?"라고 질문하면 아이는 고개 숙이고 한참 생각한 후에 "엄마 아빠가 똑같이 좋아."라고 대답합니다. "엄마가 더 좋아."라고 말하고 싶었지만, 인간관계 상황에 따라 마음을 숨길 수 있는 사회 생활에 기초를 둔 적응 능력이 생긴 것입니다. 개인 생활에 기초를 둔 인간이 사회 생활에 기초를 둔 인간으로 변화를 시작한 것입니다.

동양에는 '세 살 적 버릇이 여든까지 간다.'는 속담이 있습니다. 어릴 때 몸에 젖은 나쁜 습관을 늙도록 고치기가 힘들다는 뜻입니다. 세 살 때부터 사회인이 되는 교육이 필요하다는 의미입니다. 3세가 되면 성격 형성도 상당한 수준까지 발달된 것으로 보입니다. '타고난 성품은 서로 비슷하다. 습관이 서로를 차이 나게 만든다.' (『논어』 17;2는 습관이 제 2천성(후천성)을 만든다고 강조한 공자의 교육 철학이 담긴 말씀입니다.) 아이가 부모에게 처음 거짓말 한 것을 철없는 어린애의 귀여운 행동으로 생각해서 가볍게 지나치면, 거짓말은 반복되고 습관이 되어 성격으로 굳어져 건전한 청년으로 성장할 수 없습니다. 반면, '모든 행동에는 목적이 있다.'는 심리학자의 주장이 있습니다. 처음 거짓말 한 것을 심한 꾸중으로 나무라면 아이는 기가 죽어 자신의 생각과 감정을 표현하는 행동이 위축될 수 있습니다. 그래서 우리 아이들의 잘못된 행동에 대해서 부모들은 사랑이 담긴 말투로 타일러서 가르치면 올바른 아이로 자랄 수 있습니다.

봄철에 자라기 시작하는 어린 나무 줄기는 작은 지주목(어린 줄기를 곧게 자라도록 작은 나무 기둥) 하나를 옆에 세워 의지해 주면 비바람이 몰아쳐도 넘어지거나 부러지지 않고 곧게 자랍니다. 유년·소년기의 지주목은 부모와 가족입니다. 지주목은 부모의 재정적 지원(수생목)과 사랑(화생목)입니다. 특히 어린이에게는 따뜻한 사랑이 필요합니다. 어린이는 가족의 사랑을 먹고 성장합니다.

우리는 소년 소녀들을 '꿈나무'라고 부릅니다. 부모가 원하는 바람직한 인물이 되기를 바라는 마음의 표현입니다. 농부는 가을에 풍성한 수확을 얻기 위해 봄부터 가을까지 작물 키우는 데 열심히 땀 흘려 노력합니다. 이른 봄부터 밭을 갈고 씨 뿌릴 준비를 합니다. 씨가 싹이 잘 트도록 고운 땅, 즉 묘상에 씨를 뿌리고 적당한 수분과 온도를 관리하여 싹을 틔우고 기릅니다. 밭에 옮겨 심을 시기가 되면 미리 퇴비와 비료를 뿌려 준비한 토양에 옮겨 심고 물 관리를 성실하게 합니다. 밭 토양은 묘상보다 환경이 거칠고 비바람, 찬이슬, 서리에도 적응해야 합니다. 집안에서 부모의 따뜻한 사랑과 보살핌을 받아온 아동이 초등학교에 입학한 것은 홀로서기 생활의 시작과 비슷합니다. 부모의 품안을 떠나 우물 밖 넓은 세상에 도전한 개구리의 삶과 같습니다.

옮겨 심은 어린 나무는 새로운 땅에 적응력을 보여 새 뿌리가 나기 시작합니다. 이때 물 부족이 생길 가능성이 있습니다. 그렇다고 물을 많이 주면 침수 피해 즉, 산소 부족으로 뿌리의 호흡이 곤란하여 생장에 어려움을 줍니다. 학교생활에 잘 적응하도록 부모의 보살핌은 필요하지만 지나친 보호는 자녀들이 학교생활 적응하는 데 오히려 어려움을 줍니다.

초등학생들은 친구를 사귀는데 경쟁하고, 싸우고……. 사회 생활의 경험과 지식을 쌓기 시작합니다. 우리의 성격이 사회 생활에 중요한 역할을 하게 됩니다. 부모님가 자신들의 성격을 되돌아보면 자녀들이 타고난 성격의 많은 부분을 알 수 있습니다. 부모가 양(외향적) 성격인지, 음(내성적) 성격인지, 또는 음양의 성격을 비슷하게 가지고 있는지를 알면 자녀의 사회 생활에 확실한 멘토 역할이 가능합니다.

또한 오행의 성격 특성과 상생 상극 활용 방법을 알면 자녀들이 초등, 중등 그리고 고등학교 생활을 무난하게 할 수 있도록 도와주고 자녀들이 가진 꿈을 응원하고 지도해 줄 수 있습니다.

유년·소년기는 성장하는 삶의 영역을 확장하고 자기의 꿈을 실현시키기 위한 투쟁의 시기입니다. 생물 본능인 욕망(木)과 열정(火)이 강렬해야 자기의 꿈을 위해 공부를 열심히 하고 친구를 많이 만드는 사회 생활의 시작, 즉 초등학교 생활을 수월하게 적응해 나갈 수 있습니다. 욕망(木)이 적고 유순한 소년들은 또래 친구들과 경쟁과 다툼, 싸움 그리고 규칙적인 생활 같은 것이 싫어서 학교 가기를 싫어하고, 엄마 치맛자락만 잡고 빙빙 돌려고 합니다. 이럴 경우 또래들을 보고 배울 수 있는 기회가 적어지게 됩니다. 소년기는 성격이 환경에 적응하며 발달해 가는 중요한 기간입니다. 우리는 양(외향성)과 음(내향성) 성격을 함께 가지고 있습니다. 내향성이 우세한 소년에게는 부모의 관심과 사랑이 더 필요하고 외향성이 활성화되도록 도와주어야 합니다. 필자가 미국 유학 시절 초등학생 정도 되어 보이는 소년 소녀들이 조금 높은 언덕의 가파르고 위험한 곳에서 자전거를 타며 놀고 있는 것을 보고 깜짝 놀랐습니다. 시간이 흐른 후에야 새롭고 어려운 놀이를 친구들과 함께 도전과 경쟁을 통해서 외향성 성격을 길러 가는 미국 교육 방법임을 이해하게 되었습니다. 목과 화의 성격이 주요하게 반영되는 자신감, 사회성(사회 생활을 하려고 하는 인간의 고유한 성격), 활동성은 외향성의 핵심 부분입니다. 미국의 아이들은 도전적인 놀이를 통해서 그 사회가 선호하는 외향성을 강화하고 있었습니다.

봄 햇살이 따사로운 시기에 성장이 왕성한 나무는 물이 부족할 수 있습니다. 적당히 물을 주면 나무의 성장은 계속됩니다. 물이 나무의 성장을 돕는 것 '수생목'(水生木)입니다. 나무에게 필요한 이 시기의 물은 아이들에게는 재정적 지원 즉 용돈을 의미합니다. 소년 소녀들도 사회 생활을 하고 있기 때문에 용돈이 필요합니다. 돈 쓰는 법을 가르쳐 주어야 합니다. 미국 부모들은 집 앞 잔디 깎기를 시키고 땀 흘린 대가로 용돈을 줍니다. 많은 학생들이 아르바이트(Arbeit, 독일어)로 용돈을 충당합니다. 스스로 자기가 필요한 용돈을 마련하고 아껴 쓰는 경험을 몸으로 익히는 경제교육입니다. 나무가 물 없이 생장할 수 없듯이 삶을 이어가는 데는 '돈'이 필수임을 알게 되어 절약 정신이 싹트게 됩니다. 용돈이 청소년들의 욕망을 강하게 합니다. '수생목'입니다. 욕망(木)과 열정(火)이 강렬한 소년 소녀들에게 사회 본능인 성실성(금의 성격 특성 요인=자기 일에 열정을 집중하며 수행하는 것)과 친화성(수의 성격 특성 요인)을 가르쳐 몸에 익히도록 해야 합니다.

소년·소녀 시기에는 오행성격 중에 생물의 본능인 생존 본능 목(木)과 생식 본능(이성 친구 만들기) 화(火)와 같은 야성적인 성격이 쉽게 드러나는 때입니다. 자기중심적 생활 태도로 아직 사회에 길들여지지 않는 생물 본능이 강합니다. 거친 행동과 말투 때문에 또래들 간에 다툼이 쉽게 생기고 서로 말하지 않고 등 돌리는 때가 흔히 일어납니다. 인간관계에 대한 지혜와 친화성(수의 성격=친구를 사귀는 방법)을 가르쳐 주고 도와 주어야 합니다. 이것이 또한 수생목입니다. 몸이나 마음이 약하여 학교생활에 잘 견디지 못하는 소년, 소녀도 있습니다. 또래들에게 왕따당하기 쉽습니다. 이들에게 세상에 하나밖에 없는 중요한 존재임을 심어 주어야 합니다. 선생님과 부모의 도움이 꼭 필요합니다. 태권도, 권투 같은 격투기 운동과 자전거, 스쿠터 타기, 달리기 등등 체육 훈련하면 또래와의 경쟁에 자신감을 갖게 됩니다. 여러 가지 도전적인 성격은 목의 성격입니다. 유약한 '수'의 성격은 도전적인 '목'의 성격을 훈련으로 마음에 새겨 몸에 익히면 받아들여 자신감을 가진 소년, 소녀가 될 수 있습니다. 사람은 성격대로 행동합니다.

속리산 법주사 가는 길에 거목이 된 소나무 한 그루가 있습니다. 조선 왕조 7대왕 세조가 정일품 관직을 하사한 소나무로 많은 사람들의 칭송과 사랑을 받아 왔습니다. 어느 날 대통령이 되신 분이 속리산 법주사 가는 길에 정일품 소나무를 보고 자동차를 멈추게 한 후 내려서 소나무 아래를 거닐었습니다. 소나무 잎이 조금 시들어 보이고 큰 뿌리들이 땅위로 뻗어 있는 것을 보았습니다. 대통령께서 지역 관리에 정일품 소나무 관리를 소홀했다고 호통을 쳤습니다. 대통령께서 서울로 돌아간 후 지역 관리는 거름기가 많고 부드러운 밭 흙으로 큰 뿌리까지 풍성하게 덮어 주었습니다. 그 관리는 일주일쯤 지난 후 돌아와 소나무 잎이 싱싱하게 되었을 것이라고 상상하며 소나무를 보자 깜짝 놀랐습니다. 소나무 잎이 싱싱하기는커녕 더 시들어 있었습니다. 관리는 털썩 주저앉아 고민하고 있었는데, 하얀 백발의 도사(?)가 나타났습니다. 도사는 관리를 보고 빙긋이 웃으며 "여보게! 왜 소나무 잎이 시들어 가는 것인지 아는가?" "뿌리가 땅위로 나와 물을 제대로 흡수하지 못해서 시든 것 아니에요?" "땅을 살펴보아라! 자갈, 모래가 섞인 땅이냐? 황토가 많이 섞인 땅이냐?" 황토는 아주 작은 알갱이로 구성되어 있어 알갱이 사이가 아주 좁아서 공기가 드나들기 어려운 땅입니다. "황토가 많이 섞였는데요?" "황토에서는 산소가 땅 속 깊이 들어갈 수 없어 뿌리들이 숨 쉬려고 땅 위로 올라온 것이 아니냐! 원상태로 밭 흙을 치우고 가뭄일 때는 가끔 물을 주어라!" 크게 자랄 나무는 모래와 자갈이 적당히 섞인 토양이어야 물 빠짐이 좋아서 뿌리를 깊고 넓게 뻗어 내려갈 수 있어서 물 빠짐이 좋은 토양에 심어야 뿌리에 산소 공급이 원활하고 생장, 발달이 순조롭게 이루어집니다. 모래와 자갈이 많이 섞인 하천가에 큰 나무가 자란 것을 흔히 볼 수 있을 것입니다. 이런 땅은 물 빠짐이 좋아 산소부족은 없지만 그 대가로 영양분이 부족한 땅입니다. 큰 나무가 되려면 이러한 어려움을 견뎌내야 합니다. 역사의 영웅들은 어려움을 많이 이겨낸 자들입니다. 산소는 평상시 공기의 기압이 1기압 아래에서 땅 속 30cm 정도까지 들어갑니다.

그러나 우리가 재배하고 있는 대부분의 작물 뿌리는 땅속 30cm 이내에 뻗어 숨 쉬고 있습니다. 트렉터로 밭을 가는 깊이도 30cm 이내입니다. 작물을 심거나 씨를 뿌리기 전 밭갈이하는 것은 산소가 쉽게 땅속으로 들어갈 수 있도록 만드는 작업입니다.

'토'의 성격은 포용적이고 개방적입니다. 대지로는 모든 식물과 생물들에게 차별 없이 삶의 터를 제공합니다. 아직 성장을 하고 있는 소년 소녀들이 또래들에게 지나치게 포용적이고 생각과 행동이 개방적인 성격을 드러내면 욕심 많은(목의 성격) 또래들에게 이용당하고 못난 사람으로 취급당할 수 있습니다. 이것이 '목극토'(나무가 땅에 뿌리를 내리는 삶, 뿌리가 땅을 활용하는 모습)의 모습입니다. 물론 성년이 되었을 때는 주위 사람에게 칭찬 받을 수 있는 성격이 됩니다. 이때는 '토극목'(토가 목의 욕망 조절)이 됩니다. 같은 상극이라도 시기에 따라 다르게 활용됩니다. 시의적절(時宜適切), 그 때 그 때의 일이 되어 가는 모양이나 진행되어 가는 과정에 따라 꼭 알맞음이 있습니다.

어린 나무가 생장할 때는 원 줄기와 곁가지들도 함께 우거져 자랍니다. 몇 년이 지나고 나면 나무 종류에 따라 겉모습이 달라집니다. 은행나무처럼 키가 60m까지 자라는 나무의 원 줄기는 힘차게 자라면서 곁가지들의 자람을 억제하여 더디 자라게 합니다. 그러나 사과나무는 원 줄기에 나온 곁가지들이 원가지와 비슷하게 자랍니다. 철쭉은 원 줄기 곁에서 여러 개의 가지가 돋아나 가지들이 무성하게 자랍니다. 농부는 키우는 나무들의 겉모양을 알고 있어서 키우는 목적에 따라 맞추어 가지치기, 가지 솎음, 가지 끝부분을 살짝 잘라내어 나무 형태를 만들어 갑니다. 재목을 생산할 목적이라면 곁가지 치기, 가지 솎음을 열심히 해서 앞으로 재목이 되는 원 줄기의 생장에 햇볕 에너지가 모아지도록 기릅니다. 사과의 생산을 늘리고 고급화하려면 사과나무를 심은 지 몇 년 후에 원 줄기와 곁가지 생장을 가지치기와 가지 솎음으로 조절해서 곁가지들에게 생기는 작은 가지들을 키워 많은 사과가 열리게 합니다. 철쭉 같은 관상식물은 관상 용도에 따라 줄기의 끝을 전정(줄기 끝을 자름)합니다. 그래야 작은 곁가지들이 많이 나와 그곳에서 꽃봉오리가 맺히므로 많은 꽃을 피게 할 수 있습니다.

소년, 소녀 시절에는 꿈이 많습니다. 축구 경기를 보면 축구 선수가 되고 싶고, 야구 경기를 보면 야구 선수가 되고 싶어 합니다. 팝, 가수들의 공연장에 가면 팝가수가 되고 싶고 미술 전시회에 가면 화가가 되고 싶어 합니다. 국회의원, 장관, 장군 그리고 대통령도 되는 꿈도 꾸게 됩니다. 소년, 소녀 시절의 꿈이 많다는 이유로 부모들이 꿈을 조절하려는 경향이 있습니다.

부모님이 원하는 대로 자녀 꿈의 조절이 가능할까요? 꿈을 조절하는 시기가 적당할까요? 소년, 소녀 시절의 자녀들은 성장하고 있는 시기입니다. 성격도 여러 모양의 사회 생활에 맞추어 적응하여 형성되고 강점성격(자주 드러나는 성격 특성=재능)이 겉으로 드러나는 때입니다. 소년, 소녀의 미래는 은행나무, 사과나무와 철쭉처럼 성장 후 형태가 약 50% 정도만 정해져 있습니다. 50%는 환경에 따라 변할 수 있습니다. 우리의 유전자는 운동선수, 예술인, 정치인 등등 될 수 있는 잠세력(潛勢力, potentiality, 가능력을 가진 것)을 가지고 있습니다. 이러한 잠세력이 현실에서 실현되는 것은 환경과 본인의 의지 등 많은 요인이 협력해야 이루어질 수 있습니다. 각 분야에 '스타'가 되는 것은 쉬운 일이 아닙니다. 소년, 소녀 시절의 꿈들을 부모가 원하고 있는 꿈으로 조절해 버리면 자녀의 다른 꿈들은 모두 잘려지고 자기의 독특한 성격(강점성격=재능)을 잃어버려 부모가 시키는 대로 부모의 인생을 대신 살아가는 꼴이 됩니다. 부모들이 보기에는 그들의 자녀가 순종적이고 성실한 착한 자녀로 자라고 있다고 생각하겠지만 꿈을 잃은 자녀들은 수동적이 되고 방황할 수밖에 없습니다. 자녀들이 원하고 마음에 끌리는 꿈을 가질 때 꿈은 인생의 목적지로 가는 길을 안내하게 될 것입니다.

목과 금은 상극 관계입니다. 톱이나 전지가위(금)로 어린 나뭇가지들(목)을 자르는 것은 어린 나무의 앞날을 망치게 할 가능성이 높습니다. 어린 나무에게는 잘려 나간 작은 가지의 상처로도 생장이 멈출 수도 있고, 상처가 심하면 죽을 수도 있습니다. 가지치기는 시기가 중요합니다(상극은 넘치는 것은 덜어 주고 부족한 것은 채워 조절하는 관계입니다). 가지치기를 감당할 수 있는 시기를 결정하는 것은 경험과 지식이 많은 농부의 몫입니다. 부모들은 자녀들이 많은 꿈들을 실현하려고 노력하는 경험을 가지도록 많은 기회를 만들어 주어야 합니다. 꿈에 대한 경험과 지식이 축적되면 자연스럽게 자기의 여러 꿈들을 스스로 정리할 수 있게 됩니다. 그러한 시기는 뇌의 발달이 완성된 후 청년기가 되어서야 비로소 가능합니다. 소년은 소년다워야 하고 청년은 청년다워야 합니다. 소년 시절에는 꿈이 많아 하고 싶은 일이 많아 열정이 넘칩니다(목생화). 그러나 소년 때 하고 싶은 많은 꿈을 스스로 하나로 조절한다면 애늙은이가 되기 쉽습니다(금극목, 여러 개의 꿈을 하나만 남겨두고 나머지는 잘라냄). 아이와 노인에게는 열정의 차이가 있습니다. 열정(화)은 소년 소녀의 성장의 에너지입니다(화생목). 애늙은이는 꿈을 이루려는 열정이 부족할 수 있습니다.

야망이 큰 목의 성격은 화의 성격인 열정과 토의 성격인 포용과 개방성을 적당한 수준(균형과 조화를 이룬 상태)으로 받아들여야 자신의 야망을 펼 수 있습니다. 오행으로 표현하면 목의 큰 야망을 성취시키는 에너지인 열정(화생목)입니다. 순조로운 성취의 조건인 포용과 열린 마음이 필요합니다(토극목, 토가 목의 욕망 조절). 여기서 적당한 수준은 넘치지도 않고 모자람도 없는 중용을 의미합니다(상생과 상극의 역할).

소년, 소녀의 성격은 차가운 금의 성격과 물처럼 유연한 수의 성격 즉, 사회 생태계에 적응한 문명인의 성격보다 야망 있는 목의 성격과 열정이 있는 화의 원시 사회에 적응한 원시인의 성격이 더 자연스럽습니다. 금과 수의 성격은 인위적인 사회 환경에 적응한 모습입니다. 자연스러운 행동에는 꾸밈새 없이 순박하고 단순하며 약간은 거친 모습이 있는 야성이 있고, 인위적인 행동에는 사회 생활에 필요한 고상하고 세련된 교양이 있습니다. 우리의 야성과 교양의 균형은 청년기에 시작해서 대부분 중년기에 이루어집니다.

청소년기 '화'의 성격

따뜻한 봄볕 에너지에 모든 생물이 겨울잠에서 깨어나 꽃눈과 잎눈은 두터운 겨울 외투를 벗고 꽃과 잎으로 성장합니다. 성장은 삶과 같은 뜻의 말입니다. 갓난아이도 손을 뻗어 잡히는 물건을 움켜쥐어 입으로 먹으려 합니다. 소년, 소녀 시절은 사람의 일생 중에서 성장이 가장 왕성합니다.

성장에 대한 욕망이 강하고 주위 환경의 자극에 대해서 민감하게 반응합니다. 매우 충동적입니다. 이러한 충동은 생존 활동(survival mechanism)입니다. 성격은 50%을 타고나지만 성격의 50%는 환경에 적응하며 형성됩니다. 어린이 때는 타고난 성격대로 대부분 환경 자극에 반응하고 행동합니다. 소년, 소녀가 청년으로 성장하면서 성격의 50%가 형성되어 청년기에 타고난 성격 50%의 비율이 거의 완성되지만 완성된 성격도 고정되어 있는 것이 아니라 노년기까지 환경에 의해 형성된 성격은 나이와 환경에 따라 변화되는 것으로 심리학자들의 연구에 의해 알려졌습니다.

청소년 시절 성장을 욕망하는 생존 본능(자기의 생명을 지키기 위한 타고난 행동)인 성격은 '목'(木)이고 성장에 대한 예민함과 열정은 생식 본능(아들, 딸이 잘 되기를 바라는 생물 성질) '화'(火)의 성격입니다. 삶에 대한 욕망이 약하면 열정도 약해집니다. 욕망(木)이 강렬해야 열정(火)도 강해지고 열정이 강하면 약해진 욕망도 살아날 수 있습니다. 이것이 '목'과 '화'의 성격 상생 관계입니다. 어린이에서 소년, 소녀 시기까지는 거의 생물 본능인 '목'과 생식 본능인 '화'의 성격이 두드러지게 나타납니다. 사회적 본능의 성격인 '금'과 '수'는 사회 생활에서 얻은 경험으로 청년기에 서서히 형성되어 중년기에 거의 완성되지만 노년기까지 '금'과 수의 성격이 변화를 반복합니다.

꿈이 많으면('목'이 2개 이상 될 때 나타날 확률이 높음) 열정이 여러 개의 꿈으로 나누어져 열정이 약화될 수 있습니다. 소년, 소녀 시절의 여러 개의 꿈은 낭만적(실현성이 적고 고상하고 낙천적인)이어서 구체적인 계획이 없기 때문에 열정이 분산되는 경우는 많지 않아 염려할 필요는 없습니다. 청년기가 되어야 꿈의 실현을 위한 구체적 계획을 세우고 준비하게 됩니다. 자기의 꿈을 하나로, 또는 비슷한 꿈을 1개~2개 정도로 선택하고 열정을 다해 집중해야 꿈을 이룰 가능성이 높아집니다. 이루고 싶은 여러 개의 꿈 중에 하나를 선택하는 것은 괴로운 일입니다. **꿈을 포기하는 것은 아픔의 대명사입니다. 아픔은 성장의 진통입니다. '아프니까 청춘이다.'라는 말이 동감이 갑니다.** 청춘 시절 삶은 괴로움과 아픔을 위로받을 수 있고 멘토가 필요합니다. '화'와 '금'은 상극 관계, 즉 멘토 멘티의 관계입니다. '금'의 합리적 사고와 판단, 강한 의지력 그리고 집중력을 받아들이면 선택의 괴로움과 포기의 아픔을 위로받을 수 있습니다. 금의 합리적인 사고와 의지가 꿈들에 대한 열정을 조절하는 것을 '금극화' 즉 금이 화의 부족한 부분을 채워 주고 넘치는 것은 덜어 내는 상극 관계입니다.

천둥, 폭풍, 홍수, 태풍 같은 자연계의 드라마처럼 통제하기 힘든 정열의 화산을 분출시키고 욕망의 홍수를 드러내는 것은 청소년기의 성격 특성입니다. 이 시기는 자기 성장과 자신이 자기의 주인임을 강하게 의식할 때입니다. 생명의 본능인 생존에 대한 욕망, 생존 본능(木)과 생식에 대한 정열생식 본능(火)이 자기를 표현하는 행동으로 자주 나타납니다. 그러나 사회 생활을 경험하면서 사회 생활에 적응하기 위해 인간의 근본적 원동력인 욕망(木)과 성적 충동(火) 표현은 겉으로는 적게 나타내지만 내부에는 그대로 존재합니다. 내부에 웅크리고 있는 생물 본능은 밖으로 나오는 출구를 찾으려고 꿈틀거립니다. 다행스럽게도 주위에 멘토가 있어 청소년들의 마음을 알아채고 이들에 출구를 마련해 주면 위기를 벗어날 수 있습니다. 그렇지 못할 경우 우울증, 불안장애를 겪을 수 있습니다.

2019년 초, 중학교 2학년 A양이 자기 방에서 자해 행위를 했습니다. 부모가 물어도 침묵만 했던 A양은 상담교사에 속마음을 털어 놨습니다. "부모님은 오직 공부만 하라고 몰아세우기만 할 뿐 제 이야기는 전혀 들어주지 않습니다. 오직 제 마음을 이해해 주고 감싸주는 사람은 제 남자친구 뿐이었습니다. 그런데 제 남자친구가 다른 여자친구가 생겼는지 헤어지자고 했습니다. 정신적으로 무너져 버린 것 같았습니다. 눈앞이 깜깜해지고 이 넓은 세상에 홀로 남겨진 것 같았습니다. 방 밖으로 나서기가 불안하고 방안에 홀로 있는 것은 외롭고 우울했습니다." 보고서에 따르면 2015년 우울증으로 병원 치료를 받은 19세 이하 청소년들은 2만 3,771명이었던 것이 2018년에는 4만 3,739명으로 늘었습니다(조선일보, 2019년 5월 18일자 사회면에서 인용). 홀로 우울함과 정신불안장애에 고통 받고 있는 청소년들이 얼마나 많은지 헤아리기가 어렵습니다.

무한 경쟁이 현실화된 정보화 사회에서도 농업·산업 사회처럼 미래를 보장할 수 있는 길은 학교 공부뿐이라고 대부분의 부모들은 믿고 있습니다. 그런데 학교 공부가 시험 준비를 잘해서 성적을 올리고 원하는 대학에 입학하는 데만 올인하고 있는 것이 우리의 현실입니다. '행복은 성적순인가요?'라는 비웃는 말이 유행한 적이 있었습니다. 기성세대들에 대한 청소년들의 소극적인 저항 표현입니다. 청소년들은 시험 점수가 그들의 미래를 보장한다고 믿지 않고 있다는 의미입니다. 청소년들의 미래의 꿈을 키우고 성취하기 위해 지식을 배우고 몸에 익히는 교육이 아니라 입시 교육에만 몰입하는 입시 현장이 되었습니다. 청소년들은 대학입시 지옥에서부터 취업시험 지옥에 갇혀 신음하고 청년 시절을 낭비하고 있습니다. 인간 정신발달과 성격을 대상으로 하는 인성(人性)교육이 제대로 이뤄지지 않고 있습니다. A양처럼 남자친구와의 관계가 위기에 직면했을 때 해결하는 방법을 아무도 가르쳐 주지 않았습니다. 학교 또는 가정에서 인성교육을 제대로 받았다면 A양은 스스로 자기의 이성문제를 해결 할 수 있었을 것입니다.

생존 본능과 생식 본능은 삶을 성장시키고 이어가는 수레의 두 바퀴와 같습니다. 한 바퀴가 고장나면 수레는 멈출 수밖에 없습니다. 생식 본능을 아름답게 표현한 것이 남녀 간의 자연스러운 사랑입니다. 사랑은 정열에서 비롯되고 정열은 화의 성격입니다. 정열(pathos)과 열정(passion)은 주요한 화의 성격으로 이들을 조절할 수 있는 자기의 금의 성격을 알고 대응할 방법을 배우고 몸에 익혀야 합니다(금극화).

청소년들은 행동하기 전에 잠시 조용히 앉아서 생각하는 침착성과 인내심을 길러야 합니다. 침착성과 인내심은 금의 성격입니다. 화는 금으로부터 침착성과 인내심을 받아들이는 것이 '금극화', 즉 상극 관계입니다. 금의 성격은 사회 생활에 적응하는 데서 비롯되었습니다. 금의 성격을 마음에 새기고 꾸준한 노력과 몸에 익힘이 필요합니다. 아는 것으로 그치면 그 지식은 소용이 없습니다. 아는 것을 행동으로 익히고 실행해야 아는 것이 지혜가 되어 그 성과를 볼 수 있습니다. 정열과 열정의 강도가 높은 성격의 소유자는 에너지가 넘쳐서 일처리를 대충 대충하는 경향이 있습니다. 금의 성실함과 침착함을 받아들이는 마음에 새기고 몸에 익히는 교육과 훈련이 필요합니다. '금극화'의 상극 관계이기 때문에 노력하면 쉽게 해결될 수 있습니다. 화의 성격이 예민하기 때문에 외부 자극에 즉각 반응하는 순발력이 있습니다. 21세기 정보화 사회가 활기차게 변화하는 환경에서 순발력이 금의 성실성과 협력이 되면 유능한 일꾼이 될 수 있습니다. 유능한 일꾼은 성공의 지름길이 자신의 성격 안에 있음을 스스로 깨닫고 그 지름길로 자신의 인생 목적지를 향해 뚜벅뚜벅 전진할 것입니다.

청소년기 '토'의 성격

1950년대 저와 비슷한 나이 또래 농촌에서 살았던 초등학생들은 봄이 오면 전교생이 보리밟기 운동에 참가한 경험을 가지고 있을 것입니다. 선생님은 학생들을 일렬로 세우고 조심스럽게 보리 잎을 밟고 지나가게 했습니다. 짓이기지 않도록 주의를 시켰습니다. "선생님! 보리 잎들을 밟아 버리면 아파서 죽을 텐데 왜 밟아요?" "좋은 질문이구나! 보리는 겨울을 지내는 동안 땅이 얼어 서릿발이 서면 뿌리가 서릿발과 함께 땅 위로 솟구쳐 뜨게 된단다. 그러면 뿌리가 땅 속의 물을 흡수하지 못해 목말라 죽을 수가 있겠지? 그래서 이렇게 조심스럽게 밟아 주면 뿌리가 땅속과 잘 접촉되어 물을 마실 수 있게 되고 따뜻한 봄볕을 받으며 무럭무럭 자랄 수 있단다." "5월이 오면 마른 풀로 불을 피워 보리그을음도 할 수 있겠네! 야, 신난다."

대부분 식물은 땅에 뿌리를 내리고 삽니다. 만물이 땅 위와 땅 속에서 생활합니다. 땅은 모든 생명체를 차별하지 않고 받아들이고 삶의 터전을 차별하지 않고 내어 줍니다. 나무들이 자연스럽게 자라는 거친 산, 토양도 있고 작물을 재배하는 논, 밭처럼 기름진 토양도 있습니다. 거친 토양에서 생존, 생장하는 나무와 풀들은 인간의 원시인들의 생활과 닮았으며 기름진 논, 밭에서 재배되는 작물들은 문명인들의 생활을 닮았습니다. 야생에서 자라는 식물들은 스스로 생존할 수 있는 능력을 갖추고 생장하고 발달하고 번성합니다. 그러나 작물들은 생존 능력보다는 사람의 필요에 맞도록 개량됐기 때문에 농민의 보호 없이 자연환경에서 생존, 생장 그리고 번성하기가 쉽지 않습니다.

대부분의 청소년들은 기름지고 관개시설이 잘 되어 있는 논, 밭과 같은 부모와 가족의 보호를 받는 환경에서 성장하고 있습니다. 반면, 기름지지 못한 땅과 관개시설이 없는 메마른 야생의 토양에서 자라는 나무와 같이 자신의 힘으로만 꿋꿋하게 성장하고 있는 청소년들도 있습니다.

청소년이 소나무나 은행나무처럼 큰 나무가 될 성질을 가지고 태어나는지 또는 장미, 철쭉과 보리, 벼처럼 남을 위해 봉사하고 희생하는 성격인지 구별하여 자녀를 키우는 것이 중요합니다. 소나무와 은행나무처럼 자기성장을 향한 큰 꿈을 가진 청소년들은 산과 같이 거칠고 기름지지 않은 땅과 수분도 비에 의지하며 다른 나무들과 햇볕을 경쟁하여 생장하는 환경이 그들의 꿈을 이루어지게 하는 좋은 환경입니다. 영웅들의 삶은 고난과 위기를 연속적으로 이겨낸 역사의 좋은 인물 실례입니다. 장미나 보리처럼 작고 아름다운 꿈을 가진 청소년들은 논, 밭과 같이 개간되고 보호되는 토양과 같은 환경을 마련해 주어야 제대로 성장, 발전할 수 있습니다.

봄철을 맞이하는 보리는 뿌리가 밭 토양과 밀착되어야 봄볕에 말라 죽지 않고 생장할 수 있습니다. 보리(木)와 밭 흙(土)의 관계는 상극 관계입니다. 밭 흙은 보리에게 성장의 터전를 마련해 주고 보리는 풍성하게 생장해서 밭 흙의 역할을 크게 향상시킵니다(목극토). 어린이에게 가족은 사회에 적응해 가는 데 밭과 같습니다. 보리가 땅속으로 뿌리를 뻗어 내리고 보리의 잎과 줄기가 자라게 하는 것은 따뜻한 봄볕입니다. 봄볕은 어린이에게 가족의 사랑입니다. 봄볕은 화(사랑)이고 밭 흙(土)은 가정입니다. 이것의 관계는 '화생토' 상생 관계입니다. 어린이의 생활공간은 가정이고 가족의 사랑으로 무럭무럭 성장합니다.

봄비가 내리면 보리는 날마다 쑥쑥 자랍니다. 그러나 봄 가뭄이 있으면 성장이 더디고, 가뭄이 계속되면 보리가 말라죽을 수도 있습니다. 물은 보리의 생존과 생장에 필수 조건입니다. 집이 가난하여 성장에 필요한 음식물을 제공받지 못한 어린이는 영양실조로 생장이 더디고 심하면 생명을 잃을 수도 있습니다. 명리학에서 물은 '돈' 즉 재물을 표현합니다. 흘러가는 물은 제방을 쌓아 저장해서 필요할 때 사용합니다. 물과 제방(토양)은 제방이 물을 조절하는 상극 관계, '토극수'입니다. 어린이가 청소년으로 성장하는 데는 재정적 지원이 필수적입니다. 재정적 지원은 가족의 몫입니다.

반면, 봄에도 장마가 있습니다. 물이 잘 빠지지 않는 밭은 침수피해를 입어 보리의 생장이 더디거나 심하면 뿌리가 산소 부족으로 호흡이 어려워져 죽을 수도 있습니다. 청소년이 성장하는 데 재정적 지원은 필요하지만(수생목), 넘치는 재정(돈) 지원을 자녀들한테 할 때는 봄장마처럼 보리에 피해를 주어 보리를 죽일 수 있는 것처럼 자녀들의 정상적인 성장을 막아 자녀들의 일생을 고난의 길로 몰아넣을 수 있습니다. 이럴 경우는 '수극화'의 한쪽 면입니다.

오래된 밭 토양은 지기(地氣, 토양 중의 공기, 산소가 적고 탄산가스, CO_2 많음)가 떨어져 몇 년마다 황토 같은 야생의 토양을 객토하여 토질을 개량해야 작물 생장에 도움이 됩니다. 토양 입자가 작은 덩어리로 만들어져야 토양의 작은 덩어리 사이사이에 산소가 들어갈 공간이 생깁니다. 이 역할을 황토가 하게 되고 지력(地力, 토양의 생산력)이 회복됩니다. 비옥한 토양인 경작지 토양에 거름기가 거의 없는 황토를 넣는 것은 비옥도를 떨어트린다고 걱정하고 근심을 할 수 있습니다. 그러나 아무리 비옥도가 좋은 토양이라도 토질이 개선되지 않으면 작물의 생장은 더디게 마련입니다. 우리는 문명화된 생각에 습관화되어 있습니다. 전통적인 사고에서 벗어나면 이단자, 또는 정신장애자로 취급될 수 있습니다. 천재들은 대부분 창의적이고 혁신적인 생각을 가지고 있어서 전통적인 생각에 길들여진 사회에 적응하기가 매우 어렵습니다. 청소년 때에는 전통이나 권위에 도전하는 경우가 흔히 있습니다. 이 때 부모들은 그들의 창의적인 사고를 펼칠 수 있는 환경(밭 흙에 황토를 넣는 것)을 만들어 주어야 합니다. 문제 해결에 여러 가지 가능한 해답을 내놓을 수 있는 창의적인 경험을 쌓도록 해야 합니다. '토'의 개방적인 성격이 여기에 해당합니다. 청소년들에게 사고의 자율성을 받아들이고 호기심을 자극하고 상상력을 북돋워 도전할 기회를 만들어 주어야 합니다. 문명인보다 원시인을 더 닮은 청소년들은 새로운 것을 탐구하고 개척하고 모험을 추구하는 경향이 있습니다. 기성세대들은 이러한 청소년의 성격을 이해하고 받아들여야 합니다. "지식과 경험은 한계가 있으나 상상력은 한계가 없다"는 아인슈타인의 명언을 되새겨볼 만합니다.

청소년기 '금'의 성격

아브라함 매슬로우(Abraham Maslow) 박사는 인간의 욕구를 7단계가 있다고 제안했습니다. 생리적 욕구, 안전 욕구, 소속감과 사랑에 대한 욕구, 인정받으려는 욕구, 그리고 자기실현에 대한 욕구입니다. 이 이론에 대한 다른 의견도 있습니다. 대부분의 사람들은 계단을 오르듯 낮은 차원의 욕구에서 점차 높은 차원의 욕구를 향해 단계적으로 상승하는 것이 아니라 서로 다른 욕구 사이를 옮겨 다니거나, 동시에 서로 다른 욕구들이 나타난다고 합니다. 식욕과 성욕 같은 생리적 욕구와 안전, 즉 생존에 대한 욕구는 목의 성격에서 나타납니다. 소속감과 사랑에 대한 욕구는 화의 성격으로 나타납니다. 인정을 받으려는 욕구는 사회의 구성원이 되는 것만으로 만족하지 않고 다른 사람에게 자신의 능력을 인정받기를 바라는 욕구입니다. 사회에서 높은 평판을 받고 싶어 하고 사회적 높은 지위와 명성을 얻고자 하는 욕구입니다. 이 욕구가 금과 수의 성격에서 나타납니다. 금과 수의 욕구는 사회 본능 욕구입니다.

원시인들은 자연환경에 적응하여 수렵 채집의 삶을 이어갔습니다. 이들의 삶은 순간순간 발생하는 자극(옆을 지나가는 사냥감, 돌발적인 맹수의 공격, 예기치 않았던 타인의 공격으로 소속된 구성원의 죽음 등)에 즉각 대응해야 하는 일들의 연속이었습니다. 이 시기처럼 불안전하고 뜻밖의 사건이 돌발되는 시대는 생각하고 행동을 취하는 것(금의 성격)이 아니라 충동적이고(화의 성격), 활기차고(목의 성격), 육체적으로 잽싸게 반응할 수 있었던 사람들이 자연환경에 적응력이 높아 생존력이 좋았을 것입니다. 청소년의 성격은 수렵인들의 성격과 비슷합니다. 충동적인 욕망(목의 성격), 격렬한 충동(화의 성격)을 상황에 따라 신속하게 행동으로 순발력을 보여 줍니다.

그러나 안정적이고 예측 가능한 인간이 만든 현대 사회에서는 개인들이 자신의 목표를 세우고 실현하기 위한 생활 스케줄에 따라 자신이 선택했거나 주어진 일에 최선을 다하는 성실한 성격을 가진 사람이 높이 평가됩니다. 성실한 사람은 부지런하기 때문에 직장에서 소중히 여기는 직원이 될 수 있습니다. 학교에서 공부를 잘하는 학생들의 성격입니다. 「토끼와 거북의 경쟁」 우화에서 쉬지 않고 열심히 기어가 승리하는 거북이가 금의 성격인 성실과 근면의 표본입니다. 거북이는 토끼처럼 달릴 수 있는 능력을 가지지 못한 것을 부끄럽게 여기지 않습니다. 자신의 삶 전선에서 성실성을 제일 앞에 배치하는 사람은 열등의식, 우울증, 신경쇠약 같은 신경계 질환이 찾아올 시간을 주지 않습니다.

그러나 청소년 시절에는 수렵인을 닮는 것이 더 자연스럽습니다. 초등학교 일학년에 입학하던 날 초등생들은 한없이 자유롭습니다. 반면 6학년 졸업식 때는 대부분 학생들이 사회의 규칙과 도덕에 상당히 익숙하여진 모습을 보입니다. 성격의 성실성은 현대 사회에 적응해 가는 과정에서 강화된 것입니다. 사람에 따라 차이가 있지만 청년기가 끝날 무렵 대부분 사람은 사회 생활에 적응할 정도의 성실성을 가지게 됩니다.

성실한 젊은이는 자기 자신에 진실하려고 노력합니다. 성실성은 자기 발전의 기회를 제공합니다. 자기 발전을 열망하는 젊은이는 인내심과 끈기(금의 성격)를 가지게 됩니다. 수렵 시대와 다르게 현대는 미래에 대한 예측이 가능합니다. 치밀한 계획을 세워 노력하면 인내심과 끈기가 훨씬 더 증가합니다. 목표 달성을 위한 스케줄에 따라 일상생활도 합니다. 성실성이 지나치게 높아지면 완벽주의와 집착의 기질이 강화됩니다. 또 자기의 욕망, 충동, 감정 따위를 의지의 힘으로 억눌러 이기(금이 목의 욕망을, 금이 화의 충동과 감정을 억누름, 금극목+금극화)는 사람이 되기 쉽습니다. 개방성과 포용성인 토의 성격을 받아들여야 합니다. 이것은 '토'와 '금'의 서로 미흡한 점을 보충해 주는 관계로 상생 관계의 활용입니다(토생금). 또한 수의 유연성과 융통성을 받아들여야 금의 성격이 빛이 날 수 있습니다. 이것이 금의 완벽주의와 고집불통의 성격에서 유연성과 융통성을 보충해 주는 수와 금의 상생 관계입니다(수생금).

중·고등학교와 대학교 시절, 성실한 청소년은 학교 공부에 열중하여 좋은 성적을 올리는 것이 중요한 목표였습니다. 대학 졸업 후 세상에 나오면 갑자기 그다음 목표가 불투명해져서 마음의 혼란을 겪을 수 있습니다. 저의 젊은 시절 최대 목표는 유학 가서 박사학위를 취득하고 교수가 되는 것이었습니다. 실제로 교수가 되는 목표가 이뤄지자 마음이 허탈해져 상당 기간 일이 손에 잡히지 않은 경험을 했습니다. 청년기, 중년기 그리고 장년기 단계로 일생의 목표를 나누어 계획해 두면 중단 없이 자신의 목표를 향해 전진할 수 있습니다. 이러한 장기 계획은 자신의 야망에 따라 세워져야 합니다. 청년기까지 일생의 목표를 세울 수 있다면 행운입니다. 목(야망)과 금(성실)은 상극 관계입니다. 야망이 크다면 성실하게 인내심을 가지고 끈기 있게 이루어 나갈 수 있습니다. 야망은 굳건한 의지를 가지게 하고 의지는 끈기를 가지게 합니다(목극금, 상극은 넘치는 것을 덜어 내고 모자라는 것은 채워 조절하는 관계입니다).

　젊은이들은 직감에 따라 느낌에 따라 충동적으로 행동을 하는 때가 많습니다(화의 성격). 어떠한 외부 자극에 의하여 순간적으로 몸을 움직여 곧 힘을 낼 수 있는 능력이 있습니다(순발력). 수렵인의 성격이 그들의 내부에 살아 움직이고 있습니다. 이솝 우화 중에 베짱이를 닮았습니다. 저는 대학 정문 바로 옆에 있는 아파트에 살았습니다. 음식점, 카페, 노래방, 여러 종류의 놀이 시설 등이 학교 앞에 모여 있어 젊은이들을 쉽게 접할 수가 있었습니다. 대학 앞에는 젊은이들이 항상 넘쳐나고 축제 분위기가 계속되는 곳입니다. 그곳에는 취업 걱정, 경제 불황 같은 삶의 고난이 없는 것처럼 보였습니다. 오늘을 즐길 수 있는 것이 젊은이의 특권처럼 보였습니다. 청춘을 담보하고 미래를 위해서 개미처럼 살아 왔던 저와 같은 세대에게 오늘을 만끽할 수 있는 삶을 보낼 수 있는 지금의 젊은이들이 한편으론 걱정도 되지만 부럽기도 합니다.

어떤 심리학자는 "개미의 정신세계와 베짱이의 정신세계는 모두 최선의 이익을 추구하지만 다만 시간표가 다를 뿐이다."라고 주장하였습니다. 물론 이솝 우화의 근본 취지는 개미를 본받아 항상 미래를 대비해야 한다는 것입니다. 베짱이(화의 성격)는 단기 이익을 취했고 개미(금의 성격)는 장기 이익을 택했습니다. 이 우화는 기원전 6세기 노예로 살다가 자유인이 된 이솝에 의해 쓰여졌습니다. 이솝이 후세들에게 말해 주고 싶었던 진짜 내용은 무엇일까? 필자의 생각엔 노예 생활은 하루하루 고된 삶의 연속이었지만 배 굶는 일은 없었고, 자유인이 되었을 때는 자유를 즐길 수는 있었지만 그 생활은 배고픔이 걱정되는 삶이라는 것을 경험하고 '어떤 삶이 진정한 인간의 삶일까요?'라는 질문을 던진 것 같습니다.

지금 젊은이들은 인류 역사상 가장 풍요롭고 개인의 자유가 보장된 시대에 살아가고 있습니다. 이런 시대에 젊음을 즐길 수 있는 것은 당연한 것처럼 보입니다. 그러나 베짱이처럼 즐거움에 몰두하고 미래를 준비하지 않으면 그들의 장래는 어떻게 될까요? 그들은 자신의 미래에 대한 꿈이 없는 것일까요? 기성세대의 눈으로 세상을 보면 젊은이들의 미래를 걱정하는 것은 당연합니다. 지금은 21세기 정보화 시대입니다. 젊은이들은 정보를 모으고 활용하는 방법도 기성세대보다 빠르고 넓습니다. 장기적인 보상에만 매달려 일생을 일만 하는 삶을 살아가는 농업·산업 사회의 기성세대를 보며 젊은이들은 오히려 기성세대를 향해 연민의 정을 가집니다. 그들은 베짱이와 개미의 우화를 깊이 이해하고 자신들의 삶에 활용하는 것으로 보입니다. '노세 노세 젊어서 놀아 늙어지면은 못노나니 화무는 십일홍이요 달도 차면 기우나니라 얼시구 절시구 차차차'는 한국 가요 「노래가락 차차차」입니다. 베짱이의 삶과 개미의 삶의 균형을 유지하는 것이 삶의 행복이라는 것을 노래하고 있습니다. 베짱이의 삶은 감성적인 화의 성격이고 개미의 삶은 이성적인 금의 성격입니다.

장기적 이익을 보상받기 위해 일에만 매진하고 집착하는 금의 성격을 가진 사람은 화의 성격처럼(단기이익) 삶을 그때 그때 즐겨 장기 이익과 단기 이익의 균형을 맞추어야 후회 없는 일생이 될 수 있습니다. '금과 화'는 상극 관계로 서로 조절할 수 있는 사이입니다. 젊은이들은 이미 개미의 장기 이익 보상과 베짱이의 단기 이익 보상의 균형이 중요함을 기성세대보다 빠르게 느끼고 실행하는 것으로 생각됩니다. 청소년들이 감각적 쾌락에 끌리지 않도록 기성세대들의 교육을 저항 없이 받아들여 사회에 순응해 젊음을 상징하는 베짱이의 즐거움을 맛보지도 못하고 성인이 되어버린다면 안타까운 일입니다. 세계의 무대에서 환호 받는 방탄소년단들의 능력은 「노래가락 차차차」에서 보여준 베짱이 같은 한국인의 삶에 대한 태도에 뿌리가 있다고 언급한다면 저의 주장을 무리하게 내세우려는 편견일까요?

청소년기 '수'의 성격

꾸불꾸불한 좁고 험한 언덕길에 늙은이가 한 발 한 발 힘겹게 수레를 끌고 가고 있습니다. 한참 뒤에서 젊은이가 바쁘게 수레를 끌고 왔으나 늙은이가 끄는 수레에 막혀 올라갈 수가 없었습니다. 언덕 위까지는 멀지 않았지만 늙은이의 수레가 올라가는 데는 꽤 시간이 걸릴 듯 보였습니다. 뒤에서 보던 젊은이가 잠깐 생각하다가 늙은이가 끄는 수레를 뒤에서 밀어주어 어렵지 않게 노인의 수레가 언덕 위까지 올라왔습니다. "젊은이 참으로 고맙구먼!" 노인도 청년의 수레를 밀어 주어 빠르게 언덕 위에 올라갔습니다. 우리는 때때로 공동의 어려움에 처해 있을 뿐만 아니라 공동의 이해관계에 놓일 때가 많이 있습니다. 이럴 때 남을 위해 해주는 일은 곧 자신을 위한 일이기도 합니다. 청년이 노인의 어려움을 보고 짜증보다 친절하게 노인을 도와준 것이 결국 자신을 돕는 일이고 친절을 베푼 것이 자신을 기쁘게 하는 일임을 깨달았습니다. 청년의 이러한 체험은 그의 인생길에 밝은 등불이 될 것입니다(수의 성격).

중·고등학교 때 봉사활동을 억지로 시킵니다. 처음에 청소년들이 짜증내는 경우도 있지만 반복하다 보면 습관처럼 되고 청소년들은 남을 돕는다는 것이 자신에게 기분 좋은 일이 된다는 것을 경험으로 느끼게 됩니다. 이 아름다움은 체험이 자신의 삶의 방향에 새로운 아이디어가 될 수도 있습니다. 공부해야 되는데 시간을 빼앗겼다고 불평하는 청소년도 있습니다. 자신의 일보다 남을 돕는 일을 즐기는 청소년도 있습니다. 가족관계가 친밀하고 끈끈한 가족 환경에서 자란 어린이, 청소년들은 사랑을 주고받는 경험이 많아 공감능력이 자연스럽게 발달합니다. 남의 고통과 슬픔에 대해서 그들의 감정을 받아들이는 것이 빠릅니다. 타인에게 필요한 것이 무엇인지 찾아 그들에게 친절을 베풉니다. 자신의 일보다 남을 돕는 일을 즐기는 청소년의 경우, 연민이나 동정심을 끝없이 발휘하다 보면 자기의 인생길을 잃고 헤멜 수도 있습니다. 남의 말을 쉽게 믿어 나쁜 사람에게 이용당해 빈털터리가 될 수도 있습니다. 이러한 수의 성격을 가진 사람은 금의 성격인 실제로 이익을 얻을 수 있는 의지력과 사고력을 가져야 합니다. 느끼고 행동하는 것과 생각하고 행동하는 것의 조화도 필요합니다. 이것이 '금생수' 상생 관계입니다. 또한 자기의 꿈을 성취하려는 욕망에 충실해야 합니다. 자기 확장에도 관심을 가져야 합니다. 이것은 목의 성격입니다. 수와 목은 상생 관계입니다. '목'(욕망)이 '수'가 이용당해 빈털터리 되는 것을 막을 수 있습니다. 즉 '목생수'가 가능합니다.

가족, 사회에서 어려움을 경험한 청소년들은 사회적으로 고립감을 느껴 주변 사람들의 어려움에 반응하는 민감도가 떨어진다는 심리학자의 연구가 있습니다. 이런 청소년들은 타인에 대하여 냉정하고, 적대적이고, 온화하지도 부드럽지도 않습니다. 오직 자신의 성취에만 초점을 맞추어 행동합니다. 이런 성격이 청년기를 거쳐 중년기에 이르게 되면 더욱 강화되어 사이코패스(Psychopath) 성격으로 굳어질 수 있습니다. 이런 청소년에게는 주위의 관심과 사랑이 필요합니다. 사랑은 닫혀 있는 마음을 열리게 해서 주위와 소통하게 합니다. 사랑을 받은 경험이 그들에게 사랑할 수 있는 힘을 줍니다. 봉사활동은 남에게 사랑을 주는 연습입니다. 준비되어 있지 않은 봉사활동 즉 강요는 위선만 키울 수 있습니다. 사이코패스 성격은 수의 성격인 친화성이 가장 낮은 단계에 머물러 있는 상태입니다. 그들의 마음속에 시들어져 있는 친화성 불씨를 타오르게 하는 환경을 만들어 주어야 합니다. 화와 수는 상극 관계입니다(상극은 넘치는 것은 덜어 내고, 모자라는 것은 채워 조절하는 관계입니다). 화(사랑과 관심)는 사이코패스의 친화성이 매우 낮은 수의 성격을 정상적인 성격 즉 친화성을 가장 낮은 단계에서 중간 정도까지 이끌어올릴 수 있습니다.

대부분의 청소년들은 정상적으로 성장합니다. 성격도 정상적으로 발전합니다. 자신의 희생과 봉사에 치우치는 이타적인 청소년과 자신의 성취에만 심취한 이기주의적 청소년의 성격은 정상적 성격에서 벗어나 있습니다. 이들은 모두 사회 생활 적응에 어려움을 겪게 될 것입니다. 이타주의와 이기주의가 균형을 이룬 곳, 중간 정도의 친화성이 정상적인 성격이고 사회 생활 적응에 이로움이 있습니다.

중년기의 성격

청년 후기는 중년기로 들어가는 과도기로 보여집니다. 근대와 다르게 현대는 평균 수명이 80세를 넘어가고 있습니다. 대부분 나이 30대에 직장을 가지게 되고 결혼도 해서 부모의 집에서 독립해 나와 사회 생활을 시작하게 됩니다. 공자가 말한 이립의 시기입니다. 이립은 정신적·경제적·사회적으로 독립할 수 있는 경지에 이르렀다는 의미입니다. 그러나 현대에는 사회적 환경과 문화적 영향으로 이립의 과정이 40대 초반까지 이어지고 있습니다. 청년 후기는 희망과 절망이 함께 있는 불안정하고 괴로움이 많은 시기입니다. 산다는 것이 괴롭고 힘든 일임을 서서히 체험하게 됩니다.

독립된 사회인으로 사회 생활의 첫 걸음은 직업과 배우자 선택입니다. 선택은 괴롭고, 아프고, 어렵고 중대한 일입니다. 직업은 생계를 유지하기 위한 기본 수단이며 한 인간이 인간답게 사는 필수적인 요소입니다. 스스로의 힘으로 생계를 유지할 수 있는 것은 경제적인 독립을 의미합니다. 경제적 독립은 다른 사람에게 의지하지 않는 사회적 독립은 물론 정신적으로도 독립되어 자유로움을 가질 수 있습니다. 사회적 독립은 자신을 사랑할 수 있는 여유를 가지고 꿈을 이뤄 가는 데 일터에서 최선의 노력을 집중할 수 있게 됩니다.

직장은 농업 사회와 다르게 산업 사회에서 출근과 퇴근이라는 새로운 생활 리듬이 만들어지는 곳입니다. 우리는 새로운 환경에 따라 적응된 원시 사회와 농업 사회에 적응한 생활 리듬에 적응하여 생체 리듬이 형성됩니다. 새로운 산업·정보화 사회의 생체 리듬이 만들어질 때까지는 상당한 노력과 끈기 훈련이 필요합니다. 일어나는 시간을 맞추기 위해 누구나 처음에는 알람시계에 의존합니다. 지금은 핸드폰 알람에 의지하지만……. 제가 처음 기상과 취침의 생체 리듬을 갖게 된 계기는 국방 의무로 군대에 들어가 군인이 된 후였습니다. 밤 10시 취침나팔은 즐거웠지만 아침 6시 기상나팔은 싫었습니다. 출근 시간에 맞추어 일어나는 것은 누구에게나 고통스러운 일이지만, 한편 일할 직장이 있어 즐거움을 느낄 수 있는 시간이기도 합니다.

직업은 우리의 생각, 행동, 감정, 생활, 성격 등을 지배합니다. 중학교 영어책에 있었던 이야기 하나를 소개합니다. 공사 현장을 지나가는 어떤 사람이 교회 건축에 쓰일 돌을 다듬고 있는 세 사람의 석공을 보고 얼굴 표정이 각각 다름을 이상하게 생각했습니다. 첫째 석공 얼굴에 불평불만이 가득차서 투덜거리며 괴로운 표정으로 돌을 쪼고 있었습니다. 다른 석공 얼굴은 아무 표정 없이 담담한 마음으로 돌을 계속 쪼고 있었습니다. 세 번째 석공은 흥얼거리며 자기의 일에 신바람이 나서 열심히 일하고 있었습니다. 그의 얼굴 표정에는 기쁨과 만족이 넘쳐나 있었습니다.

이들 표정을 이상하게 생각한 나그네는 첫 번째 불만이 가득한 석공에게 "당신은 왜 그렇게 싫은 일을 하고 있습니까?"라고 묻자, "나는 죽지 못하여 이 일을 하고 있습니다. 목구멍이 포도청이니까요!"라고 대답했고, 두 번째 무표정한 석공의 대답은 "내 아내와 자녀를 먹여 살리려고 힘들지만 이일을 계속하고 있습니다."라고 했으며, 기쁨과 만족의 표정이 가득한 세 번째 석공은 "나는 하나님의 영광과 가족을 위하여 이 일을 하고 있습니다. 내가 정성을 들여 돌을 아름답게 다듬어 장엄한 교회가 건립되면 얼마나 기쁘고 보람 있는 일입니까?"라고 답했습니다.

세 사람의 석공 중에 어느 석공이 행복할까요? 똑같은 일을 하는 데도 일에 대한 생각과 감정 그리고 성격에 따라 괴로운 삶이 될 수도 있고 즐거운 삶이 되기도 합니다. 세 번째 석공은 긍정적 사고로 현실 세계를 그대로 받아들이고 자신의 직업에 대한 가치를 부여해서 자신의 일을 사랑하고 즐기며 긍지를 가지고 있어 행복한 생활을 이어 갔을 것입니다.

일에 대한 마음가짐은 성격과 관련이 있습니다. 꿈과 기대를 가지고 취업한 직장에서 맡은 일이 자신의 기대와는 다를 수 있습니다. 직장 상사는 신입사원의 업무 부서를 배정할 때 그들의 성격과 재능을 참고합니다. 재능은 감추어져 있지만 성격은 행동으로 바로 드러납니다. 신입사원 연수 중에 인사담당 선임자들은 신입사원을 관찰할 기회가 제일 많습니다. 적극적인지 소극적인지, 쾌활한지, 신중한지, 동료를 챙기고 협조를 잘하는지, 빠른지 느긋한지 등등……. 회사에서 주어진 업무에 대해서 어떠한 마음가짐을 취하는 것이 좋은가요? 배정된 업무가 어렵다고, 또는 일이 많다고 투덜대는 것이 올바른 마음가짐일까요? 업무를 배정한 직장 상사의 생각을 받아들이고 '왜 나에게 이러한 업무를 시키는 것일까?' 곰곰이 생각해 보면 상사의 뜻을 깨달을 수 있습니다. 어려운 임무를 배정받았다면 당신의 능력을 높게 평가한 것입니다. 또한 당신의 성격을 내향적인 '금'의 성격으로 파악하고 업무를 배정한 것입니다. 일의 양이 많은 부서에 배정 받았다면 당신의 성격이 외향적이고 성공에 대한 의지와 의욕이 강한 '목'의 성격이어서 열정적(화의 성격)으로 빠르게 일을 처리할 것이라고 직장 상사는 판단했을 것입니다. 신입사원 연수 중에 업무에 대한 적성테스트도 했을 것입니다. 적성검사(직업, 또는 업무에 대한 개인의 적성을 알기 위하여 하는 검사)는 업무 배정에 중요한 참고자료가 됐을 것입니다.

직장 생활은 새로운 인공 생태 환경에 적응하는 사회 생활의 과정입니다. 결혼 생활은 자연환경에 적응하는 생물 본능(생존과 생식)을 이어가는 과정입니다. 성격에 따라서 인공 생태 환경에 적응을 잘하는 사람도 있고 가정생활에 더 편안함을 느끼는 사람도 있습니다. 자유롭고 여유롭던 청년기와는 다르게 직장과 가정에서 열심히 일을 해야 하는 중년기에 들어섰다는 것을 마음과 몸으로 느끼게 되는 때입니다. 스페인의 현인 그라시안의 "40대 나이는 일만 하는 낙타와 같다."는 말을 온몸으로 받아들이게 될 것입니다. 이처럼 중년기는 우리에게 직장과 가정생활에서 세상의 그릇된 길로 꼬임에 흔들리지 않고 성실하게 일하며 지켜 나가는 때입니다. 40대 나이를 '불혹(不惑, 세상의 그릇된 길로 꼬임에 흔들리지 않음)'이라고 한 공자의 말이 새삼스럽게 가슴에 와 닿을 것입니다(금의 성격).

우리 모두에게 이 세상에서 사용할 수 있는 시간과 에너지는 한계가 있습니다. 어느 곳에 얼마만큼 사용할 것인지는 각 개인의 삶에 대한 마음가짐에 달려 있습니다. 직장에 시간과 에너지를 대부분 사용하는 사람, 직장과 가정에 절반씩 시간과 에너지를 사용하는 사람, 가정에 대부분 시간과 에너지를 사용하는 사람 가운데 당신의 생활은 어느 쪽에 가깝습니까?

중년 전반의 성격 활용

여름은 태양의 계절입니다. 중년은 사계절 중 여름철에 해당합니다. 에너지가 차고 넘치는 때입니다. 열정(화의 성격)이 최고조에 이릅니다. 여름에는 일주일만 비가 오지 않으면 나무(목의 야망)는 물 부족으로 왕성한 생장을 할 수가 없습니다. 오직 자신의 인생목표 달성에만 몰입(모든 에너지=열정을 직장 혹은 일터에 쏟아 부음)하면 가족에게 사용할 에너지가 고갈될 우려가 큽니다. 친밀한 인간관계를 형성하는 감성적 조율이 필요합니다. 뜨거운 열정(화)은 찬물(수) 한 그릇으로 식힐 수가 있습니다. '수'가 '화'를 조절하는 상극 관계입니다. 수의 지혜를 받아 열정을 자신의 목표 달성과 가족사랑에 균형을 맞추어야 열정의 능력이 최대로 발휘될 수 있습니다(수극화). 또한 '수'와 '목'은 상생 관계입니다. 물은 나무의 목마름을 해결할 수 있습니다. 충분한 물이 공급되어야 나무는 여름철의 태양 에너지를 모아 왕성한 생장을 계속할 수 있습니다. 여기에서 '수'는 가족의 사랑과 도움입니다(수생목).

일 중독자는 퇴근 후 거의 바닥이 난 에너지 때문에 안락의자에 몸을 눕힌 채 아내와 대화도, 자녀와의 놀이도 거의 하지 않습니다. 또한 자녀들의 교육마저 아내에게 미루고 가족으로부터 스스로 벽을 만들어 나갑니다. '나는 가족의 생계를 위해 열심히 일하고 인생 목표를 달성하기 위해 최선을 다하고 있다'는 변명으로 자신을 위로하며 의무를 소홀히 하는 가장이 될 가능성이 있습니다. 일 중독자는 그리스 시지프 신화의 주인공 시지프의 불행을 되풀이해서는 안 됩니다. 일에 쏟아 붓는 에너지 중에 30% 정도만 남겨서 그 에너지를 아내와 자녀에게 쏟으면 그의 가족은 사랑과 활력이 넘치는 행복한 가정이 될 것입니다.

사회적 지위와 돈 버는 데만 에너지를 모두 쏟는 것은 무거운 짐을 싣고 사막을 걸어가는 낙타의 삶과 다를 바가 없습니다. 일만 짝사랑하지 말고 자신과 가족을 사랑하고 이웃도 사랑하는 포용과 열린 마음, 즉 마음을 개방하면 행복은 저절로 찾아와 노크할 것입니다. 이것이 '화'(열정)와 '토'(포용과 개방)의 진정한 상생 관계입니다.

일에 몰입하는 사람은 성실한 사람입니다. 일과 물질에 집착하는 성질이 강합니다. '토'로부터 포용과 개방성 그리고 '수'로부터 융통성을 받아들여야 성실성이 아름답고 밝게 빛납니다. '토'와 '금' 그리고 '수'와 '금'은 상생 관계입니다. 자신과 배우자, 자녀 그리고 직장 동료들의 오행성격을 알고 상황과 환경에 따라 상생과 상극을 활용할 줄 알면 세상의 삶은 고통의 바다가 아닌 낙원 또는 에덴동산이 될 수 있습니다. 낙원·에덴동산은 우리의 마음 안에 있습니다. 우리는 대부분 음(내향성)과 양(외향성)을 함께 가지고 있고, 오행의 성격 특성을 3~4개는 가지고 있습니다. 자신의 성격 특성을 알고 이들을 상생·상극으로 활용하면 어떤 상황이나 환경에도 적절한 성격 특성으로 대응할 수 있습니다.

어느 직장이나 일터에 경쟁이 없는 곳은 없습니다. 경쟁을 피하는 성격을 가진 사람은 키가 큰 나무 그늘에서 햇볕(에너지)의 10%정도만 받고 힘겹게 사는 음지 식물처럼 활력 없는 생활을 이어갈 수밖에 없습니다. 식물은 지상에서 줄기와 잎이 햇볕을 많이 받기 위해 경쟁하고 땅속에서는 뿌리가 수분과 양분을 흡수하기 위한 경쟁을 합니다.

식물 생장이 가장 왕성한 계절은 여름철입니다. 생장 에너지가 가장 많이 필요한 시기입니다. 일생에서 자신의 활동 공간의 확장, 즉 자기의 성장을 위해 가장 많은 일을 하는 시기가 중년기입니다.

자기 성장에 대한 의욕과 의지가 강한 사람은 '목'의 성격이 강하고 '화'의 성격인 열정도 강합니다. 이들은 경쟁을 즐기는 사람들입니다. 경쟁을 피하는 사람도 자신의 내부에 잠자고 있는 생물 본능에 뿌리를 두고 있는 '목'(생존 본능)과 '화'(생식 본능)의 잠자는 성격을 깨워(강한 자극) 훈련하여 활성화시키면 경쟁을 즐기는 사람이 될 수 있습니다. 가족과 친지 그리고 이웃들이 그 훈련의 시작과 계속 훈련하도록 도와주어야 합니다(토생화+화생목+목생화). 음지에서 자라고 있는 식물을 바로 양지에 옮겨 놓으면 강렬한 햇볕에 잎이 말라서 죽을 수가 있습니다. 햇볕의 강도가 낮은 곳부터 시작하여 높은 곳으로 서서히 옮기면 강한 햇볕에 적응하여 풍부한 햇볕을 받아 왕성한 성장을 계속할 수 있습니다.

소년기와 청년기를 지나는 동안 이러한 배움과 훈련을 받는 행운아도 있지만, 중년기에도 도전과 경쟁에 대한 배움과 훈련은 가능합니다. 그러나 경쟁을 피하는 사람들은 화분에서 자라는 식물과 비슷해서 강렬한 여름 햇볕에 물 부족 현상이 생기지 않도록 날마다 주의 깊게 사랑으로 보살펴야 합니다. 나무는 물이 있어야 생장합니다. 상생 관계인 '수생목'입니다. 여기에서 물은 재물, 시간, 사랑입니다. '목'과 '화'는 상생 관계입니다.

화분의 화초는 주인의 사랑과 돌봄으로 생장하여 꽃을 피웁니다. 사랑한다고 꽃에게 말하면 꽃이 싱싱하지만, 밉다고 말하면 꽃이 시든다는 결과도 있습니다. 사랑은 관심입니다. 경쟁을 즐기는 사람이든 피하는 사람이든 사랑은 우리의 관심 대상입니다. 사랑은 기적을 불러옵니다.

중년 후반의 성격 활용

여름철의 하지(6월21일~22일경)는 일 년 중 지구 북반구에서 낮의 길이가 가장 길고 햇볕의 양도 가장 많습니다. 하지가 지나고 동지(12월 22일~23일경) 때까지 햇볕 양이 계속 감소됩니다. 자연 순리에 따라 사람도 50세에 이르면 우리 몸의 에너지를 합성하고 사용하는 양도 감소하기 시작합니다. 에너지 합성이 충분하지 않은 유기체인 우리 몸 중 어느 부분인가에 기능이 떨어지게 됩니다. 저의 경우는 49세에 신문을 읽을 수 없을 정도로 눈이 원시가 되어 상당한 충격을 받았습니다. '아니 벌써 노인의 눈이 되었단 말인가?' 절로 한숨이 나왔습니다.

허리둘레가 늘어나고 쉽게 피곤해지고, 그 피로와 스트레스가 시간이 걸려야 풀어지는 것을 체험하면서 체력에 대해 자신감이 떨어지는 것을 느꼈습니다.

성적 정력이 줄어들고 쇠약해지는 것을 느끼면서 남성다움이 상실해 가는 것에 불안함과 우울한 마음으로 몸을 뒤척이는 밤이 늘어갔습니다.

여성의 중년기는 남성에 비해 더 많은 어려움을 겪게 됩니다. 갱년기의 신체는 생리적 변화가 자연의 순리이지만 우리 모두 심리적 적응 과정에서 여러 가지 어려움을 겪게 됩니다. 자신도 모르게 주위의 작은 자극에도 예민하게 반응하고 기분도 종잡을 수 없을 정도로 변화가 심해지고 초조해짐을 느낍니다.

자녀들이 사춘기에 접어들면서 어머니 품을 떠나가기 시작합니다. 고등학교, 대학교에 진학하는 때가 되면 자녀들은 부모로부터 독립을 선언하게 됩니다. 자연스러운 자녀의 성장 과정이지만 자녀가 떠난 엄마의 품 안 빈자리에는 찬바람이 불기 시작합니다. 더욱이 자녀들이 결혼하게 되어 자신의 분신처럼 느끼던 아들은 며느리의 남편이 되고 곱게 키워 놓은 딸은 사위의 아내가 되어 집을 떠나면 자녀들만을 위해 몸과 마음을 바쳐 있는 힘을 다한 전업주부들은 직장을 가진 주부와 다르게, 자신의 일과 사랑의 대상이 한꺼번에 상실된 크나큰 아픔을 겪게 됩니다. 인생의 실직자 또는 외톨이가 된 느낌이 들어 고독감에 빠질 수 있습니다.

남성들은 자신이 선택한 직장에서 일하며 보람을 느낍니다. 자기 스스로 생계유지를 할 수 있고 사회에서 필요한 사람으로 인정받게 되어 뿌듯한 느낌을 가지게 됩니다. 열심히 일을 하면 자신의 꿈을 이룰 수 있다고 믿습니다. 50대에 접어들면서 자신의 앞만 보고 달려왔던 과거와 꿈에 부푼 미래에 대해서 생각하는 시간이 길어지게 됩니다. 정년퇴임 전에 자신의 꿈이 이루어질지, 자녀들을 결혼시키고 독립시킬 수 있을지, 정년퇴임 후에는 어떻게 살아야 할지, 현재의 건강은 유지할 수 있을지, 또 정년퇴임 전에 실직을 하게 되지 않을까? 이런저런 염려들이 고개를 들기 시작합니다. 공자는 50대를 '지천명'(知天命, 객관적으로 자기를 바라볼 수 있는 지혜를 가진 나이), 그라시안은 지혜의 상징인 '뱀'이라고 말한 의미를 되새겨 보게 됩니다. 중년기 후반은 사회 생활 속에서 얻은 지식과 지혜가 쌓여서 자연의 섭리와 사회의 순리를 어렴풋이 깨달을 수 있게 됩니다. 여름(화)이 가면 가을(금)이 오는 자연의 섭리를 중년 다음에는 장년이 온다는 자연의 법칙을 우리의 몸도 자연의 법칙에 따르고 있다는 사실을 싫지만 받아들일 때 마음의 건강을 지킬 수 있습니다.

인간의 생명은 활동과 휴식의 리듬이 있음을 몸소 경험으로 알게 되었습니다. 이 리듬은 직장생활에서 자연스럽게 얻어졌습니다. 직업은 우리의 관심을 지배하고 행동과 생활, 감정과 성격을 지배해 왔습니다. 우리는 모두 자신의 직업에 알맞도록 일상생활과 생각, 성격이 적응되어 있습니다. 장년기는 앞으로 맞이할 정년퇴임 후의 생활에 대한 준비가 필요하고 삶의 지혜가 요구되는 때입니다.

신체적 변화는 자연의 법칙이고 가정생활과 직업의 변화는 사회적 순리입니다. 이 자연의 법칙과 사회의 법칙의 변화들을 현실 그대로 받아들이면 우리는 슬기롭게 중년 후기의 위기를 극복하고 제2의 인생(장년기와 노령기)을 즐겁게 맞이할 수 있습니다. 인생 전환기인 50대까지는 야망이 중심이 되는 '목'의 성격과 열정, 정열이 핵심인 '화'의 성격이 삶의 성장에 주도적인 역할을 했다면 인생 후반기에는 성장과 성숙이 지혜롭게 균형을 이룰 수 있는 이성적이고 성실한 속성을 가진 '금'의 성격과 공감, 융통성의 속성을 가진 '수'의 성격 그리고 포용과 열린 마음의 토의 성격이 주도적인 역할을 해야 합니다. '목'과 '화'는 야성적인 생물 본능(생존과 생식 본능)의 속성이 강한 편이지만 '금'과 '수' 그리고 '토'의 속성은 문화적인 사회 본능의 속성이 강한 성격입니다.

50대가 되어도 자신의 꿈을 향한 욕망과 야망은 변함없이 강합니다.

그러나 신체 능력은 자신의 욕망과 야망을 계속 추진하기에는 한계를 드러내기 시작합니다. 직장에서도 대부분 사람들은 자신의 꿈을 이루는 데 한계가 있음을 체험으로 알게 됩니다. 이상(꿈)과 현실 사이에는 상당한 간격이 있음을 깨닫게 됩니다. 이러한 상황과 환경에 맞도록 성격도 활용해야 합니다. '목'과 '금'은 상극 관계입니다. '금'으로 '목'의 야망을 조절해야 합니다. 즉 '금'의 냉철한 이성으로 자신의 이상(꿈)을 현실에서 실현 가능할 정도로 낮추는 것이 필요합니다(금극목). 이렇게 되면 자연스럽게 나이에서 오는 신체적 스트레스도 줄어들어 건강한 중년 후반을 보낼 수가 있습니다.

여름철 하지가 지나면 태양 에너지도 조금씩 줄어들게 됩니다. 50대에 들어서면 하지가 지나간 것처럼 열정도 줄어 갑니다. 조그마한 자극에도 버럭 화를 내던 횟수가 감소됩니다. '저것을 보고 참아? 옛날 성질 다 죽었어!' 자극에 대한 분노도, 일에 대한 열정도, 이성에 대한 정열도 점점 식어 가는 것을 느끼는 나이입니다. '수'의 성격인 총명함과 지혜로 삶의 변화에 대처해야 합니다. '수'와 '화'는 상극 관계로 마음만 먹으면 의지만으로도 어렵지 않게 조절할 수 있습니다(수극화).

현인 그리스안의 말대로 50대는 '뱀'의 지혜를 활용할 수 있는 나이임을 자각하면 됩니다. 50대를 지천명으로 말한 공자의 말도 비슷한 내용입니다. 자연의 섭리, 즉 생존 본능인 성격의 '목'과 '화'가 삶의 주연에서 조연으로 역할이 바뀌고 사회적 본능의 성격인 '금'과 '수'가 삶의 주연으로서 역할을 해야 한다는 뜻입니다. 삶의 현장에서 차가운 이성으로 판단하여 행동하고 성실함과 의리를 지키는 '금'의 성격과 융통성, 공감, 친화력을 발휘하여 인간관계에 유연함을 높이는 '수'의 성격 그리고 포용과 열린 마음의 토의 성격으로 삶을 이어가는 것이 50대 이후에는 중요하다는 것을 강조하여 말한 것입니다.

'금'과 '수'는 상생 관계로, 서로 협력하고 보완해 주는 관계입니다. '금'의 의지력, 절제력, 비판 정신과 집착 기질을 '수'의 유연성과 융통성이 균형과 조화를 이루게 하고(수생금) '수'는 의지력 강화나 실익 추구, 냉정함을 '금'으로부터 받아들여 균형과 조화를 이룰 수가 있습니다(금생수).

장년기의 성격

중년기에는 누구나 자기의 욕구, 능력, 믿음 그리고 처음부터 끝까지 자기 초상을 이뤄가기 위해 열심히 일을 수행합니다. 자신의 꿈이 이루어지고 있다는 느낌을 받을 때 여러 가지 고난도 이겨 내고 힘차게 앞으로 나갑니다. 세월을 의식하지 않고 오직 자기의 꿈을 이루기 위해 최선을 다한 삶을 이어온 중년 후반기에서 누구나 자연스럽게 자신의 일생 전체의 시간표를 되돌아보게 됩니다.

'아! 정년이 코앞에까지 왔구나! 부모님 회갑잔치를 해드린 것이 엊그제 같은데 아들과 딸들이 나의 회갑잔치를 준비하는 소리가 들리네!'…

장년기의 큰 변화는 정년퇴직입니다. 남성은 일과 자기를 동일시할 만큼 일에 가치를 두었습니다. 이 시기에 장년들에게는 자기 직업에 있어서 수십 년간 쌓아 온 경험으로 무슨 일이든지 능수능란하게 처리할 수 있는 전문가라는 확신과 자부심을 가지고 있습니다. 사회 법칙이 만들어 낸 정년퇴직 제도는 대부분 사람들에게 자신들의 직업 분야에서 닦아 쌓아 놓은 지위와 권위의 상실과 수입 및 생활비 지출의 축소를 의미합니다. 일터로부터 해방감은 잠시이고 사회에서 소외되는 느낌에 빠지기 쉽습니다.

전업주부는 남편과 자녀를 위해 인생을 올인(all-in)했는데, 자녀들의 결혼과 분가로 잠시 해방감을 가지지만 자녀들이 떠난 빈방을 돌아보면 저절로 한숨이 나옵니다. 더욱이 갱년기의 아픔을 겪으면서 '이제는 더 이상 여성으로서의 가치도 없고 쓸모도 없게 되었구나!'라고 무력감에 빠지기 쉽습니다. 그러나 직장 여성은 청년·중년기에 가정주부의 역할뿐만 아니라 직장생활에 적응하기 위해 사방으로 이리저리 바쁘게 돌아다니며 일을 수행한 결과 장년기에 오히려 '자신을 위한 인생을 시작할 수 있다.'는 기대로 정년퇴임과 빈 둥지의 외로움을 어렵지 않게 적응할 수 있게 됩니다.

필자가 장년기에 가까워질 무렵, 우연하게도 텔레비전 대담 프로그램에서 95세가 된 정년퇴임 교수가 정년 후 지금까지 마음속에 담아 두었던 여러 가지 생각과 감정을 드러내어 인터뷰한 내용 중 제 마음에 깊게 와 닿은 말이 있습니다. "나에게도 정년 후 인생의 종점이 멀지 않은 장래에 올 것이라고 생각했습니다. 그 당시에는 대부분 선배 교수들이 70세 전·후에서 세상을 떠났거든요! 저는 하는 일 없이 인생의 종점만 기다리다가 30년을 헛되이 보냈습니다. 지난 세월을 헛되이 보낸 것을 지금 아무리 후회하여도 어찌할 수가 없지 않습니까? 후배 교수님들은 저의 전철을 밟지 않기를 바랍니다……."

지금은 백세 시대가 되었습니다. 평균 수명이 80세를 넘었습니다. 장년기에는 체력이 악화되어 신체의 온갖 기능 장애와 면역력이 떨어져 여러 가지 병 발생이 잦아지고 회복력도 느려져 고통받는 분들도 있습니다. 그러나 현대는 발달된 의료기술과 체계 그리고 몸을 건강하게 관리하는 방법을 쉽게 알 수 있어서 제2의 삶에 대한 의지와 인생 후반기에 대한 꿈을 가진다면 그들의 체력과 기력을 회복시킬 가능성이 높습니다.

60대 청년을 머릿속에 그려본 적이 있습니까?
사무엘 얼만(Samuel Ulman, 1840~1924, 미국 시인·작가)이 쓴 「젊음」이란 시가 60대 청년을 제대로 표현한 것 같습니다.

젊음은 인생의 한 시기가 아니요, 마음을 쓰는 태도입니다.
젊음은 장밋빛 볼과 붉은 입술, 유연한 몸매가 아니라,
강한 의지(금)와 풍부한 상상력(토)과 활기찬 감정(화)에 달려 있습니다.
젊음이란 기질이 소심하기보다는 용기(목)가 넘치고
편안함을 좋아하기보다는 모험(목)을 즐깁니다.
젊음은 가끔 스무 살 청년보다 예순 살 노인의 삶 속에서도 생기가 넘칩니다.
꿈(목)을 가지면 나이도 그저 숫자에 불과합니다.
성취하고자 하는 꿈을 잃어버릴 때 우리는 늙어갑니다.

그대와 나의 가슴 한가운데 정보 무선국이 있습니다.
그것이 사람들로부터 또는 하늘로부터
아름다움, 희망, 응원, 용기 그리고 힘의 메시지를 수신하는 한

그대 젊음은 영원하리라.

60대에도 제2의 인생에 대한 꿈을 가지고 목표를 세워 앞을 향해 나아가면 200년 된 은행나무의 줄기도 생장하고, 매년 꽃을 피우고 열매를 맺듯이 장년기에도 자기 성장과 잠재력 발휘가 계속됩니다. 과거 경험이나 추억의 속박과 집착에서 벗어나 새로운 경험을 개방적인 마음(土)으로 받아들여 즐기며 자기에 대한 깊고 넓은 지식(金)을 가지게 된다면 제2의 인생 목표도 효과적으로 성취할 수 있게 됩니다. 또한 장년기는 보람 있는 성취 결과에 기대가 커서 패배에 직면했을 때 더 많은 노력과 지속성을 보일 수 있으므로 적극적인 삶을 이어가 즐겁고 희망찬 장년기를 보낼 수 있습니다.

'살아남은 자는 가장 강한 자도, 현명한 자도 아닌 변화하는 자다.'라고 주장한 찰스 다윈의 명언은 제2의 인생을 시작하는 60대 즉 이순(耳順)의 사람들에게 적절한 충고로 생각됩니다. 장년기에 이르면 대부분 사람들은 자기 직업 분야에 있어 많은 지식과 경험을 쌓아 전문가가 되어 있고, 그 분야에서 지위도 높이 올라 성공한 사람들입니다. 이들은 자기 나름의 삶의 방식이나 생각이 제일 좋다고 마음속으로 인정하고 믿는 경향이 강합니다. 이러한 삶의 태도 때문에 사고방식이 굳어져 있고 폐쇄될 가능성이 커서 상황과 환경이 변화된 장년기를 맞이하여 상당한 위기를 맞이할 수 있습니다. 이런 위기에서 벗어나는 길은 세상을 있는 그대로 받아들이고 열린 마음을 가지는 것입니다. 오히려 중년기에 성공과 실패를 함께 경험한 사람들은 장년기에 접어들어 변화된 새로운 환경의 위기를 슬기롭게 적응해 나갈 가능성이 높습니다.

개인의 행동은 개인의 성격이 선택합니다. 환경과 상황 변화에 개인이 선택한 행동들이 개인의 인생사를 만들어 가는 것입니다. 중년기에는 중년 생활에 적합한 음양오행의 성격 특성의 활용 방법이 있었고, 장년기에는 퇴임 후 제2인생에 알맞은 성격 특성의 조화와 균형이 필요합니다.

조선 왕조 4대 세종대왕 때 영의정에 올라 18년간 정승을 지낸 이름난 재상 황희(1363~1452)의 가족 이야기입니다.

황희 정승이 왕궁에서 근무를 마치고 집에 돌아오자 "여보! 요사이 며느리와 갈등이 심해져 세상사는 맛이 나질 않아요! 며느리는 시키는 대로 고분고분하지 않고 때때로 자기주장을 하고, 금이야 옥이야 키운 아들은 자기 아내만 편들어요! 제가 자식 교육을 잘못했나요?"라고 부인이 투정하자, "당신의 마음이 편하지 않겠구려! 당신같이 마음씨 고운 시어머니가 이 세상에 어디 있다고 며느리가 철이 덜든 모양이요! 아들 녀석은 결혼하더니 새아기에게 푹 빠진 모양이고, 내가 며느리에게 따끔하게 주의를 주고 아들에게도 결혼 전처럼 어머니께 효도하라고 일러두리다." 하였습니다.

그리고 얼마 후 며느리가 차를 들고 시아버지 방에 들어와서 "아버지! 궁궐에서, 집에서 말씀 많이 하시느라 목이 컬컬하시지요? 따끈한 차 한 잔 드세요!"라고 하자, 황희는 "그래, 고맙구나! 그런데 요즘 시집살이 하느라 힘들지? 너의 시어머니도 깐깐한 내 어머니한테 시집살이 좀 했지! 신혼살이 하던 때 너의 시어머니가 내 어머니에게 야단맞은 날 밤에는 나도 꽤나 시달렸단다. 지금은 아름다운 추억이 되었지만 그때는 괜히 결혼을 서둘렀다고 후회도 했었다. 너의 시어머니는 네 남편을 나보다 더 아꼈단다. 그런 아들이 어머니보다 네 편을 많이 들어주니 너의 시어머니 마음이 얼마나 괴로우셨겠니!" "아버지 죄송해요. 제가 어리고 어리석어 어머니의 마음을 아프게 해 드린 것 같습니다. 되돌아 생각해 보니 시어머니께서 며느리와 아내의 역할을 잘 하도록 가르쳐 주신 것인데 저는 짧은 소견으로 어머니이 일부러 저에게 시집살이 시킨다고 오해했어요!"

어느 날은 아들이 말하기를 "아버지! 오늘 궁궐에서는 별일 없으셨나요? 저는 요사이 어머니와 아내의 갈등 사이에 끼어 많이 힘듭니다." 하자 "아하하!, 너도 어른이 되어 가는 과정에서 수고를 하는구나! 아들의 역할과 남편의 역할을 제대로 해야 한다. 가정이 화목해야 모든 일이 잘 된단다." 하였습니다.

며칠이 지난 후 세 사람이 자신들의 사정을 하소연한 것을 모두 들어주고, 이해하고, 위로해 준 것을 알고 황희 정승에게 그 이유를 물었습니다.

"세 사람 모두 자신의 입장에서 말하는 것은 옳습니다. 상대방의 처지에서 생각하고 말하면 서로간에 갈등이 해결됩니다. 우리 가족은 서로 사랑하고 있지요. 회갑을 지나고 이 사람도 상대방의 이야기를 공경하는 마음으로 듣고 이해하려고 노력하고 있습니다. 이렇게 하면 뜻이 서로 통하여 오해가 없어집니다. 오해가 이해로 바뀌고 이해는 서로 공경하게 합니다."

장년기의 성격 활용

청·중년기에 외향성이 높게 나타난 사람도 장년기에는 행동 전에 생각을 많이 하는 내향성 성격으로 변하는 경향이 있습니다. '양'의 성격보다

'음'의 성격이 외부로 더 많이 드러나기 시작합니다. 어리석게 상황을 헤아려 보지도 않고 덤벙대던 젊은이도 장년기에 이르면 자연스럽게 점잖고 무게가 있게 행동합니다. 이것은 삶의 여정에서 쌓아온 체험에서 비롯된 지혜의 덕분입니다. '수'와 '목'은 상생 관계로 '수'의 성격인 지혜와 유연성을 '목'이 받아들인 것입니다. 자연스러운 현상입니다.

가을은 더위가 최고조에 달하는 삼복더위 중 말복의 끝자락에 가까운 8월 7~8일경(입추, 가을 시작)에 시작합니다. 햇볕은 뜨겁게 느껴지지만 실제로 입추의 햇볕 에너지는 하지(하지의 햇볕 에너지를 100%로 기준함)의 75% 정도입니다. 장년기는 가을에 해당합니다. 한창 나이인 중년기 중반에 비교하면 장년기 초기에 벌써 열정이 25% 정도 감소된 것은 자연의 현상이지만 마음은 거의 젊음 그대로입니다.

조선 왕조 중기 도학자 서경덕(1489~1546)의 시조가 장년기의 마음 상태를 시원스럽게 표현한 것 같습니다.

마음아, 너는 어찌 늘 젊어 있느냐!
내가 늙을 때면 너인들 늙지 않겠는가?
아마도 너(마음)를 쫓아 다니다가 남을 웃길까 두렵구나!
(고어체로 쓴 서경덕의 시조를 현대어로 풀이한 것임)

우리의 욕망과 야망은 끝이 없지만 우리에 주어진 에너지와 시간은 한계가 있습니다. 몸의 작업 능력은 25%나 감소했는데 욕망과 야망을 성취하려는 마음의 작용(의지)에 이끌려 일에 몰입하는 시간이 길어지면 몸에 에너지 부족 현상이 나타나고 에너지 부족 현상이 장기화되면 신체의 약한 부분에 기능이 저하되어 여러 가지 질병에 걸릴 위험성이 커집니다. 첫 징후가 대부분 사람에게 나타나는 몸살과 감기입니다. 신체 조건에 따라 건강 위험 징후는 여러 가지로 나타납니다. 입술이 부르튼다든가, 눈꺼풀에 경련이 일어난다든가, 발에 쥐가 난다든가, 피로감에 찌든다든가. 등등 수많은 징후가 나타나게 됩니다.

장년기의 전반에는 욕망과 야망 그리고 욕정을 조절할 때가 되었음을 알고 현실을 받아들여야 합니다. '목'의 성격을 이루고 있는 욕망과 야망을 조절해야 합니다. '토'와 '목'은 상극 관계입니다. '토'는 현실을 있는 그대로 받아들이는 포용력으로 욕망과 야망의 정도를 장년기에 맞도록 낮추어야 합니다. 이것이 '토극목'의 관계입니다. 청·중년기의 높은 욕정의 수위도 아래로 내려 조절해야 합니다. '화'의 욕정을 차가운 '수'의 지혜로 조절할 줄 알아야 하는 것, 이것이 바로 '수극화'의 상극 관계를 활용하는 것입니다.

가을이 한창인 추석 무렵이 되면 벼이삭이 익어가면서 고개를 숙이고 바람에 찰랑거립니다. 벼이삭의 목이 빳빳해서 바람결에 움직이지 않으면 결국에는 벼이삭이 꺾이고 말겠지요!

우리 인간의 삶도 벼와 마찬가지입니다. 장년기에는 자기 나름의 삶의 방식이나 의견과 평가가 유연성은 줄어들고 새로운 변화를 싫어하는 보수적 태도가 되기 쉽습니다. 더 나가면 태도가 완고하고, 고집이 세고, 고루해지기까지 합니다. 벼가 익어갈수록 고개를 숙이고 바람에 찰랑거리듯 장년기도 고지식함과 보수적인 생각(金)을 버리고 유연성 있는 삶(수)을 살아야 할 것입니다(수생금). 공자는 60대를 '이순(耳順)'이라고 했습니다. 남의 의견에 조용히 귀를 기울이는 것을 표현한 것입니다.

그라시안은 60대를 주위 상황에 맞게 행동하는 '개'에 비유했습니다. 60대는 외적 환경 변화(정년퇴임 등)와 내적 환경 변화(신체의 기능약화)를 동시에 적응해야 하는 어려운 시기입니다. 목을 꼿꼿하게 세우고 컴퓨터 작업을 오래하면 목 디스크에 걸릴 위험이 큽니다. 벼이삭이 바람 부는 방향대로 움직이듯 가끔은 좌우상하로 목을 움직여 주어야 목이 굳어지지 않습니다. 장년기 후반에는 '수'의 지혜, 유연함 그리고 융통성을 받아들여 '목'의 자만 또는 오만과 고집의 정도를 조절해야 합니다. 이것이 '수'와 '목'의 상생 관계입니다(수생목). 상생은 자연스런 것이어서 상극처럼 에너지가 많이 들지는 않습니다.

가을의 한창 시기인 추분(9월 23~24일경)이 지나면 햇볕 에너지가 하지 때보다 50% 이하로 줄어듭니다. 장년기 중반을 지나 하반기에 이르면 '화'의 성격 근본 중 하나인 생식 본능이 자연법칙에 따라 감소됩니다. 여기에 체력도 함께 감소됩니다. 생명의 힘이 감소되어 삶에 대한 꿈과 생식 본능에 대한 욕망도 약화되며 노화의 진행은 빨라지기 시작합니다. 장년기에는 누구나 늙어가는 것보다는 젊음을 유지하기를 희망합니다. 인생 후반기에 대한 '목'의 성격 생존 본능인 꿈과 생식 본능에 대한 시들지 않는 욕망을 가지고 행동할 때 '화'의 성격인 젊음의 열정이 약화되는 것을 줄일 수 있습니다. '목'과 '화'는 상생 관계입니다. 젊어지고 싶은 욕망은 생존 본능에서 비롯된 것입니다. 도학자 서경덕의 시(마음아, 너는 어찌 늘 젊어 있느냐!)를 낮은 목소리로 뜻을 음미하며 읽어 보면 젊어지고 싶은 장년기의 욕망을 이해하게 될 것입니다. 그리고 이 시의 마지막 절의 '남을 웃길까 두렵구나!'를 깊이 생각(금)해 볼 필요가 있습니다.

장년기에 '화'의 성격의 근본인 감정을 다스릴 수 있어야 체면을 차릴 수가 있습니다. '토'의 성격인 포용성과 개방성이 크면 마음의 편안함을 얻어 타오르는 정열을 사그라지게 할 수 있습니다. 이것이 '토'와 '화'의 상생 관계인 '토생화'입니다.

가을은 '금'의 계절이어서 장년기의 대부분 사람들은 정열을 차가운 이성인 '금'으로 절제하여 성숙된 모습을 보여 주기 때문에 좋은 평판을 얻을 수 있습니다. '화'와 '금'은 상극 관계인 '금극화'입니다. 상극 관계는 인위적인 것이어서 이 관계를 유지하기 위해서는 에너지 소모가 큽니다.

가을에 비가 많이 내리면 곡식과 열매 작물이 햇볕 에너지를 충분히 저장할 수가 없어 농부에게 흉년을 가져다 줍니다. 장년기에는 열정이 청·중년기의 절반 이하로 줄어들 수 있습니다. '화'의 성격의 정도가 상에서 중이하로 나타납니다. 반대로 '수'의 성격의 정도는 중 이상으로 올라가게 되는 일반적인 현상입니다. '수'와 '화'는 상극 관계로 '수'가 '화'를 조절하게됩니다. '수'의 성격이 강할수록 '화'의 성격인 열정과 정열은 약화됩니다(수극화). 장년기의 중반을 넘어서면 자연의 법칙에 따라 열정과 정열의 정도가 낮아지는데 여기에 '수'의 성격이 강해지면 낮아지는 속도가 더 빨라질 수 있습니다. 열정과 정열이 감소되면 활동이 줄어들고 활동이 줄어들면 신체의 여러 기능이 약화되면서 노화가 촉진될 수 있습니다. 제방을 쌓아 물을 조절하는 것이 흙(토)입니다(토극수). '토'는 '토생화'로 열정과 정열을 보존해 줄 수 있습니다. '토'는 만물을 생장하는 터를 제공합니다. 만물의 생장 활동은 '화'의 열정과 정열의 덕분입니다. '토'는 '화'의 활동성을 유지시키는 것입니다. 또한 '토'는 '수'와 상극 관계로 제방을 쌓아 물을 조절할 수 있어 '수'가 강해지는 것을 조절할 수 있습니다(토극수). '수'의 특성

547

중에 꾸물거리고 게으름을 피우는 경향이 있습니다. 장년기에 이러한 성향이 심해지는 것이 다분히 나타납니다.

> 화로에는 물이 끓고 처마에 참새가 우짖는데
> 늙은 부인은 세수하고 음식에 간 맞추네
> 해가 떠 대낮이 되어도 이불 밑이 따뜻하여
> 조금만 더 잠을 자고 싶어 일어나기가 싫네

이 시조는 고려 말 고위직을 지낸 성리학자 이색(1328~1396)이 지은 「새벽에 깨어」입니다. 규칙적인 생활을 철저히 하여 모든 사람의 존경을 받은 대학자임에도 나이가 들어가면서 게으름의 유혹을 뿌리치기가 쉽지 않았던 마음을 솔직하게 표현한 글입니다. 게으름은 에너지를 적게 소모하기 위한 동물의 생존전략의 하나입니다. 우리에게는 지금도 동물의 속성이 남아서 가끔 밖으로 표출됩니다. 몸이 피곤함을 느끼는 것은 몸 안에 활동할 에너지가 부족하다는 신호입니다. 에너지가 충전될 때까지 몸은 우리 의지와 다르게 쉼을 선택합니다. 쉼과 게으름의 경계가 분명하지 않습니다. 장년기 후반에 이르면 몸의 생합성 기능이 낮아져 에너지를 생산하는 데 시간이 많이 걸립니다. 쉼과 게으름을 조절할 수 있는 능력이 '토'에게 있습니다. '토'와 '수'는 상극 관계입니다(토극수). 바로 '금'의 도움이 필요한 때입니다. 즉 금의 절제력이 쉼과 게으름을 조절하는 데 보조 역할을 하게 됩니다(금생수). 쉼과 게으름을 포용하는 '토'와 절제하는 '금'의 협력으로 우리 생활에 중요한 역할을 계속하게 됩니다. 오행성격의 각 특성들은 서로 협력하여 우리의 행동을 최선에 이르게 합니다.

가을은 '금'의 계절입니다. 장년기에는 '금'의 성격 특성이 강화되는 때입니다. 삶의 지나온 여행 길 위에서 지식과 체험 그리고 지혜가 상당히 쌓이게 됩니다. 여기에서 세상의 판단 기준은 개인의 경험과 옛 사고가 크게 영향을 미칩니다. 여러 가지 직업에서 성공한 사람들은 성실성, 즉 '금'의 성격 특성이 강한 사람입니다. '금'의 성격 특징들은 자연생태계에서 보다는 직장과 같은 인공 생태계에 의해서 생겨난 것입니다. 자연생태계보다 에너지가 많이 소모되는 삶입니다. 직장에서 성공한 사람들은 자신에게 맡겨진 업무에 열심히 일하였습니다. '열심'이라는 것은 게으름보다 에너지가 훨씬 많이 듭니다.

장년기 사람들은 자신의 삶에서 얻은 지혜가 최고인 것으로 착각하고 삶의 방법을 청년들에게 주입식으로 교육하려고 합니다. 대부분 청년들은 장년기 사람들의 진심 어린 충고를 잔소리로 들을 가능성이 큽니다. '시대가 변했는데 왜 어른들은 자신의 성공담이 최고라고 생각하지?' 이러한 젊은이들의 생각을 눈치챈 장년기 사람들은 충고가 훈시로, 비판으로 변합니다. 사실 젊은이의 성격은 자연생태계 성격인 충동과 게으름이 주를 이루고 있습니다. 따라서 이런 현상은 젊은이의 자연생태계 성격과 장년기의 인공 생태계 성격이 충돌하는 현상입니다. '나도 젊었을 때는 어른들의 말씀을 잔소리로 들었는데 지금 젊은이들도 나와 똑같네!'라며 표현은 하지 않지만 장년기 사람들도 이런 생각을 마음속으로 합니다.

장년기 나이는 어른이 되었음을 세상이 인정합니다. 어른들은 청·중년기 사람들을 넓고 깊은 마음으로 포용하고 그들의 생각과 행동을 받아들일 수 있도록 마음의 문을 열어 놓아야 합니다(토의 성격). 이런 어른들에게는 청·중년기 사람들이 허물없이 찾아올 수 있습니다. 노소동락(老小同樂), 나이든 어른과 젊은이가 나이를 가리지 않고 함께 즐긴다는 소중한 우리의 옛말이 있습니다. 어른을 받들어 모시던 수직 사회에서도 생활의 본보기가 될 내용을 가진 격언이 귀중하게 활용되었습니다. 현대와 같은 수평 사회에서는 더욱 필요한 격언입니다. 바로 이것이 '토'와 '금'의 상생 관계입니다(토생금). '금'의 성격이 강한 어른들이 '토'의 포용과 옛 사고와 경험으로부터 자유로운 개방 정신을 받아들일 때 젊은이들의 존경과 환영을 받을 수 있습니다(토생금).

어른들은 신중하고 절제력 있고 인내심이 강하고 주어진 일에 최선을 다합니다. 젊은이들에게는 가까이하기에 너무 먼 당신처럼 느껴지기 쉽습니다. '금'의 성격인 어른들은 '화'의 성격 특징인 따뜻함과 젊은이들의 고민 공감, 도움과 보호, 연민의 정을 받아들여야 합니다. 이렇게 되면 젊은이들은 어른들의 절제력, 인내심, 일에 대한 성실함을 쉽게 받아들일 것입니다. '화'와 '금'의 성격 특성은 서로 조절해 주는 상극 관계입니다(화극금). 어른의 성실과 젊은이의 열정이 서로 감염되어 서로에게 플러스(plus) 되는 윈-윈(win-win) 전략이 됩니다(금극화와 화극금).

60대 나이를 '이순(耳順)'이라고 합니다. 남의 말에 귀를 기울여 마음의 문을 열고 들으라는 의미입니다. 장년기에 들어섰지만 엄격하고 금욕적이며 고집스럽고 융통성이 없는 성격이 더욱 심해질 수 있습니다. 삶을 성실하게 이어와 경험과 지혜가 쌓여 자신을 현명한 사람이라고 믿을 가능성이 높습니다. 언제나 자신이 옳다는 것을 증명하려고 어떤 논쟁이든 이겨야만 하는 사람이 되어, 다른 사람들의 의견에는 귀를 기울이지 않고 자기 말만 앞세워 주변 사람들을 피곤하게 하고 정떨어지게 만듭니다. 나이가 들면 젊은이들과 비교하여 현명해지는 건 사실입니다. 제임스 플린(James Flynn)은 10년마다 최소 IQ점수가 5점씩 꾸준히 상승하고 있는 사실을 발견했습니다. 이른바 플린 효과로 불립니다. 20대 IQ가 100인 평범한 청년이 60대 즉 40년이 지난 후 120이 되어 수제급이 된다는 의미입니다. 성취한 60대들은 자신의 분야에서 지적 성취를 추구한 결과로 자신을 현명한 사람으로 믿게 될 것입니다.

젊은이에 비해 현명한 것은 사실이나 공감능력이나 융통성이 부족한 고집불통의 어른으로 보일 가능성이 높습니다. 정년퇴임으로 직장 동료와는 멀어져 가고 주변의 사람들마저 고집불통으로 등을 돌린다면 차갑고 외로운 자신의 동굴에 홀로 남겨진 신세가 될 수 있습니다. 그러나 생각을 바꾸면 동굴에서 탈출하여 인간 세계로 돌아올 수 있습니다. '수'의 성격을 활용하면 가능합니다. 공감능력을 일깨우고 융통성을 발휘하여 친화력을 높이면 인간관계를 회복할 수 있습니다. '금'과 '수'의 성격은 상생 관계로 에너지를 적게 들여도 '수'의 성격 특징인 공감능력, 융통성 그리고 친화성을 쉽게 받아들여 활용할 수 있습니다(수생금). 동양에서는 생각이나 행동의 기준을 중용에 둡니다. 남음과 모자람보다 알맞은 정도를 선호합니다. 공감, 융통성과 친화성의 정도도 중간이 사람들에게 유리한 것으로 생각되고 있습니다.

장년기 전반은 욕망과 야망을 가지치기하는 것이 필요하지만 후반기에 오히려 욕망을 유지하려고 해야 삶의 의욕이 감소되지 않습니다. '목'과 '금'은 상극 관계입니다(상극은 넘치는 것을 덜어 내고, 모자라는 것은 채워 조절하는 관계입니다). 삶의 욕망이 강한 성격을 가진 사람은 삶의 의욕도 강해서 활동적인 생활을 즐겨 체력과 건강을 유지하여 행복한 늙음을 맞이할 수가 있습니다(목극금).

노년기의 성격

노년기는 마지막 계절인 겨울철에 해당합니다. 장년기는 가을철로 표현합니다. 가을을 시작하는 절기는 입추(8월 7~8일경)입니다. 더위가 절정에 이르는 말복 바로 앞에 가을이 시작됩니다. 이와 비슷하게 인생의 절정기인 중년기 말에 장년기가 시작됩니다. 가을이 시작되면서 사과나무와 매화나무는 이듬해 봄 꽃눈(꽃이 피고 열매를 맺게 하는 눈)과 잎눈을 분화시켜 생장합니다. 가을에 벼와 고추는 씨를 남기고 일생을 마칩니다. 국화는 꽃을 피워 씨를 남기고 꽃을 피운 줄기는 마르지만 새 잎을 만들어 내년의 삶을 준비합니다.

노년기는 자연의 법칙에 따라 다음 세대를 양육하고 지원하며 자기의 능력과 잠재력을 완전히 활용하고 실현해 가는 과정으로 생각됩니다. 개인은 집단을 구성하고 있는 여러 사람 중의 하나로서 생활할 수 있게 되는 과정에서 청년기에는 비록 그들의 능력이 제대로 개발되지 않고 그들이 기여하는 바가 미미하다 할지라도 그 집단의 일에 성실히 참여하는 본격적인 주변 참여(Legitimate Peripheral participation)를 하게 됩니다. 중년기에는 그 집단 내 주변 참여에서 중심 참여로 자연스럽게 옮겨지게 됩니다. 장년기에 접어들면서는 변두리 참여로 바뀌게 되고 노년기는 집단에서 또는 사회에서 변두리 밖으로 밀려나게 됩니다. 노인은 자기가 소속된 사회에서 할 일이 없어진 필요 없는 사람이 되었고, 오히려 짐이 된다고 느낄 때 인생의 허무와 좌절을 맛볼 수 있습니다.

노년기는 사회적 활동에서 물러나 자신의 인생에서 자신이 한 일에 잘못과 모자람이 없는가를 스스로 돌이켜 살펴볼 줄 압니다. 성공과 실패도 모두 자신의 것으로 받아들입니다. 이것을 밑바탕으로 청년기에서 장년기까지 자신의 생존과 안전, 사회의 소속과 자기의 특성, 능력, 행동들의 가치적 결핍욕구를 만족시키는 데 최선을 다했지만 노년기는 지적 성취, 아름다움에 대한 연속되는 새롭고 산뜻한 이해, 자신의 잠재력 실현에 대한 존재욕구(또는 성장욕구)를 충족시키고 실현시키려는 단계입니다(Maslow의 욕구의 위계 인용). 청년기에서 장년기까지는 외적인 자기 초상을 만들어 가는 과정이라면 노년기는 자기의 내적 초상을 완성해 가는 자기 실현 과정으로 볼 수 있습니다. 또한 미래가 있어야 살 수 있는 것이 인간의 특성인데, 이 특성에 따라 자기 밖의 문제에 대해서도 마음이 늘 걸리며 잊지 못해, 다음세대를 만족시키고 지원하는 방법을 찾는 것을 자신이 해야 한다고 느끼고 그 일에 사명의식을 가지며 노년의 마지막 남은 열정을 쏟아 성숙한 인간이 되려고 합니다.

노년기는 삶의 과정에 가장 드라마틱(dramatic)한 변화와 위기를 마주하는 시기입니다. 사회 중심 참여에서 변두리 밖으로 밀려나는 정년퇴임으로 일할 수 있는 기회(삶의 의미가 됨)가 사라지는 뼈아픈 첫 경험을 시작하고, 규칙적인 생활 습관이 무너지면서 생활 리듬도 깨져 하나둘씩 신체 건강에 의심스러운 증상이 나타나기 시작합니다. 또한 배우자나 친족들을 잃는 참기 어려운 슬픔을 경험하면서 자신에게도 다가오는 죽음의 그림자를 느끼게 됩니다.

노년기의 위기가 다가오는 과정은 대체로 자연의 순리에 따릅니다. 노년기에 접어들면 음식에 대한 욕구(생존 본능)와 성적 욕구(생식 본능)도 줄어들고 시들해집니다. 겨울철 햇볕 에너지는 여름철 평균의 ⅓에 지나지 않습니다. 노년기를 겨울철로 생각한 것도 여러 가지 현상 중에 에너지에 대한 것이 중심이 되는 것으로 보입니다. 노년기는 청·중년기 때 에너지 생산력이 50%이하로 뚝 떨어집니다. 식이요법을 게을리하면 신체를 유지하는 필요한 에너지가 급격하게 줄어들어 여러 가지 신체 기능이 약화되어 노화가 촉진됩니다. 농업 사회에서는 노인이 농사일과 손자, 손녀 돌보기 등 해야 할 일이 많았지만, 산업·정보화 사회로 환경이 변화되면서 할 일 없는 노인이 되어 사회 활동이 거의 없어지자 육체적 활동도 줄어들어 식욕도 자연스럽게 감퇴되고 삶의 의미도 약화되는 현상이 노년기에 찾아왔습니다.

인간은 만물의 영장입니다. 어떤 환경이나 변화에도 적응하여 삶을 이어갈 수 있는 능력이 있습니다. 노년기에도 자신의 삶에 유리하도록 새로운 변화에 적응해 나갑니다. 지나온 삶을 되돌아보고 평가하고 미래를 계획합니다. 평가와 계획은 자신이 삶에서 쌓아올린 지식과 경험을 바탕으로 주관적으로 판단하여 수행하게 됩니다. 자기를 사랑하기 때문에 주관적인 판단은 성격과 관련이 깊은 것으로 알려졌습니다. **리차드(Reichard) 등이 노년기의 성격을 5가지 유형으로 분류한 것이 노년기의 삶과 관련성이 많은 것으로 보입니다.**

첫째는 통합형입니다. 자기 과거의 모든 삶, 성공한 것이든 실패한 것이든 자기 것으로 받아들이고, 소중히 여기고 남은 생애 동안 자신의 능력과 잠재력을 사회에 유용한 생산적 방향으로 적극적인 생활하려는 아름다운 꿈을 가지게 됩니다. 이 성격은 '목'과 '금'의 성격 특성과 비슷합니다. 생에 대한 욕망이 강하고 기대와 성장 욕구가 강해서 삶의 목표를 실현하려는 의지가 강합니다. 자신의 능력과 잠재적인 재능을 믿고 자기 실현 과정을 즐겨 성실하게 자기 목표에 집중하는 성격입니다. '살아남은 자는 가장 강한 자도 현명한 자도 아닌 변화하는 자다'라고 주장한 찰스 다윈의 명언처럼 환경 변화에 항상 능동적으로 적응하여 행복한 노년을 보낼 수 있습니다. 수의 성격 특성인 공감능력과 융통성을 활용하여 사회 참여에서 변두리 밖에 밀려나더라도 소외감을 이겨 낼 수 있고, 조금도 부족함 없는 인간관계를 유지할 수 있어 하루하루를 즐겁게 보낼 수 있습니다.

세상의 모든 생명에게 차별 없는 사랑을 베풀고 열린 마음을 가진 토의 성격 특성을 활용해서 세상의 관습과 도덕으로부터 자유로움을 얻을 수 있어 하고 싶은 대로 행동하더라도 자신과 세상을 더럽히지 않는 성숙의 경지에 이를 수 있습니다. 또한 식어 가는 생명에 대한 애착을 '화'로부터 열정을 지원받으면 절반 이하로 줄어든 노년기의 힘의 본바탕을 유지할 수 있습니다. 그리고 오행 각각의 특성들을 상생과 상극으로 성격 간에 균형과 조화를 이루도록 활용할 수 있다면 어떤 환경 변화에도 적응할 수 있어 여유롭고 만족스러운 노년기를 보낼 수 있습니다.

둘째는 안락의자형입니다. 자기의 재정적·정서적 일들을 가족과 사회제도(연금)의 도움을 받아 해결하려는 의존적 생활태도를 가집니다. 장년기까지 열심히 사회 일원으로서 일해 왔기 때문에 노년기에는 가족과 사회에 대한 사회적인 책임이나 의무로부터 벗어나 자신을 위해 자유롭게 즐기며 삽니다. 현직에서 물러나는 스트레스 등을 가볍게 넘기고 일의 멍에를 내려놓는 것을 오히려 즐기고 행복한 늙음을 반기며 편안하게 살아가는 유형입니다.

퇴직 후 얼마 동안 일의 굴레에서 벗어난 즐거움을 맛볼 수 있지만 하루 놀고 하루 쉬는 날들이 반복되다 보면 삶의 무의미를 느낄 수 있습니다. 일을 떠난 생활은 생명의 기본 리듬인 활동과 휴식의 리듬이 깨어질 수 있습니다. 생체 리듬이 깨어지면 건강한 삶을 유지하기가 어렵고 건강한 늙음을 유지하지 못하면 행복한 늙음을 기대할 수 없습니다. 작은 꿈을 가지게 되면 꿈을 이루기 위해서 작은 일을 시작할 수 있습니다. 안락의자형의 노인은 '수'의 성격을 많이 닮았습니다. '수'는 '목'의 목표를 이루어 가는 욕망과 생장을 바라고 요구하는 의욕을 받아들이면 작은 꿈을 가질 수 있게 되어 생활의 활력소와 리듬을 유지할 수 있게 됩니다. 작은 꿈이 사회적 역할에 조금이라도 관련이 있다면 변두리 밖으로 밀려나 소외감을 느꼈던 것이 사회 변두리 참여를 할 수 있게 되어 소속된 사회에 필요 없는 존재가 아니라 이바지할 수 있는 존재로 유지될 수 있어 뿌듯한 마음으로 노년을 보낼 수 있습니다. 이것이 '목'과 '수'의 상생 관계인 '목생수'입니다.

셋째는 장갑형입니다. 늘어 가는 것, 노인의 질환, 그리고 죽음이 가까이 다가오고 있음이 자연의 순리임을 인정하려 하지 않습니다. 죽음에 대한 불안과 두려움에 짓눌려 이런 상황에 적응해 보려는 계획이나 행동을 적극적으로 노력하지 않고 노화, 죽음의 문제를 회피하거나 종교나 작은 신비적인 것에 의탁하려 합니다. 우리의 불안의 근원은 눈앞의 위험에서 벗어나 살아남을 수 있도록 도와주는 생리적인 반응입니다. 불안은 무언가 이상이 있다는 신호에 대해서 예민한 대응입니다. 우리는 위험을 미리 알면 위험에 빠지지 않습니다. 노화, 노인질환 그리고 죽음에 대해서 누구나 피할 수 없는 자연의 섭리임을 적극적이고 긍정적으로 이해하고 받아들이면 극복할 수 있습니다. 노화와 늙음은 주관적인 감성으로 이해하지 않고 세상 모든 생명체의 죽음은 숙명적인 사실임을 객관적인 이성으로 이해하면 행복하게 늙어갈 수 있습니다. 우리의 '화'의 감성을 '금'의 이성과 조화시킨 해결책입니다. '화'와 '금'은 상극 관계인 서로 조절하고 조화를 이룬 관계입니다. 행복한 늙음과 불안한 늙음 중에 어떤 것을 선택하시겠습니까? 행복은 우리가 느끼는 감정이 아니라 의식적(분별하여 생각하는 마음='금'의 성격)으로 내리는 선택입니다. 선택은 용기가 필요합니다. '목'으로부터 '용기'를 받아들여야 합니다. '목'과 '화'는 상생 관계로 북돋아 주는 관계입니다. '행복은 자유에서 오고, 자유는 용기에서 온다.'고 말한 그리스 정치가 페리클레스(Perikles, BC495~429)의 명언을 되새겨볼 만합니다.

넷째는 분개형입니다. 지난 자신의 삶이 성공하지 못했다는 자기중심적인 주관적 판단으로 실패를 규정하고 뉘우치고 분하게 여깁니다. 그 실패의 원인이 자신의 능력이 부족해서가 아니라 타인 때문이라 여기고 사회에 대한 적대감과 공격성을 가지고 있습니다. 동물의 분노는 생존 기술입니다. 분노는 용기의 위장이며 핑계라고 심리학자들은 말합니다. 야생동물들이 이를 드러내고 으르렁거리며 금방 공격할 것처럼 행동하는 것은 적을 협박하는 것입니다. 분노는 높은 에너지를 가지고 있습니다. 청·장년기까지는 쉽게 드러나지만 노년기에는 드물게 드러납니다. 노년기까지 분노를 쉽게 드러내는 사람은 젊음이 많이 남아 있다는 징조입니다. 자신의 늙음도 받아들이는 데 머뭇거립니다. 분노의 에너지를 조절하여 긍정적인 방향으로 활용할 수 있다면 사회에 대한 적대감과 공격심이 사라지고 자신의 정서를 조절할 수 있게 되어 사회와 화목한 관계를 맺을 수 있습니다. 사회와 화목할 때 생활의 즐거움과 인생의 안락함을 느낄 수 있게 됩니다.

분노는 '화' 성격의 특성입니다. '화'는 '수'로부터 정서 조절 능력을 받아들일 수 있는 상극 관계입니다. '수'는 '화'의 분노를 조절할 수 있습니다(수극화). 분노를 열정으로 방향을 전환시키면 노년기의 급격히 감소되는 열정을 현상 유지시킬 수 있어 오히려 생동감 있는 노후를 보낼 수 있습니다. '화'와 '목'은 상생 관계입니다. '목'의 꺼져 가는 욕망의 불씨를 살려 노년의 작은 꿈을 실현하는 데 큰 도움이 됩니다. 희망의 날개를 펼 수 있습니다. 희망이 있는 노년은 행복한 늙음이 될 수 있습니다.

'화'와 '금'은 상극 관계입니다. '금'으로부터 합리적인 사고와 절제력 그리고 인내심을 받아들여 분노의 원인을 찾아내 분노가 차오르는 것을 다른 방향으로 전환시키고 절제하는 노력을 하면 '화'를 누그러뜨릴 수 있습니다(금극화). 화가 날 때마다 산책하거나 땀 흘려 운동하면 분노의 에너지가 운동 에너지로 전환될 수 있습니다. 노년기는 아름다운 숲길을 산책하는 것이 무리하지 않고 분노를 조절해 가는 가장 좋은 방법이 될 것입니다. 인내심을 가지고 분노 조절을 계속하면 몸에 배어서 습관이 될 수 있습니다.

다섯째는 자책형입니다. 자신의 삶을 뒤돌아보고 자신은 성공하지 못한 사람이라 생각하며 삶을 후회합니다. 생각이 깊고 차분하며 신중합니다. 세상은 세련된 정글(Jungle)과 같은 곳입니다. 어느 직장이나 직장 내에 경쟁이 없는 곳은 없습니다. 그는 조심성이 많고 대담하지 못하고 겁이 많은 편이라 경쟁에서 항상 뒷전으로 밀립니다. 스스로 경쟁을 피하기도 하고, 우물쭈물하다가 기회를 놓치는 경험을 많이 합니다. 집에 와서는 후회하고 스스로 자신을 꾸짖어 보지만 소용없는 일입니다. 셰익스피어(shakespeare, william 영국극작가, 시인 1564~1616)의 4대 비극작품 중 하나의 주인공 햄릿(Hamlet)과 비슷한 성격이고, 내향성(음의 기질)이 강한 '금'의 성격 소유자입니다.

'금'과 '목'은 상극 관계입니다. '목'의 성공에 대한 강렬한 의욕과 의지, 그리고 출세욕, 명예욕, 도전정신을 받아들여 내향적인 '금'의 성격을 조절하면 그는 인생의 꿈을 이룰 수 있었을 것입니다. '금'과 '목'은 상극 관계입니다(목극금). '화'로부터 열정을 받아들이면 자신의 목표 달성에 씩씩하게 나아갈 수 있습니다(화생목).

셰익스피어와 동시대 작가인 세르반테스(Cervantes Saavedra·Miguel de, 1547~1616)의 돈키호테(DonQuixote)는 전형적인 '목'의 성격 소유자입니다. 음양오행의 성격 모델의 기본 방향은 성격 특성 간 상생과 상극 관계의 활용으로 성격 특성 간에 균형과 조화를 이루는 것입니다. 사람은 어느 성격 하나의 유형에 고정되어 있지 않습니다. 음양오행의 성격을 깊이 이해하면 누구나 상황과 환경에 알맞은 성격으로 현실 생활에서 대응할 수 있습니다. 햄릿형과 돈키호테형을 하나로 융합시켜 강점은 확대하고 부족한 점은 보강할 수 있습니다. 자책형인 내향적 금의 성격을 외향적(양적기질)인 '목'의 성격으로 조절하고 보강할 수 있습니다(목극금).

건강한 성격은 성숙에서

노년기 생활에 자주 등장하는 말은 생활의 질(Quality of Life) 또는 행복한 삶(Well-being)이라는 용어입니다. '질'은 타고난 성질의 표현입니다. 인간의 성질은 정치, 경제 그리고 문화의 환경 조건 아래에서 사회적 성격이 형성되고 인간 행동에 영향을 준다고 합니다. 성숙한 성격이 건강한 성격이라고 여러 학자들은 말합니다. 개인의 잠재력을 실현하는 사람을 의미합니다.

칼 융(Carl Gustav Jung, 1875~1961)은 건강한 성격의 특성을 글이나 말로 나타내어 보인 적은 없지만 그의 성격 연구에 상당 부분 드러나 있습니다. 성격의 4가지 기능인 사고, 감정, 감각, 그리고 직관이 어느 한 쪽으로 쏠리지 않고 각각 기능들이 균형을 이루고 있어 상황과 환경 변화에 적절하게 대응할 수 있는 성격을 건강한 성격으로 확신한 듯합니다. 그리고 4가지 기능들은 서로간에 충돌이나 모순됨이 없이 서로 적당하게 잘 어울림, 즉 균형과 조화를 가집니다. 성격의 4가지 각 기능 부분이 통합되고 균형과 조화를 이루어 개인의 성격으로 표현됩니다.

칼 융의 건강한 성격은 오행의 성격과 많이 닮아 있습니다. 목(감각적인 특성), 화(감정적인 특성), 금(사고적인 특성), 토와 수(직관적인 특성) 등 오행성격 특성들이 한쪽으로 치우치지 않고 균형 있게 분포되어 있는 성격을 가진 사람은 어느 상황이나 환경에도 어렵지 않게 적응할 수 있는 능력이 있습니다. 그러나 오행성격 특성이 2~3개에 겹쳐서 분포되어 있다 할지라도 상생과 상극, 음과 양의 활성화 방법(p75)을 익혀서 균형과 조화를 이루게 한다면 건강한 성격이 될 수 있습니다.

심리학 연구에 따르면, 동양인들과 서양인들의 성격 이론은 매우 유사한 것으로 알려졌습니다. 성격의 5대 요인 특성엔 외향성은 '목'의 성격 특성, 신경성은 '화'의 성격 특성, 개방성은 '토'의 성격 특성, 성실성은 '금'의 성격 특성, 그리고 친화성은 '수'의 성격 특성과 매우 비슷합니다.

그러나 동양과 서양은 서로 다른 문화의 기원을 가지고 있어서 성격 이론을 활용하는 데 큰 차이가 있습니다. 심리학자인 허만 위킨스(Herman witkins) 등이 제안한 장-의존성(Field dependence)은 어떤 사물을 지각할 때 주변의 사물이 맞닿아 있는 관계나 연관의 영향을 받는 정도를 지칭합니다. 이웃과의 관계가 중요한 농경 사회 사람들은 수렵이나 사냥 사회, 직장에 따라 이동이 잦은 현대 산업 사회 사람들보다 더 장-의존적이라고 합니다. 반면, 수렵과 사냥하는 사람들과 현대 산업 사회의 사람들은 거의 비슷한 정도로 장-독립적이라고 합니다(리처드 니스벳의 『생각의 지도』에서 인용).

성격의 5대 요인 특성과 오행성격 요인 특성은 비슷하지만 성격 요인을 설명하고 활용하는 데 있어서 서양학자들은 장-독립적 사고로 각 요인의 관계나 연관보다 각 특성의 테두리 안에 주의를 기울이는 반면, 동양 사람들은 각 요인의 특성과 특성 간의 서로 의존적 관계와 연관에 관심을 집중하여 상생과 상극으로 설명하고 활용하는 경향이 매우 높습니다. 건강한 성격은 음양오행 성격을 넓고 깊게 이해하면 누구나 가질 수 있는 가능성이 매우 높습니다. 세상은 아는 것만큼 보이고 파도처럼 밀려오는 미래의 세상 변화와 위기의 물결을 헤쳐 나갈 수 있는 능력을 키우고 방책을 수립할 수 있습니다.

심리학자들이 제시한 건강한 성격의 특성 중 비슷한 것들 9가지를 정리했습니다.

첫째, 자기를 알고 자기의 잠재력을 활용하여 자신답게 되는 것을 실현해 가는 성격입니다. 자신의 성장, 발달을 진행시켜 가는 미래 지향적인 성격입니다. 삶을 지속하는 동력은 자신이 마땅히 해야 할 일, 즉 완수할 과업을 가지는 데에서 나옵니다.

둘째, 사회에 마음이 끌려 타인들과 적극적이고 확고한 인간관계를 가집니다.

셋째, 자신을 사회 규범, 도덕 등의 외부적인 힘에 억제되지 않고 자유롭게 충동과 욕망을 표현할 수도 있습니다. 주변의 자극에 대해서 흥분하고 솔직하게 분노도 표현할 수 있는 사람은 건강한 성격을 가진 사람입니다.

넷째, 자신이 타고난 성질, 그리고 자신의 약점과 장점을 포함하여 자기 자신을 이해하고 불평이나 걱정 없이 있는 그대로 받아들입니다. 타인도 현재 있는 그대로 받아들입니다.

다섯째, 눈앞에 있는 자기의 모든 영역에서 혼자 힘으로 새롭고 독특한 것을 처음으로 만들어 내는 사고하는 능력과 재능으로 창조적인 삶을 스스로 표현합니다. 모든 사람은 사회적 제도의 굴레를 벗어나 특별한 창조적 가치를 표현할 수 있습니다. 이러한 사람은 건강한 성격의 소유자입니다.

여섯째, 미래 지향적인 삶을 목표로 세우고 흔들림 없이 목표 성취를 위해 앞만 바라보고 나아가며 자기의 이익이나 손해를 돌보지 않고 몸과 마음을 바쳐 힘을 다할 수 있는 대상에 처음 품었던 뜻을 끝까지 이루는 성실함을 가지는 사람이 건강한 성격의 소유자입니다.

일곱째, 자기 행동 과정을 자유롭게 선택합니다. 자기 마음이 가는 대로 하고 싶은 대로 행동합니다. 사고와 감정도 자아경계(자기 자신에 대한 의식이나 관념)에 의해 시들어지지 않습니다. 외부 규칙이나 관습으로부터 자유롭습니다. 삶의 과정에서 개방성과 융통성을 발휘하는 사람은 건강한 성격의 소유자입니다.

여덟째, 자신을 알고 받아들이면 자신에게 적합한 삶의 의미를 가질 수 있습니다. 어떻게 살아야 하는지를 알 수 있어 자기 생활을 통제할 수 있습니다. 자기 개성대로 삶을 이어가기 때문에 자신의 삶에 대하여 책임을 질 수 있습니다. 그는 상황과 환경 변화에 의해 영향을 받을 수 있지만 그것을 어떻게 받아들이고, 일과 사태에 맞추어 태도와 행동을 취할 것인가를 객관적으로 알고 깨달아서 자신이 자유롭게 선택합니다. 자기답게 하는 행동 속에 자기의 근본적인 성질이 현실로 나타나 가치 있는 성숙한 인간이 되어 갑니다. 성숙한 인간은 건강한 성격의 소유자입니다.

아홉째, 사람이 본래 가진 성질은 타고난 것으로 본성(本性)이라고 합니다. 자기의 본성을 깨닫게 되면 무엇을 어떻게 해야 하는지를 알게 됩니다 (지천명知天命). 세상의 여러 가지 유혹과 고난에도 흔들리지 않고 자기에게 주어진 사명, 즉 천명을 실현하는 데 스스로 온 정열을 쏟아붓고 몰입하는 사람, 원하는 일이 아니라 해야 한다고 느끼는 일을 하는 사람은 건강한 성격입니다. 주위의 무슨 이야기를 들어도 깊이 이해할 수 있고 타인의 의견에 조용히 귀 기울이는 사람은 이순(耳順)에 도달한 사람입니다. 마음이 가는 대로 행동을 해도 양심과 도덕성에 어긋나지 않은 성숙의 마지막 단계에 이른 원숙한 사람, 즉 성인의 경지에 오를 수 있습니다(종심소욕 불유구 從心所欲 不踰矩). 마음 내키는 대로 행동하여도 도덕에서 벗어나지 않는 경지는 인간 수양의 최고 단계입니다(논어: 공자의 언행을 적은 유고의 경전). 이 경지는 보통 사람에게는 희망 사항일 뿐입니다.

성숙한 성격은 로저스(C. R. Rogers, 1902~1987)가 주장한 자기 실현 과정에서 '되어 가는 과정'이라 주장한 것과 매슬로의 자기 실현의 최고단계인 존재욕구는 절대로 완전히 달성할 수 없다고 말한 것과 생각이 서로 통하는 것 같습니다. **나이를 먹음에 따라 육체적 노화는 자연법칙에 따르지만 생**

각이나 감정의 작용을 지배하는 마음의 능력 성장은 계속되는 것으로 학자들은 보고 있습니다. 정신적으로 건강한 성격을 가진 사람은 앞일을 내다보며 자신 안에 있는 잠재력을 쉼 없이 실현해 나가는 사람입니다. 자기완성에 정신을 집중하는 사람입니다. 자기 완성에 열중하는 사람은 행복한 생활을 하는 사람입니다.

중국 공자에 대한 이야기입니다.

섭공(葉公)이 공자의 제자인 자로에게 물었습니다. "공자는 어떤 분이십니까?" 자로는 뜻밖의 질문에 대답을 하지 못하고 멈칫거렸습니다. 이 말을 들은 공자는 자로에게 말했습니다. "자로야! 섭공의 질문이 너에게는 어려웠느냐? 나를 이렇게 평가했으면 좋았을 텐데, **스승님은 학문이건 일이건 한번 열중하면 식사하는 것도 잊어버립니다. 즐거우면 근심 걱정도 잊어버립니다. 그리고 나이가 들고 늙는 것도 모릅니다.**'라고"(안병욱. 인생론에서 인용).

노년기에도 자아 실현 또는 자아 완성, 자아 성숙에 매진하는 사람은 건강한 성격을 가진 사람으로 날마다 자기 내면에서 솟아나오는 기쁨과 자기 외부, 즉 인간관계에서 얻어지는 즐거움을 함께 누리며 행복한 생활을 계속하여 유지해 나갈 수 있습니다.

참고문헌

Anita woolfork(2007). 교육심리학, 박학사

고코로야 진노스케(2013). 누구나 성격을 바꿀 수 있다, 도서출판 좋은날들

김경훈(2003). 세상에서 가장 아름다운 시 99선, 도서출판 푸르름

김백만(1993). 재미있는 오행철학으로서의 여행, 관음출판사

김봉석(2010). 알기 쉽게 풀어 쓴 사주이야기, 도서출판 다임

김재철(2012). 사랑의 길을 꽃에게 묻다, 도서출판 신아출판사(재판,2018), 아이워북(초판)

김재철(2016). 인생내비게이션을 어떻게 구할 수 있나요, 신아출판사

김재철(2020). 운명의 열쇠는 성격, 성격의 열쇠는 사주, 지혜의나무

다나카 히로시(2016). 사람은 누구나 다중인격, ㈜인플루엔셜

대니얼 네틀(2013). 성격의 탄생, 와이즈북

대한역법연구편제(1985). 신 남산 만세력, 대지문화사

데이비드 데스태노, 피에르 칼를로 발데솔로(2012) 숨겨진 인격, 김영사

데이비드 시버리(1985). 젊은이에게 주는 글, 동서문학사

데일 카네기(2011). 데일카네기 인간관계론, 느낌이있는책

리차드탈러·캐스선스타인(2019). 넛지, 웅진씽크빅

리처드 니스벳(2010). 생각의 지도

리처드 도킨스(1999). 이기적 유전자, ㈜을유문화사

마셜 골드스미스·마크 라이터(2016). 트리거, 다산북스

마커스 버킹엄·도날드 클리프턴(2003). 위대한 나의 발견·강점혁명, 청림출판

매트 리틀리(2001). 이타적 유전자, ㈜사이언스북스

매트 리틀리(2004). 본성과 양육, 김영사

맥스 맥케온(2015). 적응력, 시그마북스

문명수(1997). 진산주역강좌, 진산학회

박하정(2006). 성격발달심리의 이해, 교육과학사

발타자르 그라시안(1995). 세상을 보는 지혜 상권·하권, 도서출판 둥지

브라이언 리틀(2015). 성격이란 무엇인가, 김영사

사주당이씨(2011). 태교신기, 한국문화사

설예심(2002). 서양관상학, ㈜도서출판 한길사

손자(2011). 손자병법, 새벽이슬

스즈끼 씽이지(1987). 새로운 유아의 재능교육, ㈜교학사

신현승(2013). 인상을 보면 인생이 보인다, 세종서적㈜

안병욱(1986). 이 아름다운 생명을, 어문각

안병욱(1993). 인생론, 철학과현실사

앨빈 토플러(1992). 권력이동, 한국경제신문사

앨빈 토플러(1992). 미래쇼크, 한국경제신문사

앨빈 토플러(1992). 제3물결, 한국경제신문사

엄원섭(2009). 관상보고 사람 아는 법, 백만문화사

엄태문(2011). 궁통보감, 주민출판사

에노모토 히로야기(2008). 아직도 찾아야 할 나, 도서출판 부글북스

에밀 쿠에(2013). 자기암시, 화담출판사

요시다 히로시(2016). 책을 내고 싶은 사람들의 교과서, 다산북스

웨인 W. 다이어(2000). 내 인생 내가 선택하며 산다, ㈜을유문화사

유발 하라리(2016). 사피엔스, 김영사

이사벨 브릭스 마이어스(2009). 성격의 재발견, 도서출판 부글북스

제롬 케이건(2011). 성격의 발견, 시공사

조엘 오스틴(2005). 긍정의 힘, 두란노

조용진(1991). 동양화 읽는 법, 집문당

존 맥스웰(2008). 최고의 나, 다산북스

지그 지글러(2011). 시도하지 않으면 아무것도 할 수 없다, 도서출판 큰나무

풍우란(2010). 중국철학사 상권하권, 까치글방

프리초프 카프라(1998). 생명의 그물, ㈜범양사 출판부

피터 드러커(2001). 변화리더 조건, 청림출판사

피터 드러커(2001). 이노베이션 조건, 청림출판사

피터 드러커(2001). 프로페셔널 조건, 청림출판사

홍자성(2011). 채근담, 글로북스